要説 地方自治法

第十次改訂版

新地方自治制度の全容

松本英昭 著

ぎょうせい

第十次改訂にあたって

昨年二〇一七年（平成二九年）は、一九四七年（昭和二二年）日本国憲法の附属法典として施行された地方自治法の施行から七〇周年の年であった。この節目の年を経るに当たり、平成二七年三月に本書の「第九次改訂版」を発刊して以降、以下のような重要な推移のあったことに鑑み、「第十次改訂版」（初版（二〇〇二年（平成一四年））三月発刊）を刊行することとした。

平成二七年九月、安倍内閣総理大臣は、経済改革「アベノミクス『新三本の矢』」を発表し、その中で「『一億総活躍』の時代を切り開く」とした。そして主要政策課題の一つである「地方創生」が推進されている。地方における「地方版総合戦略」も全都道府県で作成された。また、連携中枢都市圏の推進も図られている。

税財政に関しては、消費税率を平成二九年四月一日に一〇％に引き上げることとその際の軽減税率の導入、地域間の税源の偏在に因る地方公共団体間の財政力格差の縮小を図る措置などの方向が示されたが、平成二八年五月、日本で開かれた先進国首脳会議（「伊勢志摩サミット」五月二六日・二七日）の後、安倍内閣総理大臣は消費増税が内需を腰折れさせかねないとして、消費税率一〇％への引上げを二年半先送りし、平成三一年一〇月まで延期することを表明し、関係法律も成立した。これにより、消費税率一〇％となることに伴い実現することになっていた措置も、原則として先送りされることになった。

地方分権の推進と地方自治の充実・強化については、平成二六年六月に第五次改革推進一括法が成立し、平成二八年二月に第三一次地方制度調査会が「人口減少社会に的確に対応する地方行政体制及びガバナンスのあり方に関する答申」を決定した（三月手交）。また、平成二八年五月に第六次改革推進一括法が、平成二九年四月に第七次改革推進一括法が成立した。

平成二七年八月に成立した農業協同組合法等の一部を改正する等の法律による農業委員会等に関する法律の改正により、農業委員会の選挙による委員の制度が廃止されるなど農業委員会の制度が大幅に改正された。

平成二八年三月、地方公共団体の物品等又は特定役務の調達手続の特例を定める政令（特例令）が改正され、特定調達契約についての複数落札入札制度に関する規定が整備された。平成二八年三月に成立した地方交付税法等の一部を改正する法律及び同法の施行に伴う関係政令の整備等に関する政令により、地方債制度及び地方財政の健全化に係る見直しが行われた。

なお、平成二八年四月一日には、平成二六年に制定された新行政不服審査法が施行され、これに伴い新行政不服審査法を踏まえて改正されていた地方自治法等の規定も施行された。また、平成二六年の地方自治法の改正のうち指定都市に関する改正事項についても、平成二八年四月一日から施行された。

平成二九年五月に地方公務員法及び地方自治法の一部を改正する法律が成立した。

平成二九年六月二日、民法改正法及び民法改正法関係法律整備法（公布の日から起算して三年を超えない範囲内において政令で定める日（政令により原則平成三二年四月一日）から施行）が公布された。民法の改正は、時効制度の大幅な変更など地方自治法にも影響が少なくない。

平成二九年六月、上述した第三一次地方制度調査会の答申を踏まえ、または勘案し、地方自治法等の一部を改正する法律が成立した。この改正においては、〝内部統制体制〟に関する規定の整備、監査委員等・監査基準・監査の実効性の確保等、外部監査制度等の監査に関する規定の整備、権利放棄議決を慎重ならしめるための規定の整備、長等の損害賠償責任の一部免責の規定の整備等の多くの規定の新設・改正が盛り込まれている。

国と地方の関係については、米軍の沖縄県普天間飛行場移設をめぐって様々な推移があり、国と沖縄県との間の係争が続いている。

平成二九年一二月、「新しい経済政策パッケージ」が閣議決定され、幼児教育無償化、高等教育無償化などの「人づくり改革」に結論を得て、その財源として消費税率二%引き上げによる増収分の半分を充てる方向が示された。平成三〇年の地方財政対策に際して地方公共団体の基金が増加していることが議論された。また、平成三〇年度の税制改革（案）において平成三一年度の税制改革において森林環境税（仮称）及び森林環境譲与税（仮称）が創設されることとされた。

平成二八年三月、「第九次改訂版」の「補遺版」を、また、同年一〇月に「補遺版②」を作成し、その時点までの経緯を説明したところであるが、ここに改めて、地方自治法施行七〇周年の記念の意を込めて、「第十次改訂版」を刊行する次第である。

本書が引き続き広く活用されることを期待している。

二〇一八年（平成三〇年）二月

松本英昭

はしがき

二一世紀にふさわしい地方分権社会に向かって、新しい地方自治制度の歩みが始まった。地方自治制度の根幹を定める法律である地方自治法は、一九九九年（平成一一年）七月、地方分権一括法（地方分権の推進を図るための関係法律の整備等に関する法律）により抜本的に改正され、原則として二〇〇〇年（平成一二年）四月から施行されたところである。これにより、地方自治法等に多くの条文の追加、改正等が行われ、制度の内容の大幅な変更はもとより、その基本、体系、仕組み等においても大きな改革が行われたところである。したがって、改めて今回の地方分権改革の意義、理念、経緯等を踏まえて、全般にわたり新しい視点からの解明が求められることとなったといえる。

本書は、地方自治制度に抜本的ともいえるような変革をもたらした地方自治法を中心とした法制全般について、新たな視点を踏まえた解説を試みたものである。その際、第一に、新たな地方自治法を中心とした法制が体系的かつ網羅的に理解できるようにすること、第二に、新しい制度の内容はもちろん、その背景、理論、実務等のすべてにわたって要点が明らかになることの二点について特に意を用いることとした。

本書が、地方自治関係者、研究者をはじめ地方自治に関心のある皆様の参考として、また、地方公共団体の研修、大学の講義等における教材として、広く活用していただければ、光栄である。

二〇〇二年三月

松本英昭

目次

第二章　諸外国の地方自治制度と我が国の地方自治制度の変遷

第七章　地方公共団体の権能と事務

第九章　地方公共団体の組織機関

第一〇章 地方公共団体の財務

第一一章 公の施設

第一二章　地方公共団体の監査制度

第一三章　国と地方公共団体との関係及び都道府県と市町村との関係並びに地方公共団体相互間の協力関係

第一四章 大都市等に関する特例

凡　例

1　根拠法令

本文（　）内に示した根拠法令の条・項・号の表示は、条を漢数字、項はローマ数字、号は○付きアラビア数字で示した。

例（自治法第一三五条第一項第三号）→（自治法一三五Ⅰ③）

2　法令名略語

本文中並びに本文（　）内の法令名は、原則として、又は場合によって、次に掲げる略語を用いた。それ以外のものは、原則としてフルネームで示した。

憲　法	日本国憲法
公選法	公職選挙法
自治法	地方自治法
自治令	地方自治法施行令
自治程	地方自治法施行規程
自治則	地方自治法施行規則
旧市町村合併特例法	市町村の合併の特例に関する法律（昭和四〇年法律第六号）
平成一六年合併法	市町村の合併の特例等に関する法律
改正市町村合併特例法	市町村の合併の特例に関する法律（平成二二年法律第一〇号による改正後）
大都市地域特別区設置法	大都市地域における特別区の設置に関する法律
地教行法	地方教育行政の組織及び運営に関する法律
農委法	農業委員会等に関する法律
地公法	地方公務員法
地公企法	地方公営企業法
地財法	地方財政法
地財令	地方財政法施行令
地税法	地方税法
地方分権一括法	地方分権の推進を図るための関係法律の整備等に関する法律
改革推進一括法	地域の自主性及び自立性を高めるための改革の推進を図るための関係法律の整備に関する法律（平成二三年法律第三七号）
第二次改革推進一括法	地域の自主性及び自立性を高めるための改革の推進を図るための関係法律の整備に関する法律（平成二三年法律第一〇五号）
第三次改革推進一括法	地域の自主性及び自立性を高めるための改革の推進を図るための関係法律の整備に関

	する法律（平成二五年法律第四四号）
第四次改革推進一括法	地域の自主性及び自立性を高めるための改革の推進を図るための関係法律の整備に関する法律（平成二六年法律第五一号）
第五次改革推進一括法	地域の自主性及び自立性を高めるための改革の推進を図るための関係法律の整備に関する法律（平成二七年法律第五〇号）
第六次改革推進一括法	地域の自主性及び自立性を高めるための改革の推進を図るための関係法律の整備に関する法律（平成二八年法律第四七号）
第七次改革推進一括法	地域の自主性及び自立性を高めるための改革の推進を図るための関係法律の整備に関する法律（平成二九年法律第二五号）
一般社団・財団法人法	一般社団法人及び一般財団法人に関する法律
公益社団・財団認定法	公益社団法人及び公益財団法人の認定等に関する法律
一般社団・財団法人法等整備法	一般社団法人及び一般財団法人に関する法律及び公益社団法人及び公益財団法人の認定等に関する法律の施行に伴う関係法律の整備等に関する法律
健全化法	地方公共団体の財政の健全化に関する法律
健全化令	地方公共団体の財政の健全化に関する法律施行令
税制抜本改革法	社会保障の安定財源の確保等を図る税制の抜本的な改革を行うための消費税法等の一部を改正する等の（地方の場合「地方税法及び地方交付税法の一部を改正する」）法律
番号利用法	行政手続における特定の個人を識別するための番号の利用等に関する法律
新行政不服審査法	行政不服審査法（平成二六年法律第六八号）
新行審法関係法律整備法	行政不服審査法の施行に伴う関係法律の整備等に関する法律

3　実例・判例

実例・判例等は、次の略語を用いた。

行実	行政実例
行判	行政裁判所判決
最高裁	最高裁判所判決
大判	大審院判決
○○高裁	○○高等裁判所判決
○○地裁	○○地方裁判所判決

4　内容現在

本書の内容は、原則として平成二九年一二月一日現在の法令等によった。

第一章　地方自治の意義

第一節　地方自治の意味と概念

一　地方自治の意味

元来、「自治」とは、その文字の示すとおり、「自ら治めること」、すなわち、「自らのことを自らの手によって処理すること」をいう（なお別に、「自然と治まること」を意味することもある。）。それは、「独立性」と「自律（立）性」を意味するものであり、「自主・自律（立）性」ないし「自主・自律（立）的処理」と総括することもできよう。

このような「自治」は、単に政治・行政（「統治の作用・構造」）の面に限って現れるものではない。例えば、「大学の自治」「教会の自治」等の面でも認められるところである。これが政治（統治）の領域に現れる場合には、治者と被治者との自同性が認められることを意味し、この意味での「自治」を「政治上の意義における自治」ということがある。この点において、政治・行政（統治の作用・構造）における「自治」は「大学の自治」等とは決定的に異なっている。

このような意味での政治・行政（統治の作用・構造）の面における「自治」は、夙《つと》に、国の中の一定の地域（すなわち、「地方」。後述参照）について要請され、実現されてきたといえる。もっとも歴史的にいえば、地方における地域共同体を基盤とする支配が先行しており、そのうえに国家の支配（権力）が発展した場合と、逆に、まず国家の中央統一的支配（権力）が固まり、国家の統治形態として地方に地域共同体的支配の展開を認めるようになった場合とがある。ここで留意すべきことは、前者の場合であっても、地方の「自治」が成り立つのは、後述するように（「二　地方自治の根拠（由来）」参照）、国家が地方の支配（権力）を認めていることによるものであり、また、後者の場合であっても、実質的に住民の「自主・自律（立）性」は十分に認められ得るものであるということである。

一方で、歴史的には、地域的な団体が政治・行政を行うというだけで、住民による「自主・自律（立）的」な処理が認められているかどうかにかかわらず、このようなものについても「〝地方自治〟」とか「〝自治行政〟」とか呼ばれるようになった。これを、上述した「政治上の意義における自治」と区別して、「法律上の意義における自治」ということがある。

しかし、およそ「自治行政」（autonomy）というためには、人民が自らの意思により自らの責任において政治・行政を行うこと、すなわち、「人民自治」の要素と、国から独立した別個の法人格を有する団体の存立と当該団体が自らのことを処理することが認められること、すなわち「団体自治」の要素が備わっていることを要する。前者の「人民自治」の思想は、主としてイギリスにおいて発達し、後者の「団体自治」の思想は、主としてドイツにおいて発達したといわれる。

この二つの要素を備えた団体の「自主・自律（立）」的な政治・行政（統治の作用・構造）を広く「自治行政」といい、このうち、国のもとにおいて一定の地域を基礎とする団体（地域団体）が行う政治・行政（統治の作用・構造）を「地方自治行政」又は単に「地方自治」（Local Autonomy）という。

我が国において、地方自治の「人民自治」の要素は、一般には「住民自治」といわれている。そして、「住民自治とは、地域の住民が地域的な行政需要を自己の意思に基づき自己の責任において充足することを指し、団体自治とは、国から独立した地域団体を設け、この団体が自己の事務を自己の機関によりその団体の責任において処理することをいう。これは、いずれも、地方的な事務に関する公的意思の形成のあり方に関するものであるが、前者は意思形成にかかる住民の政治的参加の要素に着目したものであり、後者は地域の団体の国家からの独立した意思形成の点に着眼したものである。」と説かれている（塩野宏『行政法Ⅲ・行政組織法（第四版）』（有斐閣）一二七頁）。

ここで、「地方」とは、「国の中の一部の地域」「国内の一定の地域」「国内の一定の地理的範囲」のことである。同時に「地方（の）……」という場合の「地方」は、単に地理的物理的空間的な意味にとどまらず、「国（全体）」に対する意味をも有することが少なくない。「地方自治」という場合も、「団体自治」の意義においてみられるように、そのことを内包する。これらのことに着目して、「地方自治」の政治・行政（統治の作用・構造）にかかわる主体（団体とその機関等）、すなわち現行制度では「地方公共団体（とその機関等）」のことを「地方（の）政府」ということが、近年しばしばある。もっともこれは、法制度上の概念ではない。なお、「地方」ということが「国の中心的地域以外」又は「都会以外」という意味に用いられることもあり、この場合東京等は「地方」ではないこととなるが、このことは地方制度には反映されていない。

二　地方自治の根拠（由来）

地方自治の自治権についての根拠や由来ないし国家と地方自治の自治権との本質的関係については、大別して二つの考え方があるとされている。第一の説は、地方自治の自治権は、あたかも個人が生まれながらにして固有の権利として人権を有するのと同じように、地方団体は固有の権利として自治権を有するものであり、国家権力はそれを承認し得るのみであるとするものである（「固有（権）説」又は「独立説」）。この説はフランスにおける自然法的思想に源を有するものと、専ら歴史的、社会学的団体論的に説かれたものとがあるとされている。第二の説は、地方自治の自治権は、地方団体自身に固有のものではなく、地方団体の法人格も、その支配権その他の能力も国家の法秩序によってはじめて発生するものであり、その意味において国家から付与されたものであるとするものである（つまり、国家は原始的な権力の持ち手であるが地方団体は伝来的な権力の持ち手である（「伝来説」））。この説は、「固有（権）説（独立説）」の批判として主としてドイツにおいて論じられたものである。この二つの考え方については、地方自治が、歴史的社会的事実として、あるいは団体的存在として、「固有（権）説（「独立説」）」的に認識され得る面があるとしても、近代法治国家においては、国家の法構造・法秩序の下において統治の組織構造の一環として地方団体の法人格及びその支配権その他の能力が認められているものであり、地方自治の自治権の根拠や由来ないし国家と地方自治の自治権との本質的関係は、少なくとも法的には、「伝来説」に立つべきものである。

なお、平成一八年一二月に制定された地方分権改革推進法に基づき、平成一九年四月に設置された地方分権改革推進委員会が平成一九年五月に取りまとめた「地方分権改革推進にあたっての基本的な考え方――地方が主役の国づくり――」、平成一九年一一月に取りまとめた「中間的な取りまとめ」、平成二〇年五月に取りまとめた「第一次勧告――生活者の視点に立つ『地方政府』の確立――」並びにその後取りまとめた第二次勧告（平成二〇年一二月。以下同じ。）、第三次勧告（平成二一年一〇月。以下同じ。）及び第四次勧告（平成二一年一一月。以下同じ。）において、「地方政府」という概念が用いられ、また、平成二二年六月に閣議決定された「地域主権戦略大綱」では、「第八　地方政府基本法（地方自治法の抜本改正）」とされているが、この「地方政府」というのは、現在のところ法律上の概念ではない。意味するところは、地方公共団体（地方自治体）を自律的政治単位と捉え、地方自治の政治の要素・モーメントを重視し、地方公共団体（地方自治体）の統治団体性と中央政府との対等性を強調するものであると思われる。こうした「自治体＝地方政府」とする見方は、以前から有識者等、特に政治学・行政学の分野の有識者等から主張されてきたもの（もっとも、第九次地方制度調査会の「行政事務再配分に関する答申」（昭和三八年一二月）及び第一六次地方制度調査会の「住民の自治意識の向上に資するための方策に関する答申」（昭和五一年六月）において、「国は中央政府として、地方公共団体は地方政府として、……」とされている。）であるが、近年の地方分権の推進の流れの中でますます強調されるようになってきており、政府関係の公の文書でもみられるようになったことは、注目されてよい。

三　中央集権と地方分権

国家における地方の政治・行政（統治の作用・構造）については、大別して、「官治」と「自治」の方式がある。「官治」とは、地方のこと（政治・行政）を中央政府が自らの組織機関と職員等によって処理する方式をいい、これは「中央集権（Centralization）型」である。一方、「自治」とは、上述したことからも窺えるように、地方の政治・行政は、地方の住民が自ら組織する機関と自らの職員等によって自主、自律（立）的に処理する方式をいい、これは「地方分権（Decentralization）型」である。そして、地方自治（行政）は、「地方分権型」の政治・行政（統治の作用・構造）である。

また、行政の組織機構についても、「中央集権型」と「地方分権型」という二つに大別され得る。「中央集権型」とは、できるだけ多くの権限を中央に集中することを建前とするものをいい、「地方分権型」とは、できるだけ多くの権限を地方に分散することを建前とするものをいう。

留意すべきことは、地方に権限を分散するという場合にも、国のもとに、国から独立した法人格を有する地方の公共団体を設け、これに地域を支配する自治権を認め、権限を分散配分する場合、すなわち「自治権上の分権」と、単に国の出先機関たる地方の行政官庁に対し行政権限を分掌させるにすぎない場合、すなわち、「行政権限上の分権」があり、この二つは明確に区分されなければならないことである。前者が普通「中央集権」（Centralization）に対する「地方分権」（Decentralization）であり、後者は、国の行政権限の技術的見地に基づく分配で、「行政権限上の集権」（Concentration）に対する「行政権限上の分権」（Deconcentration）である。このように区分されるものであるが、実際に「地方分権」といわれる場合、この違いを明確に意識しないで用いられることがあることに十分注意しなければならない。それは、単に行政権限の分権ないし分散の方式だけを考えるならば、「行政権限上の分権」も、分権ないし分散の方式ともいえるからである。しかし、「地方自治」との関係においては、両者は全く異質なものである。

平成二一年九月発足した民主党（当時）を中心とする政権においては、「地域主権」を標榜し、鳩山内閣総理大臣や後任の平成二二年六月に就任した菅内閣総理大臣は所信表明演説や施政方針演説において、「地域主権」や「地域主権改革」を政策課題として取り上げた。また、平成二三年九月に就任した野田内閣総理大臣も所信表明演説において「地域主権を引き続き推進します。」とした。この「地域主権」という概念は、「地方分権」に代わって用いられているようであるが、「地域主権」とするのは、「地方分権」というのが中央が持っているものを地方に分け与えるというように受け取られることを懸念したもののようであり（原口一博総務大臣（当時）『地域主権改革宣言』（ぎょうせい）二頁参照）、地域には自分達の問題を自分達で解決する権利と義務がもともと存在しているという立場にたったものといえよう。なお、「地方主権」という概念を用いる有識者は、かねてからみられたところである。いずれにしても、「地域主権」というのは、「政治的メッセージを込めたもの」といえるが、一方で、憲法の「国民主権」の原理との関係では誤解されることも懸念される（このことについては、「地方主権」でも同じ。）ので、「地域主権改革」として用いることとし、平成二二年三月に国会に提出された「地域主権改革の推進を図るための関係法律の整備に関する法律案」においては、「日本国憲法の理念の下に、住民に身近な行政は、地方公共団体が自主的かつ総合的に広く担うようにするとともに、地域住民が自らの判断と責任において地域の諸課題に取り組むことができるようにするための改革をいう。」としていた（同法案三による改正後の内閣府設置法四Ⅰ③の3）。これは、「国民主権」の内容を豊かにする施政の方向性として、「団体自治」と「住民自治」を格段充実することが重要であることを訴えて、そのための政策・施策を遂行するという改革のことではないかと思う（平成二二年六月閣議決定された「地域主権戦略大綱」第1「1　地域主権改革の定義」参照）。しかし、この「地域主権改革」という用語についても抵抗があり、国会の修正で「地域主権改革」という用語は用いられないこととなり、法律の題名も「地域の自主性及び自立性を高めるための改革の推進を図るための関係法律の整備に関する法律」とされて、平成二三年（四月二八日）成立した（五月二日公布）。その後も、民主党を中心とする政権の下では「地域主権」の概念がしばしば用いられており、例えば、平成二四年一〇月（二九日）の当時の野田総理大臣の所信表明演説では、「地域主権改革は、民主党を中心とする政権にとって改革の一丁目一番地です」としている。しかし、平成二四年一二月の総選挙の結果、政権交代となり、担当大臣は、地方分権改革担当大臣とされ、平成二五年一月（一一日）従前の内閣府地域主権戦略室は、内閣府地方分権改革推進室となった。

第二節　地方自治の役割と必要性

一　地方自治の本質的な機能と役割

近代的民主国家においては、何らかの形で地方自治の制度が採用されている。地方自治の機能や役割については、かねてから、次のようなことが挙げられている。

第一に、地方自治は、民主主義の政治体制の具体化であり、また国民の民主主義の政治体験の場であること、さらに政治的安定に資するものであることから、民主政治の基盤をなすものであるということである。イギリスの政治学者J・ブライスが、「地方自治は、民主政治の最良の学校、その成功の最良の保証人」（J・ブライス著・松山武訳『近代民主政治（第一巻）』（岩波文庫）一六〇頁）と、また、フランスの歴史学者A・トックヴィルが、「共同体的な諸制度（筆者註：地方自治制度）対自由の関係は、小学校対科学の関係と同じようなものである」（A・トックヴィル著・井伊玄太郎訳『アメリカの民族政治（上）』（講談社学術文庫）一二五頁）と述べているように、「地方自治は、民主主義の学校」といわれることがある。国家の統治の全般に民主主義が確立するためには、人民に最も身近な各地域の政治・行政（統治の作用・構造）において民主主義が実現し、それが民主政治の基盤となるとともに、その各地域で展開される民主主義のプロセスを通じて人民は民主主義について理解を深め、実践を重ねていくこととなる。この各地域の政治・行政（統治の作用・構造）における民主主義は、「人民（住民）自治」と「団体自治」を要素とする「地方自治」によって実現される。また、中央政府の政権や政策の激変によって民主主義が危機となるような事態を緩和するなど、民主政治の安定化にも資するものである（民主政治の基盤の確立）。

第二に、地域における諸問題・諸課題に対しては、地域の実情に即して、地域自らで判断して対処するのが最も適宜・的確に処理できるし、また効率的・能率的である。地域における諸問題・諸課題を鋭敏に察知するとともに、その対応について適宜・的確に判断し、処理することが求められるが、それは主権者である国民＝住民により近い「地方自治」の場においてよりよく実現できるものである（現地即応性、現地的確性及び現地効率性・能率性の確保）。

第三に、中央政府は、全国を対象とするものであり、対象となる諸問題・諸課題も、それらに対する政策・施策等の事務・事業も、誠に膨大であり、質的にも極めて多様である。この傾向は、近年さらに一層進みつつある。このことから、中央政府の組織機構及びその運営は、一層高度化し、専門分化せざるを得ない。その結果、横断的な調整がなかなか困難であり、いわゆる〝縦割り行政〟の弊害が生じやすい。特に、我が国では内閣制度により各府省大臣が分担管理することとされている（内閣法三等）ことからこの傾向は避け難い。これに対して、地方公共団体の政治・行政は一定の地域に限って対応する組織機構及びその運営によるものであり、また、住民の身近であるため、問題や課題等の相互の関連について把握しやすく、さらに首長制度であることもあって、調整をより適切に行うことができ、総合行政が確保しやすい（地域総合行政の確保）。

第四に、経済社会の進展、時代の推移等に伴い、政治・行政に対する新しいニーズが次々と生ずるが、これに対して、地方公共団体は、人民（住民）に身近で、ニーズを最も敏感にとらえ、適宜・的確に対応でき、地方自治の施策として先導（駆）的、試行的に取り組むことができる。それが全国的に波及し、国の施策としても取り組むこととなることも決して少なくない。このことは、これまでに、青少年対策、公害・環境対策、福祉、保健医療、地域づくり、情報公開などの幅広い分野に数多く見受けられる（先導（駆）的・試行的な施策の展開）。

二　今日における地方分権の必要性と地方自治の機能と役割

上述の「地方自治の本質的な機能と役割」については、従来から一般的に指摘されてきたところである。これらに加えて、今日、特に地方分権の推進の視点から、次のような地方自治の機能と役割がしばしば論じられている。

第一に、我が国の政治・行政、社会、経済の全般の構造的改革の主要な課題の一つである「中央集権型システムの地方分権型システムへの転換」と密接不可分な地方自治の機能と役割である。

我が国の明治以来の中央集権型のシステムは、先進諸国の水準等を目標としてその達成に向かって国全体を挙げて取り組んでいくような時代（キャッチアップの時代）、早期に復興を成し遂げるべき時代、高度経済成長を目指すような時代（〝右肩上がり〟の時代）には、そのメリットが評価され、一定の成果をあげてきたことも事実である。しかし、そうした時代は終焉して、中央集権型のシステムの弊害・デメリットが急速に顕在化し、その限界が明白に意識されるようになったこと（しばしば「中央集権型システムの制度疲労」といわれる。）から、これに対する根源的な解決として、地方分権型システムに転換することが求められているが、それは地方自治の機能と役割の充実・強化によって達成されるものである。

第二に、成熟化社会を迎え、価値観が大きく変化し、かつ、多様化している。これまでは、画一性、統一性、均質性、結果の平等、量的物質的豊かさなどが重視されてきたのに対して、個性、創造性、多様性、機会の平等、質的精神的豊かさなどが重視されるようになってきている。こうした成熟化社会で重視される価値観は、諸々の条件、情況等を異にする各々の地域がその自主性・自律（立）性を発揮して形成する〝場（空間）〟においてより満たされるものである。

第三に、地方自治の充実・強化を通じて多様な価値観を踏まえた自主的・主体的で創造的な地域づくりを進めることによって、地域間の健全な競争を通じて各地域の活性化と振興発展がもたらされる。また、このことによって、一極集中を是正し、均衡ある国土の形成が図られるばかりでなく、我が国全体の創造的発展と国際的な貢献にも資することになる。

第四に、我が国の国際的地位の向上とグローバル化の進展及び限られた資源や財源の有効かつ効率的な活用という観点から、中央政府の役割を国家として本来果たすべき役割に重点化してその機能を充実・強化するとともに、地域のことは地方公共団体の自治にゆだねることとする必要があることである。

第五に、これまで政治・行政において対処してきた多くの課題について、人（住）民との協働の関係を構築していくことが求められるようになってきている。このことは、二つの視点からいえることである。その一は、民主政治の理念の実現、住民の自己実現等といったこととの関連における住民とのかかわりのあり方の一面としてであり、他の一は、国と地方とを通じる行財政の構造改革の一環として〝公〟のあり方に関連する一面としてである。このような人（住）民との協働の関係を構築していくことは、地方自治の場においてこそ幅広く一般的に可能となるものであるといえる。

第六に、政治・行政の倫理の確立の面で、政治・行政における不正を防止し、浄化し、公正を確保するとともに、不正の影響をできるだけ少なくすることにおいては、身近で、限られた地域の政治・行政である地方自治が一般的にいってより適応し得るといえる。このことについては、平成五年一月の政治改革推進協議会（民間政治臨調）の「地方分権に関する緊急提言」において、「日本の政治にスキャンダルが相次ぐ。スキャンダルが発生する重要な理由の一つは、集権的政治・行政構造の下で、政治家が集票のために地元へ利益誘導していることにある。同時に、地元もまた政治家に数々の事業の誘致を依存していることにある。……分権化は、この利益誘導政治を断ち切る有力な方法であり、政治倫理の回復を促す。」とされているところである。

第三節　日本国憲法と地方自治

一　日本国憲法の地方自治に関する規定の意義

近代憲法においては、国家の統治機構に関する規定と基本的人権の保障に関する規定が置かれ、前者の一環として、何らかの形で地方自治に関する規定が設けられることが多い。

我が国においては、後述するように（第二章第二節「我が国の戦前の地方自治制度」参照）戦前においては、地方自治は、憲法とは直接関係なく、ただ府県制、市制及び町村制（又は市制町村制）等という法律の下に構成されていたのであるが、戦後の日本国憲法においては、憲法第八章として「地方自治」の一章を設け、地方自治の基本が定められ、地方自治制度が憲法上の制度として認められることとなった。

すなわち、日本国憲法は第八章「地方自治」と題して、四箇条の規定を置いている。これらの規定は、地方自治を憲法上の制度として保障し、地方自治の基本的原則と制度の内容の骨格を定めたものであるとされている。

まず、憲法九二条は、「地方公共団体の組織及び運営に関する事項は、地方自治の本旨に基いて、法律でこれを定める。」とし、我が国の地方自治の一般的な基本原則について規定している（総則的保障）。

すなわち、憲法九二条の規定は、第一は、地方公共団体の組織及び運営に関する事項は、必ず、国の法律で定められなければならないこと、第二は、これに関する国の法律は、それらに係る事項を「地方自治の本旨」に基づいて定めなければならないことを定めている。第一については、地方公共団体の組織及び運営に関する事項の「大綱」は、国の法律で定めること（法律の留保）を明らかにし、同時に他面において、国の法律に基づかない政令その他命令等によって定めたり、左右するべきではないことを示している。第二の点の法律で地方公共団体の組織及び運営に関する事項を定めるに当たって、それが「地方自治の本旨に基いて」いることを要することである。憲法はここでいう「地方自治の本旨」とはどういうことであるかについて、何らの説明もしていない。「地方自治の本旨」とは、地方自治の指導原理としての地方自治の「本来の〝建前〟」「基本精神」「理念（あるべき姿）」といった意味であろうが、それでは何が「本来の〝建前〟」「基本精神」「理念（あるべき姿）」なのかはっきりしない。

このことについて、一般的には、「地方自治の本旨」とは、「国のもとに、地方公共団体の『人（住）民自治』と『団体自治』の二つの意味における地方自治を確立すること」とされている（例えば、田中二郎『要説行政法（新版）』（弘文堂七四頁参照）（なお、『住民自治』及び『団体自治』については、本章第一節「一　地方自治の意味」参照）。

このように、憲法九二条は、我が国の地方自治の一般的基本原則を明示し、地方自治を保障しているものと理解されている。この地方自治の保障に関しては、憲法九二条の「地方自治の本旨に基いて」という規定は単に立法の指針を示したプログラム規定（訓示的規定、宣言的規定）にすぎないのか、それとも法規範としての意味を有するものかどうかということについて、論議のあるところである。このことについて、ドイツのかつてのワイマール憲法の規定に関して主張された「制度的保障」の考え方、すなわち、個々の権利が保障されるわけではないが、憲法の規定により、制度そのものを保障し、それ自体を侵害することは許されず、制度の実体的内容を破壊し、その本質的要素を奪うような法律は憲法違反となるという「制度的保障」の法理がある（成田頼明『地方自治の保障』日本国憲法体系五巻（有斐閣）二二六頁参照）。我が国の憲法九二条が、地方自治について、このような「制度的保障」の規定であるかどうかについては、種々の見解もあるが、「制度的保障」の法理によって説明するのが今日では通説的になっているといえる。このような考え方によれば、「住民自治」及び「団体自治」の二つの意味における地方自治を確立するという「地方自治の本旨」に適合しない法律（地方自治制度の実体的内容を破壊し、その本質的要素を奪うような法律）は、憲法違反ということになる。

近年においては、「地方自治の本旨」は「解釈に開かれた規定」であり、社会的条件の移り変わりに対応して考えていく必要があるものとして、従来の「制度的保障」説を再構築する見解（例えば、「地方自治の本旨」の内容に「国と地方公共団体との適切な役割分担」「市町村優先の原則」「住民との協働の関係、パートナーシップ等の確立・確保」などといったことを読み込んだうえで、「制度的保障」説の考え方を取り入れるもの）がみられ、また進んで「地方自治の本旨」を確定しようとする論議もみられるところである（全国知事会「地方自治の保障のグランドデザイン―自治制度研究会報告書―」（平成一六年二月）参照）。

地方分権一括法による自治法の改正で定められた国又は都道府県の関与についての機関訴訟（自治法二五一の五・二五二）は別として、理論上、そもそも地方公共団体が自治権を根拠として出訴することができるかどうかについては見解が分かれているところである（塩野宏「行政法Ⅲ・行政組織法（第四版）」二五二・二五三頁参照）。

なお、近年の憲法改正の論議においては、地方自治条項についても検討されることが多い（衆議院憲法調査会「衆議院憲法調査会報告書（平成一七年四月）」、参議院憲法調査会「日本国憲法に関する調査報告書（平成一七年四月）」、自由民主党「憲法草案」（平成一七年一一月）、自由民主党「日本国憲法草案」（平成二四年四月）、民主党（当時）「憲法提言」（平成一七年一〇月）等参照）。

二　憲法第八章の「地方公共団体」

憲法は、単に「地方公共団体」と規定しており、「地方公共団体」が何であるかについて直接言及していない。したがって、憲法が必ず二層制の（すなわち、重層的・重畳的な）地方公共団体の構造を予想しているのかどうかについては、説の分かれるところである。憲法は、憲法にいう「地方公共団体」が原則的に存在することを予想しているということについては、通説である。二層制又は重層制の地方公共団体の存在を予想しているという説は、憲法第八章の趣旨は、旧憲法下の府県制度を完全自治体とすることに重要な意義があったことなどを理由とするものであるが、これに対しては、その立案過程をもあわせて考えてみるならば、憲法が、憲法制定当時の地方自治制度を固定化させようとしているとは考えられないとする有力な見方がある。このことは、地方自治法制定当時、一層制の「特別市」の制度が定められていた（特別市は法律で定めることとされていた。）ことも参考となろう。なお、「特別区」の区長公選制が廃止されたことについては最高裁判所は、当時の「特別区」は、憲法九三条二項の地方公共団体として認めることができないとして合憲としている（最高裁昭三八・三・二七）。したがって、一部の地域において憲法上の地方公共団体は基礎自治体だけの一層制の制度があったり、現行の二層制の地方公共団体をそのまま維持することをせず、少なくともこれを多少改正したからといって、憲法に違反するとは限らないとするのが通説的であるといえると思われる（宮澤俊義著・芦部信喜補訂『全訂日本国憲法』（日本評論社）七六一～七六三頁参照）。さらに、都道府県と市町村の重層的構造を一般的に廃止することが憲法に違反するかどうかという問題があり、このことについては、両論が対立しているところである。また、憲法九二条の「地方公共団体」と、議会の設置及び長、議員等の直接選挙制を定めた憲法九三条の「地方公共団体」や地方公共団体の権能について定めた憲法九四条の「地方公共団体」は、異なるとも考えられ、少なくとも、憲法九三条や九四条にいう「地方公共団体」は、地方自治の本旨を実現するために欠くことのできないものとみられる標準的な「地方公共団体」を意味し（宮澤俊義・前掲書七六四・七六七～七八〇頁参照）、現行自治法の定める特別地方公共団体は、これに含まれないと考えられている。もっとも、平成一〇年改正（原則として平成一二年四月一日施行）後の「特別区」については、論議のあるところである。

三　議会の設置及び長、議員等の直接選挙

憲法九三条は、地方公共団体の機関の組織原理を定め、「地方公共団体には、法律の定めるところにより、その議事機関として議会を設置する。地方公共団体の長、その議会の議員及び法律の定めるその他の吏員は、その地方公共団体の住民が、直接これを選挙する。」と規定している。

憲法九三条は、憲法九二条の基本原則を具体化して、「住民自治の原則」を明らかにし、地方行政の民主化を図ろうとするものである。この場合、地方公共団体の機関原理としては、国におけるような議院内閣制ではなく、執行機関たる長

と議事機関たる議会の議員を分離して、ともに公選とするという首長制（首長主義、大統領制、二元代表制）を採用している。したがって、地方公共団体の長と議会との関係は、相互に独立、対等の関係に置くのを原則とする。長及び議会の議員の選任方式は、住民の直接選挙であり、間接選挙は許されない。長、議員の選挙は、憲法一五条にいう「公務員の選挙」であるから、普通選挙、投票の秘密等が保障されなければならず、また、選挙権に関して、憲法一四条（法の下の平等）が適用される。

なお、「法律の定めるその他の吏員」とされているが、長及び議会の議員以外に、法律により公選の吏員を設けることがなくても、本条に違反するものではない。また、本条は、代表民主制を定めるものであるが、これは、直接民主主義の考え方による制度を設けることを否定するものではなく、現に、住民の直接請求の制度として、議会の解散請求、長・議員の解職請求等の制度や、町村総会の制度が設けられている。

四　地方公共団体の権能

憲法九四条は、「団体自治の原則」を具体化して、地方公共団体の自治権の内容として、「地方公共団体は、その財産を管理し、事務を処理し、及び行政を執行する権能を有し、法律の範囲内で条例を制定することができる。」と規定し、地方公共団体が包括的に自治行政権能と自治立法権能を有することを示し、これを保障している。

自治権としては、「財産を管理し」「事務を処理し」「行政を執行する」権能を有し、「法律の範囲内で条例を制定することができる」とされている。

自治行政権については、沿革的には、「行政を執行する」とは権力的な統治的作用を行うことと考えられており、地方公共団体がそのような権能を有することを明らかにしたことは、旧憲法下においては非権力的な事業団体たる性格がむしろ強かった地方公共団体の実体に照らして、大きな意味があると考えられている。

憲法九四条によって、具体的にどこまでを地方公共団体が処理する事務とすることが憲法上の要請であるかは明瞭ではないが、例えば地方公共団体の機関が処理する事務のほとんどを国の事務として実質的に国の下部機関としてしまうようなことは、憲法九二条及び九四条の規定から違憲とされる。

自治立法権については、「法律の範囲内で条例を制定することができる」とされているが、地方公共団体の条例制定権は、憲法九四条に直接根拠を有し、九二条と相俟って憲法で保障されていると解される。すなわち、自治法一四条一項は、条例の所管事項が「地方公共団体の事務（自治法二Ⅱ）」に関するものであり、また、条例が「法令に違反しないもの」でなければならないことを示したものであって、条例制定権の根拠は、憲法の規定であると考えられている。

憲法九四条でいう「地方公共団体」とは、憲法九三条と同様に、地方自治の本旨の実現のために欠くことのできないとみられる標準的な地方公共団体を意味していると考えられている。なお、憲法九四条にいう「条例」とは形式的意義の「条例」をいうのか、地方公共団体の「規則」等を含むかについては学説上の争いがあるが、「規則」等を含む地方公共団体が定立する自治立法（自主法）をいうものと解するのが通説である。

五　地方自治特別法

憲法九五条は、法律案が国会の両議院で可決したときに法律になるという憲法五九条一項の例外（同条において、「この憲法に特別の定のある場合を除いては」とされている。）を規定したもので、「一の地方公共団体のみに適用される特別法は、法律の定めるところにより、その地方公共団体の住民の投票においてその過半数の同意を得なければ、国会は、これを制定することができない。」と規定している。これは、特定の地方公共団体のみを特別に取り扱い、地方公共団体の平等性を侵すおそれがあることや住民の意思に反して特定の地方公共団体の権能等や住民の権利義務が変更されるおそれがあることに鑑みて住民の投票にかからしめたものである。

本条が適用されるのは、①一の地方公共団体のみに適用されるものであることと、②特別法であることを要する。具体的には、①必ずしも「一つの」地方公共団体のみに適用されるものに限らず、複数の地方公共団体であっても「特定の」地方公共団体に適用されるものであれば、本条の対象となるが、②特定の地方公共団体の組織、権能、権利、義務について特別の定めをする特別の法律をいい、特定の地方公共団体の地域又はその地域の住民等についての特別の取扱いをする法律は、本条の対象ではない。ある立法がこれに当たるかどうかは、いろいろな視点からの検討が必要であるが、結局のところ、第一次的には国会が判断することとなる。

地方自治特別法に当たるときには、国会において最後の可決があった後に、その可決した院の議長から内閣総理大臣に通知し、一定の手続に従って住民投票に付し、その過半数の同意を得たときに、先の国会の議決が確定して法律になると考えられており、その手続は、国会法六七条、自治法二六一条及び二六二条に定められている。

第二章　諸外国の地方自治制度と我が国の地方自治制度の変遷

第一節　諸外国における地方自治制度

まず、諸外国のうちから代表的な五か国を取り上げ、各国における地方自治制度について紹介するとともに、最近の地方自治をめぐるグローバル化の動向について述べることとする。

なお、ここでは概要の記述にとどめるが、諸外国における地方自治をみると、具体的な制度の仕組みやその運用等は大きく異なっており、その多様なあり方は、我が国の地方自治制度等の特色を理解するうえで、また、今後の制度改革の選択肢を見出すためにも、重要な参考となるものと考えられる。

一　アメリカ（アメリカ合衆国）

1　概　要

アメリカは連邦制の国家であって、地方制度の構築に関する権限は、基本的に州に留保されており、各種の地方団体は、州により「創造されたもの」と位置付けられている。

地方制度の構造の特色をみると、まず、具体的にどのような種類の地方団体が設けられるかということは、州ごとに、さらには地域ごとに異なっている。これは、我が国の「地方公共団体」の制度（自治法一の三）が、その存在や事務・権限について概ね全国一律の制度となっていることと比較すると、大きく異なっている。

なお、首都ワシントンは、連邦直轄のコロンビア特別区（首都ワシントンＤＣ）となっている。

また、多くの地域にかなり普遍的に存在する地方団体は、大きく、「（完全な）地方自治体」と「準地方自治体」とに分類することができる。これは、地方団体の設立の目的や経緯による分類であり、このうち前者は、州による承認や授権を必要とするものの、基本的には、一定の地域の住民が自らの便宜や利益に資する行政サービスを確保するため、その実施主体としての地方団体を創設しようとする自発的な行為に基づいて設立されるものである。具体的には、シティ、タウン、ビレッジ等（ミュニシパリティ。「市町村」と訳されることが多い。）がこれに当たる。他方、「準地方自治体」は、基本的には、地域の住民の意思とは直接には関係なく、州により創設されるもので、州の出先機関としての性格が強い団体である。具体的には、カウンティ（「郡」とも訳される。）、タウンシップ、タウン（前出の「タウン」とは異なるもの）、特別区等がこれに当たる。

さらに、その担任する事務や権限の範囲により、地方団体を、一般目的の地方団体と特定目的の地方団体に分類することができる。市町村（ミュニシパリティ）、カウンティ、タウンシップ及びタウンは、一般に前者に当たり、これに対し、特別区は、特定の事務や権限を取り扱うために設立される団体である。

近年、アメリカの諸都市（ロサンゼルス、ボストン等）が推進する「成長管理政策」が注目されている。これは、総合的な計画とこれに基づく体系的な政策手法によって、開発の抑制・誘導や開発に伴う弊害の防止を図り、均衡のとれた都市の成長と生活の質の向上を実現しようとするものである。

また、地域経営やまちづくりを住民・地方自治体・事業者の三者の「協働」により進めていくという取り組みも各地で行われており、具体的な手法としては、①住民参加の前提となる情報公開制度や会議の公開の保障、②住民投票の実施等による政策決定過程や執行過程における住民との協働、③政策や行政施策の評価の義務付け等が多く用いられるようになっている。

2　主要な地方団体

ここでは、多様な地方団体のうち代表的なものである市町村（ミュニシパリティ）とカウンティについて概説する。

(1)　市町村（ミュニシパリティ）

市町村（ミュニシパリティ。以下単に「市町村」という。）は、住民の意思に基づいて設立される地方自治体である。したがって、我が国の市町村とは異なり、州内のすべての地域に市町村が存在するものではない。

また、市町村の設立については、州による法的な承認や授権が必要であるが、この承認や授権のための法形式を一般に「憲章（チャーター）」という。憲章には、その内容や規定方式によりいくつかの種類があるが、特に「ホーム・ルール憲章」は、各市町村が、その担任する事務、課税、起債、内部組織など地方団体として機能するための重要事項を、一定の制限の下に、自主的に決定することを認めるものである。この制度は、市町村の憲章に関する従来の考え方を転換し、市町村レベルの問題は、その判断と責任により、自主的・主体的に処理させるという理念に基づいて設けられたものであり、現在では、多くの州において導入されている。

さらに、市町村の内部組織も多様であり、①首長―議会型、②理事会（委員会）型、③議会―支配人型等に大別されている。

(2)　カウンティ

州の区域はほとんどの州においてカウンティに分割され、通常、その区域内に市町村等の地方自治体が置かれることになる。カウンティの主な事務・権限は、課税・徴税、生活保護、保健・医療扶助、道路、小中学校、警察・検察等であるが、都市化の進展等により、従前は市町村が処理していた廃棄物、下水道、消防・救急等の事務をカウンティが担当するケースも増加している。また、市町村が存在しない地域では、カウンティが住民に対する行政サービスを一般的に担うこととなるが、そのような地域もかなりみられる。

その内部組織は、州によって異なるが、①政策の立案・執行を担当する機関として理事会が設置されるとともに、②事務長、保安官等の住民の直接選挙で選ばれる行政官及び各種の行政委員会が置かれ、重要な役割を果たしている場合が多い。

二　イギリス

1　概　要

イギリスは、イングランド、ウェールズ及びスコットランド並びに北アイルランドからなる連合王国であり、地方制度もそれぞれ異なる。なお、スコットランドについては、独立の動きがある。二〇〇七年、スコットランドの国会の選挙でスコットランド国民党が勝利し、続く二〇一一年の選挙でも大勝したが、スコットランド国民党は独立を主張し、二〇一四年に独立をめざすための住民投票を実施することを宣言した。英国政府はこれに反対であるが、一方で、税制などにおけるスコットランド政府の権限の拡張を行った。しかし、スコットランド国民党は、独立をめざしてキャンペーンを続けた。独立の是非を問う住民投票は、二〇一四年九月一八日に実施され、その結果独立に反対が多数を占めた。しかし、イギリスのEU離脱（スコットランドでは、離脱反対が多い。）を巡って、なお独立を指向する動きがある。

イギリスにおいては、広域圏行政に長い歴史がある。イングランドについて述べると、大ロンドン地域においては、シティとロンドン特別区（ロンドン・バラ。三二）が置かれている（なお、二〇〇〇年には大ロンドン地域の広域の行政主体としての「大ロンドン庁（グレーター・ロンドン・オーソリティ）」（複数のロンドン・バラにまたがるか又はロンドン全体として対処しなければならない分野における戦略決定及び計画調整の機能を有する。）が発足した。）。ロンドンを除くイングランド地方を八〜九の地域に分け、広域行政体制の展開が、様々な形態で目指されてきた。そうした広域行政体制の構想は、中央政府の組織・機構等の性格のもの、地方自治体的性格のもの、自治体を構成団体とする広域連合的性格のものなどがみられる。そうした広域行政体制の下で、一層制の自治体構造の実現を図ることが目指されてきたとされる。目下のところ九つの地域における合同行政機構（大都市圏都市）、主要都市以外の中核的都市が中心となる近隣自治体との密接な関係から成る都市圏の形成が進んでいる。なお、自治体の二層制のほか、カウンティに属しないユニタリーが置かれる（一層制）地域が拡大している。

イングランド以外の三地域においては、近年、中央政府の権限を担う（その権限の範囲、分野等は、三地域で相当異なっている。）地域議会（地域政府）が創設され、一方で地方団体の構造は、一層制に再編されている。

従来の地方団体の内部組織の基本的な構成は、公選の議員から成る議会（カウンシル）が置かれ、議会（カウンシル）が議決機関と執行機関の責任を併有し、議会（カウンシル）の本会議（フル・カウンシル）の委任を受けて行政施策の決定と執行部門の指揮監督を行うため、主要な分野ごとに委員会が設けられるものである。

このようないわば伝統的な地方団体に対して、近年多様化の方向で大きな変化がみられた。

まず、二〇〇〇年に発足した「大ロンドン庁（グレーター・ロンドン・オーソリティ）」は、直接公選の長と議員から成る議会を有するものとなっている。

また、「二〇〇〇年地方自治体法」が制定され、これによって地方団体は、①公選による首長及びキャビネット（内閣）、②リーダー・オブ・カウンシル及びキャビネット（内閣）、③公選の首長及びカウンシル・マネージャーという三つのモデルのうちからいずれかを採用することが義務付けられることとなった。そして、公選首長制を採用しようとする場合には、これを住民投票にかけることが義務付けられた。しかし、直接公選首長制（①又は③）を採用する団体は多くない。なお、人口八万五〇〇〇人以下の団体には従来のカウンシル制を維持する途が残されている。

なお、③の制度は、二〇〇七年（一〇月）の法律改正で廃止されることとされたので、③を採用している団体（一団体）はなくなった。一方で、二〇〇七年（一〇月）の法律改正により、公選首長制の導入について、住民投票を義務とせず、議会の決定によってでも可能となるようにされた。

イギリスの地方団体は、国の法律により、個別的に授権された権限のみを有するとされてきたが、二〇一一年一一月に制定されたLocalism Act（地域主義法（筆者訳））により、地方団体が包括的権限（general power of competence）が付与されることとなった。この改革の背景には、権限を地域住民や住民が構成する地域団体に戻すという思想がある。

イギリスにおいては、パリッシュ等の住民に身近な団体があり、これらが法人格を有する団体として遊歩道整備、街路照明、墓地管理などの公共的活動をしていることに留意を要する。また、近年においては、地域計画の策定に際し、当該地域の意見を集約する機能が重視されつつある。

2 主要な地方団体

(1) 都市圏（の）ディストリクト

都市圏では一層制の地方団体である都市圏ディストリクトが置かれ、地方団体としてのすべての業務を行うが、交通計画、ごみ処理、消防等については一般的には、都市圏事務組合で対応している。

(2) 非都市圏（の）ディストリクト

非都市圏ディストリクトは、非都市圏の地域で、二層制の場合にカウンティの下に置かれるもので、道路管理、食品衛生、ごみ収集、公害行政、建築基準、住宅、公園等、墓地等の事務を処理する。

(3) カウンティ

非都市圏の地域で、二層制の場合に置かれ、広域にわたり計画的に執行すべき開発計画、交通計画、消防等の事務、専門職員や特別な施設を要する教育、社会福祉等の事務を担当する。

(4) ユニタリー

非都市圏の地域で、一層制の場合に置かれ、地方団体としてのすべての業務を行うが、交通計画、ごみ処理、消防等については、一般的には事務組合で対応している。

(5) ロンドン特別区（ロンドン・バラ）及びシティ

大ロンドン地域においては、ロンドン特別区（ロンドン・バラ）及びシティによって、地方団体としての業務が行われる。なお、別途、ロンドン広域交通局、ロンドン消防庁などの特別の機関があり、内務大臣管轄の下のメトロポリタン・ポリスがある（ただし、シティも独自の警察権を持つ。）。

三 ドイツ（ドイツ連邦共和国）

1 概 要

ドイツは、連邦制の国家である。一九九〇年の東西ドイツの統一により、現在、連邦は一六の「州（ラント）」から構成されているが、そのうちベルリン、ブレーメン及びハンブルクは州と同格の地位を認められた都市州であり、その他の一三の州は、州議会と首相及び大臣から構成される州政府を有し、その区域内に複数の地方自治体が存在している。

我が国の憲法に当たる連邦の「基本法」は、地方自治における選挙の原則と議会の設置、基礎的自治体であるゲマインデの自治権の保障等について規定しているが、地方制度に関する立法権は、連邦に専属するものではない。したがって、ドイツには、我が国の地方自治法に相当するような地方制度に関する統一法典はなく、地方自治体の組織や運営については、各州が制定する法律によって、それぞれ異なる制度が設けられている。

旧西ドイツ地域は、三つの都市州（州と市の行政が分離していない等特殊な構造の地域である。）とその他の八つの州からなり、後者における地方制度の構造は、①都市部における特別市（一層制）及び②非都市部におけるクライス（郡）と、クライス所属ゲマインデ（市町村）とに区分される。このほかに、ゲマインデ連合（市町村連合）等がある。ゲマインデ連合等には、ザムトゲマインデやアムト（市町村小連合）、ツベックフェアバント（目的連合）があり、また、ラントシャフツフェアバント等（市町村大連合）が存在する。ゲマインデ連合等は、ゲマインデが小規模なためその事務事業の実施が困難な場合又は個々のゲマインデ等を超えたより広い領域や特別市若しくはクライスの区域を含む領域での事業の実施がより効果的である場合に、構成ゲマインデ等に代わって、その業務を遂行する。なお、バイエルン州においては、クライスの上にベツィルケ（都市連合区）が存在し、特別市を含む全域が七つのベツィルケに区分されている。このため同州の地方制度は三層制（特別市域は二層制）となっている。

第二次世界大戦後、西ドイツの各州では、地方自治体の規模能力の向上や都市住民の生活圏の拡大への対応を目的として、ゲマインデやクライスの大規模な区域改革が行われたが、その手法は、統一ゲマインデ方式（合併）、ゲマインデ連合を活用する方式など州によって異なる方式がとられた。その結果、ゲマインデについて、その数は概ね三分の一に減少した。東西ドイツの統一後、旧東ドイツ地域においては、クライスの区域改革が進められたと同時に、ゲマインデについても二〇〇二年頃から合併が進み、その数は二〇〇二年の四六四二から二〇一〇年には二八七九まで減少した。とりわけザクセン・アンハルト州においては、ゲマインデ数が二〇〇八年の一〇一二から二〇一〇年には二一九まで減少した。結果として、ドイツ全体のゲマインデの数は二〇一五年一万一〇九二となり一九九五年から約二四％減少した。

また、近年の地方自治体の必要事務の増大や東西ドイツ統一に伴う財政状況の悪化は、ドイツの地方自治の危機と認識されているが、これに対処するため、組織改革や業務の民営化、住民指向・顧客指向の行政の実現等に取り組む地方自治体が多くなっている。

旧東ドイツ地域には、東西統一に伴って五つの州が設置され、概ね旧西ドイツ地域と同様の地方制度が設けられている。

2 主要な地方団体

ここでは、地方自治体のうち、代表的なゲマインデとクライスについて概説する。

(1) ゲマインデ(市町村)

ゲマインデは、基本法に規定される基礎的な地方自治体であり、強い自治権を保障されている。ゲマインデは、基本法により、法律の範囲内で「地域的共同体」に関するすべての事項を自己の責任により規律する権利を保障されており、その事務・権限の範囲は普遍的かつ包括的である。また、ゲマインデには多くの事務が委任されており、連邦法及び州法の施行に当たっている。

ゲマインデの内部組織の形態は、各州の伝統や第二次世界大戦後の占領国の影響等によりそれぞれ異なるが、立法機関と執行機関の分立や機能分担の観点から、概ね、①参事会制、②首長制、③北ドイツ評議会制、④南ドイツ評議会制等に分類されてきたが、一九九〇年代以降、ゲマインデの長の直接公選制が拡大し、今日においては、都市州を除き、全州がゲマインデの長の直接公選制を採用することとなっていることから、この類型の意義はなくなったとも言われている。ただし、議会と長の関係については、差異がみられる。なお、基本法に基づく総会制(我が国の町村総会(自治法九四)に類似する。)をとる団体も一部にみられる。

(2) クライス(郡)

クライスは、ゲマインデの連合体であると同時に、それ自体が地方自治体であり、区域内にクライス所属ゲマインデを包括している。クライスは、ゲマインデの区域を超える広域的事務やゲマインデに対する補完的事務、調整的事務等を処理しており、我が国の都道府県と類似する役割(自治法二V参照)を担っている。また、クライスは、ゲマインデと州の中間に位置する州の下級行政官庁としての顔もあり、連邦及び州の委任事務を処理している。

クライスには、通常、①議決機関・代表機関である議会、②合議制の執行機関である委員会、③執行機関であり、かつ国の行政官庁でもある首長、実質的な執行機関となるクライス行政長等の内部組織が置かれる。

四　フランス

１　概　要

フランスは、大統領を元首とする共和制の国家である。同国は、一九世紀初めにナポレオンにより整備された中央集権的な地方制度を基本的には長く維持し続けてきた。この伝統的な制度の改革を積極的に進めたのは、一九八一年に誕生したミッテラン政権である。その翌年には、いわゆる「地方分権法」が制定され、その後一九八五年頃までに多くの法律や政令が制定されて、改革の具体化が進められた。

二〇〇三年、シラク政権の下において、地方分権を推進するための憲法改正が行われ、フランス共和国の組織は「地方分権的とする」という規定が加えられ、地方行政命令（行政立法）権（pouvoir réglemetaire 我が国の条例に相当するものも含む。）を有することを明文化し、法律の定める限度内において地方税の税率のみならず課税標準の決定権も地方自治体に認め、地方自治体に固有な税収及びその他の収入は、どのカテゴリーの地方自治体においても財源全体の決定的部分を占めるものとすることなどについて規定された。この憲法の改正規定に基づく法律（組織法律及び普通の法律）の制定が進められ、二〇〇三年八月、「地方住民投票に関する組織法律」及び「地方団体による『実験』に関する組織法律」が、二〇〇四年七月及び八月、「地方団体の財政自治に関する組織法律」及び「地方公共団体への権限移譲を図るための法律（「地方の自由と責任に関する法律」）が、それぞれ制定された。

また、近年、市民参加の充実、民主的コントロールの強化、広域行政組織の拡充、近隣民主主義などの面において種々の改革が進められている。一九九二年、「共和国の地方行政に関する一九九二年二月六日指針法」が制定され、諮問型住民投票制度の導入、地方議会の運営の合理化等、広域行政組織の強化拡充などについての改革が行われた。二〇〇二年、「近隣民主主義に関する二〇〇二年二月二七日法」が制定され、地方議員への立候補及び議員活動を容易にする施策、地方議会の機能の向上、地区協議会の設置、大規模プロジェクトの計画過程における住民参加に関する制度の整備、大都市（パリ、リヨン、マルセイユ）の区長及び区議会の権限強化などについて改革が行われた。なお、上述した二〇〇三年の憲法改正において、法律の定めるところにより、（意思）決定型住民投票制度を導入することができることとされた。

現行の地方制度の下において、地方自治体としての地位を有するのは、コミューン、デパルトマン（県）及びレジオン（州）である。フランス国内には、最も広域のレジオンが、パリとその周辺地域からなるイル・ド・フランスを含めて本土に一三（二〇一六年に二二から減少。後述）、デパルトマンが九六あるが、基礎的自治体であるコミューンの数は約三万五〇〇〇余（二〇一五年から二年間で約一〇〇〇減少している。後述）に及び、さらにその約八五％が人口二〇〇〇人未満の小規模団体であって、このように基礎的地方自治体の規模が極めて小さいことがフランスの地方制度の大きな特色となっている。

このように、フランスの大多数のコミューンの規模は極めて小さく、そのほとんどの行財政基盤が弱いことから、コミューンのレベルでの広域行政システムの整備が進められてきた結果、我が国の事務組合（一部事務組合（自治法二八四Ⅱ）等に対応するもの及び混成事務組合）、コミューン共同体（市町村共同体）、都市（圏）共同体、大都市共同体、メトロポールの制度が導入されてきた。コミューン共同体、都市（圏）共同体、大都市共同体、メトロポールは、課税権を有し、これらの課税権を有するタイプの広域行政組織（広域連合体。以下同じ）には、コミューン数の約九九・九九％が参加している。なお、かつて、コミューン合併の促進にも何度も取り組まれたが、大きな成果は上がっていなかった。その背景には、強い共同体意識、保守・革新勢力の対立、地方の有力者の抵抗等があるとされている。二〇一五年から二年間、合併コミューンに対して交付金減額措置を停止する政策などがとられたことなどから、従来定着していたコミューン数三万六〇〇〇から三万を割ることとなった。

フランスの地方団体が実質的に四層（コミューン、広域行政組織、デパルトマン（県）、レジオン（州））になっていることについては、過剰であるということから、二〇〇八年一〇月、サルコジ政権の下、地方団体改革委員会（座長　バラデュール元首相）を設置した。同委員会は、二〇〇九年三月、レジオン（州）を削減する（約一五まで）、デパルトマン（県）の自発的統合を促進する、広域行政組織を二〇一四年までにコミューン間に完成させる、広域行政組織（共同体）を強化し、一般的（包括的）権限を有する自治体は、コミューン及び広域行政組織だけとするなどの答申をした。この答申の後、関係法律が国会に提出され、国会での修正などを経て、二〇一〇年一二月に、地方公共団体改革法等が成立し、公布された。この改革には、課税権のある広域行政組織にコミューンが加盟することを全フランスに貫徹すること、コミューンと広域行政組織の議員の共同選挙を導入すること（結果として、広域行政組織の議員も構成団体により選任されるのではなく、直接選挙されることとなる。）大都市地域にメトロポール制度（複数のコミューンから構成される圏域内人口当初五〇万人以上（その後四〇万以上とされ現在更に緩和されている。））の導入や大都市拠点制度（圏域人口三〇万以上で同圏を構成する広域行政組織の一つ以上が人口一五万人以上）の導入をすること、レジオン（州）とデパルトマン（県）の一般的権限を見直し、一般的権限を有するのは、コミューン（市町村）と広域行政組織だけとすること、州県兼任議員制度を創設すること、地方公共団体の合併・再編を推進すること（コミューン、州、県における自発的な合併・再編の推進等）などが盛り込まれた。オランド政権になってこれらの改革についての見直しが進められ、その結果、州及び県の一般的権限は存置されることとなり（二〇一四年、地方行政の現代化とメトロポールの確立に関する法律）、州の権限について二〇一三年に法案が提出され、州の権限の一部が強化されたが、二〇一五年、「共和国の国土の新しい編成に関する法律（地方行政機構改革法（通称〝ノートル法〟））により、州及び県の一般的権限が再廃止されることとなったことに伴い、各階層の地方公共団体の権限が明確にされる方向になった。

一方で、州の数を二二から一三に削減する法律が成立した（二〇一五年州再編・統合法）。また、メトロポール制度は、特別型としてパリ、リヨン、マルセイユが、一般型として圏域人口六五万人以上の都市圏において人口四〇万人以上のメトロポールを創設することとされた（二〇一四年上掲法律）。二〇一七年に設立要件の緩和が図られ、三つのメトロポールが誕生し、更に新たなメトロポールが誕生する見込みである。州と県の兼任議員制度について、兼任議員制度が廃止され、県議会議員の選挙制度が見直された（二〇一三年地方議会議員法）。

フランスにおいては、地方自治体の長（メール）や議員が国民議会議員と兼ねることができ、現に多くの兼職がみられる。この兼職については、二〇〇〇年の法改正によって、国会議員は、レジオン、デパルトマン、コミューンの議員（結果としてメール（長）についても）のうち、いずれか一つとしか兼職できないこととされた（人口三五〇〇人（現在一〇〇〇人）未満のコミューンに関しては制限はない。）。

国会議員と自治体の公選職との兼職の禁止を強化することについて二〇一四年一月に法案が可決したが、憲法院に異議申立てが付託され、憲法院は、合憲性について確認をした。国民議会議員又は上院議員と地方の首長・副首長との兼職が二〇一七年四月から禁止された。

二〇一七年（五・六月）の大統領選挙でマクロン政権が誕生した。

2　主要な地方団体

(1)　コミューン

コミューンの事務・権限は、住民に最も身近な行政主体として担当するものであるが、分権改革により、都市計画等の策定や建築許可の権限もコミューンに委譲されている。また、従前国は、行政の統一を図るため、コミューンに対して「後見監督」という強い事前の統制権を行使できるとされていたが、この制度も分権改革により廃止され、事後監督（事後的統制）を行うこととされている。

コミューンには、①議決機関である議会、②執行機関であるメール（長）、③メール（長）を補助する〝助役〟等の内部組織が置かれるが、このうち議会の議員は住民により選挙されている。メール（長）は、議員の中から互選される。〝助役〟も議員の中から選任される。

首都パリについては、他の地域とは別の制度が設けられている。首都パリについては、まったく同一の区域にコミューンたる「パリ市」とデパルトマンたる「パリ県」が設けられている。したがって、一つの議会「パリ議会」が市議会と県議会を兼ね、一人の議会議長がパリ市長とパリ県の長を兼ねている。なお、パリ市と周辺の七つのデパルトマンの区域をもってレジオンたるイル・ド・フランス州とされている。

また、パリ、リヨン、マルセイユの三大都市については、「特別区」が設けられ、各区ごとに「区議会」と「区長」が置かれている。区議会議員は、区全域を選挙区とした選挙で選ばれる（上位三分の一の者は、市議会議員を兼務する。）。

(2) デパルトマン（県）

デパルトマンの事務・権限のうち最も重要なものは社会福祉に関するものであり、福祉施設の設置・運営も担当している。

従前は、デパルトマンの執行機関として、中央政府の任命による官選知事（プレフェ）が置かれ、フランスの地方制度の特色の一つとされていたが、一九八二年の分権改革により、従前の知事の権限のうち地方自治体としての事務に係るものは自治体としてのデパルトマンに移管された。国の機関としての権限・事務は、引き続き中央政府が任命する地方長官に委ねられることとなり、デパルトマンは、完全な地方自治体となった。オランド大統領は、州の再編・統合の強化と広域行政組織の拡充に伴いデパルトマンは消滅する方向にあるとし、それは段階的に実施されるべきだとして、県の多くの権限を州に移管する等の法案が国会に提出されたが、県から州へ移管されたのは交通事務権限といった事務に留まった。マクロン大統領は、県の数を減らすことを表明していた。

首都パリについては上述したところである。

(3) レジオン(州)

レジオンの制度の起源は、一九六〇年に複数のデパルトマンを統合した区画として設定された地域経済圏にあるが、一九七二年の制度改革により、レジオンは、地方自治体ではない「公施設法人」(特定の公役務を国又は地方自治体の一般行政から区分して管理・運営する法人)とされ、国会議員及び地方自治体の議会議員の代表からなる評議会と中央政府の任命による知事により管理運営されてきた。一九八二年の分権改革により、レジオンの「完全な地方自治体化」が図られることとなり、新制度においては、地方自治体としてのレジオンの事務・権限は、議会が意思決定し、議長(プレジダン。議会議員の互選により選出される。)の指揮監督の下で執行されることとなった。レジオンの主要な事務・権限は、広域の経済計画や国土開発計画に関するものであるが、近年、職業訓練に係る事務権限、公共交通の連携に関する事務権限、高校の管理運営などにも拡充されている。

同時に、各レジオンには中央政府の任命によるレジオン地方長官が置かれ、レジオンにおける中央政府の立場を代表することとなったが、通常、レジオン地方長官は、州庁所在地であるデパルトマンの区域の地方長官が兼任することとされている。なお、上述した二〇〇三年の憲法改正により、レジオンは憲法上の地方自治体とされた。

五 スウェーデン

1 概要

北欧諸国の中からスウェーデンを取り上げる。同国は、立憲君主制をとる単一国家であり、世界でも最も進んだ福祉国家の一つであるといわれている。

地方制度の構造や地方自治体の種類は、国の地方自治法により定められており、基礎的地方自治体であるコミューンと広域のランスティング（県。以下同じ。）又はレギオン（ランスティングに代わる新たな広域行政組織。後述）からなる二層制の地方制度を基本としている。ただし、ゴットランドにおいては一層制の地方制度がとられており、また、首都ストックホルムの地域には、特別法に基づく首都行政制度が設けられている。コミューンは二九〇、ランスティング又はレギオンは二一（ランスティング七、レギオン一四（レギオン業務も行うコミュニティであるゴットランドを含む。））あるが、コミューンの数や規模は、第二次世界大戦後の二次にわたる大合併を経て現在に至っている。

なお、スウェーデンの伝統的な自治単位として約二六〇〇の教区が存在している。伝統的な教区は、一八六二年制定の地方自治令（一八八六年に法律に昇格）により、その機能は二分されて、宗教的事項を処理する教区と区分された地方自治体としての制度が創設された。近年まで教区は、教会や墓地の維持管理等を行ってきたが、現在では「信仰のための共同体」という位置付けになっている。

近年、スウェーデンでは、地方分権化をめざして先進的な取り組みが行われてきた。

先に述べた地区委員会制度の創設のほか、一九八四年から、一定の地方自治体に対して組織の自由化や国による監督の緩和を認める「フリーコミューン」の実験が行われ、その成果は、一九九一年の地方自治法改正によってすべてのコミューンとランスティングについて制度化されるとともに、補助金の分野においても、多くの特定目的の補助金を廃止し、一般補助金を拡充するという制度改革が実施された。また、総合的な高齢者対策の実施の観点から、老人医療に関するランスティングの権限を委譲し、コミューンにおいて老人医療と老人福祉を統合して運営するための制度改革（エーデルリフォルム。一九九二年）等も実現されている。

近年、ランスティングを廃止して、全国にレギオンという新たな広域行政組織（地域政策、交通インフラの長期計画等の国の地方行政庁であるレーンが所管する権限の移譲を受ける。）を設置することについて、政府はレギオン実験に関する調査委員会を設けて検討し、実験を続けた。二〇〇七年（一〇月）、委員会は、現行のランスティングを廃止し、全国に六～九のレギオンを設置すること、第一段階として二〇一〇年の選挙から導入され、遅くとも二〇一四年までに現在のランスティング及び国の地方行政庁であるレーンがレギオンに再編され、二〇一五年から全国的にレギオン制に移行することなどとした報告書を提出した。同時に、複数のランスティングを統合する形で実験が行われた二つのレギオンについて二〇一〇年までレギオン実験が延長された。二〇〇六年に政権交代があった。新政権は、レギオン制について、二つのレギオン実験は恒久化する、他の二つのレギオンへの移行を認める、現在行われているレギオンへの移行の申請について検討するという三つの決定を発表し、これに基づき二〇一一年にレギオンは四つとなった。申請中のもの及び新たに申請があったものについては、二〇〇九年にいったん申請を却下したうえで、新たな調査が開始され、二〇一二年一二月に委員会から報告書が提出され、二一のランスティングを一一に統合するなどが提言された。しかし、二〇一四年に成立した社会民主労働党連立政権がランスティングの統合には消極的であったこともあり、最初の二つのレギオンを除き統合は実現していない。一方、従前のランスティングの領域を引き継ぐ形でのレギオンへの移行は進み、レギオン数は、二〇一五年に一〇、二〇一七年には一四と増加している。

2　主要な地方団体

(1)　コミューン

コミューンの大合併（一九五二年、一九六二～一九七四年）は、福祉国家の建設に向けて、すべての国民が居住地にかかわりなく等しく社会福祉サービスを受けられるよう、地域の総合行政主体であるコミューンの行財政基盤を確立するという理念の下に実施されたもので、こうした地方自治体の再編の動きは、北欧諸国に共通してみられるものである。

コミューンの事務・権限は多岐にわたっており、社会福祉、公衆衛生、教育、地域発展計画とこれに基づく道路・住宅の建設、消防等の行政分野に係るもののほか、各種の公営事業（電気、ガス、水道、港湾管理等）の経営等も担当している。

コミューンには、意思決定機関として公選の議員からなる議会が置かれ、議会には、その決定を執行したり、議会で審議される案件の準備を行う執行委員会（各党の議席に比例して選任される委員により構成。委員は議員以外でもよい。）や特定の行政分野を所管する委員会（議会議員と議会が任命する専門委員より構成）が設置されている。執行委員会は、各委員会の活動の総体としての調整を行うほか、予算編成及び執行管理等も行う。執行委員会の委員長は市長と呼ばれる。執行委員会及び各委員会の下には、それぞれ関係事務の具体的な処理に当たる事務部門が置かれている。さらに、一九七九年より、コミューンを狭域の地区に分割して地区委員会を設け、各種の行政サービスを、地区の実情を反映させて総合的に実施することができるようになった。コミューンの数は、二〇一七年現在二九〇（二〇〇三年から変更なし）である。

(2) ランスティング（県）

ランスティング（県）は、広域の地方自治体として、保健・医療、救急、社会教育・文化、産業振興等の分野を担当しているが、特に保健・医療に係る行政のウェイトが高くなっている。ランスティング（県）の内部組織の構成は、コミューンと類似しており、公選の議員からなる議会の下に、執行委員会と特定の行政分野を所管する委員会が置かれている。なお、ランスティング（県）と同一の地域区分を単位として、原則として国の地方行政庁（レーン）が存在し、主として、警察行政や租税の賦課徴収、地方自治体に対する指導監督等を行っている

六　地方自治のグローバル化の動向

地方自治の進展、あるいは地方分権の推進をめぐっては、グローバル化の動向について、留意しておく必要がある。様々な分野におけるグローバル化やボーダレス化の動きは、冷戦構造の終結ともあいまって一層加速されており、国家の間の「垣根」はどんどん低くなっている。もとより地方自治の制度やその改革の動向については、各国それぞれの事情によって大きな差異があるため、世界的な視野において一定の方向性を決めつけるわけにはいかないが、地方自治の進展や地方分権の推進をめぐっても、グローバル化が進行しているといえる。

特に顕著な事例としては、ヨーロッパから始まり、世界的な動きに展開しつつある「世界地方自治憲章」の制定をめざす取り組みを挙げることができよう。

一九八五年（昭和六〇年）、ヨーロッパ評議会（Council of Europe）の閣僚会議は、かねてから論議が続けられていた「ヨーロッパ地方自治憲章（European Charter of Local Self-Government）」を国際協定として採択した（一九八八年発効）が、同年（一九八五年）リオデジャネイロで開かれた国際自治体連合（The International Union of Local Authorities：ＩＵＬＡ）の世界大会は、「ヨーロッパ地方自治憲章」を基礎とし、これを一層普遍化した「世界地方自治宣言（World-Wide Declaration of Local Self-Government）」を採択して、国際連合に送付した。国際連合においては、これを経済社会理事会（ＥＣＯＳＯＣ）において議題とすることを採択した（一九八七年）。また、同宣言は、一九九三年にトロントで開かれた国際自治体連合の世界大会において、一九八五年以降の状況の変化（特に、東西冷戦が終結したこと）を踏まえて改訂され、再び宣言として採択されている。

この「世界地方自治宣言」は、その前文において、次のように述べている。

「住民が帰属意識と責任感を感ずることができる調和のとれた地域社会の創造のために最良の条件を提供できるのは地域レベルであることを考慮し、地方自治体を強化することは、より効果的で民主的な公共政策を保証することによって、国全体を強化することであることを強調し、分権化された意思決定は中央の混雑を緩和し、政府の行動を改善し迅速化すること、地方のイニシアティブを促すこと、創造的で革新的なエネルギーを誘発し、新しい制度に活力をもたらすこと、そして、いったん確立すれば、サービスと快適さが維持され、拡大される傾向があることを考慮し、より効果的で民主的なプロセスの達成とそれによる人々の社会的経済的福利の増進を望むすべての国にとって、標準となるべき『世界地方自治宣言』を、次のとおりあらためて宣言する。」

この「世界地方自治宣言」の本文には、「国等の地方自治体に対する監督の制限」（三条四項・七条）、「国政等に対する地方自治体の参加」（三条六項・九条二項）、「地方自治体と他国の地方自治体との連携」（一〇条）、「地方自治体の自治権に係る司法的救済措置」（一一条）等に関する規定が設けられており、我が国の今後の地方自治制度の改革の方向を考えるうえにおいても参考となるものである。

さらに、一九九八年には、「ヨーロッパ地方自治憲章」を模範として、国際連合の機関である国連人間居住センター（ハビタット）（United Nations Centre for Human Settlements：ＵＮＣＨＳ（Habitat）・二〇〇二年一月より、「国連人間居住計画」（UNハビタット）に改編）と世界都市・地方自治体協会（The World Association of Cities and Local Authorities Coordination：ＷＡＣＬＡＣ）の専門家の会合において、「世界地方自治憲章」（World Charter of Local Self-Government）の草案（第一次）が作成された。二〇〇〇年には第二次草案が作成され、各国に意見照会されたが、二〇〇一年の国連特別総会の準備会合における宣言文案の審議において反対意見があったことから宣言文案から削除され、同年の国連特別総会で審議されるに至らなかった。なお、「効果的な地方分権と地方公共団体の権限強化に関するすべての課題についての対話強化」ということについて宣言が行われた。

このように、地方自治のあり方について国連の機関も巻き込んで世界的な規模で議論が行われたことについては、地方自治のグローバル化という視点から注目されることである。

第二節　我が国の戦前の地方自治制度

この節から第四節までにおいては、我が国の地方自治制度の沿革を、①第二次世界大戦以前の旧地方自治制度の概要、②現行憲法下における地方自治制度の変遷、③このたびの地方分権改革と地方自治の動向について概観する。

一　明治維新と地方自治制度

我が国の近代的な地方自治制度は、明治維新とともに形成された。戊辰戦争中に新政府は、旧幕府領のうち要地を「府」、その他を「県」としたが、諸藩には藩制が残され、明治二年の版籍奉還により旧藩主を旧領地の知藩事に任命した。そして、明治四年の廃藩置県では藩を廃して「県」を置いた。これにより、全国を地方行政区画としての府県に分かち、国の官吏である府知事・県令（当初県知事ですぐ県令に改称し、明治一九年呼称を「知事」に一本化した。）を通じて支配する中央集権体制の基礎が築かれた。

同年には戸籍法が制定され、従来の町村の区域とはかかわりなく行政区画としての「区」を画し、区ごとに官選の戸長及び副戸長を置いた。戸長及び副戸長は、当初は戸籍事務のみを取り扱ったが、次第に一般の行政事務も処理するようになった。

次いで、明治一一年のいわゆる三新法（郡区町村編制法、府県会規則及び地方税規則）と明治一三年の区町村会法の制定により、実質的な地方自治制度が形成された。郡区町村編制法は、戸籍法に基づく区を廃し、府県の下に郡及び区（現在の市に当たる。）を分かち、郡の下に町村を置いたが、これらの区町村は、国の地方行政区画であるとともに、地方公共団体としての性格をも有していた。府県会規則は、府県に公選の議員からなる府県会を創設したが、府県会の権限は著しく制限されていた。また、地方税規則（府県税及民費ノ名ヲ以テ徴収セル府県費区費ヲ地方税ト改メ規則ヲ定ム（地方税規則））は、地方税の徴収規則ともいうべきもので、併せて、府県に一定の地方公共団体としての性格を付与した。さらに、区町村会法により、区町村に公選の議員からなる区町村会が設けられた。

二　旧地方自治制度の確立

1　市制町村制の制定

三新法等の制定により、一応地方自治制度の基礎は確立されたが、明治一四年に、明治二三年を期して国会を開設すべき旨の勅諭が発せられると、立憲国家における近代的な地方自治制度を整備する必要性が生じた。地方自治制度については、山県有朋が中心となって地方制度編纂委員会を設置し、プロイセンの制度をモデルとして審議検討が行われた。

明治二一年に、市制町村制が制定された。

同法は、「隣保団結ノ旧慣ヲ尊重シテ」（上諭）「自治及分権ノ原則ヲ実施」するため「政府ノ事務ヲ地方ニ分任シ、又人民ヲシテ之ニ参与セシメル」（理由書）という地方自治の精神に一応立脚するものであった。また、同法によって、一定の資格を有する者が「公民」とされ、市町村の選挙に参与するとともに、市町村の名誉職を分担することが、その権利及び義務とされた。

市町村会は、選挙による名誉職の議員により組織されたが、執行機関としては、市には市長及び参事会を置き、町村には町村長を置いた。市長は市会の推薦した候補者のうちから内務大臣が選任し、参事会は市長並びに市会の選挙する助役及び名誉職参事会員により組織された。町村長は、町村会が府県知事の認可を得て選挙することとされた。

市町村には、国から独立した人格が認められ、市町村に関する事件及び法令により委任された事務を処理するものとされたが、その自律性は強いものとはいえず、市にあっては府県知事及び内務大臣の監督を、町村にあってはそのほか郡長の監督を受け、かつ、その監督権の内容は極めて強いものであった。すなわち、内務大臣には市町村会の解散、予算強制等の権限が認められ、また、府県知事及び郡長は、市町村長、助役等の懲戒処分を行うほか、市町村の条例制定や起債等についてもその許可を要することとされていた。

市制は、当時人口二万五〇〇〇以上の市街地に施行されたが、東京、京都及び大阪の三市には、府知事と書記官が市長や助役の職務を行う等の府市を一体とする特例が適用された。

また、明治二二年の市制町村制の施行に先立って、その基盤を整備するため、全国的な規模による町村の合併（いわゆる「明治の大合併」）が実施され、当時七万余存した町村の数は、この大合併によって約五分の一に減少した。

2 府県制及び郡制の制定

市制町村制の施行に続いて、明治二三年に、府県制及び郡制が制定された。

府県の制度は、概ね市町村の制度と同様に定められたが、府県及び郡は、本来府県知事及び郡長の所轄する国の行政区画であり、それが同時に地方公共団体の区域とされたものである。その執行機関には、国の官吏である府県知事及び郡長が充てられ、その主要な補助機関も国の官吏により構成されていた。また、国の地方行政官庁としての府県知事は、地方官官制に基づき、その権限に属する国の事務を処理するほか、包括的に部内の行政事務（公権力をもって、義務を課し、権利を制限し、自由を規制するような内容を有する事務）を処理し、府県令を発するなど広範かつ強力な権限を有した。

他方、府県会は、選挙による名誉職の議員により組織され、法令に定める事項を議決することとされた。選挙は複選制により、市においては市会と市参事会が、郡においては郡会と郡参事会が、それぞれ府県会議員を選挙した。このように、府県は、地方公共団体としても国の監督を受ける範囲が広く、また、議会に対して執行機関が優位に立っていた。

府県は、明治四年の廃藩置県以来、区域の変遷を重ねたが、府県制の施行当時には、三府四三県とほぼ現在の姿になっていた。なお、北海道については、明治三四年に北海道会法及び北海道地方費法が制定され、府県と異なる取扱いが定められたが、その後、府県制の規定の大部分を準用することとされ、府県とほぼ同様の地方公共団体となった。

三　旧地方自治制度の展開

明治期、大正期を経て昭和四年に至る期間は、市制町村制並びに府県制及び郡制の制定によって確立された旧地方自治制度が、各制度の施行の経験と実績や大正デモクラシーの潮流を受けて、さらに近代的・民主的なものへと展開をした時期であったといえよう。

市制町村制は、明治四四年の全面改正により、「市制」と「町村制」という別個の法律となった。この改正では、市長及び議員の任期を六年から四年に改め、市参事会を副議決機関とし、市長を独任制の執行機関として位置付けるとともに、市町村の事務と市町村長の職務権限を明確にした。

また、府県制は、明治三二年に全面改正された。この改正では、府県が法人であることを明記し、その事務の範囲を明確にするとともに、議員選挙の複選制を廃止して直接選挙制に改め、府県会には年一回の通常会を設けることとした。

その後、大正一〇年の改正により市町村議員の選挙について公民権が拡大し、翌大正一一年には府県の議員の選挙について選挙権及び被選挙権が拡大された。大正一五年には、市町村及び府県の議員の選挙について普通選挙が実現した。同時に、市長を市会で選挙することとし、町村議会での町村長選挙に係る府県知事の認可を廃止するなど府県及び市町村に対する国の監督権が緩和され、許認可事項が整理された。また、昭和四年には、府県会及び市町村会を通じて議員の発案権を認め、府県知事又は市町村長の原案執行権の制限を強化することなどにより議会の権限を強化し、さらに、府県について条例・規則の制定権を規定した。

なお、郡制については、次第にその機能を縮小し、大正一二年に地方団体としての郡は廃止され、さらに大正一五年には、国の行政機関としての郡長及び郡役所の制度も廃止されて、以後、郡は単なる地理的な区域の名称にすぎなくなった。

四　旧地方自治制度の衰退と中央統制の強化

明治、大正の時代を通じて展開されてきた旧地方自治制度であったが、昭和の初期以降における政党政治の崩壊や軍国主義的風潮の強まりの影響を受けて次第に衰退し、我が国の戦時体制の中で、中央政府による強い統制の下に置かれることとなった。

昭和一八年には、市制及び町村制並びに府県制が改正され、市町村会の議決事項を制限し、市長は市会の推薦した者につき内務大臣が任命し、町村長の選挙については府県知事の認可を要することに改めるなど、地方自治に対する中央統制が強化された。また、同年に東京都制が制定され、従来の東京府と東京市を合体し、東京都は、国の官吏である都長官が統轄することとされた。

第三節　現行憲法下の地方自治制度

一　現行地方自治制度の創設

ポツダム宣言受諾による第二次世界大戦終結の後、我が国の政治・行政体制の民主化・自由化を実現するため、その基盤としての地方自治制度の抜本的な改革が実施された。

憲法の制定に先立ち、昭和二一年に東京都制、府県制、市制及び町村制の改正等が行われた。その改正内容は多岐にわたるが、府県知事等の直接公選制の実施、女性への参政権の付与、直接請求制度の導入、選挙管理委員会及び監査委員の設置等の改革が実現した。

日本国憲法は、昭和二一年一一月三日に公布され、新たに「第八章　地方自治」が設けられて、九二条から九五条までの規定が置かれた（昭和二二年五月三日施行）。

地方自治法は、昭和二二年四月一七日に公布され、憲法施行の日から施行された。地方自治法は、従前の東京都制、道府県制（昭和二一年の改正で北海道に府県制が施行されていた）、市制、町村制等の規定を統合するとともに、地方行政の民主化をさらに徹底し、地方公共団体の自主性及び自律性の強化、地方分権の徹底、行政執行の能率化と公正の確保等を実現するため、憲法九二条に基づき、憲法附属の法典というべき地方自治制度に関する基本法典として整備されたものである。

その後、地方自治法については、地方公共団体の自主性・自律性を一層強化するため、あるいは同法施行後の制度運用の経験や反省等を踏まえて、改正が重ねられてきたが、主なものは、次のとおりである。

○昭和二二年（一二月）改正　地方公共団体の事務として「行政事務」の追加、必要的条例事項及び条例による罰則の規定の整備、議会の調査権、予算増額修正に関する規定等の整備、職務執行命令訴訟制度の採用等

○昭和二三年改正　普通地方公共団体の事務の例示、議会の議決事項の追加、住民監査請求制度の創設等

これらの改正のうち、昭和二二年改正の「行政事務」の追加、必要的条例事項及び条例による罰則の規定の整備などは、同年五月三日施行の憲法の地方自治に関する規定を承け、その附属法典として同時に施行された当初の地方自治法と一体のものとしてそれを補完したということができるとともに、大きな意義を有するものであったといえる。

また、昭和二二年には、旧警察法及び消防組織法が制定され、自治体警察及び自治体消防の制度が創設されるとともに、昭和二三年には、教育委員会法の制定により、都道府県及び市町村に公選の委員より組織される教育委員会を置くこととされた。

昭和二三年には、地方財政法が制定され、地方財政の法秩序の確立が図られた。

昭和二四年、シャウプ使節団が来日し（昭和二四年と昭和二五年に来日）、地方公共団体の財政力の強化、行政事務の再配分等に関して勧告をした（昭和二四年勧告及び昭和二五年勧告）。財政力の強化については、地方公共団体の財源を充実する

こと、地方財政平衡交付金制度を設けること等を勧告し、行政事務の再配分については、「行政責任明確化の原則」「能率化の原則」「地方自治尊重の原則（地方公共団体優先の原則）及び市町村優先の原則」を一般的原則としてあげている。そして、昭和二五年、地方税制の改革が行われ、地方財政平衡交付金制度が創設された。さらに、シャウプ勧告の具体化を調査研究し、勧告をするため、昭和二四年暮には地方行政調査委員会議（いわゆる「神戸委員会」）が設置され、同委員会議は、昭和二五年に「国庫補助金等の改正に関する勧告」と「行政事務再配分に関する勧告」を、昭和二六年に「行政事務再配分に関する第二次勧告」を行った。

しかし、シャウプ勧告及びこれを受けた行政調査委員会議の勧告（神戸勧告）は、当時国際政治の冷戦の激化、朝鮮戦争の勃発を契機とした連合国の日本管理政策の転換等により、結局その多くが棚上げされてしまった。

一方で、昭和二五年に上述したように地方税法が、また地方公務員法が制定され、これらにより、地方自治法、地方財政法、地方税法、地方公務員法といった現行の地方自治制度の根幹となっている法制が整えられた。

なお、昭和二五年には、直接請求手続に関する規定の整備、都道府県議会の事務局の設置等に係る地方自治法の改正が行われた。

二　我が国の実情に即した地方自治制度の確立

昭和二七年の対日講和条約の発効により、我が国は主権を回復したが、その後においては、地方自治制度を我が国の実情に即した簡素で能率的なものとするための一連の制度改革が行われた。この時期における自治法の改正としては、次のようなものがあった。

○昭和二七年改正　地方公共団体等に対する事務委任の根拠の法定と別表の創設、議会及び執行機関の組織及び運営の簡素化・能率化、協議会、事務の委託並びに機関及び職員等の共同設置といった共同処理方式の創設、特別区の区長の公

選制の廃止等
○昭和三一年改正　都道府県の事務及び都道府県と市町村の性格等の明確化、職員の派遣制度の創設、国の関与の方式の整備、特別市制度の廃止と指定都市制度の創設等
また、昭和二八年に町村合併促進法が、昭和三一年に新市町村建設促進法がそれぞれ制定され、いわゆる「昭和の大合併」が推進された。

さらに、昭和二九年の警察法の全部改正により市町村自治体警察の制度が廃止され、現行の都道府県警察制度に移行した。昭和三一年には地方教育行政の組織及び運営に関する法律（以下「地教行法」という。）が制定され、教育委員の公選制を廃止し、教育委員会の権限を明確にして、市町村立小中学校の教職員に係る人事権を都道府県教育委員会に移管するなど地方教育行政に関する制度の抜本的な改革が行われた。

地方財政制度関係では、昭和二七年に地方公営企業法が制定された。昭和二九年には地方財政平衡交付金制度が改編されて地方交付税制度が整備された。また、赤字団体の財政再建を促進するため、昭和三〇年に地方財政再建促進特別措置法が制定された。

三　地方自治制度の定着と展開

現行の地方自治制度は、自治法の昭和三一年改正を経て定着し、その後、社会経済情勢の変化に伴い、時代の要請に応える制度の改善とその運用の充実が図られていった。昭和三〇年代後半から、我が国の経済は高度成長期に入り、地方公共団体が広域行政や計画行政、地域開発等の推進の要請に対応できるよう、地方自治制度の改正が行われた。この時期における自治法の改正のうち主なものは、次のとおりである。
○昭和三六年改正　地方公共団体の協議会に関する制度の合理化等

○昭和三七年改正　選挙管理委員会の組織体制の整備
○昭和三八年改正　財務会計制度の抜本的な改革、地方開発事業団の制度の創設
○昭和三九年改正　都の事務の特別区への移譲、都区協議会制度の創設等の特別区制度の整備
○昭和四四年改正　市町村の基本構想に関する規定の整備等
○昭和四九年改正　特別区の区長公選制の採用などの都区制度の整備、複合的一部事務組合の制度の創設等

また、昭和三七年には、市の合併の特例に関する法律と住居表示に関する法律が、昭和四〇年には、市町村の合併の特例に関する法律（以下「市町村合併特例法」という。）と地方公共団体の議会の解散に関する特例法が、昭和四二年には、住民基本台帳法がそれぞれ制定されている。

なお、自治法については、昭和五〇年以降は、昭和六一年の公有地への土地信託制度の導入のための改正と昭和六三年の土曜閉庁方式による週休二日制の導入のための改正が行われたのみであった。

第四節　地方分権改革と地方自治制度の見直し

一　相次ぐ地方自治法等の改正と地方分権の動向

オイルショックを経て、特に平成の時代に入ると、我が国が成熟社会を迎えたことから、国民がゆとりと豊かさを実感できる社会を実現するためには、各地域においてそれぞれの個性を生かした多様性のある地域づくりを推進することが重要であるとの認識が高まった。そして、これまでの中央集権的な政治・行政のあり方を問い直し、地方分権を実現することが、我が国の重要な政策課題の一つとされるようになった。

平成三年には、昭和四九年以来一七年ぶりに地方自治法の多くの改正が行われた。その主な内容は、①機関委任事務に

対する議会及び監査委員の権限の拡充、②職務執行命令訴訟制度の見直し、③議会に係る参考人制度及び議会運営委員会制度の法定化、④監査委員制度の整備、⑤公の施設の管理委託の制度の整備、⑥地縁による団体に対する権利能力の付与等であり、昭和四九年以降の社会経済情勢の変化に応えるもののほか、機関委任事務制度の見直しや議会制度の改革など地方分権の動向を先取りするものであった。

次いで、自治法の平成三年の改正により、都道府県の局部の例示を廃止するとともに、平成五年、議員提案による改正により、地方公共団体の長又は議会議長の全国的連合組織の意見提出権の法定化が行われた。

また、同法の平成六年改正では、①中核市制度の創設、②広域連合制度の創設、③直接請求に係る代筆署名制度の整備、④住民訴訟の被告職員勝訴の場合の弁護士報酬の負担制度の創設等が行われた。さらに、平成九年改正では、①外部監査制度の創設、②監査委員制度の充実、③都道府県の局部設置に係る協議制度の見直しが行われた。

なお、市町村の合併について、平成七年に、合併協議会の設置に係る直接請求制度の創設等を内容とする市町村合併特例法（旧市町村合併特例法）の改正が行われ、期限が一〇年延長された。

平成一〇年の自治法の改正では、特別区制度の改革が行われた。その内容は、都と特別区との役割分担の原則の規定を設けることと相俟って、特別区を基礎的な地方公共団体として位置付け、特別区の存する区域を通じて都が一体的に処理するものとされているものを除き、一般的に、市町村が処理するものとされている事務を特別区が処理することとし（自治法二八一の二Ⅱ）、一般廃棄物の処理を特別区の事務とすることをはじめ、可能な限りの事務を特別区に配分することとしたものである。また、都と特別区及び特別区間の調整に関する制度も所要の改正が行われた。

二　地方分権推進法の制定と地方分権改革の展開

近年進められてきている地方分権改革は、明治期以来の「中央集権型政治・行政システム」を新しい「地方分権型政治・

行政システム」に転換しようとするものであり、我が国の政治や行政の基本構造をその根本から大きく変革しようとするものであって、それは、明治維新及び戦後改革に次ぐ「第三の改革」というべきものの一環であるとみられている（平成八年地方分権推進委員会「中間報告」及び平成八年地方分権推進委員会「第一次勧告」参照）。

平成五年六月、衆参両院において、我が国の憲政史上初めての「地方分権の推進に関する決議」が全会一致で行われた。また、同年一〇月には、臨時行政改革推進審議会（第三次行革審）が最終答申において、抜本的な地方分権の必要性を明らかにし、国と地方の役割分担の本格的な見直し、国からの権限移管等の推進、地方公共団体の財政基盤の強化、自立的な地方行政体制の確立、地方分権に関する立法化の推進等について提言を行った。

さらに、平成六年九月には、地方六団体（全国知事会、全国都道府県議会議長会、全国市長会、全国市議会議長会、全国町村会及び全国町村議会議長会）から「地方分権の推進に関する意見書」が内閣及び国会に提出された。政府は、これらの動きを踏まえて、同年一二月に「地方分権の推進に関する大綱方針」を閣議決定し、地方分権の推進に関する基本理念と基本方針を明らかにするとともに、法律の制定をめざすこととした。

地方分権推進法は、平成七年五月に五年間の限時法として制定され、平成七年七月から施行された（平成一二年五月の改正により、さらに一年間延長）。

同法は、地方分権に関する基本理念、国及び地方公共団体の責務等を明らかにするとともに、地方分権の推進に関する基本方針として、①国と地方公共団体との役割分担、②地方分権の推進に関する国の施策、③地方税財源の充実確保及び④地方公共団体の行政体制の整備及び確立について規定していた。また、同法は、政府が地方分権推進計画を作成すること、地方分権推進委員会を設置し、同委員会は内閣総理大臣に地方分権推進計画の作成のための具体的な指針を勧告し、必要な意見を述べること等についても規定していた。

地方分権推進委員会は、平成七年七月に設置され、中間報告（平成八年三月）等を経て、五次にわたる勧告（平成八年一二月、平成九年七月、九月及び一〇月並びに平成一〇年一一月）を行った。そして、政府はこれらの勧告に基づき、平成一〇年五月に地方分権推進計画を、平成一一年三月に第二次地方分権推進計画をそれぞれ閣議決定した。

地方分権推進計画（平成一〇年五月）に掲げられた制度改革を実施するための法律案が、「地方分権の推進を図るための関係法律の整備等に関する法律（以下「地方分権一括法」という。）案」として平成一一年三月に国会に提出され、国会による一部修正を経て同年七月八日成立、七月一六日に公布され、原則として平成一二年四月一日から施行された。

地方分権一括法は、自治法等の四七五本の法律を一括して改正するもので、その条文は本則四七五か条、附則二五二か条からなる膨大なものである。地方分権一括法による自治法制の改正の内容も多岐にわたるが、その主なものは、①国及び地方公共団体が分担すべき役割の明確化、②機関委任事務制度の廃止とそれに関連する措置、③事務の種類の区分の再構成、④国における制度策定等の原則、立法の原則、特別配慮義務等の規定の整備並びに国等の関与等の類型化、関与の法定主義及び関与の基本原則（最小限度の原則、一般法主義の原則、特定の類型に係る関与の原則）の確立、関与等の見直し、関与等の手続、国等と地方公共団体との間の係争処理制度の創設等、国等と地方公共団体との関係の規律に関する制度の確立、⑤条例による事務処理の特例の制度の創設、⑥中核市の指定要件の緩和と特例市制度の創設、⑦地方公共団体の行政体制の整備・充実、⑧地方債制度の改革等である。

なお、平成一二年に、議会における政務調査費の交付の法定化、人口段階に応じた常任委員会の数の上限の廃止等を内容とする自治法の改正が行われた。

また、平成一四年の自治法等の改正により、①議会の解散並びに議員、長及び主要公務員の解職の請求等に必要な署名数に係る要件の緩和、②議会の議員の派遣、③監査手続等の改善、④住民監査請求について、違法であると思料するに足りる相当の理由があるものについての暫定的な行為の停止の勧告制度の導入等、⑤住民訴訟について、地方公共団体に代位して行う損害賠償の請求等（従来の「四号訴訟」）に代えて、長や職員である個人又は相手方に損害賠償の請求等をすることを地方公共団体の執行機関又は職員に対して求める請求をすることとするとともに、損害賠償の請求等を命ずる判決が確定した場合はその日から六〇日以内の日を期限として支払を請求しなければならないものとし、六〇日以内に支払われないときは、地方公共団体は訴訟を提起しなければならないものとする等の訴訟類型の再構成等、⑥中核市の要件について、人口五〇万以上を有する市に関する面積要件の廃止、などの改正が行われた。なお、同法による市町村合併特例法の改正により、同法による合併協議会設置請求について合併協議会設置協議に係る住民投票制度の導入、地方税の特例に関する事項の拡充等の改正が行われた。

三　さらなる地方分権の推進と地方自治制度の改革

平成一二年七月に期限が到来することとなっていた地方分権推進法は、期限が一年延長され、地方分権推進委員会は、平成一三年六月「最終報告」を内閣総理大臣に提出した。この最終報告は、残された改革課題として、「地方財政秩序の再構築」（税源配分を改め、地方税収入を充実することなど）「地方公共団体の事務に対する義務付け・枠付け等の緩和」「新たな地方自治の仕組みに関する検討」「事務事業の移譲」「制度規制の緩和と住民自治の拡充方策」「『地方自治の本旨』の具体化」を掲げている。地方分権推進法は、同年七月期限が到来したが、同時に「地方分権改革推進会議令」が制定され、三年間の期限の地方分権改革推進会議が設置された（内閣府本府組織令四〇の二・四〇の四・附則一〇）。同会議は、地方分権の一層の推進を図る観点から、国と地方公共団体との役割分担に応じた事務及び事業の在り方並びに税財源の配分の在り方、地方公共団体の行財政改革の推進等行政体制の整備その他の地方制度に関する重要事項で緊急に検討すべきものを調査審議することとされていた。同会議は、後述するような意見を提出して、平成一六年七月、期限が到来した。

また、平成一三年一一月、第二七次地方制度調査会が発足した。

平成一三年六月、経済財政諮問会議は、「今後の経済財政運営及び経済社会の構造改革に関する基本方針（いわゆる〝骨太方針〟）」を取りまとめ、閣議決定されたが、その中において、「個性ある地方の競争—自立した国・地方関係の確立」ということを掲げ、翌年（平成一四年）六月に取りまとめ、閣議決定された「経済財政運営と構造改革に関する基本方針二〇〇二（いわゆる〝骨太方針第二弾〟）」においては、「歳出の主要分野における構造改革」の一分野として「国と地方」が取り上げられ、「国庫補助金、交付税、税源移譲を含む税源配分のあり方を三位一体で検討し、……具体的な改革工程を含む改革案を、今後一年以内を目途にとりまとめる」こととされた。

平成一四年三月、地方自治法等の一部を改正する法律が成立したことについては上述したところである。

平成一四年一〇月、地方分権改革推進会議は「事務・事業の在り方に関する意見—自主・自立の地域社会をめざして—」を内閣総理大臣に提出した。

平成一五年三月、法人事業税に外形標準課税制度を導入し、平成一六年度から適用することとする地方税法の改正が成立した。

平成一五年五月、地方制度調査会は、三位一体改革について「地方税財政のあり方についての意見」を提出した。地方分権改革推進会議は、同年六月、「三位一体の改革についての意見」を提出したが、かなりの委員が反対又は記名を拒否する異例のものとなった。

平成一五年六月、上述した地方分権改革推進会議の意見等を踏まえた地方公共団体の内部組織に関する事項及び指定管理者制度の導入などの公の施設の管理に関する事項について自治法が改正された。

平成一五年六月、経済財政諮問会議は、「経済財政運営と構造改革に関する基本方針二〇〇三（いわゆる〝骨太方針二〇〇三〟）」を取りまとめ、閣議決定された。その中において「三位一体の改革の具体的な改革工程（「国庫補助負担金等整理合理化方針」（別紙２）を含む。）」が示された。その概要は、「改革と展望」の期間（平成一八年度まで）において（又は期間中に）、国庫補助負担金について、概ね四兆円程度を目途に廃止、縮減等の改革を行い、地方交付税について、総額を抑制し、財源保障機能を縮小し、不交付団体（市町村）の人口の割合を高めていくなどとし、税源移譲については、基幹税の充実を基本に行い、廃止する補助負担金の対象事業が引き続き実施される必要があるものについて義務的な事業については所要額の全額、その他のものは概ね八割程度を目安として移譲するというものであった。

以降の「三位一体の改革」の経緯と過程は、平成一六年度の予算編成に当たっての論議と国庫補助負担金の先行的な廃止・縮減等、平成一六年六月に閣議決定された「経済財政運営と構造改革に関する基本方針」（基本方針二〇〇四）における記述と同年八月の地方六団体の「国庫補助負担金等に関する改革案」の政府への提出、同年一一月の政府・与党の「三位一体の改革」に関する平成一八年までの改革の全体像についての合意と同年一二月の平成一七年度予算案への反映、平成一七年一一月の政府・与党の平成一八年度までの「三位一体の改革」に係る国庫補助負担金の改革及び税源移譲についての合意とそれを踏まえた平成一八年度の税制改革と予算編成（所得税から個人住民税への移譲は平成一九年度以降）といった経緯と過程（本書第八次改訂版にそれぞれの概要を記述しているので参照されたい。）を経て、平成一八年度までの「三位一体の改革」が実現した。それを総括すると、「三位一体の改革」として、平成一八年度までに、約四兆七〇〇〇億円の国庫補助負担金の改革が実現することとなり、税源移譲としては、所得税から住民税へ約三兆円が移譲されることとなった（住民税は一〇％の比例税率とされることとなった。）。また、地方交付税（地方交付税の振替えである臨時財政対策債を含む。以下同じ。）は、平成一六年度から平成一八年度までを通じて約五兆円余の規模の抑制となった（うち、スリム化は約二兆円強）。このような「三位一体の改革」の結果については、国から地方への三兆円という大きな規模の税源移譲が実現したことは、画期的なこととして評価されるが、他方で、①国庫補助負担金の改革は、多くのものが単に国の補助負担率の削減（カット）によるもので、地方公共団体の裁量の余地の拡大、自律性の強化となっていないこと、②国庫補助負担金の削減額と税源移譲の額（交付金化された額があるとしても）との差が大きいこと、③地方交付税の規模の抑制が大きいこと、④税源の多い地方公共団体と税源の少ない地方公共団体との間の財政格差が拡大したこと、などについて批判がある。

平成一五年一一月、第二七次地方制度調査会は、「今後の地方自治制度のあり方に関する答申」を提出した。同答申においては、第一に、「基礎自治体のあり方」について、「『基礎自治体優先の原則』をこれまで以上に実現していくことが必要である」としている。そのうえで、「一般的には、基礎自治体の規模・能力はさらに充実強化することが望ましい。」とし、また、「現在進められている市町村合併は、……地域において包括的な役割を担うにふさわしい行財政基盤を有する基礎自治体を形成するために、市町村を再編成するものと位置づけることができる。」という認識を示し、さらに、住民自治の強化や行政と住民との協働の推進などを目的とする組織として、基礎自治体内の一定の区域を単位とした「地域自治組織を基礎自治体の判断によって設置できることとすべきである。」としている。

第二に、「大都市のあり方」について、大都市に対して「一層の権限移譲が進められるべきである。」とし、指定都市について、「現行制度の大枠の中で、その権能を強化するという方向を目指すべきである。」「その上で、大都市圏全体で行政課題を解決することが求められる分野については、……都道府県がこれに対応した調整の役割を果たすことが求められる。」としている。また、「行政区がより住民に身近なものとなり、住民の意向が一層反映されるよう、地域内分権化を図る必要があると考えられる。このため、各指定都市における実情に応じ、前述の地域自治組織の活用を図ることが期待される。」としている。

第三に、「広域自治体のあり方」として、「広域自治体としての役割、機能が十分に発揮されるためには、まず、都道府県の区域の拡大が必要である。」とするとともに、「現行の都道府県に代わる広域自治体として道又は州……から構成される制度（以下「道州制」という。）の導入を検討する必要がある。」としている。そして、都道府県合併について「都道府県が自主的に合併する途を開くことを検討すべきである。」と述べ、また、道州制について、地方自治制度の大きな変革であり、引き続き次期地方制度調査会において議論を進めることとし、今後議論すべき論点について、現時点での基本的考え方を整理し、広域自治体としての道又は州の設置、国の権限の多くの移譲、道州の長と議会の議員の公選などを示している。また、道州の役割と権限、道州の区域及び設置、税財政制度等やその他の検討事項に関して記述している。

平成一六年五月、上述した第二七次地方制度調査会の答申の制度化等を内容とする「地方自治法の一部を改正する法律」「市町村の合併の特例に関する法律の一部を改正する法律」及び「市町村の合併の特例等に関する法律」が制定された自治法の改正は、①都道府県の自主的な発意による合併に関する制度の導入及びそれに関連すること、②都道府県の境界にわたる市町村の設置を伴う廃置分合を総務大臣の処分で行うこととすること及びそれに関連すること、③議会の定例会の回数の自由化に関すること、④地域自治区の制度の創設等及び地域自治区に関連すること、⑤条例による事務処理の特例による処理を市町村が要請することができるようにすることなどが主たる改正事項である。旧市町村合併特例法（平成一七年三月三一日までの限時法）の改正は、①市町村の合併に係る地域自治区についての特例等、②合併特例区の制度の創設等及び合併特例区に関連すること、③期限到来後の経過措置に関すること、④一部事務組合等に関する特例の拡充、が主たる改正事項である。このうち、①～③は第二七次地方制度調査会の答申を勘案したものであった。市町村の合併の特例等に関する法律（平成一七年四月一日から施行され、平成二二年三月三一日までの限時法。以下場合によっては「平成一六年合併法」という。）は、①合併協議会の設置等及び合併協議会に関すること、②合併市町村基本計画の作成等及び合併基本計画に関すること、③地方自治法等の特例等に関すること（市となるべき要件の特例、議会の議員の定数及び在任等に関する特例、地方税に関する特例、地方交付税の額の算定の特例、地方債についての配慮等）、④合併特例区及び合併特例区に関連すること、⑤市町村の合併の推進に関する構想等市町村の合併の推進に関すること（総務大臣による基本指針の策定、都道府県による自主的な市町村の合併の推進に関連する構想の作成等、市町村合併推進審議会の設置等、合併協議会設置の勧告等、報告の徴収、合併協議会に係るあっせん及び調停、市町村の合併に関する協議の推進に関する勧告）、⑥国、都道府県等の協力等に関すること、が主な事項である。これらの法律の改正・制定の内容については、それぞれ該当の記述において説明する。

平成一六年三月、第二八次地方制度調査会が発足し、総理大臣から、「『道州制のあり方』、『大都市制度のあり方』その他最近の社会経済情勢の変化に対応した地方行財政制度の構造改革」について諮問があった。

平成一六年五月、地方分権改革推進会議は「地方公共団体の行財政改革の推進等行政体制の整備についての意見―地方分権改革の一層の推進による自主・自立の地域社会をめざして―」を提出した。同会議は、同年七月期限が到来した。

平成一六年六月、経済財政諮問会議は、「経済財政運営と構造改革に関する基本方針二〇〇四（〝基本方針二〇〇四〟）」を取りまとめ、閣議決定された。その中において、道州制について、将来の道州制の導入に関する検討を本格化させること、及び「道州制特区」について地域からの提案を受け止めつつその趣旨を生かす推進体制を整えることとしている。また、地方団体の安定的な財政運営に必要な地方交付税、地方税などの一般財源の総額を確保する。あわせて、国・地方が納得できるかたちで歳出削減に引き続き努める。不交付団体（人口）の割合の拡大に向け改革を検討するとしている。

平成一七年三月、総務省は、平成一六年合併法及び同法施行令の規定（平成一六年合併法五八Ⅰ・Ⅲ、同施行令五九）に基づき、「自主的な市町村の合併を推進するための基本的な指針」を定め、告示した（総務省告示六四八号）。この指針においては、平成一六年合併法五九条の規定により都道府県が作成する自主的な市町村の合併の推進に関する構想の構想対象市町村の組み合わせの対象市町村として、概ね人口一万未満を目安とする小規模な市町村とすること等が定められた。

平成一七年七月、地方六団体は、「三位一体の改革」に関し、平成一八年度までに三兆円規模の税源移譲を確実に実施するため、移譲対象補助金について、具体的な項目を掲げたリストを示すとともに、地方分権推進のための「第二期改革」「国と地方の協議の場の制度化」等についての要望を提出した（地方六団体「国庫補助負担金等に関する改革案(2)―三兆円の税源移譲を確実なものとするために―」）。

平成一七年一二月、第二八次地方制度調査会は「地方の自主性・自律性の拡大及び地方議会のあり方に関する答申」を提出した。同答申の概要は、以下のとおりである。「第一　地方の自主性・自律性の拡大のあり方」について、①地方自治制度の弾力化として、従来の副知事又は助役の制度を変え、長の権限を委任することができる副知事又は副市町村長の制度とすること、出納長又は収入役の制度は廃止することなどの長の補助機関のあり方の改革、行政委員会である教育委員会及び農業委員会の設置の選択制への移行等について、②法令・制度における地方の自由度の拡大と権能の充実として、個別法令における地方の自由度の拡大と権能の充実（国の制度の大枠化、事務事業の移譲や関与の廃止・縮減等）、法令・制度における地方公共団体の意見の反映の拡充（地方自治に影響を及ぼす施策の企画又は立案を行うとするとき、適切な時期にその内容を長、議長の全国的連合組織に通知すること、各省大臣等と地方代表との協議の機会の確保等）等について、③地方税財政制度改革の推進として、三位一体の改革の確実な実現及びさらなる地方税財政制度の改革の取り組みを進めるべきこと等について、それぞれ答申した。また、「第二　議会のあり方」について、議会の政策形成機能の充実と執行機関に対する監視機能の一層の充実強化が必要であることを指摘し、その具体的方針として、それぞれの議会における運営や制度の運用の面における取り組みなどの自己改革を進めていくこと、制度については、①常任委員会への所属制限の廃止、②委員会に議案提出権を付与、③学識経験者等必要な者に調査・報告をさせることができるようにする専門的知見の活用、④専決処分の要件の見直し、⑤議長に招集請求権を付与、などについては制度改正を図ることとし、法定受託事務を議決事件に追加することができることとすること、議員定数の上限を撤廃することなどについては、引き続き検討すること等とすることを、それぞれ答申した。さらに、「第三　大都市のあり方」について、①指定都市、中核市、特例市等の都市の規模・能力に応じた事務権限の一層の移譲、②中核市の指定の際の面積要件の廃止を、それぞれ答申した。

平成一八年二月、第二八次地方制度調査会は、「道州制のあり方に関する答申」を提出した。同答申の概要は、次のとおりである。①道州制は、国と基礎自治体の間に位置する広域自治体のあり方を見直すことによって、国と地方の双方の政府を再構築するものであり、その導入は地方分権を加速させ、国家としての機能を強化し、国と地方を通じた力強く効率的な政府を実現するための有効な方策となる可能性を有している。②「市町村合併の進展による影響」「都道府県の区域を越える広域行政課題の増大」「地方分権改革の確かな担い手」といった観点から現在の都道府県制度がふさわしいものであるかどうかなどが問われている。③広域自治体改革として、都道府県制度に関する問題への対応にとどまらず、国と地方の政府のあり方を再構築し、新しい政府像を確立するという見地にたつならば、道州制の導入が適当と考えられる。④道州制は、「地方分権の推進及び地方自治の充実強化」「自立的で活力ある圏域の実現」「国と地方を通じた効率的な行政システムの構築」という方向に沿った道州制として具体的な制度設計を検討すべきである。⑤道州制の制度設計については、(ア)広域自治体として現在の都道府県に代えて道又は州（仮称。以下「道州」という。）を置き、地方公共団体は、道州及び市町村の二層制とすること等、(イ)道州の区域については、上述④の趣旨に沿うよう、ふさわしい範囲をもって定めるべきであり、このため、社会経済的な諸条件に加え、地理的条件、文化的条件も勘案して、数都道府県を合わせた広域的な単位を基本とする（北海道及び沖縄については、一の道県の区域のみをもって道州を設置することも考えられ、東京についても東京都及び周辺の県の区域を合わせて一の道州とすることを基本とする一方で、東京都の区域等をもって一の道州とすることも考えられる。）とし、三つの区域例を示し、区域の画定方法は、国が道州の予定区域を示すが、都道府県は協議により当該予定区域に関する意見を提出することができること等、(ウ)道州の事務については、現在都道府県が実施している事務は大幅に市町村に移譲し、現在国（特に各府省の地方支分部局）が実施している事務は、国が本来果たすべき役割に係るものを除き、できる限り道州に移譲すること等（なお、新たな事務配分のメルクマールと道州が担う事務のイメージを添付している。）、(エ)道州に議会を置き、議員は住民の直接選挙とすること、また、道州に長を置き、長は住民の直接選挙とするが、長の多選は禁止すること等、(オ)大都市圏域においては、道州との関係において大都市圏域にふさわしい仕組み、特例等及びこれらに見合った税財政制度等を設けることが適当であり、東京においてはさらに特例を検討することも考えられること、(カ)都道府県であった区域（あるいはこれをさらに区分した区域）について、一定の位置付けを与えることも考えられること、(キ)道州制の下における地方税財政制度は、道州制への移行に適切に対応するものであると同時に、地方税中心の財政構造を構築して地方の財政運営の自主制及び自立性を高めなければならず、また、適切な税源移譲を行うことに加え、偏在度の低い税目を中心とした地方税の充実などを図り、分権型社会に対応し得る地方税体系を実現するとともに、税源と財政需要に応じ、適切な財政調整を行うための制度を検討すること、などである。⑥道州制の導入については、その判断は広範な問題に関する国民的論議を踏まえて行われるべきであり、政府は、これらの問題について幅広い見地から検討を進めるとともに、国民的な論議の深まりに資するよう適切な役割を果たしていく必要があり、地方分権の推進に向けた道州制の導入への気運が高まる場合に、その理念やプロセス等を規定する推進法制を整備することも考えられるとした。

平成一八年三月、地方税法の改正により、平成一九年度から国の所得税から地方公共団体の個人住民税への税源移譲（三兆円規模）が制度化された。これにより、個人住民税は、平成一九年度より、一〇％（都道府県四％、市町村六％）の比例税率とされることとなった。なお、「三位一体の改革」についての経緯及び過程については、前述したところである。

平成一八年五月末、地方自治法の一部を改正する法律案が成立した。改正の内容は、主として、上述の第二八次地方制度調査会の「地方の自主性・自律性の拡大及び地方議会のあり方に関する答申」（平成一七年一二月）を踏まえたものであり、その主なものは、①議会制度の充実に関する事項（専門的事項に係る調査（議会における専門的知見の活用）、議長の臨時会招集請求権の創設、議員の常任委員会所属制限の廃止、委員会の議案提出権の創設等）、②副知事及び助役制度の見直しに関する事項（副知事及び副市町村長制、条例定数制度、職務の充実と明確化等）、③出納長及び収入役制度の廃止と会計管理者制度に関する事項、④吏員に係る制度の廃止に関する事項、⑤監査委員の定数の弾力化に関する事項、⑥財務に関する制度の見直しに関する事項（指定代理者による納付（クレジットカード等による納付）の創設、行政財産を貸し付け又は私権を設定することができる場合の拡大、国債等有価証券信託の制度の創設等）、⑦長又は議会の議長の全国的連合組織に対する情報提供制度の創設に関する事項、⑧専決処分の要件の明確化に関する事項、⑨中核市の指定要件の緩和に関する事項、などである。

これらの改正の具体的な内容は、それぞれの説明を参照されたい。

平成一八年六月、地方六団体は、自治法二六三条の二第二項の規定に基づき、「地方分権の推進に関する意見書」を内閣及び国会に提出した。この意見書においては、「新地方分権推進法の制定」、「地方交付税」を「地方共有税」にすることなどを提言している。

平成一八年七月、竹中総務大臣の私的懇談会「地方分権二一世紀ビジョン懇談会」は、報告書を提出した。この報告書においては、「新分権一括法」の提出、「新型交付税」の導入、「〝再生型破綻法制〟」の整備等が提言されている。

平成一八年七月、同年六月に政府・与党において合意された「歳出歳入一体改革に向けた取り組み方針」を盛り込んだ「経済財政運営と構造改革に関する基本方針二〇〇六（基本方針二〇〇六）」が経済財政諮問会議において取りまとめられ、閣議決定された。同基本方針においては、財政健全化第Ⅱ期（二〇〇七年度～二〇一〇年代初頭）の目標として、二〇一一年度には国・地方の基礎的財政収支（プライマリーバランス）を確実に黒字化することを定め、その目標達成に向けての歳出改革の一環として、地方財政分野について、大幅な人件費の削減、地方単独事業の抑制などを掲げる一方で、地方交付税の現行法定率の堅持、地方交付税等（一般会計ベース）についての適切な対処、一般財源総額の確保などを掲げている。また「地方分権に向けて、関係法令の一括した見直し等により、国と地方の役割分担の見直しを進めるとともに、国の関与・国庫補助負担金の廃止・縮小等を図る。交付税について、算定の簡素化を図る。地方税について、交付税、補助金の見直しとあわせ、税源移譲を含めた税源配分の見直しを行うなど、一体的な検討を図る。」としている。なお、道州制導入の検討を促進することとされている。

平成一八年九月、安倍内閣が発足し、道州制担当大臣が置かれることとなった。

平成一八年一二月、先の国会に提出され継続審議とされていた「道州制特別区域における広域行政の推進に関する法律」（「道州制特区推進法」）が成立した。

平成一八年一二月、地方分権改革推進法が制定された。同法は、基本的にはかつての地方分権推進法と同様の体系と構成となっており、地方分権改革の推進に関する基本理念、地方分権改革の推進に関する基本方針、地方分権改革推進計画、地方分権改革推進委員会などについて規定している。特に留意すべきこととして、基本方針において「国は……地方公共団体に対する事務の処理又はその方法の義務付け……の整理及び合理化その他所要の措置を講ずる」としていることが指摘できる。同法の公布と同時に、地方分権改革についての内閣府特命担当大臣が置かれた。

平成一九年二月、道州制ビジョン懇談会が発足し、審議が開始された。

平成一九年三月、新型交付税（原則として人口及び面積によって交付）の導入を含む地方交付税法の改正法が成立し、四月に施行された。

平成一九年四月、地方分権改革推進法（三年の限時法）が施行され、同法に基づく地方分権改革推進委員会が調査審議を開始した。

平成一九年五月、政府に内閣総理大臣を本部長とする地方分権改革推進本部が設置された。

平成一九年五月、地方分権改革推進委員会は、「地方分権改革推進にあたっての基本的な考え方――地方が主役の国づくり――」を取りまとめた。この基本的考え方においては、「……中央政府と対等・協力の関係にある地方政府の確立を目指して、つぎなる分権改革へと大胆な歩みを刻むべき時期である。」とし、「五つの方向性」を示し、「五つの原則」を掲げている。

平成一九年六月、地方公共団体の財政の健全化に関する法律（以下、「健全化法」という。）が成立した。同法は、地方公共団体の財政の健全化に関する比率の公表制度を設け、地方公共団体の財政の早期健全化及び財政の再生を図るための計画を策定し、並びに公表する制度を定めるとともに、行財政上の措置を講ずることにより、地方公共団体の財政の健全化に資することを目的とするものである。これにより従前の地方財政再建促進特別措置法は廃止されることとなった。なお、健全化法は、原則として、平成二一年四月一日から施行された。

平成一九年六月、「経済財政改革の基本方針二〇〇七～『美しい国』へのシナリオ～」（「骨太の方針（基本方針）」

二〇〇七）が、経済財政諮問会議において取りまとめられ、閣議決定された。この基本方針においては、「成長力の強化」の章の項目の一つとして「地域活性化」が取り上げられており、また、「二一世紀型行財政システムの構築」の章の項目の一つとして「地方分権改革」を掲げ、「国が地方のやるべきことを考え、押し付けるという、今までの国と地方の関係を大胆に見直し、『地方が主役の国づくり』を目指す。あわせて、地方分権改革の総仕上げである道州制実現のための検討を加速する。」としている。

平成一九年七月、第二九次地方制度調査会が発足し、同調査会は、九月、「更なる市町村合併を含めた基礎自治体のあり方（基礎自治体のあり方、基礎自治体における住民自治の充実、大都市制度のあり方）」「チェック機能の充実（監査機能の充実・強化、議会制度のあり方）」「その他」の審議項目を定めた。

平成一九年九月、安倍内閣総理大臣が退陣し、福田内閣が発足した。

平成一九年一一月、地方分権改革推進委員会は、「中間的な取りまとめ」を行った。この「中間的な取りまとめ」は、勧告に向けて検討の基本的方向を示すものとして、「地方が主役の国づくり」に向けた具体的取り組みを進めることとし、法制的な仕組みの見直し等（義務付け・枠付け・関与の見直し、条例制定権の拡大など）、個別の行政分野の事務事業の抜本的見直し・検討（重点事項とその他主な事項に分けて掲げている）、地方分権改革と地域の再生、税財政（国と地方の財政関係、地域間財政力格差の是正、社会資本整備に関する財政負担、国庫補助負担金改革、財政規律）、分権型社会への転換に向けた行政体制について述べている。

平成一九年一二月、平成二〇年度の予算編成に当たり、地域間の格差の是正及び地方の税源の偏在の是正が大きな課題となった。このことについて、平成二〇年度の税制改正要綱（平成二〇年一月（一一日）閣議決定）において、「更なる地方分権の推進とその基盤となる地方税財源の充実を図る中で、地方消費税の充実を図るとともに、併せて地方法人課税のあり方を抜本的に見直すなどにより、偏在性が小さく税収が安定的な地方税体系を構築することを基本として改革を進める。

この基本方向に沿って、消費税を含む税体系の抜本的改革において、地方消費税のあり方の見直しを含む地方税制改革の実現に取り組む。」としたうえで、「消費税を含む税体系の抜本的改革が行われるまでの間の暫定措置として、法人事業税の一部を分離し、『地方法人特別税』及び『地方法人特別譲与税』を創設することにより、偏在性の小さい地方税体系の構築を進める。」とされた。これは、地方税制の抜本的改革の〝橋渡し〟的な経過措置として、法人事業税の一部を分離して形式的国税化した「地方法人特別税」を創設し、その税収の全額を人口等一定の基準（人口及び従業者数）により都道府県へ譲与する「地方法人特別譲与税」を創設するというものである。この措置等については、地方法人特別税等に関する暫定措置法、地方税法の改正法及び地方交付税法等の改正法が平成二〇年四月（三〇日）に成立した。

平成二〇年四月（一一日）、行政不服審査法の全部を改正する行政不服審査法案が国会に提出された。この法案は、その後継続審査とされていたが、平成二一年七月に衆議院の解散により廃案となった。

平成二〇年五月（二八日）、地方分権改革推進委員会は、「第一次勧告―生活者の視点に立つ『地方政府』の確立―」を取りまとめた。この勧告は、「第一章　国と地方の役割分担の基本的な考え方」においては、「国と地方の明確な役割分担を確立することが必要である。」とし、「中央政府の役割を限定し、住民に身近な行政は、地方自治体に移譲し地方の裁量と責任のなかで実施することが基本である。」としている。そして、現在国が担っている具体の事務・権限の地方自治体への移譲を検討する際には、いわゆる「国と地方の二重行政」の排除という観点が重要であるとしている。また、広域自治体と基礎自治体の役割分担について、基礎自治体に事務事業を優先的に配分する「補完性・近接性」の原理は、地方自治制度の基本原則（基礎自治体優先の原則）であるとし、権限移譲に際しては、市に優先的に移譲を進めることとするとしている。「第二章　重点行政分野の抜本的見直し」においては、個別の行政分野・事務事業に関して、(1)くらしづくり分野、(2)まちづくり分野の二つに大括りにして、地方分権改革を推進する観点から個別の行政分野・事務事業について抜本的見直しを行うこととして、事務・権限の移譲などの措置を勧告している。この「重点行政分野の抜本的見直し」の勧告については、市町村に対しては、市だけを対象とした措置が大部分を占めている。また、国直轄道路及び国直轄河川の都道府県への移譲については、関係の省からの激しい抵抗がみられたうえ、個別の対象の道路、河川については、地方自治体と調整の上で、第二次勧告までに具体案を得ることとされている。さらに、農地転用の許可権限のうち国の許可権限（四ヘクタールを超える転用）は都道府県に移譲するなどを勧告しているが、農林水産省は反対の意向であった。そのほか、全般的に、各府省に検討を促すことにとどまっているものが多い。「第三章　基礎自治体への権限移譲と自由度の拡大」についての「基礎自治体への権限移譲の推進」においては、第一次分権改革で制度化された「条例による事務処理の特例」の制度の積極的な活用の実態に注目し、かつ、評価して、「改めて都道府県と市町村の事務配分について行政分野横断的な見直しを行う必要がある。」とし、個別の行政分野・事務事業を取り上げて「基礎自治体への権限移譲の方針」を定め、それに沿って別紙1において対象となる事務を抽出し、詳細に示して六四法律、三五九事務権限を取り上げて都道府県から市町村への事務・権限の移譲及び関連する関与のあり方の見直しを勧告している。ただ、勧告の大部分が上述したように市までの移譲等にとどまっている。

「補助対象財産の財産処分の弾力化」については、概ね一〇年経過後の財産処分等については、原則、届出・報告等をもって国の承認があったとみなすとともに、概ね一〇年経過前であっても、災害による財産の損壊等、補助事業者等の責に帰すことのできない事由による財産処分や、市町村合併、地域再生等の施策に伴う財産処分も同様とするとされている。そして、別紙2において、「措置対象の国庫補助金等の一覧表」を示している。

「第四章　現下の重要三課題について」は、緊急提言として、「道路特定財源の一般財源化」に関し、税源移譲を含め地方自治体の税財源を充実強化する方策を講じるとともに、地方自治体の道路整備の自由度を最大限拡大する方策について真摯な検討を行うべきであるとしている。

「第五章　第二次勧告に向けた検討課題」においては、「国の出先機関の改革の基本方向」に関し、国の出先機関の事務・

権限の仕分けの考え方（①重複型　②分担型　③関与型　④国専担型）を示し、別紙3に掲げる分類の考え方に照らし、事務・権限の廃止、地方への移譲、本府省への移管、引き続き国の出先機関で処理、のそれぞれの検討という四つの仕分けに基づき整理し、「中間報告」として取りまとめ、各府省の見解を求め、抜本的な改革について結論を得て、勧告を行うこととされた。「法制的な仕組みの横断的な見直し」に関しては、義務付け・枠付けの見直しについて、平成一九年一一月の「中間的なとりまとめ」において、自治事務を対象とした義務付け・枠付けの存置を許容する場合のメルクマールを設定して、これに該当しない場合に、義務付け・枠付けを原則として廃止することを各府省に求めることとし、①該当するか否かの分類、②該当しないものについては具体的な廃止のための案、③該当しないが、なお存置する必要があるとするものについてはその理由、についての各府省の回答（回答がない場合は、義務付け・枠付けの必要がないものをいう前提で作業を進める。）の内容について地方分権改革推進委員会として検証を行うこととした方針に従い、各府省に対して回答を求めた結果、全府省からの回答があった（ほとんどの回答が廃止・縮小に応じられないとしていた。）ことに関して、地方分権改革推進委員会が各府省との意見交換を行い、各府省の回答のうちメルクマールに該当することが否定されるものを委員会としての考え方とともに公表し、勧告に向けた検討を具体的に進めることとするとしている。また、義務付け・枠付けを仮に存置するとした場合でも、その全部・一部についての条例への委任又は条例による補正を許容（地方自治体による法令の「上書き」の確保）するなどの方法を求めていくこととなるとしている。

「おわりに」において、秋に想定する第二次勧告をめざし、国の出先機関について集中的な見直しの審議を続けていくこと、国の法令による地方自治体の諸活動に対する様々な義務付け・枠付けなどの「規律密度」の緩和を進めるべく、重点的な審議を重ねていく予定であるとしている。また、分権型社会に向けた税財政の構築について、マクロの視点に立った全体としての税財政構造については、第二次勧告後に包括的な検討を行い、勧告する予定であるとし、国と地方の財政関係について、当面、国と地方の税源配分について、地方から主張されている五対五を念頭におくことが現実的な選択肢となるとし、地方税比率を高めていくための具体的な方策については、今後の税制抜本改革の議論を睨みつつ、地方税財政の全体の改革議論のなかで検討していくとしている。さらに、地域間財政力格差の是正について、今後の地方分権改革における国庫補助負担金、地方交付税、国税から地方税への税源移譲を含めた税源配分の一体的な改革と税源の偏在是正とは、一体不可分のものとして行う必要があるとしている。

平成二〇年六月（一一日）、衆議院総務委員長の提案による自治法の改正が成立した。この改正は、議会は議案の審査又は議会の運営に関し協議又は調整を行うための場を設けることができることとするとともに、議会の議員に対する報酬（改正後は議員報酬とされている。）に関する規定を整備することとしたものである。

平成二〇年六月（二〇日）、政府の地方分権改革推進本部（本部長　内閣総理大臣）は、地方分権改革推進委員会の「第一次勧告」を受けた「地方分権改革推進要綱（第一次）」を決定した。この要綱は、「地方分権改革推進委員会の第一次勧告……を最大限尊重し、下記の方針に沿って、地方分権改革の推進に協力に取り組む。」としている。しかし、直轄道路、直轄河川、農地転用、保安林、福祉施設の基準などについて、第一次勧告の内容に沿っているとは言い難いものもあり、後退しているとする批判もあった。

平成二〇年六月（二七日）、「経済財政改革の基本方針二〇〇八―開かれた国、全員参加の成長、環境との共生―」が閣議決定された。その中において、地方分権改革推進委員会の勧告を踏まえ、「地方分権改革推進計画」を策定し、「地方分権一括法案」を平成二一年度中できるだけ速やかに国会に提出するとしている。また、道州制の前提となる地方分権改革を進め、「道州制ビジョン」の策定に向け、国民的な議論をさらに深めるとともに「道州制ビジョン懇談会」において引き続き検討を行うとしている。

平成二〇年九月、福田内閣総理大臣が退陣し、麻生内閣が成立した。

平成二〇年一二月（八日）、地方分権改革推進委員会は、「第二次勧告―『地方政府』の確立に向けた地方の役割と自主性の拡大―」を取りまとめた。この第二次勧告は、「第一章　義務付け・枠付けの見直しと条例制定権の拡大」において、自治事務であること及び事務の処理又はその方法（手続、判断基準等）を義務付けていること（ただし、条例による自主的な決定又は法令による義務付けの条例による補正（補充・調整・差し替え）を認めていることは除く。）を対象範囲として設定している。そして、「義務付け、枠付けの存置を許容する場合のメルクマール」及び「存置を許容する場合のメルクマールには非該当だが残さざるを得ないと判断するもののメルクマール」を設定して、各行政分野の対象範囲内の個別の義務付け・枠付けについて検討し、地方分権改革推進委員会として、別紙1で示す四八二法律、一万五七条項のうち四〇七六条項を該当しない（すなわち、現行の義務付け・枠付けの規定を見直す必要がある）ものとしている。そのうえで、見直すべきものについて、地方分権改革推進委員会として第三次勧告に向けて具体的に講ずべき措置を調査審議することとしている。このような勧告については、義務付け・枠付けの対象範囲に関して、法定受託事務を除いていること、政省令レベルのものは取り上げていないこと、義務付け・枠付けとして法律の規定のうえで形式的な文言で義務付け・枠付けであることが明確であるものだけが取り上げられており、実質的に義務付け・枠付けとして機能している多くのもの（例えば、「〇〇の場合に（とき、地域（場所）で、方法で、等）……することができる。」と規定されているもののほとんどは、裏を返せば、そうした場合（とき、地域（場所）、方法等）でなければ「できない」ということを意味しており、実質的な義務付け・枠付けに他ならない。）が含まれていないこと、また、事務の処理又はその方法（手続、判断基準等）について、条例による自主的な決定又は法令による義務付け・枠付けの条例による補正（補充・調整・差し替え）を認めていても、その多くは「政令の定めるところにより」「政令の定める範囲内において」、あるいは「〇〇大臣の承認を得て」といった限定内である（これも、命令や大臣承認による義務付け・枠付けに他ならないであろう。）が、こうしたものが除外されていることなど、検討の対象範囲が狭いものとなっていることが問題として指摘されている。「第二章　国の出先機関の見直しと地方の役割の拡大」においては、第一次勧告で示し、中間報告（平成二〇年八月一日）で具体化した「国の出先機関の事務・権限の仕分けの考え方」を基本として、分類を行い、仕分けの考え方を示して、出先機関の事務・権限を、廃止（民営化、独立行政法人化を含む。）を検討するもの、地方自治体への移譲を検討するものなどの仕分けを行ったうえ、なお、国の出先機関の事務・権限として残すべきものについて、国の出先機関の事務・権限の整理を行い、それに伴う組織等の見直しについて提案している。そして、個別出先機関の事務・権限の見直しと組織の改革について、別紙2において整理している。また、地方再生や地域振興の観点から国の出先機関として果たすべき役割・機能についてその効果的発揮を確保する等のため、府県を超えた総合的な出先機関として「地方振興局（仮称）」を編成すること、直轄公共事業の実施機能をその企画機能から明確に分離するとともに、組織的にも分離し、直轄公共事業の実施を専担する組織として「地方工務局（仮称）」を置くことを提案している。なお、出先機関職員のうち、合計三万五〇〇〇人程度の削減を目指すべきであると考えるとしている。特に、新たに設置するとされている『地方振興局（仮称）』等については、「住民自治の観点からも問題があり、巨大な国の機関になることを避け、地方分権の方向を踏まえて検討すべきである。……『地方振興局（仮称）』等については、都道府県への権限移譲と大幅な人員削減をまず先行した上で、そのあり方を検討すべきであり、……」といった強い意見が出されている（全国知事会「地方分権改革の推進に関する決議」（平成二〇年一二月一九日））。「おわりに」において、第三次勧告に向けて義務付け・枠付けの見直しの対象事項についての改正内容など具体的に構ずべき措置の調査審議を進めること、国の出先機関改革について政府に具体化に向けた検討と準備に早急に着手し、勧告を着実に実施するよう要請することを述べている。また、分権型社会にふさわしい税財政構造の構築について調査審議を進める、国庫補助負担金、地方交付税、国税から地方税への税源移譲を含めた税源配分の見直し等を一体的に検討する、地方自治体間の財政力格差を是正する方策について検討し、その格差の縮小を目指す、などとしている。

平成二一年一月（二八日）、麻生総理大臣は、施政方針演説において、「分権型社会が、目指すべき国のかたちです。……地方分権改革推進委員会の勧告を踏まえ、地方自治体の活動について、国による義務付けを見直し、自由度を拡大します。」と述べた。

平成二一年三月（二四日）、地方分権改革推進本部は、地方分権改革推進委員会の第二次勧告を踏まえ「出先機関改革に係る工程表」を定めた。この工程表では、出先機関改革に関する地方分権改革推進計画（改革大綱）を平成二一年中を目途に策定するとしている。また、事務・権限の見直しや地方公共団体への移譲等及び新たな出先機関の体制への移行は、平成二四年度から実施することを基本とするとしている。

平成二一年三月（二七日）、地方税における道路特定財源の一般財源化などのための関係法律の改正が国会で成立した。

平成二一年六月（五日）、地方分権改革推進委員会は、「義務付け・枠付けの見直しに係る第三次勧告に向けた中間報告」を取りまとめた。この中間報告は、「1　第三次勧告に向けた考え方」において、第二次勧告において、義務付け・枠付けの対象として取り上げた対象条項（四八二法律、一万五七条項）のうち、現状のままで残さざるを得ないと判断されるメルクマールには該当しないもの（四〇七六条項）について、廃止し、又は全部若しくは一部を条例に委任若しくは条例による補正（「上書き」）を許容することのいずれかの見直しを行う必要があるとし、(a)施設・公物設置管理の基準、(b)協議、同意、許可・認可・承認、(c)計画等の策定及びその手続については特に問題があり、これらを中心に、第三次勧告に向けて具体的に講ずべき措置の調査審議を進め、結論を得ることとされたことを受けて、第三次勧告に向けた基本認識を掲げている。また、「2　三つの重点事項について具体的に講ずべき措置の方針」について、上述した(a)〜(c)の重点事項の見直し対象範囲及び見直しの方法又は具体的に講ずべき措置の方針などを定めている。

平成二一年六月（一六日）、第二九次地方制度調査会は、「今後の基礎自治体及び監査・議会制度のあり方に関する答申」を提出した。この答申の内容については、本書のそれぞれの記述において触れるが、特に、「第1　市町村合併を含めた基礎自治体のあり方」において、平成一一年以来、全国的に推進されてきた市町村合併の進捗状況とその評価・検証を掲げ、今後の基礎自治体、今後における市町村合併の支援のあり方などについて述べており、その中において、「平成一一年以来の全国的な合併推進運動については、現行合併特例法の期限である平成二二年三月末までで一区切りとすることが適当であると考えられる。」とし、その上で、「平成二二年四月以降は、自主的に合併を選択する市町村に対して必要な支援措置を講ずることが適当である。」として、「……現行合併特例法期限後においても、自らの判断により合併を進めようとする市町村を対象とした合併に係る特例法が必要である。」「この法律においては、具体的には、合併の障害を除去するための措置（合併特例区、合併に係る地域自治区等）等を定めることが適当である。」としていることなど、「第2　監査機能の充実・強化」において、監査の結果の報告等について多数決によることができるもの（少数意見を付記して公表）とすることが適当であるとしていること、個別外部監査において導入の前提として必要とされている条例の制定を不要とすることが適当とされていることなど、「第3　議会制度のあり方」において、法定受託事務も議決事件として追加できるようにすることが適当であると考えられるとしていること、議会の議員定数の法定上限を撤廃すべきであるとしていることなど、に注目すべきである。

平成二一年六月（二三日）、「経済財政改革の基本方針二〇〇九～安心・活力・責任～」が閣議決定された。この「基本方針二〇〇九」において、「地方分権改革推進委員会の勧告を踏まえ、地方分権改革を着実に推進する。」「『定住自立圏構想』により定住を促進する取組を、各府省連携して推進する。」「直轄事業について検討を行い、情報開示の充実等必要な措置を講ずる。」「地方分権改革の推進を図った上で、『道州制基本法』（仮称）の制定に向けて、内閣に『検討機関』を設置する。」など（第2章「4　地域発の成長」参照）とされている。

平成二一年七月（二一日）、衆議院が解散され、継続審査とされていた行政不服審査法の全部改正案などが廃案となった。

平成二一年八月（三〇日）、総選挙が実施され、総選挙の結果政権交代となり、九月（一六日）鳩山内閣が誕生した。同内閣に地域主権推進担当大臣（特命担当大臣）が置かれ、総務大臣が任命された。

平成二一年一〇月（七日）、地方分権改革推進委員会は、「第三次勧告～自治立法権の拡大による『地方政府』の実現へ～」

を取りまとめた。この第三次勧告は、「第一章　義務付け・枠付けの見直しと条例制定権の拡大」においては、(a)施設・公物設置管理の基準、(b)協議、同意、許可・認可・承認、(c)計画等の策定及びその手続の三つの重点事項について、「中間報告」（平成二一年六月（五日））で示した方針に沿って行った作業を踏まえて具体的に講ずべき措置を勧告している。その内容としては、以下のとおりである。(a)施設・公物設置管理の基準については、廃止又は条例へ委任の措置を講じることとし、国が定める条例制定基準については、「従うべき基準」型、「標準」型、「参酌すべき基準」型の三つの類型をあげ、「従うべき基準」及び「標準」を国が設定する場合を限定すること、「参酌すべき基準」は条例による国の法令の基準の「上書き」を許容するものということができるとしている。(b)協議、同意、許可・認可・承認については、見直し対象範囲の該当の条項のうち、「(i)同意を要する協議」「(ii)同意を要しない協議」「(iii)許可・認可・承認」「(iv)意見聴取」「(v)事前報告・届出・通知」又は「(vi)事後報告・届出・通知」のそれぞれを許容する場合を掲げ、(i)～(iii)の場合に該当しない場合で、(iv)～(vi)に該当すればそれぞれ(iv)(v)又は(vi)を許容するなどとされている。(c)計画等の策定及びその手続については、計画等の策定及びその内容の義務付けに係る改革の方針として、規定そのものの廃止又は「できる」規定化又は努力義務化、及びその内容に係る規定の例示化又は大枠化のいずれかの措置を講ずることとするとともに、計画等の内容が特定の場合を含むものなどについては義務付けの存置を許容すること等としている。これらによる三つの重点項目の個別条項についての検討の結果は、別紙1の別表に示されており、具体的に講ずべき措置が提示されたのは、八九二条項となっている。なお、政府は、三つの重点事項以外についても、第二次勧告に基づき、今後、具体的に見直し措置を講ずべきであるとされている。また、義務付け・枠付けに関して第二次勧告で明らかにしている見直しの具体的方針に沿ったものとなるよう、地方分権改革推進計画においてこの義務付け・枠付けに関する原則を明確に位置付けるべきであるとし、今後、この原則について法律上明確にすることも検討すべきであるとしている。そのうえ、この義務付け・枠付けに関する立法の原則に沿ったものとなるよう、各府省の立案段階でこの原則をチェックする政府部内の手続を確立すべきであるとし、また、義務付け・枠付けを必要最小限のものとするためには、国における施策の立案段階で地方自治体の意見が反映される仕組みを確保することが重要であるとし、長及び議長の全国的連合組織の内閣又は国会に対する意見の申出又は意見書の提出に係る事前情報提供制度（自治法二六三の三Ⅴ）が徹底されるべきこと及び適切な対応が行われるべきことを指摘している。さらに、今後に向けて、今次の地方分権改革においては対象外となったが義務付け・枠付けをしているものについても、改善の余地がありうるとし、将来の改革にゆだねられている課題であるとしている。「第二章　地方自治関係法制の見直し」においては、地方自治体における行政委員会の必置規制の見直しについて、少なくとも教育委員会及び農業委員会については、教育委員会については引き続き存置するかそれとも存置せず所掌事務を長の所管とするかについて地方自治体の判断によって任意に選択できるように改めるべきである等とし、また、地方自治体の財務会計における透明性の向上と自己責任の拡大について、政府は、地方自治体の財務会計制度の見直しに着手し改革の方向を提示すべきであるとしている。「第三章　国と地方の協議の場の法制化」においては、国と地方の双方の代表者が一堂に集まる機会をできるだけ速やかに設け「国と地方の協議の場の法制化」について率直に意見を交換し、双方の合意をめざすべきであるとし、「たたき台」として「当委員会の試案」を示している。「おわりに」においては、第四次勧告に向け、分権型社会にふさわしい税財政構造の構築について、引き続き調査審議を進めることとしている。

平成二一年一〇月（二六日）、鳩山内閣総理大臣は、所信表明演説において、〈「地域主権」改革の断行〉として、「私は、……「地域主権」改革を断行します。……住民が主役となりうる、そんな新しい国づくりに向けて全力で取り組んでまいります。そのための第一歩として、地方の自主財源の充実、強化に努めます。国と地方の関係も変えなければなりません。国が地方に優越する上下関係から、対等の立場で対話していける新たなパートナーシップ関係への根本的な転換です。それと同時に、国と地方が対等に協議する場の法制化を実現しなければなりません。」とした。

平成二一年一一月（九日）、地方分権改革推進委員会は、「第四次勧告――自治財政権の強化による『地方政府』の実現へ――」を取りまとめた。この勧告では、新政権がその政権公約等に掲げてきた当面の政策課題のうち、委員会として特に重要と考える諸事項について「Ⅰ　当面の課題」として勧告し、ある程度社会的・経済的に安定した将来の適切な時節をとらえてその実行を期待する「Ⅱ　中長期の課題」についても勧告している。「Ⅰ　当面の課題」としては、地方交付税の総額の確保に配慮すべきこと及び地方交付税の法定率の引き上げも考慮すべきであること、直轄事業負担金について維持管理費に係る負担金は廃止する一方、整備費に係る負担金については、国の直轄事業の範囲を国が責任を負うべき最小限度のものに限定することなど、地方自治体への事務・権限の移譲を実施に移す場合には、要する経費の全額を当該地方自治体に移譲することを原則とすること、国庫補助負担金を廃止して、「一括交付金」を創設する検討に当たっては、必要な総額を確保するとともに、交付基準は、地域間の格差是正の観点からの考慮をするなど、また、事実上一定の財政調整機能を果たすことも念頭におくべきであること、社会保障など義務的な性格のものについてはその必要額を確実に確保すべきであること、国庫補助負担金制度についても義務付け・枠付けの改革の趣旨に則し所要の見直しを早急に検討すべきことなど、国と地方の事実上の協議を、協議の場の法制化を待つことなくできるだけ速やかに開始するよう努めることなどについて勧告している。「Ⅱ　中長期の課題」としては、地方税制改革について、地方税の充実で国と地方の税源配分を五対五とすることを今後の改革の当初目標とすることが適当であること、地方税体系を税源の偏在性が少なく、税収安定的な構造とすることが重要な課題であり、地方消費税の充実を中心とすべきであることなど、課税自主権の拡充について制度及び運用の両面においてさらなる見直しを進めるべきであること、国庫補助負担金の整理についてさらなる整理を進めるべきであり、整理に当たっては金額ベースの目標を設定するだけではなく、地方の自主性の発揮につながる件数ベースの目標も合わせて設定して取り組むよう改めるべきであること、地方交付税について、地方六団体が提唱している「地方共有税」構想を土台にして地方交付税制度の改革論議を深めていくことを政府に求めたいこと、財源保障機能の再検討として地方財政計画と決算額との乖離を縮小していくよう地方財政計画の策定に適切に取り組むべきであること、地方交付税の法定税率を引き上げ、地方自治体から見た予見可能性を高めるべきことなど、地方債について、国の関与を見直していくべきことなど、財政規律の確保について、財政運営の透明性と説明責任と情報開示の徹底を果たす必要があること、地方自治体の財務会計制度の見直しに着手し、改革の方向性を国民に提示すべきであること、財政に対する地方議会のチェック機能を充実するとともに、監査委員の機能の充実、外部監査機能の積極的な活用を図ることが肝要であるとしている。そして、「おわりに」において、本勧告は、当委員会が政府に対して行う最終勧告であるとして、政府においては、四回の勧告事項を最大限に尊重し、速やかに地方分権改革推進計画の策定に取り組み、今後に予定される地方分権改革の全体的な工程表を明らかにすることを強く要請するとしている。

平成二一年一一月（一七日）、政府は、内閣府に内閣総理大臣を議長、内閣府特命担当大臣（地域主権推進）を副議長とし、関係閣僚及び有識者を構成員とする「地域主権戦略会議」を設置した（閣議決定）。

平成二一年一二月（一五日）、政府は、地方分権改革推進計画を閣議決定した（地方分権改革推進法八参照）。この計画においては、地域主権の確立は、鳩山内閣の「一丁目一番地」である重要課題と位置付けている。そして、義務付け・枠付けの見直しと条例制定権の拡大について、地方分権改革推進委員会の第三次勧告を尊重し、地方自治体から要望のあった事項を中心に、六三法律、一二一条項について、別紙に具体的事項を掲げ、必要な法制上その他の措置を講ずるものとしている。また、国と地方の協議の場の法制化に向けて、地方とも連携・協議しつつ、成案を得て法案を提出するとしている。さらに、地域主権戦略会議について、必要な法制上その他の措置を講ずることとするとしている。

平成二二年一月（二九日）、鳩山内閣総理大臣は、施政方針演説において、「地域主権の確立」として、「地域主権の実現は、……国のかたちの一大改革であり、鳩山内閣の改革の一丁目一番地です。今後、地域主権戦略の工程表に従い、政治主導で集中的かつ迅速に改革を進めます。……本年を地域主権革命元年とすべく、内閣の総力を挙げて改革を断行してまいります。」とした。

平成二二年三月、市町村の合併の特例等に関する法律の改正による市町村合併の特例に関する法律（改正市町村合併特例法）が成立した。この改正市町村合併特例法は、第二九次地方制度調査会の答申（平成二一年六月（一六日））を踏まえ、平成一一年以来の全国的な合併推進運動については平成二二年三月末までで一区切りとし、平成二二年四月一日以降は、自主的に合併を選択する市町村に対して、合併の障害を除去するための措置等を講ずるものである（法律の効力は平成三二年三月三一日まで）。その具体的内容については、それぞれ該当の箇所で説明する。

平成二二年三月、国と地方の協議の場に関する法律案（内容については、後述第一三章第二節「七　国の施策に対する地方公共団体の意見の反映」参照）、地域主権改革の推進を図るための関係法律の整備に関する法律案（上述した地方分権改革推進計画に盛り込まれている地域主権改革を推進するため、地域主権戦略会議についての必要な法制上の措置（内閣府設置法を改正して、内閣府の所掌事務として地域主権改革の推進のための基本的な施策に関する事項を定め、内閣府に重要な施策に関する会議として地域主権戦略会議を置く等）及び義務付け・枠付けを規定している関係法律の改正等の所要の措置を講ずることを内容とする。）及び地方自治法の一部を改正する法律案（第二九次地方制度調査会の答申を踏まえた事項、地方分権改革推進計画に盛り込まれた地方自治法の改正事項その他事項で、その具体的内容については、それぞれの説明を参照されたい。）が国会に提出された。なおこれらの法律案は、その後国会で継続審査とされていたが、平成二三年四月（二八日）に修正のうえ可決成立した。このことについては後述する。

平成二二年三月、国の直轄事業に係る都道府県等の維持管理負担金の廃止等のための関係法律の整備に関する法律が成立した（平成二二年四月一日から施行）。

平成二二年六月、鳩山内閣総理大臣が退陣し、菅内閣が成立した。

平成二二年六月（二二日）、「地域主権戦略大綱」が閣議決定された。この大綱においては、「第1　地域主権改革の全体像」で、地域主権改革の意義や地域主権改革の定義を掲げ、地域主権改革がめざす国のかたちとして「住民に身近な行政はできる限り地方公共団体にゆだねることを基本とし、……その中でも、……住民により身近な基礎自治体を重視し、基礎自治体を地域における行政の中心的な役割を担うものと位置付ける。」としている。また、地域主権改革の工程として、「地域主権戦略大綱」は、今後概ね二～三年を見据えた改革の諸課題に関する取組方針を明らかにするとし、平成二四年夏を目途に「地域主権推進大綱（仮称）」を策定し、積極的に取り組んでいくこととするとしている。さらに、地域主権戦略会議及び国と地方の協議の場を法制化するとしている。「第2　義務付け・枠付けの見直しと条例制定権の拡大」で地方分権改革推進委員会の第三次勧告（平成二〇年一〇月）において提示された義務付け・枠付けの具体的な見直し措置等について第一次見直しとして国会に提出されている「地域主権改革の推進を図るための関係法律の整備に関する法律案」に引き続き、具体的な見直し措置（第二次見直し）を別紙1に掲げ、法律の改正により措置すべき事項については所要の一括法案等を平成二三年の通常国会に提出するとしている。また、地方分権改革推進委員会の第二次勧告において見直すこととされた義務付け・枠付けのうち、第三次勧告で取り上げた事項以外のものについても見直しを進めるとしている。「第3　基礎自治体への権限移譲」で、地方分権改革推進委員会が提出した第一次勧告（平成二〇年五月）に掲げられた基礎自治体に対して権限移譲等を行う事務について検討して結論を得た事務（六八項目、二五一条項）を別紙2に掲げ、所要の一括法案等を平成二三年の通常国会に提出するとしている。また、今後の取り組みについて、今後も継続的に基礎自治体への権限移譲を行っていくとし、なお第一次勧告に掲げられた条項の半数近く残されており、引き続き検討を行うとしている。「第4　国の出先機関の原則廃止（抜本的な改革）」で、改革の理念を示し、改革の枠組みとして、国と地方の役割分担の見直しに伴う事務・権限の地方自治体への移譲等を進めたうえで、それに伴う国の組織の廃止・整理・合理化等の結論を得るとし、個々の事務・権限の取扱い、財源や人員の取扱い、今後の進め方などを取り上げ、個々の出先機関の事務・権限の地方移譲等の取扱方針及びその実現に向けた工程やスケジュール並びに組織の在り方について明らかにする「アクション・プラン（仮称）」を年内目途に策定することとし、その際、地方自治体への移譲等については、可能なものから速やかに実施することを基本とするとしている。「第5　ひも付き補助金の一括交付金化」で、国から地方への「ひも付き補助金」を廃止し、基本的に地方が自由に使える一括交付金にする方針の下、現行の補助金交付金等を改革するとし、一括交付金は、各府省の枠にとらわれず、ブロックの政策の目的の範囲内で、デザインされなければならないとし、対象範囲内、制度設計、地方の自由度拡大と国の関わり、配分・総額の基本的な考え方及び実施手順を掲げている。「第6　地方税財源の充実確保」で、国・地方間の税財源の配分の在り方を見直し、税源の偏在性が少なく、税収が安定的な地方税体系を構築すること、課税自主権の拡大を図ること、一括交付金化を進めること、地方交付税について地方税等と併せ一般財源の総額の適切な確保を図ることを指摘している。「第7　直轄事業負担金の廃止」で、平成二五年度までの間、「直轄事業負担金制度等に関するワーキングチーム」において地方の意見を聞きながら検討を進めることとしている。「第8　地方政府基本法の制度（地方自治法の抜本見直し）」で、地方政府基本法の制定（地方自治法の抜本見直し）について、現時点における基本的考え方として、地方公共団体の基本構造について地域住民が地方公共団体の基本構造を選択する仕組みについて検討を進めるとし、議会制度について幅広い住民が議員活動を行えるようにするための環境整備などを始め、議会の在り方について広く検討すること、監査制度について現行の監査委員制度・外部監査制度について廃止を含め、抜本的に再構築することとし、検討事項を例示し、財務会計制度について財務規定の在り方を国の財務会計制度との整合性を踏まえつつ検討を進めるとしている。「第9　自治体連携・道州制」で、連携等の形成に対する支援の在り方を検討していくとし、さらには、地方や関係各界との幅広い意見交換も行いつつ、地域の自主的判断を尊重しながら、いわゆる「道州制」についての検討も射程に入れていくとしている。「第10　緑の分権改革」で、基本的考え方として、「地域の自給力と創富力（富を生み出す力）を高める地域主権型社会」の構築をめざし、「緑の分権改革」を推進していくとし、具体的取り組みを掲げている。

平成二二年六月（二二日）、総務省は「地方自治法抜本改正に向けての基本的な考え方」（以下「基本的考え方」という。）

を取りまとめた。この「基本的考え方」においては、現行の地方自治法は、真の意味での地方自治の基本法として十分でないという指摘があるとしている。また、地域住民の多様な意見を地方公共団体の行政運営に的確かつ鋭敏に反映させられるような制度になっているかが問われているとしている（「1　はじめに」参照）。そして、この「基本的考え方」は、地方自治法の抜本的な見直しの案を取りまとめるための現時点における基本的考え方を取りまとめたものとされている。項目としては、「地方公共団体の基本構造のあり方」「長と議会の関係の見直しの考え方」「議会のあり方の見直しの考え方」「監査制度と財務会計制度の見直しの考え方」を掲げ、それぞれの現行制度や現状の課題等を示し、考え方・検討の方向などについて述べている。

平成二二年一〇月（一日）、菅総理大臣は、所信表明演説において、解決すべき五つの重要政策課題の一つとして、地域主権改革の推進を挙げ、「（以上三つの）重要政策課題の解決に当たっては、地域主権改革の推進が鍵となります。……まず、『ひも付き補助金』の一括交付金化に着手します。来年度予算では、各府省の枠を超えて投資的資金を集め、自由度の高い交付金に再編します。……国の出先機関が扱う事務・権限移譲については、……横断的な移譲の指針を示し、年内を目標に検討を進めます。」とした。また、平成二三年一月（二四日）の施政方針演説においても、「以上の国づくりの三つの理念を推進する土台、それが内閣の大方針である地域主権改革の推進です。……今国会では基礎自治体への権限移譲や総合特区制度の創設を提案します。国の出先機関は、地方による広域実施体制を整備して移管していきます。」とした。

平成二二年一二月、二三年度の予算編成において、国庫補助負担金（「ひも付き補助金」）を段階的に廃止し、地域の自由裁量を拡大するための一括交付金化として、「地域自主戦略交付金」が計上されることとされた。平成二三年度は、第一段階として都道府県を対象に投資補助金の一括交付金化を実施したものであり、平成二四年度からは指定都市も対象とされた。しかし、平成二三年度・平成二四年度については、継続事業に充てられたものが大宗を占め、地域の裁量の拡大にはあまりなっていないという指摘があった。この「地域自主戦略交付金」は、平成二四年一二月の衆議院解散による総選挙の結果、政権交代となり平成二五年度からは廃止された（後述参照）。

平成二二年一二月（二八日）、国の出先機関改革について、「アクション・プラン～出先機関の原則廃止に向けて～」が閣議決定された。このアクション・プランにおいては、出先機関の事務・権限をブロック単位で移譲することを推進するための広域的実施体制の枠組みづくりのため、所要の整備を行うとし、平成二四年通常国会に法案を提出し、準備期間を経て、二六年度中に事務・権限の移譲が行われることをめざすとしている。また、地方自治体が特に移譲を要望している事務・権限である直轄道路、直轄河川及び公共職業安定所（ハローワーク）についての考え方の整理等をし、この改革については、円滑かつ速やかに実施するための仕組みを地域主権戦略会議の下に設けるとした。さらに、国の事務・権限の徹底した見直しによる出先機関のスリム化・効率化を行うことを指摘し、事務・権限の地方自治体への移譲を円滑に実施するための財源・人員の取扱い等について取り上げている。

平成二三年三月（一一日）、東日本大震災が発生し、地震と津波によって未曾有の大災害を蒙ることとなるとともに、地震と津波に起因して、東京電力福島原子力発電所が放射能漏れの大事故を起こし、多くの住民が避難を余儀なくされた。

平成二三年四月（五日）、「地域の自主性及び自立性を高めるための改革の推進を図るための関係法律の整備に関する法律案（第二次改革推進一括法案）」が国会に提出された。この法律案は、基礎自治体への権限移譲について、地方分権改革推進委員会の第一次勧告（平成二〇年五月）を勘案して、平成二二年六月に閣議決定された「地域主権戦略大綱」に、基礎自治体への権限移譲として別紙2に示された具体的な事項を踏まえて、都道府県の権限の市町村への移譲を行うことと、義務付け・枠付けの見直しと条例制定権の拡大について、地方分権改革推進委員会の第三次勧告（平成二一年（一〇月））を勘案して、その一部については同年一二月（一五日）閣議決定した「地方分権改革推進計画」に基づいて平成二二年の国会に提出された地域主権改革の推進を図るための関係法律の整備に関する法律案に盛り込まれ、継続審査とされていた（この法律案は、平成二三年四月（二八日）に題名を地域の自主性及び自立性を高めるための改革の推進を図るための関係法律の整備に関する法律とするなどの国会での修正のうえ成立したことは後述のとおりである。）もの以外の義務付け・枠付けの見直しで、平成二二年六月に閣議決定された「地域主権戦略大綱」の別紙1に示された具体的事項を踏まえた義務付け・枠付けの見直しの措置について定めているものである。

平成二二年四月（二八日）、平成二二年三月に国会に提出され、継続審査とされていた「国と地方の協議の場に関する法律案」「地域主権改革の推進を図るための関係法律の整備に関する法律案」及び「地方自治法の一部を改正する法律案」の三法案が国会で修正のうえ、可決成立した（公布は五月二日。自治法九六条二項の改正規定を除き、平成二三年八月一日に施行された。）。国会での修正は、「地域主権」というのが憲法の「国民主権」との関係で問題があるとされ、「地域主権改革」という用語は用いないこととして、「地域主権改革の推進を図るための関係法律の整備に関する法律」の題名を「地域の自主性及び自立性を高めるための改革の推進を図るための関係法律の整備に関する法律」に改めたこと、また、内閣府に重要政策に関する会議（内閣府設置法第三章第三節第二款）として地域主権戦略会議を置くこととしていたことに係る規定を削ることとされたこと、附則において「政府は、地方分権改革推進委員会による勧告において、地方公共団体に対する自治事務の処理又はその方法の義務付けに関し具体的に講ずべき措置が提示された事項及び見直し措置を講ずべきものとされた事項のうち、この法律において措置が講じられていないものについて、できるだけ速やかに、当該勧告に即した措置を講ずるものとする。」とされた（同法附則四七）ことなどが修正事項である。地方自治法の改正は、議会の議員定数の法定上限数の撤廃、法定受託事務も議会の議決事件として追加することができることなどである。議決事件に法定受託事務を追加することができることとすることについては、国の安全に関することその他の事由により議会の議決すべきものとすることが適当でないものとして政令で定めるものを除くこととされ、この政令は、平成二四年四月に自治令の改正により規定された。

平成二三年六月（一三日）、制度化された「国と地方の協議の場」の初会合が開かれた。

平成二三年六月（二〇日）、東日本大震災復興基本法が成立した。また、同月（二五日）、政府の東日本大震災復興構想会議が「復興への提言～悲惨のなかの希望～」を取りまとめ、提出した。

平成二三年八月（二四日）、第三〇次地方制度調査会が発足し、菅内閣総理大臣から、「住民の意向をより一層地方公共団体の運営に反映できるようにする見地からの議会のあり方をはじめとする住民自治のあり方、我が国の社会経済、地域社会などの変容に対応した大都市制度のあり方及び東日本大震災を踏まえた基礎自治体の担うべき役割や行政体制のあり方などについて、地方自治の一層の推進を図る観点から、調査審議を求める。」という諮問があった。

平成二三年八月（二六日）、地域の自主性及び自立性を高めるための改革の推進を図るための関係法律の整備に関する法律（第二次改革推進一括法）が成立した。

平成二三年八月（三〇日）、菅内閣総理大臣が退陣し、九月二日野田内閣が成立した。

平成二三年九月一三日、野田総理大臣は所信表明演説において、「地域主権改革を引き続き推進します。」とし、同年一〇月二八日の所信表明演説において、「地域主権改革は、地域のことは地域で決めるための重要な改革であり、国の行政の無駄削減を進めるためにも有効です。地方の意見をお伺いしながら、補助金等の一括交付金化や出先機関の原則廃止に向けた改革を進めます。」とした。

平成二三年一二月（一五日）、第三〇次地方制度調査会は、「地方自治法改正案に関する意見」を提出した。この意見は、総務省が検討してきた原案のうち地方六団体との間で特に議論となっている事項について、意見を取りまとめたものである。その内容は、「1　地方議会の会期」において、通年を会期とすることを選択できるようにすることの制度化を図るべきであること等として関連事項について述べている。「2　専決処分」において、条例と予算の専決処分について不承認となった場合、不承認とした趣旨を踏まえ補正予算や条例改正案の提出等の措置をとるべきこととするとしている。「3　直接請求制度」において、一定規模以上の有権者数を有する地方公共団体については署名数要件を見直すべきである等とし、また、条例の制定・改廃の請求対象から除外されている地方税の賦課徴収等の条例の制定・改廃も請求対象とすることを基本とすべきであると考えるとしつつ、対象とする地方税の内容等についてさらに検討を加えたうえで制度化を図るべきであるとし、制度化の時期については、今後の経済状況の推移や改革の実施状況等を十分見極めて検討する必要があるとしている。「4　大規模な公の施設の設置に係る住民投票制度」において、拘束的住民投票制度の導入は住民自治の充実の観点から意義を有すると考えられるものの、住民投票を実施する場合の対象のあり方や要件等についてさらに詰めるべき論点があることから、引き続き検討すべきであるとしている。「5　一部事務組合等」において、一部事務組合等からの脱退について予告を行うことで一定期間経過後に脱退を可能とする仕組みを導入すべきである等としている。

平成二三年一二月（二四日）、平成二四年度予算政府案が閣議決定され、地方財政への対応も取りまとめられた。その中において、東日本大震災からの復興に全力を挙げるとされている。また、地域自主戦略交付金（一括交付金）の対象に指定都市が加えられるなどその拡大が図られている。

平成二三年一二月（二六日）、地域主権戦略会議は、「出先機関の原則廃止に向けた今後の取組方針」を了承した。この方針において、「アクション・プラン～出先機関の原則廃止に向けて～」（平成二二年一二月（二八日）閣議決定）に基づき、ブロック単位での移譲に関しては、広域的実施体制の枠組みについて検討を進め、平成二四年の通常国会に特例法を提出することをめざすとしその方向性を掲げ、その他の三課題に関しては、「アクション・プラン」を少しでも前進させるよう、取り組みを強化するとしている。

平成二三年一二月（二九日）、社会保障・税一体改革で消費税を引き上げた（五％引き上げ）場合の国と地方の配分について、「国と地方の協議の場」において「地方単独事業の総合的な整理について」が合意され、国と地方の役割分担に応じた配分は、国が三・四六％、地方が一・五四％で、これを踏まえて、引き上げ分の消費税収も国分三・四六％、地方分一・五四％とされた。なお、地方分は、一・二％が地方消費税で、〇・三四％が地方交付税とされている。

平成二四年一月、野田総理大臣は、施政方針演説において、「行政サービスを効率化し、国の行政の無駄削減を進めるためにも有効な地域主権改革を着実に具体化していきます。一二年度予算案では、補助金の一括交付金の総額を増やし、使い勝手を格段に良くします。また、国の出先機関の原則廃止に向けて、具体的な制度設計を進め、必要な法案を今国会に提出いたします。」とした（同演説「三　政治・行政改革を断行する決意」）。

平成二四年二月（一七日）、社会保障・税一体改革大綱が閣議決定された。この中において、消費税について、社会保障の安定財源確保と財政健全化の同時達成への第一歩として、消費税率を二〇一四年（平成二六年）の四月一日から八％へ、二〇一五年（平成二七年）一〇月一日より一〇％へと段階的に引き上げるとしている（同大綱第三章1「⑴消費税」）。

平成二四年三月（九日）、「地方自治法の一部を改正する法律案」が国会に提出された。この法律案に盛り込まれた事項は、総務省において検討されてきた事項で、改正の原案にとりたてて異論はないと思われたものと、原案のうち地方六団体との間で特に議論となっているものについて第三〇次地方制度調査会の「地方自治法改正案に関する意見」を踏まえて見直すものとが含まれている。改正事項は、第一に「議会制度の見直しに関する事項」（議会の会期制度、議会の招集手続及び議会運営に関する事項）、第二に「議会と長との関係に関する制度の見直しに関する事項」（再議制度、専決処分の制度及び条例の公布に関する制度に関する事項）、第三に「直接請求制度の見直しに関する事項」（署名数要件に関する事項）、第四に「国等による違法確認訴訟制度の創設に関する事項」、第五に「一部事務組合及び広域連合等の制度の見直しに関する事項」及びその他所要の規定の整備に係る事項である。この法律案は、衆議院で一部修正のうえ、同年八月（二九日）に成立した。その内容については、それぞれ該当の箇所で説明する。

平成二四年三月（九日）、「地域の自主性及び自立性を高めるための改革の推進を図るための関係法律の整備に関する法律案」（第三次改革推進一括法案）が国会に提出された。この法律案は、義務付け・枠付けの見直しに係る改正（案）であり、地方分権改革推進委員会の第二次勧告で指摘された見直し対象条項のうち第一次改革推進一括法（平成二三年四月制定）及び第二次改革推進一括法（平成二三年八月制定）で措置されていない残されたものの中から地方からの提言等に係る事項、通知・届出・報告、公示・公告等、職員等の資格・定数等その他について重点事項を中心に見直しを行うものである。その内容として、指定居宅介護支援事業の人員・運営に関する基準や地域包括支援センターの基準などの条例への移譲、公害健康被害認定審査会の委員の上限数の廃止などが盛り込まれている。この法律案は、同年九月、継続審査とされた後、同年一一月衆議院の解散により廃案となった。

平成二四年三月（三〇日）、税制抜本改革法案（社会保障の安定財源の確保等を図る税制の抜本的な改革を行うための消費税法等の一部を改正する等（地方の場合、「地方税法及び地方交付税法の一部を改正する」）の法律案）が閣議決定され、国会に提出され、衆議院で一部修正のうえ、八月（一〇日）に成立した（八月二二日公布）。第一〇章第五節一1「(1) 地方税」を参照されたい。

平成二四年七月（三〇日）、議員提案による大都市地域における特別区の設置に関する法律案（大都市地域特別区設置法案）が国会に提出された。この法律案は、人口二〇〇万以上の指定都市又は指定都市及び隣接市町村の大都市地域の関係市町村を廃止し、当該区域を分けて定める区域の特別区を設けることができるとするものであるが、すでに提出されていた三つの法律案を一体化したものであった。この法律案は、衆議院で一部修正のうえ、同年八月（二九日）に成立した（原則平成二五年三月一日施行）。

平成二四年一〇月（二九日）、野田内閣総理大臣は、所信表明において、「地域主権改革は、民主党を中心とする政権にとって改革の一丁目一番地です。関係者の意見を踏まえながら、義務付け・枠付けの更なる見直しや出先機関の原則廃止などを引き続き進めます。」とした。

平成二四年一一月（一六日）衆議院が解散され、一二月一六日に行われた選挙の結果、政権交代となり、同月二六日、安倍内閣となった。

平成二四年一二月（二〇日）、第三〇次地方制度調査会専門小委員会は、「大都市制度についての専門小委員会中間報告」

を取りまとめた。同調査会は、その後も調査審議を重ね、後述のように平成二五年六月（二七日）「大都市制度の改革及び基礎自治体の行政サービス提供に関する答申」を提出した。

平成二五年一月（一一日）、従来の内閣府地域主権戦略室が、内閣府地方分権改革推進室とされた。

平成二五年一月（一一日）に閣議決定された「日本経済再生に向けた緊急経済対策」において、「平成二五年度に地域自主戦略交付金を廃止し、各省庁の交付金等に移行したうえで重要な政策課題に対応する。」とされた（同閣議決定、第3章Ⅲ2「(3)農業の体質強化など地域の特色を生かした地域経済の活性化と住みよい地域の構築の加速」）。

平成二五年二月（二八日）、安倍内閣総理大臣は、施政方針演説において「魅力あふれる地域を創ります。その鍵は、地域ごとの創意工夫をいかすための、地方分権改革です。大都市制度の改革をはじめ、地方に対する権限移譲や規制緩和を進めます。また、『地域の元気づくり』を応援します。」とした。

平成二五年三月（八日）、政府に内閣総理大臣を本部長とする地方分権改革推進本部が設置された（閣議決定）。

平成二五年四月（五日）、内閣府特命担当大臣（地方分権改革担当）決定により、「地方分権改革有識者会議」が設置された。

平成二五年四月（一二日）、義務付け・枠付けの第三次見直しとして前年の国会に提出され、継続審査とされたうえ、衆議院の解散により廃案となった第三次改革推進一括法案の内容であった事項に、第四次見直し（平成二五年三月閣議決定）で掲げた事項を加えた内容（義務付け・枠付けの見直し及び都道府県から指定都市又は中核市等への移譲）の地域の自主性及び自立性を高めるための改革を推進するための関係法律の整備に関する法律案が国会に提出され、同法案は、同年六月（七日）に成立した（第三次改革推進一括法）。

平成二五年六月（一四日）、「経済財政運営と改革の基本方針―脱デフレ・経済再生―」が閣議決定された。その中において、「個性を活かし自立した地方をつくるため、地方分権改革推進委員会の勧告を基礎に、義務付け・枠付けの見直し、都道府県から基礎自治体への権限移譲、国から地方への事務・権限の移譲等を、これまでの経緯や地方の声を踏まえつつ、引き続き着実に進める。道州制について、道州制に関する基本法案の動向を踏まえ、必要な検討を進める。事業効果をあげるため、ハード・ソフト両面から、地方自治体間の連携、官民連携を進め、効率的な公共サービスを提供できるよう体制整備を進める。」とされている（第2章6「(2) 地方分権改革の推進等」）。

平成二五年六月（一四日）、新たな成長戦略である「日本再興戦略—JAPAN is BACK—」が閣議決定された。

平成二五年六月（一七日）、第三〇次地方制度調査会は、「大都市制度の改革及び基礎自治体の行政サービス提供体制に関する答申」を取りまとめた。この答申においては、「第1 大都市を含めた基礎自治体をめぐる現状と課題」において、人々の暮らしを支え、経済をけん引していくのにふさわしい核となる都市やその圏域を戦略的に形成していくことが必要であるとし、三大都市圏においては、引き続き我が国の経済をけん引する役割を果たすことが求められていること、指定都市、中核市、特例市のうち地域の中枢的な役割を果たすべき都市（地方中枢拠点都市）を核とする圏域においては、地方中枢拠点都市を中心とする広域連携を進め、三大都市圏と並んで我が国の経済をけん引する役割を力強く果たしていくことが求められていること、また、地方圏のうち地方中枢拠点都市を核とする圏域以外の地域についても中心市と近隣の基礎自治体との間で都市機能の「集約とネットワーク化」を進めることによって引き続き住民が安心して生活できる基盤を維持していくことが必要であるとしている。また、東日本大震災の教訓を基に、災害対策面においては、地方公共団体間の広域的な連携や、都道府県の役割の強化など必要な対応が進められつつあるとしている。以上の現状認識を述べたうえで、三大都市圏の抱える課題として、住民自治を拡充していくことが重要であること、社会資本の更新時期にきており、社会資本整備のあり方の見直しも問われていること、大規模災害時における住民の避難のあり方、生活機能や経済機能の維持等への対策を講じていくことも必要であること、面積が狭い都市が数多く存在するが効率的・効果的な行政体制を構築し、今後の急速な高齢化や社会資本の老朽化に対応するためには自主的な市町村合併や基礎自治体間の広域連携を進めることが必要であることなどを指摘している。地方圏の抱える課題として、地域を支える拠点の構築が課題であるとし、地方中枢拠点都市を核に、都市機能、生活機能を確保するとともに「集約とネットワーク化」を進めることが重要であることとしたうえで、一定以上の人口規模のある都市から相当の距離があるような地域については、都道府県が地域の実情に応じて補完的な役割をより柔軟に果たすことも必要であるとしている。そして、上記のような認識と課題を踏まえれば、大都市等に地方自治制度の改革による対応及び基礎自治体における行政サービス提供体制についての制度的対応のための制度改革等が必要であるとしている。以下、この答申は、「第2　現行の大都市等に係る制度の見直し」（「1　指定都市制度」「2　中核市・特例市制度」「3　都区制度」）、「第3　新たな大都市制度」（「1　特別区制度の他地域への適用」「2　特別市（仮称）」「3　三大都市圏域の調整」）及び「第4　基礎自治体の現状と今後の基礎自治体の行政サービス提供体制」（「1　『平成の合併』の経緯と現状」「2　基礎自治体による事務の共同処理等の現状と課題」「3　具体的な方策」）について掲げられている。これらの内容については、該当の各章各節において説明する。

平成二五年五月（二四日）、行政手続における特定の個人を識別するための番号の利用等に関する法律及び同法律の施行に伴う関係法律の整備等に関する法律（番号利用法及び番号利用法関係法律整備法）が成立した。

平成二五年六月（二一日）、日本維新の会（当時）とみんなの党（当時）が議員提案により共同して、道州制への移行のための改革基本法案を国会に提出し、国会の会期末に継続審査とされ、平成二六年の国会においても継続審査とされていたが、平成二六年一一月に衆議院の解散により廃案になった。

平成二五年七月（二一日）、参議院選挙の結果、与党が過半数を確保することになった。

平成二五年九月（一三日）、政府の地方分権改革推進本部において、「国から地方公共団体への事務・権限の移譲等に関する当面の方針について」が決定された。この方針においては、都道府県に移譲する事務・権限を中心に取り上げられており、二以上の都道府県の区域に病院等を開設する医療法人の設立認可及び監督、法律に基づく養成施設等の指定及び監督等、自家用有償旅客運送の登録及び監査等など四四事項については、見直し方針として取りまとめるとしている。そして、法律により措置すべき事項については、改正法律を平成二六年の通常国会に提出することを基本とするとしている。

平成二五年一〇月（一日）、安倍内閣総理大臣は、消費税率を平成二六年四月から八％に引き上げることを表明し、閣議において確認の決定をした。それについての対応に関して、一二月上旬に五兆円規模の新たな経済対策を策定することを決定した。

平成二五年一二月（二〇日）、「事務・権限の移譲等に関する見直し方針について」が閣議決定された。この閣議決定は、国から地方公共団体への事務・権限の移譲等について、平成二五年九月（一三日）に地方分権改革推進本部において決定された上述の「国から地方公共団体への事務・権限の移譲等に関する当面の方針について」を踏まえ、国から地方公共団体への事務・権限の移譲等を推進することとし、加えて、平成二五年六月（一七日取りまとめ）の第三〇次地方制度調査会の上述した「大都市制度の改革及び基礎自治体の行政サービス提供体制に関する答申」において示された都道府県から指定都市への事務・権限の移譲等が推進されることとされている。平成二六年三月、この閣議決定に従って（一部修正）、地域の自主性及び自立性を高めるための改革の推進を図るための関係法律の整備に関する法律案が国会に提出され、同年五月（二八日）成立した（第四次改革推進一括法）。この法律及び各個別法令において、国から都道府県への権限移譲等六六事項（政令事項等を含む。）、都道府県から指定都市への権限移譲四一事項（政令事項等を含む。）が措置されている。

平成二五年一二月、平成二六年度の予算編成において、平成二六年四月から消費税率が三％引き上げられ、八％（国の消費税六・三％、地方消費税一・七％）とされた。なお、平成二七年一〇月一日から一〇％とすることについては、安倍内閣総理大臣は、平成二六年一月（二八日）の国会答弁で、税制抜本改革法にのっとって、経済状況等を総合的に勘案しながら、平成二六年中に適切に判断したいとした。

また、平成二六年度の税制改正において、地方消費税率の引き上げも勘案し、地方法人課税の偏在是正として、法人住民税法人税割の税率を引き下げ、当該引き下げ相当分で、国税である地方法人税を創設し、税収全額を交付税特別会計に繰り入れて地方交付税の原資とすることとされた。また、地方法人特別税（国税とし、その全額を地方法人特別譲与税とする。第一〇章第五節一１「(1) 地方税」参照）の規模を三分の一縮小し、法人事業税に復元することとされた。なお、消費税率一〇％となった段階で、地方法人特別税及び地方法人特別譲与税を廃止し、他の偏在是正措置を講ずるなど、関係する制度について幅広く検討を行うこととされた。このことについて、後述する（第一〇章第五節一１「(1) 地方税」及び「２ 地方譲与税」参照）ように、平成二八年の税制改正において定められた（なお、消費税率一〇％とすることについては、平成二七年四月一日とされていたものが、二年半先送りされることとなった。）。

さらに、平成二六年度の税制改正において、自動車税の税率の引き下げと軽自動車税の税率の引き上げ、自動車税についてグリーン化特例の見直し等が行われることとされた。

平成二六年一月（二四日）、安倍内閣総理大臣は、施政方針演説において、「自主性と自立性を高めることで、個性豊かな地方が生まれます。一次内閣で始めた第二次地方分権改革の集大成として、地方に対する権限移譲や規制緩和を進めます。行政サービスの質と量を確保するため、人口二〇万人以上の地方中枢拠点都市と周辺市町村が柔軟に連携する、新たな広域連携の制度を創ります。」とした。

平成二六年三月、自治法改正案が国会に提出された。この改正案は、第三〇次地方制度調査会の「大都市制度の改革及び基礎自治体の行政サービスの提供体制に関する答申」（平成二五年六月（一七日））を勘案したものである。その内容は、連携協約に関する事項（関連して、連携協約に関する紛争を処理するための自治紛争処理委員会の紛争を処理するための方策の提示に関することなど）、事務の代替執行に関する事項、指定都市制度に関する事項（区に代えて総合区を設けること及び総合区に関すること、指定都市都道府県調整会議並びに指定都市と包括都道府県の間の協議に係る勧告及び指定都市都道府県勧告調整委員に関する事項等）、中核市の人口要件を二〇万以上とし、特例市の制度を廃止すること（施行時特例市に関することを含む。）、認可地縁団体の不動産の所有権の保存又は移転の登記（の特例）に関することなどである。詳細は該当の箇所で説明する。

平成二六年三月、行政不服審査法の全文を改正する新行政不服審査法案及びその施行に伴う関係法律の整備等に関する法律案（新行審法関係法律整備法案）が国会に提出され、同年六月成立した。この改正は、平成二〇年に国会に提出し、廃案となった改正案と異なり、裁定的関与も新しい制度によることとされた。

この新行審法関係法律整備法において、自治法の多くの関係規定が改正されている。詳細は該当の箇所で説明する。

平成二六年四月、地方教育行政の組織及び運営に関する法律の改正案が国会に提出され、同年六月成立した。この改正では、教育委員会の委員長と教育長を一本化した新たな教育長（新教育長）を置き、長が議会の同意を得て任命する（特別職）こと、長は、教育、学術及び文化の振興に関する総合的な施策の大綱を定めること、長は総合教育会議を設けることなどとされ、教育の政治的中立性、継続性・安定性を確保しつつ、地方教育行政における責任の明確化、迅速な危機管理体制の構築、首長との連携の強化を図ることなどが改革の趣旨とされる。

平成二六年五月（一五日）、第三一次地方制度調査会が発足し、安倍内閣総理大臣から、「個性を活かし自立した地方をつくる観点から、人口減少社会に的確に対応する三大都市圏及び地方圏の地方行政体制のあり方、議会制度や監査制度等の地方公共団体のガバナンスのあり方等について、調査審議を求める。」という諮問があった。

平成二六年六月（二四日）、「『日本再興戦略』改訂二〇一四―未来への挑戦―」（改訂成長戦略）が閣議決定された。その中において、改訂戦略における鍵となる施策の一項目として「地域活性化と中堅・中小企業・小規模事業者の革新／地域の経済構造改革」が取り上げられ、改訂戦略の主要施策例も掲げられている。また、三つのアクションプログラムのうちの日本産業構造プランにおいて地域活性化・地域構造改革の実現について述べられている。その一部については、該当の箇所で説明する。

平成二六年六月（二四日）、「経済財政運営と改革の基本方針二〇一四」（〝骨太の方針〟）が閣議決定された。その中において、「（地方分権改革の推進等）」として、「個性を活かし自立した地方をつくるため、従来からの課題への取組に加え、地方の発意と多様性を重視し、個々の地方公共団体から募集した改革提案の実現を図る（著者注。「提案募集方式」「手挙げ方式」の導入とされる。）ことで、地方に対する権限移譲及び規制緩和等を力強く推進する。あわせて、これまでの改革の成果を国民が実感し、主体的に地方行政に参画する機運を醸成するため、ＳＮＳの活用や全国シンポジウムの開催等による情報発信を強化する。道州制について、道州制に関する基本法案の動向を踏まえ、必要な検討を進める。」（第2章3「(3)観光・交流等による都市・地域再生、地方分権、集約・活性化」）とされている。また、主な歳出分野における重点化・効率化として、社会保障改革、社会資本整備と並んで地方行財政制度を取り上げ、基本的考え方を掲げたうえで、元気な地方を創るための取組の推進、地方財政改革の推進及び地方財政の透明性・予見可能性の向上による財政マネジメントの強化について述べられている。このうち、元気な地方を創るための取組の推進として、「『集約とネットワーク化』の考え方に基づき、相当の人口規模と中核性のある都市が近隣市町村と有機的に連携し地域の活性化を図るため、地方中枢拠点都市圏や定住自立圏を形成し、圏域全体の経済成長の牽《けん》引、高次の都市機能の集積、生活機能サービスの確保・向上といった取組を推進するとともに、条件不利地域における市町村・都道府県の連携の取組を推進する。また、広域化に伴う役割分担や費用分担の成功事例を分析し、横展開を促進する。」としている（第3章2「(3)　地方行財政制度」）。

平成二六年六月（二四日）、地方分権改革担当大臣の下の地方分権改革有識者会議が「個性を活かし自立した地方をつくる～地方分権改革の総括と展望～」を取りまとめ報告した。この取りまとめは、これまで二〇年の国と地方の取組を振り返り、地方分権改革の今後の方向を明らかにするものであるとされている（「はじめに」参照）。そして、これまでの改革の総括をし、今求められる改革の位置付けを整理し、地方分権改革は、個性を活かし自立した地方をつくることを目指すものであり、成熟化社会を背景としたガバナンス・システムを構築するための基盤に当たるとの認識を十分に持つ必要があることを指摘したうえで、改革の推進手法について、これまでの国が主導する短期集中型の改革スタイルから、地域における実情や課題に精通した地方の発意に根ざした息の長い取組を行う改革スタイルへの転換が望まれるとし、このため

「提案募集方式」は是非導入すべきであること、地方ごとの多様な事情への対応が可能となる「手挙げ方式」を導入すべきであることなどが指摘されている（１「⑴　これまでの改革の総括」及び「⑵　今求められる改革の位置付け」）。さらに、この「提案募集方式」の導入と「手挙げ方式」の導入についての概要、留意事項等について述べ、政府の推進体制の整備等について指摘している（１「⑷　改革の進め方」）。次に、具体的な改革の目指すべき方向として、国と地方の役割分担の見直し（権限移譲等）、地方に対する規制緩和の推進、地方税財源の充実強化、重要な政策分野に関する改革（土地利用、社会資本整備、地域交通、社会保障、雇用・労働、教育の分野を取り上げている。）について掲げている。そして、改革の成果を実感できる情報の発信の展開について述べている（「２　具体的な改革の目指すべき方向」）。さらに、改革の推進に当たり今後地方に期待することとして、改革成果の住民への還元、住民自治の充実、改革提案機能の充実を掲げている（「３　改革推進に当たり今後地方に期待すること」）。

平成二六年七月（四日）、国土交通省は「国土のグランドデザイン二〇五〇」を作成した。

平成二六年七月、安倍内閣総理大臣は、地方の創生と人口減少に対する取り組みについて表明した（七月一八日閣議後の記者会見）。

平成二六年九月（三日）、第二次安倍改造内閣が発足し、地方創生担当大臣が置かれることとなった。また「まち・ひと・しごと創生本部」の設置が閣議決定された。そして、まず、地方創生の長期ビジョンをつくることとした。

平成二六年九月（二九日）、安倍内閣総理大臣は、所信表明演説において、「若者にとって魅力ある町づくり、人づくり、仕事づくりを進めます。『まち・ひと・しごと創生本部』を創設し、政府として、これまでとは次元の異なる大胆な政策を取りまとめ、実行してまいります。」とした。そして、同日「まち・ひと・しごと創生法案」を閣議決定し、同日国会に提出し、同年一一月（二一日）成立した。

平成二六年一〇月（二七日）、大阪府議会及び大阪市議会は、大都市地域特別区設置法に基づく特別区設置協定書（案）

を否決した。

平成二六年一〇月（二九日）、地方分権改革担当大臣の下の地方分権有識者会議は、平成二六年の地方からの提案に関する当面の方針を取りまとめた。これによると、提案件数九五三件のうち、実現することを前提に実務面の調整を行う提案三三件、実現に向けて実施の具体的手法や時期等を引き続き調整する提案九六件（小計一二九件）、現行規定により対応可能である提案八九件、計二一八件となっている。そして、引き続き提案の実現に向けて調整を行い、措置を講じることとされたものについては、本年中に対応方針として取りまとめるとともに、法律の改正により措置すべき事項については、所要の法律案を国会に提出すべきであるとしている。

平成二六年一一月（一八日）、安倍内閣総理大臣は、消費税率の再引上げについて、「消費税率を来年一〇月から引き上げることについては、個人消費を再び押し下げ、デフレ脱却も危うくなる。」との理由から、消費税率一〇％への引き上げを平成二九年（二〇一七年）四月に一年半先送りし、この決断について、速やかに国民の信を問うべきだと決心したとして、衆議院を一一月二一日に解散する意向を表明した。

平成二六年一一月（二一日）、衆議院が解散された。

平成二六年一二月（一四日）、衆議院議員選挙の結果、自由民主党及び公明党が勝利し、引き続き政権を担当することとなり、同月二四日、第三次安倍内閣が発足した。

平成二六年一二月（二七日）、政府は、景気の底上げや地域の活性化等に向けて経済対策を閣議決定した（総額三・五兆円）。この中において、自治体が地域の実情に応じて柔軟に活用できる「地域住民生活支援緊急支援交付金」（四二〇〇億円）を設けること等とし、平成二六年度の補正予算で措置することとした。また、同日、地方創生に関するまち・ひと・しごと創生長期ビジョンとまち・ひと・しごと創生法第八条の規定に基づくまち・ひと・しごと創生総合戦略を閣議決定した。

まち・ひと・しごと創生長期ビジョンにおいては、平成六〇年を視野に入れて、五〇年後（二〇六〇年）に一億人程度の人口を確保するという人口減少の克服（歯止め・東京一極集中の是正）と、二〇五〇年代に実質ＧＤＰ成長率一・五～二％程度を維持するという成長率の確保という長期ビジョンを示し、人口問題に対する基本的認識について述べ、今後の基本的視点（人口減少問題に取り組む意義。今後の基本的視点）、目指すべき将来の方向（「活力ある日本社会」の維持のために、地方創生がもたらす日本の姿）について掲げている。

まち・ひと・しごと創生総合戦略は、基本的考え方を示し、政策の企画・実行に当たっての基本方針（従来の政策の検証、まち・ひと・しごと創生に向けた政策五原則（自立性、将来性、地域性、直接性、結果重視）、国と地方の取組体制とＰＤＣＡの整備）、今後の政策の方向（政策の基本目標。政策パッケージ（地方にしごとをつくり、安心して働けるようにする。地方への新しいひとの流れをつくる。若い世代の結婚・出産・子育ての希望をかなえる。時代に合った地域をつくり、安心なくらしを守るとともに、地域と地域を連携する。））、国家戦略特区・社会保障制度・税制・地方財政等について掲げ、付属文書としてアクションプラン（個別施策工程表）を付している。

平成二七年一月（九日）、平成二六年度補正予算案が閣議決定され、同年二月（三日）に成立した。この補正予算には、上述した経済対策に述べられている地域住民生活等緊急支援のための交付金（四二〇〇億円）が盛り込まれている。この交付金は、地域消費喚起・生活支援型の交付金（二五〇〇億円。地方公共団体が実施する地域における消費喚起策やこれに直接効果を有する生活支援策に対し支援。メニュー例としては、プレミアム付商品券（域内消費）、ふるさと名物商品券・旅行券（域外消費）等）と、地方創生先行型の交付金（一七〇〇億円。地方公共団体による地方版総合戦略（まち・ひと・しごと創生法九、一〇参照）の早期かつ有効な策定と、これに対する優良施策等の実施に対し支援。メニュー例としては、ＵＩＪターン助成等）とに分けられている。なお、交付金は、都道府県四、市町村六の配分比率（ただし、地方創生先行型については、基礎交付一四〇〇億円について）とされている。

平成二七年一月（一四日）、平成二七年地方財政対策が定められ、平成二七年度予算案が閣議決定された。地方財政対策においては、まち・ひと・しごと創生事業費として一兆円が創設された（既存財源の振替を含む。）。地方税制改革等については、該当の箇所で説明する。

平成二七年一月（三〇日）、「平成二六年の地方からの提案等に関する対応方針」を閣議決定した。これは、平成二六年から地方分権改革に関する提案募集方式を導入することとされた（平成二六年四月（三〇日）、政府の地方分権改革推進本部が「地方分権改革に関する提案募集実施方針」を決定した。）ことにより進められてきたものである。その結果、三四一事項について、提言の趣旨を踏まえ対応（手挙げ方式により実現するものを含む。）又は現行規定で対応可能とされた。対応するものの中には、農地転用の許可権限について（地方六団体提言）、国の権限とされていた四ヘクタールを超える許可権限を都道府県及び指定される市町村に移譲すること（法定受託事務で、国との協議が必要）及びこれまで都道府県の法定受託事務とされ、国との協議を要することとされていた四ヘクタール以下二ヘクタールを超える許可権限は都道府県及び指定される市町村の自治事務とし、国との協議は要しないこととされたことなどが含まれている。法令改正により措置すべき事項については、後述する第五次改革推進一括法（平成二七年六月（一九日）成立）及び関係する政令・命令に盛り込まれている。

平成二七年二月（一二日）、安倍内閣総理大臣は、施政方針演説において、「熱意ある地方の創意工夫を全力で応援する。それこそが、安倍内閣の地方創生であります。地方の努力が報われる、地方目線の行財政改革を進めます。それぞれの地方が、特色をいかしながら、全国にファンを増やし、財源を確保するふるさと納税を拡大してまいります。手続きも簡素化し、より多くの皆さんに、地方の応援団になってほしいと思います。地方分権でも、霞が関が主導する従来のスタイルを根本から改め、地方の発意による、地方のための改革を進めてまいります。地方からの積極的な提案を採用し、農地転用などの権限を移譲します。更に、国家戦略特区制度を進化させ、地方の情熱に応えて規制改革を進める「地方創生特区」を設けてまいります。」とした（施政方針演説「（地方目線の行財政改革）」）。

平成二七年三月五日、選挙権年齢を一八歳以上とする「公職選挙法等の一部を改正する法律案」が、各党（一部の党を除く。）の共同提案として国会に提出され、平成二七年六月（一七日）に成立し、同月一九日に公布された。施行期日は、公布の日から起算して一年を経過した日（平成二八年六月一九日）であり、施行日後初めてその期日を公示される衆議院議員の総選挙又は参議院議員の通常選挙の期日の公示の日のうちいずれか早い日以降にその期日を公示される選挙等（公示又は告示される選挙等）について適用することとされ、平成二八年七月三日に行われた福岡県うきは市の市長選挙で適用され、国政選挙では同年七月一〇日に執行された参議院議員選挙で適用された。

平成二七年三月、大阪府・大阪市特別区設置協議会が再度作成し、総務大臣が特段の意見がない旨を通知した特別区設置協定書を、大阪市議会及び大阪府議会が大都市地域特別区設置法第六条一項の規定により承認をした（大阪市議会は三月一三日、大阪府議会は三月一七日）。同法第七条の規定に基づく選挙人の投票は、五月一七日に行われた結果、反対票が僅差で上回った。その後、平成二七年一一月二二日、大阪府知事及び大阪市長の同時選挙が行われ、双方共〝大阪都構想〟を推進する候補者が当選した。また、平成二八年四月一日には、指定都市の総合区の制度が施行された。目下、〝大阪都構想〟（一部では、〝副首都構想〟ともいわれる。）は、総合区制度の導入との比較検討も含めて論議されている。そして、大阪府及び大阪市の議会に特別区設置協議会の設置（同法四1）の議案が提出され、可決された（大阪市議会平成二九年五月二六日、大阪府議会平成二九年六月九日）。同協議会は特別区設置協定書（案）の作成について協議している。

平成二七年六月（一九日）、同年一月（三〇日）に閣議決定された上述した「平成二六年の地方からの提案等に関する対応方針」に基づき、地域の自主性及び自立性を高めるための改革の推進を図るための関係法律の整備に関する法律（第五次改革推進一括法）が成立した。これにより、農地転用許可の権限の移譲等の国からの権限移譲など、火薬類の製造許可等及び高圧ガスの製造許可等の都道府県から指定都市への権限移譲など、また、保育所型認定こども園に係る認定の有効期間の廃止などの義務付け、枠付けの見直しなど、が措置された。

平成二七年六月（三〇日）、「経済財政運営と改革の基本方針二〇一五—経済再生なくして財政健全化なし—」（骨太方針二〇一五）が閣議決定された。その中で、「地方分権改革は、地域が自らの発想と創意工夫により課題解決を図るための基盤となるものであり、地方創生の極めて重要なテーマである。平成二七年の提案募集においても、地方からの提案の最大限の実現を図り、地方の発意に根差した改革を更に推進する。あわせて、住民に身近な行政の現場で活躍する人材の連携・情報共有等により地方分権改革の担い手の強化・支援を図るとともに、改革の成果を国民が実感できるよう、優良事例の普及や情報発信の強化等に努める。道州制について、基本法案の動向を踏まえ、必要な検討を進める。」とされている（第二章3〔2〕「⑷地方分権改革等」）。

また、同日、「『日本再興戦略』改訂二〇一五―未来への投資・生産性革命―」及び「まち・ひと・しごと創生基本方針二〇一五―ローカル・アベノミクスの実現に向けて―」が閣議決定された。これらの中で、「地方創生の深化のためには、従来の「縦割り」の事業や取組を超えた、新たな「枠組み」づくり（官民協働と地域連携）や新たな「担い手」づくり（地方創生の事業推進主体の形成や専門人材の確保・育成）、生活経済実態に即した新たな「圏域」づくり（「広域圏域」から「集落生活圏」まで）が重要となる。」とされている（「経済財政運営と改革の基本方針二〇一五」第二章3〔1〕「⑴地方創生の深化」及び「まち・ひと・しごと創生基本方針二〇一五」Ⅱ3「新たな『枠組み』『担い手』『圏域』づくり」参照）。そのうえで、「まち・ひと・しごと創生基本方針二〇一五」においては、『広域圏域』という観点からは、連携中枢都市圏や定住自立圏の形成等を積極的に推進するとともに、今後、広域的な経済振興施策を担う官民連携組織が形成されることが期待される。また、中山間地域等においては、『小さな拠点』の形成により、一体的な日常生活圏を構成している『集落生活圏』を維持することが重要となる。」としている（同基本方針Ⅱ3「③新たな『圏域』づくり」）。

平成二七年八月（一四日）、「国土形成計画（全国計画）」が閣議決定された。この新たな国土形成計画（国土形成計画法六参照）は、二〇五〇年の長期を見通しつつ、今後概ね一〇年間（二〇一五年から概ね一〇年間）における国土形成に関する基本的方針、目標及び全国的見地から必要である基本的な施策を明らかにすることを目的とし、基本構想として「対流促進型国土の形成」を掲げている。また、国土交通大臣が定める「広域地方計画」（国土形成計画法九参照）は、平成二八年三月（二九日）に定められた。

平成二七年八月（二八日）、農業協同組合法等の一部を改正する法律が成立したが、その中で農業委員会等に関する法律が改正された（平成二八年四月一日施行）。選挙による委員の制度を廃止し、選任による委員の制度も改め、委員はすべて市町村長が議会の同意を得て任命することとしたこと（改正後法八）などの改正の内容については、該当の箇所で説明する。

平成二七年九月（二四日）、安倍内閣総理大臣は、経済政策アベノミクスの「新三本の矢」（「希望を生み出す強い経済」「夢を紡ぐ子育て支援」「安心につながる社会保障」）を発表し、その中で「一億総活躍の時代を切り開くため、これからの三年間、全身全霊を傾注していく覚悟である」とし、翌二五日の記者会見において、一億総活躍社会の担当大臣を置くことを表明した。

平成二七年一〇月五日、行政手続における特定の個人を識別するための番号の利用等に関する法律（番号利用法）が施行された。個人事業カードは、平成二八年一月一日から交付が開始された。

平成二七年一二月（一六日）、与党の「平成二八年度税制改正大綱」において、国・地方を通じた実効税率を引き下げることとすることに伴い、地方税の法人事業税の所得割の税率の引き下げに対応して外形標準課税を拡大すること、地方法人課税の偏在是正の措置をとること（平成二九年度以降）などについて定めた。具体的内容は、該当箇所で説明する。

平成二七年一二月（二二日）、「平成二七年の地方からの提案等に関する対応方針」が閣議決定された。その中において、〝地方版ハローワーク〟の創設、都市公園における運動施設の敷地面積に係る基準の弾力化、サービス付き高齢者向け住宅に係る計画策定権限等の市町村への移譲等が含まれている。この閣議決定に基づく地域の自主性及び自立性を高めるための改革の推進を図るための関係法律の整備に関する法律（第六次改革推進一括法）は、五月（一三日）に成立した。

平成二七年一二月（二四日）、平成二八年度の予算編成（国会提出は平成二八年一月（二二日））に当たり、平成二八年度の地方財政対策が定められた。それによると、地方税収の一・二兆円の増収を見込むことを背景に、臨時財政特例債の相当の抑制、別枠加算の廃止など、〝平時モード〟への切替えを進めることとしている。また、ひと・まち・しごと創生事業費を引き続き一兆円確保することとしている。さらに、重点課題対応分（仮称）として、自治体情報システム構造改革推進事業、高齢者の生活支援等のくらしを支える仕組みづくりの推進及び森林吸収源対策等の推進に対する地方財政措置を計上している。なお、地方創生関係の国の予算（内閣府計上分）として、平成二七年度補正予算において、地方創生加速化交付金（一〇〇〇億円。対象事業：しごと創生対策、人の流れ対策、働き方改革、まちづくり）を措置し、平成二八年度において新型交付金（一〇〇〇億円。事業ベース二〇〇〇億円、交付率二分の一。対象事業：先駆性のある取り組み、既存事業の隘路を発見し打開する取組、先駆的・優良事例の横転開）を措置することとされている。

平成二八年一月（二二日）、安倍内閣総理大臣は、施政方針演説において、「地方創生の原動力。それは、地方の皆さんの『情熱』であります。」「本年三月までにほぼ全ての自治体で、各地方の創生に向けた総合戦略が策定されます。自分たちの未来を、自分たちの創意工夫で切り拓く。地方の意欲的なチャレンジを、自由度の高い『地方創生交付金』によって応援します。」「地方の発意による、地方のための分権改革を進めます。自治体が地方版ハローワークを設置し、住民相談や企業支援と一体となった職業紹介が行えるようにします。」「企業版のふるさと納税制度をスタートします。民間の力も大いに活《い》かしながら、ダイナミックに地方創生を進めてまいります。」とした。

平成二八年二月（二九日）、第三一次地方制度調査会は、「人口減少社会に的確に対応する地方行政体制及びガバナンスのあり方に関する答申」を決定した（三月（一六日）手交）。その内容は、該当の箇所で説明する。

平成二八年三月、地方交付税法等の一部を改正する法律（平成二八年法律第一四号）及び同法律の施行に伴う関係政令の整備等に関する政令により、地方財政法及び同施行令等が改正され、地方財政の健全化及び地方債制度の見直しが行われた。具体的内容については該当の箇所で説明する。

平成二八年三月、地方公共団体の物品等又は特定役務の調達手続の特例を定める政令（特例政令）が改正され、特例政令が適用される場合に、複数落札入札制度によることができることとなった（同年五月一日施行）。具体的内容については該当の箇所で説明する。

平成二八年六月一日、安倍内閣総理大臣は、Ｇ７（先進七か国）共通のリスク認識の下、内需を腰折れさせかねない消費税の引上げは延期すべきだと理解を求め、消費税一〇％への引上げを平成三一年（二〇一九年）一〇月まで二年半延期する意向を表明した。これにより、消費税一〇％の引上げ及びその引上げの段階で予定されていた措置は、原則として、二年半延期される。関係法律については、平成二八年秋の臨時国会で（一一月一八日）成立した。

平成二八年六月二日、「経済財政運営と改革の基本方針二〇一六」（骨太の方針）、「日本再興戦略二〇一六―第四次産業革命に向けて―」、「ニッポン一億総活躍プラン」及び「まち・ひと・しごと創生基本方針二〇一六」が、それぞれ閣議決定された。「経済財政運営と改革の基本方針二〇一六」（骨太の方針）においては、地方創生、地域の活性化（地方分権改革等を含む。）、国と地方の連携強化、地方行財政改革（地方交付税をはじめとした地方財政に係る制度の改革、広域化・共同化などの地方行政分野における改革などを含む。）などについて掲げられている。「ニッポン一億総活躍プラン」においては、「戦後最大の名目ＧＤＰ六〇〇兆円」「希望出生率一・八」「介護離職者ゼロ」という大きな目標を掲げ、この三つの的に向かって新しい三本の矢を放つとしている。そして、「一億総活躍社会の実現に向けた横断的課題である働き方改革の方向」「『希望出生率一・八』に向けた取組の方向」「『介護離職者ゼロ』に向けた取組の方向」「『戦後最大の名目ＧＤＰ六〇〇兆円』に向けた取組の方向」（この取組の方向において、「地方創生」について、「地方は少子高齢化や過疎化の最前線であり、地方創生は、一億総活躍社会を実現する上で最も緊急度の高い取組の一つである。地域において育まれた伝統・文化、人と人とのつながり、日本人の心の豊かさといった財産を活《い》かしながら進めていくことが重要である。『まち・ひと・しごと創生総合戦略（二〇一五改訂版）』及び『まち・ひと・しごと創生基本方針二〇一六』に基づき、ローカルアベノミクスの推進、潜在的希望者の地方移住・定着の実現、地域の実情に応じた働き方改革、連携中枢都市圏の形成等を通じ、東京一極集中の是正、若い世代の就労・結婚・子育ての希望実現、地域特性に即した課題解決を進め、人口減少と地域経済の縮小を克服する。」としている。）を掲げている。

平成二八年七月一〇日に執行された参議院議員選挙において、平成二七年の公職選挙法の改正で二県の区域を区域とする選挙区を設けることとされ、鳥取県及び島根県、徳島県及び高知県をそれぞれ合区した選挙区が定められたが、同法の規定に基づきそれぞれ参議院合同選挙区選挙管理委員会が設けられ、当該選挙に関する事務を管理執行した。

平成二八年九月（一六日）、福岡高等裁判所（那覇支部）は、米軍の沖縄普天間飛行場の移設問題で、国土交通大臣が、沖縄県知事が行った公有水面埋立の承認（公有水面埋立法四二参照）の取消し処分を取り消すよう是正の指示（自治法二四五の七参照）をしたことに関して、沖縄県知事が取り消さないことが違法であると確認する判決をした。沖縄県知事は上告をした（九月二三日）が最高裁判所は平成二八年一二月（二〇日）、上告棄却した。沖縄県は、平成二九年七月（二四日）国の工事は県漁業調整規則による許可が必要だとして、移設工事の差止めの請求と判決の間までの工事を止めることを求める仮処分の申立てをした。

平成二九年九月（二八日）衆議院が解散され、一〇月（二二日）の投票の結果、与党が勝利、平成二九年一一月一日第四次安倍内閣が発足した。

平成二九年一二月（八日）、「新しい経済政策パッケージ」が閣議決定された。このパッケージには「人づくり革命」の主柱となる幼児教育の無償化、高等教育の無償化などを掲げており、翌年夏までに結論を出すこととしている。施策を実現するための財源として、消費税率の二％の引上げによる増収分の概ね半分及び企業からの拠出金等を充てることとしている。

平成三〇年地方財政対策の際、地方公共団体の基金が増加していることがとり上げられ、地方財政余裕論が国の方から主張されたが、平成三〇年の地方財政対策に直接に影響はなかったといえる。しかし、今後になお論議が続くものと思われる。地方消費税の清算基準について、地方消費税の税収をより適切に最終消費地に帰属させるため抜本的な見直しを行うこととされた。また、平成三〇年度税制改正（案）に、平成三一年度税制改正において、森林環境税（仮称）及び森林環境譲与税（仮称）を創設することが盛り込まれた。

第三章　現行地方自治の法体系

第一節　地方自治の法源と法体系

一　地方自治の法源

法治国家においては、統治構造は法制度によって構成されており、政治・行政（統治の作用・構造）も法に基づくものである。地方自治についても、国家の統治構造の一環として、法の体系によって仕組まれている。

法の示される形式（法の存在形式）を「法源」という。

「法源」は、成文の形式の「成文法（制定法）」と成文の形式でない「不文法（非制定法）」とがある。

地方自治に関する法源としては、「成文法（制定法）」として、憲法、法律及び命令並びに条例、規則等の自治立法（自主法）があり、「不文法（非制定法）」として、慣習法（法の適用に関する通則法三参照。例えば、地方自治法二三八条の六には、「旧来の慣行により市町村の住民中特に公有財産を使用する権利を有する者があるときは、その旧慣による。」と規定されている。）及び「判例法」がある。成文法として一般には条約も法源として挙げられるが、地方自治に関しては、条約が直接法源となるのではなく、条約を承けた法令によって規定されることとなることから、一般的には当該法令が法源となるものと考えられる。しかし、条約が直接法源となることも皆無ではないであろう。また、行政先例法を法源とするのが一般的であるが、行政先例だけでは裁判所を拘束するものではなく、行政庁の取扱例が一般国民に法的確信を得るに至ったとき、慣習法である行政先例法として整理されるべきものと考える（つまり、地方自治に関する慣習法は、地方的・民衆的慣習法と行政先例法とが主なものといえる。）。さらに、条理法を法源として挙げることもある。条理は、法の解釈の基本原理として、また、法の欠缺のある場合に働く余地もあり、条理法は補充的法源といえるであろう。

二　地方自治の法構造

地方自治の法構造は、上述した憲法を頂点とする地方自治の法源から成る法体系によって構成される。憲法と地方自治については、第一章第三節において既述したとおりである。

法律及び法律に基づく命令については、憲法九二条に「地方公共団体の組織及び運営に関する事項は、地方自治の本旨に基いて、法律でこれを定める。」とされているところであるが、実際において、地方自治法をはじめとして数多くのものがある。

一般に、政治・行政に関する法律は、①その組織機構に関する法律と②作用に関する法律とがある。すなわち、政治・行政の活動は、政治・行政の組織機構を通じて行われるものであるので、それに関する法律があり、また、政治・行政の活動の作用を規律する法律があるのである。

具体的には、地方自治の組織に関する法律としては、地方自治法を中心として、公職選挙法、地方公務員法、地方財政法、地方税法、地方交付税法等の地方公共団体に関する基本的一般的な事項を規律する法律（住民基本台帳法も含めてよいであろう。）のほか、特別の行政部門に関するものとしての地方公営企業法、地方教育行政の組織及び運営に関する法律及び教育公務員特例法、警察法、消防法及び消防組織法、農業委員会等に関する法律、漁業法、労働組合法等がある。また、地方自治の作用に関する法律としては、各行政分野に幅広くあり、多くのものが細部にわたっている。これらの法律又はこれに基づく命令については、地方分権の推進及び地方自治の充実強化の観点からは、現行の体系が、分立しすぎていること、また、細部にわたるものが少なくないことなどの問題がしばしば指摘されている。なお、行政手続法、行政不服審査法、行政事件訴訟法、行政代執行法、国家賠償法、個人情報保護に関する法律、番号利用法等も地方自治にも関係する法律として重要な意義を有する。

地方自治の法律関係において、対等の私人間の関係を規律する法律である〝私法〟との関係や行政法規において地方公共団体も私人と同様の取扱いを受ける場合における当該法規との関係については、次のようなことに留意すべきである。

第一に〝私法〟の規定、特に民法の規定の中には、法全体を通じる原理又は法技術上の約束とでもいうべきものがあり（例えば、「信義誠実の原則」についての民法一Ⅱ、住所に関する民法二二、期間の計算に関する民法一三八以下等）、これらは地方自治に関しても適用ないし類推適用される場合が少なくない。

第二に、地方公共団体の活動には、一般の私人と同様の立場での活動も多い。このような場合には〝私法〟や私人と同じ行政法規の規定が適用される。地方公共団体の活動の多様化とともにこのような活動が増大している。

第三に、私人の権利義務と地方公共団体の政治・行政がかかわりを持つとき、地方公共団体が公法人としての立場でなく私人と同じ立場において対処することがある（例えば「行政協定（約）」等）。このような場合も近年増加している。

なお、地方公共団体の活動に〝私法〟等の規定が適用される場合においても、公益に関する視点から、一般とは異なる取扱いを定めていることが少なくない。

地方自治に関する法律及びこれに基づく命令等においては、地方公共団体に関する規律が多く、広範に、多様かつ細部に及んでいるという批判がある。こうした国の地方公共団体に関する〝規律密度が高い〟ことに対しては、平成一三年（六月）の地方分権推進委員会の最終報告において、「地方分権を実現するためには、ある事務事業を実施するかしないかの選択それ自体を地方公共団体の自主的な判断に委ねることこそが最も重要であるため、地方公共団体の事務に対する国の個別法令による義務付け、枠付け等を大幅に緩和していくこと」が残された課題の一つとして指摘されている。その後、平成一八年（一二月）に制定された地方分権改革推進法において、地方分権改革の推進に関する国の施策として、国の地方公共団体に対する事務の処理又はその方法の義務付けの整理及び合理化の措置を講ずるものとし、その措置を講ずるに当たっては、地方公共団体の自主性及び自立性が十分に発揮されるようにしなければならないと規定された（同法五）。そして、同法に基づき設置された地方分権改革推進委員会において調査審議された結果、「第二次勧告」及び「第三次勧告」でその見直しについて勧告され、その一部については、地方分権改革推進計画（平成二一年一二月。以下同じ。）に掲げられ、地域主権改革の推進を図るための関係法律の整備に関する法律案が国会に提出され（平成二二年三月）、継続審査とされていたが、法律の題名を「地域の自主性及び自立性を高めるための改革の推進を図るための関係法律の整備に関する法律」とするなどの一部修正のうえ、平成二三年四月（二八日）可決成立した。この関係法律の整備に関する法律の附則において、政府は、地方分権改革推進委員会の勧告において、地方公共団体に対する自治事務の処理又はその方法の義務付けに関し、具体的に講ずべき措置が提示された事項及び見直し措置を講ずべきものとされた事項のうち、この法律において措置が講じられていないものについて、できるだけ速やかに、当該勧告に即した措置を講ずるものとする旨の規定が国会の修正で追加された（同法附則四七）。このことについて、地方分権改革推進委員会の勧告を勘案して、平成二一年一二月に閣議決定された「地方分権改革推進計画」を踏まえて平成二二年の国会に提出された上記の関係法律の整備に関する法律案で措置が講じられたもの以外の事項で、平成二二年六月に閣議決定された「地域主権戦略大綱」の別紙1に示された事項を踏まえた義務付け・枠付けの見直しが、平成二三年四月（五日）に国会に提出され、八月（二六日）に成立した地域の自主性及び自立性を高めるための改革の推進を図るための関係法律の整備に関する法律（第二次改革推進一括法）で措置されている。また、地方分権改革推進委員会の第二次勧告で指摘された見直し対象事項で、なお残されている条項の中からの見直しについて、平成二四年三月、第三次改革推進一括法案が国会に提出されたが、同年一一月の衆議院の解散により廃案となった。同年一二月の総選挙の結果、政権交代となり、自民党・公明党による政権（安倍内閣）の下で、平成二五年四月に、廃案となった法案の内容に、さらに義務付け・枠付けの見直し等の事項を加えた内容の地域の自主性及び自立性を高めるための改革の推進を図るための関係法律の整備に関する法律案が国会に提出され、同年六月（七日）成立した（第三次改革推進一括法）。これらのことについては、第二章第四節「三　さらなる地方分権の推進と地方自治制度の改革」を参照されたい。もっとも、国の地方公共団体に関する実質的な規律密度の問題は、義務付け・枠付けに係るもの以外にもみられるし、また、地方分権改革推進委員会が対象とした義務付け・枠付けの範囲が狭いことに留意する必要がある。

第二節　地方自治法の地位と性格

地方自治に係る我が国の現行成文法体系は、日本国憲法を頂点とした階層性をもち、憲法、国の法律、政令、府・省令その他の命令及び地方公共団体の条例、規則等で構成され、数多く、かつ、広範で多岐にわたる。その中で地方自治法は、次のような地位を占め、又は特色を有する。

第一は、地方自治法は、地方自治に関する一般法的存在で、かつ、地方自治の根幹を定めた基本法的、基幹法的性格を有することである。地方自治法は、その目的として、「地方自治の本旨に基いて、地方公共団体の区分並びに地方公共団体の組織及び運営に関する事項の大綱を定め、併せて国と地方公共団体との間の基本的関係を確立することにより、地方公共団体における民主的にして能率的な行政の確保を図るとともに、地方公共団体の健全な発達を保障することを目的とする」（同法一）と規定している（この規定は、昭和二七年の改正で追加されたものであるが、法制定当初からの目的といえる。）。

ここで、「地方自治の本旨に基いて」とあるのは、憲法九二条において「地方公共団体の組織及び運営に関する事項は、地方自治の本旨に基いて、法律でこれを定める」としていることを承けたものであり、憲法の付属法典ともされる地方自治法が地方自治に関する基本法的性格も有する法律で、また地方自治に関して基幹的な事項を定める法律であることを示している。

第二は、地方自治法は、すべての地方公共団体について規定する総合法典で、統一法典であるということである。戦前の地方自治制度は、市制、町村制、府県制、東京都制、北海道会法など自治体の種類別に個別の法律が定められていた。戦後においては、日本国憲法の下、都道府県が完全自治体とされたこととも相俟って、地方公共団体の種類にかかわらずできるだけ同一の原則により形式的にも一本の法律で規定することが適当であるとされたものである。

第三に、地方自治法は、戦前からの沿革的経緯と歴史的性格を有し、戦前の制度と戦後の占領政策の反映がみられることである。また、外国法制との関係では、ドイツの地方法制、かつてのフランスの地方法制、さらにはアメリカの地方法制の影響を受けたモザイク的な一面がある。もっとも、これら外国法制の影響には、日本的な変容がたくみに加えられているということにも留意すべきであろう。

第四は、地方自治法は、現在では五〇〇条に近い大法典となっていることである。またその内容は、基本法的な性格や、基幹的な事項を定める法律であるという性格を反映して、包括的、抽象的規定も多く、条文の持つ意味が広い。そして、その実質的内容が極めて豊富である反面、個々の解釈については論点も多い。なお、改正で追加された事項については、改正事項が技術的なものなどが多いことや他の法律との整合性やバランスに配慮する必要がある事項が少なくないこともあって、かなり詳細かつ具体的な規定が増え、条文の数も増加してきたといえる。結果として、地方自治法全体の規定ぶりにはかなりアンバランスがみられるのではないかと思う。

地方自治法は、①地方公共団体の区分並びに地方公共団体の組織及び運営に関する事項の大綱を定めること、②国と地方公共団体との間の基本的関係を確立することを内容としている。

「地方公共団体の組織及び運営に関する大綱」としては、地方公共団体について、「役割」「種類とその性格、事務・権能、名称等」「区域等」「住民及び住民の権利と義務」「条例及び規則（自治立法（自主立法））」「議会」「執行機関の構成と事務・権能等」「給与その他の給付」「財務」「公の施設」「地方公共団体相互間の関係」「大都市等に関する特例」「外部監査契約に基づく監査」「特別地方公共団体」等が定められている。

「国と地方公共団体との間の基本的関係の確立」については、「国と地方公共団体との役割分担及び地方公共団体に関する制度策定等の原則等」「立法の原則及び解釈・運用の原則並びに自治事務に対する特別配慮義務」「国等と地方公共団体との関係の規律に関する制度並びにそれを踏まえた国等の関与等のあり方及び係争処理等」などが規定されている。特に、地方分権一括法による改正により、自治法一条の二及び二条一一項及び一三項等並びに第一一章第一節（うち、国の関与等）及び第二節（うち、国と地方公共団体との間の係争処理）が新たに設けられるなど、地方自治の本旨に基づく国と地方公共団体との役割分担の原則の確立と明確化、国の地方公共団体に対する制度の策定及び施策の実施に当たっての地方公共団体の自主性及び自立性の確保等、国等の地方公共団体に対する関与等の類型、関与の法定主義、関与の一般的基本原則及び類型ごとの基本原則、関与等の手続、関与に係る係争処理などについて規定され、明確化されたことに十分留意すべきである。

平成二一年八月（三〇日）に実施された総選挙の結果、政権が交代し、当時の民主党を中心とする政権は「地域主権の確立」を標榜し、そのための改革を政治主導で集中的にかつ迅速に進めることとした（鳩山内閣総理大臣施政方針演説（平成二二年一月（二九日））参照。なお、平成二二年六月に就任した菅内閣総理大臣も、地域主権改革の推進は内閣の大方針とした（菅内閣総理大臣施政方針演説（平成二三年一月（二四日））参照。また、平成二三年九月に就任した野田内閣総理大臣も「地域主権改革を引き続き推進します。」とした（野田内閣総理大臣施政方針演説（平成二三年九月（一三日）参照））が、そうした改革の一つとして、地方自治法の抜本的見直しや「地方自治（地方政府）基本法の制定」なども検討されるようになっており、平成二二年六月閣議決定された「地域主権戦略大綱」において、「第八　地方政府基本法（地方自治法の抜本見直し）」を掲げている。

なお、平成二四年に制定された大都市地域特別区設置法は、地方自治の枠組みに係る法律であるが、地域の実情に応じた大都市制度の特例を設けることを目的としたものである（同法一）。

第三節　地方自治に関する国の立法に係る原則

地方自治法は、一条の二において地方公共団体に関する制度策定等の原則について定め、二条一一項から一三項までにおいて、地方公共団体に関する法令の規定のあり方や解釈・運用のあり方及び配慮義務について規定している。

地方分権一括法による自治法の改正により、自治法一条の二において国と地方公共団体の役割分担の基本を定めるともに、「地方公共団体に関する制度の策定及び施策の実施に当たつて、地方公共団体の自主性及び自立性が十分に発揮されるようにしなければならない。」とし、地方公共団体に関する制度策定等についての原則を規定した。

また、自治法二条一一項においては、「地方公共団体に関する法令の規定は、地方自治の本旨に基づき、かつ、国と地方公共団体との適切な役割分担を踏まえたものでなければならない。」と規定している。この規定は、国会や政府に対して、およそ地方公共団体に関する法令について遵守すべきものを立法原則として示したものである。

「地方自治の本旨」という文言は、憲法九二条や自治法一条に用いられているものと同じである。地方分権一括法による改正前の自治法においては、改正前の二条一二項に、地方公共団体に関する法令の規定の解釈・運用原則として、この「地方自治の本旨」に基づき解釈し、運用すべき旨が規定されていただけであった。自治法二条一一項は、憲法九二条が「地方公共団体の組織及び運営に関する事項は、地方自治の本旨に基いて、法律でこれを定める。」としているうえに、およそ「地方公共団体に関する法令の規定」が地方自治の本旨に基づいている状態にあることを求めている。また、「国と地方公共団体との適切な役割分担」とは、自治法一条の二第一項において示された、「地方公共団体は、住民の福祉の増進を図ることを基本として、地域における行政を自主的かつ総合的に実施する役割を広く担うものとする。」ということを前提に、同条二項に示されているように「国は、……国が本来果たすべき役割を重点的に担い、住民に身近な行政はできる限り地方公共団体にゆだねることを基本として、地方公共団体との間で適切に役割を分担」しなければならないということを意味している。なお、この「国と地方公共団体との役割分担」という考え方は、かつての地方分権推進法四条や中央省庁等改革基本法四条三号の文言とも共通するものであり、平成一八年一二月に制定された地方分権改革推進法二条にも同様に規定されている。

「地方自治の本旨」と「国と地方公共団体との適切な役割分担」という概念には共通する部分があり、適切な役割分担は地方自治の本旨に内包されている部分もあると思うが、両者が完全に重なり合うものでもない。そこで、地方分権推進法の制定以来、地方分権改革の基本的な考え方であった「国と地方公共団体との適切な役割分担」という考え方を立法原則として明確に規定することとされたものである。したがって、法律が制定改廃されるときや、政府において政令や省令等が定められる場合には、「地方自治の本旨」と「国と地方公共団体との適切な役割分担」が守られているかが議論されなければならない。もちろん憲法に定めがない限り法律相互間の効力についての一般原則以外に法律の効力について優劣はないから、このような原則を踏まえない立法が行われる可能性は否定できない。しかしながら、そのような法律はこの自治法の規定との関係が当然に議論されることが予想され、法律等の立案の段階や国会の審議において、この規定の存在を前提にした議論が展開されることとなろう。このように、この規定の現実的な意味は十分にあるものと考えられる。

また、自治法二条一三項は、「法律又はこれに基づく政令により地方公共団体が処理することとされる事務が自治事務である場合においては、国は、地方公共団体が地域の特性に応じて当該事務を処理することができるよう特に配慮しなければならない。」と規定している。地方分権推進委員会の第一次勧告では、「国は、自治事務（仮称）について基準等を定める場合には、全国一律の基準が不可欠で条例制定の余地がないという場合を除き、地方公共団体がそれぞれの地域の特性に対応できるよう、法律又はこれに基づく政令により直接条例に委任し、又は条例で基準等の付加、緩和、複数の基準からの選択等ができるよう配慮しなければならない。」ということを国と地方公共団体との関係を規律する基本的な法律の中に明示することとしていた。この勧告の趣旨は、「自治事務」であっても、法律やこれに基づく政令の規定を通じて地方公共団体を規制することができることに鑑みて、法律やこれに基づく政令に定める場合においても地方公共団体の裁量や選択の幅を確保するよう配慮すべきであるということである。地方分権推進委員会のこの勧告を踏まえて、法律又はこれに基づく政令により地方公共団体が処理することとなる事務が「自治事務」である場合一般について、地方公共団体が自主性を発揮して当該事務を処理することができるようにすべき旨を規定することが、法制上可能な範囲でもっとも適切であると判断されて自治法二条一三項の規定が設けられたものである。なお、「特に配慮しなければならない」とされたのは、「地方公共団体に関する法令の規定は、地方自治の本旨に基づき、かつ、国と地方公共団体との適切な役割分担を踏まえたものでなければならない」（自治法二XI）のであるから、「自治事務」に限らずおよそ地方公共団体の事務にはこのような配慮が行われてしかるべきであるということを前提として、「自治事務」は「法定受託事務」と比較して「特に」配慮されるべきことを示したものである。これは自治法二条九項において、「法定受託事務」が「自治事務」と比較して国においてその適正な処理を「特に」確保する必要があるものとされていることと対照的に規定されたものである。

地方分権改革推進委員会の第一次勧告（平成二〇年五月）においては、自治事務について、国の法令による義務付け・枠付けについて、廃止・縮減するか、仮に存置するとした場合でも、その全部又は一部について条例への委任又は条例による補正を許容（地方自治体による法令の「上書き」等の確保）するなどの方法を求めていくこととなるとし、第二次勧告（平成二〇年一二月）においては、義務付け・枠付けの見直しの対象になるものについては、廃止又は手続、判断基準等の全部又は一部を条例に委任又は条例による補正（「上書き」）を許容することのいずれかの見直しを行う必要があるとしている。

そして、地方分権改革推進委員会の第三次勧告において上述したとおり（第二章第四節「三　さらなる地方分権の推進と地方自治制度改革」及び本章第一節「二　地方自治の法構造」参照）、義務付け・枠付けの見直しと条例制定権の拡大について具体的な講ずべき措置について勧告されており、その一部については、地方分権推進計画に掲げられ、関係法律の整備法案が国会に提出され、継続審査とされていたが、平成二三年四月に成立した。また、平成二二年六月に閣議決定された「地域主権戦略大綱」の別紙1に示された事項を踏まえた関係法律の整備法案（第二次改革推進一括法案）が平成二三年四月に国会に提出され、平成二三年八月に成立した。さらに、第二次勧告で指摘された見直し対象条項のうち、なお残されているものの中から措置するものを取り上げて関係法律の一括整備法案（第三次改革推進一括法案）が平成二四年三月に国会に提出され、継続審査とされていたが同年一一月の衆議院の解散により廃案となった後、上述のように（第一節「二　地方自治の法構造」参照）、さらなる義務付け・枠付けの見直し等の事項を加えた内容の地域の自主性及び自立性を高めるための改革の推進を図るための関係法律の整備に関する法律（第三次改革推進一括法）が、平成二五年六月に成立した。なお、第三次勧告において、義務付け・枠付けに係る国の立法に関する原則を第二次勧告で明らかにしている具体的な方針に沿ったものとなるようにすべきであるとし、今後、この原則について法律上明確にすることも検討すべきであるとしている（第三次勧告第一章6「(1)　義務付け・枠付けに関する立法の原則」参照）。

自治法二条一二項は、「地方公共団体に関する法令の規定は、地方自治の本旨に基づいて、かつ、国と地方公共団体との適切な役割分担を踏まえて、これを解釈し、及び運用するようにしなければならない。」と規定している。これは、同条一一項の立法原則と平仄を合わせ、地方分権一括法による改正前の「地方自治の本旨」に加えて「国と地方公共団体との適切な役割分担」も解釈・運用の原則とされたものである。すなわち、自治法二条一一項において上述したように立法の原則を規定し、加えて、その解釈や運用の段階で本来の趣旨が損なわれることのないよう、法令の解釈・運用を行う者が遵守すべきことを定めたものである。

第四章　地方公共団体

第一節　地方公共団体の意義及び性質

国の領土の一定の地域をもって自己の区域とし、その地域内のすべての住民に対して国から分与された支配権を有する団体を地方公共団体と総称する。別にいえば、地方公共団体とは、国家の領域の一定区域をその構成要素とし、その区域の住民を構成員とし、その区域における住民の福祉（広い意味）の増進のための活動を行うことを存立目的として、その存立目的達成のために区域内の居住者等に対して国法の認める範囲内で統治権を有する団体をいう。地方公共団体は、ときには地方団体（地税法一Ｉ①等）、地方自治（団）体等とされることもある。

第一章第三節で述べたように、日本国憲法は、地域の政治・行政について地域の住民の意思と責任に基づいて自主・自律的に処理させるために一定の地方公共団体の存立を前提とし、その自治権を保障している。これを受けて、地方自治法ではいくつかの種類の地方公共団体を規定している。そして、それぞれの地方公共団体は、国家の統治構造の一環をなすものであるから、国家の統治権との関係や各地方公共団体の自治権相互の関係において矛盾・抵触が生じることのないように、国法の規律の下に置かれている。

地方公共団体は、国家の統治構造の一環をなすものであるが、国からは独立した法人格をもっている（「法人」である。）（自治法二Ⅰ）。したがって、地方公共団体は、国の地方行政機関のように単に国の機関として地域の行政を行うのではなく、地方公共団体自らの意思と責任を有し、自己の名において活動を行うものとされており、すべての法的関係において権利義務の主体たり得る能力が与えられている。

つまり、地方公共団体は、国からその存立目的を与えられた法人（第一章第一節「二　地方自治の根拠（由来）」参照）、すなわち「公法人」（「公法上の法人」ともいうことがある。）である。

そして、地方公共団体は、その目的を達成するため、国から公の機能を果たすべきことを認められた主体としての地位を有する公法人たる団体である。こうしたことから、国からの特典もある一方で、国の関与等も認められ、通常解散の自由がない。

以上のようなことは、地方公共団体に特に顕著にみられるものを除けば、程度の差異はあっても、公共団体（地方公共団体のほか、土地改良区、土地区画整理組合、健康保険組合などのような公の社団法人である公共組合、地方道路公社、地方住宅供給公社、土地開発公社（法律によるもの）等の地方公社、独立行政法人等の特別行政主体）において共通する特色である。

地方公共団体は、このような公共団体の中で、一定の地域を基礎とし、当該区域に支配権を有する地域団体で、国から国の領土の一部を自己の区域として、国から独立して政治・行政を行う機能（統治権）を認められた公共団体であることにおいて、特色付けられるものである。ことに、我が国の憲法下の地方公共団体は、公の機能として、住民等に対する優越的な地位に基づく権限の行使を含めて広汎で充実した機能と権能を有し得ることとされていることに留意されるべきである。

なお、前述したように（第二章第四節「三　さらなる地方分権の推進と地方自治制度の改革」参照）、地方公共団体が「地方政府」

とされることがあるが、この「地方政府」というのは、現在のところ法律上の概念ではない。意味するところは、地方公共団体（地方自治体）を自律的政治単位と捉え、地方自治の政治の要素、モーメントを重視し、地方公共団体（地方自治体）の統治団体性と中央政府との対等性を強調するものであると思われる。こうした「自治体＝地方政府」とする見方は、以前から主として有識者等、特に政治学・行政学の分野の研究者等から主張されてきたものである（もっとも、第九次地方制度調査会の「行政事務再配分に関する答申」（昭和三八年一二月）及び第一六次地方制度調査会の「住民自治意識の向上に資するための方策に関する答申」（昭和五一年六月）において、「国も地方公共団体もともに国家の統治機構の一環をなすもので、国は中央政府として、地方公共団体は地方政府として……」とされている。）が、地方分権の推進の流れの中でますます強調されるようになってきており、政府関係の公の文書でもしばしばみられるようになったことは、注目されてよい。このことについて、平成二二年六月閣議決定された「地域主権戦略大綱」においても「第八　地方政府基本法（地方自治法の抜本的見直し）」が掲げられたところである。

我が国の現行制度の下においては、後述するように（第五章第一節「三　区域の範囲」参照）、普通地方公共団体はその区域は従来の区域により（自治法五Ⅰ。特別区及び地方公共団体の組合は、自治法二八三Ⅰ及び二九二の規定により、自治法五Ⅰの規定が適用又は準用される。）、地方公共団体の名称も従来の名称による（自治法三Ⅰ）とされており、地方自治法の制定当時の都道府県及び市町村等はそのまま地方自治法の地方公共団体として引き続き同一性を維持することとされたものである。すなわち、地方公共団体が地方自治法制定前からすでに存在するものであることを前提として、その上で、普通地方公共団体である都道府県及び市町村の廃置分合については自治法六条から七条に規定し、特別地方公共団体については廃置分合又は構成団体の変更等に関する規定を置いている（自治法二八一の四・二八一の五・二八六・二八七・二九一の三・二九一の四等）。ここでいう廃置分合とは、既存の法人格の変動（つまり地方公共団体の数の変動）を伴う地方公共団体の区域の変更をいうものであり、この中には、地方公共団体の存在しない区域に新たに地方公共団体を設立することや、地方公共団体を廃止してその区域をいずれの地方公共団体にも属さない区域とするということは含まれていないと考えられる。

第二節　地方公共団体の構成要素

地方公共団体は、次の三つの構成要素から成り立つ。

第一は、場所的構成要素（地域的・空間的構成要素、地理的構成要素）としての一定の区域である。地方公共団体の区域は、地域的団体としての地方公共団体にとって不可欠の要素であり、他の法人、団体と区別される特徴的な要素であるということができる。

第二は、人的構成要素としての住民である。すなわち、その地方公共団体の区域に住所を有するすべての者をもって、法律上当然にその地方公共団体の構成員とするものである。住民のいないところに地方自治も地方公共団体もありようがない。

第三は、（法）制度的構成要素としての法人格と自治権である。自治権の内容としては、条例、規則等の自治立法（自主立法）を制定する機能である自治立法権及び財産を管理し、事務を処理し、行政を執行する権能である自治行（財）政権（行政を行う経費の財源を調達し、費用を支弁するなどの機能である自治財政権や自らの機関の組織を自主的に定める権能である自治組織権なども含む。）があるとされている。国の統治機構全体の立法、行政、司法のうち、司法を除いた立法と行政とについて一定の範囲内の自治権が確保されているということができる。

国家の場合には、通常、領域、国民、統治権の三つがその構成要素であるとされているが、地方公共団体も国の統治構造の一環であり、その意味でその構成要素も類似している。ただ、地方公共団体は、国の領域の一部を自己の区域とし、法人格を有する存立が国によって認められ、自治権が法的・制度的に国によって分与されたものであるという点において、国家との差異がある。

第三節　地方公共団体の種類

一　地方公共団体の種類

自治法は、地方公共団体を普通地方公共団体と特別地方公共団体とに大別し、さらに、普通地方公共団体を都道府県及び市町村の二段階七種類に、特別地方公共団体を特別区、地方公共団体の組合及び財産区の三種類に区分している（自治法一の三）。また、平成一六年に成立した旧市町村合併特例法の改正及び市町村の合併の特例等に関する法律（「平成一六年合併法」）の制定により制度化され、平成二二年の平成一六年合併法の改正による改正市町村合併特例法にも規定されている合併特例区も特別地方公共団体とされており（旧市町村合併特例法五の九、平成一六年合併法及び改正市町村合併特例法二七）、これを含めて特別地方公共団体は四種類となる（平成二三年四月に成立した自治法の改正前には、特別地方公共団体である地方開発事業団の制度があり、改正で廃止されたが、改正法の施行の際、現に設けられている地方開発事業団（一団体）は、なお従前の例によるとされている（改正法附則三）ので、実際には、自治法に関係する特別地方公共団体は四種類で、合併特例法を含めると特別地方公共団体は五種類となる。）。

普通地方公共団体は、地方公共団体の三つの構成要素をすべて備えた最も標準的な地方公共団体をいい、一般的、普遍的に存在することが予定され、その存立目的は一般的にあらゆる地域公共の福祉の増進を図ることであり、その組織、権能等も普遍的、一般的な性格を有するものである。そして、原則として全国のいずれの地域にも存在するものである。

これに対して、特別地方公共団体は、それぞれ特定の目的のために設けられたものであって、その存在は一般的、普遍的ではなく、その組織、権能等も制度的には特殊なものとして位置付けられている。

このようなことから、自治法は、普通地方公共団体を基本的なものとし、第二編において、その組織、運営等について、詳細な規定を置いているが、特別地方公共団体については、第三編において、それぞれの特性に応じた特別の規定のみを設け、その他は、第二編及び第四編の普通地方公共団体に関する規定を必要に応じて適用又は準用する規定を置く（自治法二八三・二九二参照）方式をとっている（なお、合併特例区については、旧市町村合併特例法並びに平成一六年合併法及び改正市町村合併特例法に所要の規定を置き、自治法及び自治令の規定を準用する事項については、個々に準用する旨の規定を置いている。また、大都市地域特別区設置法による特別区は、自治法の特別区であるが、関係市町村及び関係道府県による特別区設置協議会が作成する特別区設置協定書を添えてする申請に基づき総務大臣が特別区の設置を定めるなど、設置等に関する所要の規定が大都市地域特別区設置法に定められている。）。

地方公共団体の種類の区分については、確固不変のものではない。すなわち、地方公共団体をいかなる種類に区分し、いかなる組織や権能を与えるかは、憲法上の一定の制約の範囲内で、立法政策にゆだねられている問題である。特に、現行の特別地方公共団体は、憲法が存立を保障している地方公共団体には当たらず、憲法九三条及び九四条の規定の適用はないと考えられている（なお、特別区については論議がある。第一五章第二節「特別区」参照）。

自治法では、普通地方公共団体であるか特別地方公共団体であるかを問わず、地方公共団体は、その事務を処理するに当たっては、住民の福祉の増進に努めるとともに、最少の経費で最大の効果を挙げるようにしなければならず（自治法二XIV）、常にその組織及び運営の合理化に努めるとともに、他の地方公共団体に協力を求めてその規模の適正化を図らなければならない（自治法二XV）とされている。

なお、地理的な名称として、郡というのがある。郡は、大正期まで地方公共団体又は国の行政庁として存在して（第二章第二節「我が国の戦前の地方自治制度」参照）いたが、現在では、都道府県の区域のうち、市の区域以外についての単なる地域の行政区画又は地理的な名称にすぎない。ただし、選挙区の単位のように、郡が、法令上の区画として用いられている例もある（公選法一三ⅠⅢ・別表一・平成二五年改正前の一五Ⅰ（なお、改正後においても条例で定める都道府県議会議員の選挙区に属する区域を画するために用いられ得るものである（改正後の同条同項参照））。等）。郡の区域については、自治法二五九条に規定がある。

二　普通地方公共団体

1　普通地方公共団体の種類

普通地方公共団体は、都道府県と市町村とされている（自治法一の三Ⅱ）。

都道府県と市町村とは、いずれも一般的、普遍的な地方公共団体であって、その意味では、同じ性格の団体であり、組織、権能等においても基本的には共通している。すなわち、いずれも、議会を設置し、その長及び議会の議員は住民により直接公選され（憲法九三、自治法一七）、財産の管理、事務の処理、行政の執行、条例の制定等の広範な権限を有している（憲法九四）。また、それぞれが独立の法人として（自治法二Ⅰ）、地域における事務及びその他の事務で法律又はこれに基づく政令により処理することとされているものを処理するものであり（自治法二Ⅱ）、法令（市町村の場合は、法令及び都道府県の条例）に違反しない限り、事務を処理することができるという総合行政主体としての性格のものである。そして、都道府県と市町村との関係は、上下の関係や指揮監督の関係にあるのではなく、理念的には、対等並列の関係にあるということができる。

もっとも、両者が一定の地域を共通してその区域とするものである（自治法二Ⅴ・五Ⅱ参照）ことなどから、両者の間には適切な事務・事業の分担があるべきであり、両者の関係において一定の秩序が必要とされる。そこで、自治法において、市町村は基礎的な地方公共団体であるのに対し、都道府県はこれを包括する広域の地方公共団体として位置付け、それぞれ担任すべき事務・事業の区分を明らかにしている（自治法二ⅢⅤ）。このことに関連して、第二七次地方制度調査会の「今後の地方自治制度のあり方に関する答申」（平成一五年一一月）においては、役割という観点から「市町村は、基礎自治体として地域において包括的な役割を果たしていくことがこれまで以上に期待されており、都道府県は、経済社会活動が広域化、グローバル化する中で、広域自治体としてその自立的発展のために戦略的な役割を果たすべく変容していくことが期待されている。」としている（同答申「前文」）。

都道府県と市町村は、その事務を処理するに当たっては、相互に競合しないようにしなければならず（自治法二Ⅵ）、市町村は、当該都道府県の条例に違反してその事務を処理してはならない（自治法二XVI）。また、自治法上、都道府県には市町村に対する一定の関与等の機能が認められている（自治法第二編第一一章第一節「普通地方公共団体に対する国又は都道府県の関与等」参照）。

2　都道府県

(1)　都道府県の地位及び機能

都道府県は、「市町村（及び特別区）を包括する広域の地方公共団体」である（自治法二Ⅴ・五Ⅱ・二八一の二Ⅰ）。すなわち、都道府県は、国と市町村（及び特別区。以下(1)において同じ。）との間にあって、住民に最も身近で基礎的な地方公共団体である市町村及び特別区の区域を包括し、より広い区域によって構成される地方公共団体である。

都道府県は、このような市町村との関係に即して、市町村とは異なった機能を有しており、普通地方公共団体の処理する事務（自治法二Ⅱ）のうち、①広域にわたるもの、②市町村に関する連絡調整に関するもの、③その規模又は性質において一般の市町村が処理することが適当でないと認められるもの、を処理するものとされている（自治法二Ⅴ）。

まず、事務の広域性の観点から都道府県が処理する事務は、都道府県の地位、性格の基本を示すものであり、市町村の区域を超える事務であって、数市町村の区域にわたるもの、全県的なもの、複数の都道府県の区域にわたるものや全国的なもののうち当該都道府県の区域に係るもののすべてを含み得るものである。

連絡調整の観点から都道府県が処理する事務は、都道府県が国と市町村との間に位置し、市町村を包括する団体であって、それゆえ、市町村に対し、又は市町村の間における連絡・調整・連携（水平的合意形成等を含む。）を図る立場にあることに基づく事務である。この事務は、都道府県と市町村の直接的な関係を示すものであろう。自治法上も、都道府県に、市町村及び特別区の廃置分合及び境界変更の決定（同法七・二八一の四・二八一の五）、市となるべき要件の一部のもの及び町となるべき要件の定め（同法八）、市町村の適正規模の勧告（同法八の二）、市町村の境界等に係る調停、裁定、決定等（同法九～九の四）、是正の要求（同法二四五の五Ⅲ）、是正の勧告（同法二四五の六）、是正の指示（同法二四五の七Ⅱ）、市町村の不作為に関する都道府県の訴えの提起（同二五二）、代執行（同法二四五の八Ⅻ）、処理基準の制定（同法二四五の九Ⅱ）、自治紛争処理委員による調停（同法二五一の二）、自治紛争処理委員による連携協約に係る紛争を処理するための方策の提示（同法二五二Ⅶ）、組織及び運営の合理化に係る技術的な助言及び勧告等（同法二五二の一七の五）、財務に係る実地検査（同法二五二の一七の六Ⅱ）、市町村に関する調査（同法二五二の一七の七）、中核市の指定の申出の同意（二五二の二四ⅡⅢ）等のほか、市町村における事務の処理等に係る不服に関する審査請求等についての裁決等（同法七四の二Ⅶ・一一八Ⅴ・一二七Ⅳ・一四三Ⅲ・一七六ⅤⅥ・二五五の二Ⅰ②～④・二五五の四・二五五の五等）、協議会の設置等の市町村相互の間の協力関係についての関与等（同法二五二の二ⅡⅤⅦ・二五二の二の二Ⅱ Ⅳ・二五二の六・二五二の七Ⅲ・二五二の一四Ⅲ・二五二の一六の二Ⅲ）、市町村の組合等に対しての関与等（同法二八四ⅡⅢⅥ・二八五の二ⅠⅡ・二八六・二八八・二九一の三ⅠⅢⅣ・二九一の一〇Ⅰ・二九五・二九六の六等）及び都道府県の事務を市町村等が処理することとすることができること（自治法第二編第一一章第四節「条例による事務処理の特例」・二九一の二Ⅱ）等の機能を付与している。

事務の規模又は性質の観点から都道府県が処理する事務は、前二者の事務とは性質を異にしている。すなわち、この事務は、市町村優先の原則からは、本来市町村が処理するのが望ましい事務ともいえ、市町村の規模及び能力によっては市町村が処理することを妨げないものである（自治法二Ⅳ）が、一般の市町村が個々に処理するのでは効率的ではないものや一般の市町村の能力ではその処理に耐えないものなどを都道府県が処理するものである。

(2) 都道府県の区分

都道府県は、都、道、府、県の四種からなり、いずれも広域の地方公共団体として位置付けられるものである。その区分、名称の違いは、主として、歴史的、沿革的なものであり、都に関して特別区の制度等（自治法第三編第二章「特別区」参照）の特別な制度が定められていること、道については支庁出張所が設けられること（自治法一五五Ⅰ括弧書）などを除き、都道府県相互間の組織、権能等について基本的な差異はない。

現在、都としては東京都が、道としては北海道が、府としては京都府及び大阪府があるが、自治法上は、このような固有名詞を掲げることなく、一般的な制度として、都、道、府、県の種類を設け、一般的に適用される規律を定めている。したがって、将来、これ以外の都、道、府が置かれることも、法律的にはあり得ないことではないが、その場合には、いずれも都道府県の名称変更になるので、法律でこれを定めることを要する（自治法三Ⅱ）。もっとも、合併による場合は、平成一六年の自治法の改正で関係都道府県の申請に基づき、内閣が国会の議決を経て定めることができるとされたので、その場合は当該処分による（自治法六の二）。

平成二四年八月に成立した大都市地域における特別区の設置に関する法律（大都市地域特別区設置法）においては、道府県内の人口二〇〇万以上の規模の大都市地域において、当該区域内の関係市町村を廃止して、当該関係区域内を分けて定める区域をその区域として特別区を設置することができることとして、その手続等を定めている。これは、道府県において実質的意義の都制を実現するものと考えてよいと思われる。

3 市町村

(1) 市町村の地位及び機能

市町村は、「基礎的な地方公共団体」である（自治法二Ⅲ）。

すなわち、市町村は、都道府県に対比して、狭域の地方公共団体であり、住民の日常生活に極めて密着した存在で、住民に最も身近なところにあって地方自治の基礎をなす地方公共団体である。市町村は、都道府県が処理するものとされている事務を除いて、一般的に、自治法二条二項に定める普通地方公共団体の事務を処理するものとされている（自治法二Ⅲ）。また、都道府県が処理することとされている事務のうち、その規模及び性質において一般の市町村が処理することが適当でないと認められるものについては、当該市町村の規模及び能力に応じて、これを処理することができるとされている（自治法二Ⅳ）。

自治法上、都道府県の処理する事務は類型的に規定されているのに対して、市町村の処理する事務は一般的、包括的に規定されているのは、事務配分における市町村優先の原則を意味しているものと考えることができる（自治法二ⅢⅤ参照）。都道府県と市町村の間の事務配分は、市町村の規模、能力等の関係もあり、市町村優先の原則の通りとはいかない面もあるが、住民に身近なところで処理することが望ましい事務は、可能な限り、市町村の事務とされることが原則である。

平成二三年四月に成立した自治法の改正前においては、市町村は、その事務を処理するに当たっては、議会の議決を経てその地域における総合的かつ計画的な行政の運営を図るための基本構想を定め、これに即して行うようにしなければならないとされていた（改正前の自治法二Ⅳ）。基本構想の制度は、都道府県については法定されていなかった。この市町村の基本構想の策定についての自治法の規定は、地方分権改革推進委員会の第三次勧告において廃止する等の措置を講ずるよう見直すこととされ（同勧告 別紙1 別表3）、平成二三年四月に成立した自治法の改正により、廃止された。もっとも、市町村の基本的な構想は、いわば基礎自治体の〝存在の要素〟ともいうべきものであること、自治法の基本構想の規定が定められた経緯などに鑑みて、改正前の自治法の基本構想の規定を計画の義務付けと解することは疑問があろう。いずれにしても、自治法の規定の有無にかかわらず、基礎自治体である市町村が基本的な構想又はそれに相応する構想等を策定することは当然であるというべきである（なお、平成二三年の改正後においても、都市計画法第一五条第三項においては、市町村が定める都市計画は、市町村の建設に関する基本構想に即するものでなければならないものとされ、農業地域振興地域の整備に関する法律第一〇条第二項においても同様に定められており、自治法の改正後もそのままである。）。なお、第三一次地方制度調査会の「人口減少社会に的確に対応する地方行政体制及びガバナンスのあり方に関する答申」において、「議会が団体意思決定機能や政策形成機能、監視機能を効果的に発揮するため、地方自治法第九六条第二項に基づき、地方公共団体の基幹的な計画等を議決事件に追加する等の取組を積極的に進めることが必要である」としている（同答申第3・3(2)「②議決事件の対象」）。

他方、都道府県は市町村（及び特別区）を包括すること（自治法二Ｖ・五Ⅱ・二八一の二Ⅰ）や都道府県には市町村等に対する一定の調整的な機能があること（上述「2　都道府県」参照）に対応し、市町村及び特別区は、当該都道府県の条例に違反してその事務を処理してはならず、違反して行った行為は無効とされている（自治法二XVIなお書・XVII）。

(2)　市町村の区分

市町村は、市、町、村の三種からなり、いずれも、基礎的な地方公共団体として位置付けられるものである。その地位及び性格は、これらの区分によって差異があるわけではないが、自治法その他の法令において、それぞれの要件、組織、権能等の面で、市、町、村の間及び市の間に若干の差異が設けられている。

ア　要件

市、町、村のそれぞれの要件についてみると、市は、主として都市的な地域に置かれるものであり、市となるためには、

①　人口五万以上を有すること（ただし、本法制定当初は三万とされており、昭和二九年の自治法改正により五万とされた以降もこの人口要件は、特例措置により三万ないし四万とされていたこともある。）

②　当該普通地方公共団体の中心の市街地を形成している区域内にある戸数が、全戸数の六割以上であること

③　商工業その他の都市的業態に従事する者及びその者と同一世帯に属する者の数が、全人口の六割以上であること

④　以上のほか、当該都道府県の条例で定める都市的施設その他の都市としての要件を備えていること

という要件を備えていなければならない（自治法八Ⅰ）。なお、旧市町村合併特例法及び平成一六年合併法において、平成

二二年三月三一日までに市町村の合併が行われる場合に限り、合併に係る場合の市となるべき要件は人口三万以上を有することだけとされ、他の事項は要件とされないこととなっていた（旧市町村合併特例法五の二、平成一六年合併法七。平成一五年の議員提案による市町村合併特例法の改正前は、平成一七年三月三一日までに市町村の合併が行われる場合に限り、市となるべき人口に関する要件は四万以上とされ、また平成一六年三月三一日までに市町村の合併が行われる場合に限り、市となるべき要件は人口三万以上を有することだけとされ、他の事項は要件とされないこととされていた。同改正で、旧市町村合併特例法の期限までの合併に係る市となるべき要件は、人口三万人以上を有することだけとされ、平成一六年合併法において同法の合併に係る市となるべき要件についても同様とされた（平成一六年合併法七）。この特例は改正市町村合併特例法では廃止されている（同法七参照）。なお、市の全域を含む市町村の合併に関しては平成三二年三月三一日までに合併が行われる場合に限り、これらの要件を備えているものとみなされる（旧市町村合併特例法五の三、平成一六年合併法七Ⅱ、改正市町村合併特例法七）。

町村が廃置分合によって市となり、又は、町村が市となるには、関係町村の議会の議決を経た申請に基づき、都道府県知事が、都道府県議会の議決及び総務大臣との同意を要する協議を経て決定する。総務大臣の同意基準では、市の廃置分合の申請又は協議の申出が自治法に定められた手続によりなされていない場合又は設置されるべき市が自治法第八条第一項に掲げる要件のいずれかを備えていない場合（改正市町村合併特例法第七条の適用がある場合を除く。）に該当すると認める場合を除き、同意を行うものとするとされている（「市の廃置分合等についての同意等の基準及び標準処理期間について」（平二一・六・二五総務省自治行政局市町村体制整備課長通知）。都道府県の境界にわたる廃置分合による市の設置の場合は、関係のある町村及び都道府県の議会の議決を経た申請に基づき、属すべき都道府県とともに総務大臣が決定する（自治法七Ⅰ～ⅣⅥ～Ⅷ・八Ⅲ）。なお、町村が市となる場合には、法人格の変動はなく、同一性をもって存続するものである。

町は、村に比べて都市的な形態を有するものであることを前提として、町となるために、当該都道府県の条例で定める要件を備えていなければならないとされている（自治法八Ⅱ）。

これらの要件は、市又は町となるための要件（成立要件）であって、市又は町であるための要件（存続要件）ではない。したがって、例えば、市となった後に人口が減少して右の人口要件を下回ることとなったとしても、引き続き市であり続けることができる。

町と村とは、上述した要件を除いて、法令上特段の区別はみられないといってよく、単に名称の相違といってよい。

イ　組織等

組織等についてみると、市と町村の間には、若干の相違がある。例えば、自治法では、町村総会の制度があること（自治法九四）、議会に事務局を置かない町村において、書記長を置かないことができるとされていること（法一三八Ⅳただし書）、町村においては出納員を置かないことができること（法一七一Ⅰただし書）、都道府県及び市の選挙管理委員会に書記長、書記その他の職員を置き、町村の選挙管理委員会に書記その他の職員を置くこととされていること（法一九一Ⅰ）、議会の招集等に関して、議会の招集の告示は市にあっては七日、町村にあっては三日前までに告示しなければならないとされていること（同法一〇一Ⅶ。なお、通年の会期の場合の定例日以外に長の請求により会議を開く場合の会議を開く日について同法一〇二の二Ⅶ）、臨時会の招集の請求があった日から二〇日以内に長が臨時会を招集しないとき、議長は、請求をした者の申出のあった日から都道府県及び市にあっては一〇日以内、町村にあっては六日以内に臨時会を招集しなければならないとされていること（法一〇一Ⅵ）などの点で、市と町村と異なっている（なお、町村は全部事務組合及び役場事務組合を設けることができることとされていたが、平成二三年四月に成立した自治法の改正で削られた。）。その他の法令上にも、例えば福祉に関する事務所について、市は必置、町村は任意設置である（社会福祉法一四Ⅰ・Ⅲ。この場合、必ず社会福祉主事を置く（同法一八Ⅰ）。）など、市と異なっているものもある。

なお、市のうち一定の市について、その規模及び能力に応じた事務・権能等の特例があるが、組織や職員等についても、自治法上、監査委員の規定上の定数（条例でその定数を増加することができる。自治法一九五Ⅱ、自治令一四〇の二）等や大都市に関する特例としての指定都市の区又は総合区の設置（自治法二五二の二〇、二五二の二〇の二、自治令一七四の四二～一七四の四八の七）等の特例があり、その他の法律によるものとして保健所の設置（地域保健法五）、建築主事の必置（建築基準法四Ⅰ）などがある。

ウ　権能等

権能等についてみると、自治法上は、市と町村との間に差異は設けられていない。他の法令では、市と町村との間には、市には福祉に関する事務所が設置されること（社会福祉法一四）、市には都市計画区域が必ず指定されること（都市計画法五Ⅰ）等に係る権能の差異として定められているようなものがあるが、さらに市町村優先の原則に基づき権限移譲をできるだけ進めるという趣意から、段階的に、まず市に対して権限移譲をするという方向で検討され、地方分権改革推進委員会の第一次勧告（平成二〇年五月）及び地域主権戦略大綱（平成二二年六月）を経て、平成二三年八月に成立した地域の自主性及び自立性を高めるための改革の推進を図るための関係法律の整備に関する法律（第二次改革推進一括法）による改正で、市まで権限移譲された事務もみられる。なお、議会の議決を得なければならない契約及び財産の取得又は処分の基準（自治法九六Ⅰ⑤⑧参照）は、市と町村を区分して定められている（自治令一二一の二別表三及び別表四）。

また、市の相互の間には、その規模及び能力に応じた権能等の差異がみられる。

自治法上には、「大都市等に関する特例」として、指定都市及び中核市制度があり（平成二六年の改正で中核市と特例市が統合される前までは特例市の制度もあった。）、事務配分等の特例が設けられている（自治法第二編第一二章）。

大都市においては、一般の市と異なり、人口、産業等の集中に伴う社会的実態としての都市機能等を反映した大都市特有の膨大かつ複雑な行政需要がある。このような行政需要に的確に対処するために、自治法上は、都の制度と並んで「大都市に関する特例」（自治法第二編第一二章第一節）の制度があり、政令で指定する人口五〇万以上の市について、自治法二五二条の一九以下に指定都市の制度が規定されている（第一四章第二節「指定都市制度」参照）。なお、従前の指定都市の実際の指定は、概ね人口一〇〇万程度以上の見込みを目安としていたようであるが、近年の市町村合併の推進との関係では弾力的に取り扱われた。

指定都市の機能に関しては、事務配分及び関与等について、一般の市とは異なる特例が定められている（自治法二五二の一九以下。第一四章第二節「指定都市制度」参照）。事務配分の特例については、一般に都道府県が処理することとされている福祉、介護、保健等、土地区画整理事業等の事務のうち、一定のものを指定都市が処理することとされている（自治法二五二の一九Ⅰ）。自治法及び自治令以外の法令においても、都道府県が処理することとされている事務について指定都市の事務とされているものがみられる。このような事務配分の特例に伴い、財政上の措置についても、指定都市に係る特例が定められている。指定都市に対する関与等の特例については、市町村がその事務を処理するに当たって都道府県の知事等の関与等を受けるものとされている事項で一定のものについて、これらの関与等を受けず、若しくは関与等に関する法令を適用せず、又は各大臣の関与等を要し、若しくは各大臣の関与等を受けるものとされている（自治法二五二の一九Ⅱ）。

指定都市以外の市についても、市の規模及び能力に応じた事務配分が求められたことから、平成六年の自治法の改正で中核市の制度（平成二六年の改正前の自治法二五二の二二以下。第一四章第三節「中核市制度」参照）が、平成一一年の地方分権一括法による自治法の改正で特例市の制度（平成二六年の改正前の自治法二五二の二六の三以下。第一四章第四節「平成二六年の自治法改正前の特例市制度及び改正後の施行時特例市制度」参照）が、それぞれ設けられた。すなわち、中核市は、政令で指定する人口三〇万以上の市（平成一八年の改正前においては、人口五〇万未満の場合にあっては、面積一〇〇平方メートル以上を有することとされていた。なお平成一四年の改正前には、人口五〇万以上の市についてもこの面積要件が必要とされていた。）、特例市は、政令で指定する人口二〇万以上の市をいうとされてきた。この中核市及び特例市の制度について、第三〇次地方制度調査会の「大都市制度及び基礎自治体の行政サービス提供体制に関する答申」（平成二五年六月）において、中核市・特例市の両制度を統合することにより、一層の事務の移譲を可能とすべきであるとされたことを踏まえ、平成二六年の自治法の改正で、中核市の人口要件について三〇万以上とされているものを特例市の人口要件と同じ二〇万以上として、特例市の制度は廃止することとされた（改正後の自治法二五二の二二、改正において自治法第二編第一二章「第三節　特例市に関する特例」は削られた。）。なお、改正法で、該当規定の施行の際に特例市である市（「施行時特例市」とされる。）については、施行の日（平成二七年四月一日）から起算して五年を経過する日までの間は、人口二〇万未満であっても中核市として指定することができるとされている（改正法附則三）。

中核市の権能に関しては、指定都市と同様、事務配分及び関与等について、一般の市とは異なる特例が定められている。事務配分の特例については、自治法上の事務配分の特例として指定都市が処理することができる事務のうち中核市で処理することが適当でない事務を除いた事務で一定のものを中核市が処理することができることとされ、関与等の特例については、中核市がその事務を処理するに当たって都道府県知事等の関与等を受けるものとされている事項で一定のものについて、これらの関与等に関する法令を適用せず、又は各大臣の関与等を受けるものとされている（自治法二五二の二二）。

平成二六年の改正前の特例市制度における特例市の権能に関しても、事務配分及び関与等について、一般の市とは異なる特例が定められていた。事務配分の特例については、自治法上の事務配分の特例として中核市が処理することができる事務のうち特例市で処理することが適当でない事務を除いた事務で一定のものを特例市が処理することができることとされ、関与等の特例については、特例市がその事務を処理するに当たって都道府県知事等の関与等を受けるものとされていた事項で一定のものについて、これらの関与等に関する法令を適用せず、又は各大臣の関与等を受けるものとされていた（平成二六年の改正前の自治法二五二の二六の三）。もっとも、特例市についての関与等の特例については、特例市制度の廃止時にはその適用を定める自治法の規定に基づく政令の規定はなかった。

中核市及び特例市についても、自治法及び自治令以外の法令において、都道府県が処理することとされている事務について中核市及び特例市（平成二六年の特例市制度の廃止前）の事務とされているものがみられる（中核市については、第一四章

第三節「二　事務配分の特例」参照）。平成二六年の自治法の改正による特例市制度の廃止後は、該当規定の施行の際（平成二七年四月一日）、現に改正前の特例市である市（「施行時特例市」とされる。）が処理する事務に関する法令の立案に当たっては、施行時特例市が処理することとされている事務を都道府県が処理することがないよう配慮しなければならないとされている（改正法附則二）。つまり、施行時特例市の事務を都道府県に〝引き上げる〟ようなことのないように配慮するということである。都道府県の事務の全部又は一部を施行時特例市の事務とする措置は、各個別法令で規定されている（自治法改正附則における各法律の改正に伴う経過措置参照）。

なお、上述したように、指定都市については、自治法上、区又は総合区（「いずれも行政区」）を設置することとされており、これに伴う組織や職員等について特例がある（自治法二五二の二〇、二五二の二〇の二、自治令一七四の四二～一七四の四八の七）が、中核市及び平成二六年の自治法の改正前の特例市については、区の設置の特例はなく、自治法上は組織や職員等についての特例はない。他の法令における組織や職員等の特例については、中核市には保健所が設置されることとされていること（地域保健法五Ⅰ、同法施行令一②）などがある。

三　特別地方公共団体

1　特別地方公共団体の種類

特別地方公共団体は、地方自治法では、特別区、地方公共団体の組合及び財産区とされている（自治法一の三Ⅲ）。平成二三年四月に成立した自治法の改正前には、地方開発事業団の制度があった（改正前の自治法一の三Ⅲ、第三編第五章）が改正により削除された。なお、改正法の施行の際現に設けられている地方開発事業団（一団体）は、なお従前の例による（改正法附則三）。また、平成一六年に成立した旧市町村合併特例法の改正及び平成一六年合併法の制定により制度化され、改正市町村合併特例法にも規定されている合併特例区も、「地方自治法第一条の三第一項の特別地方公共団体とする。」と規定されている（旧市町村合併特例法五の九、平成一六年合併法及び改正市町村合併特例法二七）。

これらの特別地方公共団体は、普通地方公共団体とは異なり、一般的普遍的に存在するものではなく、それぞれの存立目的をもって存在するものである。これらの特別地方公共団体全体に共通する性格はなく、その権能、組織等もそれぞれ特殊なものである。特別区は、都（平成二四年に制定された大都市地域特別区設置法の定めによる特別区については、同法一〇条によって都とみなされる道府県）に包括されるが、大都市の一体的運営のために市町村とは異なった取り扱いがされる特別地方公共団体であり（自治法二八一・二八一の二参照）、地方公共団体の組合は、複数の地方公共団体がその事務を共同して処理する等のために設けられるもので、複数の地方公共団体がその構成員となっている複合的な地方公共団体としての性格を有する特別地方公共団体であり（自治法二八四参照）、また、財産区は、市町村又は特別区の一部で財産又は公の施設の管理及び処分を行うことが認められる特別地方公共団体である（自治法二九四参照）。

特別地方公共団体は、法律の定めるところにより、その事務を処理する（自治法二Ⅶ）。特別地方公共団体に関する法令の規定は、法律に定める特別地方公共団体の特性にも照応するように、これを解釈し、及び運用しなければならない（自治法二ⅫI後段）。

特別地方公共団体の各制度については、「2　特別区」以下に概要を述べ、第一五章「特別地方公共団体」において詳述する。

なお、自治法第一編「総則」の規定及び第四編「補則」の規定並びに附則の規定は、特別地方公共団体についても特別の規定がない場合は適用されることに留意を要する。

2　特別区

(1)　都の区である特別区

都の区はこれを特別区という（自治法二八一Ⅰ）。この規定により、自治法制定前から存在した東京都の区は、その区域及び名称を引き継いで、現在の特別区とされた。

特別区の制度は、変遷が多く、本法制定当初は、建前としては市町村に近いものとされていたが、実態は、多くの事務権限が都に留保されており、事務権限の配分等をめぐって都と特別区の間で紛糾した。

特別区は、昭和二七年の自治法の改正により、区長公選制が廃止されるなど大幅な改正が行われ、都の内部的な構成団体としての性格を有するものとされることとなった。その後、昭和三九年の改正により、都から特別区への事務権限の移譲、財源配分等が行われ、昭和四九年の自治法の改正により、区長の公選制が復活され、事務の規定も概括的な規定とされた。そして、平成一〇年の自治法の改正に伴い、特別区が基礎的な地方公共団体であることが明確に規定される（自治法二八一の二Ⅱ）とともに、従来のような都の内部団体的な性格はほぼ払拭されたともみられている。

自治法の制度では、都は、特別区の存する区域において、特別区を包括する広域の地方公共団体として、自治法二条五項により都道府県が処理するものとされている事務及び特別区に関する連絡調整に関する事務のほか、自治法二条三項により市町村が処理するものとされている事務のうち、人口が高度に集中する大都市地域における行政の一体性及び統一性の確保の観点から当該区域を通じて都が一体的に処理することが必要であると認められる事務を処理するものとされ、特別区は、基礎的な地方公共団体として、特別区の存する区域を通じて都が一体的に処理するものとされる事務を除き、一般的に、自治法二条三項において市町村が処理するものとされている事務を処理するものとされている（自治法二八一の二）。

特別区には、原則として、市に関する法令の規定が適用される（自治法二八三）。したがって、特別区は、一般の市と概ね同様な組織、権能を有しており、他の特別地方公共団体と比べるともっとも普通地方公共団体に近いものであるといえる。ただし、都の制度の特性から、事務・権能の面で上述のように人口が高度に集中する大都市地域における行政の一体性及び統一性の確保の観点から当該区域を通じて都が一体的に処理することが必要であると認められる事務は都が処理することとされるなどの特例（自治法二八一の二Ⅰ）があり、事務・事業に応じた特例（例えば保健所の設置（地域保健法五Ⅰ）

など）がある。

また、都と区の関係についても、都が特別区の事務の処理についてその処理の基準を示す等必要な助言又は勧告をすることができること、特別区財政調整交付金、都区協議会など所要の特例措置が設けられている（自治法二八一の六～二八二の二）。

第三〇次地方制度調査会は、「大都市制度の改革及び基礎自治体の行政サービス提供体制に関する答申」（平成二五年六月）において、都区制度についても取り上げている。このことについては、第一五章第二節二「8　第三〇次地方制度調査会の答申における都区制度の改革の方向」及び三「現行の特別区の制度」において説明する。

(2)　大都市地域特別区設置法の定めにより設置される特別区

平成二四年に制定された大都市地域における特別区の設置に関する法律（大都市地域特別区設置法）に定めるところにより設置される特別区は、自治法二八一条第一項の規定（「都の区は、これを特別区という。」）にかかわらず、総務大臣が、大都市地域特別区設置法の定めるところにより、道府県内の区域において、関係市町村及び関係道府県が特別区設置協議会（自治法二五二条の二第一項の協議会）を置き、特別区設置協定書を作成して行う申請に基づき、特別区を設置するものである（同法三～九）。特別区を包括する道府県は、自治法その他の法令の規定の適用については、法律又はこれに基づく政令に特別の定めがあるものを除くほか、都とみなされる（同法一〇）。

特別区設置協定書には、特別区とこれを包括する道府県の事務の分担及び特別区とこれを包括する道府県の税源の配分及び財政の調整などが含まれており（同法五Ⅰ）、これらのうち政府が法制上その他の措置を講ずる必要があるものを記載しようとするときは、共同して、あらかじめ総務大臣に協議しなければならない（同法五Ⅱ）。特別区設置協定書は、それぞれの議会の承認を求めなければならないこと等とされている（同法六）。そして、特別区の設置については選挙人の投票に付し、すべての関係市町村のそれぞれのその有効投票数の過半数の賛成があったとき、関係市町村及び関係道府県が、共同して、特別区の設置を申請することができる（指定都市以外の関係市町村にあっては、指定都市が特別区の設置の申請をする場合でなければ、当該申請を行うことができない（同法七・八））。

このような手続等による大都市地域特別区設置法に定める特別区は、総務大臣との協議を経た特別区設置協定書の内容等及び法制上の措置その他の措置の如何によって、設置される特別区の性格、大都市地域における行政の一体性及び統一性の確保等の機能等が相当に変わってくると思われる。そして、その内容のあり方によっては、基礎的な地方公共団体と位置付けられた都の特別区とは性格が異なる可能性があることに留意すべきである（第三〇次地方制度調査会「大都市制度の改革及び基礎自治体の行政サービス提供体制に関する答申」（平成二五年六月）第3・1⑵「⑤　道府県に置かれる特別区の性格」参照）。

3　地方公共団体の組合

地方公共団体の組合は、複数の地方公共団体が一定の事務を共同して処理する等のために設立する特別地方公共団体で、地方公共団体がその構成員となるところの複合的な地方公共団体である。地方公共団体の事務の協力・共同の方式としては、協議会の設置（自治法二五二の二）、機関等の共同設置（自治法二五二の七）、事務の委託（自治法二五二の一四）等があるが、地方公共団体の組合は、法人格を有する特別地方公共団体（複合的な地方公共団体）であることにおいてこれらと異なり、また、平成二三年四月に成立した自治法の改正前に特別地方公共団体として制度化されていた地方開発事業団も複合的な地方公共団体であったが、地方開発事業団とは、事務の範囲があらかじめ制度的に限定されていたことなどにおいて異なっている。

地方公共団体の組合は、複数の地方公共団体によって共同して設立されるものであるが、設立された以上は、これを構成する地方公共団体から独立した法人格を有し、独立した地方公共団体として、固有の区域、構成員及び権能をもつ。その区域は、組合を組織する地方公共団体の区域を包括する区域であり、組合を構成する地方公共団体が構成員となる。なお、広域連合においては、構成する地方公共団体の区域に住所を有する住民も構成員と考えられる。地方公共団体の組合の権能は、規約で定める共同処理する事務又は広域連合の処理する事務である（自治法二八七Ⅰ③・二九一の四Ⅰ④・二九一の一四Ⅱ③・二九一の一五Ⅰ③）。

組合を構成する地方公共団体の住民は、組合の自治権に服し、また、各種の権利義務を享有する関係に立つ。

地方公共団体の組合には、共同処理の仕組み、事務の範囲等により、一部事務組合及び広域連合の二種類がある（自治法二八四）。なお、平成二三年四月に成立した自治法の改正前においては、町村が設ける全部事務組合及び役場事務組合の制度があったが廃止された（改正前の自治法二八四ⅤⅥ）。

なお、地方公共団体の組合については、法律又は政令に特別の定めがあるものを除くほか、都道府県の加入するものにあっては都道府県に関する規定、市及び特別区の加入するもので都道府県の加入しないものにあっては市に関する規定、その他のものにあっては町村に関する規定が準用される（自治法二九二）。

(1)　一部事務組合

一部事務組合は、複数の地方公共団体がその事務の一部を共同して処理するために設ける組合である。

普通地方公共団体及び特別区は、その事務の一部を共同処理するため、その協議により規約を定め、都道府県の加入するものにあっては総務大臣、その他のものにあっては都道府県知事の許可を得て、一部事務組合を設けることができる（自治法二八四Ⅱ前段）。この場合において、構成団体の執行機関の権限に属する事項がなくなったときは、その執行機関は、一部事務組合の成立と同時に消滅する（自治法二八四Ⅱ後段）。

一部事務組合は、地方公共団体の事務の効率的・能率的な処理や広域的処理のため、数多く活用されている制度である。

(2)　広域連合

広域連合は、複数の地方公共団体が共同して設立するものであり、地方公共団体の組合の一類型として位置付けられている。

普通地方公共団体及び特別区は、その事務で広域にわたり処理することが適当であるものに関し、広域計画を作成し、その事務の管理及び執行について広域計画の実施のために必要な連絡調整を図り、並びにその事務の一部を広域にわたり総合的かつ計画的に処理するため、その協議により規約を定め、一部事務組合の例により総務大臣又は都道府県知事の許可を得て、広域連合を設けることができる（自治法二八四Ⅲ前段）。この場合において、構成団体の執行機関の権限に属する事項がなくなったときは、その執行機関は、広域連合の成立と同時に消滅する（自治法二八四Ⅲ後段）。また、広域連合については、国や都道府県は、その行政機関や執行機関の権限に属する事務を構成団体を経由しないで、直接広域連合が処理することとすることができることとされている（自治法二九一の二）。

広域連合の制度は、一部事務組合の制度では広域的な政策や行政需要に適切に対応できない面があることから、多様化し、複雑化した広域行政に適切かつ効果的に対応するとともに、国や都道府県からの事務権限の受け入れ体制ともなり得るもので、かつ、住民との直接の結びつきの強いものとして制度化されたものである。

(3) 旧全部事務組合

平成二三年四月に成立した自治法の改正前においては、複数の町村が事務の全部を共同処理するために設ける全部事務組合の制度があった（改正前の二八四Ⅴ・二九一の一四）。全部事務組合が設けられた場合、構成町村は引き続き存続するが、これらの町村の議会及び執行機関は全部事務組合の成立と同時に消滅するものであった（改正前の二八四Ⅴ後段）。

このように、全部事務組合は、その実質においては、関係町村が合併したものと同様のものとなることから、法令において一つの町村と同様に取り扱うこととされていた場合がみられた（改正前の地税法一Ⅳ等）。

(4) 旧役場事務組合

平成二三年四月成立した自治法の改正前においては、町村が役場事務を共同処理するために設ける役場事務組合の制度があった（改正前の自治法二八四Ⅵ・二九一の一五）。役場事務とは、町村の役場において処理する事務、すなわち町村の執行機関が処理する事務の全部をいい、構成町村の執行機関の権限に属する事項がなくなったときは、その執行機関は役場事務組合の成立と同時に消滅するものであった（改正前の自治法二八四Ⅵ後段）。このように役場事務組合は、町村がその議会を存続しつつ、執行事務のすべてを共同処理するために設けられるものであった。

4 財産区

財産区は、市町村及び特別区の一部で財産を有し又は公の施設を設けているものがある場合に、その財産又は公の施設の管理及び処分を行うことについて、法人格を認められた特別地方公共団体である。

法令に特別の定めがあるものを除くほか、市町村及び特別区の一部で財産を有し若しくは公の施設を設けているもの又は市町村及び特別区の廃置分合若しくは境界変更の場合における財産処分に関する協議（自治法七Ⅳ・二八一の四Ⅳ）に基づき市町村及び特別区の一部が財産を有し若しくは公の施設を設けるものとなるものがあるときは、これを財産区といい、財産区の財産又は公の施設の管理、処分、廃止については、自治法中の地方公共団体の財産又は公の施設の管理、処分、廃止に関する規定によるとされている（自治法二九四Ⅰ）。

財産区には、明治二二年の市制町村制施行当時から存在するものと、自治法施行後市町村合併に伴う財産処分の協議により成立したものがある。

財産区は、特別地方公共団体として法人格を有するが、その財産又は公の施設の管理、処分、廃止の範囲内において権能を有するに過ぎない。固有の議決機関及び執行機関を有せず、財産区の存する市町村の議会及び執行機関が権能を行使する。もっとも、都道府県知事は、議会の議決を経て市町村又は特別区の条例を設定し、財産区の議会若しくは総会を設けさせることができ（自治法二九五）、又は市町村及び特別区は条例で財産区管理会を置くことができる（自治法二九六の二）。財産区の会計は、当該市町村において、分別して処理される（自治法二九四Ⅲ）。なお、一定の範囲で、都道府県知事の関与が認められる（自治法二九五・二九六の五Ⅱ Ⅴ・二九六の六）。

5　旧地方開発事業団

平成二三年四月成立した自治法の改正前においては、特別地方公共団体として地方開発事業団があった（改正前の自治法第三編第五章（改正前の自治法二九八〜三一九））。地方開発事業団は、普通地方公共団体が一定の地域の総合的な開発計画に基づく一定の事業を広域にわたり総合的に実施するため、他の普通地方公共団体と共同して、事業を委託すべき団体として設置する特別地方公共団体であった（改正前の自治法二九八Ⅰ）。

地方開発事業団は、二以上の地方公共団体によって設立される複合的な地方公共団体であるという点で地方公共団体の組合と同じ性格のものであったが、その処理し得る事務は制度的に一定の範囲のものに限られていること、また、地域開発に係る事業を能率的・弾力的に実施できるよう、その組織・運営について工夫が凝らされていること等の点において、地方公共団体の組合とは差異があった。

地方開発事業団の制度は、昭和三八年の自治法の改正で創設されたもので、昭和三〇年代から四〇年代にかけて、工業用地や住宅用地の造成事業を行うものを中心として設置されたが、もともと数は少なく、設置されたものもその後整理が進み、平成二三年四月一日では、一団体のみとなっていた。平成二三年四月に成立した自治法の改正で制度は廃止されたが、改正法の施行の際に現に設けられている地方開発事業団については、なお従前の例によるものとされている（改正法附則三）。

6　合併特例区

合併特例区は、平成一六年に成立した旧市町村合併特例法の改正及び市町村の合併の特例等に関する法律（平成一六年合併法）の制定によって制度化され、改正市町村合併特例法にも規定されているものであり、「地方自治法第一条の三第一項の特別地方公共団体とする。」とされている（旧市町村合併特例法五の九、平成一六年合併法及び改正市町村合併特例法二七）。

合併特例区は、第二七次地方制度調査会の「今後の地方自治制度のあり方に関する答申」（平成一五年一一月）において「基礎自治体における住民自治充実や行政と住民との協働推進のための新しい仕組み」（同答申第一4参照）として提唱された地域自治組織のタイプのうち法人格を有する「特別地方公共団体とするタイプ」のもので、一般制度としての法人格を有しない「行政区的なタイプ」として制度化された「地域自治区」と対比されるものであり、合併市町村において、一定期間（五年以内で規約で定める。）、合併市町村の区域の全部又は一部の区域に、一又は二以上の合併関係市町村の区域であった区域をその区域として、設けることができる特別地方公共団体として制度化されたものである（旧市町村合併特例法五の八～五の三九、平成一六年合併法及び改正市町村合併特例法第三章）。

合併特例区は、市町村の合併に際して、合併関係市町村が協議により規約を定め、都道府県知事（すべての合併関係市町村が一の都道府県の区域に属さないときは、総務大臣。以下同じ。）の認可を受け、設けることができるものである（旧市町村合併特例法五の一〇Ⅰ、平成一六年合併法及び改正市町村合併特例法二八Ⅰ）。設置期間は、五年を超えることができない（旧市町村合併特例法五の一三Ⅱただし書、平成一六年合併法及び改正市町村合併特例法三一Ⅱただし書）。

合併特別区の事務・権能は、①合併関係市町村において処理されていた事務であって市町村の合併後の一定期間当該合併関係市町村の区域であった地域を単位として処理することが当該事務の効果的な処理に資するもの、及び②地域の住民の生活の利便性の向上等のため市町村の合併後の一定期間当該合併特別区が処理することが特に必要と認められるもののうち、規約で定められるものを処理する（旧市町村合併特例法五の一二、平成一六年合併法及び改正市町村合併特例法三〇）。この合併特例区の事務・権能は、実質的にかなり限られる。もっとも、合併特例区の長（合併市町村の長が、市町村長の被選挙権を有する者のうちから選任し、特別職。旧市町村合併特例法五の一五Ⅰ⑦、平成一六年合併法及び改正市町村合併特例法三三Ⅰ⑦）は、合併市町村の副市町村長や当該区域を所管区域とする支所・出張所等（自治法一五五Ⅰ、二五二の二〇Ⅰ）の長が兼ねることができる（旧市町村合併特例法五の一五Ⅲ Ⅳ、平成一六年合併法及び改正市町村合併特例法三三Ⅲ Ⅳ）ので、兼ねた場合には、合併市町村の長の補助機関として、当該合併特例区の事務に属しない事務でも当該区域の合併市町村の事務の処理を幅広く担任することができる。

合併特例区の長は、合併特例区の事務に関し、普通地方公共団体の条例又は規則に相当する合併特例区規則を制定することができる（旧市町村合併特例法五の一六Ⅴ、平成一六年合併法及び改正市町村合併特例法三四Ⅴ。なお、旧市町村合併特例法五の三五・五の三六、平成一六年合併法及び改正市町村合併特例法五三・五四参照）。

合併特例区には、合併特例区協議会が置かれ、その構成員は、区域内に住所を有する者で合併市町村の議会の議員の被選挙権を有するもののうちから、規約（又は定款）で定める方法により合併市町村の長が選任する（旧市町村合併特例法五の一八、平成一六年合併法及び改正市町村合併特例法三六）。合併特例区協議会は、合併特例区が処理する事務及び地域振興等に関する施策の実施その他の合併市町村が処理する事務であって当該合併特例区の区域に係るものに関し、合併市町村の長その他の機関若しくは合併特例区の長により諮問された事項又は必要と認める事項について、審議し、合併市町村の長その他の機関又は合併特例区の長に意見を述べるとともに、合併特例区の予算、一定の合併特例区規則などや合併特例区の長と合併特例区協議会との協議により定めたものは、合併特例区協議会の同意等を要することとされている（旧市町村合併特例法五の二〇・五の二四Ⅴ・五の二七Ⅱ・五の二九・五の三〇Ⅲ・五の三五・五の三六Ⅰ、平成一六年合併法及び改正市町村合併特例法三八・四二Ⅴ・四五Ⅱ・四七・四八Ⅲ・五三・五四Ⅰ。平成二九年改正後の改正市町村合併特例法四九Ⅱ参照）。つまり、合併特例区協議会は、準議事機関としての性格を有するものであるといえる。

第四節　地方公共団体の名称、事務所及び休日

一　地方公共団体の名称

1　地方公共団体の名称

地方公共団体は、法人として、それぞれ固有の名称を有する。

地方公共団体の名称は従来の名称によるとされている（自治法三Ⅰ）。これは、自治法制定時に従前の都道府県及び市町村はそのまま自治法上の都道府県及び市町村に、東京都の区は特別区に、市町村の組合は地方公共団体の組合として、それぞれ、同一性を引き続き維持してきたものとされたこと（自治法附則一・一二・一五参照）から、その名称も従来のものをそのまま用いることとされたものである。

この「従来の名称」には、例えば、「○○市」「△△町」「□□区」などの「市」「町」「村」「区」という文字をも含むものとされている。また、町村の名称を従来「まち」あるいは「むら」と呼称している場合はそれが公称であり、従来「ちょう」あるいは「そん」と呼称している場合はそれが公称であると考えられている。したがって、同一県内でも町村によって「まち」と「ちょう」あるいは「むら」と「そん」が従来の名称として使い分けられていることもあり得る。

2　新たな地方公共団体の名称

新たな地方公共団体の名称は、次のように定められる。

都道府県の廃置分合は、法律でこれを定めることとされている（自治法六Ⅰ）が、平成一六年の自治法の改正により都道府県の自主的な発意による合併の制度が定められた（申請に基づき内閣が国会の承認を経てこれを定める（同法六の二）。第五章第四節「二　区域の変更等の手続」参照）。法律によって新たな都道府県が設置される場合は、その名称も法律で定められ（こ

の法律は、憲法九五条の地方自治特別法として住民投票に付されることとなると思われる。）、都道府県の自主的な発意による合併の手続によって新たな都道府県が設置される場合は、その名称も、関係都道府県の申請に基づき内閣が定めることとなる。

市町村及び特別区の廃置分合は、いずれも関係市町村等（都道府県の境界にわたる市町村の設置を伴う市町村の廃置分合の場合は、関係のある地方公共団体）の申請に基づき都道府県知事（都道府県の境界にわたる市町村の設置を伴う市町村の廃置分合の場合は、総務大臣）が所定の手続を経て定めることとされている（自治法七・二八一の四）ので、その場合の新たな市町村又は特別区の名称は、都道府県知事（又は総務大臣）が関係市町村等の申請に基づき定めることとなる。他方、町村を市とし又は市を町村とする処分及び村を町とし又は町を村とする処分（自治法八Ⅱ・Ⅲ）は、地方公共団体の法人格の変動は伴わず、新たな市町村の設置というわけではないが、一般的には「市」「町」「村」の文字が変更されることに伴う名称の変更を当該処分において行うこととなる。なお、市の設置又は町村を市とする処分を行う場合には、新たに市となる団体の名称については、既存の市の名称と同一となり、又は類似することとならないように十分配慮する必要があるとされている（同字体の市は、東京都府中市と広島県府中市の例（いずれも昭和二九年に市制施行）しかない。）。

市町村及び特別区の廃置分合又は境界変更の場合における財産処分の協議（自治法七Ⅳ・二八一の四Ⅳ）に基づき財産区が設置される場合（自治法二九四Ⅰ）には、その財産区の名称は当該財産処分の協議に基づき定められることとなると考えられる。

地方公共団体の組合の名称は、規約をもって定めることとされている（自治法二八四・二八七・二九一の四）。合併特例区の名称も、規約をもって定めることとされている（旧市町村合併特例法五の一三、平成一六年合併法及び改正市町村合併特例法三一）。平成二四年に制定された大都市地域特別区設置法の定めるところにより設置される特別区の名称は、特別区設置協定書に掲げる事項とされている（同法五Ⅰ②）。

3　名称変更

地方公共団体の名称変更は次のように行われる。

都道府県の名称を変更しようとするときは、法律で定めることとされている（自治法三Ⅱ）。この法律は、憲法九五条の地方自治特別法として、住民の投票に付されることとなるものと解する。

市町村及び特別区（大都市地域特別区設置法による特別区を含む。）の名称を変更しようとするときは、条例で定めることとされている（自治法三Ⅲ）。名称変更はあらかじめ都道府県知事への協議（必ずしも同意を要しない。）が必要で、名称変更の条例を制定改廃したときは、都道府県知事に変更後の名称及び変更する日を報告し、報告を受けた都道府県知事は総務大臣に通知し、通知を受けた総務大臣は直ちに告示するとともに、国の関係行政機関の長に通知しなければならない（自治法三Ⅳ～Ⅶ）。

地方公共団体の組合の名称は、それぞれ規約を変更することとされている（自治法二八六・二八七・二九一の三・二九一の四）。合併特例区の名称も、規約を変更することとされている（旧市町村合併特例法五の一四、平成一六年合併法及び改正市町村合併特例法三二）。

財産区の名称変更は、市町村及び特別区と同様と解される（自治法三Ⅲ）。

なお、郡及び市町村の区域内の町又は字は、いずれも地方公共団体ではないので、その名称変更は別の手続となる（自治法二五九・二六〇）。

二　地方公共団体の事務所

地方公共団体は、その事務所の位置を定め、又は変更しようとするときは、条例で定めなければならない（自治法四Ⅰ）。ここでいう事務所とは、別に自治法一五五条において都道府県の支庁又は地方事務所、市町村の支所又は出張所の位置、また、自治法二五二条の二〇第二項及び第二五二条の二〇の二第二項において指定都市の区及び総合区の事務所の位置は条例で定めなければならないとされていることから、地方公共団体の主たる事務所をいうものと考えられている。なお、自治法制定時においては、その施行の際、事務所の現に在る位置は自治法四条の条例で定めたものとみなすという経過規定が置かれた（自治程一）。事務所の名称については、法令上特段の定めはないが、従前のとおり「都道府県庁」「市役所」「町村役場」としてさしつかえないという実務上の取扱いがなされている。

この事務所の位置を定め又は変更しようとするに当たっては、住民の利用にもっとも便利であるように、交通の事情、他の官公署との関係等について適当な考慮を払わなければならない（自治法四Ⅱ）。複数の島からなる町村で、交通事情等からその役場が当該町村の外に置かれている例がある。

事務所の位置に関する条例を制定し又は改廃しようとするときは当該地方公共団体の議会において出席議員の三分の二以上の者の同意を得なければならない（自治法四Ⅲ）。

なお、地方公共団体の組合の事務所の位置については、規約によって定められる（自治法二八七Ⅰ④・二九一の四Ⅰ⑥）。合併特例区の事務所の位置も規約によって定められる（旧市町村合併特例法五の一三Ⅰ⑥、平成一六年合併法及び改正市町村合併特例法三二Ⅰ⑥）。

三　地方公共団体の休日

1　地方公共団体の休日

地方公共団体の休日は条例で定めることとされている（自治法四の二Ⅰ）。もっとも、財産区（財産区自体）には条例制定権が付与されていないが、財産区は、市町村又は特別区の一部として存在するものであり、その休日は当該財産区を含む市町村又は特別区の休日に従うものと考えられる。合併特例区の休日は、合併特例区規則で定められる（旧市町村合併特例

法五の二三、平成一六年合併法及び改正市町村合併特例法四一）。

地方公共団体の休日とは、地域の統治機構としての地方公共団体が全体として執務を行っていない状態にある日をいう。地域の統治機構としての地方公共団体が執務を行っていない日であるから、当該地域の住民生活にとっての休日を意味するものではない。また地方公共団体の統治機構全体としての休日であり、当該地方公共団体の個々の機関の休日を指すものでもない。

2 休日として定める日

地方公共団体の休日は、①日曜日及び土曜日、②国民の祝日に関する法律に規定する休日、③年末及び年始における日について定めるものとされている（自治法四の二Ⅱ）。これらの日は、国の行政機関の休日に対応するものである（行政機関の休日に関する法律一参照）。これらの日の一部を条例で定めないことやこれらの日以外の日（自治法四の二第三項で定める日を除く。）を条例で定めることは違法であると考えられている。なお、国家的行事が行われる日を特別の休日とするための特別の法律が制定され、このような日を国民の祝日に関する法律に規定する休日とみなすことがあるが、この場合には、自治法四条二項の基準上も条例で定めるべき日となることから、条例上の措置を講じる必要がある。

年末年始については、国においてはいわゆる〝仕事納め〟から〝仕事始め〟まで（一二月二九日から一月三日まで）を休日としている。地方公共団体においては、地域の実情に応じてこれと異なる日を定めることも許されないわけではないと考えられているが、この場合も国との均衡が必要であると考えられている。

そのほか、当該地方公共団体において特別な歴史的、社会的意義を有し、住民がこぞって記念することが定着している日で、当該地方公共団体の休日とすることについて広く国民の理解が得られるようなものは、あらかじめ総務大臣に協議したうえで、休日として定めることができるとされている（自治法四の二Ⅲ）。この制度は、地方公共団体の休日制度が制定された当初はなかったが、例えば、沖縄県の慰霊の日や広島市の平和記念日などを休日とすることができるように定められたものであり、通常の盆、祭日、市制記念日などはこれに当たらない。

3　期限の特例

地方公共団体の行政庁に対する申請、届出その他の行為の期限で法律又は法律に基づく命令で規定する期間（時をもって定める期間を除く。）をもって定めるものが条例で定められた地方公共団体の休日に当たるときは地方公共団体の休日の翌日をもってその期限とみなすこととされている（自治法四の二Ⅳ）。休日が連続するときは、順次延長されることとなる。

期間の取扱いについては、法令若しくは裁判上の命令に特別の定めがある場合又は法律行為に特別の定めがある場合を除き、民法の期間の規定（民法第一編第六章）の適用によるところである（民法一三八参照）が、この自治法の規定は、この期間の末日の取扱い（民法一四二参照）について、休日にかかる特別の定めをしたものである。なお、条例や地方公共団体の規則に規定された期間については、休日を定める条例中において期限の特例の規定を置くことによりしかるべく措置されるべきものである。

第五章　地方公共団体の区域とその変更（合併、道州制等を含む。）

第一節　地方公共団体の区域の意義及び機能

一　地方公共団体の区域の意義

地方公共団体の区域は、地方公共団体の場所的構成要素（空間的・地域的構成要素、地理的構成要素）であり、人的構成要素としての住民、（法）制度的構成要素としての法人格と自治権とともに、地方公共団体の構成要素の一つである。地方公共団体は、公法人（第四章第一節「地方公共団体の意義及び性質」参照）の一種であるが、国の領土の一部をもって自己の区域とし、その区域内の住民をもって当然の構成員とするとともに、当該区域及び区域内の住民に対して政治・行政の権能（自治権）が一般的に及ぶこととなることにおいて、他の公法人とも区別される。このように、地方公共団体の区域は、地域団体として地方公共団体を特色付ける要素である。

二　地方公共団体の区域の機能

地方公共団体の区域が果たす機能は、法的、政治的、経済的、社会的などの面において、様々であるが、主なものは、次のとおりである。

第一に、地方公共団体の住民の範囲を画する機能である。区域内に住所を有する者は、当然に当該団体の住民とされる（自治法一〇Ⅰ）。

第二に、地方公共団体の政治・行政の権能（自治権）が一般的に及ぶ範囲を画定する機能である。条例や規則等の効力も、原則として区域外には及ばない（例外として、公の施設の区域外設置等（自治法二四四の三）などがある。なお、第一一章第二節「公の施設の設置及び管理と利用」参照）。

第三に、国の行政機関の地方支分部局等の管轄区域を定める基礎や単位、また国会議員等の選挙区を定める基礎や単位となるなどの機能である。

第四に、民間企業やその支社・支店等の営業・販売の単位等となり得るとともに、農業協同組合、商工会議所若しくは商工会又は各種の組合等の基礎や単位となり、その他の職能組織等の組織や活動の基礎や単位ともなり得る機能である。

第五に、地域住民の利害が凝集・統合される際の基礎や単位となり、また、住民の意識の形成、連携、諸々の共同活動の基礎や単位又は構成単位となり得る機能である。逆に、国民の諸活動を場所的・地域的・空間的に限定する機能をもつことがある。

三　区域の範囲

市町村及び都道府県の区域の範囲については、自治法において、「普通地方公共団体の区域は、従来の区域による」（自治法五Ⅰ）とされている。つまり、自治法施行時に市町村の区域とされ、都道府県の区域とされていた区域を、そのまま踏襲し、これを基礎として、廃置分合や境界変更による区域の変動を予定しているものである。自治法制定前の市制・町村制（市制町村制）においても、市町村の区域は、同趣旨の原則であったことから、「従来の区域」を確定するためには、市制町村制以前、場合によっては江戸期まで遡らなければならないこともある。都道府県は、市町村を包括する（自治法五Ⅱ）ものであるから、結局、市町村も都道府県もその区域の境界は、歴史的沿革的に形成されてきたものであり、河川、湖沼、山脈等の自然的・地勢的・地理的な条件によって定められていることが多い。

また、原則的には、すべての日本の領土がいずれかの市町村及び都道府県の双方に属することになっており、すべての住民も市町村及び都道府県の双方に属することとなる。もっとも、例外的には、従来地方公共団体の区域に属しなかった地域を都道府県にのみ編入することもあり得ることが予定されている（自治法七の二参照）。

地方公共団体の区域は、陸地のみならず、その地域内の内水面、地域に接続する海域及び空域並びに地下に及ぶと解されている。海域については、国家主権の及ぶ範囲である領海（原則として海岸から一二カイリ以内の範囲）について、陸地に接続する領域として地方公共団体の区域となり得るが、特に湾状の海域については、地方公共団体間で境界が確定していないことが少なくない。また、領海外の公海にあっても、その海底の地下に設置されたトンネル部分については、国際法上沿岸国は領土と同様の管轄権を行使できると解されており、当該部分を地方公共団体の区域に含めるかどうかについては、国内法上の問題であると考えられている。我が国においては、青函トンネルについて、警察、消防、固定資産税、裁判所などの管轄問題を一挙に解決するため、法技術的に北海道福島町及び青森県三厩村の区域に編入された（昭和六三年）。また、海洋法に関する国際連合条約の批准に伴い、沿岸国の主権的権利その他の権利を行使する排他的経済水域及び大陸棚が定められたが、これらは領海外であるので、原則として地方公共団体の区域とはならない。

特別地方公共団体の区域については、それぞれについて、次のように考えられる。

特別区については、自治法二八三条一項の規定により、市に関する規定が適用され、特別区の区域は「従来の区域」による。なお、平成一〇年の自治法の改正までは、特別区は内部団体的性格であったことから、その廃置分合及び境界変更についても特例が設けられてきたが、同年の自治法の改正（いわゆる「都区制度改革」）により、特別区は基礎的な地方公共団体と位置付けられたこと（自治法二八一の二Ⅱ）もあって、その廃置分合及び境界変更の手続については、一般の市町村とほぼ同様に規定された（自治法二八一の四・二八一の五）。

地方公共団体の組合については、これらが事務の共同処理や広域施策のために設置されるものであることから、その区域は、それを構成する地方公共団体の区域を包括する区域と考えられる。ただし、広域連合については規約で定めることとされている（自治法二九一の四Ⅰ③）。規約においては、当該広域連合を組織する地方公共団体の区域を合わせた区域を定めることを原則とするが、都道府県の加入する広域連合について、当該広域連合の処理する事務が当該都道府県の区域の一部のみに係るものであるなど特別の事情があるときは、当該都道府県の市町村又は特別区で当該広域連合を組織しないものの一部又は全部の区域を除いた区域を定めることができる（自治法二九一の四Ⅱ）。これは、当該広域連合の処理する事務が当該都道府県の一部のみに係るものである場合などは、広域連合において作成することが義務付けられている広域計画を、当該一部区域を対象として作成することが一般的には適当であると考えられ、また、広域連合の長や議員を直接選挙する場合（自治法二九一の五）の選挙人や広域連合に係る各種の直接請求（自治法二九一の六）をすることができる者の範囲を画することにおいても、当該広域連合の処理する事務に直接かかわる区域の住民とするべきであると考えられるからである。なお、一部事務組合について、規約において管理者又は議員の直接選挙や直接請求の制度を導入する場合には、広域連合における取扱いと同様の取扱いとすることが適当である。

財産区については、市町村及び特別区の一部で財産を有し又は公の施設を設けているものであるから、その区域は、当該市町村又は特別区の当該一部の区域である。

合併特例区については、合併市町村の区域の全部又は一部の区域に、一又は二以上の合併関係市町村の区域であった区域をその区域として設けられるものであり、具体的にはその区域は規約で定められる（旧市町村合併特例法五の八・五の一三Ⅰ②、平成一六年合併法及び改正市町村合併特例法二六・三一Ⅰ②）。

第二節　都道府県の区域と都道府県の制度に関する論議

一　都道府県の沿革

府県の沿革は、戊辰戦争中に、旧幕府の天領であった地に府（沿革的に重要な地域に設置され、当初一〇以上あったが、明治二年七月に東京・京都・大阪以外は県に変更）及び県を設置したことに始まる。明治四年七月には、廃藩置県により二六一の藩が廃されて県となり、既に設置されていた三府四五県とあわせて三府三〇六県となった。同年一一月には三府七二県、明治一二年一二月には三府三六県まで統合再編が行われたが、その後、逆に急激な県統合を修正するべく徐々に県の分離新設が行われ、明治二二年一二月に三府四三県となり、それ以降は、北海道は別として、府県の区域に基本的な変更はない。なお、府県は明治一一年の府県会規則及び地方税規則（府県税及民費ノ名ヲ以テ徴収セル府県費区費ヲ地方税ト改メ規則を定ム（地方税規則））の制定により地方公共団体としての地位が認められ、明治二三年には府県制が制定された。

北海道は、明治一九年に北海道庁が設置されたものの地方公共団体とされたのは明治三四年の北海道会法及び北海道地方費法の施行後である。その後順次府県との差異がなくなり、昭和二一年の府県制改正により北海道が設置（府県制は道府県制となった。）されて以降、現在では府県と同じ性格の地方公共団体である。

東京都は、首都を戦時体制に即応させる趣旨で昭和一八年に制定された東京都制に基づいて、東京府と東京市が廃止され、従前の東京府の区域をもって設置されたものである。

二　都道府県の合併及び道州制等の論議

前述のように都道府県の区域は、明治二一年から一二〇年近くにわたって基本的に変更がなされておらず、その間、明治の大合併、昭和の大合併を経験した市町村の区域と比して、制度的にも、実態的にも、はるかに安定的であったということができる。

しかしながら、この都道府県の区域等をめぐっては、戦前戦後を問わず、数多くの論議があるところである。その論議には、様々なものがあるが、大別すると二つの考え方がある。一つは、現在の数都府県の区域にわたるいわゆる〝ブロック〟程度の単位の新たな行政組織体（「道」「州」「地方」等と呼称される。）を設置することとすることを基本として都道府県制度のあり方やその区域についても論じるものである。例えば、戦前においても道州制構想があり、戦後においては、昭和三三年、第四次地方制度調査会の答申における多数意見である「地方（制）案」などがあったが、前述した（第二章第四節「三　さらなる地方分権の推進と地方制度改革」参照）ように、平成一八年、第二八次地方制度調査会も「道州制のあり方に関する答申」をした。いま一つは、現行の都道府県の区域を合併その他の方式により統合又は再編するものである。これには、各都道府県が個々に対応するもの（例えば、昭和四一年、四二年及び四四年、三度国会に提案された「都道府県合併特例法案」（いずれも不成立）が想定していたもの）と、全国的に再編するもの（例えば第四次地方制度調査会の少数意見として添付された「県案」「府県統合案」）がある。

第二七次及び第二八次地方制度調査会の道州制に関する調査審議の前において、例えば、地方分権推進委員会の第二次勧告（平成九年七月）において「国は、都道府県を取り巻く状況を見極めつつ、中長期的な課題として現在の都道府県の合併も視野に入れ、地方自治の仕組みについて検討を行う」とし、また、政府の「地方分権推進計画」（平成一〇年五月閣議決定）においても、「都道府県合併も視野に入れ、地方自治の仕組みについて、中長期的に検討を行う」とされていた。

さらに、政治・行政システムの構造的改革の一環としての視点から、経済社会構造の大きな変化、国と地方との役割分担の基本の明確化、全国的な市町村の再編ともいえる市町村合併の推進、市町村への事務配分の一層の推進、中核市や特例市といった規模能力の大きな市に関する制度の創設・拡充などを勘案して、国と市町村との間の中間的な政治・行政機構のあり方、都道府県制の将来などについての関心と議論が高まってきたことから、平成一三年六月、地方分権推進委員会の「最終報告」においても「……市町村合併の帰趨を慎重に見極めながら、道州制論、連邦制論、廃県置藩論など、現行の都道府県と市区町村の二層の地方公共団体からなる現行制度を改める観点から各方面においてなされている新たな地方自治制度に関する様々な提言の当否について、改めて検討を深めること」を大きな改革課題の一つとして指摘したように、多くの論議がなされるようになってきた。

平成一三年一一月発足した第二七次地方制度調査会は、平成一四年七月、「都道府県のあり方」を審議項目の一つとして取り上げることを決定した。同調査会は、平成一五年一一月、「今後の地方自治制度のあり方に関する答申」において、広域自治体のあり方について前述（第二章第四節「三　さらなる地方分権の推進と地方自治制度の改革」参照）のような答申をした（同答申第3「広域自治体のあり方」参照）。そして、平成一六年の自治法の改正により、後述（第四節二「1　廃置分合又は境界変更」参照）するように、都道府県の自主的な発意による合併の制度が導入された。また、平成一六年三月、第二八次地方制度調査会が発足し、総理大臣から「『道州制のあり方』、『大都市制度のあり方』その他最近の社会経済情勢の変化に対応した地方行財政制度の構造改革」についての諮問を受け、『道州制のあり方』について検討が進められた。また、平成一六年六月閣議決定された「経済財政運営と構造改革に関する基本方針二〇〇四」（〝基本方針（骨太の方針）二〇〇四〟）において、「地方分権の更なる推進に向けて将来の道州制の導入に関する検討を本格化させる。」「地方分権推進のモデル的な取組としてのいわゆる『道州制特区』について、地域からの提案を受け止めつつ、その趣旨を生かす推進体制を整える。」とされた。

平成一八年二月、第二八次地方制度調査会は、「道州制のあり方に関する答申」を内閣総理大臣に提出した。その概要は、前述したとおりである（第二章第四節「三　さらなる地方分権の推進と地方自治制度の改革」参照）。そして、平成一八年九月発足した安倍内閣においては道州制担当大臣が置かれた（その後福田内閣においても引き続き置かれ、麻生内閣でも担当の大臣が任命されていた。）。また、平成一八年一二月、道州制特区推進法（道州制特別区域における広域行政の推進に関する法律）が制定された（平成二〇年一月、北海道が特定広域団体に定められ、北海道の提案（第一次～第六次）を受けて特例措置など対応されてきた。平成二八年二月、計画期間を五年間延長し（平成三二年度まで）道州制特別区基本方針を変更した。）。さらに、平成一九年一月、道州制担当大臣の下での道州制ビジョン懇談会が設けられることになり、道州制の導入に関する基本的事項等の検討を進め、平成二〇年三月（二四日）、中間報告を取りまとめ、その後も審議を続けたが、同懇談会は平成二一年九月の政権交代後の平成二二年二月に廃止された。経済界、各関係方面などにおいても、道州制に関する論議が行われている（近年のものとして、経済同友会・地方行財政改革推進部会行政改革本部「新しい地域主権型システムの実現に向けた提言」（平成一七年一一月）、日本経済団体連合会「希望の国、日本—ビジョン二〇〇七—」（平成一九年一月）、全国知事会「道州制に関する基本的考え方」（平成一九年一月）、日本経済団体連合会「道州制の導入に向けた第一次提言」（平成一九年三月）、同「道州制の導入に向けた第二次提言—中間取りまとめ—」（平成二〇年三月）、同「道州制導入に向けた第二次提言」（平成二〇年一一月）等参照）。

平成二一年の「経済財政改革の基本方針二〇〇九」においては、「地方分権改革の推進を図った上で、『道州制基本法』（仮称）の制定に向けて、内閣に『検討機関』を設置する。」とされた。なお、平成二一年八月三〇日に行われた総選挙に際して、自由民主党は「政権公約二〇〇九」において、「……道州制の導入に向け内閣に『検討機関』を設置するとともに、道州制基本法を早期に制定し、基本法制定後六～八年を目途に導入する。」とし、公明党は「manifesto'09」において、「……国民的議論を喚起しつつ、三年を目途に『道州制基本法』を制定します。」「概ね一〇年後から地域主権型道州制に移行します。」、また、「内閣に『検討機関』を設置……します」としている。民主党は「マニフェスト」においては取り上げていないが、「政策集・インデックス二〇〇九」において、「……将来的な道州の導入も検討していきます。」としている。そして、平成二二年六月閣議決定された「地域主権戦略大綱」においては、「地方や関係各界との幅広い意見交換も行いつつ、地域の自主的判断を尊重しながら、いわゆる『道州制』についての検討についても射程に入れていく。」としている（同大綱第9「2 今後の取り組み」）。その後、道州制の論議は下火になっていたように見受けられたが、その後、また道州制基本法の制定などの論議が活発になってきている。そして、平成二四年一二月の総選挙で自民党・公明党の政権となった後、与党の「道州制基本法に関する立法ワーキングチーム」は、平成二五年四月（一一日）、「道州制基本法案」を取りまとめた。また、平成二五年六月（二一日）、日本維新の会（当時）とみんなの党（当時）は共同して、議員提案による「道州制移行のための改革基本法案」を国会に提出し、同月会期末に継続審査とされ、その後も継続審査とされてきたが、平成二六年一一月（二一日）衆議院の解散により廃案となった。なお、平成二五年七月二一日に行われた参議院議員の選挙に際して、選挙公約、マニフェスト等において、自由民主党は、「道州制の導入を目指します。」とし、公明党は「『道州制推進基本法』の制定」「『道州制国民会議』の設置」を掲げ、みんなの党は「『道州制基本法』を早急に制定。七年以内に『地域主権型道州制』へと移行する。」とし、日本維新の会は「国と地方の統治機構を改革し、道州制を導入する。」としている。一方、社民党は「道州制の拙速な導入には反対します。」としている。

与党においては、道州制推進のための基本法の国会提出に向けた動きも続いているが、一方で、町村会等において強い反対がある（全国町村会大会における反対の特別決議（平成二五年一一月）、全国町村会による反対の意見の提出（平成二六年二月）等参照）。

なお、平成二六年六月（二四日）に閣議決定された「経済財政運営と改革の基本方針二〇一四」（〝骨太の方針〟）において、「道州制について、道州制に関する基本法案の動向を踏まえ、必要な検討を進める。」とされている（第2章3 (3) 観光・交流等による都市・地域再生、地方分権、集約・活性化」）。それ以降各年度の「経済財政運営の基本方針」（〝骨太の方針〟）において、（道州制に関する）「基本法案の動向を踏まえ、必要な検討を進める。」とされている。

平成二六年一二月（一四日）に実施された総選挙の際の自由民主党の政権公約において「道州制の導入に向けて、国民的合意を得ながら進めてまいります。」とした（自民党政権公約「Ⅴ　政治・行政改革」）。

平成二七年一二月（八日）、民主党（当時）「地域主権型社会創造宣言―民主党地域主権調査会中間報告―」において、「広域的な経済対策を実施したり、集中したインフラ整備を行ったりすること等、効果的・効率的な施策を実現することを目的として、受け入れ意欲・能力のある地域が、基礎自治体の機能強化を図ったうえで、地域の自発的な選択によって、府県から、いわゆる道州等への移行も可能とする。」としている（同中間報告2.「⑵自治体間連携と道州」）。

平成二八年七月（一〇日）の参議院議員選挙におけるおおさか維新の会（当時）の〝選挙公約〟において、道州制を含む統治機構の改革として、「自治体を広域自治体の『道州』と『基礎自治体』の二層制とする」とされている。

平成二九年一〇月（二二日）の総選挙における自民党の「政権公約二〇一七」の「自民党政策BANK」において、『道州制の導入に向けて、国民的合意を得ながら進めていきます。導入までの間は、地域の自主自立を目指し活力が発揮できるよう、地方公共団体間での広域的な連携の取組みの後押しするため、広域連合の活用、道州制特区法の活用などを検討します。』としている。また、日本維新の会（当時）の「二〇一七維新八策」において、『中央集権体制から地方分権体制（道州制）に移行する。』『道州制基本法を制定』を掲げている。

以上のように、都道府県の区域等については、単に区域の問題として論ずるというより、国と市町村との間の広域の地方の政治・行政機構のあり方、都道府県の制度の変革の問題として、より高次で、幅広い視点から論議されているといえる。

第三節　市町村の区域と市町村の規模の適正化

一　市町村の区域と市町村合併の沿革

明治二一年末以降、都道府県の区域が原則として変わっていないのに対し、市町村の区域は、これまでに全国的な市町村の再編ともいうべき合併があり、大きな変動があった。明治一六年に三七区、一万二一九四町、五万九二八四村、合計七万一五一五区町村であったものが、「明治の大合併」後で市制町村制施行（明治二二年四月一日）後の明治二二年において、三九市一万五八二〇町村、合計一万五八五九市町村となり、昭和二二年（八月）には二一〇市、一七八四町、八五一一村、合計一万五〇五市町村であったものが、昭和二〇年代後半から昭和三〇年代前半の「昭和の大合併」を経た後の昭和三六年（六月）においては、五五六市、一九三五町、九八一村、合計三四七二市町村となった（なお、平成三〇年一月一日においては、七九一市、七四四町、一八三村、合計一七一八市町村である。）。このように、「明治の大合併」及び「昭和の大合併」は、地方自治制度史のうえでも重要な意義を有する大きな変革であったといえる。

なお、「明治の大合併」以前の自然共同体的な旧町村は、その後も町村内の大字としてその名称及び共同体的機能は残ることとなり、現在においても最小の集落、コミュニティの単位等としての名称や機能を有していることが多い。

「昭和の大合併」は、昭和二五年に地方行政調査委員会議（「神戸委員会」）が「規模の著しく小さい町村については、おおむね人口七、八千人程度を標準として……その規模の合理化を図るべきであると考える」と勧告したことを受けたものであるが、これは、特に新制中学校の維持・経営をすることが可能な町村の規模とすることがその理由の一つと考えられたといわれている。

「昭和の大合併」は、まず、知事の市町村に対する適正規模を図るための合併計画及び勧告に関する規定（自治法八の二Ⅰ）

等の規定を定めた改正が行われ、さらに昭和二八年、議員立法による「町村合併促進法」が三か年の限時法として制定された。同法においては、「町村は、おおむね八千人以上の住民を有するものを標準（同法三Ⅰ）」とすることが規定され、町村合併の促進のための特例措置、促進のための補助金等の措置等が規定された。昭和三一年、町村合併促進法の期限到来に先立ち「新市町村建設促進法」が制定され、町村合併後の新市町村の健全な発展を図るとともに、未合併町村の町村合併を強力に推進することとした。同法においては、未合併町村の合併の推進に関して、住民投票の導入、国による勧告制度等が規定された。同法の未合併町村の合併の推進に関する規定などは、昭和三六年六月失効したが、それまでには、一部を除き、当初の計画がほぼ達成され、「昭和の大合併」の歴史にピリオドが打たれたものである。

市町村の合併については、「昭和の大合併」以降、合併の円滑化を図るため、合併の障害を除去するという趣旨目的で、昭和三七年、市の合併の特例に関する法律が、そして、昭和四〇年、市町村の合併の特例に関する法律（旧市町村合併特例法）が制定された。旧市町村合併特例法は一〇年の限時法で、昭和五〇年、昭和六〇年及び平成七年に、それぞれ延長され、平成一七年三月三一日にその期限が到来した。この旧市町村合併特例法の下での市町村合併は、平成七年の改正まではあまり進展していなかったといえる。しかし、その頃から、市町村合併の機運が高まってきて、「平成の大合併」ともいわれる市町村の合併が推進されるようになり、平成一六年には、旧市町村合併特例法が改正されるとともに、旧市町村合併特例法の期限到来後の平成一七年四月一日から施行された市町村の合併の特例等に関する法律（平成一六年合併法）が制定された。

平成一六年合併法は、平成二二年三月三一日に期限が到来したが、第二九次地方制度調査会の「今後の基礎自治体及び監査・議会制度のあり方に関する答申」（平成二一年六月。以下同じ。）において、全国的な合併推進運動については、平成二二年三月末までで一区切りとすることが適当であるなどとされたことを踏まえ、平成二二年三月に平成一六年合併法が改正され、同年四月一日から施行された改正市町村合併特例法においては、合併の障害を除去するための特例措置などが中心となっており、都道府県等の積極的な関与による市町村の合併の促進について定めている規定等は廃止された（「二　最近の市町村合併の動向」参照）。

二　近年の市町村合併の動向

以上のような市町村の区域と市町村合併の経緯であるが、平成の大合併ともいわれている近年の市町村合併の動向について、改めて述べると、以下のとおりである。

今次市町村合併の推進が図られ、その積極的な取り組みが全国各地で展開されるようになった背景や必要性としては、「昭和の大合併」以降相当の期間が経過しており、その間の交通通信の手段の著しい発達とその基盤整備の進展、住民の日常生活と活動の圏域の拡大、広域総合的な行政需要の増大、行政需要の高度化と多様化、少子・高齢化社会への対応の要請などが挙げられる。同時に、我が国のあらゆる分野での構造的改革が求められるようになり、その政治・行政の面における一環として、地方分権の推進を図り、その成果を活かすことができる体制の整備として市町村の規模・能力の拡充等を図ること及び国・地方を通じる統治機構の簡素効率化に資することという観点から、市町村の合併の推進が重点的な政策の一つとして掲げられるようになったことが指摘できる。

このようなことから、平成七年の旧市町村合併特例法の延長の際の改正において、期限の一〇年間の延長とともに、趣旨規定を「自主的な市町村の合併を推進する」とし、合併協議会の設置に関する住民発議制度の創設（同法四）や普通交付税における合併補正の創設（同法一一Ⅰ）等の財政措置の拡充などが図られた。また、平成一一年の地方分権一括法による市町村合併特例法の改正により、市町村合併を一層推進するため、合併特例債制度（同法一一の二ⅠⅡ）の創設、普通交付税の算定における合併算定替期間の延長（同法一一Ⅱ）などの支援措置の拡充、地域審議会制度の創設（同法五の四）、同一内容の住民発議に係る制度の創設（同法四の二）などの措置が講じられた。さらに、平成一四年に成立した地方自治法等の一部を改正する法律による市町村合併特例法の改正により、同法による合併協議会設置請求について合併協議会設置協議に係る住民投票制度の導入、地方税の特例に関する事項の拡充等の措置が講じられた（旧市町村合併特例法四Ⅸ～ⅩⅩ・四の二Ⅺ～ⅩⅩⅩⅢ・一〇Ⅱ等）。そのうえ、市町村合併に係る国の予算措置及び地方財政措置による財政支援措置が大幅に充実・強化されてきた。

平成一五年一一月、第二七次地方制度調査会は、「今後の地方自治制度のあり方に関する答申」において、前述（第二章第四節「三　さらなる地方分権の推進と地方自治制度の改革」参照）のような「基礎自治体のあり方」等について答申した。この答申を勘案して、平成一六年に、自治法の改正、旧市町村合併特例法の改正及び市町村の合併の特例等に関する法律（平成一六年合併法）の制定が実現した。これらの法律の改正又は制定に係る主な事項については、前述したところであり（第二章第四節「三　さらなる地方分権の推進と地方自治制度の改革」参照）、また、該当の記述において説明しているところである。市町村合併の推進という視点から特に留意すべきことと思われるのは、合併後の一定期間（五年以内で規約で定める。）、特別地方公共団体である合併特例区の設置ができること（平成一一年七月一六日以降の合併に認められる。）、平成一六年合併法においては、旧市町村合併特例法の下におけるような手厚い財政支援措置は原則として見直すこと（例えば、合併特例債の制度の廃止等）とし、特別措置等は、合併の障害を除去する主旨のものが中心となっていること、他面で、自主的な市町村の合併の推進についての国及び都道府県の取り組みについて、法的かつ体系的な整備がされたことであった。

平成一六年合併法に定めていた自主的な市町村の合併の推進についての取り組みは、以下のとおりであった（平成一六年合併法第四章）。まず総務大臣は、自主的な市町村の合併を推進するための基本的な指針（「基本指針」）を定めるものとする（平成一六年合併法五八）。都道府県は、基本指針に基づき、自主的な市町村の合併を推進する必要があると認められる市町村（構想対象市町村）を対象として、推進する必要があると認められる自主的な市町村の合併に係る構想対象市町村の組み合わせなどを内容とする自主的な市町村の合併の推進に関する構想を定めるものとする（平成一六年合併法五九）。都道府県知事は、自治法の規定（自治法二五二の二Ⅳ）により、関係市町村による協議会（合併協議会）を設けるべきことを勧告したときにおいては、勧告を受けた市町村の長は議会に付議しなければならず、議会が可決しない市町村の長は、選挙管理委員会に対し、合併協議会設置協議について選挙人の投票に付するよう請求することができ、市町村の長が請求しないときは、選挙権を有する者は、その総数の六分の一以上の者の連署をもって選挙管理委員会に対し、合併協議会設置協議について選挙人の投票に付するよう請求することができる（平成一六年合併法六一）。構想対象市町村が構想に定められた組み合わせに基づき合併協議会を置いている場合において、協議が調わないときは、都道府県知事は当該合併協議会の委員の過半数の同意を得て行う申請に基づき、市町村合併調整委員を任命し、あっせん又は調停を行わせることができる（平成一六年合併法六三）。都道府県知事は、構想に定められた組み合わせに基づき合併協議会を置いている場合において、必要と認めるときは、当該構想対象市町村に対し、協議の推進に関し必要な措置を講ずるべきことを勧告することができる（平成一六年合併法六四）。

なお、前述した（第四章第三節二「3　市町村」参照）ように、市町村の合併に係る場合の市となるべき要件については、平成一六年合併法においても、衆議院の修正により人口三万以上を有することだけとされていた。

平成一七年五月、総務省は平成一六年合併法五八条に基づく「自主的な市町村の合併を推進するための基本的な指針」（総務省告示六四八号）を定め、都道府県が作成する市町村の合併の推進に関する構想の対象市町村としては人口一万未満を目安とする小規模な市町村等とすることなどとした。

市町村合併の推進については、国は、上記のほか、平成一一年八月、「市町村合併の推進についての指針」により都道府県知事に対し「市町村の合併のパターン」を含む「市町村の合併の推進についての要綱」の作成を要請した。都道府県においては、平成一三年春までには要綱の作成が行われ、国においては、平成一三年三月、「市町村合併支援本部」が設置された（閣議決定）。同年八月には国の市町村合併の支援策等を内容とする「市町村合併支援プラン」が決定され、平成一四年八月にその拡充が行われた。また、国は、平成一四年三月、「市町村合併の協議の進展を踏まえた今後の取組（指針）」を策定した。さらに、平成一五年五月、「市町村合併促進プラン」が取りまとめられ、同年六月、「市町村合併の更なる推進のための今後の取組（指針）」が策定された。さらに、平成一七年八月末、国は「新市町村合併支援プラン」を決定した。民間においても、平成一三年三月、「二一世紀の市町村合併を考える国民会議（「合併国民協議会」）」が設置され、市町村合併についての国民運動が展開された。

平成一六年合併法は、平成二二年三月三一日に効力を失うこととなっていた。その後の対応として、第二九次地方制度調査会の「今後の基礎自治体及び監査・議会制度のあり方に関する答申」においては、全国的な合併推進運動については、現行合併特例法の期限である平成二二年三月末までで一区切りとすることが適当であるとしたうえで、現行合併特例法期限後においても、自らの判断により合併を進めようとする市町村を対象とした合併に係る特例法が必要であるとし、この法律においては、合併の障害を除去するための措置や住民の意見を反映させるための措置（合併特例区、合併に係る地域自治区等）等を定めることが適当であるとした（同答申第1・3「(1)　市町村合併に関する方策」）。

平成二二年三月、平成一六年合併法が上述の答申を踏まえて改正され、市町村の合併の特例に関する法律（改正市町村合併特例法）に題名が変更された。この改正市町村合併特例法においては、法律の目的規定において、「自主的な市町村の合併の推進による市町村の規模の適正化」とあったものを「自主的な市町村の合併の円滑化」と改正し（同法一）、都道府県等の積極的な関与による市町村の合併の推進を定めていた平成一六年合併法の規定を廃止し（平成一六年合併法「第四章　市町村の合併の推進に関する構想等」を削る。）、市となるべき要件について合併に係るものについては人口三万人以上を有することだけとしていた特例を廃止し（平成一六年合併法七Ⅰを削る。）、国が都道府県及び市町村に、また都道府県が市町村に行う助言・情報の提供等については、市町村合併の推進のためではなく、その求めに応じて行うものとし（改正市町村合併特例法五八。平成一六年合併法六五参照）、地方交付税の額の算定について、合併補正を廃止し、合併算定替の期間を短縮する（平成一六年合併法一七Ⅰを削る。改正市町村合併特例法一七Ⅰ。平成一六年合併法一七Ⅱ参照）などとしている。また、改正市町村合併特例法は、平成三二年三月三一日限りその効力を失う。

なお、平成三〇年一月一日では、七九一市、七四四町、一八三村、計一七一八市町村である。

第四節　地方公共団体の区域の変更等

一　「廃置分合」と「境界変更」等

地方公共団体の区域の変更には、二つの種類がある。一つは、「廃置分合」であり、もう一つは「境界変更」である。両者の差異は、その手続によって法人格の変動が生ずるかどうかによる。法人格の変動をもたらす区域の変更を「廃置分合」といい、法人格の変動のない区域の変更を「境界変更」という。

「廃置分合」は、分割、分立、合体、編入の四種に分けられる。分割とは、一の地方公共団体を廃し、その区域を分けて数個の地方公共団体を置くことをいい、分立とは、一の地方公共団体の一部の区域を分けて、その区域をもって新しい地方公共団体を置くことをいい、合体とは、二以上の地方公共団体を廃してその区域をもって一の地方公共団体を置くことをいい、編入とは、地方公共団体を廃して、その区域を既存の他の地方公共団体の区域に加えることをいう。以上のいずれの場合においても地方公共団体の廃止（法人格の消滅）又は地方公共団体の設置（法人格の発生）のいずれか一方、あるいは双方を同時に伴うものである。これらに対し、「境界変更」は、地方公共団体の設置又は廃止といった法人格の変動を伴わずに、ただ地方公共団体の区域のみが変わる場合である。なお、「境界変更」と「編入」を含めて「境界の変更」としていることがある（自治法六Ⅱ・七Ⅲ等）。

また、所属未定地の編入（自治法七の二）のほか、地方公共団体の区域の変更ではないが、新たに生じた土地の確認の処分がある（自治法九の五）。

二　区域の変更等の手続

区域の変更等の手続等については、都道府県の廃置分合又は境界変更、市町村及び特別区の廃置分合又は境界変更、公有水面のみに係る市町村の境界変更、所属未定地域の編入及び新たに生じた土地の確認のほか、市町村の境界の決定等について、自治法に規定されている（自治法六～七の二・八の二～九の五・二八一の四・二八一の五）。

1　廃置分合又は境界変更

都道府県の場合については、その廃置分合又は境界変更をしようとするときは、法律でこれを定めるとする規定（自治法六Ⅰ）だけであったが、平成一六年に成立した自治法の改正で、自主的な発意により合併する場合の規定が加えられた（自治法六の二）。

法律で定める場合は、当該都道府県についての特別の立法を必要とする趣旨であり、この法律は、憲法九五条にいう地方自治特別法であって、住民投票を必要とするが、その投票は、現在の都道府県を単位として行われ、それぞれ過半数の同意があった場合に当該法律が成立するものと解すべきであろう。

平成一六年に成立した自治法の改正による都道府県の自主的な発意による合併についての規定は、前述した第二七次地方制度調査会の答申（第二章第四節「三　さらなる地方分権の推進と地方自治制度の改革」参照）を受けたものであり、その構成は、基本的には市町村の廃置分合（自治法七Ⅰ Ⅵ～Ⅷ）の場合と同様のものである。すなわち、関係都道府県の申請（関係都道府県の議会の議決を経る。）に基づき、内閣が国会の承認を経てこれを定め、総務大臣が直ちにその旨を告示し、告示によりその効力を生ずるとするものである（自治法六の二）。この規定は、「二以上の都道府県の廃止及びそれらの区域の全部による一の都道府県の設置又は都道府県の廃止及びその区域の全部の他の一の都道府県の区域への編入」の場合が該当するものである（同条Ⅰ）。つまり、都道府県の新設合併と編入合併の場合ということであるが、「……区域の全部による」「……区域の全部の」とされているように、分割して合併するような場合は、該当しない。

都道府県の境界にわたって市町村の設置又は境界の変更があったとき（自治法七ⅢⅣ参照）、及び従来地方公共団体の区域に属しなかった地域を市町村の区域に編入したとき（自治法七の二参照）は、都道府県の境界もまた自ら変更する（自治法六Ⅱ）。この規定の「市町村の設置」があったときについては、平成一六年に成立した自治法の改正により、後述するように都道府県の境界にわたる市町村の設置について当該市町村の属すべき都道府県について、総務大臣が当該市町村の設置を伴う市町村の廃置分合の処分と併せてこれを定めることができることとされた（自治法七ⅢⅣ）ことを受けたものである。

都道府県の境界変更は、上述した境界が自ら変更する場合を除き、法律で定めなければならない（自治法六Ⅰ。自治法六Ⅱ参照）。

都道府県の自主的な発意による合併の場合は、関係都道府県の区域の全部に係るものであるので別として、その他の廃置分合又は境界変更の場合において財産処分を必要とするときは、関係地方公共団体が協議してこれを定める。ただし、法律に特別の定めがあるときは、この限りでない（自治法六Ⅲ）。この協議については、議会の議決を経なければならない（自治法六Ⅳ）。

次に、市町村の区域の変更については、同一都道府県の区域内の市町村の廃置分合又は境界変更は、関係市町村の申請に基づき、都道府県知事が当該都道府県の議会の議決を経て定めるものとし、その旨を直ちに総務大臣に届け出るものとしている（自治法七Ⅰ）。市の廃置分合をしようとするときは、都道府県知事は、あらかじめ、総務大臣に協議し、その同意を得なければならない（自治法七Ⅱ）。また、市となる場合の要件については、前述のとおりである（第四章第三節二3(2)「ア　要件」参照）。

都道府県の境界にわたる市町村の設置については、新たに設置される市町村が属すべき都道府県が定められなければならず、そのことにより必ず都道府県の区域の変更を伴うものである。そして、この都道府県の境界にわたる市町村の設置に伴う都道府県の境界の変更は、従来は法律で定める場合だけとされていた（自治法六Ⅰ参照）。一方、従来から、都道府県の境界にわたる市町村の境界の変更（この場合、編入も含む。）は、関係ある普通地方公共団体（関係市町村はもちろん、関係都道府県も含まれる。）の申請に基づき、総務大臣がこれを定めることとされている（平成一六年に改正前の七Ⅲ、改正後の同項）。平成一六年に成立した自治法の改正においては、都道府県の境界にわたる市町村の設置を伴う市町村の廃置分合についても、都道府県の境界にわたる市町村の境界の変更と同様に、関係のある普通地方公共団体の申請に基づき、総務大臣がこれを定めることとされ（自治法七Ⅲ）、当該市町村の属すべき都道府県について、関係のある普通地方公共団体の申請に基づき、総務大臣が、都道府県の境界にわたる市町村の設置の処分を行う際に当該処分に併せてこれを定めることとされた（自治法七Ⅳ）。

市町村の廃置分合又は市町村の境界（の）変更の場合において財産処分を必要とするときは、関係市町村が協議をして定める（自治法七Ⅴ）。

市町村の廃置分合又は境界（の）変更に関する申請や財産処分の協議については、関係のある地方公共団体の議会の議決を経なければならない（自治法七Ⅵ）。

総務大臣は、都道府県知事から届出を受理したとき、又は自ら処分したときは、直ちにその旨を告示するとともにこれを国の関係行政機関の長に通知しなければならない（自治法七Ⅶ）。市町村の区域の変更の処分は、この総務大臣の告示によりその効力を生じる（自治法七Ⅷ）。

特別区の廃置分合又は境界変更については、市町村の廃置分合又は境界変更について定める自治法七条の規定は適用せず、別途規定されている（自治法二八一の三～二八一の五）。特別区は、平成一〇年の改正までは、都の内部団体的性格のものとされ、廃置分合及び境界変更についても特例が設けられ、特別区に発案権はなかった（改正前の自治令二〇九参照）が、改正により、多くの場合は一般の市と同様のものとされている。もっとも、特別区の廃置分合又は境界変更については、一定の制約がある（自治法二八一の四ⅠⅢⅧⅩ参照）。特別区の区域については、第三〇次地方制度調査会の「大都市制度の改革及び基礎自治体の行政サービス提供体制に関する答申」（平成二五年六月）において、「今後の高齢化の進展や公共施設の更新需要の増加など、社会経済情勢の変化を踏まえると、特別区の区域の見直しについても検討することが必要である。」とされている（同答申第2・3⑵「② 特別区の区域の見直し」）。なお、平成二四年に制定された大都市地域特別区設置法の定めるところにより設置される特別区は、自治法の特別区の廃置分合又は境界変更の規定（自治法二八一の四）によるが、特別区を包括する道府県における特別区の設置については、自治法二八一条八項で都知事が都の議会の議決を経て定めることとしている規定は適用せず、当該特別区に隣接する一の市町村の区域の全部による二以上の特別区の設置については、大都市地域特別区設置法による特別区の設置の規定を準用することとしている（ただし、一の市町村の全部を特別区とする場合は、選挙人の投票の規定（大都市地域特別区設置法七）は準用しない。）（大都市地域特別区設置法一二・一三）。

普通地方公共団体の廃置分合及び境界変更の場合において必要な事項については、法律に規定されているもののほか、自治令にも規定されている（自治法二五五参照）。それらは、地方公共団体の設置に伴う経過的規定であり、長が選挙されるまでの間の長の職務執行者の法定手続（自治令一の二）、予算成立までの間の暫定予算の調製（自治令二）、条例・規則が制定されるまでの旧条例・規則の施行（自治令三）、選挙管理委員の選挙までの間の選挙管理委員の職務執行（自治令四）、廃置分合・境界変更における事務の承継（自治令五・六）などに関するものである。

都道府県知事は、市町村の規模の適正化を図るのを援助するため、市町村の廃置分合又は市町村の境界変更の計画を定め、これを関係市町村に勧告することができる（自治法八の二Ⅰ）。この計画を定め、又は変更しようとするときは、都道府県知事は、関係市町村、当該都道府県の議会、当該都道府県の区域内の市町村の議会又は長の連合組織その他の関係ある機関及び学識経験を有する者等の意見を聴かなければならない（なお、関係市町村の意見については当該市町村の議会の議決を経なければならない。自治法八の二Ⅱ・Ⅲ）。これらの意見は尊重されるべきであるが、全面的に拘束されるものではない。また、都道府県知事の勧告も尊重されるべきであるが、法的強制力のあるものではない。この勧告に基づく市町村の廃置分合又は市町村の境界変更については、国の行政機関は、これを促進するため必要な措置を講じなければならない（自治法八の二Ⅵ）。

「市町村の合併」、すなわち「二以上の市町村の区域の全部若しくは一部をもって市町村を置き、又は市町村の区域の全部若しくは一部を他の市町村に編入することで市町村の数の減少を伴うもの」については、前述したように（第三節「一　市町村の区域と市町村合併の沿革」参照）、旧市町村合併特例法並びに平成一六年合併法及び改正市町村合併特例法に定められている合併の手続の特例として次のようなものがある。

まず、合併をしようとする市町村は、旧市町村合併特例法では合併市町村の建設に関する基本的な計画（「市町村建設計画」）とされていた（旧市町村合併特例法三Ⅰ）が、平成一六年合併法及び改正市町村合併特例法では合併市町村の円滑な運営の確保及び均衡ある発展を図るための基本的な計画（「合併市町村基本計画」）の作成その他市町村の合併に関する協議を行う協議会（自治法二五二条の二第一項の規定による協議会で「合併協議会」と称される。）を置くものとするとされている（平成一六年合併法及び改正市町村合併特例法三Ⅰ）。合併協議会の設置については、通常の協議会の設置の手続（自治法二五二の二）のほか、住民が合併協議会設置の請求ができる「住民発議制度」が設けられている（平成一六年合併法及び改正市町村合併特例法四・五、旧市町村合併特例法四・四の二）。すなわち、選挙権を有する者（市町村の議会の議員及び長の選挙権を有する者）は、その総数の五〇分の一以上の連署をもって、合併対象市町村の名称を示し、合併協議会の設置を市町村に対し請求することができ（平成一六年合併法及び改正市町村合併特例法四Ⅰ、旧市町村合併特例法四Ⅰ）、当該市町村の長が、合併対象市町村の長に対してその合併協議会の設置協議について議会に付議するか否かの意見を求め（平成一六年合併法及び改正市町村合併特例法、旧市町村合併特例法同条Ⅱ）、そのすべての回答が付議する旨のものであった場合には、それぞれの議会に付議し（平成一六年合併法及び改正市町村合併特例法、旧市町村合併特例法同条Ⅴ）、すべての市町村において議会の議決を経た場合には、合併協議会を置くものとされている（平成一六年合併法及び改正市町村合併特例法、旧市町村合併特例法同条XVIII）。また、関係市町村のすべてについて、同一内容（すなわち、関係市町村がすべて同一）の合併協議会の設置に係る請求について、同一内容であることを明らかにして請求があった場合（平成一六年合併法及び改正市町村合併特例法五Ⅰ、旧市町村合併特例法四の二Ⅰ）、あらかじめ都道府県知事が同一内容であることの確認を行うこととし（平成一六年合併法及び改正市町村合併特例法五Ⅱ、旧市町村合併特例法四の二Ⅱ）、その確認の通知があった場合は、議会に付議するか否かについての市町村長間の意見を求める手続なしに、すべての議会に長の意見を付して付議しなければならないとされ（平成一六年合併法及び改正市町村合併特例法五Ⅵ、旧市町村合併特例法四の二Ⅵ）、すべての議会の議決を経た場合には、合併協議会を置くものとされている（平成一六年合併法及び改正市町村合併特例法五XXVII、旧市町村合併特例法四の二XXVII）。さらに、平成一四年の自治法の改正による旧市町村合併特例法の改正により、合併協議会設置協議について、合併請求市町村の議会が否決し、かつ、すべての合併対象市町村の議会が可決した場合（同一請求に基づくものについては、同一請求関係市町村の議会が否決した場合）、合併請求市町村（又は同一請求関係市町村）の長の請求又は合併請求市町村（又は同一請求関係市町村のうち合併協議会設置協議否決市町村）の有権者の六分の一以上の連署による請求により、合併協議会設置協議について選挙人の投票（住民投票）に付さなければならないものとし、過半数の賛成があったときは合併請求市町村（又は合併協議会設置協議否決市町村）の議会が可決したものとみなす制度（合併協議会設置協議に関する住民投票制度）等が定められ（旧市町村合併特例法四Ⅸ～XX・四の二XI～XXXIII）、平成一六年合併法及び改正市町村合併特例法においても同一の制度が規定されている（平成一六年合併法及び改正市町村合併特例法四Ⅸ～XX・五XI～XXXIII）。

平成一六年合併法においては、このような規定のほか、自主的な市町村の合併の推進についての国及び都道府県の取り組み（関連した合併協議会設置協議に係る住民投票制度を含む。）について規定されていたが、改正市町村合併特例法では削られている。このことについては、第三節「二　近年の市町村合併の動向」を参照されたい。

公有水面のみに係る市町村の境界変更については、市町村相互間の話し合いによる申請に任せることが困難である場合も少なくないことから、一般の手続のように関係市町村からの申請に基づくのではなく、関係市町村の同意を得て、都道府県知事が当該都道府県の議会の議決を経てこれを定め、直ちにその旨を総務大臣に届け出なければならないこととしている（自治法九の三Ⅰ）。また、公有水面のみに係る市町村の境界変更で都道府県の境界にわたるものは関係のある普通地方公共団体の同意を得て総務大臣がこれを定める（自治法九の三Ⅱ）。これらの関係市町村の同意又は関係のある普通地方公共団体の同意については、議会の議決を経なければならない（自治法九の三Ⅴ）。

従来地方公共団体の区域の属しなかった地域（所属未定地）を都道府県又は市町村の区域に編入する必要があると認めるときは、法律で別に定めるものを除くほか、内閣がこれを定める（自治法七の二Ⅰ）。この場合において利害関係があると認められる都道府県又は市町村があるときは、あらかじめその意見を聴かなければならない（自治法七の二Ⅰ後段）。処分のあったときは、総務大臣は、直ちにその旨を告示し、その告示により効力を生じる（自治法七の二Ⅲ）。所属未定地には、公海下に掘られたトンネルの区域なども含まれると解される。

なお、普通地方公共団体の区域の変更ではないが、市町村の区域内にあらたに土地を生じたとき（例えば、従来の水域の埋立て、干拓、寄せ洲、隆起等）は、市町村長は、当該市町村の議会の議決を経てその旨を確認し、都道府県知事に届け出なければならない。届出を受理した都道府県知事は、直ちにこれを告示しなければならない（自治法九の五）。

2　市町村の境界の決定

普通地方公共団体は、従来の区域によるとされている（自治法五Ⅰ）が、従来の区域が判明し難い場合もある。自治法は、このような場合に、市町村の境界を定める手続を、その境界について争論のある場合とない場合に分けて、その決定の手続を定めている。

争論がある場合は、都道府県知事は、関係市町村の申請（議会の議決を要する。）に基づいて、境界に係る争論を、自治紛争処理委員会（自治法二五一）の調停（自治法二五一の二Ⅰ）に付することができる（自治法九ⅠⅣ）。調停によってもなお境界が確定しないとき、又は最初から調停の手続を経ず、すべての関係市町村から裁定を求める旨の申請（議会の議決を要する。）があったときは、都道府県知事が裁定することができる（自治法九Ⅱ～Ⅳ）。この裁定に不服があるときは、関係市町村は裁判所に出訴することができる（自治法九Ⅷ）。また、争論がある場合において、関係市町村の申請があっても、都道府県知事が調停や裁定に適しないと認めてその旨を通知したときや、申請した日から九〇日以内に調停に付されないとき、若しくは調停により境界が確定しないとき、又は裁定がないときは、関係市町村は、裁判所に市町村の境界の確定の訴を提起することができる（自治法九Ⅸ）。なお、以上の手続は、市町村の境界の変更に関し争論がある場合において準用される（自治法九Ⅺ）。

市町村の境界が判明でないが、争論はない場合は、都道府県知事は、関係市町村の意見（議会の議決を要する。）を聴いてこれを決定することができる（自治法九の二Ⅰ～Ⅲ）。ここで、それまでは争論がなかったが、この都道府県知事の決定について争いが起きる場合があり得るので、この都道府県知事の決定に不服があるときは、関係市町村は、裁判所に出訴することができる（自治法九の二Ⅳ）。

公有水面のみに係る市町村の境界に関して争論がある場合には、都道府県知事は、職権により、自治紛争処理委員の調停に付し、又は当該調停により境界が確定しないとき、若しくはすべての関係市町村の裁定することについての同意（議会の議決を有する。）があるときは、これを裁定することができる（自治法九の三Ⅲ～Ⅵ）。これらの調停及び裁定については、市町村の境界に関し争論がある場合の規定が準用される（自治法九の三Ⅵによる九ⅢⅤ～Ⅷ・Ⅸの前段・Ⅹの準用）。

以上の境界の決定について、数都道府県にわたるものであるときは、都道府県知事の権限については、自治法二五三条の規定により都道府県知事の協議により管理すべき都道府県知事を定めることができ、協議が調わないときは、総務大臣は、その事件を管理すべき都道府県知事を定め、又は都道府県知事に代わってその権限を行うことができる。

第五節　郡及び町・字の区域

一　郡の区域

郡は、明治一一年の三新法による地方制度において、府県と町村の中間の地方行政区画として位置付けられ、さらに、明治二三年に、府県制とともに制定された郡制において、郡は府県と町村の中間的地方公共団体とされた。しかし、もともと地方団体としての郡の事務は非常に限られたものであった（主な仕事は、各種営造物管理のほか、未就学児童の対処と徴兵の事務）ため、早くから郡制廃止の議論があり、大正一二年郡制は廃止され、地方公共団体としての郡は消滅することとなった。その後、なお行政区画として官吏である郡長がこれを管轄することとされていたが、大正一五年に郡長が廃止されて以来、郡は原則として単なる地理的名称にとどまることとなった。ただ、現在においても、衆議院議員（小選挙区選出議員）の選挙区に属する区域（公選法一三Ⅰ別表第一）や平成二五年改正前の都道府県議会議員の選挙区の単位として用いられ（改正前の公選法一五Ⅰ）、改正後においても条例で定める都道府県議会議員の選挙区に属する区域を画するものとして、用いられ得るものである（改正後の同法一五Ⅰ参照）。なお、行政機関の管轄の単位や広域行政の単位とされるなど、ある程度実際上の意味を持っている。また、市町村合併の推進に当たって、新たな市町村の区域として、かつての郡の区域を取り上げて論議することもみられる。

自治法の下では、郡の区域は従前郡長の管轄した区域をそのまま郡の区域として引き継いできたものである（自治法附則一七参照）。郡の区域を新たに画し若しくはこれを廃止し、又は郡の区域若しくはその名称を変更しようとするときは、都道府県知事が当該都道府県の議会の議決を経てこれを定め、総務大臣に届け出なければならない（自治法二五九Ⅰ）。郡の区域の境界にわたって町村が設置されたとき、又は市が町村となったとき、その町村が属すべき郡の区域についてもこの例によりこれを定める（自治法二五九Ⅲ、自治令一七八Ⅱ）。また、郡の区域内において市の設置があったとき、郡の区域の境界にわたって市町村の境界の変更があったとき、又は郡の区域内において町村が市となったときは、郡の区域も、また自ら変更する（自治法二五九Ⅱ、自治令一七八Ⅰ）。ここで、郡の区域の境界にわたる「市町村の境界の変更」には、境界変更のみならず、編入の場合も含まれると解される。これらの場合において、総務大臣は直ちにその旨を告示するとともに、これを国の関係行政機関の長に通知しなければならない（自治法二五九Ⅳ、自治令一七八Ⅲ）。郡の区域を新たに画し、若しくは廃止し、又は変更する処分の効力は、告示により生ずる（自治法二五九Ⅳ、自治令一七八Ⅳ）。

二　町・字の区域

市町村の区域内の町・字も、郡と同じく、地方公共団体の性質を持つものではないが、自治法はその区域の新設、変更等の手続に関し、規定を設けている。

町・字の区域を新たに画し、若しくはこれを廃止し、又は町・字の区域若しくはその名称を変更しようとするときは、市町村長が当該市町村の議会の議決を経てこれを定める（自治法二六〇Ⅰ）。平成二三年八月に成立した地域の自主性及び自立性を高めるための改革の推進を図るための関係法律の整備に関する法律（第二次改革推進一括法）による自治法の改正前においては、都道府県知事に届け出なければならない（改正前の自治法二六〇Ⅰ）として、届出を受理したときは、都道府県知事は、直ちにこれを告示しなければならないとされていた（改正前の自治法二六〇Ⅱ）。しかし、改正により都道府県知事への届出を要しないこととされ、告示は市町村長が行うこととされた（改正後の自治法二六〇ⅠⅡ）。

町・字の区域の新設等の処分は、原則として告示によりその効力を生ずる（自治法二六〇Ⅲ。旧耕地整理法による耕地整理、土地改良法による土地改良事業（換地処分を伴うものに限る。）、土地区画整理法による土地区画整理事業等の施行地区についてするものの効力は、住民表示に関する法律二条一号に規定する街区方式により住居を表示する場合を除き、それぞれの法律による換地処分（又はその認可）に係る告示の日又は公告があった日の翌日から効力を生ずる（自治令一七九）。

なお、住居表示に関する法律二条に規定する方法による住居表示の実施のため、町・字の区域を新たに画し、若しくはこれを廃止し、又は町・字の区域若しくはその名称を変更しようとするときは、手続等の特例が定められている（同法五の二）。

第六章　地方公共団体の住民と住民の権利及び義務

第一節　地方公共団体の住民の意義と記録

一　住民の意義

地方公共団体の住民は、地方公共団体の人的構成要素である。つまり、地方公共団体は、一定の区域を場所的構成要素（空間的・地域的構成要素、地理的構成要素）とし、住民を人的構成要素として、（法）制度的構成要素である法人格と自治権を国から認められた団体である。

地方自治の運営の主体は、住民である。また、住民の福祉の増進こそが、地方公共団体の存立の目的である。

地方自治は、前述したとおり（第一章第一節「一　地方自治の意味」参照）、団体自治と住民自治の二つの要素から成り立っている。このうち、住民自治は、地域の住民が地域の政治・行政を自己の意思に基づき、自己の責任において行うことを指す。地方自治は民主主義の基盤であり、地方自治にとって重要なことは住民自治であるといえる。地方分権は「地域住民の自己決定権の拡充……あらゆる階層の住民の共同参画による民主主義の実現を意味する。」（地方分権推進委員会「中間報告」）とされるのも、ここに帰着するのである。

市町村の区域内に住所を有する者は、当該市町村及びこれを包括する都道府県の住民とされる（自治法一〇Ⅰ）。したがって、市町村の区域内に住所を有する限り、何らの行政上の行為等を要することなく、本人の意思にかかわらず法律上当然に住民となる。市町村の区域内に住所を有する者には、自然人のみならず、法人もまた含まれ、国籍の如何も問わない。そして、地方自治に参加する資格を有する。ただし、住民としての権利義務については、法人及び外国人については、その性質上制限されている。

「住所」とは、自然人については各人の生活の本拠をその者の住所とし（民法二二）、法人については主たる事務所の所在地（一般社団・財団法人法四、宗教法人法七等）又は本店の所在地（会社法四等）をもって住所とする。ここで、生活の本拠であるか否かの認定は、客観的居住の事実を基盤とし、これに当該居住者の主観的居住意思を総合して決定されることとされている（関係局長通知「住民台帳事務処理要領について」（昭四二・一〇・四）、最高裁昭二七・四・一五参照）。住所を有することと、単なる滞在とは区別されるべきであるが、運用上この区別が困難である場合も少なくない。この問題については、例えば、①勉学のため寮、下宿等に居住する者の住所は、その寮、下宿等が家族の居住地に近接する地にあり、休暇以外にもしばしば帰宅する必要がある等特段の事情のある場合を除き、居住する寮、下宿等の所在地にある、②海外出張者の住所は、出張の期間が一年以上にわたる場合を除き、原則として家族の居住地にある、③病院、療養所等に入院、入所している者の住所は、医師の診断により一年以上の長期、かつ、継続的な入院治療を要すると認められる場合を除き、原則として家族の居住地にある、などの行政実例がある。また、都市公園内に不法に設置されたキャンプ用テントを起居の場所とし、公園施設である水道設備等を利用して日常生活を営んでいる者について、社会通念上、テントの所在地が客観的に生活の本拠としての実体を具備しているものと見ることはできないとした最高裁判所の判決がある（最高裁平二〇・一〇・三）。なお、災害等によって本来の住所での生活が妨げられている場合に、滞在が長期にわたるものであっても、滞在は住所を有することと区別すべきであるとして、その住所は変わらないものと考えられる場合がある（かつての三宅島の火山活動からの避難、東日本大震災に起因する原発事故に係る避難）。

自治法における人口は、官報で公示された最近の国勢調査又はこれに準ずる全国的な人口調査の結果による人口による（自治法二五四）。国勢調査の場合、確定人口が公示されるまでの間は人口速報集計（速報値）によって算出された人口で公示された人口である。なお、廃置分合、境界変更等があった場合の人口については、自治令一七六条及び一七七条の規定するところによる人口である。

二　住民の記録——住民基本台帳

住民は、市町村及びそれを包括する都道府県の構成員であり、住民としての各種の権利及び義務を有する。したがって、これらの住民について正確に記録することは、自治行政の基礎であるといえる。そこで、自治法一三条の二は、「市町村は、別に法律の定めるところにより、その住民につき、住民たる地位に関する正確な記録を常に整備しておかなければならない」旨規定しており、この規定に基づき、住民基本台帳法が定められている。

住民基本台帳制度は、住民の居住関係の公証、選挙人名簿の登録その他の住民に関する事務の処理の基礎とするとともに住民の住所に関する届出等の簡素化を図り、あわせて住民に関する記録の適正な管理を図るため、住民に関する記録を正確かつ統一的に行うことを目的としている（住民基本台帳法一）。

市町村は、常に、住民基本台帳を整備し、住民に関する正確な記録が行われるように努めるとともに、住民基本台帳に基づいて住民に関する事務を処理しなければならない（同法三）。

住民基本台帳は、個人又は世帯を単位とする住民票により編成され、住民からの届出に基づき、又は職権で、氏名、出生の年・月・日、男女の別、戸籍の表示、住所をはじめ、選挙人名簿の登録、国民健康保険や国民年金の被保険者の資格及び児童手当の受給資格、住民票コード等を記載することになっている（同法六・七・八、同令三〜六の二）。

市町村が住民基本台帳を備え、記録することとして処理する住民に関する事務には、以下のようなものが挙げられる。

① 住民の居住関係の公証をする。

② 住民基本台帳の記載事項である、国民健康保険、後期高齢者医療、介護保険及び国民年金の被保険者の資格並びに児童手当の受給資格等についての事務の処理をする。

③ 選挙人名簿の登録について、住民基本台帳法に記録されている者で選挙権を有する者について行う（同法一五）。

④ 市町村民税若しくは特別区民税及び道府県民税若しくは都民税について、原則として住民基本台帳に記録されている者に対して課税する（地税法二四・二九四）。

⑤ 住民コードを記載し、本人確認情報の処理及び利用等についての事務を処理する（住民基本台帳法四章の二）。

平成二五年五月（二四日）に、行政手続における特定の個人を識別するための番号の利用等に関する法律及び同法律の施行に伴う関係法律の整備等に関する法律（番号利用法及び番号利用法関係法律整備法）が国会で成立した。この番号利用法関係法律整備法による住民基本台帳法の改正により、住民票の記載事項に個人番号（番号利用法二条五項に規定する個人番号）を記載することとされ（改正による改正後の住民基本台帳法七⑧の②）、本人確認情報の通知及び保存並びに本人確認情報の提供及び利用等（改正後の住民基本台帳法第四章の二第二節及び第三節）などの規定が整備されている（原則として公布の日から起算して三年を超えない範囲内において政令で定める日（平成二七年一〇月六日。改正後の住民基本台帳法七⑧の②の規定による住民票に個人番号を記載することも含まれる。）から施行されたが、規定によっては、公布の日から起算して三年六月又は四年を超えない範囲内において政令で定める日から施行され、三年六月を超えない範囲内で政令で定める日は、平成二八年一月一日とされ、四年を超えない範囲内で政令で定める日は、平成二九年五月三〇日となった。）。

住民基本台帳の閲覧については、平成一八年の住民基本台帳法の改正により、改正前においては、何人でも閲覧できることを原則としていたが、改正により、閲覧することができる場合が限定列挙（個人又は法人の申出による閲覧については、統計調査、世論調査、学術研究その他の調査研究のうち総務大臣が定める基準に照らして公益性が高いと認められるものの実施のとき等に閲覧させることができる。）された。

また、住民票の写し等の交付についても、平成一九年の住民基本台帳法の改正により、改正前においては、何人でも住民票の写しの交付を請求することができることを原則としていた（改正前の同法一二Ⅱ参照）が、改正により、交付を請求することができる場合が限定列挙（本人等請求及び公用請求以外の第三者請求の場合については、自己の権利を行使し、又は自己の義務を履行するために必要がある者、国又は地方公共団体の機関に提出する必要がある者、その他の住民票の記載事項を確認するにつき正当な理由がある者から、交付の申出があった場合に交付をすることができる。）された（改正後の同法一二～一二の三）。

なお、住民のうち日本の国籍を有しない者、戸籍法の適用を受けない者については、住民基本台帳には記録されない（住民基本台帳法三九、同法施行令三三）。外国人の登録は、外国人登録法に基づいて、外国人登録原票に記載することになっていた。この外国人登録の制度については、外国人登録法を廃止して在留カードを交付する制度に改めることとする改正（出入国管理及び難民認定法等の改正法による。）が平成二一年に成立した。これにより外国人登録の制度がなくなることから、外国人を把握し、外国人住民に対するサービスの基盤等とできるよう住民基本台帳法を改正することとして、新たに「外国人住民に関する特例」の一章を設け（第四章の三）、同法第七条に規定する住民票の記載事項に外国人特有の事項を加えるなどの特例を定めることとした。

第二節　住民の権利及び義務の概要

住民は、法律の定めるところにより、その属する地方公共団体の役務の提供をひとしく受ける権利を有し、その負担を分任する義務を負う（自治法一〇Ⅱ）。

「役務の提供」には、地方公共団体の公共施設を利用したり、各種の社会保障等による援助を受ける等、当該地方公共団体及びその機関によって行われる住民福祉の増進を目的とする住民に対する一切の利便、サービスの提供がすべて含まれる。住民は、その住民たる資格をもって等しく平等に役務の提供を受けることができるのであり、地方公共団体は、理由なくしてその権利を拒否することはできない。しかし、個々の住民の具体的な法的地位を定めているとは解されない。この点、役務の提供のうち公の施設の利用については、「普通地方公共団体は、正当な理由がない限り住民が公の施設を利用することを拒んではならない（自治法二四四Ⅱ）」「普通地方公共団体は、住民が公の施設を利用することについて、不当な差別的取扱いをしてはならない（自治法二四四Ⅲ）」等、これらの趣旨がより具体的に規定されている。

「負担を分任する」とは、その地方公共団体が各種の行政活動を行うに当たって要する経費について、その地方公共団体の住民が負担を分かち合うことである。「負担」には、地方税のみならず、分担金、使用料、手数料、受益者負担金等法律の定めるところによって普通地方公共団体が住民に課するすべての負担が含まれる。「分任」とは、分担して負担に応ずるとの意味であり、その分け方は必ずしも均分を意味するものではなく、法令の定めるところに従って分けられる。

また、日本国民たる住民（すなわち外国人、法人は含まれない。）は、その地方公共団体の政治・行政（自治）に参与する権利（参政権）を有する。その代表的なものが、地方公共団体の長及び議会の議員を直接選挙する権利（憲法九三Ⅱ、自治法一一・一七・一八）、直接請求をする権利（自治法一二・一三・第二編第五章）である（第三節「選挙制度」及び第四節「二　直接請求」参照）。さらに、住民は住民監査請求及び住民訴訟をすることができる（自治法二四二〜二四二の三）。

個別法において住民の責務・義務（協力義務や努力義務を含む。）の規定があるものとして、住民基本台帳法三条三項、災害対策基本法七条二項、都市緑地法二条三項、景観法六条等がある。

なお、平成一七年の行政手続法の改正により、法律に基づく命令等（同法二⑧参照）を定めようとする場合には、当該命令等の案及びこれに関連する資料をあらかじめ公示し、広く一般の意見を求めなければならないものとする意見公募手続等（パブリックコメント手続）が法制化され（同法六章参照）、また、地方公共団体もこの法律の規定の趣旨にのっとり必要な措置を講ずるよう努めなければならないとされた（同法四六参照）が、住民はこうした一般の意見の求めに応じて意見を提出できる。

第三節　選挙制度

地方公共団体の長及び議会の議員について、地方公共団体の住民が直接選挙することは、憲法九三条により保障されているところである。

自治法一一条は、「日本国民たる普通地方公共団体の住民は、この法律の定めるところにより、その属する普通地方公共団体の選挙に参与する権利を有する」と規定している。「選挙に参与する権利」とは、選挙する権利（選挙権）と選挙される権利（選挙において当選人となり得る権利。被選挙権）をいう。選挙権を有するのは日本国民に限られている。これは、憲法一五条の「公務員を選定し、及びこれを罷免することは、国民固有の権利である」ことに直接由来するものであり、ここから地方公共団体の議会の議員及び長の選挙権を有する住民とは、地方公共団体の区域に住所を有する日本国民であるとの考え方によるものである。この点については、外国人といえども永住者等については、地方公共団体の議会の議員・長に対する選挙権を与えるべきではないかという意見がある。最高裁判所は、傍論としてであるが、立法政策上外国人でも永住者等については、地方議会の議員及び長に対する選挙権を与える措置を講じても違憲ではないとしている（最高裁平七・二・二八）。もっとも、このことについては、異論も少なくない。

日本国民たる年齢満一八年以上の者で引き続き三か月以上市町村の区域内に住所を有する者は、その属する地方公共団体の議会の議員及び長の選挙権を有する（自治法一八、公選法九Ⅱ）。平成二七年の公職選挙法の改正により、選挙権年齢が満二〇歳以上から満一八歳以上に改正され、平成二八年六月一九日から施行された。このことについては後述する。この選挙権については一定の事由により選挙権を有しないこととされる者があり、また停止される者がある（公選法一一・二五二、政治資金規正法二八Ⅰ〜Ⅲ）。選挙権を有する者は、同一都道府県の他の市町村の区域内に住所を移した場合でも、当該都道府県の議会の議員及び長の選挙権を引き続き有する（公選法九Ⅳ）。また、選挙権を有する者であっても、選挙人名簿又は在外選挙人名簿に登録されていない者は原則として投票できず、逆に選挙人名簿又は在外選挙人名簿に登録された者であっても、選挙人名簿又は在外選挙人名簿に登録されることができない者（選挙権を有しない者）であるときは、投票できない（公選法四二）。

都道府県及び市町村の議会の議員については、それぞれの選挙について選挙権を有する者（すなわち前述の住所要件を満たす者）で、年齢満二五年以上の者は、その被選挙権を有するとされ、これに対し、長の被選挙権には住所要件を具備する必要はなく、都道府県知事については日本国民で年齢満三〇年以上、市町村長については日本国民で年齢満二五年以上であれば、被選挙権を有する（自治法一九、公選法一〇Ⅰ③〜⑥）。この点「選挙に参与する権利」のすべてが、住民に与えられているとはいえない。被選挙権についても一定の事由により被選挙権を有しないこととされる者があり、また停止される者がある（公選法一一・一一の二・二五二、政治資金規正法二八）。

なお、平成一九年に制定された日本国憲法の改正手続に関する法律において、国民投票の投票権者は満一八歳以上の者と定め（同法三）、これに伴い、この法律の施行される（原則公布の日（平成一九年五月一八日）から起算して三年を経過した日から施行）までの間に、年齢満一八年以上満二〇年未満の者が国政選挙に参加することができること等となるよう、選挙権を有する者の年齢を定める公職選挙法、成年年齢を定める民法その他の法令の規定について検討を加え、必要な法制上の措置を講ずるものとするとされた（同法附則三Ⅰ）。そのうえで、これらの措置が講じられ、年齢満一八歳以上満二〇歳未満の者が国政選挙に参加すること等ができるまでの間は、国民投票の投票権者も二〇歳以上とする経過規定が設けられていた（同法附則三Ⅱ）。しかし、上記の成年年齢を定める法令の規定についての法制上の措置は、法律の施行時（平成二三年五月一八日）には見送られた。その後、憲法九六条一項の投票の投票権者については、選挙権、成年年齢とは別に満一八歳以上とすることとすることが論議され、各党派で調整の結果、平成二六年四月に、議員提案により、日本国憲法の改正手続に関する法律の改正案が国会に提出され、同年六月成立した。この改正で、上述した現行の国民投票権年齢に係る経過措置規定等を削除することとし（改正により附則三条は削除された。）、本則三条の規定により、国民投票の投票権者は、満一八歳以上とされた。ただし、改正法施行後四年を経過するまでの間は、国民投票の投票権者は、満二〇歳以上とするという経過措置が定められていた（平成二六年改正法附則Ⅱ）。また、国民投票の投票権者と選挙権者の年齢との均衡等を勘案し、公職選挙法、民法その他の法令の規定について検討を加え、必要な法制上の措置を講ずるものとするとされた（改正法附則Ⅲ）。そして、選挙権について、平成二六年一一月、八党による共同の議員提案として、一八歳以上とする公職選挙法の改正案が国会に提出されたが衆議院の解散により廃案になった後、平成二七年の通常国会に「公職選挙法等の一部を改正する法律案」として再提出され、平成二七年六月九日成立した。施行期日は、公布の日（平成二七年六月一九日）から起算して一年を経過した日であり、施行日後初めてその期日を公示される衆議院議員の総選挙又は参議院議員の通常選挙の期日の公示の日のうちいずれか早い日以降にその期日を公示される選挙等（公示又は告示される選挙等）について適用することとされた。結果として、平成二八年七月三日に行われた福岡県うきは市長選挙において、選挙権年齢満一八歳以上となった後初めての公職の選挙が実施され、国政選挙では同年七月一〇日に行われた参議院議員選挙以降の選挙が選挙権年齢満一八歳以上の選挙となった。

第四節　直接参政制度

一　直接参政制度の意義

憲法は、議事機関としての議会及び執行機関としての長を設置し、議会の議員及び長を共に住民の直接公選によることとしており、地方自治行政について間接民主制を基本としている。地方公共団体は相当な規模を有し、その処理すべき事務が広範かつ複雑多岐にわたっており、直接民主制を基本とすることは不可能であり、また多くの住民にとっては、諸々の政治・行政の問題を全般にわたって直接判断するための時間的余裕等を有し難いことなどから、原則としては、間接民主制によらざるを得ない。

しかし、間接民主制による地方行政が住民の意思と相容れないような状況が生じた場合などに、これを是正するために住民の意思を直接地方行政に反映させ、間接民主主義の欠陥を補強して、住民自治の徹底を期することとし、自治法において、直接請求制度や住民監査請求制度等の直接参政制度を設けている。

二　直接請求

直接請求は、普通地方公共団体の議会の議員及び長の選挙権を有する者の一定数以上の者の連署をもって、その代表者から一定事項を請求することにより、住民の意思を表示する制度である。地方自治制度についてのみ認められている制度であり、国の制度にはこの種の制度は存在しない。

住民の直接請求の権利として、自治法には、①条例の制定又は改廃の請求（自治法一二Ⅰ）、②地方公共団体の事務の監査の請求（自治法一二Ⅱ）、③地方公共団体の議会の解散の請求（自治法一三Ⅰ）、④地方公共団体の議会の議員、長をはじめとする特定の職員の解職の請求（自治法一三ⅡⅢ）があり、これらの直接請求の制度については、自治法第二編第五章「直接請求」において規定されている。また、地方公共団体の組合の一つである広域連合について、広域連合の長に対し規約の変更を要請する請求がある（自治法二九一の六Ⅱ〜Ⅴ）。

さらに、直接請求の制度として自治法以外において、旧市町村合併特例法と同様、平成一六年合併法及び改正市町村合併特例法に合併協議会設置の請求及び合併協議会設置協議について選挙人の投票に付することの請求（平成一六年合併法及び改正市町村合併特例法四ⅠⅪ・五ⅠⅩⅤ、旧市町村合併特例法四ⅠⅪ・四の二ⅠⅩⅤ）があり、また、海区漁業調整委員会の委員の解職請求（漁業法九九）などがある（なお、平成二七年の農業協同組合法等の一部を改正する等の法律による農業委員会等に関する法律の改正（平成二八年四月一日施行）前においては、農業委員会の選挙による委員の解任の請求の制度（改正前の農委法一四）があったが、改正により選挙による農業委員の制度はなくなった。）。教育委員会の教育長及び委員の解職の請求については、自治法（同法一三Ⅲ）に住民の権利として定められ、地教行法（同法八）に規定がある。

1　条例の制定又は改廃の請求

条例の制定又は改廃は、地方公共団体の議会の議決事項であり（自治法九六Ⅰ①）、その発案権は、長（自治法一四九①）及び議会の側（議員及び委員会）（自治法一一二Ⅰ、一〇九Ⅵ）にあるが、これが適切に機能しない場合のために、住民に地方公共団体の条例の制定又は改廃を請求することができる制度が設けられている（自治法一二Ⅰ・七四）。これは、住民に当該条例の議会に対する発案権を与えるものであって、住民の投票に付して住民自らが決定するわけではない。したがって、当該請求に係る条例の制定又は改廃の最終決定権は議会にある。

なお、条例のうち、地方税の賦課徴収並びに分担金、使用料及び手数料の徴収に関するものは、この請求の対象から除外されている（自治法七四Ⅰ括弧書）。これらに関する条例は、住民の負担が軽くなることのみをもって何人にも一応の賛成が得られやすいものであり、その結果が当該団体の財政に与える影響について十分検討がなされないままに容易に請求が成立することとなりやすいことなどの理由による。このように地方税等に関する条例を除外することについては、住民自治、受益と負担との均衡等の観点からの批判もあり、この除外規定について見直すべきとする意見があるが、他方で見直すことには消極的な意見もみられる。このことについて、第三〇次地方制度調査会の「地方自治法改正案に関する意見」（平成二三年一二月）において、請求対象とすることを基本とすべきであると考えるとしつつ、制度化の時期については、今後の経済状況の推移や改革の実施状況等を十分見極める必要があるとしている（同意見３「⑵　条例の制定・改廃の請求対象」参照）。

また、請求の内容は当該地方公共団体の条例の制定権の範囲内でなければならない。

条例の制定又は改廃の請求は、選挙権を有する者の総数の五〇分の一以上の者の連署をもって、その代表者から、普通地方公共団体の長に対し請求し（自治法七四Ⅰ）、当該請求があったときは、当該普通地方公共団体の長は、直ちにその請求の要旨を公表するとともに、請求を受理した日から二〇日以内に議会を招集し、意見を附けて議会に付議しなければならない（自治法七四Ⅲ）。

なお、署名収集期間について、都道府県又は指定都市にあっては二箇月以内、指定都市以外の市町村にあっては一箇月以内とされている（自治令九二Ⅲ）。指定都市が二箇月以内とされたのは、平成二五年（二月）の自治令の改正による。

２　事務の監査請求

選挙権を有する者は、その総数の五〇分の一以上の者の連署をもって、その代表者から、地方公共団体の監査委員に対し、当該地方公共団体の事務の執行に関し、監査の請求をすることができる（自治法一二Ⅱ・七五Ⅰ）。住民が、地方公共団体の運営について監視し、その事務執行の状況の適否を明らかにすることを求める権利が認められているのである。

請求の対象は、財務に関する事務のみならず、事務の執行全般に及ぶ。

請求があったときは、監査委員は当該請求に係る事項について監査し、その結果を代表者に通知するとともに、これを公表しなければならない（自治法七五Ⅲ）。

この監査を監査委員ではなく、個別外部監査契約に基づく監査によることができることを条例で定める地方公共団体においては、選挙権を有する者は、請求する場合において、個別外部監査請求によることを求めることができる（自治法二五二の三九）。この個別外部監査契約については、第一二章第三節「地方公共団体の外部監査」において詳述する。

3　議会の解散請求

議会の解散については、議会が長に対して不信任議決をした場合に、長がその当否を民意に問うために議会を解散し得るものとしている（自治法一七八）。その一方で、全体としての議会の行動が住民の意思からはなはだしく遊離するような場合に対応するために、住民には後述の議会の議員の解職請求のみならず、議会そのものの解散を請求する権利が認められている（自治法一三Ⅰ）。

その手続については、選挙権を有する者の総数の三分の一（その総数が四〇万を超え八〇万以下の場合にあっては、その四〇万を超える数に六分の一を乗じて得た数と四〇万に三分の一を乗じて得た数とを合算して得た数、その総数が八〇万を超える場合にあってはその八〇万を超える数に八分の一を乗じて得た数と四〇万に六分の一を乗じて得た数と四〇万に三分の一を乗じて得た数とを合算して得た数）以上の者の連署をもって、その代表者から、普通地方公共団体の選挙管理委員会に対し、当該普通地方公共団体の議会の解散の請求をすることができる（自治法七六Ⅰ）。括弧書については、有権者の多い普通地方公共団体においては実質的に非常に困難であることから、平成一四年の改正により規定され、その総数が八〇万を超える場合については、平成二四年の改正によって規定されたものである。この請求があったときは、選挙管理委員会は、これを選挙人の投票に付さなければならない（自治法七六Ⅲ）。この議会の解散請求に基づく選挙人の投票において、過半数の同意（有効投票の過半数で足りる）があったときは、その投票の日をもって議会が解散されることになる（自治法七八）。

なお、この請求は、議員の一般選挙があった日又は解散請求に基づく選挙人の投票があった日から一年間はすることができない（自治法七九）。

4　解職の請求

(1)　議員の解職の請求

議員の解職の請求は、議会の解散の請求の手続とほぼ同様であるが、議員の選挙には選挙区があるため、当該議員の所属する選挙区における選挙人総数の三分の一（四〇万を超える場合の改正は、平成一四年に成立した改正により、また、八〇万を超える場合の改正は平成二四年の改正によることについては、上述の議会の解散請求と同じである。）以上の者の連署をもって請求する。また、この請求に対する選挙人の投票も、当該選挙区の選挙人によって行われることとなる。なお、選挙区のない場合の市町村の議会の議員の解職請求の手続は、議会の解散請求の手続と全く同様である（自治法八〇Ⅰ）。

解職の決定は、当該選挙区の選挙人の投票によるものであり、過半数の同意があったときに、議員はその職を失う（自治法八〇Ⅲ・八三）。

(2)　長の解職の請求

長の解職の請求の手続きは、議会の解散請求と全く同様である。長は、解職請求に基づき行われる選挙人の投票において過半数の同意があったときは、その職を失う（自治法八一・八三）。

(3)　主要公務員の解職の請求

副知事若しくは副市町村長、選挙管理委員、監査委員又は公安委員会の委員の解職の請求は、選挙権を有する者の総数の三分の一（四〇万を超える場合の改正は、平成一四年に成立した改正により、また八〇万を超える場合の改正は平成二四年の改正によることについては、上述の議会の解散請求や議員又は長の解職の請求と同じである。）以上の者の連署をもって、その代表者から、普通地方公共団体の長に対して行うものであり、請求を受けた長はこれを議会に付議し、議会の議員の三分の二以上の者が出席しその四分の三以上の者の同意があったときは、その職を失う（自治法八六・八七）。

なお、上述したように、教育委員会の教育長及び委員は地教行法に、海区漁業調整委員会の委員は漁業法に、それぞれの解職の請求についての規定がある（地教行法八、漁業法九九）。なお、平成二七年の農業協同組合法等の一部を改正する等の法律による農業委員会等に関する法律の改正前においては、選挙された農業委員の解任の請求の制度があった（改正前の農委法一四）が、改正により選挙による農業委員の制度はなくなった。

三　住民監査請求・住民訴訟

住民監査請求及び住民訴訟は、地方公共団体の執行機関又は職員の違法若しくは不当な財務会計上の行為（怠る事実を含む。）について予防、是正のために住民に認められるものである。

1　住民監査請求

住民監査請求は、地方公共団体の執行機関又は職員による財務会計上の違法又は不当な行為又は怠る事実によって、納税者である住民が損失を受けることを防止し、もって住民全体の利益を守ることを目的とする制度である（自治法二四二・二四二の二・二四二の三参照）。

なお、前述の直接請求としての事務の監査の請求は、住民が行政運営上に生ずる諸問題に関連して、責任の所在及び行政の適否を明白にするために一般的に請求するものであり、住民監査請求とはその趣旨目的を異にしている。

住民監査請求は、住民一人でも請求することができるが、その請求の対象が違法又は不当な公金の支出などに限定されており、また、違法を理由とするものについては住民訴訟の途を開くことにより最終的に司法判断に委ねられる。

この監査を監査委員ではなく個別外部監査契約に基づく監査によることができることを条例で定める地方公共団体においては、住民は請求する場合において、個別外部監査契約によることを求めることができる（自治法二五二の四三）。

住民監査請求の制度については、第一〇章第一〇節「一　住民監査請求」並びに第一二章第二節「三　住民監査請求による監査」及び第三節四「5　住民監査請求に係る個別外部監査契約に基づく監査」において詳述する。

2　住民訴訟

住民訴訟は、住民監査請求によってその所期の効果が期待できなかった場合において、違法を理由とするものについて住民が裁判所の出訴する途を開くことにより、司法の判断によりその目的の達成を確保する制度である（自治法二四二の二・二四二の三）。一般に納税者訴訟と呼ばれるものであり、行政事件訴訟法五条に規定する民衆訴訟に該当するものである。出訴できる者は、地方公共団体の住民であって、住民監査請求を行った者である。

住民訴訟の制度については、第一〇章第一〇節「二　住民訴訟」において詳述する。

四　住民投票

現行の地方自治制度上、住民投票制度は、憲法九五条に基づく地方自治特別法についての制度並びに前述の直接請求に因る議会の解散又は議員若しくは長の解職についての投票及び市町村合併に係る制度（平成一六年合併法及び改正市町村合併特例法四Ⅹ～ⅩⅦ・五Ⅺ～ⅩⅩⅥ・旧市町村合併特例法四Ⅹ～ⅩⅦ・四の二Ⅺ～ⅩⅩⅥ参照）並びに平成二四年に制定された大都市地域特別区設置法による特別区の設置の投票（同法七）があるが、一般的制度としては規定されていない。

近時、地方公共団体において、住民投票条例を制定するなどにより、住民投票が行われることがみられる。地方公共団体が、住民の関心が高く、地域においても影響の多い事案（例えば合併等）に対し、その意向を問うため又は調べるため、任意に住民投票を行うこと（「諮問的住民投票」とされることがある。）については、法律上特に禁止されていないといえる。

こうした住民投票制度を一般的な制度として法律において位置付けるか否かについては、地方分権推進委員会の第二次勧告においては、「住民投票制度については、住民参加の機会拡大のために有効と考えられる一方で、現行の代表民主制との関係に十分留意する必要があり、また、適用対象とすべき事項、その法的効果等についての検討も必要なことから、国は、その制度化については、今後とも、慎重に検討を進める必要がある。」としている。また、民主的政治・行政においては、熟議をして結論を出すということが重要であり、このこととの関係でもどのように考えるのかという問題もある。そして、第二六次地方制度調査会は、住民投票制度について検討を進めたが、平成一二年一〇月、次のような答申を行った。

「当調査会においては、こうした問題意識のもと、住民投票を代表民主制の補完的な制度として構築できないか検討を行ったところであるが、その制度化に当たっては、住民投票の対象とすべき事項、選挙で選ばれた長や議会の権限との関係、投票結果の拘束力のあり方等、種々の検討すべき論点があり、一般的な住民投票の制度化については、その成案を得るに至らなかった。これらの論点については、今後とも、引き続き検討することが必要である。ただ、市町村合併については、①まさに地方公共団体の存立そのものに関わる重要な問題であること、②地域に限定された課題であることから、その地域に住む住民自身の意思を問う住民投票制度の導入を図ることが適当である。」

この答申を踏まえて、平成一四年、合併協議会設置の請求に関して、一定の場合に合併協議会設置協議について住民投票に付することとする旧市町村合併特例法の改正が行われた。また、平成一六年合併法において、合併協議会設置の請求に起因する住民投票とともに、都道府県知事の合併協議会設置の勧告に起因する合併協議会設置協議についての住民投票の制度も定められた。これらの内容については、前述したところである（第五章第三節「二　近年の市町村合併の動向」及び同章第四節二「1　廃置分合又は境界変更」参照）。なお、都道府県知事の合併協議会設置の勧告に起因する合併協議会設置協議についての住民投票制度は、改正市町村合併特例法においては削られた（第五章第三節「二　近年の市町村合併の動向」参照）。

平成二四年に制定された大都市地域特別区設置法に規定する住民投票は、特別区の設置について選挙人の投票に付するもので、関係市町村の長は、投票に際し、特別区設置協定書の内容について分かりやすい説明をしなければならないとされている（同法七Ⅰ Ⅱ）。

さらなる住民投票制度の拡大について、例えば大規模な公の施設の設置について条例の定めるところにより住民投票に付することができるようにすることが検討されていたが、第三〇次地方制度調査会の「地方自治法改正案に関する意見」（平成二三年一二月）において、拘束的住民投票制度の導入は住民自治充実の観点から意義を有すると考えられるものの、さらに詰めるべき論点があることから、引き続き検討すべきであるとしている（同答申「4　大規模な公の施設の設置に係る住民投票制度」参照）。

第五節　権利等の救済の制度

住民等の権利等の救済の制度については、民事上のもの以外についての制度が定めているものがある。一般的な不服申立制度として行政庁の違法又は不当な処分その他公権力の行使に当たる行為に対する不服申立てをすることができる制度を定める行政不服審査法があり、自治法その他の法律にその特例等を定めているものもある（自治法一四三・二〇六・二二九等）。平成二六年六月に、新行政不服審査法が成立した（平成二八年四月一日施行）。同法律は、旧行政不服審査法における異議申立て、審査請求及び再審査請求を原則的に審査請求に一元化すること、審理員が審査請求の審理を行うこととすること、行政不服審査会等に諮問する制度などを規定している。

また、法律の定めるところにより不服申立てをすることができる場合を除き自治法の規定による地方公共団体の機関がした処分について違法な権利侵害の是正手続が定められている（自治法二五五の四）。

訴訟については、一般的な制度として行政事件訴訟法があり、自治法その他の法律に特例を定めているものもみられる（自治法七四の二Ⅷ、公選法二一九等）。民事上の事件に関しては、地方公共団体に対して私人間と同様の住民の権利救済の途があることはいうまでもない。

第六節　地縁による団体

自治会、町内会等の地縁による団体については、従来、法律上いわゆる「権力能力なき社団」に該当するものとして位置付けられてきたものであり、このため保有する不動産等を団体名義で登記することができず、単独又は複数の代表者名により登記しているため、代表者の死亡や移転による名義変更等をめぐり、全国的にトラブルが少なくなかった。

そこで、平成三年の自治法の改正により、自治会、町村会等の地縁による団体に対し、所要の手続のもとに権利能力を取得する途が開かれた（自治法二六〇の二）。これにより、保有不動産等をめぐるトラブルが防止されるとともに、住民自治に極めて深い関連を有し地域社会において重要な役割を担っている地縁による団体が活動しやすくなったといえる。

地縁による団体（町又は字の区域その他市町村内の一定の区域に住所を有する者の地縁に基づいて形成された団体）は、地域的な共同活動のための不動産又は不動産に関する権利等を保有するため市町村の認可を受けたときは、その規約に定める目的の範囲内において、権利を有し、義務を負う（自治法二六〇の二Ⅰ）。市町村長による認可は、①その区域の住民相互の連絡、環境の整備、集会施設の維持管理等良好な地域社会の維持及び形成に資する地域的な共同活動を行うことを目的とし、現にその活動を行っていると認められること、②その区域が、住民にとって客観的に明らかなものとして定められていること、③その区域に住所を有するすべての個人は構成員となることができるものとし、その相当数の者が現に構成員となっていること、④規約を定めていること、のすべての要件を満たす場合に行われる（自治法二六〇の二Ⅱ）。

地縁による団体については、従来、民法の公益法人等の規定の多くが準用されてきた（一般社団・財団法人法等整備法による改正前の自治法二六〇の二XV、改正前の自治令一七九の二参照）が、一般社団・財団法人法の施行（平成二〇年一二月一日）以降においては、一部の同法の準用（同法による改正後の自治法二六〇の二XV）の他は、法人としての多くの規定は、自治法に規定されている（自治法二六〇の三～二六〇の三九）。

認可地縁団体が所有する不動産の登記名義人が当該認可地縁団体となっていない場合で、登記名義人が判明せず、又は登記名義人若しくはその相続人の、全部又は一部の所在が知れない場合に所有権の保全又は移転が困難となっている事態も少なくないことに対応して、平成二六年の自治法の改正において、かかる場合の所有権の保存又は移転の登記の申請の途を開く規定が整備された（改正後の自治法二六〇の三八・二六〇の三九）。

総務省の調査によると、平成二五年四月一日現在で、認可地縁団体は、四万四〇〇八団体となっている（五年に一度の調査）。

第七節　住民の自治意識

現行地方自治制度においては、住民自治が憲法上保障され、間接民主主義ないし代表民主制度として住民が首長及び議会の議員を直接選挙により選び、またこれを補完する制度として直接請求等の直接参政の制度が設けられるなど、住民自治に係る諸制度が設けられているところである。これらの制度を適切に活用し、住民自治の理念を実現するためには、住民自身の自覚と自治意識が不可欠である。近年、住民投票制度の活用、住民自治組織や市民オンブズマンの活動など、住民意識の高揚に資する動きがみられる。しかし、現在においても地方公共団体の政治・行政に不満を持つ人は少なくないものの、自己の属する地方公共団体の政治・行政に対する関心度は必ずしも高いとはいえない状況にあるといっても過言ではないであろう。

地方自治は「民主主義の学校」といわれる（第一章第二節「一　地方自治の本質的な機能と役割」参照）。地域のあり方を住民自身が選択し、決定することが日常的に行われてはじめて、その地域にも、国にも、民主主義が定着し、根付くことになるのである。地方分権の推進によって、地方公共団体において「自己決定と自己責任の原則」が徹底されることにより、地域の実情や住民ニーズにあった個性的で多様な施策を一層積極的かつ自主的に展開できるようになる。この結果、住民にとっても、地域の政治・行政の場において、主体的にかつ責任をもって参画し得る機会と度合いが大きく広がる。しかし、こうしたことを住民自らが理解し、自覚したうえで積極的に参画し、地方分権の成果を発揮することにならなければ、制度改革は意味のあるものにはならない。住民（国民）のこれからの行動が期待され、そして問われるのである。

一方で、分権型社会の担い手である地方公共団体が、公平かつ透明で開かれた政治・行政を展開し、住民の期待と信頼に応えて行かなければならないことはいうまでもない。そして、情報の公開、パブリック・コメント、行政プロセスの透明化などなくして、住民の参画は成り立ち得ないことを肝に銘ずるべきである。

また、こうした住民の自治意識を考えるうえで、忘れてはならないのは、地域における様々なコミュニティ活動やNPO等の活動である。このような住民の自発的な活動と地方公共団体の活動が幅広く協働の関係を構築していくことが、今後の地域の政治・行政の仕組みに不可欠なものとなってくるであろうと思われる。第二七次地方制度調査会の「今後の地方自治制度のあり方に関する答申（平成一五年一一月）」においても、「地域においては、コミュニティ組織、NPO等のさまざまな団体による活動が活発に展開されており、地方公共団体はこれらの動きと呼応して新しい協働の仕組みを構築することが求められている。」とし、「地域における住民サービスを担うのは行政のみではないということが重要な視点であり、住民や、重要なパートナーとしてのコミュニティ組織、NPOその他民間セクターとも協働し、相互に連携して新しい公共空間を形成していくことを目指すべきである。」としている（同答申「前文」及び第1・1「(2) 住民自治の充実」参照）。

平成二一年九月に就任した鳩山内閣総理大臣は、教育や子育て、街づくり、防犯や防災、医療や福祉などに地域でかかわっている一人ひとりが参加して、社会全体として応援しようという新しい価値観を「新しい公共」と呼び、この力を支援することによって、自立と共生を基本とする人間らしい社会を築き、地域の絆を再生することを表明した（平成二一年一〇月（二六日）所信表明演説、平成二二年一月（二九日）施政方針演説参照）。また、平成二二年六月に就任した菅内閣総理大臣も「こうした『最小不幸社会』の実現」の担い手として『新しい公共』の推進が欠かせません」とした（平成二二年一月（二四日）施政方針演説）。さらに、平成二三年九月に就任した野田内閣総理大臣も、「行政の手が行き届かないところにも社会のぬくもりを届ける『新しい公共』が社会に根付くための環境整備にも努めます。」とした（平成二四年一〇月（二九日）所信表明演説）。

第七章　地方公共団体の権能と事務

第一節　地方公共団体の権能（自治権）とその基本的構成

憲法九四条においては、「地方公共団体は、その財産を管理し、事務を処理し、及び行政を執行する権能を有し、法律の範囲内で条例を制定することができる。」とされている。この憲法九四条の規定は、九二条の「地方公共団体の組織及び運営に関する事項は、地方自治の本旨に基いて、法律でこれを定める」という規定を承けて、地方公共団体の権能に属すべき事項を抽象的・概括的に例示し、これを憲法上に保障しようとするものであるとされている。（法学協会『註解日本国憲法（下巻）』（有斐閣）一三九五頁参照）。つまり、地方公共団体の自治権は、国から分与されたものと考えられるが、憲法九四条の規定によって、これらの権能が憲法上のものとして保障されることとなり、法律を以てしてはこれを奪うことが許されないこととなっているものである（地方自治の保障に関しては、全国知事会「地方自治の保障のグランドデザイン」（平成一六年六月）、同「地方自治の保障のグランドデザインⅡ」（平成一八年一一月）参照）。

地方公共団体は、「その財産を管理し、事務を処理し、及び行政を執行する権能を有」するとは、地方公共団体が、広くその行政作用をなす権能を有することを示すものであり、広い意味での「自治行政権（行政作用）」を固有のものとして保障したものである。また、地方公共団体は、「法律の範囲内で条例を制定することができる」とは、地方公共団体の「自治立法権（立法作用）」を、法律に抵触しない限り、保障したものである。

「自治立法権（立法作用）」については、別途章を改めて、まとめて説明する（第八章「自治立法―条例及び規則等」）こととし、ここでは、広い意味での「自治行政権（行政作用）」について説明することとする。

憲法九四条で、「その財産を管理し」とは、一切の財産の取得、管理・利用、処分を行うことを指し、「事務を処理し」とは、公権力の行使の性質をもたない一切の事務を処理することを指し、「行政を執行する」とは、公権力の行使の性質を有する事務を処理することを指すものとされている。もっとも、「事務を処理」することと、「行政を執行」することとを特に区別して解する実益はないとする見解もある（宮澤俊義著・芦部信喜補訂・前掲書七七〇頁）。このことについては、戦前の地方公共団体においては、地方公共団体は、経済団体的又は事業団体的な性格のものとされ、公権力の行使の性質を有する事務の処理としては、地方税の賦課徴収などの財政権その他ごく限られた範囲に止まっており、義務を課し、権利を制限し、自由を規制するような公権力の行使の性質を有する事務を処理する権能は、一般的には認められていなかった。したがって、特にここに、「行政を執行する」ことを規定することにより、日本国憲法の下においては、地方公共団体は権力的作用も行う統治団体としての性格のものであることを明瞭にし、広汎に公権力の行使をなし得べきことを示したものといえよう（法学協会・前掲書一四〇一頁参照）。なお、戦後の日本国憲法の下において、地方自治法制定当初の規定では、従前と同様のものであったが、地方自治法施行（昭和二二年五月三日、日本国憲法の施行と同時に施行）の年の一二月の改正により、「……その区域内における行政事務で国の事務に属しないものを処理する」旨の規定が加えられた（地方分権一括法による改正前の自治法二Ⅱ参照。なお、これは衆議院における修正によるものである。）。この平成一一年の地方分権一括法による改正前に自治法に規定されていた「行政事務」とは、住民の福祉を妨げるようなものを排除すること等を目的として、公権力をもって、義務を課し、権利を制限し、自由を規制するような内容の事務を指すものと解されており、地方公共団体が一般的に公権力の行使の性質を有する事務を処理することが自治法において明定されたのであるが、これは憲法九四条の規定に照らし当然のことといえる。なお、行政事務の処理に関しては、法令に特別の定めがあるものを除くほか、条例でこれを定めなければならないものとされ、条例には一般的に刑を科することができることとされるなどの改正も昭和二二年一二月に同時に行われた（地方分権一括法による改正前の自治法一四Ⅱ Ⅴ、改正後の同条参照。第八章第二節「四必要的条例事項」「五　条例と罰則」参照）。

憲法九四条に規定される広い意味での「自治行政権（行政作用）」には、行政にたずさわる（行政活動について企画・立案、選択、調整、管理・執行する）権能である狭い意味での「自治行政権」、地方公共団体の組織機構について決定し、構成する権能である「自治組織権」及び地方公共団体の活動のための「財」を調達し、その収支等を管理運営する権能である「自治財政権」が包含されると解するのが通説である。

地方公共団体の事務・権能については、憲法及び法令に、数多くの規定がみられる。これらの規定は、法令で地方公共団体自体に関する事項を直接規定するもの、地方公共団体に事務・権能を付与するもの、地方公共団体の事務・権能について、義務付け、範囲を定め又は制限等をするもの、地方公共団体の事務・権能について、基準等を定め、方針又は指導的な原理・原則等を定めるものなど、規定の趣旨・目的や性質等は、様々である。しかし、いずれにしても、「地方自治の本旨」に反するものであってはならない（憲法九二参照）。

狭義の「自治行政権」については、大別して、「管理的作用（行政）」に関するものと、「権力的作用（行政）」に関するものとがある。「管理的作用（行政）」に関するものには、公の施設の管理・運営、公共的事業の遂行・経営等、各種の給付、サービスの提供等がある。「権力的作用（行政）」に関するものには、地方公共の秩序を維持し、住民の福祉を妨げるようなものを排除することを目的として、義務を課し、権利を制限し、自由を規制するような一般的な公権力の行使と特定の公益事業の需要を満たすための公用負担がある。なお、地方税の賦課徴収等の財政的側面の「権力的作用（行政）」については、「自治財政権」として、後述する。

この「自治行政権」に関係する法令の規定としては、自治制度としての一般的・共通的事項や基幹的事項については自治法に定めのあるものがあり、また、各行政分野の行政について数多くの法令の規定がある。元来、地方公共団体は憲法上「自治行政権」に基づき自主的・自律的に事務の遂行をすることができるものである。ところがこれらの法令の規定が、その主体が国であっても、地方公共団体であっても、国の法令でもって規定しなければ処理することができない事務・権能（例えば、憲法によって「国が定立する法律の留保事項とされている事項」）を国の法令で地方公共団体の事務・権能として付与するような場合（実際は極めて少ない。）は別として、地方公共団体の「自治行政権」に関係する法令の規定があまりにも多く、かつ、細かく規定され過ぎているという批判が少なくない。このことについては、「自治組織権」及び「自治財政権」と法令の規定との関係についても同様であり、地方公共団体の事務・権能等に係る法令の規定の「規律密度」と自治権との関係の問題として、全体的にも、また個々の多くの規律についても、地方自治の充実強化と地方分権の推進の観点から検討し、見直されるべきであろう。このようなことから、平成一八年一二月に制定された地方分権改革推進法において、「国は……行政の各分野において地方公共団体との間で適切に役割を分担することとなるよう、地方公共団体への権限の移譲を推進するとともに、地方公共団体に対する事務の処理又はその方法の義務付け及び……国又は都道府県の関与の整理及び合理化その他所要の措置を講ずるものとする」と規定している（同法五Ⅰ）。この法律に基づき設置された地方分権改革推進委員会の勧告及びこれを踏まえた義務付け・枠付けの見直しについては、第二章第四節「三　さらなる地方分権の推進と地方自治制度の改革」及び第三章第一節「二　地方自治の法構造」を参照されたい。

「自治組織権」については、地方公共団体の組織構成の最も基本的な枠（基本構造）を、国において設定している。まず、憲法九三条に「法律の定めるところにより、その議事機関として議会を設置する」（一項）こと及び「地方公共団体の長、その議会の議員及び法律の定めるその他の吏員は、その地方公共団体の住民が、直接これを選挙する」（二項）と規定している。そのうえで、地方公共団体は「自治組織権」に基づき、自主的・自律的に組織機構を決定し、構成する権能を有するものであるが、一方で、憲法九二条において「地方公共団体の組織及び運営に関する事項は、地方自治の本旨に基いて、法律でこれを定める」とされており、自治法において基本的な組織機構について定めているほか、他の法律又はこれに基づく政令に定めのあるものもある（例えば、地教行法、警察法、農業委員会等に関する法律など）。そして、それ以外については、地方公共団体が自主的・自律的に組織機構を決定し、構成するものである。もっとも、この「自治組織権」については、上述したように自治法等の規定が細か過ぎるばかりでなく、憲法九三条の規定は文言上はなはだ〝固い〟制度となっているという批判がある（例えば、塩野宏・前掲書一三四頁参照）。

「自治財政権」については、「権力的作用」に関する権能と、「管理的作用」に関する権能とがある。

「権力的作用」に関する権能としては、地方税の賦課徴収、分担金等、使用料、手数料等の徴収（延滞金の徴収を含む。）があり、これらの徴収について罰則を定め、科することもある。

地方税は、地方公共団体がその活動に要する経費に充てるための資金を調達する（財力調達）目的をもって課税権に基づき強制的に徴収する金銭であって、地方公共団体の財政収入の大宗をなすべきものである。地方税については、自治法において、「普通地方公共団体は、法律の定めるところにより、地方税を賦課徴収することができる」（自治法二二三）とされており、地方税法二条に「地方団体は、この法律の定めるところによって、地方税を賦課徴収することができる。」とし、同法三条第一項において「地方団体は、その地方税の税目、課税客体、課税標準、税率その他賦課徴収について定をするには、当該地方団体の条例によらなければならない。」とされている。

租税の賦課徴収には、法律の根拠を必要とするという租税法律主義の原則は、近代国家の均しく採用している原則であって、日本国憲法もその旨明記している（憲法三〇・八四）。条例による地方税の課税と租税法律主義については、第八章第二節三2「(1)　憲法による国の専管事項及び『法律の留保』事項」において述べる。

地方税以外の分担金等、使用料、手数料等についても自治法に規定があるほか、各個別法に規定のあるものもある（例えば、道路法六一、河川法七〇ⅠⅡ、港湾法四三の四、海岸法三三、自然公園法五八等）。

地方公共団体の収入を確保するための「権力的作用」として、収入によっては、強制徴収する権能（例えば地税法四八・六八・三三一等、自治法二三一の三Ⅲ等）及び義務違反に対する罰則を定め、又は科する権能（例えば地税法二一・五〇等、自治法二二八ⅡⅢ）が認められる。

「自治財政権」の「管理的作用」に関する権能は、自らの財産及び収支を管理・運営すること並びにこれらに伴う又はこれらから派生する行為がある。一般には、「財務」といわれているものに相当するとされるが、広い意味での「財務」には、上述した「権力的作用」の全部又は一部も含めていることもあるので留意を要する。

「自治財政権」の「管理的作用」について、事項的には、会計と会計区分、予算、収入、支出、決算、現金及び有価証券、契約、財産（公有財産、物品、債権、基金）、起債及び債務の負担等、財政の運営、積立金及び年度間の財政の調整等に関する事項などに係る管理的な行為が挙げられる。これらについては、自治法並びに自治令及び自治則において、財務に関する事項として多くの規定があり（自治法第二編第九章「財務」、自治令第二編第五章「財務」、自治則一二の四〜一六の二（別記様式を含む。）。なお、後述第一〇章「地方公共団体の財務」参照）、また、法令に規定するものを除くほか、地方公共団体が規則で定めることとされている（自治令一七三の二）。さらに、自治法において、「普通地方公共団体の財政の運営、普通地方公共団体の財政と国の財政との関係等に関する基本原則については、この法律に定めるもののほか、別に法律でこれを定める。」（自治法二四三の四）とされ、地方財政法、地方交付税法、地方公共団体の財政の健全化等に関する法律等がある。

地方公共団体の財政に関する自治法その他の国の法令の規定は、強行規定的なものや義務付け的又は規制的なものが多い上、細部にわたるものも少なくないことから、そもそも制度の枠組みとして歳入における自治の幅が狭いこととともに、地方公共団体の「自治財政権」との関係がしばしば問題にされている。

なお、地方公営企業等については、地方公営企業法等において、行政、組織・機構及び財政の各面における特例が定められている（地公企法六参照）。

第二節　地方公共団体の事務・権能

一　地方公共団体の事務・権能に関する観点

自治権を有する地方公共団体の事務・権能について論ずる場合、三つの性質の異なる観点がある（なお、塩野宏『行政法Ⅲ・行政組織法（第四版）』（有斐閣）一六〇～一七〇頁参照）。

第一は、行政主体等の間（この場合、国と地方公共団体との間、都道府県と市区町村との間）の役割分担をいかなるものとし、それを踏まえて事務・権能をどのように配分するかということを論ずるものである。これは、役割分担論及び政策的事務配分論ということができる。また、このことは、立法権限の配分にも関係することである。

第二は、各行政主体等が担任している、又は担任すべき事務の概念、性質等について、分類的に論ずるものである。これは、事務分類論ということができる。

第三は、地方公共団体の事務・権能が地域における政治・行政の活動として適切であるかどうかについて論ずるものである。これは、地方公共団体の事務・事業（政治・行政）の範囲とその見直し論（行政の守備範囲論）ということができる。

地方公共団体の事務・権能については、このような観点からみて、現実の制度はどのようになっているのか、また、この三つの観点の間の関連についてはどうか、さらに、これらについての動向はどうかといったことについて、論じられるものである。

二　国と地方公共団体の役割分担と事務・権能の配分

1　背景等

国と地方公共団体の役割という用語は、比較的近年までみられず、国と地方公共団体との事務配分又は権能分担ということがしばしば取り上げられてきた。このことについては、昭和二〇年代のシャウプ勧告（昭和二四年、二五年）及び地方行政調査委員会議の勧告（「神戸勧告」、昭和二五年、二六年）以来、幾多の提言がなされてきた（例えば、地方制度調査会（第九次）「事務配分に関する答申」（昭和三八年一二月）、臨時行政調査会（第一次）「行政事務配分に関する改革意見」（昭和三九年九月）、地方制度調査会（第一〇次）「行政事務配分に関する第二次答申」（昭和四〇年九月）、第二一次地方制度調査会「地方公共団体への国の権限移譲等についての答申」（昭和六三年五月）、臨時行政改革推進審議会（第二次）「国と地方の関係等に関する答申」（平成元年一二月）等）。

その後、平成五年六月の国会の衆議院及び参議院の両院における「地方分権の推進に関する決議」以降、行政改革推進審議会（第三次）の「最終答申」（平成五年一〇月）、地方制度調査会の答申（第二四次）「地方分権の推進に関する答申」（平成六年一一月）、地方分権推進法の制定（平成七年五月）、地方分権推進委員会の勧告（第一次勧告（平成八年一二月）、第二次勧告（平成九年七月）、第三次勧告（平成九年九月）、第四次勧告（平成九年一〇月）、第五次勧告（平成一〇年一一月））、政府の地方分権推進計画（平成一〇年五月）へと続く流れの中で、国と地方公共団体との役割分担のあり方という視点がクローズアップされるようになり、（例えば、国会の「地方分権の推進に関する決議」、地方分権推進法二・四等参照）、その抜本的な見直しが、国と地方公共団体との新しい関係の構築にとって不可欠であるという認識が一般化することとなった。

今日において国と地方公共団体との役割分担ということは、「国と地方公共団体との政府間関係における仕事の仕分けとかかわりのあり方」を表現する用語であるとみられる。それは、大括りにした仕事の目的分野に着目した仕分け、仕事の性質・機能（例えば、企画・立案、制度の構築、計画、基準、規準等の設定、調整等、管理、執行、評価等といった性質・機能）

の分野に着目した仕分け、国と地方公共団体とのかかわりのあり方（国の地方公共団体に対する規制、関与等及び地方の政治・行政に関係のある国の政策・施策への地方公共団体の意向の反映等）といった事項を含む総体的な国と地方公共団体との政府間関係における仕事の仕分けとかかわりのあり方を表現するものと思われる。

そして、我が国の政治・行政の分権型システムへの転換をめざす地方分権改革は、国と地方公共団体との間で役割分担が適切かつ明確になされ、しかも、その役割分担が地方分権と地方自治の充実強化の理念に沿ったものでなければならないと考えられるようになった。平成七年五月制定された地方分権推進法は、このことを二条において、「地方分権の推進は、……、各般の行政を展開する上で国及び地方公共団体が分担すべき役割を明確にし、」と規定し、四条において「国と地方公共団体との役割分担」の原則を規定している。そして、地方分権推進法に基づき（同法九～一七）設置された地方分権推進委員会の勧告（第一次）及び政府の地方分権推進計画においては、地方分権推進法における基本的考え方を踏まえて、地方分権を推進し、国と地方の新しい関係を確立するため、国は、「国際社会における国家としての存立に関わる事務」「全国的に統一して定めることが望ましい国民の諸活動又は地方自治に関する基本的な準則に関する事務」「全国的な規模・視点で行わなければならない施策及び事業（ナショナルミニマムの維持・達成、全国的規模・視点からの根幹的社会資本整備等に係る基本的事項に限る。）」などを重点的に担い、地方公共団体は、「地域における行政を自主的かつ総合的に広く担う」という原則に従い、国と地方公共団体が役割を分担することを旨とするとしている。

平成一八年一二月に制定された地方分権改革推進法五条もこうしたことを踏まえた規定となっている。

2　地方自治法における国と地方公共団体との役割分担等に関する規定

上述したように、国と地方公共団体との役割分担の原則の確立と明確化は、今日進められている地方分権改革に不可欠のものであるといえると同時に、そのことは国と地方公共団体との基本的関係を規律する原則でもあることから、法律において明確に示されることが適当であり、地方公共団体の組織運営に関する基本的事項として、地方分権一括法による改正において、地方公共団体の役割とそれに対して国が遵守しなければならないことを自治法に規定することとされた。そして、国と地方公共団体とのこの役割分担の原則を基本として、適切な役割分担が定められ、行政の各分野においてその役割分担に沿った国と地方公共団体との間の事務・権限の配分が行われるべきなのである。

最近においては、こうした国と地方公共団体との適切な役割分担ということを憲法九二条の「地方自治の本旨」の内容として読み込んでいくべきだとする見解もみられる（第一章第三節「一　日本国憲法の地方自治に関する規定の意義」参照）。自治法においては、地方分権推進法の規定（同法二・四参照）及び地方分権推進委員会の勧告（第一次）や地方分権推進計画の内容を踏まえて、次のとおり規定している。

第一条の二　地方公共団体は、住民の福祉の増進を図ることを基本として、地域における行政を自主的かつ総合的に実施する役割を広く担うものとする。

②　国は、前項の規定の趣旨を達成するため、国においては国際社会における国家としての存立にかかわる事務、全国的に統一して定めることが望ましい国民の諸活動若しくは地方自治に関する基本的な準則に関する事務又は全国的な規模で若しくは全国的な視点に立つて行わなければならない施策及び事業の実施その他の国が本来果たすべき役割を重点的に担い、住民に身近な行政はできる限り地方公共団体にゆだねることを基本として、地方公共団体との間で適切に役割を分担するとともに、地方公共団体に関する制度の策定及び施策の実施に当たつて、地方公共団体の自主性及び自立性が十分に発揮されるようにしなければならない。

第一項の規定は、地方公共団体の存立目的と役割を定めたものである。地方分権一括法による改正前においては、地方公共団体の存立目的を定めた規定はなかったが、役割については、改正前の自治法二条において、地方公共団体の事務を定めた規定に包含されていたといえる。

地方分権一括法による改正により、地方公共団体の役割は、第一項のように包括的に幅広く明示されたものである。第一項の「地域における行政」という規定の「行政」とは、その性質からいえば、実質的意義の行政の性質をもつもののほか、実質的意義の立法の性質をもつもの（条例、規則等の制定等）があり、また、一種の司法的性質を有するもの（過料処分等）も含んでいる。そして、第一項の規定は、地方公共団体が憲法に定める地域的な統治団体として、地域との関連性のあることのような意味での行政の処理をその役割として広く担う主体であることを表わしているものである。

「自主的かつ総合的に実施する」とは、地方公共団体が、行政の企画・立案、選択、調整、管理・執行などを、自らの判断と責任に基づいて、各行政分野間の調和と調整を確保しつつ一貫して処理することを意味している。つまり、「自主的」とは、自らの判断と責任に基づくこと、すなわち、「自己決定」と「自己責任」を原則とすることである。また、「総合的」とは、関連する行政の間の調和と調整を確保するという総合性と、特定の行政における企画・立案、選択、調整、管理・執行などを一貫して行うという総合性との両面の総合性を意味するものと解される。

第二項は、地方公共団体が自治法一条の二第一項に規定する存立目的と役割を広く担うという趣旨を達成するため、国と地方公共団体の間の役割分担のあり方及びそれを基本として適切に役割を分担すること並びに地方公共団体に関する制度の策定及び実施に当たって地方公共団体の自主性・自立性が十分発揮されるようにしなければならないことを国が遵守しなければならないこととして規定している。地方公共団体に関する制度や施策及び運営の根幹は、憲法の下、国の法律等によって定められる（憲法九二参照）が、その国が定める地方公共団体に関する制度や施策及びそれらの運用のあり方は、第一項に規定する地方公共団体の存立目的と地域における行政を自主的かつ総合的に実施する役割を広く担うものとされることの趣旨を達成するものでなければならない。

このようなことから、地方公共団体がかかわる国の法令等や施策のあり方については、①国と地方公共団体との役割の分担において、第一項に規定する地方公共団体の存立目的と役割を広く担うという観点から適切であるかどうか、②地方公共団体の自主性及び自立性が十分発揮できるかどうか、が十分検討されなければならない。

①の役割分担についても、②の地方公共団体の自主性及び自立性の発揮についても、まず国が地方公共団体に係る立法をする場合のあり方がその根底において問われなければならないといえるであろう。

「国においては、……国が本来果たすべき役割を重点的に担う」ということは、国は国でなければできないような分野にその精力を注ぎ、それ以外の分野へのかかわりはできるだけ少なくしていくということである。これを同じく統治の作用の担い手である地方公共団体の立場から見れば、その守備範囲が見直され、民間にゆだねるべきものは進んで民間にゆだねることとしたうえで、なお行政が担うべき役割の中で、地方公共団体が自主的・主体的に活動できる分野が拡大することや、国が重点的に担うべきものとは考えられないことは地方公共団体の役割として位置付けられることとなることから、地方公共団体の役割の拡大及び充実強化につながることとなる。なお、「国が本来果たすべき役割」の意味をできるだけ明確にするために三つのカテゴリーの事務を挙げている。例として挙げられている三つの事務及びその具体例と考えられるものは、次のとおりである。

① 国際社会における国家としての存立にかかわる事務……外交、防衛、通貨、司法など
② 全国的に統一して定めることが望ましい国民の諸活動若しくは地方自治に関する基本的な準則に関する事務……私法秩序の形成等、公正取引の確保、生活保護基準、労働基準、地方公共団体の組織及び運営の基本など
③ 全国的な規模で若しくは全国的な視点に立って行わなければならない施策及び事業の実施……公的年金、エネルギーに係る政策、宇宙開発、骨格的・基幹的交通基盤など

「住民に身近な行政はできる限り地方公共団体にゆだねる」ということは、地域において行政が担うべき分野の事務を、住民に身近な行政に関しては積極的に地方公共団体にゆだねるということであり、これにより地方公共団体の役割の拡大

と充実を図ろうとするものである。また、「国が本来果たすべき役割」に係る事務であっても、住民の身近な行政であるがゆえに、又は国民の利便性若しくは事務処理の効率性若しくは総合性の観点から、地方公共団体にゆだねてよい、又はゆだねるべきといえるものがあり、そのようなものも「住民に身近な行政」としてできる限り地方公共団体にゆだねるべきであるということである。なお、「国が本来果たすべき役割」について国が責任を持って担うべきであっても、そのことは、その役割に係る事務のすべてを国が自ら直接行うべきことまでも意味するものではなく、企画・立案から個々具体の執行までのある部分を地方公共団体にゆだねることはあり得る。

「適切な役割分担」とは、できる限り地方公共団体に配分されるべきであるという事務の配分にのみかかわるものではなく、地方公共団体に配分された事務の処理については国の地方公共団体に対する関与等もできる限り小さなものとするべきであるという国の関与等のあり方も示すものである（自治法二四五の三Ⅰ参照）。

以上のように自治法一条の二の規定は、憲法上の地位を与えられた地方公共団体が広く地域における行政を担うものであるということを宣言的に明らかにするとともに、その趣旨を達成するため、抽象的にではあるが国に義務を課している。

この規定の趣旨は、さらに自治法二条一一項から一三項までの規定（立法の原則、解釈・運用に係る原則及び「自治事務」に対する特別な配慮）に敷衍されている。特に一一項においては、「地方公共団体に関する法令の規定は、地方自治の本旨に基づき、かつ、国と地方公共団体との適切な役割分担を踏まえたものでなければならない」という立法の原則ともいえる規定があり、法律の制定や政令・省令等の制定に当たっては、このことが個々に吟味されるべきものである。このように、自治法一条の二及び二条の一一項から一三項までの規定は、地方公共団体の役割についての保障の体系としても機能することが期待されている。

例えば、新たな社会現象が発生し何らかの規制が必要とされる場合、国が法律を制定するのか、あるいは地方公共団体の条例にゆだねるのか、法律による場合新たな事務を国と地方公共団体のどちらかに配分するのか、地方公共団体に配分した事務について国がどのようにかかわるのか、などの判断や決定の際の基本的な基準になる。また、地方分権一括法によって実質的に拡大された条例制定権について、関係法律の趣旨・目的をどのように解釈すべきか、というような場面においても一定の意義を有するものである。

3　地方公共団体に対する事務再配分と事務の配分の方式等

地方公共団体の役割については、地方分権一括法による自治法の改正により、上述したように、地方公共団体は、地域における行政を自主的かつ総合的に広く担うということを明確に規定したうえで、適切な国の役割の範疇（カテゴリー）の概要を例示し、国は、これらに重点化すべきという方向性を示し、それ以外のものはできるだけ地方公共団体の役割とすることを基本とすることを明記した（自治法一の二）。

地方分権一括法による改正前は、国と地方公共団体との役割分担についての規定はなく、地方公共団体の役割については改正前の自治法二条の地方公共団体の事務を定めた規定に包含されていたとみられていた。

事務配分については、前述した（「1　背景等」参照）ように、過去において多くの答申、提言等があったところであるが、その具体的な中身については、新しく地方公共団体の事務・権能とされるものは別として、既存のものの再配分はあまり進展がみられなかったといわざるを得ない。なお、後述する（三「2　機関委任事務制度の廃止の意義と経緯及び廃止に関する法的措置の概要」参照）地方分権一括法による改正前の機関委任事務制度の下においては、地方公共団体の事務としてではなく、地方公共団体の長等の執行機関が、国の下部機関として委任される事務・権能（「機関委任事務」と総称されてきた。）が相当多かった（地方公共団体の執行機関が担任する事務のうち、都道府県においては、六〜七割、市町村においては三〜四割ともいわれていた。）が、これらについては、地方公共団体の事務とは、区別されるべきものとされていた。

地方分権一括法による改正等によっても、機関委任事務のほとんどが地方公共団体の事務となったことは別として、法令において国から地方公共団体に再配分されることとなった事務・権能は、二〇項目に達せず、地方分権一括法等による一連の制度等の改革において、地方公共団体の事務・権能の拡充がはなはだ不十分であるとして、地方公共団体の財源の具体的な確保が達成されなかったこととともに、大きな課題が残されているとされている（地方分権推進委員会最終報告（平成一三年六月一四日）参照）。

このようなことから、地方分権推進法の期限到来後、地方分権推進委員会に替わって設置された地方分権改革推進会議（平成一三年七月設置）においても、「国と地方公共団体との役割に応じた事務・事業の在り方」が調査審議され、同会議は、平成一四年一〇月「事務・事業の在り方に関する意見」を提出したが、国から地方への事務・事業の移譲についての提言はごく限られており、その成果はほとんどみられなかった。そこで、平成一八年に制定された地方分権改革推進法の下での国から地方公共団体への事務・権能の移譲の具体的な成果が期待されたところである。地方分権改革推進委員会は、第一次勧告（平成二〇年五月）において基礎自治体への権限移譲について勧告した。これを勘案して「地域主権戦略大綱」（平成二二年六月閣議決定）に具体的に掲げられた事項を踏まえて、平成二三年四月に国会に提出された地域の自主性及び自立性を高めるための改革の推進を図るための関係法律の整備に関する法律（第二次改革推進一括法）において措置することとされ、同法は平成二三年八月に成立した。また、平成二五年に成立した地域の自主性及び自立性を高めるための改革の推進を図るための関係法律の整備に関する法律（第三次改革推進一括法）においても、義務付け・枠付けの見直しとともに、都道府県から指定都市又は中核市等への権限移譲が一部含まれている。

もっとも、これらにおいては、国から地方への権限移譲は取り上げられてこなかったが、政府の地方分権改革推進本部は、平成二五年九月（一三日）、「国から地方公共団体への事務・権限の移譲等に関する当面の方針について」を決定した（第二章第四節「三　さらなる地方分権の推進と地方自治制度の改革」参照）。この方針においては、移譲する方向の事務・権限のほか、関連する事務・権限の移譲の可否等の検討・調整を要する事務、権限の移譲以外の見直しを着実に進める事務・権限、引き続き検討・調整を要する事務・権限を掲げている。そして、平成二五年一二月（二〇日）「事務・権限の移譲等に関する見直し方針について」を閣議した。この閣議決定を勘案した地域の自主性及び自立性を高めるための改革の推進を図るための関係法律の整備に関する法律（第四次改革推進一括法）が平成二六年五月に成立した。この法律及び各個別法令において、国から地方公共団体への権限移譲等六六事項（政令事項等を含む。）及び都道府県から指定都市への権限移譲四一事項（政令事項等を含む。）が措置されている。さらに、新たに導入した「提案募集方式」による、平成二六年の地方からの提案等を踏まえた平成二七年六月に成立した地域の自主性及び自立性を高めるための改革の推進を図るための関係法律の整備に関する法律（第五次改革推進一括法）においても（農地転用許可権限の移譲など）、また、平成二七年の地方からの提案等を踏まえた平成二八年五月に成立した地方の自主性及び自立性を高めるための改革の推進を図るための関係法律の整備に関する法律（第六次改革推進一括法）においても（〝地方版ハローワーク〟の創設等など）、国から市町村や都道府県への、また、都道府県から市町村への権限移譲が行われている。

ところで、行政主体間の事務の配分の方式（モデル）としては、大別して二つの方式がある。

その一は、一の事務はできるだけ一の主体に専属的に割り振るというもの（「分離型」「割り振り型」「一元的配分」「単一段階主義」などという。）であり、他の一は、一の事務についても複数の主体が機能等に応じてかかわるように割り振るというもの（「融合型」又は「分有型」「機能分担型」「多層的配分」「多段階主義」などという。）である。

戦後間もないシャウプ勧告やそれに続く地方行政調査委員会議の勧告（「神戸勧告」）は、前者の考え方に沿ったものであったが、その後の実態は後者に相当傾斜してきたということができる。それは、機能分担的な事務の配分の考え方がキャッチアップの時代や高度経済成長の時代には相応しいものであったからであるといえる。しかし、融合型的・機能分担的な事務の配分は、多くの事務について国が企画・立案し、方針や基準を定め、地方公共団体はそれに従って執行するということとなり、地方公共団体の仕事の量は増えても自主性・主体性の確立という点では問題が多い。また、地方公共団体の創造力、企画力、行政能力の向上へのインセンティブも抑制される。さらに、画一性の弊害が生じるとともに、地域における総合行政が阻害されるうえ、責任の所在が極めて曖昧になる。そのうえ、複数の主体間の調整のための非効率・非能率も看過できない。このような多くの問題が次第に顕在化するとともに、キャッチアップ時代、高度経済成長の時代の終焉を迎えるに至って、役割分担の考え方を念頭に、事務配分の方式（モデル）に関する基本的な考え方にも変化がみられるようになった。すなわち、平成五年一〇月、臨時行政改革推進審議会（第三次行革審）は最終答申において「地域に関する行政は、基本的に地方自治体において立案、調整、実施するものとし……」と「一元的配分」の立場を明らかにした。地方分権推進法においては「地域における行政の自主的かつ総合的な役割を広く担う」という表現に留まっているが、それは、企画・立案、調整、実施を一貫して処理することであるという国会答弁がある（例えば、平成七年三月二四日衆議院地方分権に関する特別委員会における当時の山口総務庁長官答弁等）。

地方分権推進委員会も、平成七年一〇月、「地方分権推進に当たっての基本的考え方」において、「地方公共団体は、……地域に関する行政を主体的かつ総合的に担い、企画・立案、調整、実施などを一貫して処理していくものとする」としており、基本的には「一元的配分」の考え方を示している。しかし、各行政分野の個々具体の事務については、そもそも国と地方公共団体との間の事務権限の再配分（機関委任事務が地方公共団体の事務とされたものは別として）について勧告で触れられたものが少なく、このことについてもほとんど従来のままであった。このことについては、平成二六年に制定された第四次改革推進一括法により国から地方公共団体への権限移譲等が六六事項（政令事項等を含む。）が措置されたことは、上述のとおりであり、その後、地方からの「提案募集方式」により、第五次改革推進一括法、第六次改革推進一括法及び第七次改革推進一括法においても、国から地方公共団体への権限移譲等が措置されていることについても上述のとおりである。

制度的には、地方分権一括法による自治法の改正により、自治法一条の二において「地方公共団体は、……地域における行政を自主的かつ総合的に実施する役割を広く担う」としていることは、前述したように（「2　地方自治法における国と地方公共団体との役割分担等に関する規定」参照)、「一元的配分」を指向しているものともいえるが、他方、法定受託事務は、「多層的配分」の考え方を反映している面もあるものと整理することもできる。実際の各個別法についてみても、このような視点から地方公共団体の事務・権能とされたものとしては猟区設定の認可等に関する事務(平成一四年改正前の鳥獣保護及狩猟ニ関スル法律一四Ⅰ、現鳥獣の保護及び管理並びに狩猟の適正化に関する法律六八Ⅰ)等極めて限られている(なお、主としてこのような視点から従来の機関委任事務を国の事務としたものに、改正前の地方事務官が所管していた事務、国立公園の特別地域内の工作物の設置等の許可等に関する事務、駐留軍関係離職者等に対する特別給付金の支給に関する事務等がある。)。

なお、平成一九年四月に発足した地方分権改革推進委員会の「地方分権改革推進にあたっての基本的な考え方――地方が主役の国づくり――」(平成一九年五月)において、「地方自治体が処理する事務について、企画立案から管理執行に至るまで地方自治体が責任を持つことができるように見直し」とし(三「(一) 国と地方の役割分担の徹底した見直し等」)、また、「中間的な取りまとめ」(平成一九年一一月)においては「地方自治体を国が決めた政策・制度の単なる執行主体から、地域における政策・制度を自ら企画立案する主体へと転換することが求められる。」としている(三「(一) 地方分権改革の理念」)。

結局、「一元的配分」であることを基本としつつ、事務・事業によっては「多層的配分」を取り入れていくことが適切なのではないかと思う。

4 補完性の原理と近接性の原理

「補完性の原理(原則)」(The Principle of Subsidiarity)は、個人を重視する西欧思想の長い伝統の中から生まれてきた原理(原則)である。それは、個人と社会の関係及び社会の構成単位の間の関係において、より下位の単位を優先する思想・社会哲学であり、個人、個人が構成するグループ・社会単位(家族、地域社会等)、さらに大きなグループ・社会単位が、それぞれが満たすことができない部分に限って、より大きい又はより上位のグループ・社会単位が順次介入すべきだというものである。このように「補完性の原理(原則)」は、本来、社会全般のあり方に対する考え方であり、社会構成原理として広い適用範囲を持つ。これが政治・行政の主体（政府）の間に対して適用された場合、政治・行政の主体（政府）の間の階層構造において、より大きい又は上位の主体（政府）は、より小さい、下位の又は市民に身近な主体（政府）が満たすことのできない部分に限って、機能を行使すべきであるという原理（原則）として理解される。

「補完性の原理（原則）」をよく表わしたものとして、一九三一年のローマ法王ピウス一一世の社会回勅の中にある言葉がしばしば挙げられる（ただし、「補完性の原理（原則）」という文言が使われているわけではない。）。文言としては、EUのマーストリヒト条約（一九九二年調印）においては「補完性の原理（原則）」と明記されている。また、ヨーロッパ地方自治憲章（一九八五年）においても、「補完性の原理（原則）」という文言はないが、実質的に適用されたと理解されており、世界地方自治憲章草案（二〇〇〇年）には「補完性の原理（原則）」と明記されている。

このような「補完性の原理（原則）」については、我が国においても近年、国と地方公共団体との間及び都道府県と市（区）町村との間の役割分担や事務・権能の配分の指導原理（原則）として説明されることが少なくない。例えば、平成二二年六月に閣議決定された「地域主権大綱」においては、「国と地方の役割分担に係る『補完性の原則』に基づき、住民に身近な行政はできる限り地方公共団体にゆだねることを基本とし……」としている（同大綱第1・2「(2) 地域主権改革が目指す国のかたち」）。もっとも、「補完性の原理（原則）」は、曖昧性のある概念であり、また、一般的にはより大きい、上位の又は市民から遠い政治・行政の主体（政府）の権能を制限する考え方ではあるが、一方でより大きい、上位の又は人民から遠い政治・行政の主体（政府）がより小さい、下位の又は市民の身近な主体（政府）を助けるためならばその役割や権能を拡大できる可能性も秘められているという、両義性のある概念でもあるといえる。

結局、政治・行政の主体（政府）の間においては、「補完性の原理（原則）」というのは、より小さい、下位の又は市民に身近な主体（政府）を優先するという方向性を示したものといえるが、具体的に法的規範性を持つものとして取り上げることには、現段階では、必ずしも適切でないとする見方もある（全国知事会「地方自治の保障のグランドデザイン」（平成一六年二月）第Ⅰ部第四章「『補完性の原理』について」参照）。
「近接性の原理（原則）」（The principle of proximity）というのは、世界地方自治憲章草案において「補完性及び近接性の原理」（the principle of subsidiarity and proximity）として用いられている（この草案の「近接性の原理」については、ラテン地域からの要望も踏まえて追加されたといわれている。）。「近接性の原理」ということの歴史的沿革については明確ではないが、世界地方自治憲章草案の前後の文脈をみると、その意味するところは、公的責務は、一般的に市民に最も身近な行政主体によって行われるべきだという意味で用いられていると思われる。したがって、我が国に適用した場合、「市町村優先の原則」ということが含まれていることは間違いないが、それ以上の意味があるのかどうか定かではない。

三　地方公共団体の事務・権能の種類とその区分等

1　地方公共団体の事務・権能に係る規定の再構成

地方公共団体の処理する事務・権能については、かつては、地方分権一括法による改正前の自治法二条二項において「普通地方公共団体は、その公共事務及び法律又はこれに基づく政令により普通地方公共団体に属するものの外、その区域におけるその他の行政事務で国の事務に属しないものを処理する。」と規定されていた。この規定は、普通地方公共団体の事務を、いわゆる、「公共事務（固有事務）」「（団体）委任事務」「行政事務」の三つの種類に区分して定めたものとされていたところである。また、この規定は、地方公共団体の三つの種類の事務を定めることを通じて地方公共団体の役割と権能の範囲について定めているとみられていた。

戦前においては、公権力をもって住民に義務を課し、権利を制限し、自由を規制するような事務・権能は、原則として、国の事務・権能とされ、地方公共団体の事務・権能ではなく、国から委任を受けたものについてのみ処理することとされていた。そして、地方公共団体の事務については、「官ノ監督ヲ承ケ法令ノ範囲内ニ於テ其ノ公共事務並従来法令又ハ慣例ニ依リ及将来法律勅令ニ依リ市ニ属スル事務ヲ処理ス」というように規定されていた（市制二条。町村制二条、府県制二条も同様である。）。戦後の日本国憲法の下においては前述したとおり（第一節「地方公共団体の権能（自治権）とその基本的構成」参照）、公権力をもって住民に義務を課し、権利を制限し、自由を規制するような事務・権能であるいわゆる「行政事務」を、地方公共団体が処理することができるものとして、その事務・権能を拡大したことに伴い、自治法において地方公共団体の三つの事務の種類の区分が定められていたが、それは主としてこのような沿革的な理由によるものであった。

地方分権一括法による自治法の改正により、機関委任事務制度が廃止されたこととも関連して、地方公共団体の事務・権能に係る規定の再構成が行われ、自治法二条二項には、「普通地方公共団体は、地域における事務及びその他の事務で法律又はこれに基づく政令により処理することとされるものを処理する」と規定されている。

地方分権一括法による改正前の地方公共団体の事務の種類の区分である「公共事務（いわゆる固有事務）」「法律又はこれに基づく政令により普通地方公共団体に属するもの（いわゆる「（団体）委任事務」）」及び「その他の行政事務」については、次のように説明されていた。地方分権一括法による自治法の改正により実定法上の事務の種類の区分としてはなくなったが、個々の概念は、なお用いられることもあることに留意を要する。

① 公共事務（いわゆる固有事務）

地方公共団体の存立の本来の目的に従って、その住民の福祉の増進を目的として積極的に各種の事業の実施、施設の設置、経営、管理等をその主内容とするものであり、その特色は原則として権力的な要素を含まないことであるとされていた。そもそもこれらの事業の実施、施設の経営等はもっとも住民の必要としているものを充足するものであり、その意味では、住民の身近な行政主体がこれを行うのがもっとも適当である。これらの事務が地方公共団体の「固有事務」といわれた所以である。「公共事務」の場合、地方公共団体は、施設及びサービスの提供者として住民に接する場合が多い。なお、公共事務のいま一つの内容として、団体自体の組織及び財務に関する事務等その維持存立自体の事務、例えば、長や議員の選挙事務、自主法の制定に係る事務、地方税の賦課徴収等も広義における公共事務の範囲とされてきた。

② 法律又はこれに基づく政令により普通地方公共団体に属する事務（いわゆる「(団体) 委任事務」）

法律又はこれに基づく政令で普通地方公共団体の事務とされているものであり、これを国からの「委任」の概念で説明してきたものである。そして、国の事務を地方公共団体の長その他の執行機関に管理し、執行させる「機関委任事務」と対比して「(団体) 委任事務」とされた。「(団体) 委任事務」は、普通地方公共団体の処理権能に属せしめられた限りにおいては、それは「固有事務」と何ら異なるところなく取り扱われてきたものである。したがって実際上は、「公共事務」「(団体) 委任事務」として区別して論議するほどの実益はほとんどないといってよいとされてきた。「法律又はこれに基づく政令により……」であるから、法律又はこれに基づく政令によって団体が処理すべき事務の範囲、その内容、事務の程度等が明確にされなければならない。したがって、具体的事項について、法律に授権規定を設けて省令等に委任すること等はできないとされていた。「(団体) 委任事務」の内容は多様であり、権力的要素を持たないもの、権力的要素を持つもの、住民に直接に行政主体として接するもの、単に調査統計等のみを行い必ずしも住民と直接の法的関係は生じないもの等々、その間に一貫した共通性はなく、「公共事務」的なもの、「行政事務」的なものがあり、事務の性質を一々区別し難いものであった。

③ その区域内におけるその他の行政事務で国の事務に属しないもの（その他の行政事務）

「行政事務」の解釈であるが、これはこの種の行政が公権力をもって行われる点に着目し、終局的には一般住民の福祉を目的とするのであるが、「公共事務」のように積極的に住民の福祉の増進を図るのでなく、住民の福祉を妨げるようなものを排除すること等を目的とし、その手段として、行政主体が権力的に住民に臨み、その公権力をもって、義務を課し、権利を制限し、自由を規制するような内容をもつ事務を指すものと解されてきた。また、「行政事務」

の処理に当たっては、法令に特別の定めのあるものを除く外、条例で定めなければならないと規定されていた（改正前の自治法一四Ⅱ）。地方分権一括法による改正後は、「義務を課し、又は権利を制限するには、……条例によらなければならない」と規定している（自治法一四Ⅱ）。

しかし、以上のような地方分権一括法による自治法の改正前の地方公共団体の事務の種類の区分については、その区分の基準や次元を異にしており、事務の分類学的意義以外には法的意味は見い出し難いという指摘が定着していたといえる。

地方分権一括法による改正後の自治法二条二項の規定については、以下のとおりである。

自治法一条の二第一項において、前述したように（二「2　地方自治法における国と地方公共団体との役割分担等に関する規定」参照）、地方公共団体の役割として「地域における行政を自主的かつ総合的に実施する役割を広く担う」ことを明らかにし、かつ、国は本来果たすべき役割を重点的に担うこととして、「住民に身近な行政はできる限り地方公共団体にゆだねることを基本」とすることが規定された（同条Ⅱ）。そのうえで、自治法二条二項において普通地方公共団体は、「地域における事務」及び「その他の事務で法律又はこれに基づく政令により処理することとされるもの」を処理するとし、その事務・権能を幅広く定めるとともに、地方公共団体の事務を「自治事務」と「法定受託事務」に区分することとした（自治法二Ⅷ Ⅸ）。

このように、自治法一条の二において地方公共団体の役割が包括的に幅広く規定されることとなり、また、改正前の普通地方公共団体の事務の種類の区分は法的な意味がないとみられてきたことにも鑑みて、地方公共団体の権能は、元来憲法八章の規定によるものであるので、自治法二条二項のような規定を置く必要はないのではないかという考え方もあり得る。しかしながら、改正前の自治法二条二項の規定が単なる事務の分類学的な意義や沿革的な意義のみならず、法人である普通地方公共団体の権能（権利能力）を定めた規定としての意義も有していたとみられることについては事務の分類やその種類の区分の如何によってその意義が失われるものではないこと、地方公共団体の権能について憲法の規定はあっても、憲法にいう地方公共団体の範囲は必ずしも明らかでなく自治法により法人格を有する地方公共団体として、普通地方公共団体と特別地方公共団体の事務・権能を明確にしておくことが適当であることなどの理由により、自治法二条二項の規定を置くこととされた。

「地域における事務……を処理する」とは、普通地方公共団体が一定の行政区域内において行政権能を担う統治団体であり、住民福祉の向上を目的として、統治の作用としての事務一般を広く処理する権能を有することを明らかにするものである。「地域における事務」は、普通地方公共団体の第一義的な事務であり、普通地方公共団体の事務のほとんどはこれに該当する。また、憲法九四条の「地方公共団体は、（その）……事務を処理……（する）権能を有し」ているという規定とも平仄《ひょうそく》を合わせたものである。

「その他の事務で法律又はこれに基づく政令により処理することとされるものを処理する」とは、「地域における事務」に該当するとはいえない事務であっても、普通地方公共団体が国家の統治機構の一部として、これを担うことが必要とされる場合があることを前提に、個別の法律又はこれに基づく政令に定めるところによって処理することとされる場合には普通地方公共団体の権能として当該事務を処理するものであることを示している。具体的な例としては、北方領土問題等の解決の促進のための特別措置に関する法律一一条に基づいて北方領土に本籍を有する者に係る戸籍事務を根室市が処理していることや自治法附則一〇条及び自治令附則六条に基づいて旧陸軍の軍人軍属であった者に関する身上の取扱い等で樺太に関するものは北海道、朝鮮及び台湾に関するものは福岡県において処理することとされていることなどを挙げることができる。平成二三年に制定された東日本大震災における原子力発電所の事故による災害に対処するための避難住民に係る事務処理の特例及び住所移転者に係る措置に関する法律（平二三法九八。「原発避難者特例法」）に基づき、避難先団体が処理することとされる避難住民に関する事務のうち、滞在者の安全、健康等の保持（平成一一年改正前の自治法二Ⅲ①参照）以外の事務も、この「その他の事務で法律……により処理することとされるもの」に該当すると解することができるのではないかと思う。

このように、自治法二条二項の規定は、普通地方公共団体が、まず、「地域における事務」を包括的に処理する権能があることを明らかにしたうえで、なお、必ずしも「地域における事務」に該当しないものであっても法律により処理することとされた場合や法律に基づく政令により処理することとされた場合には、当該事務を処理するものであることを一般的に示している。

「地域」という用語は、単なる空間的な概念のみを表わす用語でなく、普通地方公共団体の三要素とされる「区域」「住民」「法人格と自治権」の三つを含め、広い意味でとらえ得るような用語と解され、「地域における事務」は、現に地方公共団体において処理されている事務のほとんどすべてを含み得る広い概念として構成されている。このような意味で、ある事務がその区域内で場所的に完結しているかどうかではなく、住民を含め当該地域との合理的な関連性が認められれば、「地域における事務」であると考えられる。

なお、この規定は、普通地方公共団体という種類の法人が「地域における事務」を広く処理する権能を有することを規定するのみであって、排他的に権能を持つことを定めたものではない。自治法一条の二に規定した国と地方公共団体との役割分担のあり方を前提として、場合によっては、国が「地域における事務」を処理することは十分あり得る。

また、「地域における事務」と後述する「自治事務」「法定受託事務」は、同じ「事務」という文言を用いているため、その関係について議論の生じる余地があり得る。ここでいう「地域における事務」及び「その他の事務で法律又はこれに基づく政令により処理することとされるもの」とは、自治法二条八項及び九項で「自治事務」と「法定受託事務」とに区分される前の普通地方公共団体の事務・権能の総体を表わしている。「地域における事務」には、「自治事務」も「法定受託事務」も含まれ得るし、「その他の事務で法律又はこれに基づく政令により処理することとされるもの」にも「自治事務」も「法定受託事務」も制度的には含まれ得る。「自治事務」と「法定受託事務」の性格等については後述する（第三節「『自治事務』と『法定受託事務』」参照）が、両方とも地方公共団体の事務であることには変わりはない。

2　機関委任事務制度の廃止の意義と経緯及び廃止に関する法的措置の概要

機関委任事務制度は、地方公共団体の長をはじめとする地方公共団体の機関が、国の下部機関として主務大臣の一般的かつ包括的な指揮監督を受けて国の事務を処理する仕組みであり、明治以来の中央集権的行政システムの中核的部分を形成するものといわれてきたところである。

これについては、事務処理の責任の所在を不明確にし、ひいては、国と地方公共団体の合理的な関係の確立を阻害する等の観点から、従来より地方制度調査会の累次の答申等（例えば、地方制度調査会（第九次）「行政事務再配分に関する答申」（昭和三八年一二月）、同（第二〇次）「機関委任事務等に係る当面の措置についての答申」（昭和六一年二月）等）において、機関委任事務の整理合理化、さらにはその観念の廃止等の見直しが求められてきたところである。

地方分権推進法五条においては、「国は、……地方公共団体の執行機関が国の機関として行う事務……の地方自治の確立を図る観点からの整理及び合理化その他所要の措置を講ずるものとする。」と規定されていた。同法の制定に当たり機関委任事務制度に関して国会でも活発な議論が展開されたが、機関委任事務制度そのもののあり方の検討や制度の廃止及びそれに係る措置も「その他の所要の措置」に含まれることが、国会審議の中で明らかにされていたところである。

地方分権推進法の施行と同時に平成七年七月に発足した地方分権推進委員会では、地方分権改革への基本的姿勢を示す象徴的な課題として、機関委任事務制度のあり方について精力的に検討を進めた。具体的には、まず同年一〇月にまとめた「地方分権推進に当たっての基本的考え方・行政分野別課題審議に当たって留意すべき事項」の中で、「機関委任事務制度そのものの廃止を基本として検討すべきとの意見があることを踏まえ、……機関委任事務制度を廃止した場合の問題点、新たな事務処理方法等について検討する」とした。次いで同年一二月には「機関委任事務制度を廃した場合の従前の機関委任事務の取扱いについて（検討試案）」を示し、活発な議論の結果、翌平成八年三月には「機関委任事務制度そのものを廃止する決断をすべきである」との「中間報告」を取りまとめた。その後も機関委任事務制度の問題点や改正の方向に関してなお論争が続いたが、中間報告に沿って、同年一二月に地方分権推進委員会は次のように勧告した（第一次勧告）。

一　機関委任事務制度は、地方公共団体の執行機関、特に知事及び市町村長を国の機関とし、これに国の事務を委任して執行させる仕組みであり、地方自治法別表に法律単位で列挙されている項目数が五六一（うち都道府県三七九、市町村一八二）にも及び、これは都道府県の事務の七～八割、市町村の三～四割を占めると言われている。

二　機関委任事務の執行については、知事は主務大臣の、市町村長は国の機関としての知事の指揮監督を受けることとされ、地方公共団体の議会や監査委員によるチェック機能も制限されるなど、機関委任事務制度は、我が国の中央集権型行政システムの中核的部分を形づくる制度となっている。

三　機関委任事務制度は、住民による選挙で選ばれた知事や市町村長を、国の下部機関とみて、国の事務を委任し、執行させる仕組みであることから、次のようなさまざまな弊害が生じている。

(1)　主務大臣が、包括的かつ権力的な指揮監督権をもつことにより、国と地方公共団体とを上下・主従の関係に置いている。

(2)　知事、市町村長に、地方公共団体の代表者としての役割と国の地方行政機関としての役割との二重の役割を負わせていることから、地方公共団体の代表者としての役割に徹しきれない。

(3)　国と地方公共団体との間で、行政責任の所在が不明確となり、住民にわかりにくいだけではなく、地域の行政に住民の意向を十分に反映させることができない。

(4)　機関委任事務の執行について、国が一般的な指揮監督権に基づいて瑣末な関与を行うことにより、地方公共団体は、地域の実情に即して裁量的判断をする余地が狭くなっているだけではなく、国との間で報告、協議、申請、許認可、承認等の事務を負担することとなり、多大な時間とコストの浪費を強いられている。

(5) 機関委任事務制度により、都道府県知事が各省庁に代わって縦割りで市町村長を広く指揮監督する結果、国・都道府県・市町村の縦割りの上下・主従関係により硬直的な行政システムが全国画一的に構築され、地域における総合行政の妨げとなっている。

四 地方分権推進法の趣旨に即して、国と地方公共団体との関係を抜本的に見直し、地方自治の本旨を基本とする対等・協力の関係とする行政システムに転換させるため、この際機関委任事務制度そのものを廃止することとする。（以下略）

これを受けて、政府は、平成一〇年五月に「地方分権推進計画」を閣議決定し、その中で「国と地方公共団体との関係について、地方自治の本旨を基本とする対等・協力の新しい関係を築くため、機関委任事務制度を廃止することとし、次の措置を講ずる。」として、自治法等の改正措置を定め、地方分権一括法による改正において、機関委任事務制度の廃止に係る具体的な法的措置が講じられたところである。これにより、戦前より続いてきた機関委任事務制度は、平成一二年四月一日から廃止されたものである。

機関委任事務制度の廃止のための法的措置としては、自治法の機関委任事務制度の法的効果等を直接規定している条文の削除や機関委任制度の存在を前提にしている規定の整備、個別具体の事務を定める個別法の関連規定の整備等が行われた。

まず、自治法の機関委任事務制度の根拠、法的効果等を直接規定している条文について削除したところであるが、主なものは、①改正前の自治法一五〇条の国の事務に係る指揮監督権に関する規定、②改正前の自治法一五一条一項の市町村長が処理する国又は都道府県の事務に係る都道府県知事の取消・停止権に関する規定、③改正前の自治法一五一条の二の長に対する職務執行命令に関する規定（別途、法定受託事務に関して「代執行等」の規定を定めた。）、④改正前の自治法一四八条二項及び三項並びに別表三及び四等の機関委任事務の根拠に関する規定及び機関委任事務を掲げた別表、である。

また、機関委任事務制度の廃止に伴い、普通地方公共団体の長の事務の管理及び執行権に関する規定（改正前の自治法一四八Ⅰ）、長の事務の委任・臨時代理及び補助執行に関する規定（改正前の同法一五三）、事務に係る経費の支弁等に関する規定（改正前の同法二三二）等、機関委任事務に関連した自治法の規定の所要の整備を行ったところである。

なお、地方公共団体の長は機関委任事務に関しては国の機関として国家行政組織の一環をなすことから、国家行政組織法に、国の行政機関としての地方公共団体の長と各大臣との関係等に関する規定（改正前の同法一五・一六）が置かれていたが、自治法の条文と同様に、これらの規定は削除された。

次に個別具体の機関委任事務を定める個別法の見直しを行ったところである。

具体的には、地方分権一括法において、個別の機関委任事務を廃止するために、個別法律に関して、①機関委任事務制度を前提とする事務委任規定の削除、②機関委任事務を政令で設けていた政令委任規定の整理、③事務・事業の主体等の表現ぶりの整理、④審査請求・再審査請求の根拠規定の整理、⑤「法定受託事務」とする場合における「法定受託事務」を区分する規定の創設、⑥事務の廃止に伴う改正、⑦国の直接執行とする場合における国の直接執行事務化に伴う規定の整備、等の改正が行われたところである。

さらに、地方分権一括法附則一五九条において、「この法律による改正前のそれぞれの法律に規定するもののほか、この法律の施行前において、地方公共団体の機関が法律又はこれに基づく政令により管理し又は執行する国、他の地方公共団体その他公共団体の事務は、この法律の施行後は、地方公共団体が法律又はこれに基づく政令により当該地方公共団体の事務として処理するものとする。」と規定した。これは、具体的な改正事項がないとして地方分権一括法において個別に措置されない法律において規定されていた機関委任事務や法技術的に改正が困難な機関委任事務（経過措置に基づき存置されていた機関委任事務等）について地方公共団体の事務とするため、地方分権一括法の附則において、この一括法の施行によって、従来、機関委任事務とされていた事務で引き続きそのまま地方公共団体の執行機関が管理し、執行するものは、すべて地方公共団体の事務として今後整理されるものである旨の規定を設けたものである。

四　地方公共団体の事務・事業の範囲とその見直し

昭和三〇年代以降の高度成長時代において、国と地方公共団体を通じて、行政需要は、著しく増大し、また多様化と高度化が進展して、行政は膨張の一途を辿ったといっても過言ではない。このような行政の肥大化については、比較的早くから警鐘を鳴らす動きもあった（例えば、昭和三九年九月、臨時行政調査会（第一次）は、その答申中「二　臨時行政調査会の答申における主要課題」において、行政の過度の膨張の抑制ということを行政改革の主眼点の一つとして掲げている。）が、昭和四八年の石油ショックの頃までは行政の活動の範囲を見直すということ以上に公的活動の分野は拡大の傾向が続いたといえる。

昭和四八年の石油ショックを契機とした我が国の経済社会の大きな変化は、国・地方を通じる財政の著しい窮迫をもたらしたことなどから、国も地方公共団体も行財政運営の徹底した合理化等が求められるとともに、その活動の範囲（いわゆる行政の〝守備範囲〟）について真剣な反省を迫られることとなった。このことは、国や地方公共団体の機能すなわち事務・権能の見直しということにほかならない。

昭和五〇年七月、地方制度調査会（第一六次）は、「近年様々な新しい行政サービスの供給が試みられているが、これらの中には、地方行政の本来の機能からみて検討を要するものや行政の効果が疑わしいものも見受けられる」とし、「行政が責任を持つべき分野についての基準及びその場合における租税による負担と受益者による負担とを区分するための基準を明らかにする必要がある」と答申した（「地方財政の硬直化を是正するためにとるべき方策を中心とした地方行財政のあり方に関する答申」)。このような公的活動の範囲と限界を踏まえたその見直しの方向は、国及び地方公共団体を通じた一層大きな課題となり、昭和五六年発足した臨時行政調査会(第二次。いわゆる「土光臨調」)においては、「増税なき財政再建」とともに、「肥大化した行政の減量化」ということがスローガンとなった。このような方針は、その後の臨時行政改革推進審議会(「行革審」)(第一次～第三次))においても、一貫して踏襲された。

さらに近年においては、平成一八年六月に制定された「簡素で効率的な政府を実現するための行政改革の推進に関する法律」(行政改革推進法)においては、基本理念として、「……政府及び地方公共団体の事務及び事業の透明性の確保を図り、その必要性の有無及び実施主体の在り方について事務及び事業の内容及び性質に応じた分類、整理等の仕分けを踏まえた検討を行った上で、国民生活の安全に配慮しつつ、政府又は地方公共団体が実施する必要性の減少した事務及び事業を民間にゆだねて民間活動の領域を拡大すること並びに行政機関の整理及び合理化その他の措置を講ずることにより行政に要する経費を抑制して国民負担の上昇を抑えることを旨として、行われなければならない。」と規定されている(同法二)。また、同時に、行政機関等と民間事業者等との競争入札を実施し、価格と質の両面で優れた主体に公共サービスの提供をゆだねることとしようとする「競争の導入による公共サービスの改革に関する法律」(公共サービス改革法、市場化テスト法)も制定された。

このような公的活動の範囲とその見直しや責任分野に関する論議は、単に財政上の都合によってのみ行われているものではなく、具体的な内容によって異なるものではあるが、次のようなことがいえる。

第一に、行政のスリム化、減量化等のためである。これは、財政的な理由が大きいことは事実であるが、行政運営、特に適切な管理といった面からもスリム化、減量化等が必要となっている。

第二に、従来の公的活動の分野も積極的に民間に任すことによって、サービスの供給等が効率化され、充実し、適切なものとなり、民間の活動の活性化も期待されることである。アウトソーシング、PFI、市場化テストなどが推奨されるのは、主としてかかる観点からであるといえる。

第三に、租税による負担に係る活動の範囲と限界がより明らかになってくることにより、負担と受益の関係についての意識をより高めることができることである。

第四に、規制的な公的活動を撤廃又は緩和し、民間の活力を増大させる等の規制緩和の効果が得られることである。

第五に、特に地方公共団体においては、従来の公的活動についても住民等に任すことにより、様々なアクターが公共の役割を担うこととなり、住民との協働の関係を多くの分野で築くことを通じて、住民自治の理念の実現を図ることができることである。なお、「新しい公共」について、第六章第七節「住民の自治意識」を参照されたい。

以上のような多くの視点から、地方公共団体の公的活動の範囲や責任分野についての見直しを一層進めていく必要があるといえる。もちろん、社会経済の推移に伴い、真に必要となる行政需要に対しては、地方公共団体はその活動の範囲や責任分野について不断に検討を加えつつ、積極的に対応していかなければならないことはいうまでもない。

第三節　「自治事務」と「法定受託事務」

一　地方公共団体の事務・権能に係る規定の再構成とその基本的考え方

地方分権一括法による自治法はじめ各法令の改正により、地方公共団体の事務・権能に係る規定は、全面的に再構成された。つまり、前述した機関委任事務制度の廃止（第二節三「2　機関委任事務制度の廃止の意義と経緯及び廃止に関する法的措置の概要」参照）後も、従前の機関委任事務はごく一部を除いて、引き続き地方公共団体の執行機関において処理することとされたが、それは、地方公共団体の事務として処理されることとなるものであることから、これを契機として、従来からとかくその意義について疑問のあった従来の地方公共団体の事務の種類の区分に関する考え方は、法律制度的にはこれを廃し、新たな視点から再構成して規定することとされたものである。その基本的な考え方と構成は、地方公共団体の個々の事務には様々な性質等があるものではあるが、本来的にはその種類の分類的な区分をする法的意義を有するものではないことを前提に、それでも、性質、背景等によって、国（市町村及び特別区の事務にあっては国又は都道府県。以下「国等」という。）の関与等のあり方や処理の仕方等の面での取扱いに特に差異が認められてよい事務を「法定受託事務」と総称し（自治法二Ⅸ）、「法定受託事務」以外のものを「自治事務」と総称する（自治法二Ⅷ）こととされたものである。

二　自治事務

「自治事務」とは、「地方公共団体が処理する事務のうち、法定受託事務以外のものをいう。」と規定されている（自治法二Ⅷ）。すなわち、「自治事務」は、自治法二条二項に規定されている地方公共団体の事務から、後述する「法定受託事務」を除いたすべての事務である。「自治事務」について、より積極的な定義を置くべきであるという議論も散見されるところであるが、控除的な定義以外の定義を用いることとした場合には、むしろ当該定義に当てはまらないものは「自治事務」でないということになり、「自治事務」の範囲を限定的にしてしまうこととなる。この規定によって、「自治事務」が地方公共団体の事務の基本となるものであり、非常に幅の広いものであることを表わしているといえる。

「自治事務」には、改正前において地方公共団体の「公共事務」や「行政事務」とされていたもの及びいわゆる「団体委任事務」とされていたものが含まれるほか、「機関委任事務」であったものも、特に「法定受託事務」とされたもの以外は、含まれることとなる。「自治事務」については、「自治事務」という用語のゆえに、地方公共団体がまったく自由に執行できる事務であるとか、国のいささかの関与等も許されるべきでないというような議論が行われることがある。しかしながら、「自治事務」は、様々な性格を有する事務の総称であり、法令の規定がある場合（なお、「法定自治事務」とする考え方があるが、それは、法令で義務付けられているものだけなのか、任意の事務で法令の定めのあるものも含むのか明らかではない。）

は、地方公共団体がどのような裁量ができるのかとか、国がどのような関与等を行うことができるのかということについては、自治法一条の二や二条一一項から一三項などの規定、さらには、関与の基本原則(自治法二四五の三参照)を踏まえたうえで定められる法律やこれに基づく政令の規定が適用されるものである。このことについて、自治法二条一三項においては、特に「自治事務」について、「法律又はこれに基づく政令により地方公共団体が処理することとされる事務が自治事務である場合においては、国は、地方公共団体が地域の特性に応じて当該事務を処理することができるよう特に配慮しなければならない」とされていることに留意を要する。

三　法定受託事務

1　法定受託事務の意義

「法定受託事務」とは、地方公共団体が処理する事務のうち、「国等が本来果たすべき役割に係るものであつて、国等においてその適正な処理を特に確保する必要があるものとして法律又はこれに基づく政令に特に定めるもの」と規定されている(自治法二Ⅸ)。

「法定受託事務」も法律又はこれに基づく政令の規定により都道府県、市町村又は特別区が処理することが定められている地方公共団体の事務であるから、その処理は地方公共団体の責任において行われる。この意味において、「法定受託事務」の処理は、法制度上地方公共団体の役割分担に属するものである。「自治事務」と「法定受託事務」との差は相対的なものであるが、「法定受託事務」は、その性質、背景等から「国等が本来果たすべき役割」に係る事務の範疇に属する上に、「国等においてその適正な処理を特に確保する必要があるものとして法律又はこれに基づく政令に特に定めるもの」なのである。

上述した「法定受託事務」の法制的な定義の規定において、「国等が本来果たすべき役割」に係るものという規定は、地方分権推進法四条（平成一八年一二月制定された地方分権改革推進法の五条にも規定されている。）にもみられるが、自治法一条の二第二項においても踏襲されているところであり、国等においてその適正な処理を特に確保する必要があるという性質、背景等にとって欠くことのできない要素ということができる。ここで留意すべきことは、「国等が本来果たすべき役割」に係るものでも、法律又はこれに基づく政令により地方公共団体が処理することとされた事務は、地方公共団体の事務であることにおいては、「自治事務」と同じであるということである。つまり、地方分権一括法による改正後においては、国と地方公共団体の事務配分の考え方において、地方公共団体の事務については、現に地方公共団体が処理し、又は処理することとされるものであれば、端的に地方公共団体に属する事務とされるのである（これを、譬《たと》えていって「現住所（地）主義」といえば分かりやすいかもしれない。）。

自治法一条の二第二項は「国は、……国においては……国が本来果たすべき役割を重点的に担い、住民に身近な行政はできる限り地方公共団体にゆだねることを基本として、地方公共団体との間で適切に役割を分担する」旨規定している。ここでいう地方公共団体との適切な役割分担、特に「国が本来果たすべき役割」と「法定受託事務」との関係が論点となり得る。「国においては……国が本来果たすべき役割を重点的に担う」ということは、国は、国でなければできない分野に精力を注ぎ、それ以外の分野へのかかわりはできるだけ少なくしていくということである。さらに説明すれば、「国が本来果たすべき役割」に係る事務であっても、そのすべてを国自らが直接管理し、執行すべきであるということではない。住民の身近な行政であるがゆえに、又は「国民の利便性」「事務処理の効率性」「総合行政の確保」などの観点から、地方公共団体が処理してよいものや処理することとするべきものがあり、そのようなものはできる限り地方公共団体にゆだねるべきであるということである（自治法一の二Ⅱ参照）。また、「国が本来果たすべき役割」についても、その役割に係る事務の企画・立案から個々具体の執行までのすべてを国が直接処理しなければならないというものではなく、地方公共団体にゆだねるべきもの又はゆだねてよいものがあり得る。そして、地方公共団体が処理することとした場合、適正な処理を特に確保する必要があると認められるものだけを、法律又はこれに基づく政令に特に定めて、そのための手段が制度的にビルトインされている「法定受託事務」という形式をとることになるものである。都道府県と市町村との関係においても同様である。

すなわち、地方公共団体の事務には、「国等が本来果たすべき役割に係るもの」が法律又はこれに基づく政令により地方公共団体の事務とされるものが含まれ、そのような「国等が本来果たすべき役割に係るもの」の中で、その性質、背景等から他の地方公共団体の事務よりも、国等において、その適正な処理について高い関心と責任を有し、適正な処理を特に確保する必要があることから、国等の関与等のあり方やその事務の処理の仕方等の面において法的な取扱いに差異を認める（「四『自治事務』と『法定受託事務』の法的効果」参照）必要があるものとして、法律又はこれに基づく政令において特に定めるものが「法定受託事務」とされるものである。

「法定受託事務」の法制的な意義は以上に述べたところであるが、実際に「法定受託事務」に区分されている事務については、次のような経緯がある。

そもそも、「自治事務」と「法定受託事務」の区分については、分権改革（第一次地方分権改革）において、従来の機関委任事務制度及び地方公共団体の事務の区分（地方分権一括法による改正前の自治法二Ⅱ・一四八等参照）を廃止することと関連して、制度化されたものである。従前の機関委任事務には、多種多様な性質の事務があり、また、地方公共団体の機関に委任された背景・理由、経緯（国の関心の度合も含む。）などもいろいろあって、機関委任事務制度そのものを廃止するに当たっては、そうした事務の性質、機関委任されていた背景・理由、経緯などは、一般的には、もう配慮しなくてよいということになるのかどうかということが論議されたわけである。このことについて、機関委任事務とされてきた事務の中には、例えば、安全保障条約等に基づく法律の規定により処理する事務、自衛隊法の規定により処理する事務、旅券法の規定により処理する事務、外国人登録法（当時、なお平成二一年廃止）の規定により処理する事務、公職選挙法の規定により処理する国会議員の選挙に関する事務、戸籍法の規定により処理する事務、統計法施行令の規定により処理する指定統計調査に関する事務など、地方公共団体の事務となっても、国との関係において、他のほとんどの地方公共団体の事務とは区別することができる類の事務があるとみることができると思われた。こうした事務は、国が本来果たすべき役割に係る事務といえるが、地方公共団体の事務としたうえで、その事務の性質、機関委任事務制度の廃止後も地方公共団体において処理することとされる背景・理由、経緯などに鑑みて、特に国とのかかわりに着目して、ほとんどを占める通常の地方公共団体の事務と区別した取扱いが認められてもよいものとして、仮に「法定受託事務」と称することとして、当時の地方分権推進委員会の審議が進められたものである。ところが、当初は、従来の機関委任事務の極く一部だけを区別することを想定していたものの、個々具体的な機関委任事務の数多くについて、各省庁から「法定受託事務」(仮称)にするという強い要求が出され、地方分権推進委員会と各省庁との折衝の過程で妥協せざるを得なかったものも少なくなかった。したがって、地方分権推進委員会が折衝の結果を集大成し、整理した「法定受託事務」のメルクマールは、当初からメルクマールとして考えられていた類のものと、各省庁との妥協が反映した類のものとが混淆しているといってよい。結果として、現に「法定受託事務」とされている個々の事務を通じた共通性はなく、それを「本来国が果たすべき役割に係るものであって」「国においてその適正な処理を特に確保する必要があるものとして」「法律又はこれに基づく政令で特に定めるもの」ということで括ったものとなっているのである。つまり、「法定受託事務」と「自治事務」とは截然と区分できるものではなく、現行法制の下ではあくまで相対的な区分にすぎないものとなっているといえる。

論理的には、「法定受託事務」について、「本来的法定受託事務」(「真性法定受託事務」又は「純法定受託事務」)と「非本来的法定受託事務」(「仮性法定受託事務」又は「準法定受託事務」)といった区分をすることも考えられよう。

「法定受託事務」は、このようなものであるから、地方分権の推進の見地から、できるだけ抑制されるべきものである(後述「4 『法定受託事務』の抑制」参照)。

2 「第一号法定受託事務」と「第二号法定受託事務」

「法定受託事務」には、国が本来果たすべき役割に係る「第一号法定受託事務」と、都道府県が本来果たすべき役割に係る「第二号法定受託事務」とがある（自治法二Ⅸ①②）。

「第一号法定受託事務」は、「法律又はこれに基づく政令により都道府県、市町村又は特別区が処理することとされる事務のうち、国が本来果たすべき役割に係るものであつて、国においてその適正な処理を特に確保する必要があるものとして法律又はこれに基づく政令に特に定めるもの」である（自治法二Ⅸ①）。個々具体の「第一号法定受託事務」については、自治法に定めるものにあっては自治法二九八条に規定し、自治法以外の個別法において定めるものにあっては各個別法でその旨を定め、かつ、そのすべてが自治法別表第一に確認的に掲げられている（自治法二Ⅹ参照）。また、自治令に定めるものにあっては自治令二二三条に規定し、自治令以外の個別の政令において定めるものにあっては各個別政令でその旨を定め、かつ、そのすべてが自治令別表第一に確認的に掲げられている（自治令一参照）。

「第二号法定受託事務」は、「法律又はこれに基づく政令により市町村又は特別区が処理することとされる事務のうち、都道府県が本来果たすべき役割に係るものであつて、都道府県においてその適正な処理を特に確保する必要があるものとして法律又はこれに基づく政令に特に定めるもの」である（自治法二Ⅸ②）。この規定の構造は、「第一号法定受託事務」と同様であり、「第一号法定受託事務」において「国」とされていた文言を「都道府県」とし、処理主体を「都道府県、市町村又は特別区」から「市町村又は特別区」としたものである。これは、例えば都道府県知事選挙に係る事務のように、本来は都道府県の存立にかかわる事務であるが、具体的な選挙の事務は市町村選挙管理委員会の選挙人名簿を使って市町村が投開票事務などを処理することとするものなどである。個々具体の「第二号法定受託事務」については、自治法に定めるものにあっては自治法二九九条に規定し、自治法以外の個別法において定めるものにあっては各個別法でその旨を定め、かつ、そのすべてが自治法別表第二に確認的に掲げられている（自治法二Ⅹ参照）。また、自治令の規定に定めるものにあっては自治令二二四条に規定し、自治令以外の個別の政令において定めるものにあっては各個別政令でその旨を定め、かつ、そのすべてが自治令別表第二に確認的に掲げられている（自治令一参照）。

3 「法定受託事務」の判断基準

地方分権一括法による改正及びこれを踏まえた法令の改正並びにその後の法令の制定及び改正に伴い「法定受託事務」とされているものは、以前の「機関委任事務」について地方分権推進委員会が「法定受託事務（仮称）」と判断したものが基本となっている。この判断の過程については、地方分権推進委員会の第一次勧告及び第二次勧告において、地方分権推進委員会が「法定受託事務（仮称）」として区分するための八項目のメルクマールを示し、政府におけるその後の作業においてもこのメルクマールが踏襲されて、「地方分権推進計画」において閣議決定されたものである（後掲）。今後も法令において「法定受託事務」を新たに創設しようとする場合には、このメルクマールに該当していることを説明する必要があるということがいえよう。

新たに発生した地方公共団体の事務を「法定受託事務」とするためには、個別法において当該事務が自治法二条九項に規定する「法定受託事務」であることを明確に規定しなければならない。これは、「法定受託事務」という概念が自治法によって定められ、「法定受託事務」としての法的効果は自治法に因るものであり、したがって、個別法において「法定受託事務」としようとする事務が自治法上の「法定受託事務」の定義に該当する事務であることが必要であるからである。その際に考慮する必要がある要素は、当該事務が「国等が本来果たすべき役割に係るもの」であるという事務の性質等と、「国等においてその適正な処理を特に確保する必要があるものとして…特に定める」という当該事務の処理についての国としての責任と関心の程度である。この二つの要件を明示的に掲げることにより、双方を満たすものであるときに限り「法定受託事務」として個別の法令に定めることができるものであることを示している。「法定受託事務」のメルクマールはこの二つの要件を満たす事務をブレイクダウンして示したものと考えることができよう（もっとも、このメルクマールの設定及び「法定受託事務」とされている具体的な事務の背景等については、上述「1　法定受託事務の意義」を参照)。このメルクマールは、地方分権推進委員会において、各省庁などと積み重ねられた論議の結果を集大成したものであり、地方分権推進委員会が様々な事務を「法定受託事務」とすることとした判断の際の要点を示したものと理解することができる。今後もこのメルクマールに照らして「法定受託事務」とすべきかどうかを慎重に判断することにより、これまでに「法定受託事務」とされた事務と新たに生じる事務についての「自治事務」又は「法定受託事務」との整合性の確保や区分の見直しが図られるものと期待されている。

なお、具体的には、「地方分権推進計画」においてメルクマールは「第一号法定受託事務」について次のように定められている。「第二号法定受託事務」は、これに準ずるものとして「国」を「都道府県」に読み替えて判断されることとなる。

(1)　国家の統治の基本に密接な関連を有する事務

(2)　根幹的部分を国が直接執行している事務で以下に掲げるもの

①　国が設置した公物の管理及び国立公園の管理並びに国定公園内における指定等に関する事務

国立公園内における軽微な行為許可等に関する事務

国定公園内における特別地域・特別保護地区等の指定等に関する事務

②　広域にわたり重要な役割を果たす治山・治水及び天然資源の適正管理に関する事務

③　環境保全のために国が設定した環境の基準及び規制の基準を補完する事務

環境基準の類型当てはめ（水質・交通騒音）に関する事務

総量規制基準の設定に関する事務

大気汚染、水質汚濁、土壌汚染、交通騒音の状況の監視に関する事務

④　信用秩序に重大な影響を及ぼす金融機関等の監督等に関する事務
⑤　医薬品等の製造の規制に関する事務
⑥　麻薬等の取締りに関する事務

(3)　全国単一の制度又は全国一律の基準により行う給付金の支給等に関する事務で以下に掲げるもの
①　生存にかかわるナショナル・ミニマムを確保するため、全国一律に公平・平等に行う給付金の支給等に関する事務
②　全国単一の制度として、国が拠出を求め運営する保険及び給付金の支給等に関する事務
③　国が行う国家補償給付等に関する事務

(4)　広域にわたり国民に健康被害が生じること等を防止するために行う伝染病のまん延防止や医薬品等の流通の取締りに関する事務
①　法定の伝染病のまん延防止に関する事務
②　公衆衛生上、重大な影響を及ぼすおそれのある医薬品等の全国的な流通の取締りに関する事務
　医薬品等の取締りに関する事務
　食品等の取締りに関する事務
　農薬等の取締りに関する事務

(5)　精神障害者等に対する本人の同意によらない入院措置に関する事務

(6)　国が行う災害救助に関する事務

(7)　国が直接執行する事務の前提となる手続の一部のみを地方公共団体が処理することとされている事務で、当該事務のみでは行政目的を達成し得ないもの

4 「法定受託事務」の抑制

「法定受託事務」は、地方分権推進委員会における議論や国会の審議を通じて、将来抑制されるべきことが明らかにされている。このことについては、「法定受託事務」の定義においてその要件が明確にされており（自治法二Ⅸ）、「地方分権推進計画」に定められたメルクマールも規制的基準として機能することになる。最終的には、国権の最高機関である国会において、地方分権の推進の観点や制度間のバランス、法律相互間の比較などを考慮したうえで、当該事務を「法定受託事務」とすることの妥当性について慎重に判断されることとなる。また、その見直しも不断に行われるべきものであり、「法定受託事務」とされたものについても、その制度をめぐる情勢の変化などに応じて「自治事務」に変更されることは十分考えられる。これらのことについては、平成一一年の地方分権一括法の国会審議において衆議院における修正で地方分権一括法の附則二五〇条として、「新地方自治法第二条第九項第一号に規定する第一号法定受託事務については、できる限り新たに設けることのないようにするとともに、新地方自治法別表第一に掲げるもの及び新地方自治法に基づく政令に示すものについては、地方分権を推進する観点から検討を加え、適宜、適切な見直しを行うものとする」という規定が追加された。この規定を踏まえ、新たな「法定受託事務」の創設ができる限り控えられ、また不断の見直しが進められることが期待されている。

四 「自治事務」と「法定受託事務」の法的効果

1 条例制定権

以前の「機関委任事務」は、国の事務であり地方公共団体の事務ではないため、地方公共団体の執行機関がその処理を行っていても当該地方公共団体において条例を制定することはできなかった。「法定受託事務」は、「国等が本来果たすべき役割に係るもの」ではあるが、地方公共団体の事務であるから条例を制定することができる。地方公共団体は、自治法一四条一項に基づき、自治法二条二項の事務に関し、条例を制定することができるものであり、これについては、「法定受託事務」と「自治事務」とは区別はされていないのである。ただ、「法定受託事務」は、国等が本来果たすべき役割に係る事務であって、国等においてその適正な処理を特に確保する必要があるものであるから、法律やこれに基づく政令、省令、さらには当該「法定受託事務」の処理についてよるべき基準である処理基準（自治法二四五の九）によってその処理などについて細かく定められる場合も多いものと思われる。

もちろん「自治事務」についても法律やこれに基づく政令に規定することによって、その処理などについて定められることも少なくないが、自治法二条一三項にも規定されているように地方公共団体が地域の特性に応じて処理することができるように特に配慮しなければならない。「法定受託事務」については、このような意味で「法令に違反しない限りにおいて……、条例を制定することができる」（自治法一四Ⅰ）という規定との関係において「法令に違反しない」範囲が一般的には「自治事務」より制約されてくるものと想定される。

2　条例制定権以外の議会の権限

以前の「機関委任事務」については、議会の検査権（検閲・検査権）（自治法九八Ⅰ）及び監査請求権（同条Ⅱ）はかつては対象外であったものを平成三年の改正において原則対象としたが、政令で定められた①当該検査又は監査に際して開示することにより国の安全を害するおそれがある事項に関する事務（当該国の安全を害するおそれがある部分に限る。）、②個人の秘密を害することとなる事項に関する事務（当該個人の秘密を害することとなる部分に限る。）、③地方労働委員会（現在は労働委員会）及び収用委員会の権限に属する事務（労働争議のあっせん、調停及び仲裁等並びに土地の収用に関する裁決等）はなお対象外とされた。また、調査権（自治法一〇〇Ⅰ。いわゆる「百条調査権」）は及ばないこととされていた。

これに対して、地方分権一括法による改正後の制度においては、「自治事務」も「法定受託事務」も、ともに地方公共団体の事務であることから、原則として、検査権（検閲・検査権）及び監査請求権並びに調査権の対象となるものであるが、例外として、法定受託事務については、上述の①～③の事務（ただし、労働委員会の権限に属する事務には法定受託事務はない。）を、自治事務については、③の事務（組織に関する事務及び庶務を除く。）を、検査権（検閲・検査権）及び監査請求権並びに調査権の対象外とすることとしている（自治法九八ⅠⅡ・一〇〇Ⅰ、自治令一二一の四・一二一の五による一二一の四ⅠⅡの準用）。

なお、平成二三年四月に成立した自治法の改正前においては、「法定受託事務」については、議会の議決事項となるのは法律又は政令（これらに基づく条例を含む。）により議会の権限に属する事項とされている場合に限られていた（改正前の自治法九六Ⅰ⑮括弧書・Ⅱ）。このことについて、第二八次地方制度調査会の「地方の自主性・自律性の拡大及び地方議会のあり方に関する答申」（平成一七年一二月）において、「自治事務と同様議決事件の追加を認めることが適当であるものと考えられる。この点については、法定受託事務に関する関与の特性等にかんがみ、法定受託事務と議会の議決との関係の整理について引き続き検討する必要がある。」とした（同答申第二2⑵③「ウ　議会の議決事件の拡大」参照）。そして、第二九次地方制度調査会の「今後の基礎自治体及び監査・議会制度のあり方に関する答申について」において、「法定受託事務も地方公共団体の事務であることからすれば、これを議決事件として追加できるようにすることが適当であるものと考えられる。」とした。この答申を踏まえ、平成二三年四月に成立した自治法の改正により、法定受託事務も、国の安全に関することその他の事由により議会の議決すべきものとすることが適当でないものとして政令で定めるものを除き、議会の議決事項に追加できることとされた（自治法九六Ⅱ。第九章第二節「三　地方公共団体の議会の権限」参照）。

3　監査委員の権限

監査委員の権限として、平成三年の改正において「行政監査」の規定が設けられ（自治法一九九Ⅱ）、かつての「機関委任事務」も原則対象としたが、議会の検査権（検閲・検査権）及び監査請求権で対象外とする事務についての規定を準用し、同じ事項を対象外としていた。地方分権一括法による改正後においても「法定受託事務」及び「自治事務」のいずれについても議会の検査権（検閲・検査権）及び監査請求権並びに調査権と同じ事務が対象外となっている（自治法一九九Ⅱ括弧書、自治令一四〇の五による一二一の三ⅠⅡの準用）。

4 行政不服審査

かつての「機関委任事務」については、国の行政庁等は当該事務に関して、行政不服審査法上の審査請求の制度の上級行政庁とされていた。地方分権一括法による改正後においては、「法定受託事務」も「自治事務」も、ともに地方公共団体の事務であり、特段の法的な措置が講じられない限り、国の行政庁等に対する審査請求はあり得ないこととなる。しかし、国民の立場からすれば、従前「機関委任事務」については、審査請求による救済の途があったものが閉ざされることとなり、その権益が制限されるという見方もあり得る。このようなことから、「法定受託事務」については、代執行制度（自治法二四五の八）をはじめ国により多くの関与の類型が認められ、処理基準を定めることもできる（自治法二四五の九）こととされていることなども勘案して、「法定受託事務」については、国の行政庁等は上級行政庁等ではないことを前提としつつ、一般的に、国の行政庁等への行政不服審査法による「審査請求」を特に認めることとし、自治法二五五条の二においてそのための規定が設けられた。平成二六年六月に成立した新行政不服審査法の施行に伴う新行審法関係法律整備法による自治法改正においては、法定受託事務に係る「審査請求」は、上級庁ではないが国の行政庁等に審査請求するものとし、不作為の場合の審査請求は、当該不作為に係る執行機関に対してもできることとされた（自治法二五五の二Ⅰ）。また、長等が事務を補助する職員等に委任した場合において、その委任に基づいてした処分に係る審査請求につき委任をした長等が裁決をしたときは、当該裁決に不服のある者は、委任をした長等が処分をしたものとした場合における審査請求をすべき者に対して再審査請求をすることができるものとされた（同条Ⅱ）。

5　国等の関与等と関与に関する係（紛）争処理

関与等については自治法第一一章第一節において定めている。以前の「機関委任事務」については国等の一般的・包括的な指揮監督権があり、この中には認可権、訓令権、監視権、取消停止の命令権等が含まれているものとされてきた。地方分権一括法による改正後においては、「自治事務」も「法定受託事務」も地方公共団体の事務であり、国等は、一般的にこのような広範な権限を有するものではなく、国等は法律やこれに基づく政令の規定を根拠としている場合に限って関与を行うことができるということである（関与の法定主義。自治法二四五の二参照）。

自治法を直接根拠として行うことができる関与は、「自治事務」については「技術的な助言又は勧告」「資料の提出の要求」「是正の要求」及び「是正の勧告」に限られており、「法定受託事務」については「技術的な助言又は勧告」「資料の提出の要求」「是正の指示」「代執行」及び「第二号法定受託事務」について特別な場合の「是正の要求」となっている。また、個別の法律等で自治法二四五条の三に規定する関与の基本原則を踏まえてその根拠となる規定が設けられる場合として自治法上想定されている基本的な関与類型としては、「自治事務」については「協議」（ただし、国又は都道府県の計画と地方公共団体の計画との調和を保つ必要がある場合等国又は都道府県の施策と地方公共団体の施策との間の調整が必要な場合を除き、協議を要することとすることのないようにしなければならない（自治法二四五の三Ⅲ）。）、「法定受託事務」については「同意」「許可、認可又は承認」「指示」及び「協議」（ただし、自治事務と同じ場合を除き、協議を要することとすることのないようにしなければならない（自治法二四五の三Ⅲ）。）がある（自治法二四五～二四五の八）。総じていえば、「法定受託事務」は、国等が適正な処理を特に確保する必要があるものであることから、「自治事務」よりも多くの関与の類型が想定されるものである。そして、特に「自治事務」の処理に関しては、「代執行」については、できる限り（政府部内の対応としては自治事務については想定していない。）、「同意」「許可、認可又は承認」「指示」については一定の場合を除き、これらの行為を受け、又は要することとすることのないようにしなければならないとされている（自治法二四五の三ⅡⅣ～Ⅵ）。

また、自治法上、関与ではないが、「法定受託事務」については、国等は当該「法定受託事務」を処理するに当たりよるべき基準である「処理基準」を定めることができる（自治法二四五の九）。

さらに、「自治事務」と同一の内容の事務を国が「並行権限の行使」として処理するときは、原則として、あらかじめ当該地方公共団体に書面による通知をしなければならない（自治法二五〇の六）。

なお、関与についての係（紛）争処理に関して、「自治事務」については、関与の違法性並びに地方公共団体の自主性及び自立性を尊重する観点からの不当性の双方を審査するが、「法定受託事務」については、関与の違法性だけを審査することとされている（自治法二五〇の一四Ⅰ Ⅱ・二五一の三Ⅴによる二五〇の一四Ⅰ Ⅱの準用）。

市町村の不作為に関する都道府県の訴えの提起の制度（自治法二五二）にも市町村の「自治事務」の場合と「法定受託事務」の場合には、都道府県の関与が異なることを反映して、第一三章第三節四「5　市町村の不作為に関する都道府県の訴えの提起」において説明するような差異がある。

6　国における特別配慮義務

法律又はこれに基づく政令により地方公共団体が処理する事務が「自治事務」である場合においては、国は、地方公共団体が地域の特性に応じて当該事務を処理することができるよう特に配慮しなければならない（自治法二XIII）。このことについては、第六節「四『自治事務』に関する特別配慮義務」において説明する。

7　国家賠償法の適用

地方分権一括法では、国家賠償法の改正は行われなかった。「法定受託事務」も「自治事務」も地方公共団体の事務であるから、そのことを前提として国家賠償法が適用されることとなる。国家賠償法一条一項は、「国又は公共団体の公権力の行使に当たる公務員が、その職務を行うについて、故意又は過失によって違法に他人に損害を加えたときは、国又は公共団体が、これを賠償する責に任ずる。」と規定している。従前の「機関委任事務」は、地方公共団体の機関が事務を処理していても、国の公権力を行使しているものと観念して、この規定が適用されてきた。

地方分権一括法による改正後の「自治事務」も「法定受託事務」も、地方公共団体の事務であるから、地方公共団体は国の公権力を行使するのではなく、地方公共団体自体の公権力を行使するものである。この結果、地方公共団体は「自治事務」であれ、「法定受託事務」であれ、地方公共団体として自らの権限を自らの責任において行使することとなるから、国家賠償法一条はそれを前提として適用されることとなる。ただ、「法定受託事務」については、国が様々な関与を行ったり、「処理基準」によって地方公共団体の行為に強い影響を及ぼしている場合が多いものと考えられ、国もそれに応じて責任を負うこととなるものと考えられる。

第四節　市町村の事務・権能と都道府県の事務・権能

一　市町村の事務・権能

自治法二条三項は、「市町村は、基礎的な地方公共団体として、第五項において都道府県が処理するものとされているものを除き、一般的に、前項の事務（筆者注：普通地方公共団体の事務）を処理するものとする。」と規定している。これは、市町村が住民に最も身近な普通地方公共団体であり、住民の日常生活に直結する事務処理を幅広く包括的にその任務とすることを明らかにしたものである。

「基礎的な地方公共団体」とは、現在普通地方公共団体に関する制度が市町村と都道府県の二重構造になっている点に着目し、両者の普通地方公共団体としての性格のうち市町村の性格を示すものとして用いられているものであって、都道府県が市町村を包括する「広域の地方公共団体」（自治法二Ⅴ）であるのに対するものである。それは、市町村が第一次の基本的な普通地方公共団体というべきであることを意味するとともに、法律制度的にも実態的にも優先的に取り扱われるべきものという意味でもあって、自治法二条三項により、法律上地方自治における市町村優先の原則が示されているといえる（第四章第三節「二　普通地方公共団体」参照）。近年においては、こうした市町村優先の原則を前述した補完性の原理（原則）及び近接性の原理（原則）によって説明する場合も少なくない（第二節二「4　補完性の原理と近接性の原理」参照）。また、第二七次地方制度調査会の「今後の地方自治制度のあり方に関する答申」（平成一五年一一月）においては、役割分担の考え方を示し、「市町村は、基礎自治体として地域において包括的な役割を果たしていくことがこれまで以上に期待されており、都道府県は、経済社会活動が広域化、グローバル化する中で、広域自治体としてその自立的発展のために戦略的な役割を果たすべく変容していくことが期待されている」としている（同答申「前文」参照）。

地方分権一括法による改正後の自治法二条三項の規定自体は、改正前の二条四項の規定と同様の規定ぶりではあるが、都道府県が担任する事務の規定の改正と併せてみた場合、市町村優先の原則が一層明確にされたとみることができる。つまり、市町村の処理する事務の範囲については、従来都道府県の事務とされていた「統一的な処理を必要とするもの」が削除されたことから、改正後においてはその範囲が制度的に広がっている。また、自治法二条三項ただし書において、「第五項に規定する事務のうち、その規模又は性質において一般の市町村が処理することが適当でないと認められるものについては、当該市町村の規模及び能力に応じて、これを処理することができる。」とされ、一般の市町村は処理することが適当でないという意味で都道府県が担任することとされる事務についても、個別の市町村の規模及び能力に応じては市町村において処理し得ることを明らかにしている。つまり、改正前のこのただし書の規定は、「通常は都道府県の任務とされる事務」に関するものとされていたのに対し、改正後は、「本来は市町村が処理する事務」であることが前提となっているとも解し得る。市町村の事務・権能の充実強化については、平成二三年六月に閣議決定された「地域主権戦略大綱」において地方分権改革推進委員会の第一次勧告（平成二〇年五月）を勘案して具体的な措置が掲げられた事項（同大綱別紙2）を踏まえて、平成二三年四月に国会に提出され、同年八月に成立した地域の自主性及び自立性を高めるための改革の推進を図るための関係法律の整備に関する法律（第二次改革推進一括法）で措置が講じられたものがある。また、平成二五年六月に成立した第三次改革推進一括法において一部の権限の指定都市、中核市等への移譲が行われている。さらに、都道府県から指定都市への権限移譲等四一事項（別に国から都道府県への権限移譲等六六事項。いずれも政令事項等を含む。）が措置された。その後、地方からの「提案募集方式」による第五次改革推進一括法及び第六次改革推進一括法においても国や都道府県から市町村への権限移譲等が一部措置されている。

平成二三年四月に成立した自治法の改正前には、市町村が住民の日常生活に直結し、地域社会の経営について基礎的な責任を有する行政主体であることに鑑み、市町村は、議会の議決を経てその地域における総合的かつ計画的な行政の運営を図るための基本構想を定め、これに即して行うようにしなければならないことが定められていた（改正前の自治法二Ⅳ）。この規定は、昭和四四年の改正によって規定されたものであるが、その趣旨は、急激な地域経済社会の変動の中にあって市町村が真に住民の負託に応え適切な地域社会の経営の任を果たすためには、市町村そのものが将来を見通した長期にわたる経営の基本を確立することが必要であると考えられたものであり、このことは当時の各種の地域問題に関する諸法制が整備されてきたこととの関連においても改めて強く認識されるに至ったからである。こうした基本的な構想は、当該地域の発展のための各種の具体的な計画の基本となる性格のものと言えよう（都市計画法一五Ⅲ、農業振興地域の整備に関する法律一〇Ⅱ、平成二三年四月に成立した自治法の改正による改正前の国土利用計画法八Ⅱ等参照）。この市町村の基本構想についての改正前の自治法の規定は、地方分権改革推進委員会が第三次勧告において、義務付け・枠付けの見直しで指摘し（同勧告別紙1別表3参照）、地方分権推進計画（同計画第1「3　計画等の策定及びその手続の見直し」参照）に掲げられていることを踏まえ、平成二三年四月に成立した自治法の改正により削られた。このことは、市町村が基本構想といった類のものを持つことは当然のことであって、法律に規定するまでもないということで削られることとされているものと理解するべきであろう。市町村に基本構想の類があることは、いわば基礎自治体であることの〝証《あかし》〟であり、市町村の基本的な構想は、基礎自治体である市町村の〝要素〟ともいえよう。このように考えると、法律の規定の有無にかかわらず、基本構想の類のものは、議会の議決を経て定められるべきであり、また、各種具体的な計画のすべての基本となるべきである（上記の都市計画法、農業振興地域の整備に関する法律の該当規定は改正されておらず、従前どおり「議会の議決を経て定められた当該市町村の建設に関する基本構想に即し、……なければならない。」とされている。）。このことについて、平成二八年二月（二九日）に第三一次地方制度調査会が決定した「人口減少社会に的確に対応する地方行政体制及びガバナンスのあり方に関する答申」において、「地方自治法第九六条第二項に基づき、地方公共団体の基幹的な計画等を議決事件に追加する等の取組を積極的に進めることが必要である。」としている（同答申第3・3⑵「②議決事件の対象」）。

また、上述の第三一次地方制度調査会の答申において、市町村の窓口業務について、「市町村による強い関与が担保されていれば、市町村が直接執行する必要は必ずしもなく、効率的かつ効果的な行政サービスが可能となる場合には、公権力の行使にわたるものを含めた包括的な業務について外部資源を活用して処理できるようにすることが必要である。」とし、また、「市町村間の広域連携が可能な地域においては、……業務執行について、外部資源を活用し、かつ、共同して行える環境を整備すべきである。／市町村間の広域連携が困難な地域においては、……共同で外部資源を活用する必要がある。」としている（同答申第2・2⑴「①外部資源の活用の方向性」及び「②外部資源の共同活用」）。

二　都道府県の事務・権能

自治法二条五項は、「都道府県は、市町村を包括する広域の地方公共団体として、第二項の事務で、広域にわたるもの、市町村に関する連絡調整に関するもの及びその規模又は性質において一般の市町村が処理することが適当でないと認められるものを処理するものとする。」と規定している。

このように、都道府県は市町村を包括する広域の地方公共団体であるとし、都道府県の担任する事務を「広域性」「市町村に関する連絡調整」及び「事務の規模又は性質」という三つの観点から定めているが、限定的な意味合いもあるものである。なお、自治法二条五項は、自治法二条二項において普通地方公共団体の事務とされたものを、都道府県と市町村との間でどのように役割分担すべきかという観点から規定したものであり、都道府県は、これら三種の事務を処理する前提となる事務（例えば、組織、財務等に関する事務など都道府県の存立に係る事務）についても、処理し得ることは当然である。

地方分権一括法による改正前においては、都道府県の処理する事務は、「広域性」「統一的処理」「市町村に関する連絡調整」及び「事務の規模」という四つの観点からの区分がなされていた。地方分権一括法の改正によってこれらのうち、「統一的な処理を必要とするもの」の区分は廃止するとともに、当該区分に属すると考えられていた事務で引き続き都道府県が担任することとなる事務について、「広域にわたるもの」及び「市町村に関する連絡調整に関するもの」についてはそれゆえに都道府県が処理することとし、当該事務が「広域にわたるもの」や「市町村に関する連絡調整に関するもの」の区分には必ずしも該当しない場合は、市町村優先の原則を踏まえれば本来は市町村の事務と考えられても都道府県が処理することとなるものは、一般の市町村では担任することが適当でないがゆえに都道府県が処理することとされている事務として位置付け、一般の市町村で担任することが適当でないとする要因が「事務の規模又は性質」にあると考えられることから、「その規模又は性質において一般の市町村が処理することが適当でないと認められるもの」として引き続き都道府県の処理する事務として明らかにし、都道府県の処理する事務を「広域性」「市町村に関する連絡調整」及び「事務の規模又は性質」という三つの観点からの区分に再構成したものである。なお、一つの事務が視点によって二～三の区分に該当することはあり得るものと考えられる。

「統一的な処理を必要とするもの」の区分を廃止することとしたのは、そもそも、都道府県が「統一的な処理を必要とするもの」というのは、地域の自主性、多様性を尊重して個性豊かな地域社会の実現を図るという地方分権推進の基本理念（かつての地方分権推進法二）にそぐわないこと、どうしても都道府県を単位として統一性を確保する必要性のある事務は、

「広域にわたる事務」又は「市町村に関する連絡調整に関する事務」として理解することができること、統一性を確保するために市町村の事務処理について都道府県が制約を課するような事務については、都道府県と市町村との関係を対等・協力の関係にしようということからも望ましいものではなく、法令に基づくそのような性格の都道府県の事務も広域的視点や市町村間の連絡調整に係る事務として理解される範囲のものとするのが適切であると思われることなどをその理由とするものである。したがって、改正後は、従来であれば「統一的な処理を必要とするもの」ということのみをもって都道府県の事務と位置付けられてきたような事務は、これまでとは異なり、「広域にわたるもの」「市町村に関する連絡調整に関するもの」「規模又は性質において一般の市町村が処理することが適当でないと認められるもの」に該当しない場合には、類型的には都道府県の担任する事務とならないこととなる。「統一的な処理を必要とするもの」の区分の廃止に伴い、実際に廃止された事務としては、地方分権一括法による改正前の地教行法四九条に規定されていた事務が挙げられる。関連して、都道府県が都道府県単位で事務処理の統一性を図る観点から、市町村の「行政事務」に関し、条例で必要な規定を設けることができることとし（いわゆる「統制条例」）、市町村の「行政事務」に関する条例が当該都道府県の条例に違反するときは、これを無効とすると定めていた規定（改正前の自治法一四ⅢⅣ）は、削除された。

このように「統一的な処理を必要とするもの」の区分を廃止することにより、市町村において、より自主・自立性、多様性に富んだ政治・行政の展開が期待できるとともに、これまで都道府県において処理されていた事務について、市町村への配分が促進される効果が期待されるものである。

都道府県が担任する事務である「広域にわたるもの」とは、市町村の区域を超える事務であって多くの市町村にわたるもの、全県的なもの、あるいは複数の都道府県又は全国的なものの当該都道府県の区域におけるもの、のすべてを含むものである。例えば、地方の広範囲の計画の策定や主要な統計調査のように広域にわたる地域を対象として行われる計画の策定や調査、治山治水事業、交通基盤整備等広域にわたる地域を対象として実施される建設事業、公衆衛生の水準の維持、広範囲な環境保全整備等広域にわたる区域を対象にして一定の行政目的の実現又は行政水準の確保を図るものなどがある。

「市町村に関する連絡調整に関するもの」とは、国等や都道府県等と市町村との間の連絡調整、市町村相互間の連絡調整等の事務（市町村間の水平的合意形成等のための都道府県の事務を含む。）を指す。

「その規模又は性質において一般の市町村が処理することが適当でないと認められるもの」とは、事務の規模が大きいため、これを処理するのに大きな財政力を必要とし、一般の市町村の負担に耐えられないもの、事務の性質からして高度な技術力や専門的な能力を必要とするため、一般の市町村ではそのような技術・能力を有するスタッフを確保して当該事務を市町村のレベルで処理することが困難であると思われるものや甚だしく非効率的であると思われるものなどである。もとより、「事務の規模又は性質」の観点から、一般の市町村が処理することが適当ではない事務であっても、市町村優先の原則を踏まえれば本来は市町村が処理することが考えられるものであり、当該事務を適切に処理し得る規模及び能力を有する市町村においては、当該事務を処理することは妨げられるものではない（平成二三年四月に改正された後の自治法二Ⅳ、改正前の同法二Ⅲただし書参照。）。また、この区分に属する事務については、市町村の発展や合併による規模及び能力の拡充によって、市町村が処理することとすることが望ましいとされるケースも少なくないと思われる（なお、第一三章第三節「六『条例による事務処理の特例』の制度」参照）。

なお、地方分権一括法による改正において、都道府県の事務がこのように論理的に整理され、また、普通地方公共団体全体の事務の例示（改正前の自治法二Ⅲ）が廃止されたことに伴い、都道府県の事務の例示も廃止された（改正前の自治法二Ⅵ各号列記参照）。

三　市町村と都道府県の事務処理の競合回避

市町村と都道府県との間の事務・権能の配分については、市町村優先の原則を踏まえてなされるべきものであるが、すべての事務について截然と区分できるわけでもない。特に、上述したように、地方分権一括法による改正により市町村優先の原則は一層に明確になり、例えば「その規模又は性質において一般の市町村が処理することが適当でないと認められるもの」は、本来ならば市町村が処理することが前提となっているともみられるし、また、「広域行政（広域にわたるもの）」でも市町村の相互協力関係としての広域行政処理方式で市町村の事務として処理する方が望ましいものが少なくない。このようなことを考えても、事務処理において市町村と都道府県の「競合」ということは、少なからず起こり得ることであるので、相互に競合しないようにしなければならないことが自治法二条六項に規定されている。

ここで「競合」とは、市町村及び都道府県が相互に同一内容の事務を重複して処理することにより非能率不経済な事態の生ずることをいう。単に同一内容の事務が二重に行われることをすべて「競合」とすべきではない。例えば、病院施設等において相互に需要に応じ切れない場合は「競合」とはならないが、設備過剰となり、相互に又は一方に経営が成りたたないような事態となれば、「競合」といえる。

平成二六年五月に成立した自治法の改正において、指定都市及び包括都道府県の事務の処理について必要な調整を行うため、指定都市都道府県調整会議の設置、協議を整えるための総務大臣の勧告の制度及び指定都市都道府県勧告調整委員の制度を規定しており、これは、自治法二条六項の競合回避及び同条一四項の最少の経費で最大の効果を挙げることの趣旨を達成する必要が認められるときに求める協議に応じ、また、その趣旨を達成するために必要な勧告をするものとされている（改正後の二五二の二一の二～二五二の二一の四。第一四章第二節「六　指定都市都道府県調整会議等」参照）。

第五節　特別地方公共団体の事務・権能

特別地方公共団体の事務・権能については、自治法二条七項において、「この法律に定めるところにより、その事務を処理する」とし、自治法第三編において、各特別地方公共団体ごとに規定している。前述（第四章第三節「三　特別地方公共団体」参照）のように、都の「特別区」、地方公共団体の事務の共同処理等のための「地方公共団体の組合」及び市町村の一部の財産や公の施設の管理処分のための「財産区」があって、事務・権能について共通して規定すべき事項がない。したがって、自治法二条七項を根拠規定として、自治法の各個別の規定（具体的には、自治法の規定に基づく規約又は協議を含む。）により、その処理する事務・権能が定められている。ただし、平成二四年に制定された大都市地域特別区設置法の定めるところによる特別区については、同法の規定により、特別区設置協議会が作成する特別区設置協定書（その一部の事項については、あらかじめ総務大臣に協議しなければならない。）に特別区とこれを包括する道府県の事務の分担に関する事項等が定められることとされている（同法五）。なお、平成二三年四月に成立した自治法の改正前においては、地方公共団体の一定の開発事業を共同して委託し総合的に実施する組織として「地方開発事業団」があったが、改正により地方開発事業団の制度は廃止された（改正前の自治法第三編第五章は削られた。）。改正法の施行の際現に設けられている地方開発事業団（一団体）は、なお従前の例によるとされている（改正法附則三）。また、平成一六年の旧市町村合併特例法の改正及び市町村の合併の特例等に関する法律（平成一六年合併法）の制定により、合併市町村に特別地方公共団体としての「合併特例区」を設けることができることとされ、改正市町村合併特例法にも規定されている「合併特例区」が処理する事務・権能は、これらの法律（具体的には、これらの法律の規定に基づく規約）に定められている。これら特別地方公共団体の事務・権能については、第一五章「特別地方公共団体」において、詳述する。

第六節　国における地方公共団体に関する原則

一　地方公共団体に関する原則の規定の意義

地方分権一括法による自治法の改正により、地方公共団体に対する国の役割等に関する原則等についての規定が整備された。

改正前においては、改正前の自治法二条一二項において、「地方公共団体に関する法令の規定は、地方自治の本旨に基づいて、これを解釈し、及び運用しなければならない……。」という解釈・運用に係る指針（原則）は定められていたが、その他については特別の定めはなかった。これに対して、地方分権一括法による改正において、自治法一条の二第二項で、「国は、……住民に身近な行政はできる限り地方公共団体にゆだねることを基本として、地方公共団体との間で適切に役割を分担するとともに、地方公共団体に関する制度の策定及び施策の実施に当たつて、地方公共団体の自主性及び自立性が十分に発揮されるようにしなければならない。」として、「地方公共団体の役割と国による制度策定等の原則」を定め、また、同法二条一一項から一三項で、地方公共団体に関する法令の規定についての指針（「立法の原則」）、地方公共団体に関する法令の規定の解釈・運用の指針（「解釈・運用の原則」）、自治事務に関する特別な配慮義務（「自治事務に関する特別配慮義務」）について規定している。

これらによって、地方公共団体に対する国のあるべき役割等に関する法的保障の体系が構築されているといえる。

これらのうち、「地方公共団体の役割と国による制度策定等の原則」については、前述した（第二節二「2　地方自治法における国と地方公共団体との役割分担等に関する規定」参照）ところであるので、以下においては、「立法の原則」「解釈・運用の原則」「自治事務に関する特別配慮義務」について説明する。

二　立法の原則

自治法二条一一項において、「地方公共団体に関する法令の規定は、地方自治の本旨に基づき、かつ、国と地方公共団体との適切な役割分担を踏まえたものでなければならない。」と規定されている。これは、地方分権推進委員会の勧告や地方分権推進計画を踏まえて、国会や政府に対して、およそ地方公共団体に関する法令について遵守すべきものを、「立法の原則」として示したものである。

「地方自治の本旨」とは、憲法九二条や自治法一条の地方自治の本旨と同意である（第一章第三節「一　日本国憲法の地方自治に関する規定の意義」及び第三章第三節「地方自治に関する国の立法に係る原則」参照）。憲法九二条では「地方公共団体の組織及び運営に関する事項は、地方自治の本旨に基いて、法律でこれを定める。」としているところであるが、さらに自治法二条一一項において、「地方公共団体に関する法令の規定」すべてが地方自治の本旨に基づいたものであることが求められているものである。

「国と地方公共団体との適切な役割分担」とは、自治法一条の二に規定されている役割分担を意味しているものである（第二節二「2　地方自治法における国と地方公共団体との役割分担等に関する規定」参照）。国と地方公共団体との役割分担に関して、立法の原則という形で規定したものともいえよう。地方自治の本旨と、国と地方公共団体との適切な役割分担とには、重なり合う部分もあるが、完全に一方が他方に包含されているというものではない。これを踏まえ、国と地方公共団体との関係を律する基本的な指針として、地方分権推進法に規定されるなどその重要性についての理解が深まってきた「国と地方公共団体との適切な役割分担」を、立法の原則としても、特に明示的に実定法上定めることとされたものである。

このように、いわば国の責務として「立法の原則」が規定されていることから、国会における法律の制定や、政府における政令・省令等の制定に当たっては、地方自治の本旨と、国と地方公共団体との適切な役割分担とに、適合しているかが吟味されなければならない。

この立法の原則に関連して、国の法令等による地方公共団体等の活動、事務の処理、組織等に関する規律が多く、広範囲にかつ細部に及んでおり、「地方自治の本旨」と「国と地方公共団体との適切な役割分担」との観点から問題があるという指摘が多い。このことについて、第三章第一節「二　地方自治の法構造」を参照されたい。

三　解釈・運用の原則

自治法二条一二項において、「地方公共団体に関する法令の規定は、地方自治の本旨に基づいて、かつ、国と地方公共団体との適切な役割分担を踏まえて、これを解釈し、及び運用するようにしなければならない。」と規定されている。これは、「立法の原則」に加えて、法令の解釈・運用の段階で、本来の趣旨が損なわれることがないよう、法令の解釈・運用を行う者に対して、その原則を遵守するよう定められているものである。地方自治の本旨については、従来から解釈・運用の指針とされていたものであるが、地方分権一括法による改正で自治法二条一一項に「立法の原則」が定められたことを受け、これに平仄を合わせ、国と地方公共団体との適切な役割分担が加えられた。

「地方公共団体に関する法令の規定」とは、従来から、単に自治法、地方公務員法、地方財政法のように主として地方公共団体に係る事項を対象とする法律（地方自治法制）の規定だけを指すのではなく、いかなる法令についても、いやしくも地方公共団体に関する事項を規定した条文があれば、すべてこれらを含むものと解されているところである。

「地方自治の本旨」「国と地方公共団体との適切な役割分担」については、自治法二条一一項の「立法の原則」の規定と同意である。

四　「自治事務」に関する特別配慮義務

自治法二条一三項において、「法律又はこれに基づく政令により地方公共団体が処理することとされる事務が自治事務である場合においては、国は、地方公共団体が地域の特性に応じて当該事務を処理することができるよう特に配慮しなければならない。」と規定されている。これは、地方分権推進委員会の「自治事務」に関する国の立法の原則に係る勧告（平成八年一二月、同委員会第一次勧告第一章２「⑵　地方公共団体の事務に関する国の立法の原則」において「国は、自治事務（仮称）

について基準を定める場合は、全国一律の基準が不可欠で条例制定の余地がないという場合を除き、地方公共団体がそれぞれの地域の特性に応じて対応できるよう、法律又はこれに基づく政令により直接条例に委任し、条例で基準等の付加、緩和、複数の基準からの選択等ができるように配慮しなければならない。」とされていることを参照）の趣旨を踏まえ、「自治事務」一般について地方公共団体が自主性を発揮して事務処理ができるよう国が特に配慮すべき旨規定しているものである。

「特に配慮しなければならない」とは、自治法二条一一項及び一二項の規定の「地方自治の本旨」と「国と地方公共団体との適切な役割分担」とを踏まえて、法令が制定され、解釈・運用されることにより、「自治事務」に限らずおよそ地方公共団体の事務であれば地方公共団体が地域の実情に即して事務の処理ができるよう国が配慮すべきことは前提として、さらに、「自治事務」である場合には、国等が本来果たすべき役割に係る性格を有する「法定受託事務」に比較して、地域の実情に即して地方公共団体が自主性を発揮すべき要請が一層強いものであることを、「特に配慮しなければならない」として明示的に規定しているものである。

第七節　地方公共団体の事務処理の原則

地方公共団体においては、民主的にして能率的な行政の確保が図られ、また、地方公共団体は、住民の福祉の増進を図ることを基本として、地域における行政を自主的かつ総合的に実施する役割を果たさなければならない（自治法一・一の二Ⅰ参照）。この趣旨も踏まえ、地方公共団体の事務処理については「住民福祉増進の原則」「能率化の原則」「合理化・規模適正化の原則」「法令等適合の原則」「総合性・計画性の原則」が定められている。その概要は、以下のとおりである。

1　住民福祉増進の原則

自治法一条の二第一項において、「地方公共団体は、住民の福祉の増進を図ることを基本とし」と定め、同法二条一四項においては、「地方公共団体は、その事務を処理するに当つては、住民福祉の増進に努め……なければならない。」とされている。住民の福祉を増進することは、そもそも地方公共団体の存立の第一義的な目的であり、その事務の処理に当たって住民福祉の増進に努めるべきことは、当然の原則といえる。

2　能率化の原則

自治法一条の目的規定において「地方公共団体における民主的にして能率的な行政の確保を図る」としており、同法二条一四項においては「地方公共団体は、その事務を処理するに当つては、……最少の経費で最大の効果を挙げるようにしなければならない。」とされている。

自治法一条の目的規定は、地方自治の運営が、住民自身の責任において民意に基づいて民主的に行われるものでなければならないと同時に、能率のよい政治・行政の実現を確保し、最少の経費で最大の効果を挙げる行政であることが強く要請されるものであることの意味を包含するものであり、自治法二条一四項の規定は、この自治法の目的規定を、地方公共団体の事務処理の原則として敷衍したものといえよう。

「最少の経費で最大の効果を挙げる」とは、能率性（効率とニーズに合致すること）の概念であり、民主制と並ぶ行政の指導原理とされている。もともとはアメリカ的な行政の考え方を戦後我が国に導入したものとされ、シャウプ勧告を踏まえた「地方行政調査委員会議の勧告（神戸勧告）」（第二節二「1　背景等」参照）に基づき、昭和二七年の改正で追加されたものである。地方自治は住民の責任とその負担によって運営されるものであることから、常に能率的に処理しなければならないことは当然である。

なお、平成一八年に制定された「簡素で効率的な政府を実現するための行政改革の推進に関する法律」（行政改革推進法）及び「競争の導入による公共サービスの改革に関する法律」（公共サービス改革法、市場化テスト法）等について、第二節「四　地方公共団体の事務・事業の範囲とその見直し」を参照されたい。

平成二六年五月に成立した自治法の改正において、上述した（第四節「三　市町村と都道府県の事務処理の競合回避」）とおり、指定都市及び包括都道府県の事務の処理について必要な調整の仕組みが定められることとされた。これは、自治法二条六項の競合回避及び同条一四項の最少の経費で最大の効果を挙げることの趣旨を達成する必要が認められるときに求める協議に応じ、また、その趣旨を達成するために必要な勧告をするものとされている（改正後の二五二の二一の二～二五二の二一の四。第一四章第二節「六　指定都市都道府県調整会議等」参照）。

3　合理化・規模適正化の原則

自治法二条一五項において、「地方公共団体は、常にその組織及び運営の合理化に努めるとともに、他の地方公共団体に協力を求めてその規模の適正化を図らなければならない。」と規定されている。これは、能率化の原則と同じく昭和二七年の改正で追加されたものであり、地方自治行政を能率化する前提として、その組織及び運営の合理化が図られなければならないが、さらに、地方公共団体の区域を適正化してその基礎の強化を図らなければならないことも合わせて、合理化の原則として規定したものである。

なお、市町村の規模の適正化については、その具体化として、市町村合併を推進するために異次にわたる法制度等による措置が講じられてきているところであり、また、広域連合制度の創設等広域行政体制の整備等も図られてきているところである（なお、第五章第三節「市町村の区域と市町村の規模の適正化」参照）。

4　法令等適合の原則

自治法二条一六項において、「地方公共団体は、法令に違反してその事務を処理してはならない。なお、市町村及び特別区は、当該都道府県の条例に違反してその事務を処理してはならない。」と規定されている。これは、地方公共団体の事務処理の原則として、確認的に法令等適合の原則を規定しているものである。後段の「なお書」では、都道府県の条例の効力は、その都道府県の全域に効力があり、単にその都道府県の住民のみならず、その区域内の市町村も対象となり得ることから、市町村及び特別区について、それらを包括する都道府県の条例の優先適用を認めたものである（なお第八章

第二節三「4　『法令に違反しない（市町村又は特別区の条例は、都道府県の条例にも違反しない）こと』との関係――形式的効力に関する法的限界」参照）。

地方公共団体が法令に違反し、また、市町村又は特別区が都道府県の条例に違反して、事務を処理した場合には、これらの地方公共団体の行為は無効とされている（自治法二XVII）。もっとも、法令違反行為が直ちに無効と認定されるものではなく、無効の判定は、通例は具体の事件に係る争訟で最終的には裁判所の判決を待つことを原則とするものと解される。

5　総合性・計画性の原則

地方公共団体が政治・行政を総合的に遂行するべきことに関して、自治法一条の二第一項において、「地方公共団体は、……地域における行政を自主的かつ総合的に実施する役割を広く担うものとする。」と規定されている。この規定については、本章第二節二「2　地方自治法における国と地方公共団体との役割分担等に関する規定」において述べたところである。こうした政治・行政の総合的な対処は、計画的な対処と不可分なものといえる。

平成二三年四月に成立した自治法の改正前の同法二条四項において、「市町村は、その事務を処理するに当たつては、議会の議決を経てその地域における総合的かつ計画的な行政の運営を図るための基本構想を定め、これに即して行なうようにしなければならない。」と規定されていたが、改正により削られた。

この市町村の基本構想等のことについては、前述したところであり（第四節「一　市町村の事務・権能」参照）、自治法の規定の有無にかかわらず、市町村が総合的かつ計画的な行政運営を図るべきことはいうまでもない。都道府県についても総合的かつ計画的な行政の運営を図ることが肝要である。

第八章　自治立法——条例及び規則等

第一節　地方公共団体の自治立法（自主法）の意義と種類

憲法においては、「国会は、国権の最高機関であつて、国の唯一の立法機関である」（憲法四一）と規定されており、法律の制定の権能は、国会に専属し、国の行政機関は、個別の法律の委任なくして法規たる性格を有する政令、省令等を制定することはできない。これに対して、地方公共団体は、憲法上、自治立法（自主立法）を制定する権能を有する（憲法九四・九二参照）。この点で地方公共団体の自治立法（自主法）は、憲法を頂点とする国内の法構造の一部をなすものではあるが、国家法とは一応別個の独自の法体系を形成するものである。なお、憲法九四条の「条例」とは、地方議会の議決による「条例」のみを意味し、「規則」は含まれないとする見解もある（宮澤俊義著・芦部信喜補訂・前掲書七七二〜七七三頁）が、一般的には、憲法九四条の「条例」は、その形式の如何を問わず、地方公共団体の自治立法（自主法）を意味するものと解されている。

地方公共団体の自治立法（自主法）は、条例（自治法一四）及び地方公共団体の長が定める規則（自治法一五）に限られるものではなく、人事委員会又は公平委員会の定める人事委員会規則又は公平委員会規則（地公法八Ｖ）、教育委員会の定める教育委員会規則（地教行法一五）など（自治法一三八の四Ⅱ参照）もまた、その一種であるというべきである（このことについては、異論もある。）。自治法一四条の規定する条例は、国における法律にも相当するものであって、住民の代表者たる議員によって構成する議会の定立するところであり、したがって、その制定範囲ももっとも広汎である。また、自治法一五条に基づく規則は、地方公共団体の長の定めるものであるから、その内容は各執行機関に共通する事項をも規定するのであって、各執行機関の定める規則等に対して優位に立つ場合もあり、単に一執行機関の定める法規という性格に止まらないで当該地方公共団体の自治立法（自主法）として条例と相並ぶ地位にある（自治法一三八の四Ⅱにおいて「……条例又は規則に違反しない限りにおいて」とされていることを参照）。

地方公共団体又はその執行機関が条例又は規則等の形式で自治立法（自主法）を定立することができることを、地方公共団体の権能又は執行機関の権能としてとらえた場合、条例制定権、規則制定権又は規則その他の規程（規則等）の制定権という。

第二節　条　例

一　地方公共団体の条例制定権の根拠等

憲法九四条は、「地方公共団体は、……法律の範囲内で条例を制定することができる」と規定しており、地方公共団体はその有する自治権に基づいて自治立法権（自主立法権）を有する。条例は、その自治立法権（自主立法権）に基づいて普通地方公共団体が定立する自治立法（自主法）の形式である。

地方公共団体の条例制定権の根拠は、憲法にあり（憲法九四・九二）、このことについては、最高裁判所においても「地方公共団体の制定する条例は、憲法が特に民主主義政治組織の欠くべからざる構成として保障する地方自治の本旨に基き〔憲法九二条〕、直接第九四条により法律の範囲内において制定する権能を認められた自治立法にほかならない」としている（最高裁昭二九・一一・二四。同旨、最高裁昭三七・五・三〇）。

条例は、地方公共団体の区域内において適用される自治立法（自主法）ではあるが、国が定立する国法との間に矛盾抵触することなく、国法とともに全体としての国の法秩序を形成するものである（自治法二XVI XVII参照）。元来、地方公共団体が自治権に基づく自治立法権（自主立法権）を有することはもとより、そもそも地方公共団体自体の存立の基礎そのものも憲法をはじめ国法に由来し、地方公共団体の有する権能も国家の統治権に源を発するものであり、地方公共団体は一応国とは別個の独立の存在ではあるが、広い意味では、国家構造の一部を形成しているということができるのと同様に、条例自体もまた、そのような意味では国内の法構造の一部をなすものである。

条例は、後述するように（三「3 『地方公共団体の事務に関するものであること』との関係——自治立法（自主法）としての事項的限界」参照）、地方公共団体の事務に関して定立されるものであり、広く地方公共団体の住民一般の権利義務等に関して規律する法規的性質を有するものと、地方公共団体の内部的な定めであって法規的性質を有しないものとにわたっている。しかしながら、このように規定する事項の内容による条例の区別は、それぞれ具体的な条例についてみれば、同一の条例中に両者の性質を有する規定が設けられる場合も少なくないので、条例の区分としては明確には行い難いといえる。

二　条例制定権の範囲の拡大

1　日本国憲法下での拡大

戦前の制度においても、市制町村制（市制及び町村制）において、市町村の事務又は（及び）住民の権利義務に関し、条例を設けることを得るものとされていた。府県については、当初一般的な規定はなかったことから種々論議のあったところであるが、昭和四年の改正により条例及び規則を設けることを得るものと規定された（もっとも、府県については、別に、地方官官制において、知事等が部内の行政事務について府県令等を発することができ、これが重要な意味をもっていた。）。しかし、前述したように（第七章第一節「地方公共団体の機能（自治権）とその基本的構成」参照）、もともと地方公共団体の権能そのものにおいて、事務の範囲が原則として従前のいわゆる「公共事務」と「（団体）委任事務」に限られており、義務を課し、住民の権利を制限し、自由を規制するような権力的な性質を有する従前のいわゆる「行政事務」の処理権能は一般的には与えられていなかったことから、自治立法（自主法）の有する意味は薄かった。また、一般的に罰則を付することが認められておらずその実効性も欠けるところがあった。

日本国憲法においては、地方自治の章を新たに設けて（憲法第八章）地方自治を保障し、これに伴い地方自治の権能が拡大された。特に、昭和二二年一二月の自治法の改正により、平成一一年の地方分権一括法による改正前の事務の種類の区分とされていた「公共事務」及び「（団体）委任事務」のほかに、「行政事務」の処理の権能が規定されるとともに、「行政事務」の処理に関して必ず条例をもって定めることとされた（地方分権一括法による改正前の自治法二Ⅱ・一四Ⅱ）結果、地方公共団体における条例は、地方自治の運営に大きな変化をもたらし得るばかりでなく、住民の生活にも重要な影響を及ぼし得るものとなった。

しかし、地方公共団体の機関が処理する国の事務である「機関委任事務」については、条例制定権の範囲外であったことから（後述三3「(1) 概要」参照）、地方公共団体の執行機関が処理する事務のかなり多くが、条例制定権の範囲外とされてきたのである。

2　地方分権一括法等による拡大

平成一一年の地方分権一括法による改正等によって、地方公共団体の事務の抜本的な再構成が行われた際、自治法一四条一項の規定の改正は行われなかったが、機関委任事務制度の廃止に伴い、従前の「機関委任事務」のほとんどが地方公共団体の事務とされ、実際に条例制定権の対象となる事務は、大幅に拡大されることとなった。また、改正前の自治法二条三項の事務の例示の規定の中に、「法律に定めることにより、……」とされていたものがあり（改正前の自治法二Ⅲ⑱⑲㉑）、この規定によってそれらについてはすべて法律の定めるところによってしか地方公共団体の事務は処理することができないとする見方もあった（三３「⑵　具体的事項等」参照）が、改正により地方公共団体の例示は削除されたことから、そうした懸念はなくなった。なお「行政事務」の概念も法律の規定上削除されたことから、必要的条例事項を定める自治法一四条二項の規定も「義務を課し、又は権利を制限するには……条例によらなければならない」とされた。これは、「侵害留保の原則」を直接表現することとしたと説明されるが、このことについては、「侵害留保の原則」を表現したものとされることの適否を含めて、後述する（「四　必要的条例事項」参照）。また、地方分権一括法による改正によって、改正前の自治法一四条三項及び四項に規定されていた都道府県が市町村の「行政事務」について条例で必要な規定を設けることができるという、いわゆる「統制条例」の制度については、対等・協力の関係を基本とする都道府県と市町村の新しい関係にふさわしくないものとして削除された（第七章第四節「二　都道府県の事務・権能」参照）。

平成一八年（一二月）に制定された地方分権改革推進法に基づき設置された地方分権改革推進委員会の勧告を踏まえ推進された地方分権改革において、国による義務付け・枠付けの見直しの措置として、義務付け・枠付けを廃止又は縮減できないとして存置する場合でも、その全部又は一部について条例への委任等をするなどの方法を求めていくこととされ（同委員会の第二次勧告（平成二〇年一二月）。なお、「委任」という用語は必ずしも適切ではないと思われる。）、同委員会の第三次勧告（平成二一年一〇月）に示された具体的措置の勧告を勘案して「施設・公物管理基準」等についての条例制定権の拡大が第二次改革推進一括法（平成二三年八月制定）で行われ、また第三次改革推進一括法（平成二五年六月制定）においても追加された。

また、第四次改革推進一括法（平成二六年五月制定）において、国から地方公共団体への移譲等六六事項（政令予定事項等を含む。）が措置され、第五次改革推進法（平成二七年六月制定）、第六次改革推進法（平成二八年五月制定）及び第七次改革推進一括法（平成二九年四月制定）においても国から地方公共団体に一部の事務権限の移譲等が行われているが、該当事項については、法令に違反しない限り、条例制定の対象となり得るものである。

三　条例制定権の範囲

1　条例制定権の範囲と限界について――総論

憲法九四条は、地方公共団体は、「法律の範囲内」で条例を制定することができることを規定している。

地方公共団体の条例は、国法体系・国法秩序の頂点に立つ最高法規である憲法に違反することができないことは当然である。

また、地方公共団体の条例制定権には限界があり、それは、①地方公共団体が処理できない事務・権能があることに伴う制約が存在すること、②条例の形式的効力が法令に劣後することとの関係に伴う制約が存在すること、によるものである。

条例制定権の範囲と限界に関しては自治法一四条一項で、「法令に違反しない限りにおいて第二条第二項の事務に関し」条例を制定することができるとされている。すなわち、「法令に違反しないこと」つまり「形式的効力に関する法的限界」と、「第二条第二項の事務（地方公共団体の事務）に関するものであること」、つまり「自治立法（自主法）としての事項的限界」とである。もっとも、後述するように自治法に規定する「法令に違反しない限りにおいて」とは、憲法の「法律の範囲内で」と同様に解すべきものであることから考えて、法律（これに基づく命令を含む。）と条例の二つの立法権限が競合していて、競合する範囲内で両者が相剋することとなる場合、法令が優先的に適用されて相剋する条例は「法令に違反する」ものとなり、当該事項については地方公共団体の事務・権能とはならず、当該条例が規定する事項は「法律の範囲内」

ではないということとなるので、多くの場合「法令に違反しない限りにおいて」と「第二条第二項の事務に関するもの」と双方に該当し、相互に包含していることとなるのではないかとみることもできる。したがって、今日においてこのように区別する論理的な必然性はあまりなく、具体的事案についての判断や説明をする際の視点といった意味のものともいえる。特に、地方分権一括法による改正によって、国の事務を地方公共団体の長のその他の執行機関に委任して処理させていた機関委任事務制度が廃止されたことから、条例制定権の問題ばかりでなく、一般的に、地方公共団体の事務か国の事務かといったことは、特に憲法や法律で規定するもの以外には、法的に問題になるようなケースは、格段に少なくなっている（あえて挙げれば、経費の負担や職員の事務従事との関係の面などであろう。地財法一〇の四・一二参照）。もっとも、上述したように（二「1　日本国憲法下での拡大」参照）、戦前の地方制度の下においては、地方公共団体の条例制定権は、まずもって「自治立法（自主法）としての事項的限界」による制約が非常に大きかったという経緯については、十分留意されるべきであろう。

なお、法律において国の事務であることを明文により定めているものとして、貨幣の製造及び発行（通貨の単位及び貨幣の発行等に関する法律四Ⅰ）、鉱物を掘採・取得する権利の賦与（鉱業法二）等がある。

自治法一四条の規定の「法令に違反しない限りにおいて」という規定と、憲法九四条の「法律の範囲内で」という規定との文言は異なるが、条例が広い意味での国家の法体系の一部を構成するものであり、自治法の「法令に違反しない限りにおいて」とは、まさにこのことを規定しているものであって、憲法九四条の「法律の範囲内で」と、同様に解すべきものである。

すなわち、「法律の範囲内で」とは、法律が個々の事項について条例の制定を認めることを必要とするのではないかと解される虞《おそ》れもあることから、自治法においてはこの点に関し明確にするために、「（法令に）違反しない限りにおいて」と規定したものと解すべきである。また、憲法が「法律」と規定していることについても、法律に基づく政令その他の命令を含めて違反し得ないと解することを明示するものであり、憲法の場合は、「法律（の範囲内）」として「法律又はこれに基づく命令（の範囲内）」を意味するものといえる。しかしながら、憲法を最高法規とする法秩序全体の構成からして、自治法が「法令」と規定したからといって、法令で憲法が「法律」としている意味とは異なる規定をして、条例制定権を一般的に限定するものとすることはできない。

さらに、条例が、法律、政令、省令等国会又は国の行政機関の定立する法令に違反し得ないということは、国の法令と条例との抵触を避けることではあっても、国の行政機関の定立する省令等の命令が条例の制定を義務付け、又は条例の制定を認可する等の規定をその内容に含むことはできないというべきである。すなわち、少なくとも法律に基づく命令であり、国政全般の見地から、より慎重な検討を経て政府全体の意思決定として制定される政令であることが必要で、省令等以下の形式による義務付けはできないものと解される。このことについては「法律の留保」の考え方や憲法九二条から導かれるものというべきであろう。

なお、「法定受託事務」について定められる「処理基準」（自治法二四五の九）は、「法令」に該当しない。したがって、「処理基準」に適合しない条例は、一般的には、「法令に違反する」ものではない。もっとも、「処理基準」に適合しないことを通じて、「法令に違反する」こととなることはあり得るのではないかと思われる。

地方公共団体の条例は、「憲法に抵触しないこと」はもとより、「法令に違反しないもの」であること、つまり、「形式的効力に関する法的限界」があり、また、「第二条第二項の事務に関するもの」であること、つまり、「自治立法（自主法）としての事項的限界」があるほか、次のような限界がある。

地方公共団体の事務・権能に関するものであっても、少なくとも長その他の執行機関の専属的権限に属するものについては、条例でもって規定することはできず、長の規則又はその他の執行機関の規則その他の規程で定めるべきであるとするのが一般的である。これは「法定立形式としての事項的限界」ということができる。

また、市町村及び特別区は、都道府県の条例に違反して事務を処理してはならない（自治法二XVIなお書・XVII）のであるから、市町村及び特別区の条例は、都道府県の条例に違反してはならない（このことについては、市町村及び特別区の事務処理について規定するもので、条例の形式的効力とは別のものとも考えられるが、効果としては同じであるので、以下において条例の形式的効力に関することに含めて説明する。）。違反するかどうかは、一般的にいって法令に違反するかどうかということと同様である。なお、地方分権一括法による改正前に定められていた（改正前の自治法一四III IV）都道府県の統制条例に関する規定は削除され、統制条例の制度は廃止されたことは、前述したとおりである（二「2　地方分権一括法等による拡大」参照）。

以上のことから、結局、地方公共団体の条例制定権の範囲と限界の問題は、個々具体的には、上述した①憲法に抵触しないこと、②法令に違反しないこと及び市町村又は特別区の条例は都道府県の条例にも違反しないこと（形式的効力に関する法的限界）、③地方公共団体の事務に関するものであること（自治立法（自主法）としての事項的限界）、④長その他の執行機関の専属的権限に属しないこと（法定立形式としての事項的限界）、についての判断に係るものであるといえる。もっとも、①～③は、重複することも多いものである。

以下において、それぞれについて詳述する（既述したような沿革及び説明の便宜上、「自治立法（自主法）としての事項的限界」を「形式的効力に関する法的限界」よりも先に説明する。）。

なお、地方分権の推進に伴い、条例が機能する分野、活用の機会等が相当拡大したことを踏まえつつ、他面で、例えば、様々な地域特有の圧力や感情などから、条例によって個人の保護に欠けるようなことにならないように、条例のもつ機能的な限界にも十分配慮する必要がある。

2　憲法との関係

条例が、国法秩序・国法体系の頂点にある憲法に抵触することがあってはならないことは、いうまでもない。このことは、憲法に抵触するような事項を処理すること、また憲法に抵触するような処理をすることは、地方公共団体の事務・権能であり得ないということでもあり、「自治立法（自主法）としての事項的限界」を逸脱しているものとしても理解できる。以下、具体的には、次のようにいえる。

(1) 憲法による国の専管事項及び「法律の留保」事項

まず、憲法に規定のある国会、司法、国の機関等に関することやこれらの組織・運営に関することについて条例で定めることができないことは、いうまでもない。憲法一〇条に定める「国民たる要件」も、「法律で定める」とされているかどうかにかかわらず、条例で定めることはできないものと思われる。外国艦船に非核証明書の提出を求めることとする港湾管理条例案について、外務省は、我が国への寄港を認めるか否かということは外交関係の処理（憲法七三②参照）に当たる国の事務であるとした（外務省北米局長回答（平一〇・一二・二八））。

また、憲法の規定で、「法律の留保」とされている事項について、憲法上認められる範囲を超えて、法律で条例に授権することは憲法に違反する法律の規定となるし、憲法で国が定立する「法律」のみに留保している場合、当該事項（ある事項について全部のことも一部のこともある。）を条例をもって規定することはできない。

つまり、憲法において国が定立する「法律」の定めについての規定があり、かつ、国が定立する法律以外の法形式を一切排除するという趣旨の「国が定立する法律の留保」事項については、国の命令だけでなく地方公共団体の条例の規定の対象事項ともならない。もっとも、憲法の規定する「法律の留保」は、主として国の法形式である命令による規律を排除する趣旨で設けられていると一般的にみる見解や個々の規定によってはそのようにみる見解もある。そして、憲法の規定で「法律」の定めについて規定しているもののうち、憲法のどの規定が、条例との関係において、どのような意味で、また、どの範囲で、「国が定立する法律の留保」事項としているのか、憲法の規定する「法律」には「条例」が含まれるのかどうかなどといったことについては、それぞれの憲法の規定について、論議のあるものが少なくない。特に、憲法二九条の「財産権の保障」に関する規定、憲法三一条の「罪刑法定主義」に関する規定、憲法八四条の「租税法律主義」に関する規定との関係では、種々の見解がみられるところである。

財産権に関する憲法二九条の規定と条例との関係については、条例による精神的自由権の規制は可能であるのに、より社会的内在的制約があると思われる財産権について規制を認めないのは均衡を失するということも考えられ、条例で財産権に係る規制を行うことができることは、通説であるが、その根拠等については、見解がさらに分かれており、大きくは、①憲法二九条二項の「法律」に「条例」が含まれると解する説、②憲法九二条及び九四条の規定を特則として根拠とする説、③憲法二九条二項の「財産権の内容」に関する定めと「財産権の行使」に関する定めを区別し、後者については憲法二九条二項の問題ではないとする説、がある。いずれにしても、その内容が公共の福祉に適合し、個別法との抵触はなく、かつ、比例原則（「(3)　基本的人権の保障との関係」参照）に反しない限り、条例で財産権の行使について規制を行うことができると解される。また、条例による財産権の制限については、公用収用又は公用制限等に関して条例で規定できるかという問題もあり、このことについては別に説明する（3「(2)　具体的事項等」参照）。

憲法三一条の規定の罪刑法定主義と条例との関係については、別途説明する（「五　条例と罰則」参照）。

憲法八四条の規定の租税法律主義と条例との関係については、条例による地方税の課税権の根拠について、地方税についても憲法八四条を根拠とすべきものとしたうえで憲法八四条の「法律」には「条例」が含まれるとする説（仙台高裁秋田支部昭五七・七・二三参照）と個別的な法律の委任が必要とする説があり、他方で、地方税については、憲法九二条及び九四条の自主財政主義（自治財政権）の規定を特則として根拠とするもの（東京高裁昭五九・二・一五参照）であって憲法八四条は国税に関するものとする説等の論議がある。学説上、後者の見解が有力と思われるが、最高裁判所は、平成二五年三月（二一日）、神奈川県臨時特例企業税判決において、「普通地方公共団体は、地方自治の不可欠の要素として、その区域内における当該普通地方公共団体の役務の提供等を受ける個人又は法人に対して国とは別途に課税権の主体となることが憲法上予定されているものと解される。しかるところ、……普通地方公共団体が課することができる租税の税目、課税客体、課税標準、税率その他の事項については、憲法上、租税法律主義（八四条）の原則の下で、法律において地方自治の本旨を踏まえてその準則を定めることが予定されており、これらの事項について法律において準則が定められた場合には、普通地方公共団体の課税権は、これに従ってその範囲内で行使されなければならない」とした。このことについては実定制度において、自治法二二三条で、「法律の定めるところにより、地方税を賦課徴収することができる」とされ、地方税法二条で、「地方団体は、この法律の定めるところによつて、地方税を賦課徴収することができる」と規定されており、立法的に措置されている。

さらに、憲法において、「法律」と規定されていても、該当事項のすべてについて「国が定立する法律の留保」の原則が適用されるべきものとして定められているとは一般的には解さないのが通説である。例えば、憲法二六条の国民のひとしく教育を受ける権利や義務教育の規定の「法律の定めるところにより」とは、教育制度の基本に係る部分を法律に定めるところによるとしたものであると解される。

ところで、憲法九二条は、「地方公共団体の組織及び運営に関する事項は、……法律でこれを定める」と規定している。ここで「法律」とは、法律に基づかない「命令」が排除されることはいうまでもないが、都道府県の条例も「法律」には含まれない。したがって、都道府県は、市町村の組織又は運営に関する事項については、法律（法律に基づく政令を含む。）の根拠がなければ、都道府県の条例をもって定めることはできない。なお、根拠となる法律（法律に基づく政令を含む。）の規定は地方自治の本旨に基づいているものでなければならない。地方公共団体の組織については、都道府県についても市町村についても、かなりの法令の規定があるが、なお地方自治法制はじめ他の法令にも規定されていない市町村の組織に関する事項を都道府県が地域内の市町村について定めることは、考えられないことではない。しかし、それは、法律（法律に基づく政令を含む。）の規定による特別の根拠がない限り、都道府県の事務・権能に属し得ないものである。市町村の運営については、地方分権一括法による改正前においては、市町村の「行政事務」に関し、都道府県が都道府県単位で事務処理の統一性を図る観点から、都道府県の条例（いわゆる「統制条例」）で必要な規定を設けることができることとし、「行政事務」に関する市町村の条例がこの都道府県の条例に違反するときは、当該市町村の条例は、これを無効とするとされていた（改正前の自治法一四ⅢⅣ）が、改正により都道府県の事務が再構成され、都道府県の事務として改正前の二条六項二号に定められていた「……統一的な処理を必要とする事務に関すること」（統一的処理事務）という規定が削除されるとともに、「統制条例」制度も廃止された。都道府県が市町村の運営に関して定めることを規定する法律の規定は、自治法においても（例えば、市町村が処理する「法定受託事務」について「処理基準」を定めること（自治法二四五の九Ⅱ）等）、また個々の法律においてもみられ、このような場合これらについては、都道府県の執行機関が定めることとされているものと一般的には解されることが多いようであるが、そのような法律の規定に基づく市町村の運営に関する定めについては、条例で規定することを明示していない場合においても条例で規定することができないとはいい切れないと思う（なお、「法定受託事務」の「処理基準」は、自治法二四五条の九第二項において、定める執行機関が規定されており、それらの各執行機関の専管的事項とされていると解される。）。

都道府県の条例により、市町村の運営の面で、都道府県の事務の一部を市町村が処理することとすることができる一般的制度として、「条例による事務処理の特例」の制度が、地方分権一括法による改正により設けられた（自治法二五二の一七の二～二五二の一七の四、地教行法五五）。これは、改正前の都道府県知事の権限に属する事務を市町村長に機関委任できるとされていた制度（改正前の自治法一五三Ⅱ、改正前の地教行法二六ⅢⅣ）を廃止して設けられたものであるが、特に法律で都道府県が市町村の事務・権能について条例で定めることを一般的に認めるものであり、憲法九二条の規定を踏まえつつ都道府県が市町村の運営に関する事項について条例で定めることができる特殊な制度ということができる（第一三章第三節「六 『条例による事務処理の特例』の制度」参照）。

(2)　憲法において禁止又は制限されている地方公共団体の行為に関する事項

憲法において、地方公共団体の行為として禁止又は制限されている事項については、条例でもって規定することはできない。例えば、憲法八九条で禁止する宗教上の組織等に対する公金の支出等に係る事項は、これに該当する。

憲法上、いかなる規制等も行うことなく自由にしておくべきものとする趣旨である事項や公の行為として許されないようなもの、例えば基本的人権について憲法上許されないような制約に係る事項等についてもこれに該当する（基本的人権の保障との関係については、(3)参照。）

(3)　基本的人権の保障との関係

地方公共団体の条例で、義務を課し、又は権利を制限する条例（自治法一四Ⅱ参照）は、その性質上、憲法の保障する基本的人権との関係が問題になることが少なくない。(1)において述べた憲法において「法律の（で）定める」と規定されているものも、人権に関するものが多い（憲法一七・二六・二七Ⅱ・二九Ⅱ・三〇・三一・四〇。もっとも、憲法一七条や四〇条は、基本的人権に関するものとは一般には解されていない。）。

基本的人権は、「侵すことのできない永久の権利」（憲法一一）であって、「立法その他の国政の上で、最大の尊重を必要とする」（憲法一三）のであるが、基本的人権の保障といっても絶対無制限のものではなく、「公共の福祉」（憲法一二・一三参照）のためにおのずから内在的な合理的制約が存する。そして、法律をもって規定し得る事項で、憲法による「国が定立する法律の留保事項」でないものについては、法令に違反しない限り、公共の福祉の観点から法律と同様に条例をもって基本的人権を制約することも可能である。

しかし、その制約は、法律による規制と同様に、必要かつ合理的な最小限度の規制にとどめること（比例原則）が必要である。例えば、昭和五〇年の薬事法の改正以前の薬事法に基づく薬局開設の距離制限について、最高裁判所は、「一般に許可制は、単なる職業活動の内容及び態様に対する規制を超えて、狭義における職業の選択の自由そのものに制約を課するもので、職業の自由に対する強力な制限であるから、その合憲性を肯定し得るためには、原則として、重要な公共の利益のために必要かつ合理的な措置であることを要し、また、それが社会政策ないしは経済政策上の積極的な目的のための措置ではなく、自由な職業活動が社会公共に対してもたらす弊害を防止するための消極的、警察的措置である場合には、許可制に比べて職業の自由に対するよりゆるやかな制限である職業活動の内容及び態様に対する規制によつては右の目的を十分に達成することができないと認められることを要する。」としている（最高裁昭五〇・四・三〇）。

憲法の基本的人権の保障に抵触するかどうかについて、最高裁判所の判例を挙げると、①法の下の平等（憲法一四Ⅰ）との関係で、売春防止法制定以前の〝売春防止に関する条例〟（昭三三・一〇・一五）、②集会、結社及び表現の自由（憲法二一Ⅰ）との関係で、集団示威運動等を規制する〝公安条例〟（昭二九・一一・二四、昭三五・七・二〇、昭五〇・九・一〇）、暴走族等の集会を禁止する〝暴走族追放条例〟（平一九・九・一八）、屋外広告物法に基づく〝屋外広告物条例〟（昭四三・一二・一八）、有害図書の自動販売機への収納を禁止する〝青少年育成条例〟（平九・九・一九、平二一・三・九）、③職業選択の自由（憲法二二①）との関係で、〝金属屑業条例〟（昭三一・四・三）、旧風俗営業等取締法に基づく同法の〝施行条例〟（昭三七・四・四）、公衆浴場法に基づき公衆浴場の設置の基準を定める同法の〝施行条例〟（平元・三・七）、④財産権の保障（憲法二九）との関係で、〝ため池保全条例〟（昭三八・六・二六）を、それぞれ個々具体的な事案について、憲法に違反しないとしている。一方で、上述の昭和五〇年改正前の薬事法に基づく〝薬局開設の距離制限を定める条例〟に関して、薬事法の規定そのものを憲法に違反するとした。

3 「地方公共団体の事務に関するものであること」との関係——自治立法（自主法）としての事項的限界

(1) 概要

地方公共団体は、「第二条第二項の事務に関し、条例を制定することができる」（自治法一四Ⅰ）のであり、地方公共団体の事務・権能でないものについては、条例で規定することはできない。地方公共団体が自治立法（自主法）を定立し得る事項以外の事項であるがゆえに、条例で規定することができないという意味での条例制定権の限界は、「自治立法（自主法）としての事項的限界」といえる。なお、地方公共団体の事務・権能に属する事項であって、地方公共団体の執行機関の専管事項との関係で条例をもってしては規定できない事項があり、これは条例の「法定立形式としての事項的限界」といえる（後述「5『長その他の執行機関の専属的権限に属しないこと』との関係——法定立形式としての事項的限界」参照）。

地方公共団体の事務・権能については、自治法二条二項において「普通地方公共団体は、地域における事務及びその他の事務で法律又はこれに基づく政令により処理することとされるものを処理する。」とされている。この規定の意義、解釈等については、前述（第七章第二節三「1　地方公共団体の事務・権能に係る規定の再構成」参照）のとおりである。

地方公共団体の条例は、このように「地域における事務及びその他の事務で法律又はこれに基づく政令により処理することとされているもの」について規定するものである。

なお、当該地方公共団体にとっての「地域（この「地域」の概念については、第七章第二節三「1　地方公共団体の事務・権能に係る規定の再構成」参照）における事務」でなければ、法律又はこれに基づく政令により処理することとされるもの以外は、条例で規定することはできないが、この場所的な限界のことについては、条例の地域的効力の限界の問題として後述する（六「1　地域的効力」参照）。

条例制定権の「自治立法（自主法）としての事項的限界」については、観念的には、二つのものが考えられる。

その一は、「本来的に地方公共団体の事務・権能に属しないもの」という意味の限界である。他の一は、「国が、法令の規定によって、国等の事務・権能とする（この場合、国等もかかわらないこととする、すなわち、全く空白状態にしておくことを意図するものも含む。）場合又は地方公共団体の事務・権能について規定し、かつ、地方公共団体の事務・権能の範囲の制限等をすることとなる場合で、これらの結果として、地方公共団体の事務・権能としては認められなくなっているもの」という意味の事項的限界である。

厳密な意味での条例制定権の「自治立法（自主法）としての事項的限界」は、前者の意味である。後者は、元来、国と地方公共団体との事務・権能が競合し得るものについて生じる条例制定権の「自治立法（自主法）としての事項的限界」といえるが、それは、国が、事務・権能の「先占」（地方公共団体の事務・権能を排除し、又はその範囲の制約等をする趣旨を含む法令の規定も、結局、「先占」したこととなる。）を国等に認めることの結果としての地方公共団体の条例制定権の事項的な限界である。そうした「先占」は、憲法による「法律の留保」事項以外は、法令の規定によるものであり、その限界は、法令の規定との関係で論議される。その際、「先占」されているかどうかは、法令の文言のみならず、法令の趣旨・目的や立法体系のあり方といった観点からも検討され、判断されるべきであるとされている。そして、全国統一性への必要性が地域的に地方公共団体が規律することの必要性を凌駕している場合に、法的に「先占」も成り立ち得るものである。その必要性、すなわち、より広い基礎のうえにたつ政府によって行われるのがよいのかどうかということは、立法判断の問題である。そして、法令において「先占領域」とされているかどうかは、法令の規定の解釈の問題である。つまり、特定の法令の規定が、地方公共団体の条例制定権との関係において、法令の「先占領域」を有しているのか、その範囲等はどのようなものかということを検討し、条例の規定事項がその「先占領域」に抵触していれば、当該条例の規定は地方公共団体の事務・権能の範囲を逸脱していることとなり、同時に、「法令に違反している」ことでもある。したがって、このことは、「法令に違反するかどうか」という問題として述べる。

最近においては、「先占」という概念が誤解を受けやすいことや概念的観念的に法律の「先占」又は「先占領域」を論じることは現実の法体系にそぐわないこともあって、「法令による先占（又は先占領域）」の概念で論じることは少なくなり、一般には、法令を総合的に解釈して、条例等によって定めることを排除する趣旨のものと解されるかどうかを基準とする考えで説明されている（ただし、以下においては、説明の便宜上、場合によって「先占」や「先占領域」という概念を用いることがあることを承知されたい。）。

地方分権一括法による改正前における「機関委任事務」については、国の事務であり、地方公共団体の事務でないことから条例の制定権の対象外とされていた（機関委任事務に係る事項で、特に法令の規定によって条例で定めることとされていたものもあったが、当該事務の処理に限っては団体事務とみられていた。）。その意味では、ここでいう「自治立法（自主法）としての事項的限界」の外にあったといえるが、そのほとんどは国と地方公共団体が競合し得る事務・権能を国の事務として「先占」しているものであったといえる。競合し得るものであったことは、改正後は、ごく一部の事務を除き、すべて地方公共団体の事務（「法定受託事務」を含む。）とされたことに鑑みて理解できるであろう（ごく一部の事務も、本来的に地方公共団体の事務になり得ないとの視点から判断されたものではない（第七章第二節二「3　地方公共団体に対する事務再配分と事務の配分の方式等」参照））。機関委任事務制度が廃止される前においては、「機関委任事務」は大きなシェアを占めており、しかも、当該「機関委任事務」は国の事務とされるほか、その周辺に、法令の規定はなくても、国の事務の「先占領域」があるとされる場合も少なくなく、そのような場合は、そこまで国の事務の領域が及んでいるとみるのが一般的であった。実際においては、そのような「先占領域」は、個々の法令の解釈の問題とされていたわけであるので、以前においても多くの場合「法令に違反するかどうか」という問題として取り扱われてきたといえる。地方分権一括法により機関委任事務制度は廃止されたことから、国の事務である「機関委任事務」及びその周辺の国の事務の「先占領域」というものはなくなった。そして、かつて「機関委任事務」であった事務についても、地方公共団体が処理する事務についての法令の規定がある場合における条例制定権について、国等の「先占領域」の有無及びその範囲等を検討し、「法令に違反しないかどうか」ということについての判断の問題に帰一することとなっているものとみてよい。

このようなことから、国と地方公共団体との事務・権能が競合し得るものについて生じる「自治立法（自主法）としての事項的限界」の問題は、結局、「法令違反しない限り」という「形式的効力に関する法的限界」の問題であるともいえる。

(2)　具体的事項等

一般的に、「本来的に地方公共団体の事務・権能に属しないもの」としての事項的な限界については、具体的には次のように考えられる。

まず、憲法の規定との関係についてである。

具体的事項についてはすでに「2　憲法との関係」で説明したところである。憲法の規定によって地方公共団体の事務・権能とはなり得ないものについては、地方公共団体の条例制定権の事項的な限界の外にあることは当然である（これを「憲法に違反する」という視点から、「法令に違反する」ことに含めて、「形式的効力に関する法的限界」の問題と考えることもできないわけではないと思われるが、憲法は国法秩序において最高法規であり、国内的には憲法を超えるものはないのであるから、憲法の規定で地方公共団体の事務・権能となり得ないものについては、「法令に違反する」こととは次元を異にするものとして、「自治立法（自主法）としての事項的限界」に関することとして理解する方が適切ではないかと思う。）。

次に、憲法に直接関係の規定はないか、少なくとも明らかではないが、「本来的に地方公共団体の事務・権能に属しないもの」としての「自治立法（自主法）の事項的限界」についてである。

第一に、比較的理解されやすいのは、例えば領土や領海のように、国家間の関係と不可分な国家に関する事項である。なお、国際社会での定めであっても、国内的には法律の措置を要するものについては、当該法律の規定との関係で、地方公共団体の事務にかかわるものもあり得るものであり、そのような場合は、地方公共団体が処理することが「法令に違反するかどうか」という問題になると思われる。

第二に、あえていうなら憲法や法令の具体的な規定とのかかわりでなく、地方公共団体の本質に即していえば、法令が明確に国の事務として留保していない場合でも、（いわば条理上）国全体を通じて画一的制度によるべきものと考えられる事項、影響範囲が一地区を超えて国土全般又は国民全体にわたると考えられる事項等については、地方公共団体は、規制・処理の権限を有しないと解すべきであろうとして、事項等を類型的に掲げる説がみられる（成田頼明『法律と条例（憲法講座4）』（有斐閣）所収二一〇頁以下参照）。すなわち、

① 国全体にわたって画一的な制度によることが好ましいと思われるもの（例えば社会保障制度等）

② 私法秩序の形成等に関する事項（例えば、権利能力や行為能力についての定め、物権の創設、取引の効力の否認、債権の融通性の制限、法人格の付与等）

③ 刑事犯の創設等に関する事項（国法の定める刑事犯の特例についての定め、自然犯的な行為についての刑事法の不備を補うための刑事犯の創設等）

④ その他、対象たる事項が一地方の利害にとどまらず全国民の利害に関係あるもの又は規制の影響の及ぶ範囲が一地方をこえて全国にわたるもの（経済統制の性質をもつ物資の移動統制・価格統制等）

といったものが類型として示されている。

このような見方は、確かに傾聴に値するが、かねてから疑問視する見解も少なくない。まず、④の類型は、類型の概念としては極めて曖昧なものであること、今日のように社会経済活動が広域化し、地域間の関係が濃密なものとなっている実態の下では、④に該当するような事例は決して少なくなく、自治立法（自主法）の事項的範囲を根本において狭めてしまうことになりかねないこと、該当のような事例を条例制定権の事項的範囲内とした法制意見（昭二三・七・二三）等があること、法令の規定中に法令の具体的授権はなくとも地方公共団体が取引の規制を行うことを前提としているような規定がみられること（例えば、土地基本法一三）、ネット取引等の飛躍的拡大が進んでいるがこれらの分野でも地方公共団体の事務・権能が期待されることが少なくないと思われることなどに鑑みて、④の類型を掲げることには問題が多いであろう。また、①の類型にしても、憲法上、そもそも公の主体の行為等として認められないものや国が定立する法律に完全に留保されているものを除けば、例えば社会保障の分野でみられるものをみても、制度設計などの基本的事項は国の事務・権能

としつつ、地方公共団体の事務・権能を大幅に拡大する方向にあり、そのような事項は必ずしも法令の規定の授権がなくても地方公共団体の事務・権能として処理することができるものであろう。②の類型の私法秩序の形成等については、確かに例示に掲げた事項については該当するかのようにみえるが、しかし、例えば、地方分権一括法による各制度の改正においては、従来「機関委任事務」とされていた都道府県の執行機関による法人格の付与等についても、地方公共団体の事務（しかも、一般社団・財団法人法等整備法による改正前の民法の規定による「公益法人」の設立の許可等（一般社団・財団法人法においては一般社団及び一般財団の設立は準拠主義とされている。一般社団・財団法人法等整備法による改正前の民法第一編第二章等参照）は「自治事務」として取り扱われた。）とされているものが少なくないこと、また取引等については、多くの分野で、高度で多様な方途を駆使した取引等が行われるようになっており、それに対しては、消費者、生活者又は地域住民といった立場にたって法的秩序の形成等に、地方公共団体が参画し、取り組むことが求められることがあることなどを考えてみれば、②の類型についても類型的に「自治立法（自主法）としての事項的限界」の外とすることはできないのではないかと思う。そして、③の刑事犯の創設等については、事項の概念としては比較的明確であるが、何が刑事犯であるかということについて一義的に判断し難いものもある。いずれにしても刑法の規定との関係で論じられるべきものではないかと思う。

　このように、①～④までの類型に属するとみられる事項を、類型的に「本来的に地方公共団体の事務・権能に属しないもの」として、「自治立法（自主法）としての事項的限界」の外にあるとすることには、無理がある。結局、このような類型に属する事項については、実定法上、法令の「先占領域」が比較的多く、若しくは広くなり、「先占領域」のように解釈されることとなるということを意味しているものとみるべきであろう。したがって、個々の法令との関係において、「先占領域」の具体的な有無及びその範囲等に関する解釈、すなわち、「法令に違反するかどうか」という「形式的効力に関する法的限界」についての判断とした方が適切であろう。

　第三に、「本来的に地方公共団体の事務・権能に属しない」のではないかとして類型的に論議されてきたものに、特定の公益事業の需要を充たすための公用負担のうち、特定の財産権に対する公用収用及び公用制限等についての問題がある。地方分権一括法による改正前の自治法二条三項の事務の例示の中には、「法律の定めるところにより、地方公共の目的のために動産及び不動産を使用又は収用すること」（同項⑲）及び「法律の定めるところにより、建築物の構造、設備、敷地及び周密度、空地地区、住居、商業、工業その他住民の業態に基く地域等に関し制限を設けること」（同項⑱）という規定があった。そして、後者の一八号の規定にも、警察制限的なもののほか、公用制限的なものも含まれていたとみられていた。これらの条文で「法律で定めるところにより」とされていたことについては、単なる事務の例示であって法律の「先占事項」や「先占領域」としているものでないとみるのが一般的ではあったが、もともと競合的所管事項でなく国だけの所管に係る事務・権能を「法律で定めるところにより」特に地方公共団体が処理することができることとするという意味を含めて規定されていたとするならば、自治法の規定の有無にかかわらず、これらの事務・権能は、本来的には地方公共団体の事務・権能に属しないものであり、法律の授権のある場合に限って地方公共団体の事務・権能となるということになる。もっとも、改正前の自治法二条三項一八号の制限のうち、警察制限的なものについては、特定の公益事業の需要を充たすためのものではないので公用制限等の類型に該当しないし、財産権に対する制限であっても警察制限的なものについては、「本来的に地方公共団体の事務・権能に属しない」とするような見解は、今日ではほとんどみられない（なお、最高裁昭三八・六・二六参照）。したがって、改正前の自治法二条三項一八号の規定に該当する制限のうち、警察制限的なものについては、法律による「先占領域」の解釈、すなわち「法令に違反するかどうか」という問題であるといえる。

もし、公用収用及び公用制限的なことを定めることが「本来的に地方公共団体の事務・権能に属しない」とするならば、どのような理由によるものか明らかにしなければならない。このことを考えてみたとき、結局、憲法二九条の財産権の保障と制限に関する規定との関係を根拠とするより他はないと思われる。憲法二九条の規定は、「私有財産は、……これを公共のために用ひることができる」ことを認めており（同条Ⅲ）、また、財産権は、憲法一二条で定める国民が「公共の福祉のためにこれを利用する責任を負ふ」権利の代表的なものの一つとされている。地方公共団体は、住民の福祉の増進を図ることを基本としており（自治法一の二Ⅰ参照）、地方公共団体が公共の福祉の増進を図るための積極的な作用として、財産を収用し、又は公用制限等を行うことが、「本来的に地方公共団体の事務・権能に属しない」とは、少なくとも直ちにはいえないであろう。そうだとすれば、憲法二九条二項の「財産権の内容は、公共の福祉に適合するやうに、法律でこれを定める」という規定との関係になる。このことと条例による財産権の規制との関係については、上述したとおり（2(1)憲法による国の専管事項及び『法律の留保』事項」参照）、大きく分けて三つの見解があるが、地方公共団体が、元来、住民の福祉の増進を図ることを基本としていることを考えれば、当然積極的に公益事業を推進することは地方公共団体の任務となっており、それに伴う必要かつ最小限の公用収用又は公用制限等の事務・権能についても必須のものであって、「法律」に「条例」が含まれると解する説であっても、また、憲法九二条及び九四条の規定を特則として根拠とするという説であっても、公用収用及び公用制限等について除外する理由はないであろう。「財産権の内容」についての定めと「財産権の行使」についての定めを分ける説との関係については、「財産権の内容」について定めることは、本来的に地方公共団体の事務・権能にはなり得ないとすることが前提となるが、財産権の制限のうち、公用収用及び公用制限等について、公用収用や長期継続的な公用使用と通常の公用制限等とを分けたうえで、憲法二九条の「財産権の内容」に関する定めに該当するかどうかについて論議することとなる。このことについては、「財産権の内容」についての定めとは、財産権自体の内容をいかに定めるか、すなわち「それぞれの財産権がいかなる性質のものであるか、権利者がいかなる範囲、程度においてその財産権に対する支配権を有するか等、それぞれの財産権自体に内在する一般的内容についての定め」と解されているが、通常の公用制限等のみならず公用収用や長期継続的な公用使用についての定めも、このような意味での「財産権の内容」についての定めとは解し難いと思われる。ここで、公用収用や長期継続的な公用使用について定めることは、なお、本来的には地方公共団体の事務・権能とは考え難いとして、その理由をそもそも財産権を強制的に取得するなどの定めは、「財産権の内容」についての定めと同等かそれ以上に財産権に関する規制の許容度を厳密に考えるべきだとする見方もあり得るが、やはりそれは同一の次元で論ずるべきものでないと思われる。関連して、地方分権一括法による制度改正後において、土地収用に関して都道府県知事の認定事業に係る事業認定（土地収用法一七Ⅱ・二〇）等が「自治事務」とされていることにも留意されるべきであろう。

このように考えると、公用収用及び公用制限等については、警察制限的なものとは別のものとして理論的に区分されても、条例制定権の議論としては、本来的に地方公共団体の事務・権能ではないということではなく、土地収用法、都市計画法等の各個別の法律との関係において、法律に定めることが通常であり、地方公共団体の条例制定権の問題もそうした法律の規定における「先占領域」の有無及び「先占領域」の範囲等の解釈、すなわち「法令に違反するかどうか」の問題ということになるのではないかと思われる。

なお、公用収用及び公用制限等において、憲法上、私有財産を正当な補償なくして公共のために用いることはできない（正当な補償なくして公共のために用いることは、国の事務・権能にも、地方公共団体の事務・権能にもなり得ない）こととなっている（憲法二九条Ⅲ）。

第四に、地方分権一括法による改正前の自治法二条一〇項においては、地方公共団体が処理することができない国の事務を規定していた。もともとこの規定については、国防等の事務は規定されておらず、各号に列記されている事務の多くは、事務の性質それ自体が国の専管事項というのではなく、他の法令により国がその事務処理主体となることによって「国の事務」となるものであるため、自治法の規定そのものの意義が疑問視されていた。このようなことから、地方分権一括法による改正により規定は廃止されたが、改正前の自治法二条一〇項に掲げられていた事務は「国の事務」と規定されていたわけであり、自治法の規定の有無にかかわらず、本来地方公共団体の事務・権能に属しないという考え方もあるように思われる。このことについては、改正前の「国の」「国立の」とされていたような事務（改正前の自治法二Ⅹ②③⑤～⑧）は、いずれも上述のように国が処理主体になる限りにおいて「国の事務」なのであり、それらの国の事務について地方公共団体が支援・協力等をすることは考えられるところであるし、業務や施設について他のものと同様に「国」や「国立」のものにも地方公共団体の事務・権能が及ぶことがあることを直ちに否定するわけにはいかないであろう（例えば地財法二三条には、国の営造物を地方公共団体が管理することを前提とした規定がある。）。そうした場合には、地方公共団体が定める条例等の規律の対象にもなるものとしなければならない。結局、これらについては、国が処理主体となることなどを定めた法令との関係において「法令の規定に違反するかどうか」の問題であろう。また、「司法に関する事務（改正前の自治法二X①）」及び「刑罰に関する事務（改正前の自治法二X②）」は、上述した憲法や刑法等に抵触するかどうかの問題であり、「郵便に関する事務（改正前の自治法二X④）」は、郵便に係る「法令に違反しないかどうか」という問題であったということができる。したがって、改正前の自治法二条一〇項各号は、本来的に地方公共団体の事務・権能でない事務を定めていたとみることは適切ではない。

第五に、地方分権一括法による改正により、自治法一条の二において、国と地方公共団体の役割に関する規定が設けられたことと関連して、同条の規定の「国が本来果たすべき役割」に係る事務は、「本来的に地方公共団体の事務・権能に属しない」ということにならないのかという指摘があり得る。しかし、自治法一条の二第一項の国の役割に関する規定は、国の役割を重点化するという（国においては、国が本来果たすべき役割を重点的に担うこととする。）趣旨のものであって、前述したとおり（第七章第二節二「2　地方自治法における国と地方公共団体との役割分担等に関する規定」参照）、国が本来果たすべき役割に係るものでも、住民に身近な行政はできる限り地方公共団体にゆだねることを基本とするものである。したがって、事務・権限については、国の本来果たすべき役割に係るものも地方公共団体の事務・権限となるものは少なくなく（そのうち、その適正な処理を特に確保する必要があるものとして法律又はこれに基づく法令に特に定めるものが「法定受託事務（第一号）」となり、その他は「自治事務」である。）、実定法上もこれらが「本来的に地方公共団体の事務・権限に属しない」ということになっていない。そもそも、国と地方公共団体との役割分担のあり方は、事務・権限の本来的な帰属を画するものではなく、「自治立法（自主法）としての事項的限界」にかかわるような法的効果を有するものではない。

(3) 結論

以上のことを整理すると、次のようになると思う。

「本来的に地方公共団体の事務・権能に属しない」ことから条例制定権の事項的な限界の外と考えられるのは、憲法（第八章の規定も含めて）で当該地方公共団体の事務・権能となり得ないとされる事項と国家間の関係と不可分な国家に関する事項が挙げられる。この中には、憲法の規定が、法律の規定によっても地方公共団体に授権することを認めていないような憲法によって「国が定立する法律に留保されている事項」も含まれる。憲法が、法律の規定によって地方公共団体に授権することを禁止していない場合において、国の法律によって「国が定立する法律に留保」がされている事項かどうか（すなわち法律による法律の「先占領域」に該当する事項かどうか）という問題に関しては、「自治立法（自主法）としての事項的限界」の問題でもあるが、それは結局、当該条例の規定が「法令に違反しないかどうか」という判断になる。

憲法や法律の規定を離れて、また国家間の関係と不可分な国家に関する事項でもない事項について、本来的に地方公共団体の事務・権能に属しない事項はあるかどうかということについては、何に基づいてそれを判断するのかということも漠然としている（条理上ということになるのであろうか。）。そのような見方のある事項について検討してみれば、その結果は、国の法令との関係において、「先占領域」の有無及び「先占領域」の範囲等の解釈を通じて導き出されるものであり、結局、「法令に違反しないかどうか」ということの判断になるものと思われる。

なお、地方公共団体の事務・権能であって、地方公共団体が処理することが「法令に違反しない」ものについても、地方公共団体の執行機関の規則等の専管事項については、後述するように、条例制定権の「法定立形式としての事項的限界」（「5　『長その他の執行機関の専属的権限に属しないこと』との関係――法定立形式としての事項的限界」参照）の外にあり、条例でもって規定することができない（条例でもって規定することが「自治法の規定に違反する」）ことに留意を要する。

4 「法令に違反しない（市町村又は特別区の条例は、都道府県の条例にも違反しない）こと」との関係
——形式的効力に関する法的限界

(1) 概要

地方公共団体の条例は、法令に違反することは、認められない。このことは、自治法一四条一項において、「法令に違反しない限りにおいて……、条例を制定することができる」と規定されている。地方公共団体の条例は、憲法に規定する自治立法権に基づいて地方公共団体が制定する自治立法（自主法）であるが、憲法を頂点とする広い意味での国家の法体系の一部を形成するものであり、憲法九四条においては「法律の範囲内で条例を制定することができる」とされている。この憲法の「法律の範囲内で」という規定は、自治法一四条一項の「法令に違反しない限りにおいて」ということと同様に解すべきこと等については、前述したところである（「1　条例制定権の範囲と限界について——総論」参照）。

また、自治法二条一六項（なお書）には、「市町村及び特別区は、当該都道府県の条例に違反してその事務を処理してはならない。」と規定され、同条一七項には、「前項の規定に違反して行った地方公共団体の行為は、これを無効とする。」としている。条例は、各地方公共団体が処理する事務・権能について定められるものであるから、市町村又は特別区の条例は、「法令に違反しない」ことのほか、「当該都道府県の条例に違反しない」ものでなければならないということになる。「法令に違反しないかどうか（市町村又は特別区の条例は、「当該都道府県の条例にも違反しないかどうか」。以下「法令に違反しないこと」に含めて説明する。）の判定は、決して容易でない場合が少なくない。

法令が明白に条例制定権や自治立法権の限界を規定していれば問題はないが、法令にそのような規定はないのが通常であり、また、そのような規定は設け難く、一般的にいって適切でない。

「法令に違反しないかどうか」については、個々具体的に判断されるべきものであり、「条例が国の法令に違反するかど

うかは、両者の対象事項と規定文言を対比するのみではなく、それぞれの趣旨、目的、内容及び効果を比較し、両者の間に矛盾抵触があるかどうかによつてこれを決しなければならない。……ある事項について国の法令中にこれを規律する明文の規定がない場合でも、当該法令全体の趣旨からみて、右規定の欠如が特に当該事項についていかなる規制をも施すことなく放置すべきものとする趣旨であると解されるときは、これについて規律を設ける条例の規定は国の法令に違反する。……特定事項についてこれを規律する国の法令と条例とが併存する場合でも、後者が前者と別の目的に基づく規律を意図するものであり、その適用によつて前者の規定の意図する目的と効果をなんら阻害することがないときや、両者が同一の目的に出たものであつても、国の法令が必ずしもその規定によつて全国的に一律に同一内容の規制を施す趣旨ではなく、それぞれの普通地方公共団体において、その地方の実情に応じて、別段の規制を施すことを容認する趣旨であると解されるときは、国の法令と条例との間にはなんらの矛盾抵触はなく、条例が国の法令に違反する問題は生じえないのである。」(最高裁昭五〇・九・一〇　徳島市公安条例事件判決)とされている。

このような考え方に沿って、国の法令において、国の事務・権能について規定されている場合も、また地方公共団体の事務・権能について規定されている場合も、さらに法令の規定がない場合も、国の法令の「先占領域」(3「(1)　概要」参照)及び自治立法(自主法)の「形式的効力に関する法的限界」の判断については、地方公共団体の自治立法権を不当に制約することにならないよう十分慎重でなければならない。

ごく一般的にいえば、法令の規定が当該事務の範囲や処理等に関し、網羅的に規定する趣旨のものかどうかということを見極めるべきであるといえるであろう。

国の法令においては、法令の規定と条例との関係自体について、特に規定を設けているもの(単に、法令の規定の中で一定の事項を条例で定める(又は定めることができる)と規定しているものは、ここでいう「法令の規定と条例との関係自体」の規定とは考えない。)がみられる。つまり、法令の規定がある個々具体の分野について、地方公共団体が条例で規定することに係る法令又は法令の規定と条例の関係自体について、法令の規定で言及しているものである。元来、上述の最高裁判所の判決のように、法令の規定と趣旨・目的が異なれば、同一対象事項に対しても原則として地方公共団体が条例で規定することができると一般的に解されるのであるが、はたして具体的な事例が趣旨・目的を異にするのかどうか、また、それが一般的な解釈に該当するようなものなのかといったことについて、確たる判断をし難いことに備えるといった意味も含めて、趣旨・目的のことを含めて規定される場合もある（例えば、騒音規制法二七条一項では、「……当該地域の自然的、社会的条件に応じて、この法律とは別の見地から、条例で必要な規制を定めることを妨げるものではない。」としている。）。

条例との関係自体について定める法令の規定の多くは、条例が先行している場合、法律が制定されることによって、そのままでは地域によって先行する条例よりも規制等が緩和されるなど、既存の条例による法秩序を法令が乱すこととなる場合が生ずることがあり得ることに関連して、かつて、特に公害関係立法の整備が進められた際に、法令の規定と条例との関係が大きな論議となったことから、立法的な措置が講じられたことが、契機になったものということができる。

こうした法令の規定と条例との関係についての法令の規定には、次のようなものがみられる。

① 一般的に、例えば「この法律に規定するもののほか、……に関し条例で必要な規制（定）を定めることを妨げるものではない（定めることができる。）。」というような規定を設けるもの（例、悪臭防止法二三）

② 法令の規定と同一の対象について、例えば、「当該地域の自然的、社会的条件に応じて、この法律とは別の見地から、条例で必要な規制を定めることを妨げるものではない（定めることができる。）。」というような規定を設けるもの（例、騒音規制法二七Ⅰ、振動規制法二三Ⅰ）

③ 法令の趣旨・目的の範囲内ではあるが、法令の規定の対象（手続を含む。）以外の対象について、「必要な規制（定）を定めることを妨げるものではない。」というような規定を設けるもの（例、大気汚染防止法三二、水質汚濁防止法二九、湖沼水質保全特別措置法四三、騒音規制法二七Ⅱ、振動規制法二三Ⅱ、都市計画法一七の二、景観法九Ⅶ）

④　法令の規定の対象について、条例で、法令の規定の規制等よりも、規制等を厳しくし若しくは強化し（基準等若しくは制限等の附加又は厳しい基準等若しくは制限等の設定等）、若しくは規制等を緩和し（基準等若しくは制限等の緩和又は全部若しくは一部の適用除外等）、又はその他変更し、若しくは代えて（替えて、換えて）異なる規定を設ける等を行うことについての規定を設けるもの（大気汚染防止法四、水質汚濁防止法三Ⅲ～Ⅴ、建築基準法四〇・四一・四三Ⅱ・四三の二・四九Ⅱ・六八の二Ⅴ・八五の二・八五の三、騒音規則法四Ⅱ、振動規則法四Ⅱ、都市計画法三三Ⅲ、工場立地法四の二ⅠⅡ、消防法一七Ⅱ、介護保険法四五Ⅵ）

法令における条例との関係に関する規定については、本来条例で規定することができることを確認する、解釈の指針を示す、あるいは例示する意味を有するもの（「確認規定」若しくは「入念規定」又は「例示規定」）なのか、それとも、法令の規定との関係でそのような法令と条例との関係についての規定がなければ条例の規定が「法令に違反する」こととなることについて、条例制定権を特に認める意味を有するもの（「創設規定」）なのか、また、法令中の各規定によってそれぞれ異なる意味を有することとなるものなのか、判然としない場合がある。例えば、「……できる」とされていても、それは、必ずしも創設的な規定とは限らず、確認的な規定でもあり得る。後者の場合は、法令で取り上げられていない事項を条例で規定しても、一般的には「法令に違反する」ものではないといえる。したがって、法令において条例との関係に関する規定が設けられていても、判然としない場合は、結局、法令と条例のそれぞれの趣旨・目的・内容及び効果等を比較し、両者の間に矛盾抵触があるかどうか、国の法令が地方の実情に応じて別段の規制等を行うことを容認するものかどうか（上述の最高裁昭五〇・九・一〇参照）について、検討する必要がある。その際、地方分権一括法による改正によって地方分権の推進の方向に沿って条例制定権の範囲が大幅に拡大していることに留意するとともに、自治法二条一一項から一三項までの規定が設けられていることを十分踏まえて判断されるべきである。

地方分権改革の論議においては、「立法権の分権」を進める方向にあり、このことについて、地方分権推進委員会の勧告（平成八年一二月、第一次勧告）において、「国は、自治事務（仮称）について基準等を定める場合には、全国一律の基準が不可欠で条例制定の余地がないという場合を除き、地方公共団体がそれぞれの地域の特性に対応できるよう、法律又はこれに基づく政令により直接条例に委任し、又は条例で基準等の付加、緩和、複数の基準からの選択等ができるように配慮しなければならない。」とされ、その趣旨を踏まえて自治法二条一三項が規定されたことは、今後の国の立法のあり方の方向を示すものというべきであろう（八2「(3) 法令の規定の有無による分類」参照）。また、地方分権改革推進委員会の第一次勧告（平成二〇年五月）においては、自治事務に関して、国の法令による義務付け・枠付けについて、廃止・縮減するか、仮に存置するとした場合でも、その全部又は一部について、条例への委任又は条例による補正を許容（地方自治体による法令の「上書き」等の確保）するなどの方法を求めていくこととなるとし、第二次勧告（平成二〇年一二月）においては、義務付け・枠付けの見直しの対象になるものについては、廃止又は手続、判断基準等の全部又は一部を条例に委任又は条例による補正（「上書き」）を許容することとのいずれかの見直しを行う必要があるとし、第三次勧告（平成二一年一〇月）において具体的な措置について勧告され、その一部については地方分権改革推進計画（平成二一年一二月）に掲げて、平成二二年に関係法律の整備に関する法律案が国会に提出され、継続審査とされていたが、平成二三年四月に成立した。さらに第二次見直しとして、平成二二年六月に閣議決定された「地域主権戦略大綱」で義務付け・枠付けの見直しと条例制定権の拡大として具体的な措置が提示された事項（同大綱別紙1参照）を踏まえた改革について、平成二三年八月に地域の自主性及び自立性を高めるための改革の推進を図るための関係法律の整備に関する法律（第二次改革推進一括法）が成立した。また、平成二五年六月に成立した地域の自主性及び自立性を高めるための改革の推進を図るための関係法律の整備に関する法律（第三次改革推進一括法）により措置が加えられ、第四次改革推進一括法（平成二六年五月制定）、第五次改革推進一括法（平成二七年六月制定）、第六次改革推進一括法（平成二八年五月制定）及び第七次改革推進一括法（平成二九年四月制定）にも含まれている（第二章第四節「三　さらなる地方分権の推進と地方自治制度の改革」参照）。このような措置により、当該措置を踏まえた条例は法令に違反しないこととなり、条例制定権の範囲は当該事項について拡大している。

なお、法令の規定と条例との関係自体についての法令の規定を設けないで、法令と同一の趣旨・目的であっても、地方公共団体が条例で地域の実情に応じた施策として必要な規制等も行うことがあることを前提として、法令等の規定を設け、又は対応が行われるものがみられることにも留意すべきである（スパイクタイヤ粉じんの防止に関する法律の制定及び施行に際しての経緯や大規模小売店舗立地法一三条の規定等参照）。

(2) 具体的事項とメルクマール等

「法令に違反しないかどうか」について、具体的に問題になった例を取り上げ、前述(1)において述べたことも勘案して、地方公共団体の条例が「法令に違反するかどうか」の検討の際のメルクマール的なものを整理することとする。

例えば、旅館業法四条は、旅館業を営む者は営業の施設について換気、採光、照明、防湿及び清潔その他宿泊者の衛生に必要な措置を講じなければならないこととされ、これらの措置の基準については、都道府県の条例で定めるべき旨が規定されており、法令によって条例で規定しなければならない事項を定めているものであるが、それ以外の事項について条例で定めることを制限しているのかどうかということについては、上述の最高裁判所の判決（徳島市公安条例事件判決）のような視点から別に論議をしなければならない。食品衛生法では、一一条一項の規定により厚生労働大臣が公衆衛生の見地から、食品又は添加物の製造等の基準・規格を定めることができるとされ、器具、容器包装及び表示についても同様の規定があり（同法一八Ⅰ・一九Ⅰ（基準を定めるのは内閣総理大臣））、営業についても、厚生労働大臣は食品又は添加物の製造・加工の過程において有毒な又は有害な物質が混入することを防止するための措置に関し必要な基準を定めることができるとされている（同法五〇Ⅰ）。一方で、都道府県は、営業の施設の内外の清潔保持等の措置に関し、条例で必要な基準を定めることができ（同法五〇Ⅱ）、飲食営業等の営業であって政令で定めるものの施設につき、条例で、業種別に公衆衛生の見地から必要な基準を定めなければならない（同法五一）とされている。この場合に、これらの規定により厚生労働大臣が定める基準・規格の対象と同じ対象についてより高次の基準・規格を定め（いわゆる「上乗せ」）又は厚生労働大臣が定める基準・規格の対象とならない事項について基準・規格を定める（いわゆる「横出し」）ことができるかが、問題とされるのである。前者については、公衆衛生上の見地からは厚生労働大臣が基準・規格を定めた同じ対象については、その基準・規格を具えている限り、法律の各規定と同一の法益に関しては法律はこの基準・規格をもって必要かつ十分な規制であるとしているものであり、条例によってこれより高次の基準・規格を定めることは許されないと一般的には解される。一方、後者については、例えば厚生労働大臣が基準・規格を定めていない食品（同法一一Ⅰ参照）等については、ただ国が公衆衛生上、全国的に統制する必要を認めていないというだけであって、地方公共団体が地方的必要から基準・規格を定めることまでを禁止したものではない、と解されている（法制意見昭二五・二・一六参照）。

また、旅館業法では、施設の設置場所等について都道府県において規制を行うこととし、都道府県知事の許可の基準等を定めている（同法三Ⅲ）が、市町村が同法で定める基準よりも厳しい基準をもって規制することとした場合、当該市町村の条例について、地域特性に対する配慮を重視すれば、同法の規定は、「全国一律に施されるべき最高限度の規制を定めたもので、各地方公共団体が条例により旅館業法より強度の規制をすることを排斥する趣旨まで含んでいると直ちに解することは困難である」としたうえで、その際、規制手段がその必要性に比例して相当なものであることが肯定されなければならないが、この事案については、この比例の原則に反するものとして、違法・無効になるものとした判例がある（福岡高裁昭五八・三・七。なお、最高裁では本件条例の廃止のため上告審で却下）。

その他過去に問題となった事例で、法令との関係で（憲法との関係については、「2　憲法との関係」参照）、条例制定の可能性が否定されたものは、犯罪捜査のための指紋の採取の強制（行実昭二七・一・三一）、河川法が定める以上に規制の強い普通河川の管理（最高裁昭五三・一二・二一）等があり、条例制定が可能とされているものには、寄附金等の取締（行実昭二四・六・一三）、文化財保護に関する条例（行実昭二八・三・一八）、畜犬の取締（行実昭二七・八・二〇）、生産物の検査（行実昭二八・四・二四）、青少年の保護育成（大阪高裁昭四八・一二・二〇、最高裁昭六〇・一〇・二三）、水質汚濁の防止と水道水源の枯渇の防止を目的とする廃棄物処理業の規制（立地規制等）（最高裁平一六・一二・二四）、地下水保全のための井戸設置の規制（東京高裁平二六・一・三〇）等がある。

以上のようなことを踏まえ、(1)に述べたことも勘案して、個々具体的に、地方公共団体の条例が法令に違反するかどうかを検討する際のメルクマール的なものを整理してみると、一般的には次のようになるのではないかと思われる。

① 条例の規定の対象事項（行為（取引、営業等を含み、不作為を含む。）又は行為の結果としての状況、状態等をいう。この場合、行為主体、場所（位置、区間、相互の距離等を含む。）物、（自然物及び人工物）、質、量、時期（期日・期間等を含む。）、方途・方法、手続、態様などが当該行為又は行為の結果の状況、状態等の要素として規定に包含されている場合は、これらの事項を包含した行為又は行為の結果としての状況、状態等をいう。以下同じ。）について、当該対象事項を規律する法令の規定が一切ない（法令の規定が空白の状態）場合

ア 法令の規定がないことが、当該対象事項については、法令や条例による規律を排除する意図であるときは、条例で規定することはできない。例えば、法令の規定を廃止し、その意図がいかなる規制をも施さないことにあることが明らかであるときなどが該当するであろう。

イ アのとき以外は、地方公共団体の事務に属する事項である限り、条例で規定することは、法令に違反しない。

② 条例の規定の対象事項について、当該対象事項を規律する何らかの法令の規定がある場合

ア 条例の規定の対象事項について、該当する同一の対象事項に係る法令の規定があり、その対象事項について当該条例で規定する場合においては、

ⓐ 当該条例の規定が当該法令の規定とは異なる趣旨・目的であるときは、当該条例の規定は、原則として（法令の規定の意図する目的と効果を特に阻害するような場合は、例外となる。）法令に違反しない。

ⓑ　当該条例の規定が法令の規定の趣旨・目的と同一の趣旨・目的であり、かつ、条例の規定の対象事項と同一の対象事項について当該法令の規定があるときに、当該法令の規定と異なる内容（内容としては、規律について届出制を許可制にするなどの方法、態様等の面、基準等の面などが考えられる。）の当該条例の規定（法令による規律に対して「上乗せ規定」と「緩和等の規定」が考えられる。）については、

(i)　当該法令に条例との関係についての明文の規定があり、条例の規律が当該法令の条例に係る規定で定める内容の範囲内（すべて条例の裁量によるものも含む。）であれば、もちろん法令に違反しない。

(ii)　当該法令に条例との関係についての明文の規定があるが、一方で、当該条例の規律が、当該法令の条例に係る規定で定める内容に比して規律の程度、水準、方途・方法、手続、態様等の面で異なる内容（「上乗せ」と「緩和等」が考えられる。なお、法令の規定を条例の規定で「代替」することが認められる場合、当該条例による代替としての「上乗せ」や「緩和等」を含む。以下同じ。）である当該条例の規定については、次のように考えられる。すなわち、当該法令の条例との関係についての規定が条例の規定に関して確認的又は例示的なものであれば、当該法令の当該規定の趣旨を逸脱しない限り、原則として法令に違反しない。当該法令の条例との関係についての規定が創設的（すなわち、本来条例で規定できない場合に条例の規律を可能にする。）で、かつ、条例の規定の範囲等についての限界等を定める趣旨のものであれば、当該法令の条例に係る規定の範囲等と異なる内容の当該条例の規定（「上乗せ規定」又は「緩和等の規定」）は、法令に違反する。なお、当該法令の当該条例との関係についての規定が確認的又は例示的なものであったとしても、条例の規定の範囲等についての限界等を定めることを兼ねて規定する趣旨のものであるならば、当該法令の条例に係る規定の範囲等についての限界等の定めと異なる内容（「上乗せ」又は「緩和等」）の当該条例の規定は、原則として法令に違反すると解されるであろう。

(iii)　当該法令に条例との関係についての明文の規定はなく、条例でもって当該法令の規定と異なる内容を規定する

（「上乗せ」又は「緩和等」）当該条例の規定については、「緩和等の規定」は、効力を有することとならないと思われるが、「上乗せ規定」については、様々な論議のあるところである。今日においては、地方分権の潮流、平成一一年の地方分権一括法による改正後の自治法一条の二、二条一一項から一三項までの規定等や改正前の自治法二条三項の事務の例示の規定の削除等を鑑みて、かなり弾力的に解釈される方向にあるといえるであろう。すなわち、条例による規律のうち、特に基準等の面については、個々具体の法令の規定の背景、趣旨・目的、事務の地域性の如何などによって、法令で定める基準等がとりあえずの全国的な最低の基準等（ミニマム）とみられる場合や全国的に一律に同一内容で規律する趣旨ではないとみられる場合があり、このような場合は、当該条例の「上乗せ規定」は、法令に違反しないと解される（上述の最高裁昭五〇・九・一〇参照）。特に、条例が先行して、法令の規定が後追いしたような場合には、そういったケースがあることに留意を要する（例えば、〝スパイクタイヤ法〟についての経緯参照）。

イ　条例の規定の対象事項について、該当する同一の対象事項に係る法令の規定はあるが、当該条例が当該法令の対象事項以外の事項について対象事項として規定する場合においては、

ⓐ　当該条例の規定が当該法令の規定とは異なる趣旨・目的であるときは、当該条例の規定は、原則として法令に違反しない（上述ア ⓐと同じ。）。

ⓑ　当該条例の規定が法令の規定の趣旨・目的と同一の趣旨・目的であり、かつ、条例の規定の対象事項と同じものの一部について当該法令の規定がある場合に、当該法令が規定する対象事項以外の対象事項についての当該条例の規定（法令による規律に対して「横出し規定」。なお、一般的には国の法令にいわゆる〝スソ切り〟がある場合において、〝スソ切り〟以下の事項を対象とするものを含む。以下同じ。）については、

(i)　当該法令に条例との関係についての明文の規定があり、当該条例に係る法令の規定の対象事項の範囲内（すべ

て条例の裁量によるものも含む。）であれば、もちろん法令に違反しない（上述ア⒝(i)と同じ。）。

(ii)　当該法令に条例との関係についての明文の規定があるが、一方で、当該法令の条例に係る規定の対象事項の範囲外の対象事項についての当該条例の規定（「横出し規定」。なお、法令の規定を条例の規定で「代替」することが認められる場合、当該条例による代替としての「横出し規定」を含む。以下同じ。）については、上述ア⒝(ii)に準じて考えられる。

(iii)　当該法令に条例との関係についての明文の規定はなく、条例でもって当該法令の規定と異なる対象事項について規定する当該条例の規定（「横出し規定」）については、「上乗せ規定」と同様、様々な論議があるところであり、「上乗せ規定」について上述した（ア⒝(iii)）ところと同様であるが、「横出し規定」については、「上乗せ」以上に弾力的に解すべきとする見方も有力である。つまり、対象事項の問題は、一般的に、国が法令で対象事項として いない事項は国として法令で規定することには無関心であるか、全国的に規律することの必要性を認めていないものにすぎないと解し、地方公共団体が地域の実情に応じて条例で規定することは、否定されているものではないとして、この面からの地方公共団体の条例制定権を広く認めるものである。前述した食品衛生法の規定と条例の規定との関係についての法制意見（昭二五・二・一六参照）にもそうした視点が窺えるのではないかと思われる。

ウ　条例の規定の対象事項について、該当する同一の対象事項に係る法令の規定があり、当該条例が当該法令の対象事項及び対象事項以外の事項を共に対象事項として規定する場合においては、

ⓐ　当該条例の規定が当該法令の規定と異なる趣旨・目的であるときは、当該条例の規定は、原則として法令に違反しない（アⓐ及びイⓐと同じ）。

ⓑ　当該条例の規定が、アのⓑ及びイのⓑの双方に該当する場合（すなわち、法令の規定に対して、「上乗せ規定」又は「緩和等の規定」と「横出し規定」の双方を含む場合）については、上述のアⓑ(i)〜(iii)及びイⓑ(i)〜(iii)に準じて、それぞれ

判断することとなる。ただし、次のことに留意すべきである。

その一は、当該法令に条例との関係についての明文の規定があり、しかも「上乗せ」若しくは「緩和等」又は「横出し」のどれかについてだけ規定があるとき、それに該当しない、又は異なる内容の条例の規定についてどう考えるかということである。このような場合も、当該法令の条例に係る規定が確認的若しくは例示的なものか又は創設的なものか、といったことが問題となる。ただ、当該法令で一部についてだけ条例に係る規定がある場合は、どうしても創設的な規定、又は条例の規定の範囲等についての限界等を定める趣旨を含むものと解され、結果として当該法令の条例に係る規定に該当しない、又は異なる内容の条例の当該規定は、法令に違反することとならざるを得なくなるものが多くなるかもしれない。

その二は、「横出し規定」における規定の内容が、法令の直接の規定によるよりも、規律の程度、水準、方途・方法、態様等の面で厳しいものとされる条例の規定（これは、法令の規律に対する「上乗せ」とは異なるが、「上乗せ」の範疇とみてもいいであろう。）のようなものについても、個々具体的に検討して判断すべきものであるが、一般的にいえば、法令の規定による規律の内容との均衡といった視点にも留意する必要があると思われる。

以上、条例が法令の規定に違反するかどうかについて、メルクマール的なものを一般的に整理したが、個々具体的には、法令の規定と条例の規定の背景、経緯等の事情、規定の趣旨・目的、規定の対象事項、規定の内容及び効果等を検討勘案して、個別に判断せざるを得ないものである。

市町村や特別区の条例が都道府県の条例に「違反するかどうか」については、理論的には上述した法令と地方公共団体の条例との関係とほぼ同様と解されるが、市町村や特別区の条例が都道府県の条例に違反するような事例は、都道府県の条例が、義務を課し、又は権利を制限する条例（自治法一四Ⅱ）である場合ということになるというのが一般的な見方である。その場合においても、都道府県の条例で法令の根拠なくして市町村の条例に係る規定を定めることはできないものであり、実際には、上述のメルクマール的なものについても、そのことを念頭に置く必要がある。

なお、地方分権一括法による改正前の自治法一四条三項及び四項において、都道府県は、都道府県の区域内で行政事務の処理の統一性を図ることが特に必要な場合などにおいて、「市町村の行政事務に関し、法令に特別の定があるものを除く外、条例で必要な規定を設けることができる」こととされていた「統制条例」の制度は廃止された（第七章第四節「二　都道府県の事務・権能」参照）。

5 「長その他の執行機関の専属的権限に属しないこと」との関係——法定立形式としての事項的限界

条例は、議会の議決を経て定立される自治立法（自主法）であり、また、規則等は、普通地方公共団体の長その他の執行機関が定立する自治立法（自主法）である（第一節「地方公共団体の自治立法（自主法）の意義と種類」参照）。地方公共団体の事務・権能に属する事項について定める場合、自治立法（自主法）のいかなる法定立形式によるべきかという観点からみて、条例の形式で定め得るとされる範囲の事項は「条例の所管事項」又は「条例事項」、規則等で定め得るとされる範囲の事項は「規則（等）の所管事項」又は「規則（等）事項」という（なお、国の立法と地方公共団体の条例制定権の間での所管事項に関しても「条例の所管事項」又は「条例事項」ということがある。）。条例と規則等は、共に、地方公共団体の事務・権能について定立されるものであり、双方の所管事項には競合が起こり得る。

まず、条例で定める事項と規則等で定める事項とが法令に明示されているものはそれに従う。例えば、自治法上規則等の事項とされているものとしては、長の職務を代理する者がないとき、その職務を代理する上席の職員を定めること（自治法一五二Ⅲ）、選挙管理委員会に関し必要な事項（自治法一九四）、財務に関する必要な事項（自治令一七三の二）等があり、これらについては条例で規定することはできない。なお、逆に、条例で定めることとされている、例えば、地方公共団体の休日を定めること（自治法四の二Ⅰ）、義務を課し、又は権利を制限すること（自治法一四Ⅱ）、特別会計の設置（自治法二〇九Ⅱ）、分担金、使用料、加入金及び手数料に関する事項（自治法二二八Ⅰ）等については、条例が細目的なことや施行に関することを規則で定めることとした場合に限って規則を制定することができるだけであり、条例に代えて規則等を制定して規定することはできない。

次に、法令上は、条例事項とも規則等事項とも規定されていない場合、次のようないくつかの考え方がある。

① 議会の議決事項は限定されていると解し（自治法九六参照）、条例の規定事項は、議会の議決事項に限られ、それ以外には及ばない。――条例規定事項限定

② 地方公共団体の長等の執行機関の専属的権限に属する事項以外の事項は、条例の規定事項である。――規則等規定事項限定

③ 条例でも、規則でも規定し得る競合的所管事項である。この場合、条例の規定が優先的効力を有する。――競合的所管

④ 行政の一般的基準その他基本的な事項は原則として条例事項であり、その他については、個別的・具体的事項は規則事項又は競合的所管事項である。――性質による部分的限定

これらについては、論議はあるが、③が有力な見解といえよう（もっとも、かつての行政解釈は、概ね①の立場をとっていたとされている。）。

関連して留意すべきことは、議会は地方公共団体の意思決定の機関であり、意思決定権限以外には及び得ないのに対して、長等は、所管事項については、地方公共団体の意思を決定することができるとともに、議会が意思決定したことも、自ら意思決定したことも、事務を管理執行する立場にあることである。そこで、地方公共団体が管理執行義務を有する事項に関しては、条例に事務の管理執行について定めをするときはそれに従い、事務の管理執行についての条例の定めがないときは、事務処理の基準等について規則等を定めるのが一般的であろう。国の法律と政令の関係においては、原則として法律に基づかない政令は認められず、政令は法律に基づいて委任された事項又はその実施に関する事項を規定するにす

ぎないものである（憲法七三⑥参照）が、首長制度（首長主義、大統領制、二元代表制）である地方公共団体の条例と規則等との関係は、国の法律と政令との関係とは、本質的に異なるものがあることに留意しなければならない。もっとも、条例でその細目的規定等を規則等にゆだねた場合の条例と規則等の関係は、国の法律と政令との関係とほぼ同様の関係となるものである。

四　必要的条例事項

1　意義及び概要

地方公共団体は、憲法九三条の規定により、地方公共団体の機関・組織について二元的組織原理を採用し、首長制度（首長主義、大統領制、二元代表制）となっている（第九章第一節「地方公共団体の組織機関の概要と特徴」参照）。このような制度の下で、地方公共団体においては、条例（自治法一四）と長の規則（自治法一五）その他の執行機関の規則その他の規程（自治法一三八の四Ⅱ参照）その他執行機関の定めとの間の所管の分配の問題がある（三「5　『長その他の執行機関の専属的権限に属しないこと』との関係――法定立形式としての事項的限界」参照）。

地方公共団体の事務・権能に属する事項で条例と規則等の競合的所管事項については、条例が優先して適用されることは上述のとおりである（上述三5、自治法一三八の四Ⅱ参照）が、それぞれの専属的所管事項については、それに従って定立形式も定まるものである。そして、一定の事項を定めるについて条例という法定立形式が必要とされる場合に、当該事項は「必要的条例事項」とされる。

「必要的条例事項」は、第一に自治法一四条二項に規定する「義務を課し、又は権利を制限する事項で、法令に特別の定めがないもの」があり、第二に、法令の規定において、「地方公共団体における規律は、条例で定めることとされている事項」がある。そのほかにも、事務の性質上、条例によって規律されるべきものと解されるものがあるとされることがあるが、当該事項があるのかかどうか明確でない。

2　権利制限・義務賦課行為

自治法一四条二項は、「普通地方公共団体は、義務を課し、又は権利を制限するには、法令に特別の定めがある場合を除くほか、条例によらなければならない。」と規定している。地方分権一括法による改正前においては、改正前の事務の種類の区分である「行政事務」（改正前の自治法二Ⅱ参照）の概念を用いて、「普通地方公共団体は、行政事務の処理に関しては、法令に特別の定があるものを除く外、条例でこれを定めなければならない。」と規定されていた。改正前のこの規定は、「行政事務」の特質（第七章第二節三「1　地方公共団体の事務・権能に係る規定の再構成」参照）である行政主体が公権力をもって、義務を課し、権利を制限し、自由を規制するような内容をもつ事務を処理する場合には、その事務の処理について必要な事項は条例で定めなければならないとするものであった。

地方分権一括法による改正によって、自治法二条二項における従来の事務の種類の区分は廃止され、「行政事務」の概念に係る規定は削除されることとなった。これに伴って、自治法一四条二項も改正する必要が生じたが、改正前の自治法一四条二項の趣旨を踏襲しながら、「行政事務」という概念を用いずに端的に改正前の自治法一四条二項に該当するような必要的条例事項をどのように規定するかが問題となり、改正前の同法一四条二項の趣旨は、条例に係るいわゆる従来の「侵害留保の原則」を規定していたものととらえ、これを分かりやすく表現することとしたものと説明されている。このことについては、自治法一四条二項の規定が「侵害留保の原則」を規定したものとするには、「侵害留保の原則」について共通した認識が確立されていなければならないが、現実には論議のあるところであるので、むしろ自治法一四条二項は、単純に、義務の賦課や権利の制限を行う（権利制限・義務賦課行為）には法令に特別の定めがある場合を除き、条例の根拠が必要であることを規定したものと理解することが妥当であろう。つまり、改正前の自治法一四条二項の趣旨は、法令に特別の定めがある場合（法律やこれに基づく政令が、地方公共団体の事務処理に当たって地方公共団体の長等が直接住民の権利を制限したり、住民に義務を課したりすることとしている場合、住民の権利の制限や住民に義務を課することについて条例でなく規則等で定めることとしている場合等）を除いて、住民の代表によって構成された地方議会が定める法規である条例で定めなければ、住民の権利を制限したり、住民に義務を課したりすることはできないということであるととらえ、そこで、内閣法（同法一一）等他の法律における同様の趣旨の規定である「義務を課し、又は権利を制限する」という表現が用いられたものと考えられる。ここで、「住民の権利」とか、「住民に義務を課し」という表現を用いなかったのは、地方公共団体の条例が属地的効力を有しており、その客体が「住民」に限られないことを考慮したものである。

このように自治法一四条二項は改正前の自治法一四条二項を基本にその表現が検討されたものであるが、その範囲がまったく同一なのかどうかについては議論があり得る。例えば、以前「公共事務」でもその処理について住民に義務を課すもの、例えば地方税の賦課徴収などについては、改正前の自治法一四条二項の問題ではなかったとも考えることもできるが、改正後においては該当の範囲となったと考えることもできる。また、これまで、「行政事務」の処理についてはすべて必要的条例事項であったと考えると、「行政事務」の処理の一連の過程の中で、権利義務に関係しない事項については必ずしも条例で定める必要はなくなったとする見方もあろう。

行政事務の処理に該当しないとして、これまで漫然と、権利を制限したり、義務を課したりする事項に関する規定を規則等に設けてきた場合には、その規定によって実際に権利を制限したり義務を課したりしようとするものなのかどうかを吟味する必要があり、また、規則等で義務を課したり権利を制限したりする場合には、それが可能となる法令の特別の根拠があるかどうかを検証する必要がある。それが明確でない場合には、条例で規定すべきものとなっているといえる。

自治法一四条二項は必要的条例事項を定めたことにとどまるものであり、これ以外の事項を条例で定めることを特に排除したものではない。

自治法一五条一項において、「普通地方公共団体の長は、法令に違反しない限りにおいて、その権限に属する事務に関し、規則を制定することができる。」ことを定めているが、このことと、自治法一四条二項との関係が問題となり得る。地方分権一括法による改正前において、権利義務に関し条例によらないで規則等で定め、又は長等が直接処理し若しくは措置を講じることができる場合としては、

① 「機関委任事務」である場合

② 「公共事務」に関するものなど改正前の自治法一四条二項の「行政事務」の処理に該当しない場合

③ 法律又はこれに基づく政令若しくは条例により規則等によることとされている場合又は直接長等が処理し若しくは措置を講じることとされている場合

④ 庁舎管理などのように地方公共団体の管理権限に基づいて私人に対する行為制限が認められる場合

の四つが想定されていた。地方分権一括法による改正後は、③及び④だけとなっている。

なお、③のうち、法令でどのような場合に条例によらなくてもよいこととするかということについては議論のあるところである。個別法で自治法の例外を規定していてもそれだけで法制上は問題になるわけではないという考え方もあろうが、自治立法のあり方の基本を規定する自治法が、義務を課し、権利を制限する自治立法の定立形式を「条例」であると規定している以上、立法論としては、個別法で「規則」と指定する場合等には特別に合理的理由が必要とされるものであろう。したがって、「義務を課し、権利を制限する」事項（権利制限・義務賦課行為）について、法令で条例以外の形式で定めることとしているもの（例えば、漁業法六五等）については、自治法一四条二項の趣旨からできるだけ条例で定めることとするよう見直すべきものと考えられる。このようなことから、地方分権一括法により食品衛生法（同法五〇Ⅱ・五一。ただし、都道府県知事が定めることとされていたもので、規則に限られていない。）等について改正されたが、さらに、河川法（同法二八・二九Ⅱ。同法七三・七四・七五ⅠⅡ・七七Ⅰ・七八Ⅰ・九〇Ⅰ・一〇九参照）等について、平成一四年成立した自治法の改正により改正された。

3　その他法令による「必要的条例事項」

自治法一四条二項以外にも、法令の規定で、地方公共団体が当該事項に関して事務を処理し、又は措置を講じる場合の定めについて、必ず条例で定めることとしているものがある。これらの事項も「必要的条例事項」である。

自治法においても、都道府県以外の地方公共団体の名称を変更する条例（同法三Ⅲ）、地方公共団体の事務所の位置に関する条例（同法四Ⅰ）、市又は町の要件を定める条例（同法八Ⅰ④・Ⅱ）、議会議員の定数に関する条例（同法九〇・九一）、議会の議決を要する事項に関する条例（同法九六Ⅰ⑤⑥⑧⑪・九六Ⅱ）、通年の議会とすること等に関する条例（同法一〇二の二ⅠⅡⅥ）、議会の委員会に関する条例（同法一〇九ⅠⅨ）、附属機関の設置等に関する条例（同法一三八の四Ⅲ・二〇二の三Ⅰ）、支庁・地方事務所又は支所・出張所の設置等に関する条例（同法一五五ⅠⅡ）、行政機関の設置等に関する条例（同法一五六ⅠⅡ）、地方公共団体の長の直近下位の内部組織の設置及びその分掌する事務に関する条例（同法一五八Ⅰ）、副知事又は副市町村長を置かないこととする条例及び副知事又は副市町村長の定数を定める条例（同法一六一ⅠⅡ）、職員定数に関する条例（同法一七二Ⅲ）、監査委員に関し必要な事項を定める条例（同法二〇二）、附属機関の設置等に関する条例（同法二〇二の三①）、地域自治区の設置等に関する条例（同法二〇二の四ⅠⅡ・二〇二の五Ⅳ・二〇二の六Ⅱ・二〇二の七Ⅱ・二〇二の八）、議会の議員等に対する報酬等の額等を定める条例（同法二〇三ⅡⅣⅤ）、常勤の職員等に対する給料等の額等を定める条例（同法二〇四ⅡⅢ）、実費弁償に関する条例（同法二〇七）、特別会計の設置等に関する条例（同法二〇九Ⅱ・二一八Ⅳ）、基金の設置等に関する条例（同法二四一ⅠⅧ）、財政状況の公表に関する条例（同法二四三の三Ⅰ）、公の施設の設置及び管理に関する条例（同法二四四の二Ⅰ～ⅣⅨ）、条例による事務処理の特例に関する条例（同法二五二の一七の二Ⅰ）、指定都市の区の設置等に関する条例（同法二五二の二〇ⅠⅡⅦ）、指定都市の総合区の設置等に関する条例（二五二の二〇の二ⅠⅡⅧⅩⅢ）、特別区財政調整交付金に関する条例（同法二八二ⅠⅡ）、財産区の議会又は総会の設置等に関する条例（同法二九五・二九六）等がある。自治法以外においても、「必要的条例事項」は、組織機構の面に関しては、地方教育行政の組織及び運営に関する法律、警察法、地方公務員法、地方公営企業法、消防組織法等にみられ、行政作用の面に関しては、各分野の法令にみられる。なお、行政作用の面に関して各分野の個別法で「必要的条例事項」とされているものは、「権利制限・義務賦課行為」に該当するものが多いといえる。

五　条例と罰則

1　行政罰及び罪刑法定主義との関係

行政上の義務に違反する行為に対して一般統治権に基づき制裁として科される罰を「行政罰」という。これには刑法典上に刑名の定めのある「行政刑罰」と、刑法典上の刑罰ではなく行政上の秩序を維持するための罰の一種として過料を科する「行政上の秩序罰」がある。

自治法一四条三項は、「普通地方公共団体は、法令に特別の定めがあるものを除くほか、その条例中に、条例に違反した者に対し、二年以下の懲役もしくは禁錮《こ》、百万円以下の罰金、拘留、科料若しくは没収の刑又は五万円以下の過料を科する旨の規定を設けることができる。」と規定し、地方公共団体の条例に罰則を設けることができることを定めている。この規定は、地方公共団体の条例に対し、包括的・一般的に、一定の範囲内で罰則規定を定めることができることを認めたものである。

地方公共団体の条例に罰則を設けることができることが認められることと、憲法三一条の罪刑法定主義の原則を定めた規定（「何人も、法律の定める手続によらなければ、その生命若しくは自由を奪はれ、又はその他の刑罰を科せられない。」）との関係については、いろいろ論議のあるところであった。自治法一四条三項の規定に批判的な説は、憲法三一条の規定は、刑罰の定めは国が定立する「法律」によることを建前としていること、憲法七三条六号ただし書では、内閣の定める政令について、「特にその法律の委任がある場合を除いては、罰則を設けることができない。」と規定し、政令で罰則を設けるには、個別具体的な法律による委任がある場合に限っているのに、自治法一四条三項の規定は、包括的・一般的に条例に罰則を設けることを認めたものとなっていること等をその理由としている。

しかし、今日においては、多数説も、判例も、必ずしも一定の論拠によるものではないが、自治法一四条三項の規定は、合憲としている。その論拠については、大別すると次の三つの説がある。

① 条例（準）法律説

これは、憲法三一条は、憲法七三条六号ただし書とあいまって、本来、行政府による刑罰権の乱用を防止するための規定であり、地方公共団体の自治立法（自主法）たる条例に対する一般的委任を禁止するものではない。条例は、住民の代表機関である議会の議決により成立するもので、民主的な法形式であり、実質的には法律に準じて考えることができる。なお、長も直接選挙により選任されるが、公選による者をもって組織する合議体とは本質的に異なるものであり同一には論じられないとする。

② 委任要件充足説

これは、条例に罰則を委任するには、憲法七三条六号ただし書と同様に、明確な法律の委任が必要であるという前提には立つものの、地方公共団体の議会の議決を経た民主的な立法である条例への委任の要件は、政令への委任に比べて、その個別性・具体性が緩和されるとしつつ、その包括性には一定の限度を要するとする。その点につき、自治法一四条三項は、一見包括的な委任規定のようにみえるが、条例の規定事項の範囲は、自治法二条二項の事務に限られ、罰則の範囲も限定されているので、その要件を充足しているとする。

③ 憲法九四条授権説

これは、条例で罰則を設けることができる権限は、憲法九四条から直接与えられたもので、それにはただ法律の範囲内という制約が付されているにすぎない。すなわち、憲法九四条は、地方公共団体が法律の範囲内で条例制定権を有することを定めるが、条例の実効性を担保するための罰則も当然条例で定めることができる。自治法一四条三項は、条例で設け得る罰則の限度を定めたものに過ぎないとする。

このことについての判例は、「大阪市売春勧誘行為等の取締条例事件」における最高裁判所の判例（最高裁昭三七・五・三〇）がリーディング・ケースとされており、この中の多数説は、②の委任要件充足説を採ったものと一般的にはされているが、そのことについては、平成一一年に制定された地方分権一括法による自治法の改正により、改正前の同法二条三項各号の事務の例示は削られているので、今日では②の委任要件充足説がそのまま論拠とはならないであろう。同判決においても、「しかも、条例は、法律以下の法令といっても、上述のように、公選の議員をもって組織する地方公共団体の議会の議決を経て制定される自治立法であって、行政府の制定する命令等とは性質を異にし、むしろ国民の公選した議員をもって組織する国会の議決を経て制定される法律に類するものである」としていることにも、留意する必要があろう。なお、この多数意見に対して、垂水・藤田両裁判官は、補足意見は、「すなわち、条例制定権は憲法第九四条末段から直接与えられたもので、それにはただ『法律の範囲内で』という制約が付されているに過ぎない。（これは憲法三一条の『法律』とは『国会の制定する法律』であるべきことの例外として憲法自身が認めたものである。）」と「憲法九四条授権説」を述べている。

これらの論拠の中では、学説等においては、①の「条例（準）法律説」が通説的であるともいえるが、③説の見解が多くなっている。もっとも①説と③説は、根底の考え方においては共通しているようにも思われる。

2　条例で定める罰則の制約及び限界等

自治法一四条三項において包括的・一般的に条例に罰則を設けることができるとされていても、次のような制約と限界等がある。

第一に、法令が罰則を設けることを禁止し、又は制限することを規定している場合は、それに違反して条例で罰則を設けることはできない。例えば、屋外広告物法三四条には、「第三条から第五条まで及び第七条第一項の規定に基づく条例には、罰金又は過料のみを科する規定を設けることができる。」とされているので、これらの条例には、罰金又は過料以外の罰則は設けることはできない。

第二に、自治法一四条三項の規定に基づき条例で科することができる罰則としては、刑罰（行政刑罰）としては、二年以下の懲役若しくは禁錮、一〇〇万円以下の罰金、拘留、科料又は没収であり、また、五万円以下の過料（行政上の秩序罰）である。なお、各個別法で、これらの限度を超える罰則を条例で定めることができることとされているものもある（例えば、児童福祉法六二条の六及び六二条の七には、都道府県及び市町村は、次の各号のいずれかに該当する者に対し、条例で一〇万円以下の過料を科する規定を設けることができるとされている。障害者の日常生活及び社会生活を総合的に支援するための法律においても、同法一一五条一項、二項及び三項において、条例で一〇万円以下の過料を科することができる規定を設けることができるとされている。平成二六年改正後の地方公務員法六五条には、同法三八条の六第二項の条例にはこれに違反した者に対し一〇万円以下の過料を科する旨の規定を設けることができるとされている。）。

自治法一四条三項に規定する行政刑罰（すなわち「過料」は除かれる。）についても、いわゆる刑法に刑名のあるものとして、原則として刑法総則の規定が適用される（刑法八）。

ところで、いわゆる両罰規定を定めることについて、行政実例は可能である旨の見解を示している（行実昭二五・七・二五）。その理由とするところは、いやしくも、法律が行政罰として条例に違反した者に対して刑罰を科することを認めているゆえんは、一定の行政目的の達成を担保するためであるということはいうまでもないから、条例中にその旨を規定する限り可能であるとするようである。元来、刑法犯にあっては、犯罪能力は自然人に限られるものとされるのであるが、行政犯については法人にも犯罪能力を認め、これに財産刑を科するために、行政法規においては明文をもって特別の規定を設けているものが少なくない（例えば、医薬品、医療機器等の品質、有効性及び安全確保等に関する法律（旧薬事法）九〇、火薬類取締法六二、麻薬及び向精神薬取締法七四、食品衛生法七八、温泉法四二、土地収用法一四五等）。しかるに、自治法一四条三項には、この点に関していえば、「条例に違反した者に対し」と規定し、自然人にのみ限定しているかのようであるが、行政実例は、自治法一四条三項の規定の趣旨に鑑み、条理上当然に、行為者自身のみならず法人に対しても同時に財産刑を科するところの両罰規定は可能であるとするものである。

条例に違反した者には、上述のとおり「過料」を科す旨の規定を設けることもできる（自治法一四Ⅲ）。なお、自治法一五条二項には、地方公共団体の長が制定する規則には「過料」を科する旨の規定を設けることができるとされている。「過料」は、行政罰である金銭罰の一種ではあるが、刑罰である罰金及び科料と区別されるものであり、行政上の秩序を維持するために秩序違反行為に対して科される類のものと解され、このような「過料」は、「行政上の秩序罰」といわれる（「過料」には、そのほか、執行罰としての「過料」（砂防法三六）、懲戒罰としての「過料」（裁判官分限法二、公証人法八〇②）がある。）。地方公共団体が科する「過料」もこのような「行政上の秩序罰」の一種とみるべきものである。「過料」は刑ではないから、刑法総則の適用はない。地方公共団体の長が科する過料に関しては、本法にも定めがみられる（自治法一四九③・一五九Ⅱ（自治令一三二）・二二八ⅡⅢ・二三一の三等）。

自治法一四条三項により、条例で一般的に「過料」を科することができることとされたのは、地方分権一括法による改正において規定されたものであり、それ以前は法令に特別の定めがある場合は別として、地方公共団体の長が定める規則においてのみ、「過料」を科する旨の規定を設けることができるものと一般的には解されていた（自治法一五Ⅱ参照）。すなわち、条例中の罰則について定めていた改正前の自治法一四条五項は、「過料」についての規定はなかった。そして、特別の定めのない限り条例においては、「過料」を科することができないという解釈が通説であった。地方分権一括法により機関委任事務制度を廃止することにより、地方公共団体において処理される事務は、すべて「地方公共団体の事務」となった。これによって、以前「機関委任事務」として専管的に規則で規定すべき事項であったものが条例で規定すべき事項とされることとなるものもあり、また実際上、条例の対象領域が大幅に拡大することとなった。その際、「機関委任事務」であるがゆえに規則において住民の権利の制限を行い、義務を課していたものも、条例において定めることが必要となった。この場合、規則で定められていたときに「過料」を科することとされていた事項が、条例で定められることとなった以上、必ず刑罰の対象とされることとなることは適切でなく、条例においても「五万円以下の過料」を科することができることとしたものである。なお、これに伴って、地方分権一括法による改正前の自治法二四四条の二第七項の規定は、自治法一四条三項の特別の定めとして維持する必要がなくなったことから削除することとされた。

過料（自治法のみならず他の法令に根拠のあるものを含む。）の処分をしようとする場合においては、過料の処分を受ける者に対し、あらかじめその旨を告知するとともに、弁明の機会を与えなければならない（自治法二五五の三）。

過料の処分に不服がある場合に関しては、平成二六年の新行政不服審査法の制定（平成二八年四月一日施行）により整理された。改正前の制度は、改正前の行政不服審査法による不服申立てに対して、①地方公共団体の機関がした過料の処分については、当該処分庁の如何を問わず、すべて当該地方公共団体の長に対して審査請求又は異議申立てをするものとしていたこと、及び②当該地方公共団体の長がした審査請求又は異議申立てに対する裁決又は決定に不服がある場合には、さらに、都道府県知事がした裁決又は決定については総務大臣、市町村長がした裁決又は決定については都道府県知事に再審査請求又は審査請求をすることができるものとしていること、の二点について、行政不服審査法の特例が自治法に定められていた（改正前の自治法二五五の三Ⅱ～Ⅳ）。新行政不服審査法においては、異議申立て、審査請求及び再審査請求を原則的に一段階にし、審査請求に一元化する（新行政不服審査法二～四）こととされており、新行審法関係法律整備法において自治法二五五条の三の規定が改正され、新行政不服審査法における審査請求の規定（同法二・四）がそのまま適用されることとなるものである。これらのこと等については、自治法二〇六条に関して詳述するところを参照されたい。

第三に、個別の法令の規定で条例に罰則を科すことができるとされている同一事項の違反に対して、同一の法益を目的とする条例で別途法令と異なる罰則を設けることはできない。例えば、建築基準法一〇七条においては、同法の規定に基づく各条例には、「これに違反した者に対し、五〇万円以下の罰金に処する旨の規定を設けることができる」とされているので、同法の規定に基づく各条例には、五〇万円以下の罰金以外の罰則は設けることはできない（上述の第一にも該当する。もっとも、過料についての論議はあり得る。）。

第四に、法令の全体の体系、構成等を通じて、均衡上、条例には罰則を設け得ない、又は制約があると解することが相当である場合がある。例えば、消防法九条の四の規定により指定可燃物等の貯蔵及び取扱いの技術上の基準は、市町村条例で定めることとされているが、この条例には、「これに違反した者に対し、三〇万円以下の罰金に処する旨の規定を設けることができる。」（同法四六）とされている（このことは上述の第三の場合と同じ。）。他方、同法九条の市町村の条例については条例の罰則に関する規定はなく、当該条例の違反について同法五条から五条の三の規定の措置命令の対象となった場合に、当該措置命令違反に対して罰則が定められている（同法三九の二の二・三九の三の二・四一Ⅰ①）。この場合、九条の市町村の条例には、別途罰則を設けることができるかどうかという問題があるが、否定的に解さざるを得ないであろう。

3　明確性の原則

刑罰を定める規定が不明確であり、どのような行為が罪になるかが国民（住民）に対して明確でないときは、罪刑法定主義に違反するものとして、違憲無効となるとされる。このことは「明確性の原則」とされる。この「明確性の原則」は、アメリカ合衆国において、連邦憲法の適正手続条項（due process clause）に含まれる法規の明確性の要求との関連における連邦最高裁判所の判決を通じて発展したものである。我が国においても、憲法三一条の下でそのまま当てはまるとされている。

この点で問題になった判決では、公安条例関係事案と青少年保護育成条例関係事案が主なもので、公安条例関係事案では、「徳島市公安条例事件」についての最高裁判所の判決（最高裁昭五〇・九・一〇。三4「(1) 概要」参照）、青少年保護育成条例関係事案では、「福岡県青少年保護育成条例事件」についての最高裁判所の判決（最高裁昭六〇・一〇・二三）が、それぞれ代表的な例として挙げられる。これらの最高裁判所の判決は、「明確性の原則」を肯定したうえで、実際の規定における犯罪の構成要件があいまいで不明確なゆえに憲法三一条に違反するとされるかどうかは、その規定が、通常の判断能力を有する一般人が犯罪の対象となるものと犯罪の対象とならないものとを識別することが可能であるような基準となっているかどうかということによって決定されるということを示していると思われる。

六　条例の効力

条例は、地域的、対人的及び時間的に、一定の限度において、有効に適用されるものである。これが、条例の地域的効力、対人的効力（あるいは単に、人的効力）及び時間的効力の問題である。また、一般的な法原則に基づいて、条例の規定の全部又は一部の効力が失われ、又は適用されないことがある。

1　地域的効力

地方公共団体の自治立法（自主法）である条例は、当該自治権の及ぶ地域、すなわち当該地方公共団体の区域において効力を有し、その効力の及ぶ地域の範囲は、当該地方公共団体の区域内に限られるのが原則である。同時に、地方公共団体の区域内であれば、原則として、住民であると否とを問わず、効力を及ぼす。つまり、属地主義の原則（その効力の及ぶ地域内のすべての人その他の規定対象に対して適用され、その地域外にある人その他の規定対象に対しては適用されないとする原則）が適用されるということである。この点については、最高裁判所が「条例を制定する権能も効力も、……法律の範囲内にある限り原則としてその効力は当然属地的に生ずるものと解すべきである。それゆえ本件の条例は、……その地域に来れる何人に対してもその効力を及ぼすものといわなければならない。」（最高裁昭二九・一一・二四）と判示している。

ただし、条例が地方公共団体の区域外において当該地方公共団体の住民以外の者に対しても一般的に適用される場合としては、次のような場合がある。

その一は、公の施設の区域外設置（自治法二四四の三Ⅰ）の場合である。この場合、公の施設の設置及び管理に関する事項は、条例で定めることとされている（自治法二四四の二Ⅰ）ため、住民以外の区域外の者に対しても効力を有することとなる。例えば、市が隣町に水道を敷設した場合、当該市の条例をそのまま隣町の住民に適用することができる。

その二は、事務の委託（自治法二五二の一四）の場合であり、規約で別の定めをしない場合には、事務の委託を受けた地方公共団体の条例、規則等は、委託した地方公共団体の条例、規則等としての効力を有することとされている（自治法二五二の一六）ので、委託をした地方公共団体の住民にも委託を受けた地方公共団体の条例・規則等が適用されることとなる。

また、特別の場合としては、公租公課について強制徴収を行う場合、対象者が当該地方公共団体の区域外に居住しているときは、地方公共団体の強制徴収権を行使するため必要な限度で区域外で条例が適用される（例えば、固定資産税について地方税法三七三Ⅷ、地方税法の滞納処分の例により処分する分担金等について自治法二三一の三Ⅻ参照）。

さらに、地方公共団体の条例が、当該地方公共団体の区域外においても、当該地方公共団体の条例の規定対象とされ、適用される場合として、当該地方公共団体と特別のつながりをもつ区域外の当該地方公共団体の事務所等の職員や施設等について、必要な条例の規定が適用されることなどが挙げられる。

地方公共団体の区域には、その地域内の河川、湖沼の水面はいうまでもなく、その地域に接続する領海及び上空、地下に及ぶと解されている。また、区域内を通過する自動車、鉄道などにも及ぶものである。なお、都道府県漁業調整規則について、領海及び公海と連接して一体をなす海面に属する海域にその効力が及ぶことを認めた判例がある（最高裁昭四六・四・二二）。

もちろん、条例において、当該地方公共団体の区域のうち、特定の地域に限って条例を適用することも考えられる。なお、特定の行為を制限する場合には、地方公共団体の区域のうちの一定の区域についてのみ制限するという形式がとられることも多いが、このようなものは、条例の効力としては、特定地域にしか及んでいないということではなく、規制の対象となっていない地域については、当該地方公共団体としては規制しないという条例の効力が及んでいると整理すべきであろう。もっとも、このことは都道府県の条例で規制しない地域について、市町村や特別区が条例で規制することができないということには必ずしもならないのであり、要は、都道府県の条例と市町村や特別区の条例との関係の問題ということになる（三「4 『法令に違反しない（市町村又は特別区の条例は、都道府県の条例にも違反しない）こと』との関係――形式的効力に関する法的限界」参照）。

2 対人的効力

地方公共団体の条例は、上述したように、属地主義の原則が適用される。つまり、地方公共団体の区域内においては、当該地方公共団体の住民であると否とを問わず、滞在者、旅行者等に対しても適用される。逆に、当該地方公共団体の区域外にある者に対しては、その者が当該地方公共団体の住民であっても、原則として、当該地方公共団体の条例の適用はないということでもある。もっとも、条例の規定対象となるものに関して、当該地方公共団体の区域内において所有し、又は占有するなどの権益等を有しているような場合には、そのことを通じて当該地方公共団体の区域外にある者であっても、当該地方公共団体の条例が適用されることがあり得るのは当然である。区域外の事務所に勤務する職員に対して、住民でなくても給与や勤務条件等の条例が適用されるのも、この範疇に入るものといえよう。

このほか、加入時において住民であれば、転出した後も続けて加入できる心身障害者扶養共済の事例、区域外の住民に対しても情報公開請求を認めている事例等が挙げられる。これらについては、民間の関係と同様の法律構成をとって行われるサービス的な行政や他の住民にも適用することが当該地方公共団体にもメリットとなり得るような行政に関する条例、規則等は、区域外においても属人的に効力を持ち得るという例として整理できる。

３　時間的効力

条例は、原則として議会が議決した時点で成立するが、その効力を有するようになるためには、公布、施行の手続が必要である（七「３　条例の公布、施行等」参照）。

条例は適式な公布がなされない限り、効力を生じない（最高裁昭二五・一〇・一〇参照）。

なお、「施行」とは区別すべきものとして「適用」の観念がある。「施行」が「その効力を現実に一般的に発動させること」を意味するのに対して、「適用」は「個別の規定を具体の事象に対して働かせること」を意味する。通常は、施行の期日さえ定まれば、当然適用になるのであるが、施行の期日とは別に適用期日が定められることがある。例えば、「この条例は、公布の日から施行し、平成〇年×月△日から適用する。」と定めるような場合である。このような場合、施行期日以降に適用期日が定められ、その適用が施行前の事柄に遡及しないのが原則であり、これを「不遡及の原則」という。ただし、国民の権利利益の侵害を生ずるようなことはなく、むしろ利益をもたらすような場合には、遡及適用が認められる。つまり、一般には、相手方に不利益を与えるような規定については、遡及適用は許されないとされている。

条例（又は条例中の規定）の終期は、条例（又は条例中の規定）の効力の消滅、すなわち一般的には、当該条例（又は条例中の規定）を廃止（条例中の規定の場合は、当該規定についての条例の改正（削除を含む。）を含む。）する条例の施行の期日である。条例の規定中に、効力を有する期限や効力を失う期日（これらの期限又は期日については、不確定なものを含む。）を定めている場合には、その終期の到来により、効力を失う。このような法令、条例等を、限時法・限時条例（又は時限法・時限条例）という。

４　一般的な法原則に基づく失効等

条例は、一般的な法原則に基づき、次のような場合、該当する条例の規定はその効力を失い、又は適用されないこととなる。もし、条例の規定のすべてが該当すれば、条例の全部がその効力を失い、又は適用されないこととなる。

① 既存の条例の規定と抵触する内容の新しい条例の規定が設けられた場合には、既存の条例の規定のうちで抵触する部分について効力は失われる（「後法は前法を廃す」）。

② 一般的事項を定める条例の規定に対して個別の特別事項を定める条例の規定が設けられる場合には、一般的事項についての規定はその部分について適用されない（「特別法は一般法に優先する」）。

③ 国の法令の改廃によって法令の規定に違反し、又は法令上の根拠がなくなることにより、事実上、条例又は条例の規定が効力を失う場合がある。

これらの一般的な法原則によって効力を失い、又は適用されない場合には、必ずしもそれが明確でない場合もあるので、新しい条例を制定する場合や国の法令の制定改廃があった場合には、既存の関係条例を点検する必要がある。

なお、条例の改正又は廃止にかかわらず、その改正又は廃止前の条例の規定を、一定の条件の下に効力を存続させる場合がある。すなわち、経過措置を定める経過規定が置かれる場合であり、通常附則に規定される。もっとも、他の条例の制定改廃に伴う経過規定のみを定めることをその本来の目的とする条例もあり、そのような条例は経過的事項を定めることそれ自体が目的であるので、経過的事項が本則に定められることとなる。

七　条例の制定手続等

条例は、原則として（長の「専決処分」があり得る。自治法一七九・一八〇参照）、議会の議決を経て成立する地方公共団体の自治立法（自主法）であり、次のような段階を経て制定される。

このことは、全く新しく制定する条例も、既存の条例を改正又は廃止する条例も、同様である。

1　条例の提案

条例案の議会への提案は、一般的には、普通地方公共団体の長及び議会の側（議員及び委員会）の双方がこれを有する（自治法一四九Ⅰ・一〇九Ⅵ・一一二Ⅰ）が、条例によっては、提案権がそれぞれに専属しているものがある。

① 普通地方公共団体の長に専属するもの

都道府県の支庁及び地方事務所並びに市町村の支所又は出張所の設置に関する条例（自治法一五五Ⅰ）、行政機関の設置に関する条例（同法一五六ⅠⅡ）、地方公共団体の長の直近下位の内部組織の設置及びその分掌する事務に関する条例（同法一五八Ⅰ）等である。指定都市の区又は総合区の設置等に関する条例（同法二五二の二〇ⅠⅡ、二五二の二〇の二ⅠⅡ）や地域自治区の設置等に関する条例（二〇二の四ⅠⅡ等）も同様であろう。

② 議会の側にのみに提案権の専属しているもの

常任委員会、議会運営委員会及び特別委員会の設置に関する条例・委員会に関する条例（自治法一〇九Ⅰ Ⅸ）、市町村の議会事務局の設置に関する条例（同法一三八Ⅱ）等である。

なお、このほか、条例の制定又は改廃の請求によるもの（自治法一二Ⅰ・七四Ⅰ。長が議会に意見を附けて付議することとなるが、原案のまま付議するものであるので実質的には住民が提案権を有すると同様に解されている。）、財産区の議会又は総会設置条例の提案（同法二九五。都道府県知事の提案）のように特殊な場合もあることに注意すべきである。また、教育に関する事務についての条例案の作成に際しては、教育委員会の意見を聴かなければならないこととされている（地教行法二九）。

地方公共団体の長は、条例があらたに予算を伴うこととなるものであるときは、必要な予算上の措置が適確に講ぜられる見込みが得られるまでの間は、議会に提出してはならない（自治法二二二Ⅰ）。

なお、条例の規定事項の中には、法律の規定によって国（市町村及び特別区の場合は、国又は都道府県）との協議等が必要とされているものがある（例えば自治法三Ⅳ・四の二Ⅲ等）ことに留意を要する。

2 条例案の議決

条例案の議決は他の議案と同様「出席議員の過半数でこれを決する」（自治法一一六Ⅰ）のであるが、特殊な場合にこの過半数議決の例外がある。すなわち、普通地方公共団体の長が条例の制定又は改廃を再議に付した場合について出席議員の三分の二以上の者の同意が必要であり（自治法一七六ⅠⅢ）、また、地方公共団体の事務所の位置を定め又はこれを変更する条例の制定又は改廃について出席議員の三分の二以上の者の同意が必要とされ（自治法四Ⅲ）、さらに、条例で定める重要な公の施設のうち特に重要なものについて、これを廃止する条例について出席議員の三分の二以上の者の同意が必要とされる（自治法二四四の二Ⅱ）。

また、地方公務員法に基づき職員等に関する事項についての条例を制定、改廃しようとする場合は、議会において、人事委員会の意見を聞かなければならないこととされている（地公法五Ⅱ）。

条例案の修正について、提案権が長に専属している事項に関し、議会の修正がどこまで可能かについては議論があるが、付議された条例案の本質を変えない範囲内での修正は可能とされている（第九章第二節三2(2)「ア　条例を設け又は改廃すること」参照）。

条例の制定又は改廃の議決（否決は含まない。）について異議がある場合、長は一〇日以内に理由を示して再議に付することができる（自治法一七六Ⅰ）。この場合、出席議員の三分の二以上の同意により、先の議決と同じ議決をしたときにはその議決が確定することとなるが、三分の二以上の同意が得られない場合には不成立となる（自治法一七六ⅡⅢ）。

また、条例の議決が権限を超え又は違法である場合は、長は理由を示してこれを再議に付さなければならず、再議の結果、なお違法であるときは、総務大臣又は都道府県知事に審査の申立てが可能である（自治法一七六ⅣⅤ）。さらに、その裁定に不服があるときは、議会又は長は出訴することができる（自治法一七六Ⅶ）。

条例は以上のように議会の議決により成立するものであるが、議会が成立しないとき、特に緊急を要するため議会を招集する時間的余裕がないことが明らかであると認めるときなど、長はその議決すべき事件を処分すること（専決処分）ができる（自治法一七九。年度末の地方税法の改正に伴う地方税条例の改正などしばしばみられる。）。この場合は、事後に議会に報告し、その承認を求めなければならない。平成二四年の自治法の改正により、承認を求める条例の制定又は改廃の議案が否決されたときは、地方公共団体の長は、速やかに、当該処置に関して必要と認める措置を講ずるとともに、その旨を議会に報告しなければならないこととされた（自治法一七九Ⅳ）。また、軽易な事項で、議会の議決により特に指定したものについて、長は専決処分ができる（自治法一八〇）。この場合は、事後に議会に報告するだけでよい。

3　条例の公布、施行等

(1)　条例の公布

条例の制定又は改廃の議決があったときは、その日から三日以内に議長はこれを長に送付しなければならない（自治法一六Ⅰ）。長は、条例の送付を受けた場合は、その日から二〇日以内にこれを公布しなければならない。ただし、再議（自治法一七六）その他の措置を講じた場合は、この限りではない（自治法一六Ⅱ）。

「公布」とは、「成立した成文の法規を公表して一般人が知ることのできる状態に置くこと」をいう。

公布の具体的な方法は、自治法一六条四項に基づく条例で定めるわけであるが、公報に掲載して行うか、又は庁舎の前の掲示場等に掲示することによって行うのが通常の取扱いである。公報に掲載する場合の公布の効果は、当該公報を現実に発送し最初に住民が知り得る状態に達したときと解すべきである（最高裁昭三二・一〇・一五）。したがって、たとえ、公布文における公布年月日が現実の公布の日より前の日付であるとしても、公布の効力はその日に遡って発生するということはあり得ない。

条例は、公布によって条例としての効力を生ずる（最高裁昭二五・一〇・一〇）。条例の公布に当たっては、長が署名することとされている（自治法一六Ⅳ）。

(2)　条例の施行等

法規の「施行」とは、「法規の規定の効力を現実に一般的に発動させること」をいう。

条例は、特別に個々の条例で特定の施行期日を定めない限り、公布の日から起算して一〇日を経過した日から施行される（自治法一六Ⅲ）。「条例に特別の定」とは、自治法一六条四項の条例（以下「公告式条例」という。）に「特別の定」をなすことも、もとより不可能ではないが、自治法一六条三項の「条例に特別の定」の解釈としては、公布施行されるべき個々の条例における特別の定、すなわち、附則において「この条例は、公布の日から施行する。」「この条例は、何月何日から施行する。」とか、公布の日から起算して一〇日を経過する日以外の日を条例で定めることである。施行は必要があれば、特例によってその日を一〇日の一般原則から変更することができるが、そのような施行期日の特例は、上述のように個々の条例で定める場合のほかに、公告式条例によって定める場合がある。すなわち、後者の公告式条例における「施行期日」の特例は、条例は事項の性質上当該普通地方公共団体の区域内はすべて同一日に施行させるべきものであるが、例えば離島その他交通不便な特殊な遠隔地に対する施行期日の特例のようなものを意味していると解されている。字句の上から必ずしも明らかではないが、自治法一六条三項はそもそも当該普通地方公共団体の区域について一斉に同一日に施行する場合における「条例の特別の定」であり、四項の特例はそれ以外の場合として例えば地域的に施行期日を異にするような特例であると解されている。

「施行」とは別に、「適用」について定めることがある。「適用」とは、「個別の規定を具体の事象に対して働かせること」をいう。法規の時間的効力との関係における「適用」については、前述した（六「3　時間的効力」参照）ところである。

なお、「適用」については、そのほか、対象事項との関係におけるものがある（例えば、自治法二八三条一項「この法律又は政令で特別の定めをするものを除くほか、第二編及び第四編中市に関する規定は、特別区にこれを適用する。」、地公法四条一項「この法律の規定は、一般職に属するすべての地方公務員（以下「職員」という。）に適用する。」等）。この場合、「準用」と区別されることに留意を要する。

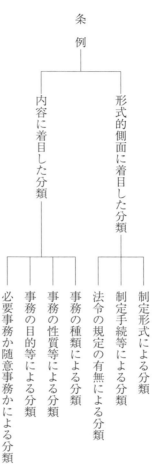

八　条例の種類（分類）

1　条例の分類の概要

条例は、様々な観点からこれを分類することができる。一例を示せばその概要は、次のようになる。

- 条例
  - 形式的側面に着目した分類
    - 制定形式による分類
    - 制定手続等による分類
    - 法令の規定の有無による分類
  - 内容に着目した分類
    - 事務の種類による分類
    - 事務の性質等による分類
    - 事務の目的等による分類
    - 必要事務か随意事務かによる分類

地方分権一括法による改正以前においては、改正前の自治法二条二項の事務の種類の区分に従い、公共事務条例、委任事務条例、行政事務条例という分類がしばしば用いられた。特に、改正前の自治法一四条二項は、「普通地方公共団体は、行政事務の処理に関しては、法令に特別の定があるものを除く外、条例でこれを定めなければならない。」とされており、この必要的条例事項を定める規定との関係などにおいて、重要な意味を有するものでもあった（四「2　権利制限・義務賦課行為」参照）。もっとも、前述したとおり（第七章第二節三「1　地方公共団体の事務・権能に係る規定の再構成」参照）、改正前の自治法二条二項の事務の区分は、基準、次元を異にした区分であって、それぞれの事務の種類の区分に応じて条例を分類することについても、例えば改正前の自治法一四条二項の「行政事務」は、改正前の自治法二条二項の「その他の行政事務」として区分される事務を意味するものではなく、事務の実質的な性質に着目した権力的な事務を指すものとする見方もあった。

地方分権一括法により、地方公共団体の事務に関する考え方は一新され、改正前の地方公共団体の事務の種類の区分も法律制度上廃されたことなどから、改正後においては、以前のような法令上の地方公共団体の事務の種類の区分に応じた条例の分類は、根拠がなくなったといえるであろう（あえていえば、改正後の自治法二条二項の規定に従って、「地域における事務」と「その他の事務で法律又はこれに基づく政令により処理されることとされるもの」に区分されるが、後者の事務は、極めて稀なものであり、条例の分類と結びつくようなものではない。）。したがって、地方分権一括法による改正前の自治法二条二項のような法律で定める地方公共団体の事務の種類の区分に係る規定に応じた分類は、ここでは取り上げないこととする。

2　形式的側面に着目した分類

(1)　制定形式による分類

新設条例、改正条例（一部改正条例及び全部改正条例）、廃止条例がある。

(2)　制定手続等による分類

提案権、議会の議決要件等並びに公布及び施行のあり方といった観点からの分類が考えられる。

①　条例の提案権者による分類

ア　地方公共団体の長及び議会の側の双方に提案権のある条例――条例の提案権は、原則として地方公共団体の長及び議会の側（議員及び委員会）の双方が有している（自治法一一二Ⅰ・一四九Ⅰ参照）。

イ　長のみに提案権のある条例――七「1　条例の提案」の①に掲げた条例等である。

ウ　議会の側のみに提案権のある条例――七「1　条例の提案」の②に掲げた条例等である。

エ　市町村又は特別区の条例について都道府県知事に提案権のある条例――財産区の議会又は総会の設置に関する市町村又は特別区の条例（自治法二九五）。

なお、住民の直接請求による条例は、特別の場合であり、長が意見を附けて議会に付議するものであるが、実質的に住民が提案するものといえる。この場合、地方税の賦課徴収並びに分担金、使用料及び手数料の徴収に関するものは、直接請求の対象とすることはできない（自治法一二Ⅰ括弧書・七四Ⅰ括弧書。なお、直接請求の対象とするべきだという意見もあり、このことについては、第六章第四節二「1　条例の制定又は改廃の請求」を参照されたい。）。

② 議会の議決の要件等による分類

ア　過半数議決で成立する条例――条例案の議決は、原則として過半数により決せられる（自治法一一六Ⅰ）。

イ　特別多数議決を必要とする条例

ウ　長の専決処分によって成立する条例

いずれも、七「2　条例案の議決」において説明したところである。

③ 公布及び施行等のあり方による分類

ア　公布及び施行等について規定がない条例――七「3　条例の公布、施行等」において説明したところである。

イ　公布又は施行等についての規定がある条例――公布と施行を関係づけているものとして公布の日から施行する条例、公布の日から起算して一定期間猶予を置いて施行する条例（施行期日を、公布の日から起算して〇日（又は月）を経過した日というように条例に規定する条例、公布の日から起算した一定の範囲内で規則で定めることとする条例等）がある。

また、公布と施行は関係づけずに、施行についてだけ規定する条例（施行期日である年月日を条例で確定的に規定する条例、施行期日を規則で定めることとする条例、施行期日を特定の事実の発生にかからしめる条例等）がある。

さらに、適用について規定があるものと規定のないものとがある。適用について規定がないものは、施行されることで当然適用されることとなるものである。

(3) 法令の規定の有無による分類

地方公共団体の自治立法（自主法）である条例は、憲法（九四条・九二条）によってその制定の権能が認められているものである。したがって、法令の規定中に条例に関する規定があるかどうかは条例制定権にとっては、関係のないことであり、要は、「法令に違反しない限りにおいて（自治法）二条二項の事務に関し、条例を制定することができる。」ものである（自治法一四Ⅰ）。一方で、法令の中には、地方公共団体の条例に係る規定が設けられているものも少なくない。これらの規定の意義については、個々具体的な法令の規定の趣旨・目的、規定の内容等によって判断する必要があり、次のようなものがある。

① 条例で規定することができることを確認的・入念的又は例示的に規定するもの（範囲等を例示する場合もある。）

② 条例で規定することができることを前提として、法令の施行等に関して、条例で定める内容に係る基準、要点、概要、範囲・対象、限界等及び手続等（③において内容等という。）を規定するもの

③ 当該法令の規定がなければ条例で規定することができない場合（すなわち、当該法令の規定がなければ条例制定権の範囲外の場合）において、当該法令の規定により、創設的に条例で規定することができるようにし、法令の施行等に関して、条例で定める内容等について規定するもの

④ 必ず条例という法定立形式を義務付けるもの（必要的条例事項）

②～④については、当該事務を処理し、又は当該措置を講じることについては、任意である場合と、義務付けられている場合とがある。法令の規定により必ず条例を制定し、かつ、必ず事務を処理し、又は措置を講じなければならない場合、当該条例は「必須条例」である（後述３「(4) 必要事務か随意事務かによる分類」参照）。

また、②③の場合の条例は、「法施行条例」「法定事務条例」「委任条例」といわれる場合があるが、少なくとも地方分権一括法による改正後においては、「委任」という用語は適切ではないであろう。これらを「法律規定条例」とする考え

方もある。

以上のことからいえることは、地方公共団体の条例についての法令の規定がある場合、一つの視点は、条例制定権の範囲内であることを前提にした規定なのか、条例制定権の範囲外のものについて当該法令の規定により条例制定権を認める創設的な規定なのか、また、前者の場合は、その範囲、限界等を規定するものかどうかということである。他の視点は、必ず条例という法定立形式を義務付けているもの（必要的条例事項。同時に、当該事務処理又は措置が義務付けられている場合は、当該条例は「必須条例」である。）なのか、条例という法定立形式は任意なのかどうかということである。

条例についての法令の規定については、地方分権推進委員会の勧告（第一次）において、「国は、自治事務（仮称）について基準等を定める場合には、全国一律の基準が不可欠で条例制定の余地がない場合を除き、地方公共団体がそれぞれの地域の特性に対応できるよう、法律又はこれに基づく政令により直接条例に委任し、又は条例で基準等の付加、緩和、複数の基準からの選択等ができるように配慮しなければならない」とされたところであり、地方分権一括法による改正によって設けられた自治法二条一三項の規定は、この勧告を踏まえ、その内容を含むものとして規定されたものである（第七章第三節「二　自治事務」参照）。法令でその法令の規定と条例の規定との関係についての規定を設ける場合、かつては単純に、確認的・入念的若しくは例示的規定又は創設的規定を定め、また、義務付ける規定を置くといったものがほとんどであった。しかし、近年においては、法令の規定に対し「附加又は強化（〝上乗せ〟）」「緩和」「規制対象の拡大（〝横出し〟）」「置き換え（一部又は全部）」「代替」「適用除外（一部又は全部）」等について規定するものが少なくなってきている（例えば、大気汚染防止法四、水質汚濁防止法三Ⅲ～Ⅴ、消防法一七Ⅱ、都市計画法三三Ⅲ、建築基準法四〇・四一等、工場立地法四の二ⅠⅡ等。なお、三「4『法令に違反しない（略）こと』との関係——形式的効力に関する法的限界」参照）。

平成二四年に制定された地域の自主性及び自立性を高めるための改革の推進を図るための関係法律の整備に関する法律（第二次改革推進一括法）並びに平成二五年に制定された地域の自主性及び自立性を高めるための改革の推進を図るための

関係法律の整備に関する法律（第三次改革推進一括法）により、義務付け・枠付けの見直しとして、国の法令等で定められていた施設・公物設置管理の基準等をそれぞれの法律を改正して地方公共団体の条例で定めることとしたものがかなりある。平成二六年に制定された第四次改革推進一括法及び平成二七年に制定された第五次改革推進一括法においても、委員の任期を条例で定めることに改めたものがある。

なお、法令で、法令と地方公共団体の条例との関係についての規定を設ける場合、法律に「政令で定める基準に従い」「政令に定めるところにより」とか「○○大臣の承認を得て」といった規定があり、条例の規定の範囲、限度等の制限等について政令で定め、又は大臣の承認を得ることとするものもみられることに留意を要する。

3　内容に着目した分類

(1)　事務の種類による分類

上述したように、地方分権一括法による改正により、「公共事務条例」「（団体）委任事務条例」「行政事務条例」といった法律制度上の事務の種類の区分に係る規定に応じた条例の分類については、法的な根拠はなくなった。もっとも、「（団体）委任事務」というのは、元来自治法及び法令の規定に由来していたものであり、地方分権一括法による改正後においてはその概念の根拠がなくなったのに対し、「公共事務」や「行政事務」はもともと法令の規定を離れても、事務の特性を示す概念として用いられ得るものであることから、その事務の特性に着目して条例の分類の説明としても「公共事務条例」「行政事務条例」という概念が用いられることはある。

地方分権一括法による改正により、地方公共団体の事務は、「自治事務」と「法定受託事務」に区分されることとされたが、これによって、「自治事務条例」と「法定受託事務条例」という分類も考えられる。しかし、「自治事務」は、地方公共団体が処理する事務のうち「法定受託事務」以外のものである（自治法二Ⅷ）と控除的に定義されており、結局様々な性格を有する事務の総称であって、地方公共団体の事務の種類を示しているとはいい難い。また、「法定受託事務」（自治法二Ⅲ）というのも、「国（又は都道府県）が本来果たすべき役割に係るもの」という性質を有していること、つまり、当該事務を処理する地方公共団体ではない統治体が本来果たすべき役割に係るものという意味において共通する性格があるといえるが（後述する「(2) 事務の性質等による分類」になるであろう。）、それだけでは「法定受託事務」とされるのではなく、そのうえ「国（又は都道府県）においてその適正な処理を特に確保する必要があるものとして……特に定めるもの」という要素が加わっている。この後者の要素は、事務の性質のみならず、背景等も勘案されるものであり、様々なものである。このように考えると、地方公共団体の事務の種類による分類として「自治事務条例」「法定受託事務条例」という分類は必ずしも適当とはいえないかもしれない。また、「法定受託事務」についての条例も、国が本来果たすべき役割に係る「第一号法定受託事務」についての条例と、都道府県が本来果たすべき役割に係る「第二号法定受託事務」についての条例は、分類上も区分されるべきであろう。

上述した「法施行条例」も法律（令）の実施の事務という側面に着目すれば、事務の種類による分類の一つと云えるかもしれない。

次に、同種の目的、特性等を有する事務の範疇をもって事務の種類と観念し、例えば、「公の施設に関する条例」「まちづくり条例」「産業立地・育成・振興等の条例」「地域振興に関する条例」「環境維持・保全・向上のための条例」「組織条例」「給与等条例」「地方税条例」などといったように種類分けすることがある。このような条例の種類分けは、一定の客観的な基準等があるわけではないものが多いので、その種類も様々であるといえる。

近年、自治（自治体）（地方公共団体）の「基本条例」と総称される条例の制定が増加している。こうした「基本条例」とはどのようなものをいうのか共通の理解があるわけではないと思うが、一般的には、「基本条例」の位置付けとして、自治運営の基本（的事項）、自前のルール等を定めるものであること、住民自治に立脚した住民活動とそれに対する保護又は保障を定めていること、自治の土台を支えるスタンダード（標準仕様）をめざしていることといった特徴がある。また中には、当該地方公共団体における最高規範性を定めているものもある。このような目的、特性等を有する条例を、その名称の如何を問わず、「基本条例」として分類することも、今日の動向に鑑みて意義あることであろう。また、最近では、「議会基本条例」と総称される条例も増えている。この「議会基本条例」も、議会に関し同様に考えることができると思う。

(2) 事務の性質等による分類

事務の性質等による条例の分類も様々なものがあるが、一般的には次のような分類がある。

ア 住民の権利義務にかかわる事務という観点からの分類

住民の権利義務にかかわる事務に関する条例とそうでない条例との分類は、条例の分類としては、もっとも代表的なものの一つである。

① 住民の権利義務にかかわらない事務に関する条例（内部的事項（等）に関する条例）

住民の権利義務にかかわらない事務に関する条例は、しばしば「内部的事項（等）に関する条例」とされるが、この類の条例は、地方公共団体の内部の組織機構（議会に係る事項を含む。）や事務処理等にとどまるものではなく、例えば、自治法三条三項の都道府県以外の地方公共団体の名称を変更する条例、自治法四条の二第一項の休日を定める条例、自治法八条一項四号及び二項の市又は町の要件を定める条例なども、この範疇に属するものである（もっとも、休日を定める条例については、申請等の期限の特例が規定されている（自治法四の二Ⅳ）ので、住民の権利義務に関係のある条例とみることもできるかもしれない。）。

この種の条例は、地方公共団体の基本に係る事項として議会の審議を経るべきものとされるものや条例で規定することを通じて組織、事務処理等に一定の権威と法的安定を確保する意義を有するものがある。

また、この種の条例は、その種類が多く、法令に根拠を有するものが多いため、地方公共団体に共通のものが多い。地方公共団体の内部的事項（等）に関しては、法律で規則等の条例以外の法形式をもって定めることが求められているもの及び規則等の専管事項と解されるものを除き、条例で定めることができるが、法律で特に条例をもって定めるべきことを義務付けているもの（必要的条例事項）がある。

自治法は地方公共団体の組織及び運営に関してその根幹を定める法律という性格から、条例で定めることを求める規定も少なくない。また、自治法以外にも、例えば、地教行法、警察法、地公法、地公企法、消防組織法などには、それぞれの分野に関し、条例で定めるべきことを求める規定が相当みられるし、その他の法律においても、この種の規定をもつものもある。

自治法において規定されているものについて例を挙げると、「地方公共団体の基本的事項に関する条例（都道府県以外の地方公共団体の名称を定める条例等）」「議会の組織、運営等に関する条例（通年の会期とすること等に関する条例、委員会等に関する条例等）」「執行機関の組織等に関する条例（職員の定数に関する条例、長の直近下位の内部組織の設置及びその分掌する事務に関する条例等）」「給与等に関する条例（常勤の職員等に対する給与等に関する条例等）」「財務又は財政運営に関する条例（特別会計の設置等に関する条例等）」「公の施設の設置及び管理に関する条例」「その他の事項に関する条例（財産区の議会又は総会の設置等に関する条例等）」等に大別することができる。

なお、代表的な条例については、四「3　その他法令による『必要的条例事項』」に掲げたところである。

給付行政その他の非権力的な行政作用に関する条例も、厳密な意味での内部的事項に関するものではないが、権利義務にかかわるかどうかといった視点からは、この分類に属するものである。この類に属する行政については、地方公共団体の各行政分野において広くみられ、また地方公共団体の事務についての法令の規定があるものがある。その中には、法令の規定で条例で定めることとしているもの（「必要的条例事項」）も少なくない。このことに関して、平成二四年及び平成二五年に制定された地方の自主性・自立性を高めるための一括法（第二次改革推進一括法及び第三次改革推進一括法）により、義務付け・枠付けの見直しとして、国の法令等で定められていた施設・公物設置管理の基準を地方公共団体の条例で定めることとしたものがかなりあること、また第四次改革推進一括法で国の法令で定めていた委員の任期を条例で定めることとしたものがあることに留意を要する。一方、地方公共団体が独自の施策として条例を制定して行うこととしている場合も少なくない。例えば、産業立地や産業の育成・振興を図るための条例、様々な分野の資金の貸付条例、医療費等の助成等の条例、各種の支援、アドバイザー等の事業に関する条例などが挙げられる。これらのサービス等の提供に係る事務に関するものは、公の施設の場合以外は、必ずしも条例の形式による必要はないが、議会の審議という民主的手続を経ること、地方公共団体の施策としての重要性を示すことやアナウンスメント効果が期待されることなどから条例が制定されることが少なくない。なお、これらのサービス等の提供に係る事務に関する条例には、住民の権利義務にかかわってくるものもあり得るという見方もある。

また、近年においては、政策・施策に関するプログラム条例といった分類もできる条例もみられる。

② 住民の権利義務にかかわる事務に関する条例

住民の権利義務にかかわる事務に関する条例としては、さらに二つのタイプに分類することができる。

(i) 住民の福祉を積極的に増進するための事務事業に関して定められる条例で、住民の権利義務にかかわってくるものである。つまり、非権力的な性質の事務に関して、住民の権利義務にかかわるものである。この種のものとしては、公の施設の設置及び管理に関する条例（自治法二四四の二）があり、自治法以外の個別分野の法令の中にも、公営住宅（公営住宅法一六Ⅴ・四八）、都市公園（都市公園法一八）等について条例で個々の事項を定めることとしているものがある。このような公の施設は、そもそも住民の利用に供するものであるので、住民の利用に係る権利とかかわりがある（自治法二四四Ⅱ Ⅲ・二四四の四参照）。また、公の施設の設置管理に関する条例中には、適正な利用と管理を確保する観点から、利用者等に一定の義務を課したり、利用を制限するための規定が置かれることが一般的であるし、使用料等の徴収に関する規定が置かれることもある。

公の施設以外のもので法令の規定があるものとしては、文化財の保存及び活用に関する条例（文化財保護法一八二Ⅱ）、応急措置の業務に従事した者に対する損害賠償に関する条例（災害対策基本法八四）等がある。

(ii) 住民の権利義務にかかわる事務のうち、住民の権利を制限し、自由を規制し、義務を課する（権利制限・義務賦課行為）ような一般的に権力的な性質を有する事務について規定する条例である。このような一般的に権力的な性質を有する事務については、自治法一四条二項の規定により、法令に特別の定めがある場合を除くほか、条例によらなければならない（「必要的条例事項」）。地方分権一括法による改正前の事務の種類の区分において、「行政事務」とされていた事務は原則的にはこれに該当する。もっとも、「（団体）委任事務」とされていた事務にもそうした性質の事務はあったし、権力的な性質を有するというだけならば、事務の種類の区分としては「公共事務」とされていた地方税の賦課徴収（地税法三）、分担金、使用料、加入金及び手数料に関する事項を定める条例（自治法二二八）も義務を課するものである。

一般的に権力的な性質を有する事務については、戦後の日本国憲法下において、国においては必ず国会の審議を経た法律の規定（個々具体的に法律から委任された命令の規定を含む。）の根拠を要するもの（内閣法一一、国家行政組織法一二Ⅲ、内閣府設置法七Ⅳ参照）であり、地方公共団体においても地方議会の審議を経た条例によるべきこととされてきた（自治法一四Ⅱ等）ものである（四「2　権利制限・義務賦課行為」参照）。地方分権一括法による改正により、以前の地方公共団体の事務の種類の区分の法律の規定が廃止されたことから、制度上「行政事務条例」の概念はなくなったが、こうした一般的に権力的な性質の事務の処理に関しては、法令に特別の定めがある場合を除くほか、条例で定めなければならないということは当然のこととして、上述したように、自治法一四条二項において内閣法（一一）、国家行政組織法（一二Ⅲ）等の規定と同様の表現で端的に規定されている。

一般的に権力的な性質の事務のその機能等に着目した場合、「監視、監督、検査等」「営業等の規制」「施設、設備等の規制」「行為の規制」「作為義務（負担）賦課」「法人その他団体の存立及び活動の規制」などが挙げられるが、一つの条例の中に二以上のこれらの機能等をもつものも少なくない。

また、一般的に権力的な性質の事務に関する条例には、罰則を科する規定を置くことが少なくない。一般的に権力的な性質の事務に関する条例については、法令に規定があるものが少なくないことにも留意を要する。

イ　他の統治体が本来果たすべき役割に係るものという観点からの分類

地方分権一括法による改正により、自治法二条九項において「法定受託事務」が定義され、「……国（又は都道府県）が本来果たすべき役割に係る（事務）」という概念が規定された。もっとも、先述したように（「(1)事務の種類の区分による分類」参照）、さらに、「国（又は都道府県）においてその適正な処理を特に確保する必要があるものとして……特に定めるもの」がはじめて「法定受託事務」となるのである。前段の「国（又は都道府県）が本来果たすべき役割に係る（事務）」というのは、「当該事務を処理する地方公共団体以外の他の統治体が、本来果たすべき役割に係るもの」という性質等を有しているということに着目して、地方公共団体の条例を分類することが考えられる。しかし、この類の条例が、必ずしも「法定受託事務」に関する条例とは限らないものであり、国（又は都道府県）においてその適正な処理を特に確保する必要はないとして「自治事務」であるものもあるので実際の区分は困難であると思われる。

この類の条例であっても、「国が本来果たすべき役割に係る事務」に関するものと「都道府県が本来果たすべき役割に係る事務」に関するものとは、性質を異にしていると思われるので、やはり、区別して論じられるべきであろう。

(3)　事務の目的等による分類

地方公共団体の条例は、行政目的によって分類することができる。もっとも、その目的をどの次元で、また、どういう視点でとらえるかにより様々に分類され得る。例えば、総務関係、地域振興関係、厚生福祉関係、保健衛生関係、産業関係、土木関係等といった分類もあるであろうし、これをさらに細かく行政目的に応じて細分することもできる。また、地域振興、まちづくり、環境保全整備、文化などといった視点からの分類も可能である。こうした事務の目的による分類は、上述した同種の目的、特性等を有する事務の範疇をもって事務の種類とみた場合において、事務の種類の区分による分類ともみられる（「(1)　事務の種類の区分による分類」参照）。

(4)　必要事務か随意事務かによる分類

ここで「必要事務」とは、地方公共団体が法令上、必ず処理しなければならない、又は一定の条件の下では必ず処理しなければならない事務をいい、「随意事務」とは、地方公共団体が、随意（任意）に、処理する事務をいう。「必要事務」について、必ず条例によらなければならないというわけではないことは、いうまでもない。要は、事務の処理が必要であることであり、そのような必要な事務の処理に当たっては、①直接法令の規定を受けて処理し、又は措置することとされるもの、②必ず条例又は規則等を定めて処理し、又は措置することとされるもの、③条例、規則等を定めるかどうか任意であるもの、がある。②又は③の場合の条例が必要事務に関する条例である。

必要事務に関する条例のうち、しかも事務を処理し、又は措置を講ずるに当たって必ず条例を制定しなければならないこととされる場合、当該条例は、「必須条例」（2「(3)　法令の規定の有無による分類」参照）である。なお、必要事務とは限らないが、事務を処理し、措置を講じるに当たっては、条例によらなければならないとされる事項が「必要的条例事項」である。

第三節　規則等

一　長が定める「規則」とその他の執行機関が定める「規則その他の規程」

憲法九四条は、「地方公共団体は……条例を制定することができる」と規定しているが、ここで「条例」とは、その形式の如何を問わず、地方公共団体が定立する自治立法（自主法）を意味するものであると解するのが通説である（第一節「地方公共団体の自治立法（自主法）の意義と種類」参照）。

ここでいう地方公共団体の「条例」以外の自治立法（自主法）としては、地方公共団体の長が定める「規則」及び地方公共団体の長以外の執行機関が定める「規則その他の規程」がある（もっとも、このことについては異論もある。）。

自治法においては、地方公共団体の長の定める「規則」について「普通地方公共団体の長は、法令に違反しない限りにおいて、その権限に属する事務に関し、規則を制定することができる。」と規定し（自治法一五Ⅰ）、地方公共団体の長以外の執行機関の定める「規則その他の規程」について「普通地方公共団体の委員会は、法律の定めるところにより、法令又は普通地方公共団体の条例若しくは規則に違反しない限りにおいて、その権限に属する事務に関し、規則その他の規程を定めることができる。」と規定している（自治法一三八の四Ⅱ）。

この二つの規定を比較してみてもわかるとおり、長以外の執行機関の定める「規則その他の規程」は、「法令に違反しない限りにおいて」であることにおいては同じであるが、「法律に定めるところにより、」及び「条例若しくは規則に違反しない限りにおいて、」であることが明示されている。このことは、一般的には、形式的効力が条例及び地方公共団体の長が定める規則の方が優位にあることを意味するが、法律の定めるところにより「規則その他の規程」を定めるのであるから、法律（これに基づく政令を含む。）で長以外の執行機関の所管事項として定められている事項（専管事項）については、条例や長の定める規則との間で、その所管が区分されているものと解される。ただ、長が定める一般的な規則（例えば「財務規則」）と長以外の執行機関が定める「規則その他の規程」とは競合関係が生じる余地もあり、その場合は、長の「規則」が優先する。

地方公共団体の長以外の執行機関が「規則その他の規程」を定めることが認められているものとしては、地教行法一五条一項に規定する「教育委員会規則」、地方公務員法八条五項に規定する「人事委員会規則又は公平委員会規則」、警察法三八条五項に規定する「都道府県公安委員会規則」、地方税法四三六条二項に規定する国定資産評価審査委員会の「規程」のように法律で「規則」や「規程」について定めているもののほか、自治法一九四条に規定する選挙管理委員会の「定め」や、土地収用法五九条に規定する収用委員会の「定め」として一定の所掌事務について定めた法的な定めも含まれるといえる。

二　長が定める「規則」

1　規則制定権の範囲

(1)　規則制定権の範囲と限界について──総論

我が国の地方自治制度の基本である首長制度（首長主義、大統領制、二元代表制）の下では、地方公共団体の長と議会は、相互に牽制し、均衡と調和の関係を保持して円滑な自治の運営を図ることとされているものであり、両者は対等の関係として構成されていて、地方公共団体の長の権限とされる事項は広汎にわたることから、長の規則制定権の範囲も多岐にわたって広いものとなっている。

地方公共団体の長が定める規則は、条例とは別個の地方公共団体の自治立法（自主法）の形式であって、当然には、法律と法律に基づく政令のような関係に立つものではない。法律に基づく政令と同様に、条例の委任を受け又は条例を執行するために定められる規則もあるが、必要的条例事項や他の執行機関の専属的所管事項及び議会の専権事項を除けば、法令又は条例の委任等がなくても法規たる性質を有する規則を定めることができ、また内部的規律たる性質を有する規則を定めることもできる。

なお、自治法施行以前は、都道府県知事は国の行政官庁として都道府県令を発する権限を有していたが、これらの命令の内容は国政事務に関するものであったから、自治法施行とともに、日本国憲法の建前に則って、法律事項以外の事項で都道府県知事の権限に属するものに限り、都道府県規則として継受された（自治程二）。

規則制定権の範囲と限界については、憲法に抵触しないことはもちろん、地方公共団体の長は、「法令に違反しない限り」において、「その権限に属する事務」に関し、規則を制定することができるとされている（自治法一五Ⅰ）。

(2) 憲法との関係

憲法との関係については、条例における「憲法との関係」（第二節三「2 憲法との関係」参照）において述べたことのうち、条例にだけかかわる事項は別として、地方公共団体の自治立法（自主法）として共通することは、規則にも当てはまるものである。

(3) 「地方公共団体の事務に関するものであること」との関係——自治立法（自主法）としての事項的限界

自治法一五条一項は、「その権限に属する事務に関し」規則を制定できるとしている。地方分権一括法による改正前においては、地方公共団体の事務・権能ではない国の事務について、機関委任事務として管理執行する機関委任事務制度があり、機関委任事務についての規律は、特に法令の規定で特別の定めがあるものは別として、条例をもって定めることはできず（第二節三「3 『地方公共団体の事務に関するものであること』との関係——自治立法（自主法）としての事項的限界」参照）、執行機関の規則等で定めることとされていた。改正後においては、地方公共団体の執行機関が処理する事務は、すべて地方公共団体の事務であることとなったので、規則制定権について規定されている自治法一五条一項の普通地方公共団体の長の「権限に属する事務」は、当然「地方公共団体の事務」でなければならない。したがって、このことについては、条例制定権における「自治立法（自主法）としての事項的限界」と同様のことである。なお、以下に述べるように、地方公共団体の長の規則についても「法定立形式としての事項的限界」が別にある。

(4) 「長の権限に属する事務に関するものであること」との関係（長の規則の「法定立形式としての事項的限界」を含む。）

地方公共団体の長は、地方公共団体の事務を管理し及び執行する権限と責任を有する（自治法一四八）。当該普通地方公共団体の事務については、その事務を管理及び執行するに当たっては条例の制定又は議会の議決を要するものと要さないものとがあり、条例（例えば、長の直近下位の内部組織の設置及びその分掌する事務に関する条例。自治法一五八Ⅰ）又は議決（例えば、公金取扱い金融機関の指定。自治令一六八ⅠⅡ）に基づいて処理することとされている事務については、条例の委任により又は条例を施行するため及び議決を経た事務の執行上必要がある場合に、規則を制定することがあり得るのみであって、当然に条例で定めることとされている事項について、条例に替えて規則を制定することはできず、また、議決事項そのものを規則で定める余地はない。それ以外の長限りで処理し得る事務について必要な事務処理上の基準ないし手続等の事務処理の方法については規則を制定し得る。

このことについては、次のことに留意されなければならない。

第一に、法令上議会の議決事項として規定されてもいないし、又は長限りで専属的権限として処理することとされている事項にも属さない事務については、前述したように（第二節三「5 『長その他の執行機関の専属的権限に属しないこと』との関係——法定立形式としての事項的限界」参照）、条例又は規則のいずれをも制定することができると考えられるが、少なくとも、この種の事務で執行に係るものについては、自治法一四九条の長の権限の概括的例示の趣旨からして、長の権限として広い推定を受け得るものともいい得るものであって、必要な規定は、規則をもってすることの方が適当なものも多いと考える。

第二に、法令の規定において、長が規則で定めることが規定されている場合は、長の専属的権限として規則で定めることは当然である。なお、法令において自治法一四条二項に定める「義務を課し、権利を制限する」事項（権利制限・義務賦課行為）について、法令で条例以外の形式で定めることとしているもの（例えば、漁業法六五等）については、自治法一四条二項の趣旨からできるだけ条例で定めることとするよう見直すべきものと考えられることについては、前述したとおりである（第二節四「2　権利制限・義務賦課行為」参照）。

第三に、法令の規定において地方公共団体の事務処理が義務付けられている（必須事務）が、法定立形式についての規定はない場合についてである。このような場合、当該義務付けられている事務が、自治法一四条二項に該当する「義務を課し、権利を制限する」事項や自治法等により一般的に条例で規定しなければならない事項（例えば個々の法令において定められる公の施設、附属機関等）に係るものであるときは、当該事項は、条例で規定しなければならない。また、長の管理執行について、その法令等が議会の議決を要するものとされている場合（自治法九六条二項の場合を含む。）は、当該議決を経たうえでなければ、その管理執行は長の権限に属するものとならない。さらに、法文上は、「地方公共団体の長は（が）……」というような文言で規定されていても、必ず長の専属的な権限とされているものと解することはできないものであり、一般的には、条例と規則等の競合的所管事項と解するべきであろう。このことについては、地方分権一括法による改正により機関委任事務制度が廃止され、かつての「機関委任事務」は、ごく一部を除いて地方公共団体の事務とされたが、法令の規定の文言は従前のまま引き継がれているものが大部分であることに留意すべきである。改正前の「機関委任事務」の場合に、「地方公共団体の長は（が）……」と規定されていたものがそのまま改正後も長の専属的権限とされたのでは、条例制定権の範囲はあまり拡大されないこととなってしまい、適切ではない。もっとも、当該法令の規定が長の専属的権限とする意図が明らかな場合や長の専属的権限とされている他の事項と同様に解されるような場合は、長の専属的所管事項と考えられてよい。

第四に、法令の規定において、地方公共団体の任意の事務として規定されている場合についても、第三と同様に考えてよい。なお、任意の事務について法令の規定が地方公共団体が処理する場合には長の専属的権限としていると解されるものは、稀ではないかと思う。

第五に、法令の規定がない場合については、当該事務が自治法一四条二項に該当する「義務を課し、権利を制限する」事項を含むときや自治法等において一般的に条例で規定しなければならない事項に該当するときは、当該事項については、条例で規定しなければならないし、長の管理執行について、その決定等が議会の議決を要するものとされる場合は、当該議決がなければその管理執行は長の権限に属するものとならない。一方、長の専属的所管事項とされている他の事項と同様に解される場合には、長の専属的所管事項と考えられるが、その他は一般的に条例と規則等の競合的所管事項といえる。

第六に、都道府県は、市町村の組織及び運営について、法律の授権がなければ事務・権能を有しないのであるから（憲法九二参照）、法令に特別の定めがなければ都道府県の規則は市町村の事務・権能について定めることはできない。法令に特別の定めのある例としては、地方分権一括法の改正前においては、都道府県知事は、その権限に属する事務の一部を市町村長に委任することができるとされており（改正前の自治法一五三Ⅱ）、現に多くの都道府県において、事務の委任規則を定めて市町村長に委任していた。厳密にいえば、これは都道府県知事による市町村長への機関委任であって、市町村という団体との関係とは別のものといえるが、実態としては同様であり、改正前の自治法一五三条二項の規定がなければできなかったことはいうまでもない。なお、地方分権一括法による改正によって、「条例による事務処理の特例」の制度（自治法第二編第一一章第四節二五二の一七の二〜二五二の一七の四。第一三章第三節「六　『条例による事務処理の特例』の制度」参照）が創設され、改正前の自治法一五三条の規定は削除された。

第七に、地方公共団体の長以外の執行機関、例えば、教育委員会、人事委員会、選挙管理委員会、公安委員会等の委員会又は委員である執行機関の権限に属する事務・権能については、法令上特別の規定があるものを除いては、地方公共団体の長は規則を制定することができないものであることは明らかであろう。なお、地方公共団体の長以外の執行機関においても、例えば、教育委員会規則（地教行法一五）、人事（公平）委員会規則（地公法八Ⅴ）、公安委員会規則（警察法三八Ⅴ）のように、その分担する事務について法律で一種の自主法の定立の権限を認められているものがある。

地方公共団体の規則とこれらの規則等とは、原則として相抵触することはない。しかしながら、長の制定する規則は、地方公共団体の規則として、地方公共団体全体の機能について定立し得るものがあり、そのような場合においては教育委員会、人事（公平）委員会等の執行機関もその制約を受けるのであって、地方公共団体の長が定める規則に違反する委員会規則等の制定は認められない場合がある。例えば、財務規則に矛盾するような委員会規則等の制定は許されない。「普通地方公共団体の委員会は、……法令又は普通地方公共団体の条例若しくは規則に違反しない限りにおいて、……規則その他の規程を定めることができる。」とする自治法一三八条の四第二項の規定は、このような地方公共団体の規則と他の委員会規則等との一般的関係も明らかにしたものということができる。

以上から、「地方公共団体の長の権限に属する事務に関するもの」を概括すると、①法令の委任又は実施のための細目に関する事項（例、自治令一七三の二に基づく地方公共団体の財務に関する規則）、②地方公共団体の事務で長限りの専属的権限とされている事項（例、自治法一五三・一七一Ⅴ等）、③条例の委任又は実施のための細目に関する事項、④①〜③までのほか、議会の議決事項にも属さず、また、長以外の執行機関の専属的所管事項にも属さず、さらに、上述の②でもない普通地方公共団体の事務に関する事項、ということになろう。

(5)「法令に違反しない（市町村及び特別区の規則は、都道府県の条例にも違反しない）こと」との関係——形式的効力に関する法的限界

このことについては、条例の場合と同様である（第二節三「4『法令に違反しない（市町村又は特別区の条例は、都道府県の条例にも違反しない）こと』との関係——形式的効力に関する法的限界」参照）。なお、条例と規則等の競合的所管事項について

は、条例の規定と規則等の規定との定めが矛盾抵触するときは、条例が優先的に効力を有するものと解すべきであろう。

2　規則と罰則

規則には、条例と異なり刑罰を科することはできないが、一般的に行政上の秩序罰としての性格の五万円以下の過料を科する旨の規定を設けることができるとされている（自治法一五Ⅱ）。普通地方公共団体の規則にこのように行政罰たる過料を科し得るとする包括的権能が認められたのは、民主的に選任された普通地方公共団体の代表者の制定する規則たる性質上、住民の意思に基づくものであるから可能であるとされるからにほかならないと思われる。過料の性格等、告知及び弁明の機会、審査請求等については、前述したところである（第二節五「2　条例で定める罰則の制約及び限界等」参照）。

自治法一五条二項では「法令に特別の定めがあるものを除くほか、」とされており、例えば、漁業法において都道府県知事が漁業取締りその他漁業調整のため定める規則には六カ月以下の懲役、一〇万円以下の罰金、拘留若しくは科料又はこれらの併科とするとされている（漁業法六五Ⅱ～Ⅳ）等のようなものをいうものである。なお、地方分権一括法による改正により、「義務を課し、権利を制限する」には条例によることが一般原則として明文でもって規定されたところであり、自治法一五条二項の「法令に特別の定めがある」ものとして規則で刑罰を科するような例外は極めて限定的に考えられるべきものである。このようなこともあって、例えば、河川法による二級河川の管理に支障がある行為の禁止等の規定及びこれに伴う罰則の規定を都道府県の規則で定めることができるとされていたが、平成一四年成立した自治法の改正により河川法が改正され、条例で定めることができることとされた（河川法一〇九。河川法二八・二九Ⅱ参照）。

条例の委任を受けて規則に刑罰の規定を設けることはできない。

過料は刑罰ではないから、刑法総則の適用はないが、過料も行政罰として科されるものであるので、一定の義務違反となる作為又は不作為の行為に既に刑罰が設けられている場合には、「法令の特別の定」（自治法一五Ⅱ）があるものに該当し、さらに過料を科する旨の規定を設けることはできない。

過料を科した場合の強制徴収については、自治法二三一条の三第三項の規定がある。

3　規則の効力

規則の地域的効力、対人的効力及び時間的効力については、概ね条例における場合と同様である（第二節「六　条例の効力」参照）。

4　規則の種類（分類）

規則についても、様々な観点から、分類することができる。要は、長が定める規則は、長の権限に属する事項について制定し得るものであって、条例と同様、「形式的側面に着目した分類」と「内容に着目した分類」が考えられる。

「形式的側面に着目した分類」については、議会との関係を除けばおおよそ条例に準じて考えられる（第二節八「2　形式的側面に着目した分類」参照）。規則は、条例と異なって、制定手続に議決要件はない。また、規則制定権は、条例と異なり、憲法の規定を直接根拠としているものとは解されないこと、法令の規定の有無については、法令では法文上「規則」という法形式を規定せず、規則のほか、告示等で定めることも可能なものが少なくないこと、条例と異なって法令との関係で規則の制定権を確認的に規定するものはほとんど考えられず、法令で規則に言及しているときは、「規則」という法形式を法令が要請していると思われることなどに留意を要する。

次に、「内容に着目した分類」については、条例に準じて考えられる（第二節八「3　内容に着目した分類」参照）。なお、事務の種類による分類で、「法定受託事務」についての規律は、地方分権一括法による改正前の機関委任事務制度との経緯もあって、法令において住民の権利義務に関しても当時の規則が残されているものがみられること、住民の権利義務にかかわる事務に関する規則は、法令に基づくもの又は条例の委任を受けたもの若しくはそれらの執行に関するものが多く、そうでないものは少ないこと、住民の権利義務にかかわらない内部的事項（等）に関するものについては、特に条例で定めることとされるものもあるが、一般的には規則その他の規程等で定められるものが多いこと（長の職務を代理する上席の職員を定める規則（同法一五二Ⅲ）、会計管理者の権限に属する事務を処理させるための必要な組織に関する規則（同法一七一Ⅴ）、選挙管理委員会の規程（同法一九四）、財務に関する規則（自治令一七三の二）等）などに留意を要する。

以上の条例と同様に説明できる規則の種類（分類）のほか、今一つ重要な視点は、条例との関係において、長の専属的権限に属する規則（規則専管事項に係るもの）かどうかということによる分類である。このことについては、上述したところである（1「(4)『長の権限に属する事務に関するものであること』との関係（長の規則の「法定立形式としての事項的限界」を含む。）」参照）。

5　規則の制定手続等

(1)　規則の制定

規則の制定手続等については、条例の制定手続等（第二節「七　条例の制定手続等」参照）と共通するものも多いが、議会の議決は要しないので、「提案」「議決」といった手続はない。規則の制定は、決裁による。

なお、規則等の制定に当たっては、あらたに予算を伴うこととなるものであるときは、必要な予算上の措置が適確に講ぜられることとなるまでの間は、これを制定し、改正してはならない（自治法二二二Ⅱ）。

(2)　規則の公布及び施行

規則の公布及び施行については、議決との関係は別として、条例の手続が準用される。ただし、法令又は条例に特別の定めがあるときは、この限りではない（自治法一六Ⅴ）。ただし書の規定により、条例で調整規定を設けることは可能である。

三　長以外の執行機関が定める「規則その他の規程」

長以外の執行機関が定める「規則その他の規程」については、長が定める「規則」との関係は、前述の「一　長が定める『規則』とその他の執行機関が定める『規則その他の規程』」及び「二　長が定める『規則』」において述べたところである。その他の事項については、概ね、地方公共団体の長が定める「規則」に準じている。

地方公共団体の長の事務・権限と長以外の執行機関が定める「規則その他の規程」との間においては、長以外の執行機関は、法律の定めるところにより、その権限に属せしめられた事項に関して「規則その他の規程」を制定するものである（自治法一三八の四Ⅱ）から、競合又は矛盾抵触する余地は少ないのであるが、一般的事項に関しては競合又は矛盾抵触を生ずることもあり得ると思われる。このような事態が生じる場合には、結局執行機関間の権限ないし所掌事務について疑義が生じたときとして、自治法一三八条の三第三項の規定によって、長がその調整に努めなければならない。

なお、自治法一六条五項においては、長以外の執行機関が定める「規則その他の規程」のみならず、議会の規則等の地方公共団体の機関が定める「規則その他の規程」について、条例の公布及び施行についての同条三項及び四項の規定を準用することとしている。

また、教育委員会が定める教育委員会規則その他教育委員会の定める規程については、公布に関し必要な事項は、教育委員会規則で定めることとされている（地教行法一五Ⅱ）。

第四節　条例及び規則等の立案等に当たっての留意事項

条例及び規則等の立案等には、政策的な視点はもちろん、法制執務的な視点からも留意しなければならないことも多い。以下において主な点を挙げることとする。

第一は、目的及び条例等の必要性（解決すべき問題――立法の基礎となりそれを支える一般的事実である立法事実）の把握・精査である。行政上の目的及びその実現に関する規律としての条例等の必要性を検討し、明確に把握・精査（立法事実の把握・精査）することが肝要である。ことに、当該地方公共団体にとって、どのような意義を有するものかを十分に検討すべきである。

第二は、効果の検討である。目的実現にとって、条例等が実効性のあるものかどうか、他の方法と比較して条例等によることが適切かどうか検討されなければならない。その際、関係する他の行政の対応が不適切であるが故に問題が生じているのではないか十分究明されなければならない。

第三は、内容の適切さの検討である。内容については、行政目的達成のため、内容が適正であるかどうか、法的安定性はあるかなどといったことが検討されなければならない。関連して、特に、基本的人権との関係、公共の福祉の増進との関係、地域の社会生活の安定と経済活動への影響、市町村と都道府県の間の相互の施策への影響等について十分な留意が必要である。

第四は、体系上の検討である。条例等が憲法を頂点とする法令の体系に矛盾抵触しないかどうか、また当該地方公共団体自体の法構成にも合致するかどうか、さらに、都道府県と市町村の条例等が矛盾抵触しないかどうか、市町村と都道府県とが十分協議して所要の調整が図られているかどうか、これらのことが検討される必要がある。

第五は、罰則の検討である。罰則を設けなければならないものか、罰則の規定は一般の罰則の体系と均衡と調和が保たれているか、犯罪の構成要件が明確であるかどうか等が慎重に検討されなければならない。実際に罰則規定を設ける場合にあっては、どのような行為が犯罪となり処罰されるのかということが明らかにされていなければならない。特に、①罰則規定には、誰が、どこで、いつ、どのような内容の行為を行った（又は行わなかった）場合に刑罰が科されるかということを明示すること、②罰則規定上の語句（又は一定の義務違反に対し刑罰を科する場合には、その義務を定める規定上の語句）には、できる限り定義規定をおき、その内容を明確にすること、③犯罪が成立する時期を明確にしておくこと、④内容のあいまいな文言は用いないこと、といったことに配意して条例又は規則を立案する必要がある。なお、条例により規則に罰則の委任はできないが、規則中の一定の事項に対する義務違反に対して、条例で罰を科する旨を規定することはできること、併合罪でない罪において罰則を併科する旨を規定することはできないこと、公害防止協定のような協定に具体的に規定された事項を遵守しない場合に、条例や規則で事業者に罰を科する旨を規定することはできないことなどにも留意を要する。

第六は、他の地方公共団体との関係の検討である。他の地方公共団体の利害との調和を乱すようなものではないこと、当該地方公共団体の利益の追求等のみを図るようなものではないこと、他の地方公共団体に累を及ぼし、結果として迷惑のかかるようなものではないこと等について検討する必要がある。

第七は、形式的な面の検討である。表現が正確であること、分かりやすいことその他法規として形式的な面での要請を具備していることなどについて検討されなければならない。

第八は、附則の定め方である。

附則は、施行期日、経過規定、関係法規の改廃等に関する事項など、当該法規の付随的事項を規定する部分であり、基本的なルールも少なくなく、種々の立法技術が駆使される場合が少なくない。

なお、平成一七年の行政手続法の改正により、法律に基づく命令等（同法二⑧参照）を定めようとする場合には、当該命令等の案及びこれに関連する資料をあらかじめ公示し、広く一般の意見を求めなければならないものとする意見公募手続（パブリックコメント手続）が法制化され（同法六章参照）、また、地方公共団体もこの法律の規定の趣旨にのっとり必要な措置を講ずるよう努めなければならないとされている（同法四六参照）。

第五節　地方分権改革と自治立法の動向

地方分権一括法による改正等を中心とした一連の措置により、地方公共団体の事務・権能が拡充するとともに、地方公共団体が自主性及び自立（律）性を十分発揮できるよう、大幅な改革が行われた。法令で定められるもののほか、地方公共団体の事務・権能や自主性及び自立（律）性に基づく活動を地方公共団体において規律するのは、条例をはじめとする地方公共団体の自治立法（自主法）にほかならない。

地方分権改革の進展により、特に条例制定権については、機関委任事務制度の廃止、事務の種類の区分の基本的な見直し及び再構成などにより、その権能が大幅に拡大し、又はより理解しやすくなったばかりではなく、国と地方公共団体との役割分担の原則と国による制度策定等における原則、国の立法に関する原則、法令の規定の解釈・運用に関する原則、自治事務に関する特別配慮義務などの法定化と相俟って、条例制定権についていわば質的ともいえる法制度的な変化があったものとみることもできる。それは、とりわけ、法令に地方公共団体の事務・権能についての規定がある場合の条例制定権の考え方に少なからず影響しているものと思われる。

各地方公共団体が、地方分権の推進の成果をどれだけ活用できるか、また、政策に反映できるかといったことを考えるとき、計画立案、予算編成などと並んで「政策法務」ということが注目されている。つまり、これまでは、地方公共団体における「法務」は、とかく、条例・規則等の立案に際しての法技術的処理、法規の解釈、法規の事務・事業への適用の際の法的な対応、争訟事務などといったことが中心であり、地方公共団体の政策を形成し、実現するための手段として法を捉え、自主的かつ積極的に自治立法（自主法）を定立し、また法令の自主的解釈を試み、争訟に対応するといった政策との結びつきは一般的に弱かったといえる。しかし今日においては、このような「政策法務」の側面が地方行政における政策形成等において、実体的にも手続的にも、極めて重要な課題となってきている。

現に、多くの地方公共団体においては、このことについての問題意識が格段に高まってきており、意欲的な取り組みがみられるようになった。これらの取り組みの進展とその成果が大いに期待される。

一方、地方公共団体の事務・権能に関係する国の法令については、現状では、法令の数及び法令の規定があまりにも多いこと、細部にまでわたり過ぎていること、地域の実情が反映し難い構図になっていること等について大きな批判がある。

また、条例の実効性が弱く、実効性の担保措置の強化についても課題であり、検察当局との連携といった実務上の改善とともに、現行制度上は認められていない条例による実効性確保のための手段（例えば、直接強制、執行罰、課徴金等）の制度化についても検討されてよいのではないかと思う。

第九章　地方公共団体の組織機関

第一節　地方公共団体の組織機関の概要と特徴

一　首長制（首長主義、大統領制、二元代表制）

我が国の地方公共団体の組織機関は、議決機関としての議会と執行機関としての地方公共団体の長及び行政委員会から成り立っている。

地方公共団体の組織機関の特色としては、首長制（首長主義、大統領制、二元代表制）を採用していることが挙げられる。このことは、国が議院内閣制を採用しているのに対して特徴的である。すなわち、憲法九三条二項は「地方公共団体の長、その議会の議員及び法律の定めるその他の吏員は、その地方公共団体の住民が、直接これを選挙する。」としており、議事機関としての議会の議員と執行機関としての長のいずれをも、住民の直接選挙により選任することを定めている。

このように地方公共団体の組織が、首長制（首長主義、大統領制、二元代表制）を採用していることについては、次のような説明がされている。

① 議会の議員と執行機関である長のいずれも直接公選とし、その選任に住民の意思を直接反映させることにより、より民主的な政治・行政を期する。

② 議会と長が、それぞれ独立の立場において相互に牽制し、均衡と調和の関係を保持して、公正で円滑な自治の運営を図る。

③ 長を議会から独立させ、一定期間の任期を保障することにより、計画的かつ効率的な行政運営を実現する。

二 執行機関に関する多元主義

地方公共団体の執行機関は、直接選挙により選任される長のもとに補助機関が置かれるほか、教育委員会、人事委員会などの委員会及び委員（しばしば「行政委員会」と総称される。）から構成され、それぞれの執行機関が独立した権限をもつとともに、執行機関全体の総合調整を長が行うシステムになっている。このように、執行機関については、一つの機関への権限集中を避け、複数の執行機関に権限を分掌させて、それぞれが独立して事務を処理させることにより、民主的な行政が行われることを期待している。このように我が国の地方公共団体においては、執行機関に関して多元主義を採用しているということが特徴である。

執行機関に関する多元主義は、このような長所があるものの、地方公共団体の総合行政の妨げとなるとともに、責任の所在が不明確となるという問題点もある。

第二八次地方制度調査会の「地方の自主性・自律性の拡大及び地方議会のあり方に関する答申」（平成一七年一二月）においては、行政委員会は、準司法的機能を有する機関を別にすれば、戦後六〇年を経て、社会経済情勢が大きく変化している中で、制度創設時と同様の必要性がすべての機関に存続しているとはいえない状況にあるとし、教育委員会及び農業委員会について、地方公共団体の判断により委員会を設置して事務を行うこととするか、委員会を設置せずその事務を長が行うこととするかを選択できることとすることが適当であるとしている（同答申第一１「⑵行政委員会制度」参照）。また、地方分権改革推進委員会の第三次勧告（平成二一年一〇月）においては、それぞれの委員会及び委員ごとに、「当該事務の執行について特段に強く、政治的中立性又は公平・公正・中立性、あるいは専門技術的又は利害調整的な視点からの配慮が求められるか、あるいはまた準司法的・準立法的性格を有するかといった、制度創設時において主張された理由が今日もなお妥当しているのかどうかが問われることになる。制度導入時から半世紀以上を経た今日、こうした観点から地方自治体の行政委員会制度について検討してみたところ、少なくとも教育委員会及び農業委員会については、その設置を全国画一的に義務付けるに足りるだけの確たる根拠を見出しがたい」ので、引き続き存置するか、設置せず所掌事務を長が担うかは、地方公共団体が任意に選択できるように改めるべきであるとしている（同勧告第2章「1　地方自治体における行政委員会の必置規制の見直し」参照）。平成二五年一二月、中央教育審議会は、今後の地方教育行政のあり方について、現行の制度は、「責任者が、教育長なのか、教育委員長なのか、合議制の教育委員会なのか、責任の所在が不明確となっている現状を改め、地方公共団体における教育行政の責任体制を明確にするため、常勤の教育行政の専門家である教育長を地方公共団体の教育行政の責任者とするよう、抜本的に改革すべきである。」として、新しい教育委員会の組織と役割などについて答申した。その後の論議の結果、平成二六年四月に、地方教育行政の組織及び運営に関する法律の改正案が国会に提出され、同年六月に成立した（平成二七年四月一日施行）。このことについては、第三節七「2　教育委員会と地方教育行政組織」において説明する。なお、農業委員会については、平成二七年八月に成立した農業協同組合法等の一部を改正する法律により、農業委員会等に関する法律が改正され（施行日は平成二八年四月一日）、委員について選挙による委員及び選任による委員の制度を改め、委員はすべて市町村長が議会の同意を得て任命することとする（改正後の同法八）など、大幅な改正が行われたが、農業委員会の制度は存置された（第三節七「9　農業委員会」参照）。

三　画一性

憲法九二条に「地方公共団体の組織及び運営に関する事項は、地方自治の本旨に基いて、法律でこれを定める」とされている。これに基づいて、自治法に、全国の地域のあらゆる規模の普通地方公共団体の組織機関について、首長制（首長主義、大統領制、二元代表制）、執行機関の多元主義という原理のもとに統一的な制度の枠組みが定められており、また同じ種類の地方公共団体の組織機関については、原則として同一の制度となっている。

地方公共団体の組織機関については、自治法等でかなり詳細に定められており、地方公共団体の自治組織権のもとに支庁及び地方事務所又は支所若しくは出張所の設置、行政機関の設置、内部組織の設置及びその分掌事務、職員の定数など一定の範囲で条例で組織等を決定することを認めているが、基本的な枠組みは法定され、これと異なる独自の制度を条例で定めることはできない。このように、我が国の地方公共団体の組織機関に関する制度は諸外国に比較して画一的な制度となっており、このことについては批判も少なくない。

四　組織機構の基本原則――民主・自治と能率化・合理化の原則

自治法は、「地方自治の本旨に基いて、……地方公共団体の組織及び運営に関する事項の大綱を定め、……民主的にして能率的な行政の確保を図る……」と規定しており（同法一）、また、「地方公共団体は、常にその組織及び運営の合理化に努め……なければならない」（同法二XV）と規定している（第七章第七節「2　能率化の原則」「3　合理化・規模適正化の原則」参照）。このように、「民主・自治」と「能率化・合理化」ということは、地方公共団体の組織機構の基本原則である。

「民主・自治」の原則としては、地方公共団体の住民の代表機関として、議会と長を置き、議会の議員も長も住民の直接選挙としていること（憲法九三）、議会の解散や議員、長等の解職の直接請求の制度（自治法第二編第五章）や住民監査請求及び住民訴訟の制度（同法第二編第九章第一〇節）が定められていることなどに示されている。「能率化・合理化」の原則としては、主要補助機関の法定等（自治法第二編第七章第二節第三款）、執行機関の間の委任、補助執行、兼職等の制度（自治法一八〇の二・一八〇の三・一八〇の七等）などがあり、また総務大臣又は都道府県知事の地方公共団体の組織及び運営の合理化に資するための技術的な助言又は勧告の制度等が定められている（自治法二五二の一七の五等）。

もっとも、地方公共団体の組織機構についての自治法等の規定については、これらの基本原則を踏まえたものであるものとしても、画一的であること、また規定が多く詳細すぎることといった意見もある。

第二節　地方公共団体の議会

一　地方公共団体の議会の地位

憲法は、地方公共団体の議会について、九三条において、「地方公共団体には、法律の定めるところにより、その議事機関として議会を設置する。」と定め、「地方公共団体の長、その議会の議員……は、その地方公共団体の住民が、直接これを選挙する。」と定めている。この規定については、憲法は、地方公共団体の議会について、①議事機関としての議会の必置制、②議会について議員の直接選挙、③議会と執行機関について首長制（首長主義、大統領制、二元代表制）を定めているとされている。そして、議会の権限、組織等については、「地方公共団体の組織及び運営に関する事項は、地方自治の本旨に基いて、法律でこれを定める。」としている憲法九二条の規定を承けて自治法で定められている。

1　議事機関としての議会の必置制等

憲法は、議事機関として議会を設置することを定めている（憲法九三Ⅰ）。議会は、合議による地方公共団体の意思決定機関である。

民主主義の下においては、熟議をして結論を出すというプロセスが重要である。このことについては、個々の国民や住民が国や地方公共団体に意見を直接表明し、また関係する国民や住民が一堂に会し熟議する仕組みで政治・行政を行うことを原則とすることは、一般的には無理である（第六章第四節「一　直接参政制度の意義」参照）。そこで、必然的に代表者を選ぶことによって、民主主義の要請に応えることとなる。これがいわゆる代議制であり、間接民主主義の制度である。

議会は、一般には住民から選ばれた代表により構成される機関をいう。この意味での議会が必置機関とされるか否かについては議論がある。自治法は、町村において条例で議会を置かずに、選挙権を有する者の総会（町村総会）を設けることができると定めている（自治法九四）。通説は、これも憲法に抵触しないとしている。これについては町村総会を議事機関として、広義の「議会」に含めて解する説、代議制の議会の設置を憲法の要求する最小限度の要件として、より住民の意思を直接的に反映し得る町村総会の設置を憲法に抵触するものでないとする説がある。

議会は地方公共団体の意思決定機関であるが、地方公共団体の意思のすべてが議会により決定されなければならないかというと、決してそうではない。地方公共団体の場合、意思を決定する機関として議会が、決定された意思を執行し、実現する機関として長及び各種委員会等の執行機関が、それぞれあるが、これらの意思決定機関及び執行機関の権限は法令等に定めるところに従って運用される。そして、意思決定機関としての議会が団体意思を決定する場合の権限は自治法九六条に掲げられているので、議会は同条一項各号に掲げる事項及び同条二項の規定により議会の権限とされた事項について議会の議決により団体の意思を決定する。それ以外の場合は、執行機関たる長又は各種委員会等が、自己の権限に属する事項につき、自ら決定し（自ら決定したことが団体の意思となる。）、これを執行することとなるのであって、その範囲のものも決して少なくはない。しかしながら、議会は予算の議決及び条例の議決を通じて、そのような事務についてもその意思を及ぼし得るわけであるから、議会が地方公共団体の運営全般にわたっての方針を決定するものであるということもできる。

なお、第二八次地方制度調査会は、地方議会のあり方について全般的な審議を行い、前述した（第二章第四節「三　さらなる地方分権の推進と地方自治制度の改革」参照）ような答申をし、制度改正も行われたが、地方議会が、その実態において、とかく、十分にその機能を果たしていないといった批判がある。このようなことから近年、地方議会の活性化ということが重要な課題となってきている。そして、様々な視点から、制度の改革、運営の改善などが論議されており、各地方議会においても前向きな取り組みがみられるようになっている。また、第二九次地方制度調査会の「今後の基礎自治体及び監査・議会制度のあり方に関する答申」においても、議会の団体意思決定機能や監視機能の向上策、議会制度の自由度の拡大、議会の議員に求められる役割等について、自己改革の取り組みに加え、見直しの方向について答申している。

また、第三一次地方制度調査会の「人口減少社会に的確に対応する地方行政体制及びガバナンスのあり方に関する答申」においても、地方公共団体における適切な役割分担とガバナンスの問題の一環として、「議会制度や議会運営のあり方、議員に求められる役割及び幅広い人材の確保という観点から、方策を講じる必要がある。」とし、それぞれの事項について検討がされている（同答申第３・３「⑴基本的な認識」）。

2　議会の議員の直接選挙

憲法は、議会の議員について住民の直接選挙によることとしている（憲法九三Ⅱ）。したがって、推薦制による議員や住民が選挙人を選挙で選び、選挙人により議員を選ぶ間接選挙などを採用することはできない。

その被選挙権は、当該議会の議員の選挙権を有する者で年齢二五歳以上のもの（一定の事由により被選挙権を有しない等のものは除く。）である（自治法一九Ⅰ、公選法一〇Ⅰ③⑤・一一・一一の二・二五二、政治資金規正法二八）。

3　議会と執行機関の相互牽制方式

憲法は、地方公共団体の長と議会の議員について、いずれも住民が直接選挙することとしている。このことをもって、憲法は、地方公共団体において、議事機関としての議会と、執行機関としての長が、独立して対等な立場で相互に牽制し、均衡と調和の関係にあるいわゆる首長制（首長主義、大統領制、二元代表制）を採用したものと、一般に理解されている。

一方で、憲法は、議員と長等の兼職を明確に禁止した規定はなく、議会内部に設けられた委員会が執行機関としての権限をもち行政各部を指揮監督する「委員会制（カウンシル制）」や、議会の選任したシティマネージャーが執行機関として機能する「シティマネージャー制」を憲法は禁止しているものではないとする説もある。

二　地方公共団体の議会の議員

1　議員の定数

(1)　「法定定数制度」から「条例定数制度」への変更

議会運営の基本といえる議会の議員の定数については、戦前の府県制及び市制町村制の制定に当たって、法律又は勅令において人口に応じた定数が定められたが、戦後の自治法の制定に当たってもこうした「法定定数制度」が維持され、自治法は、都道府県又は市町村の形態、人口規模に応じて、その定数を定めていた。また、市町村については昭和二二年の改正により、都道府県については昭和二七年の改正により、当該定数を条例により減少することができることとされた。以来、地方公共団体は、この規定に基づく条例（いわゆる「定数減数（少）条例」）を制定し、定数削減に努めてきた。

これに対して、地方公共団体の自己決定権を拡大する観点から、地方分権一括法による自治法の改正により、「条例定数制度」が導入されたが、明治以来、「法定定数制度」が維持されてきたという経緯や我が国の地方行政を取り巻く状況に鑑み、それぞれの地方公共団体がこれまでの「法定定数制度」の下において採用していた実際の議員定数を勘案したうえで、法律において人口区分ごとに上限数が設けられた（後述するように、平成二三年四月に成立した自治法の改正により、上限数は撤廃された。）。これにより、これまでは、「定数減数（少）条例」を定める場合は別として、各地方公共団体に対して自治法に定める議員定数がそのまま適用されていたが、改正後においては、必ず地方公共団体の議会において、定数条例案を議案として十分に審議したうえで、議員定数が決定されることとなり、地方公共団体の自主性及び自立性を高めることとなった。

なお、都道府県議会の議員及び選挙区が設けられた場合の市町村議会の議員の各選挙区において選挙すべき議員の数は、人口に比例して、条例で定めなければならない。ただし、特別の事情があるときは、概ね人口を基準とし、地域間の均衡を考慮して定めることができるとされている（公選法一五Ⅷ。同条Ⅰ～Ⅶ参照）。ただし書は、人口の動態等と政治・行政の実態を考慮して、特別の事情があるときは、人口比例の原則にある程度の特例を設け、地域の代表をそれぞれの地域の実情に応じて確保し、実質的に均衡のとれた配分をすることができるようにしたものである。

(2) 条例定数制度

ア 議員定数の決定

「条例定数制度」の下においては、地方公共団体の議会の議員の定数は、条例で定めることとされ（自治法九〇Ⅰ・九一Ⅰ）、条例で定めなければ、議員の定数は定まらない。この議員定数条例の提案権は、長にもあるとされている（行実昭二九・七・三〇参照）。

例外として、廃置分合により地方公共団体が新設される場合には、条例案を審議すべき議会自体が未成立であるため、新設地方公共団体により議員定数を定めることができない。したがって、処分による廃置分合に当たってはあらかじめ関係地方公共団体間の協議等により定数を定める旨の特例が設けられている（自治法九〇Ⅳ～Ⅵ・九一Ⅴ～Ⅷ。なお、旧市町村合併特例法、平成一六年合併法及び改正市町村合併特例法による議会の議員の定数に関する特例（旧市町村合併特例法六、平成一六年合併法及び改正市町村合併特例法八）参照）。平成一六年の自治法の改正前においては、都道府県の廃置分合は必ず法律で定めることとなっていたことから、処分による廃置分合は市町村に限られていたが、改正により、都道府県についても自主的な発意による合併の制度が定められ（自治法六の二）、この規定により新設される都道府県の場合は、上述の特例が適用されることとなった。従前からの自治法六条一項の「都道府県の廃置分合をしようとするときは、法律でこれを定める」とされている規定による場合は、新設される都道府県の議会の議員定数のあり方については当該法律において定めることとなる。その場合、「条例定数制度」の趣旨に鑑みれば、当該法律において関係地方公共団体間の協議等により定数を定める旨の仕組みが設けられることが予想される。

イ　議員の定数の上限とその廃止

「条例定数年度」の下でも、上述したような理由（⑴『法定定数制度』から『条例定数制度』への変更」参照）から、人口区分ごとに定数の上限数が定められていた（平成二三年四月の改正前の自治法九〇Ⅱ・九一Ⅱ）。

この議員定数の上限数の制限については、第二九次地方制度調査会の「今後の基礎自治体及び監査・議会制度のあり方に関する答申」において、「定数の決定は各地方公共団体の自主的な判断に完全に委ねることとし、法定上限を撤廃すべきである。」（同答申第3・2「⑴議員定数等」）とされたことを踏まえ、平成二三年四月に成立した地方自治法の改正により、上限数の制限は廃止された。

なお、平成二三年四月に成立した自治法の改正前の議員定数の上限の最多数は、都道府県にあっては一二〇人（都にあっては一三〇人）、市町村にあっては九六人、特別区にあっては五六人であった（改正前の九〇Ⅱ・九一Ⅱ・二八一の六）。

ウ　議員の定数の変更

議員の定数の変更は、一般選挙の場合でなければ、行うことができない（自治法九〇Ⅱ・九一Ⅱ）。「一般選挙」とは、議員の任期満了による選挙及び議会の解散又は議員の総辞職の場合のように、その後に行われる議員の全部についての選挙をいう。

ただし、市町村については、廃置分合又は境界変更の処分（自治法七Ⅰ）により、都道府県については、新設合併又は編入合併の処分（自治法六の二Ⅰ）により、人口に増減又は増加があった場合には、特に議員の任期中においても、条例により定数の増減又は増加を行い得る特例が認められている（自治法九〇Ⅲ・九一Ⅲ）。都道府県については、平成一六年の自治法の改正によるものであり、増加の場合である。市町村の場合は、廃置分合又は境界変更の場合であり、定数を減少する場合もあるが、在職者の議員の任期中は、その数をもって定数とし、欠員を生じたときは、これに応じて定数は減少する（自治法九一Ⅳ）。

2　議員の地位等

(1)　議員の身分の取得並びに任期及びその起算

議員の身分は、原則として議員の選挙における当選人として告示された日から発生するものと考えられ（公選法一〇二参照）、議員の任期は、原則として四年で（自治法九三Ⅰ）、その任期の起算は一般選挙の日である（公選法二五八本文）。ただし、一般選挙が、議員の任期満了の日前に行われた場合については、原則として、前任の議員の任期満了の日の翌日から、議員としての身分を取得するものと考えられ、任期の起算も前任の議員の任期の満了の日の翌日から起算される（自治法九三Ⅱ、公選法二五八ただし書）。

(2)　議員の兼職禁止

地方公共団体の議員が兼職を禁止され、又は地方公共団体の議員との兼職が禁止されているのは、次のとおりである。

①衆議院議員又は参議院議員（自治法九二Ⅰ、国会法三九）、②他の地方公共団体の議員（自治法九二Ⅱ。ただし、当該地方公共団体が組織する一部事務組合又は広域連合の議員との兼職はできる（同法二八七Ⅱ・二九一の四Ⅳ））、③地方公共団体の常勤の職員（「短時間勤務職員」を含む。自治法九二Ⅱ）、④普通地方公共団体の長（自治法一四一Ⅱ）、⑤副知事又は副市長村長（自治法一六六Ⅱによる一四一Ⅱの準用）、⑥指定都市の総合区長（自治法二五二の二〇の二Ⅶによる一四一Ⅱの準用）、⑦選挙管理委員（自治法一八二Ⅶ）、⑧裁判官（裁判所法五二①）、⑨教育委員会の教育長及び委員（地教行法六）、⑩都道府県公安委員会の委

員（警察法四二Ⅱ）、⑪人事委員会又は公平委員会の委員（地公法九の二Ⅸ）、⑫収用委員会の委員及び予備委員（土地収用法五二Ⅳ）、⑬固定資産評価員（地税法四〇六Ⅰ①）及び固定資産評価審査委員会の委員（地税法四二五Ⅰ①）、⑭海区漁業調整委員会の委員（都道府県議会の議員のみ）（漁業法九五）、⑮内水面漁場管理委員会の委員（都道府県議会の議員のみ）（漁業法一三二による同法九五の準用）、⑯港務局の委員会の委員（ただし、港務局を組織する地方公共団体のそれぞれの議会の推薦した各一人についてはこの限りではない。）（港湾法一七Ⅰ②）

普通地方公共団体の議会の議員と兼職を禁止されている職にある者は、多くの場合、公職選挙法八九条等の規定により、在職中公職の候補者となることは禁止されているため、不都合を生ずる場合は少ないのであるが、なかには当選の告知を受けた後、同法一〇三条によりその職を辞したものとみなされ、又はその職を辞した旨の届出の所定の手続をとらなければならない場合もある。地方公共団体の議員が他の兼職を禁止された職に就いた場合は、議員を明示的に辞職しない限り兼職を禁止された職に就き得ないとするのが行政実例である。もっとも、現に議員であるものに対し、そのことを知らずに地方公共団体の常勤の職員に任用する発令行為があったときは、当該発令行為は当然に無効とは解され難い。したがって、両方の身分を有することとなるような場合には、直ちにそのいずれかを辞することが必要である。

(3)　議員の兼業禁止

地方公共団体の議員は、当該地方公共団体に対し請負をする者及びその支配人又は主として同一の行為をする法人の無限責任社員、取締役、執行役若しくは監査役若しくはこれらに準ずべき者、支配人及び清算人たることができないこととされている（自治法九二の二）。兼業禁止の対象となる請負は、民法上の請負契約に限らず、広く営業としてなされている経済的ないし営利的取引であって、一定期間にわたる継続的な取引関係に立つものを含むものと解されている。

ここでいう法人については、社団法人、財団法人、農業協同組合、森林組合等も含まれるとされている。「主として」の意義については、当該請負が当該法人の業務の主要な部分を占めるという意であるとされている（最高裁昭六二・

一〇・二〇参照）。また、「これらに準ずべき者」とは法人の無限責任社員、取締役、執行役又は監査役と同程度の執行力と責任とを当該法人に対して有する者の意である（行実昭三一・一〇・二二参照）。

議員が兼業禁止の規定に該当するときはその職を失う（自治法一二七Ⅰ前段）。その決定は議会が出席議員の三分の二以上の多数により決定する（同項後段）。

(4) 議員の身分の喪失

議員が身分を喪失する場合としては、次のものがある。

ア　任期の満了

議員の任期は四年とされている（自治法九三Ⅰ）が、全体としての議員の任期を定めるものである。したがって、補欠選挙により選出された議員の任期は、前任者の残任期間であり、定数に異動を生じたためあらたに選挙された議員は、一般選挙により選挙された議員の任期満了までの任期である（自治法九三Ⅱ、公選法二六〇）。

イ　議員の辞職

議員は、議会の開会中は議会の許可を得て、議会の閉会中は議長の許可を得て、辞職することができる（自治法一二六）。辞職の許可の基準については、議会は正当の理由なくして議員の辞職許可願を拒否することはできないとされている。

ウ　選挙の無効又は当選の無効の確定

公職選挙法に基づく、選挙無効又は当選無効については、議員の当選無効又は選挙無効が確定するまでは、その職は失わない（自治法一二八）。したがって、当選等が無効とされても（つまり、選挙の当初から議員たるものでなかったことが確定しても）、それまでの間の議員としての行為はすべて有効であることとなる。これに対して、公職選挙法二五一条に基づく当選人の選挙犯罪による当選無効については、当選の無効が確定すると、当選の日に遡って議員としての身分が失われることとなる。もっとも、このような当選無効となった議員が、当選無効の確定するまでに加わった議決については、有効であるとせざるを得ない。

エ　兼職を禁止された職への就職

議会の議員はかなりの職について兼職を禁止されている（自治法九二等、地教行法六等）が、これらの職についた場合はいずれを失職するかということについては論議があるものもあるが、いずれかは失職することとされている（「(2)　議員の兼職禁止」参照）。

オ　兼業禁止規定に該当

兼業禁止規定（自治法九二の二）に該当していると議会により決定された場合はその職を失う（自治法一二七Ⅰ。「(3)議員の兼業禁止」参照）。

カ　被選挙権の喪失

被選挙権は、議員になるための要件であると同時に、議員としての身分を維持するための要件でもある。したがって、被選挙権を有しないこととなった場合は、議員としての職を失う（自治法一二七Ⅰ）。公職選挙法一一条若しくは一一条の二若しくは二五二条又は政治資金規正法二八条の規定に該当する場合は、裁判所における宣告又は判決があり、客観的に事実が確定されるため、宣告又は判決の確定によりその職を失う。これら以外については、議会がこれを決定する（自治法一二七Ⅰ）。この場合、決定は、出席議員の三分の二以上の者の多数による（自治法一二七Ⅰ後段）。決定は、文書をもってし、その理由をつけて本人に交付しなければならない（自治法一二七Ⅳによる一一八Ⅵの準用）。被選挙権なしと決定された議員は、その議会による決定の時からその職を失う。

キ　死亡

ク　除名（自治法一三五Ⅰ④）

ケ　住民による議員の解職請求に基づく投票の結果、過半数の同意（自治法一三Ⅱ・八〇・八二Ⅰ・八三～八五）

コ　住民による議会の解散請求に基づく投票の結果、過半数の同意（自治法七六～七九）
サ　長による議会の解散（自治法一七八Ⅰ）
シ　議会の自主解散（地方公共団体の議会の解散に関する特例法）
ス　廃置分合による地方公共団体の消滅（自治法六・七）
なお、市町村の合併の場合には、合併後の地方公共団体の議会の議員としての在任期間に関する特例がある（旧市町村合併特例法七、平成一六年合併法及び改正市町村合併特例法九）。

(5)　**政務活動費**

普通地方公共団体は、条例の定めるところにより、議会の議員の調査研究その他の活動に資するため、必要な経費の一部として、議会における会派又は議員に対し、政務活動費を交付することができる（自治法一〇〇XIV）。この場合に、当該政務活動費の交付の対象、額及び交付の方法並びに当該政務活動費を充てることができる経費の範囲は、条例で定めなければならない（同項後段）。また、政務活動費の交付を受けた議会における会派又は議員は、条例の定めるところにより、当該政務活動費に係る収入及び支出の報告書を議会の議長に提出するものとされている（自治法一〇〇XV）。議長は、政務活動費については、その使途の透明性の確保に努めるものとする（自治法XVI）。

なお、会派とは、「政治的信条等を同じくする議員の任意の同志的集合体をいう」ものと解されている（東京地裁平一〇・一〇・三〇参照）。

政務活動費については、従前、議会における調査研究に資するための会派に対する交付金が、都道府県を中心として多くの地方公共団体において交付されてきたが、平成一二年に政務調査費が法制化され、条例で定めるところにより、議会の会派又は議員に政務調査費を交付することができることとされ、政務調査費を交付するか否かは各地方公共団体の判断に委ねられた。また、この政務調査費については、情報公開を促進し、その使途の透明性を確保することも重要なこととされていることから、条例の制定に当たっては、収入及び支出の報告書等の書類を情報公開や閲覧の対象とするなど透明性の確保を図ることとされた（通知平二一・五・三一）。第二八次地方制度調査会の「地方の自主性・自律性の拡大及び地方議会のあり方に関する答申」（平成一七年一二月）においても、「住民への説明責任を果たす観点から、その使途の透明性を高めていくべきである」とされている（同答申第2・2⑵④「ア　住民と議会との意思疎通の充実」参照）。

この平成二四年の自治法の改正前の政務調査費は、調査研究活動に資するものに限られていたが、例えば会派で行う会議に要する経費、陳情活動等のための旅費等にも使途を拡大し、調査研究活動以外のその他の活動の経費にも充てられるように、議会関係団体からの要請があったことを踏まえ、平成二四年の自治法の改正において、議員修正により、「その他の活動」にも充てることができるようにされ、経費の範囲について条例で定めることとされるとともに、「政務活動費」に改められた（改正後の自治法一〇〇XIV XV）。もっとも、議員としての活動に含まれない政治活動や選挙活動等の経費は、対象にすることはできないものである。また改正により、議長は、政務活動費について、その使途の透明性の確保に努めるものとするとされた（同条XVI）。しかし、最近政治活動費の使途に関して、不適切な事例や不透明な事例が指摘され、批判されている。このことについて、第三一次地方制度調査会の「人口減少社会に的確に対応する地方行政体制及びガバナンスのあり方に関する答申」において、「政治活動費の使途を含めた議員活動の状況について、各議員はより一層、住民への説明責任をさらに果たすための取組を進めていくべきである。」としている（同答申第3・3⑶「②議員活動の透明性の確保」）。また、総務省は、平成二八年九月（三〇日）「政務活動費に係る対応について」通知した（総行行一九八・総行経二一）。

なお、この政務活動費の経費としての性質は、補助金（自治法二三二の二参照）とされている。

⑹　議員の資産等の公開

都道府県及び指定都市の議会の議員の資産等の公開について、条例の定めるところにより、国会議員の資産等の公開の措置に準じて必要な措置を講じなければならないこととされている（政治倫理の確立のための国会議員の資産等の公開等に関する法律七）。

三　地方公共団体の議会の権限

1　地方公共団体の議会の権限の概要

地方公共団体の議会は、議事機関であり（憲法九三Ⅰ参照）、地方公共団体の意思を決定する議決機関である。我が国の地方自治制度においては、首長制（首長主義、大統領制、二元代表制）がとられており、地方公共団体の議会は、独立の立場においてその権限を行使するとともに、執行機関と相互に牽制し、均衡と調和の関係を保持して、地方公共団体の政治・行政を適切かつ円滑に遂行することが期待されている。

地方公共団体の議会の権限は、大別して、地方公共団体の団体意思の決定をする議決権とその他の権限に分けることができる。議決権は、議会の本来的な権限であるといえる。その他の権限には、法律又はこれに基づく選挙権、地方公共団体の事務等について監視・牽制、調査、承認・同意等をする権限、議会の機関としての意思や見解等を表明する権限、議会の内部的事項について自律的に決定及び処理する権限などがある。

地方公共団体は、上述のように、首長制（首長主義、大統領制、二元代表制）であり、長と議会との間は、相互に牽制し合い、均衡と調和の関係（チェック・アンド・バランス）の下にあるものであるが、制度的に特徴的なこととして、第一に、再議又は再選挙の制度があり（一部についていわゆる「原案執行」の制度もある。自治法一七六・一七七）、第二に、議会の長に対する不信任議決及び長の議会解散権が認められており（自治法一七八）、第三に、長の専決処分が認められている（自治法一七九・一八〇）ことを挙げることができる。これらについては、別途説明する（第四節「地方公共団体の長と議会の関係」参照）。

2 議決権

(1) 議決権の概要

地方公共団体の議会は議事機関（憲法九三Ⅰ）として設置されるものであり、議決権は議会の中心的な権能である。議決権とは、広義では、地方公共団体の意思又は議会の意思を決定するために議会に与えられた権限をいうが、狭義では、地方公共団体の意思を決定する権能をいう。もっとも、地方公共団体の意思決定はすべて議会に付与されているものではなく、議会の議決事項以外の意思決定は長その他の執行機関により行われることは、前述のとおりである。（一「1 議事機関としての議会の必置制等」参照）。

議会の議決事項、いわゆる議決事件は、自治法九六条一項においては同項一五号まで制限的に列挙されている（自治法九六Ⅰ）。これらはいずれも地方公共団体の意思決定に係るものであるが、条例の制定・改廃や予算の議決（自治法九六Ⅰ①②）のように議会の議決が団体意思の決定となるものと、契約を締結することについての議会の議決（自治法九六Ⅰ⑤）等のように執行機関の執行の前提として議会が事前に関与することとしている意思の決定がある。議会の議決権の対象となる地方公共団体の議事事件は、一般的にはこれら一五項目とされるが、自治法九六条一項一五号は「その他法律又はこれに基づく政令（これらに基づく条例を含む。）により議会の権限に属する事項」を議会の議決事項としている。また、同条第二項で「条例で普通地方公共団体に関する事件（法定受託事務に係るものにあっては、国の安全に関することその他の事由により議会の議決すべきものとして政令で定めるものを除く。）につき議会の議決に付すべきものを定めることができる」（自治法九六Ⅱ、自治令一二一の三）とされている。もっとも、法令上又は事柄の性質上、もっぱら長その他の執行機関の権限により処理されるべき事項については、議決事件とすることができない。

また、議決事項に関する修正権についても、一般には議決事項全般に及ぶとされているが、法令の規定により、又は事柄の性質上、提出権が長に専属するものなどについては、限界があるものもあると解されており、その限界について、解釈上論議がある。

(2)　議決事項

地方分権一括法による制度の改正までは、議会の議決権は、原則として機関委任事務に対しては及ばないものと解されていた。地方分権一括法による改正により機関委任事務制度が廃止され、従来機関委任事務とされていたものを含め、地方公共団体の執行機関が処理する事務はすべて地方公共団体の事務となり、議決事項に該当する案件であれば、原則として（条例による議決事項の追加（自治法九六Ⅱ）については、「法定受託事務」にあっては、国の安全に関することその他の事由により議会の議決すべきものとすることが適当でないものとして政令で定めるものは除かれる（同条Ⅱ、自治令一二一の三）。）、議会の議決の対象となり得ることとなった。

以下、自治法九六条の規定に従い、地方公共団体の議会の各議決事項について説明する。

ア　条例を設け又は改廃すること

条例を設けるとは、あらたに条例を制定すること、改廃とは、改正又は廃止であり、現にある条例の全部又は一部を改めること、又は条例を廃止することである。なお、条例の意義、条例の制定の範囲、条例をもって規定すべき事項、条例の効力、条例の種類等については、第八章「自治立法――条例及び規則等」において詳述したところである。

条例の提出権は一般には議会の側（議員及び委員会）、長の双方にあり、特別の場合（自治法一〇九Ⅰ Ⅸ・一五五Ⅰ Ⅱ・一五六Ⅰ Ⅱ・一五八Ⅰ Ⅱ Ⅶ等）は、議会の側又は長のいずれかにのみ専属することがある。長にのみ専属する場合の議会における修正権については、提案権に制約がある以上は修正権にも制約があるものと解さざるを得ない。なお、長以外の他の執行機関には、条例の提案権はなく、長により提案されるものである（自治法一八〇の六②）。

イ　予算を定めること

「予算」とは歳入歳出予算のほか、継続費、繰越明許費、債務負担行為、地方債、一時借入金及び歳出予算の各項の経費の金額の流用に関する定めをあわせて内容とする（自治法二一五）。また、一般会計予算、特別会計予算又は当初予算（通常予算）、補正予算、暫定予算等すべてを含む。提案権は長に専属し、議会はこれを増額修正することもできるが、提案権の侵害となるような修正はできない（自治法九七Ⅱ）。自治法九七条二項の「増額」とは、予算全体を増額する場合及び全体としては増額しないでも各款項を増額する場合を含む。また、同項ただし書の「長の予算の提出の権限を侵す」とは、長が提案した予算の趣旨を損なうような増額修正を行うことをいうものである。予算の趣旨を損なうような増額修正であるか否かの判断は、当該増額修正をしようとする内容、規模、当該予算全体との関連、当該地方公共団体の行財政運営における影響度等を総合的に勘案して、個々の具体の事案に即して判断すべきものとされている（通知昭五二・一〇・三）が、具体的には、例えば、議会に提案された予算案にあらたな款項を加え、また、継続費、繰越明許費、債務負担行為等にあらたな事業や事項を加えることは、原則として提案権の侵害となると解されている。

ウ　決算と認定すること

「決算」は、自治法二三三条に定める決算であり、第一〇章第四節「二　決算」を参照されたい。決算を議会が認定しない場合も、これを理由として長の不信任の議決（自治法一七八）をするというような場合は格別、単に認定しないというだけでは、別に法的効果は生じない。第三一次地方制度調査会の「人口減少社会に的確に対応する地方行政体制及びガバナンスのあり方に関する答申」において、「監査委員の意見が付された決算を議会が審議した結果、議会が決算認定をせず、その理由を示した場合については、議会が長に対し理由の中で指摘した問題点について長が説明責任を果たす仕組みを設けることとすべきである。」としている（同答申第３・３⑵「④決算審議」）。この答申を勘案し、平成二九年の地方自治法の改正において、決算の認定に関する議案が否決された場合において、当該議決を踏まえて必要と認める措置を講じたときは、速やかに、当該措置の内容を議会に報告するとともに、公表しなければならないとされた（自治法二三三Ⅶ）。

エ　地方税の賦課徴収又は分担金、使用料、加入金若しくは手数料の徴収に関すること

賦課徴収又は徴収に関して、一般的にも、具体的な場合にも、議決を要する意である。自治法九六条一項四号の「法律又はこれに基づく政令に規定するものを除くほか」とは、これらの地方税その他の公租公課についても、例えば、地方税法のように、相当細目にわたり、徴収方法、税率等につき規定があるので、これらに規定するものについては、当該法令の規定によるとの意である。

オ　その種類及び金額について政令で定める基準に従い条例で定める契約を締結すること

通常、契約の締結は、執行機関限りでなし得るものであるが、条例で指定する重要なものについては、個々の契約ごとに議会の議決を必要とされるものである。議決の対象となる契約を条例で定めるについては、「その種類及び金額について政令で定める基準」に従うこととされているが、この基準は、契約の種類については、工事又は製造の請負とされ、金額については、都道府県、指定都市、その他の市、町村ごとの予定価格の最低基準が定められている（自治令一二一の二Ⅰ・別表第三）。なお、第二九次地方制度調査会の「今後の基礎自治体及び監査・議会制度のあり方に関する答申」において、「……条例で定めることができる範囲を現行よりも合理的な範囲で拡大すべきである。」とされている（同答申第3・1⑴「①契約の締結及び財産の取得又は処分に係る議決」）。政令で定める基準に従い条例で定める契約となることを避けるために一つの契約を数箇の契約に分割して締結することについて、自治法九六条一項五号の規定を潜脱する目的でなされたと認められるときは、違法である（最高裁平一六・六・一参照）。条例で定める契約は、議決をまってはじめて正規に締結され得ることとなるのであるが、相手方も契約内容も特定されていなければならないので、執行機関においてあらかじめ相手方と仮契約を締結しておくこととなろう。なお、地方公営企業の業務に関する契約の締結については、本号の適用はなく、議会の議決を要しない（地公企法四〇Ⅰ）。

カ　条例で定める場合を除くほか、財産を交換し、出資の目的とし、若しくは支払手段として使用し、又は適正な対価なくしてこれを譲渡し、若しくは貸し付けること

財産の管理及び処分に関する自治法二三七条二項の規定を承けて、財産を交換すること等が議決事項とされているものである。「条例で定める場合」が除かれるのは、条例により財産の交換等についての一般的取扱基準を定めた場合においては、改めて個々の行為について個別議決を要しない旨の趣旨であり、その例としては、①当該地方公共団体において公用若しくは公共用に供するため他人の所有する財産を必要とするとき、又は国若しくは他の地方公共団体その他公共団体において公用若しくは公共用に供するため当該地方公共団体の財産を必要とするとき等において、普通財産を同一種類の財産と交換することができるものとすること、②公益上の必要がある一定の場合において、普通財産を譲与し、又は無償で貸し付けることができるものとすること、あるいは、③物品について一定の場合に無償貸付け及び譲与等を認めるものとすること等を条例で定める場合が考えられる。財産を「貸し付けること」には地上権や地役権の設定等の用益物権の設定を含むと解されている（行実昭四〇・二・二四参照）。なお、地方公営企業の業務に関する財産の取得及び処分については、本号の適用はない（地公企法四〇Ⅰ）。

キ　不動産を信託すること

財産の信託の設定に関する自治法二三七条三項の規定を承けて、不動産を信託することが議決事項とされているものであり、昭和六一年の改正により不動産（土地（土地の定着物を含む。））の信託をすることができることとされた（自治法二三八の五Ⅱ）ことに伴い加えられたものである（信託の意義等については、第一〇章第九節二「5　財産の信託」参照）。財産の交換等については、条例によりその一般的取扱基準を定めた場合には、改めて個々の行為について個別議決を要しないこととされているが、財産の信託については、このような定めがなく、一件ごとに議会の議決を得る必要がある。議案の内容としては、①信託の目的、②信託される土地の概要、③信託の受託者の氏名及び住所、④信託期間、⑤信託報酬及び

信託配当に関する事項等が考えられる。なお、地方公営企業の業務に関する財産の信託については、議会の議決を要しない（地公企法四〇Ｉ）

平成一八年の改正により、国債等の有価証券の信託もできることとされた（自治法二三八の五Ⅲ）が、この場合は議決事項とされていない。

ク　その種類及び金額について政令で定める基準に従い条例で定める財産の取得又は処分をすること

カ及びキの場合を除き、財産の取得、処分は通常執行機関限りでなし得るものであるが、契約の場合と同様、条例で指定する重要なものについては個々の取得、処分をなすに当たって議決を要するものとしたものである。条例の定めについては「その種類及び金額について政令で定める基準」に従うこととされているが、この基準は、財産の取得又は処分の種類については、不動産又は動産の買入れ又は売払い（土地については、一件の面積が一定以上のものに係るものに限る。）又は不動産の信託の受益権の買入れ若しくは売払いとされ、その金額については、都道府県、指定都市、その他の市、町村ごとの予定価格の最低基準が定められている（自治令一二一の二Ⅱ・別紙第四。なお、第二九次地方制度調査会の答申については、自治法九六条一項五号と同じである（上述「オ　その種類及び金額について政令で定める基準に従い条例で定める契約を締結すること」参照））。地方公営企業の用に供する財産の取得及び処分については、本号の規定は適用されないが（地公企法四〇Ｉ）、条例で定める重要な資産の取得又は処分については、予算で定めることになっている（地公企法三三Ⅱ、地公企法施行令一七Ｉ⑫・二六の三・別表）。

ケ　負担付きの寄附又は贈与を受けること

寄附又は贈与を受ける際に、反対給付的な意味において、地方公共団体の負担を伴う一定の条件が付され、その条件に基づく義務を履行しない場合は、当該寄附又は贈与が解除されるようなものをいう。単に用途を指定した指定寄附のようなものは含まないと解される。なお、地方公営企業の業務に関する負担付寄附又は贈与の受領については、条例で定めるものを除き、議会の議決を要しない（地公企法四〇Ⅱ）。

コ　権利を放棄すること

地方公共団体の有する権利を放棄することであり、権利の「放棄」とは、権利者の意思行為により権利を消滅させることであるから、単に権利を行使しない場合は、ここにいう権利の放棄には含まれない。債権又は物権の無償譲渡も財産の処分であって権利の放棄ではない。

「法律若しくはこれに基づく政令又は条例に特別の定めがある場合」には個々の権利放棄について個別の議決を要しない（自治法九六Ⅰ⑩）。その例としては、地方税について条例の定めるところにより減免する場合（地税法六一・七二の六二等）、分担金、使用料、加入金及び手数料に関する条例で定めて減免する場合（自治法二二八Ⅰ）、自治法及び自治法施行令の規定による債権に係る債務の免除（自治法二四〇Ⅲ、自治令一七一の七）、議会の同意を得て行う職員の賠償責任の免除（自治法二四三の二Ⅷ）等があり、その他条例で定める場合、例えば、地方公共団体の支給する奨学資金その他の貸付金につき一定の条件のもとに返還義務を免除する場合等も考えられる。

近年、住民訴訟により地方公共団体が有することとなり、又は有することとなる蓋然性が高い損害賠償請求権等について、議会の議決により放棄することが問題とされている。このことについて、第二九次地方制度調査会の「今後の基礎自治体及び監査・議会制度のあり方に関する答申」において、自治法二四二条の二第四号に基づく訴訟（住民訴訟のいわゆる四号訴訟）の係属中は、当該訴訟で紛争の対象となっている損害賠償又は不当利得返還の請求権の放棄を制限するような措置を講ずるべきであるとしている（同答申第3・1⑵「②住民訴訟と議会の議決による権利放棄」参照）。判例においては、高等裁判所の判決で、そうした権利放棄の議決は、違法無効である（東京高裁平二一・一二・二四等）としたものがあった一方で、権利放棄は有効であるとした判決があった（大阪高裁平二一・八・二七等）。これらに対し、平成二四年四月（二〇日及び二三日）、最高裁判所は、地方公共団体がその債権の放棄をするに当たって、「手続要件を満たしている限り、その適否の実体的判断については、住民による直接選挙を通じて選出された議員により構成される普通地方公共団体の議決機関である議会の裁量権に基本的に委ねられているものというべきである。」とし、「もっとも、同法において、普通地方公共団体の執行機関又は職員による公金の支出等の財務会計行為又は怠る事実に係る違法事由の有無及びその是正の要否等につき住民の関与する裁判手続による審査等を目的として住民訴訟制度が設けられているところ、住民訴訟の対象とされている損害賠償請求権又は不当利得返還請求権を放棄する旨の議決がされた場合についてみると、このような請求権が認められる場合は様々であり、個々の事案ごとに、当該請求権の発生原因である財務会計行為等の性質、内容、原因、経緯及び影響、当該議決の趣旨及び経緯、当該請求権の放棄又は行使の影響、住民訴訟の係属の有無及び経緯、事後の状況その他の諸般の事情を総合考慮して、これを放棄することが普通地方公共団体の民主的かつ実効的な行政運営の確保を旨とする同法の趣旨等に照らして不合理であって上記の裁量権の範囲の逸脱又はその濫用に当たると認められたときは、その議決は違法となり、当該放棄は無効となるものと解するのが相当である。そして、当該公金の支出等の財務会計行為等の性質、内容等については、その違法事由の性格や当該職員又は当該支出等を受けた者の帰責性等が考慮の対象とされるべきものと解される。」とした。そして個々の事案の判決において、この判断枠組みにより判示し、又は判示すべきものとした。

第三一次地方制度調査会の「人口減少社会に的確に対応する地方行政体制及びガバナンスのあり方に関する答申」において、「四号訴訟の対象となる損害賠償請求権の訴訟係属中の放棄を禁止することが必要である。また、四号訴訟において長や職員個人に損害賠償請求を認める判決が確定した後は、裁判所の判断を前提とした上で損害賠償請求権の放棄が客観的かつ合理的に行われることに資するよう、損害賠償請求権を放棄する場合に監査委員等の意見の聴取を行うことが必要である。」としている（同答申第3・4⑵「⑤見直しの方向」）。このことについて、平成二九年の地方自治法の改正に際しては、「訴訟係属中の権利放棄の禁止」の制度化については今回の改正では制度化しないこととされた。一方、改正においては、「長等の損害賠償責任の一部免責」の制度が創設された（改正後の二四三の二）。このことについては第一〇章第一二節「長等の損害賠償責任の一部免責」を参照されたい。また、改正では、議会は、住民監査請求があった後に、当該請求に係る権利の放棄に関する議決をしようとするときは、あらかじめ監査委員の意見を聴かなければならないとされている（改正後の二四二10。第一〇章第一〇節一「住民監査請求」参照）。これらに加えて、権利放棄議決を禁止すべきか否かについては、今回の見直し後の動向も踏まえてさらに検討されることとなろう。

サ　条例で定める重要な公の施設につき条例で定める長期かつ独占的な利用をさせること

「公の施設」とは、住民の福祉を増進する目的をもってその利用に供するために地方公共団体が設ける施設である（自治法二四四Ⅰ。第一一章第一節「公の施設」（公の施設の意義）参照）。公の施設の設置は条例事項とされる（自治法二四四の二Ⅰ）。したがって、その廃止についても条例の廃止（公の施設の一部廃止については、条例改正という場合もあり得る。）を必要とするので、議会の議決によることとなるが、公の施設の廃止に至らない場合であっても、これを長期にわたって独占的に利用させる場合においては、住民としてはこれを利用する権利を制限される結果となるので、条例で定める重要な公の施設については、これを議会の個別的な議決によることとしたものである。どのような公の施設についてどの程度の長期、独占的な利用を議決の対象とするかはすべて各地方公共団体の条例で定める。なお、条例で定める重要な公の施設のうち条例で定める特に重要なものについての廃止又は条例で定める長期かつ独占的な利用をさせようとするときは、議会において出席議員の三分の二以上の同意を要する特別多数議決を必要としているので注意を要する（自治法二四四の二Ⅱ）。

シ　地方公共団体がその当事者である審査請求その他の不服申立て、訴えの提起（地方公共団体の行政庁の処分又は裁決に係る地方公共団体を被告とする訴訟に係るものを除く。平成一六年に成立した行政事件訴訟法の改正による自治法の改正による。和解についても同じ。）、和解（上記括弧書参照）、あっせん、調停及び仲裁に関すること

地方公共団体が民事上又は行政上の争訟及びこれに準ずべきものの当事者となる場合に議会の議決を必要とする旨の規定である。ただし、「訴えの提起」については、地方公共団体が被告となって応訴する場合は含まれない。なお、この場

合の「訴えの提起」とは、第一審たる訴訟の提起のみならず、上訴の提起をも含むものであるが、第一審の訴訟提起の際の議決に当たって議会が特に上訴につき改めて議会の議決を得べき旨を明確に示して議決した場合を除き、上訴につき改めて議決を経る必要はないものと解されている。訴訟を提起された場合において、その判決に不服ありとして地方公共団体が上訴する場合には議会の議決を得なければならない。また、民事訴訟法二九三条一項の規定による附帯控訴を行う場合においても議会の議決を得るべきものである。「訴え」とは、原告が被告を相手方として裁判所に対し権利又は法律関係の存否を主張し、その存否につき自己の有利な判決を求める要求であり、したがって、判決による保護行為を要求するものでないものは「訴え」ではない（支払督促の申立て（民事訴訟法三八三）、保全命令（仮差押え及び仮処分）の申立て（民事保全法一三）、民事再生手続開始の申立て（民事再生法二一）等は、「訴え」には該当しない。もっとも、支払督促の申立てに対し異議申立てが行われ、民事訴訟法三九五条（改正前の同法四四二Ⅰ）の規定により支払督促の申立ての時に訴えの提起があったとみなされる場合については、議会の議決を要する（最高裁昭五九・五・三一参照））。また、「地方公共団体がその当事者である」とは、地方公共団体が当事者として相手方と争う場合を指すものであるから、行政庁が当事者となる処分等に係る場合のものや自治法一七六条五項及び七項に規定するような機関争訟については、該当しない。国又は都道府県の関与について不服があるとき国の行政庁又は都道府県の行政庁を相手方として行う国地方係争処理委員会に対する審査の申出（自治法二五〇の一三Ⅰ〜Ⅲ）又は自治紛争処理委員の審査に付することを求める旨の申出（自治法二五一の三Ⅰ〜Ⅳ）は、機関争訟とされており（このことについては、訴訟が機関訴訟とされている（自治法二五一の五Ⅷ参照）ことからもいえる。）、該当しない。「和解」とは、民法六九五条の規定による民事上の争議の和解、民事訴訟法八九条の訴訟上の和解及び同法二七五条の訴訟提起前の和解のすべてを含む。「訴えの提起」と「和解」については、平成一六年に成立した行政事件訴訟法の改正により、抗告訴訟の被告適格の原則が行政庁から行政庁の所属する国又は公共団体に変更されたことに伴い、従来行政庁が被告となっていた訴訟に係るものも形式的には行政庁の所属する地方公共団体が被告となる（行訴法一一Ⅰ）ことから、括弧書においてそうした訴訟に係るものを除くことが規定された。「あっせん、調停及び仲裁」は労働争議等にみられるが、実際にはこれらのものについては、地方公共団体が当事者となる場合はさして多くない。

なお、地方公営企業の業務に関する地方公共団体がその当事者である争訟については、条例で定めるものを除き、議会の議決を要しない（地公企法四〇Ⅱ）。

ス　法律上その義務に属する損害賠償の額を定めること

「法律上その義務に属する」とは、地方公共団体が国家賠償法の規定により賠償義務を負うような場合、あるいは民法上の損害賠償責任を負うような場合を含む。もっとも、判決により確定した損害賠償の額については、議会の議決は不要である。なお、地方公営企業の業務に関する損害賠償の額の決定については、条例で定めるものを除き、議会の議決を要しない（地公企法四〇Ⅱ）。

セ　区域内の公共的団体等の活動の総合調整に関すること

「区域内」とは、その区域内を主たる活動の中心としているとの意であって、活動範囲が区域外にも及ぶようなものでも差しつかえない。その個々具体的な調整は長の権限である（自治法一五七参照）が、その基準となるべき方針等について議会の議決を経るべきことを規定したものである。「公共的団体」とは、一般公共の福祉を増進するものであれば、すべてを含み、公法人たると私法人たると、また法人格の有無を問わない。

ソ　その他法律又はこれに基づく政令（これらに基づく条例を含む。）により議会の権限に属する事項

自治法九六条一項一号から一四号までに列挙されたもの以外に自治法及び自治法に基づく政令中の各規定及び他の法律又はこれに基づく政令中において議会の議決事項とされているものはすべて同項一五号により、議会が議決することとなる。同号については団体意思の決定も機関意思の決定もすべて含むと解すべきである。

この議決事件に該当するものは少なくない。自治法及びこれに基づく政令によるものとしては、地方公共団体の廃置分

合等に関する議決（自治法六Ⅳ・六の二Ⅱ・七ⅠⅥ等）、議会の会期等の決定（自治法一〇二Ⅶ）、指定金融機関の指定に関する議決（自治令一六八ⅠⅡ）、連携協約、協議会の設置、機関等の共同設置、事務の委託及び事務の代替執行についての関係地方公共団体との協議に関する議決（自治法二五二の二Ⅲ、二五二の二の二Ⅲ、二五二の七Ⅲ、二五二の七の二Ⅲ、二五二の一四Ⅲ、二五二の一六の二Ⅲ）、組合の設立等に関する協議に関する議決（自治法二九〇・二九一の一一）、公の施設の指定管理者の指定に関する議決（自治法二四四の二Ⅵ）等があり、他の法律及びこれに基づく政令によるものとしては、都道府県の行う建設事業に対する市町村の負担を定める議決（地財法二七Ⅱ）、道路（都道府県道・市町村道）の認定に関する議決（道路法七Ⅱ・八Ⅱ）等がある。

なお、地方分権一括法による改正により自治法九六条一項一五号の括弧書として「これらに基づく条例を含む」とする規定が加えられたのは、平成二三年四月に成立した自治法の改正前においては、「法定受託事務」については自治法九六条二項の規定による条例による議決事項の追加からは除外されることとされていたこととも関連して、「法定受託事務」を法律又はこれに基づく政令により条例で議決事項とすることができるようにしたものとされていた。

このことについて、平成二三年四月に成立した自治法の改正で、同法九六条二項が改正され、法定受託事務についても原則として条例で議決事件を定めることができることとされた（後述タ参照）こととの関係では、改正後も政令で定めるものを除くとされていることから、その限りでは括弧書の理由もあるのであるが、むしろ、法律又はこれに基づく政令に基づき条例で議会の権限に属することとするものは、第一項で整理するのが適当であるとも言えよう。

タ　ア～ソまでに掲げるもののほか、条例で議会の議決すべきものとして定める事件（「法定受託事務」に係るものにあっては、国の安全に関することその他の事由により議会の議決すべきものとすることが適当でないものとして政令で定めるものを除く。）

普通地方公共団体の意思の決定機関としての議会の機能を強化するため、自治法九六条一項に限定的に列挙された事項に加えて、必要と認められるものを条例で、議会の議決事項に追加指定することができることとされているものである。条例で議決事項とすることは、その事務処理に当たって法令上執行機関限りで処理できる事項についても議会の議決を必要とすることができることとなるものであるが、平成二三年四月に成立した自治法の改正前においては、「法定受託事務」に係るものについてはその性質に鑑みて追加できる事件から除外し（改正前の自治法九六Ⅱ括弧書）、上述のように法律又はこれに基づく政令（これらに基づく条例を含む。）においてその旨の定めがある場合に限ることとされていた（改正前の自治法九六Ⅰ⑮参照）。

このことについて、第二八次地方制度調査会の「地方の自主性・自律性の拡大及び地方議会のあり方に関する答申」（平成一七年一二月）において、「各地方公共団体の実情に応じた議決事件の追加を図ることが考えられる。」とするとともに、「現在法定受託事務は議会が条例により追加することができる議決事件から除外されているが、法定受託事務も地方公共団体の事務であることからすれば、自治事務と同様議決事件の追加を認めることが適当であるものと考えられている。この点については、……引き続き検討する必要がある。」とされた（同答申第2(2)③「ウ　議会の議決事件の拡大」参照）。また、第二九次地方制度調査会の「今後の基礎自治体及び監査・議会制度のあり方に関する答申」においても、「……これを議決事件として追加できるようにすることが適当であるものと考えられる。この点については、法定受託事務のうち議決事件として追加することが適当でないと考えられるものにどのような措置を講じていくべきかなどについて、検討していく必要がある。」とした（同答申第3・1(1)「②議決事件の追加」）。そして、平成二三年四月に成立した自治法の改正により、法定受託事務も、原則として条例で議決事項とすることができることとし、法定受託事務に係るもののうち、国の安全に関することその他の事由により議会の議決すべきものとすることが適当でないものとして政令で定めるものを除くこととした（改正後の自治法九六Ⅱ）。政令で定めるものについては、平成二四年三月、自治令の改正により、国の安全に関することその他の事由により議会の議決すべきものとすることが適当でないものとして、武力攻撃事態等における国民の保護のための措置に関する法律（平一六法一一二）の規定中の該当条項（原子力災害対策特別措置法（平一一法一五六）で準用する場合を含む。）として自治令で定めている事務に係る事件、及び災害救助法施行令九条二項の規定で都道府県知事が救助の程度、方法及び期間を定めることができることとされている事務に係る事件とされた（改正後の自治令一二一の三）。なお、元来、法律又はこれに基づく政令により地方公共団体に執行が義務付けられている事務であって、その執行について改めて団体として判断の余地がなく、いわば機械的に行わなければならないもの（例えば、公告等、通報等、届出、経由、記録等、保管等などの類型の事務のうち多くのもの）及び法令によって長その他の執行機関の権限に属することとされているものや、事務の性質等から当然に長その他の執行機関に専ら属すると解されるものは、そもそも議会の議決事件とはならないものと考えられていることに留意を要する。これらのことについて、「地方自治法第九六条第二項に基づき法定受託事務を議決事件とする場合の考え方について（通知）」（平二四・五・一総務省自治行政局行政課長通知）を参照されたい。

3　選挙権

(1)　議会の選挙権の意義

地方公共団体の議会は、法律又はこれに基づく政令によりその権限に属する選挙を行わなければならないとされている（自治法九七Ⅰ）。選挙は、「複数の候補者の中から特定の地位に就くべきものを一定の手続により選び決定する」ものである。議会が行う選挙は、議会を構成する議員が、公職選挙法を準用する一定の手続により行うこととされている（自治法一一八Ⅰ前段）。この手続に従わない選挙は違法となる。

議会の選挙においては、過半数以上の多数の意思の表明を必要とする議決と異なり、相対的多数となった意思の表明により、当選者が決定されるのが特色である。

議会が行う法律又はこれに基づく政令によりその権限に属する選挙として、議会の内部組織の構成員に関するものとしては、①議長及び副議長の選挙（自治法一〇三Ⅰ）、②仮議長の選挙（自治法一〇六Ⅱ）があり、議会の外部の構成員に関するものとして、①選挙管理委員及び補充員の選挙（自治法一八二ⅠⅡ）、②選挙管理委員の臨時補充員の補欠選挙（自治令一三五Ⅱ・一三六Ⅱ）、③指定都市都道府県調整会議の議会の議員のうちから選出する構成員の選挙（二五二の二一の二Ⅲ③⑥）、④広域連合の議会の議員の選挙（議会における選挙による場合。自治法二九一の五Ⅰ）などがある。

議会における選挙は、広義の「議事」に該当し、会議を開き、議事を行うための定足数が満たされていることが、適法に選挙が行われるための要件であり（自治法一一三）、出席議員の定足数を欠いて行われた選挙は無効となる。なお、議会が法令に基づかない選挙を行うことが禁じられているわけではない。このような場合は、議会の自律権限の範囲のものと考えられ、自治法一一八条の規定の適用はなく、議会において別にその選挙手続を定める必要がある（議会規則で定めることとなろう。）。

(2) 選挙の手続等

議会が行う選挙については、議決事件についての表決（自治法一一六）とは異なり、議長も議員としての投票権を有する。また、自治法一一七条の議長及び議員の除斥の制度は、議会が行う選挙には適用されないと解されている。

議会が行う選挙の手続については、自治法一一八条一項により公職選挙法の所要の規定が準用される。

議会が行う選挙は、投票によることが原則となっているが、議会運営を公正かつ効率的に行うため、議員中に異議がない場合は、投票手続を省いた「氏名推選」により、選挙を行うことが認められている（自治法一一八Ⅱ）。指名推選の方法を用いる場合においては、被指名人を当選人と定めるべきかどうか会議に諮り、議員の全員の同意があった者を当選人とするとされている（自治法一一八Ⅲ）。

(3) 選挙の効力に関する異議

選挙の効力に異議があるときは、議会がこれを決定するとされている（自治法一一八Ⅰ後段）。異議を申立てることができるのは、当該選挙の投票に参加した議員に限られる。異議の申立ては議員個人に与えられた権能であるから、議員一人でも行うことができる。

決定に不服がある者は、決定があった日から二一日以内に、都道府県知事に審査の申立てを行うことができる（自治法一一八Ⅴ）。この「決定に不服がある者」とは、議会において投票の効力に関する異議の申立てを行った議員のほか、決定に不服のある議員及び決定により法律上の不利益を受けることとなる者を含み、具体的には、当該選挙の選挙人であった議員及び被選挙人がこれに該当することとなる。この審査の申立ては、行政不服審査法による不服申立てとは異なった特別の不服申立制度であるが、第二五八条において、行政不服審査法の不服申立ての規定のうち、所要の規定は準用することとされている。

また、総務大臣又は都道府県知事の裁決に不服のある者は、裁判所に出訴することができる（自治法一一八Ⅴ）。出訴権者は、当該選挙の選挙人であった議員及び被選挙人（当該裁決により法律上の不利益を受ける者）であり、住民から議会を被告として裁判所に出訴することはできない。

なお、以上の議会の選挙に対する異議の申立て等の制度とは別に、長による議会の違法な選挙に対する拒否権としての再選挙の制度が設けられている（自治法一七六Ⅳ～Ⅶ）。

4　監視権等

(1)　監視権等の意義と範囲

地方公共団体の議会の「監視権」とは、「長その他の執行機関がその権限に属する一定の事務を執行するに当たり、事前又は事後に監視的機能を果たし、牽制するための議会の権限」を総称するものである。我が国の地方自治制度では、議会の議員も長も住民の直接選挙で選ばれており、両者は対等の立場においてそれぞれ独自の権限を行使するものであることを考えると、議会に多くの監視的機能を認めているのは、議会が優越的立場にたってこれを監督するということではなく、相互の牽制、均衡と調和の関係の考え方に基づくものである。

狭義の「監視権」は、地方公共団体の執行機関の事務の執行の行為を適切ならしめることを主眼とした「検査権（「検閲・検査権」）」（自治法九八Ⅰ）、「監査請求権」（同条Ⅱ）等をいう。

広義の「監視権」又は「監視的権限」としては、狭義の「監視権」のほか、議会の「調査権」（自治法一〇〇）、委員会の「事務調査権」（自治法一〇九ⅡⅢ）等が含まれるが、これらは監視的機能としてのみならず、議決案件その他の議事事項の準備、審議等のための機能としての意味の有する。さらに、そのほか、地方公共団体の公務員の選任等又は地方公共団体の事務の執行の前提としての「同意権（承認・同意権）」（自治法一六二・一九六Ⅰ・二四三の二Ⅷ・二五二の二〇の二Ⅳ、地公法九の二Ⅱ等）、「不信任議決権」（自治法一七八）、「長等の出席要求」（自治法一二一）等も、それぞれ特有の効果をもたらすもの、又は行政上の重要性を考慮したものとして議会の権限とされているが、その監視的機能の側面をもって、広義の「監視権」又は「監視的権限」にも含められることが少なくない。

「監視権」について、地方分権一括法による自治法の改正前においては、「機関委任事務」は、平成三年の自治法の改正までは、議会の「検査権（「検閲・検査権」）」及び「監査請求権」の対象とならなかったが、平成三年の改正により、原則として対象とすることとされた（地方分権一括法による改正前の自治法九八ⅠⅡ）。この平成三年の改正は、地方公共団体の監査制度について、かつての「機関委任事務」も含めて、「一般監査」としての「行政監査」を行うことができる旨の規定が設けられた（自治法一九九Ⅱ）ことと同時に行われたものであったが、その際、「一般監査」としての「行政監査」についても、また、議会の「検査権（「検閲・検査権」）」及び「監査請求権」についても、「機関委任事務」の極く一部ではあるが、その事務の性質上これらの対象とすることは適当でないと考えられるものとして、それらを政令で除くこととされた（地方分権一括法による改正前の自治法九八ⅠⅡ及び一九九Ⅱの各括弧書）。そして、地方分権一括法に伴う自治令の改正前の自治令一二一の三及び一四〇条の五において、①当該検査に際して開示をすることにより国の安全を害するおそれがある事項に関する事務（当該国の安全を害するおそれがある部分に限る。）、②当該検査に際して開示をすることにより個人の秘密を害することとなる事項に関する事務（当該個人の秘密を害することとなる部分に限る。）、③労働組合法の規定による労働争議のあっせん、調停及び仲裁その他地方労働委員会（なお、平成一六年に成立した労働組合法の改正による自治法の改正により、労働委員会とされた。）の権限に属する事務並びに土地収用法の規定による収用に関する裁決その他収用委員会の権限に属する事務が対象外の事務として定められた。

一方、「調査権」（自治法一〇〇）については、平成三年の自治法の改正後も、「機関委任事務」は対象外であった。

地方分権一括法による自治法の改正後においては、「自治事務」も「法定受託事務」も、地方公共団体の事務であることから、議会の「検査権（「検閲・検査権」）」や「監査請求権」ばかりでなく「調査権」も原則として及ぶこととなった。ただし、例外として、法定受託事務については、上述の①～③の事務（ただし、労働委員会の権限に属する事務には、法定受託事務はない。）を、自治事務については、③の事務（組織に関する事務及び庶務を除く。）を、除外にしている（自治法九八ⅠⅡ・一〇〇Ⅰ、自治令一二一の四・一二一の五による一二一の四ⅠⅡの準用）。なお、これらのことについては、「一般監査」としての「行政監査」についても同様である（自治法一九九Ⅱ、自治令一四〇の五による一二一の四ⅠⅡの準用）。

(2) 監視権等の内容

ア　検査権（検閲・検査権）

地方公共団体の議会は、当該地方公共団体の事務（(1)に掲げた自治令で定める事務を除く。）に関する書類及び計算書を検閲し、当該地方公共団体の長、その他の執行機関の報告を請求して、事務の管理、議決の執行及び出納を検査することができる（自治法九八Ⅰ）。

検査は、①書類及び計算書の検閲、②長その他の執行機関から受ける報告の二方法によって行われる。もっぱら書面による検査であり、実地検査は許されないものと解されている。実地検査が必要の場合は、監査委員に監査を請求するべきである。このことについて、第二九次地方制度調査会において実地検査も含めることが論議され、同調査会は「今後の基礎自治体及び監査・議会制度のあり方についての答申」において、「……議会の実地検査権については、現在の検査権や調査権の行使の状況等も勘案しつつ、検討していくべきである。」としている（同答申第３・１(2)「④議会の実地検査等の監視機能」）。

検査は議会が行うのであるから、検査にはその旨の議決を必要とする。その実施方法は、議員全員によって、議場で行うこともでき、特別の議決により、予備審査を、小委員、特別委員等を選んで、これに行わせることも考えられないことはないが、通常の場合は、特定の委員会をして行わせている。

イ　監査請求権

議会は、監査委員に対し、当該地方公共団体の事務（上述(1)で述べた除外される事務を除く。）に関する監査を求め、その結果に関する報告を請求することができる（自治法九八Ⅱ）。

議会の「監査請求」には、その旨の議決を必要とする。

この議会の「監査請求」による監査は、「特別監査」（第一二章第二節二「３　要求等監査」参照）であり、その対象や範囲は、財務監査等に限られず、(1)に掲げた自治令で定める事務を除き、議会の要求に基づき地方公共団体の事務全般に及ぶ。

ウ　報告・通知及び書類の受理

議会が報告・通知及び書類を受理することは、議会における議決権その他の諸権限の適切かつ有効な行使のために附帯的に認められる権限であると一般的にいえるが、なかには議会の監視的機能に着目して、特に執行機関に義務付けているものもある。例えば、監査委員からの報告・通知（自治法七五Ⅲ、一九九Ⅸ等参照）、決算の認定に関する議案が否決された場合において必要と認める措置を講じたとき当該措置の内容の議会への報告（平成二九年の自治法の改正による。自治法二三三Ⅶ）、例月出納検査の報告（自治法二三五の二Ⅲ）、住民監査請求があったときの議会への通知（平成二九年の改正による。自治法二四二Ⅲ）、当該地方公共団体が出資等をしている法人の経営状況を証明する書類の提出（自治法二四三の三ⅡⅢ）、審査請求が不適法であり、却下するときに、議会に諮問することなく却下したときの報告（平成二九年の第七次改革推進一括法による自治法の改正で規定された（自治法二〇六Ⅳ、二二九Ⅳ、二三一の三Ⅸ、二三八の七Ⅳ、二四三の二の二XIII、二四四の四Ⅳ））等である。

エ　調査権（百条調査権）

地方公共団体の議会は、当該団体の事務に関する広範かつ強力な調査権が与えられており、この「調査権」は、自治法一〇〇条に規定されていることから、一般に「百条調査権」といわれている。「百条調査権」は、議会の議決権限に属する事項の議案の提案権の行使その他の議会としての責務を遂行するための手段として設けられた補助的権限であり、議会が議決を行う際の補助作用、執行機関に対する監視作用、住民の間の世論を喚起する作用などをもっているとされている。

この「調査権」は、国会の「国政調査権」（憲法六二、国会法一〇三・一〇四。議院における証人の宣誓及び証言等に関する法律参照）に対比され、地方公共団体の意思決定機関である議会にもその職責を十分遂行できるよう地方公共団体の事務に関する調査の権限が広く認められているものである。

この「調査権」は、一般に「政治調査」「議案調査」及び「事務調査」の三種に分かれると考えられる（行実昭二三・一〇・一二参照）。これらの調査は、いずれも地方公共団体の公益に関するものについて認められるのであって、議会又は特定の議員等の特殊な利害のために発動されるようなことはあってはならない。

この「調査権」は、地方公共団体の事務について及ぶのであるが、例外として、上述(1)で述べたように、議会の「検査権（「検閲・検査権」）」の対象外である事務と同じ事務が除かれている（自治法一〇〇Ⅰ、自治令一二一の五による一二一の四ⅠⅡの準用）。また、地方公共団体の事務でないもの（例えば、国の事務）は、対象とならない。

「調査権」の行使の主体は、議会であり、議会が「調査権」を行使するには、議決が必要である。議会の委員会は、本来はこの「調査権」を認められていない（委員会は「事務調査権」は有する（後述「オ　事務調査権」参照）。）。ただ、議会がこの「調査権」を行使するに当たり、委員会に個々の事項につき調査の範囲及び調査の方法を指定して委任する旨の議決をした場合に限り、委員会は調査権を行使することができる。委員会に対し包括的、一般的に「調査権」の委任をすることはできない。

「調査権」の行使の方法として、議会は、調査を行うことができるのであるが、この場合において当該調査を行うために特に必要があると認めるときは、選挙人その他の関係人の出頭及び証言並びに記録の提出を請求することができ（自治法一〇〇Ⅰ）、出頭又は記録の提出の請求を受けた選挙人その他の関係人は、出頭する義務を負い、出頭又は記録の提出の請求を受けた選挙人その他の関係人が、正当の理由がないのに、出頭せず若しくは記録を提出しないとき又は証言を拒んだときは、罰則の適用がある（自治法一〇〇Ⅲ）。議会が選挙人その他の関係人の証言を請求する場合は、自治法に特別の定めがある場合を除き、民事訴訟に関する法令、すなわち民事訴訟法及び民事訴訟規則の規定（過料、罰金、拘留又は勾引に関する規定を除く。）中証人の尋問に関する規定が準用される（自治法一〇〇Ⅱ）。もとより、単に文書による照会、記録の提出の請求、説明の聴取等だけで目的を達する場合もある。選挙人その他の関係人の出頭及び証言並びに記録の提出の請求について、当該調査を行うために特に必要があると認めるときとされたのは、平成二四年の自治法の改正に際し議員修正により規定されたものであるが、入念規定と解すべきであろう。

オ　事務調査権

常任委員会は、その部門に属する当該地方公共団体の事務に関する調査を行い、議会運営委員会は、議会の運営に関する事項等に関する調査を行う（自治法一〇九ⅡⅢ。なお、議案、請願等の審査も行う。）。これは、委員会固有の機能として調査活動ができることであって、これらの委員会は自らの意思によってその部門に属する当該地方公共団体の事務に関する調査又は議会の運営に関する一定の事項の調査を行うものである。しかし、この「事務調査権」は、自治法一〇〇条の「調査権（「百条調査権」）」ではないから、同条に規定する関係人の出頭及び証言並びに記録の提出を請求することはできない。

特別委員会については、議会の議決により付議された事件を審査することは規定されている（自治法一〇九Ⅳ）が、調査については規定の文言にはみられない。もっとも、付議された事件の審査に当たり、事実上調査を行うことはある。なお、これら委員会について、会議規則において、委員会が審査又は調査をするための委員の派遣（委員派遣）に関する規定が設けられているのが通例である。

公聴会及び参考人の制度については、後述する（五3⑵「カ　公聴会」及び「キ　参考人制度」参照）。

カ　同意権（「承認・同意権」）

地方公共団体の議会が議決する事件には、①議会の議決が当該地方公共団体の意思となるもの（いわゆる団体意思の決定）、②議会の議決が単に議会そのものの意思を決定するにとどまるもの（いわゆる機関意思の決定）のほか、③地方公共団体の公務員の選任等を含め長その他の執行機関がその権限に属する事務を処理（執行）するに当たりその前提として議会の議決を要するものとされているものがある。ここで、議会の「同意権（承認・同意権）」とは、③に係る議会の権限をいう。これは執行機関に対する事前の監視的機能も有するものである。

また、執行機関の行為を承認する「承認権」もこの範疇に属するとされるものがある。例えば、地方公共団体の長の専決処分の承認（自治法一七九Ⅲ）には、監視的な意味もあるといえるであろう。

キ　不信任議決権

議会の長に対する不信任議決権（自治法一七八）については、主として「首長制」（首長主義、大統領制、二元代表制）の組織原理に基づいて構成されている地方公共団体の組織において、「議院内閣制」の要素が加えられたものと考えられる。その内容や手続については後述する（第四節「三　長の不信任に関する制度」参照）。

不信任議決権は、他のいわゆる「監視権」又は「監視的権限」と異なり、執行機関の個々の行為の内容について監視や牽制を行うものではなく、普通地方公共団体を統轄し、代表する（自治法一四七）とともに執行機関全体を所轄し、調整の任務に当たる長（自治法一三八の三・一八〇の四）の職を失わせるという形で監視を行うという意味で、もっとも強力な「監視権」又は「監視的権限」であるともいえるものである。

5　意見表明権

(1)　意見表明権の概要

「意見表明権」とは、住民を代表する議員から構成される議会が、「一定の事項について、機関としてその意思や見解等を表明する権限」をいうものである。「議決権」や「監視権」の中にも、一般的には、この定義に該当するものがあるが、その効果が執行機関等に必ずしもかかわらないという点でそれらの権限とは区別されるものである。具体的には、「意見書提出権」（自治法九九）、「諮問答申権」（自治法二〇六Ⅱ等）及び「請願受理等」（自治法一二四・一二五）が含まれる。

(2)　意見表明権の内容

ア　意見書提出権

地方公共団体の議会は、当該地方公共団体の公益に関する事件につき意見書を国会又は関係行政庁に提出することができる（自治法九九）。

意見書の提出先は、以前は関係行政庁だけであったが、平成一二年の改正により、国会も追加された。

この意見書の提出は、地方公共団体の機関としての議会の意思を決定し、表明するものであり、地方公共団体の団体意思を決定し、表明するものではない。

意見書を提出できるのは、当該地方公共団体の公益に関する事件についてである。

意見書の提出を受けるのは、国会又は関係行政庁であるが、関係行政庁とは、意見書の内容について関係のある行政庁であり、国の行政機関であっても、地方公共団体の行政機関（当該地方公共団体の行政機関も含む。）であっても、該当する。

意見書の提出を受けた国会又は関係行政庁は、それを受理する義務があるが、意見書に回答する義務等はなく（なお、自治法二六三の三Ⅱ～Ⅳ参照）、意見に拘束されるものでもない。ただし、関係行政庁によっては、何らかの方法で意見書に対して処理意見などを公表しているところもあり、望ましい方向と考えられる。

イ　諮問答申権

地方公共団体の執行機関が、一定の行為を行うに当たって、議会に諮問することを義務付けられている場合には、議会はこれに対して答申を行う権限を有することになる。

自治法上、議会への諮問を長に義務付けているのは、長に対して、一定の審査請求があった場合についてである。この諮問は、公正な第三者としての議会の判断を求めるためのものと解される。

長が議会に諮問しなければならないと定めているものとしては、給与その他の給与に関する処分についての審査請求（自治法二〇六Ⅱ）、分担金等の徴収に関する処分についての審査請求（自治法二二九Ⅱ）、分担金等の督促、滞納処分に関する審査請求（自治法二三一の三Ⅶ）、行政財産を使用する権利に関する処分についての審査請求（自治法二三八の七Ⅱ）、職員に対する賠償命令についての審査請求（自治法二四三の二Ⅺ）、公の施設を利用する権利に関する処分についての審査請求（自治法二四四の四Ⅱ）がある。これらの議会への諮問について、平成二九年四月に成立した第七次改革推進一括法による自治法の改正で、当該審査請求が不適法であり却下するときは、議会に諮問するのではなく、審査請求を却下したとき、その旨を議会に報告しなければならないとされた。

議会が決定する意見は、団体意思の決定ではなく、議会という機関の意思決定であるから、意見案の提案権は議会の側に専属する。したがって、長が意見案を添えて議会に諮問することはできない。議会は、議決によって意見を決定する。長は、議会の意見については、これを尊重すべきであるが、法的にはこれに拘束されるものではない。

ウ　請願の受理等

地方公共団体の議会は、民意を広く行政に反映させるため、当該地方公共団体の公務に関して、請願を受理する。憲法一六条は、「何人も、……平穏に請願する権利を有し、何人も、かかる請願をしたためにいかなる差別待遇も受けない。」と規定し、国民の権利として請願権を保障している。請願は、本来、公の機関に対して、希望を述べる行為であると解されるから、地方公共団体の議会も公の機関である以上、当然に国民の権利である請願権行使の相手方となっていると解すべきである。

地方公共団体の議会の請願の受理については、自治法は直接の根拠規定を設けず、議会へ請願しようとする場合の手続及び議会において採決した請願の処置についての規定を設けているに過ぎない。すなわち、地方公共団体の議会に請願をしようとする者は、議員の紹介により請願書を提出しなければならない（自治法一二四）。つまり、文書によることと、議員の紹介によることが要件とされる。地方公共団体の議会は、その採択した請願で当該地方公共団体の執行機関において措置することが適当とみられるものは、当該執行機関にこれを送付し、かつ、その請願の処理の経過及び結果の報告を請求することができる（自治法一二五）。執行機関は、この請願を誠実に処理しなければならない（請願法五参照）が、法的にはこれに拘束されるものではない。

請願に関することについては、以上のことのほか、議会の会議規則において定められる。

請願ではなく、地方公共団体の議会に対する陳情も認められる。陳情とは、公の機関に対して、一定の事項について、その実情を訴え、一定の措置を求める事実上の行為をいう。請願が憲法の保障する基本的人権の一つとして、法律的な行為であるのに対して、陳情は、法律的な行為ではなく、事実上の行為であり、一定の形式が特に求められている行為ではない。また、議員の紹介も特に必要ではない。なお、平成二四年の自治法の改正前の自治法一〇九条四項において、「常任委員会は、その部門に属する当該普通地方公共団体の事務に関する調査を行い、議案、陳情等を審査する。」と規定していた。平成二四年の改正で「陳情等」が「請願等」とされたが、改正後の「請願等」には陳情が含まれると解される。実際には、陳情も、請願と同じように受理され、受理された陳情の内容について請願と同様の処理が適切であるものについては、請願の例により処理することを議会の会議規則で定めるのが通例である。

6　自律権

(1)　自律権の概要

「自律権」とは、他から干渉を受けることなく自らを規律することをいう。地方公共団体の議会の場合には、議会が自らその組織及び運営に関して、自律的に決定し、処理し得る権限をいう。

地方公共団体の議会の自律権は、一つは、国家の機関からの関与の排除、他は、地方公共団体の執行機関からの関与の排除という意味において重要である。現行の地方自治制度の下においては、地方公共団体の議会の自律権は最大限に尊重されているといってよい。

なお、再議等の制度（自治法一七六・一七七）、いわゆる原案執行の制度（自治法一七七Ⅱ）及び長による議会解散の制度（自治法一七八Ⅰ）が設けられており、議会の自律権にも重大な影響がある制度であるが、いずれも、長と議会との相互の牽制、均衡と調和の関係の保持の趣旨又は議会の行き過ぎの是正の手段として設けられているものである（第四節「二　再議（又は再選挙）に関する制度」参照）。

自治法上、地方公共団体の議会の自律権と総称される議会の権限としては、「決定権」、狭義の「自律権（「内部組織運営権」「規則制定権」及び「紀律権及び懲罰権」）」並びに「自主解散権」に大別される。

(2)　決定権

ここでいう議会の決定とは、議会内部における争訟的判断作用としての性質を有する議会の意思決定をいうものである。議会の意思決定をする点では、広い意味の議決の一態様であるということができるが、自治法は、議決と決定とを区別して用いている（自治法一七九ⅠⅡ参照）。議決は、ある事件についてその可否の判断を示すものであって、その議決のみでは対外的に直接的な効果は発生しないのが普通であり（ただし、懲罰の議決等は例外）、長が外部に対して表示してはじめて対外的な効果を発生せしめるものである。これに対して、議会の決定は、機関意思の決定としてそれだけで直接効果を発生せしめる点で異なっている。

自治法上、議会の「決定権」とされているものには、議会が行った選挙の投票の効力に係る異議に対する決定権（自治法一一八Ⅰ）及び議員の資格決定権（自治法一二七Ⅰ）がある。このうち、前者は不服申立てに対して行政庁が行う裁決（新行政不服審査法第二章第五節参照）に類似する判断行為であり、後者は後に述べる内部組織運営権の一部として位置付けることもできる。

議会の決定も、議会の判断を表明する行為であるが、これにより、直接に一定の法的効果が生ずるという点で意見表明権とは異なっており、また、この決定に対して不服がある場合には、争訟の途が開かれている（自治法一一八Ⅴ・一二七Ⅲによる一一八Ⅴの準用）。

(3) 狭義の「自律権」

ア 内部組織運営権

議会は、法令の範囲内において、自らの内部組織運営について他からの関与を受けることなく自ら決することができる。

第一に、会議の主宰者たる議長、副議長等については、議会の構成員たる議員の中から自ら選挙し（自治法一〇三・一〇六Ⅱ等）、また、議長又は副議長の辞職を許可することができる（自治法一〇八）。

第二に、議会の常任委員会、議会運営委員会及び特別委員会の組織及び運営についての権限である。委員会の設置については条例で設けることとされ（自治法一〇九Ⅰ）、自治法で定める事項のほか委員の選任その他委員会に関し必要な事項は、条例で定めることとされている（自治法一〇九Ⅸ）が、これら条例の提案権は、長にはなく議員に専属している。

第三に、議会の運営についても、議会の開閉、会期の決定、会期の延長、秘密会その他議事の運営についての多くは、議会の決定するところによることとされている（自治法一〇二Ⅶ・一〇二の二ⅠⅥ・一一四・一一五・一一五の二等）。

イ　規則制定権

地方公共団体の議会は、自らの会議の運営を合理的かつ能率的に行うため、法令に規定する事項以外の必要な事項を定めることができる。

議会の会議運営については、基本的な事項については、会議原則等が存在し、その主なものは、自治法中にも規定されているところである（「五　地方公共団体の議会の運営」参照）。しかし、それだけでは十分ではなく、会議原則等で自治法に規定のないもの（例えば一事不再議の原則等）、会議原則等とはいえない技術的な事項等については、議会の自主的な判断に従い、明文化しておくことが必要である。そこで、自治法一二〇条で、「議会は、会議規則を設けなければならない。」とされている。

「会議規則」の制定・改廃は、議会の機関意思の決定である。したがって、自治法一一二条の議決すべき事件についての議員の議案の提出に関する規定の適用はなく、会議規則に特別の定めのない限り（一般には会議規則に○人以上の賛成者を必要とする旨の規定がある。）、議員一人でも提案できる。なお、委員会も提案できるものと解する（一〇九Ⅵ参照）。

「会議規則」には、法令の規定に反しない範囲内において会議運営に関する事項について、各議会が自由に定め得るのであるが、懲罰に関する必要な事項については、会議規則中に必ずこれを定めておかなければならない（自治法一三四Ⅱ）。

「会議規則」に規定する事項は、いわゆる議会の本会議に関する議事手続のみでなく、選挙、決定の手続のほかに、さらに常任委員会、議会運営委員会及び特別委員会に関する議事手続も含まれるものとされている。委員会については、自治法一〇九条一項及び九項の規定により委員会に関する条例があるが、委員会に関する条例においては、委員会の設置、組織及び運営の基本について規定し、その他の議事手続は、「会議規則」に定めることとしているのが通例である。

なお、議員の派遣（自治法一〇〇XIII）及び平成二〇年の改正で規定された議案の審査又は議会の運営に関し協議又は調整を行うための場を設けること（同条XII）についても、「会議規則の定めるところにより、……できる。」とされている。

「会議規則」は、長の制定する規則とは全く異なるものであるから、「会議規則」の違反に対して過料を科する旨の規定を設けることはできない（自治法一五Ⅱ参照）。

「会議規則」は、議会内部の自主法規であるから、原則として対外的な関係は生じないが、請願に関する事項等は議員以外の一般住民に直接関係を有するものである。また、その制定改廃は自治法一六条四項の規定による公告式条例の定めるところにより公布等をしなければならない（同条五項による四項の準用）。

「会議規則」に違反する議決又は選挙は、再議の対象となり最終的には訴訟により解決されることとなる（自治法一七六Ⅳ～Ⅷ）。

「会議規則」に違反する議員に対しては、議長は、これを制止し、又は発言を取り消させ、その命令に従わないときは、その日の会議が終るまで発言を禁止し、又は議場の外に退去させることができる（自治法一二九Ⅰ）。また、議会は、「会議規則」に違反した議員に対して懲罰を科することができる（自治法一三四Ⅰ）。懲罰に関し必要な事項は、「会議規則」に定めなければならない（自治法一三四Ⅱ）。

ウ　紀律権及び懲罰権

地方公共団体の議会については、その自律的権限として、会議の秩序を維持し、その秩序の破壊を防止し、是正し、必要に応じて秩序を乱した者に制裁を加える「紀律権」が、認められている（自治法一二九～一三三）。

議会の秩序を維持し、会議の運営を円滑に進行させることは、議会の構成員たる議員の責務であり、傍聴人等も議場の秩序維持に協力するのは当然のことであるが、自治法は議場の秩序保持についての権限を議長に与えている（自治法一〇四）。

また、自治法は、議会の自律作用として、議会に議員の「懲罰権」を認めている（自治法一三四Ⅰ）。そして、懲罰に関し必要な事項は、「会議規則」中にこれを定めておかなければならない（自治法一三四Ⅱ）。

懲罰は、秩序違反の言動に対する制裁の一種であり、その制裁が特に議会の議決によって科せられる場合を懲罰といっている。懲罰を科し得る議会の権限（「懲罰権」）は、議会と議員との間の特別な関係に基づくものである。

地方公共団体の議会の「紀律権」及び「懲罰権」については、地方公共団体の議会の秩序に関する事項として、後述する（五「4　議会の紀律及び懲罰」参照）。

(4)　自主解散権

地方公共団体の議会の自主解散権は、「選挙によってあらたに当該地方公共団体の住民の意思をきく」（地方公共団体の議会の解散に関する特例法一参照）ため、議会が自主的に解散する（すなわち、議員の全部について、任期の満了以前において、議員の資格を失わせる）権限である。

議会の解散については、かつては、住民の直接請求に基づく選挙人による解散の投票において過半数の同意があった場合（自治法七八）及び長が議会を解散した場合（自治法一七八Ⅰ）に限り認められるものであったが、この自主解散は、「地方公共団体の議会の解散の請求に関する世論の動向にかんがみ」、昭和四〇年、地方公共団体の議会の解散に関する特例法の制定により、認められたものである（同法一参照）。なお、自主解散の議決については、議員数の四分の三以上の者が出席し、その五分の四以上の者の同意がなければならないとされている（同法二Ⅱ）。

四　地方公共団体の議会の組織等

1　本会議及び委員会等

(1)　本会議と委員会

議会が合議制の意思決定機関として、合理的な活動を行うため、議会という組織の内部において相応の組織を設けることにより、議会の運営を能率的かつ効果的に行っていくこととされている。

制度上、議会の構成員全員をもって組織する会議を一般に「本会議」（単に「会議」ともいう。）といい、これに対して、議会の組織の内部において、原則として議会の構成員の一部をもって合議体を構成し、議会の権限の一部を分担する組織が「委員会」とされる（自治法一〇九）。

本会議と委員会は、並存する組織であるが、委員会は、あくまでも議会の内部の組織として本会議の機能の一部を分担するものであり、本会議における審議の予備的、専門的・技術的な審査機関であるが、平成一八年の自治法の改正により、議案の提出権も有することとなった（自治法一〇九Ⅵ。平成二四年の自治法の改正前の一〇九Ⅶ、改正前の一〇九の二Ⅴ及び一一〇Ⅴによる一〇九Ⅶの準用）。委員会は、それ自体として、議会と離れた独立の意思決定機関ではなく、委員会の審査の結果に基づいて、本会議において審議し、議決することによってはじめて議会の意思決定となるものである。

自治法は、平成二四年の自治法の改正前においては、一〇九条において常任委員会制度、一〇九条の二において議会運営委員会制度、一一〇条において特別委員会制度に関してそれぞれ規定していたが、平成二四年の自治法の改正において、委員会に関する規定を簡素化したうえで、改正後の自治法一〇九条にまとめて規定し、改正前の自治法一〇九条の二を削り、改正前の自治法一一〇条及び一一一条を削除することとされた（後述「イ　委員会」参照）。これらの委員会はいずれも必置の機関としているものではなく、地方公共団体において条例で設置することができることとしている。したがって、委員会を設置するかどうかは、議会の規模とその権限の量に応じて十分に検討されて然るべきである。委員会を設置しない議員においては、すべて本会議中心の運営となるが、その場合には、読会制の議事運営となるであろう。

なお、諸外国の例をみると、本会議中心主義はイギリスの議会が、委員会中心主義はアメリカの議会が、それぞれ典型的だといわれている。

ア　本会議

本会議は、構成員全員をもって組織される議会の基本的組織である。

本会議については、自治法における規定も少なくなく、それらについては、別途、改めて説明する（「五　地方公共団体の議会の運営」参照）。

イ　委員会

委員会としては、常任委員会、特別委員会及び議会運営委員会が認められている（自治法一〇九Ⅰ）。これらの委員会は、いずれも任意設置であり、「条例で置くことができる」とされている（同条）。このうち、議会運営委員会は、かつては、多くの地方公共団体において、特別委員会として、又は事実上の組織として設けられていたところであるが、平成三年の自治法の改正により制度化されたものである。

常任委員会は、その部門に属する当該地方公共団体の事務に関する調査（三4(2)「オ　事務調査権」参照）を行い、議案、請願等を審査する（自治法一〇九Ⅱ）。

常任委員会については、以前は置くことができる数（結果として上限数）が地方公共団体の種類別及び人口段階別に自治法に定められていたが、平成一二年の改正により、地方公共団体の議会の自律的権能を拡大する観点から、削除された。

平成二四年の改正前においては、議員は、少なくとも一の常任委員となるものとするとされていた（改正前の自治法一〇九Ⅱ）。また、平成一八年の改正前は、議員は、それぞれ一箇の常任委員となるものとされており、複数の常任委員会には所属できないという所属制限があった（平成一八年改正前の自治法一〇九Ⅱ）。平成二四年の改正後においては、委員の選任その他委員会に関し必要な事項は、条例で定めることとされている（自治法一〇九Ⅸ）。

常任委員会の審議が渋滞する等の状況が生じるという懸念がある場合においてこれを避けるなどの一定の規律が必要な場合には、条例に所要の規定を置き、議員が所属することができる常任委員会の数を定めること等が可能である。なお、国会においては、国会法で、議員は、少なくとも一箇の常任委員になることが規定されている（国会法四二Ⅱ）が、参議院においては、参議院規則では、同時に二箇を超える常任委員となることができないとされている（参議院規則七四の二）。

特別委員会は、議会の議決により付議された事件を審査する（自治法一〇九Ⅳ）。

議会運営委員会は、議会の運営に関する事項、議会の会議規則、委員会に関する条例等に関する事項及び議長の諮問に関する事項の調査を行い、議案、請願等を審査する（自治法一〇九Ⅲ）。

委員会は、予算その他の重要な議案、請願等について公聴会を開き、真に利害を有する者又は学識経験を有する者等から意見を聴くことができる（自治法一〇九Ⅴによる一一五の二Ⅰの準用。平成二四年の自治法の改正において、議会（本議会）は、公聴会を開くことができることとされたこと（改正後の一一五の二Ⅰ）に伴い、改正前には各委員会におかれていた規定（改正前の自治法一〇九Ⅴ、改正前の一〇九の二Ⅴによる一〇九Ⅴの準用、改正前の一一〇Ⅴによる一〇九Ⅴの準用）が、改正後は、議会（本議会）の規定を準用する規定とされた。「公聴会」については、後述五3⑵「カ　公聴会」参照）。また、調査又は審査のため必要があると認めるときは、参考人の出頭を求め、その意見を聴くことができる（自治法一〇九Ⅴによる一一五の二Ⅱの準用。平成二四年の自治法の改正に関しては「公聴会」と同様である。「参考人」については、後述五3⑵「キ　参考人制度」参照）。

委員会は、議会の議決すべき事件のうちその部門に属する地方公共団体の事務に関するものにつき、議会に議案を提出することができる（自治法一〇九Ⅵ Ⅶ）。この規定は、第二八次地方制度調査会の「地方の自主性・自律性の拡大及び地方議会のあり方に関する答申」（平成一七年一二月）を踏まえ（同答申第2・2⑵③「ア　委員会の議案提出権」参照）、平成一八年の改正により追加して規定されたものである。改正前においては、議案の提出は、長（自治法一四九Ⅰ参照）又は議員ができる（議員は定数の一二分の一以上の者の賛成がなければならない（自治法一一二Ⅱ））ことに限られていたが、改正により、議会の側で委員会（常任委員会）、議会運営委員会及び特別委員会も議案の提出が認められることとなった（平成二四年の自治法の改正前における自治法一〇九Ⅶ、改正前の一〇九の二Ⅴによる一〇九Ⅶの準用、改正前の一一〇Ⅴによる一〇九Ⅶの準用）。この改正は、議員の常任委員会への所属制限の廃止などにより委員会における調査・審査の活性化が期待されるが、そうしたことも勘案して、委員会における調査・審査を反映した議案を作成して、提出することも認められるべきと考えられたものである。

自治法一〇九条六項の「議会の議決すべき事件」には、予算については除外されており（同項ただし書）、また、長に提出権が専属するものは除かれる。さらに、地方公共団体の機関としての議会の意思の決定（機関意思の決定）に係るものについては、自治法一一二条の議員の議案の提出権と同様、議案の提出は文書をもってしなければならないこととされている（自治法一〇九Ⅶ、一一二Ⅲ参照）ことからしても、自治法一〇九条六項にいう「議会の議決すべき事件」にはそぐわないと思われるが、他面で、委員会に団体意思の決定に係る議案の提出権が認められたことから、議会の機関意思の決定についても委員会が議案を提出することができるようになったものと解する。この場合、必ずしも文書による必要はないと思われる。なお、国会においては、委員会は、その所管に属する事項に関し、法律案を提出することができるとされている（国会法五〇の二）。

委員会の議案の提出の具体的な方法等は、委員会に関する条例又は会議規則の規定によることとなる。

委員会は、議決により付議された特定の事件について、閉会中も、なお、これを審査することができる（自治法一〇九Ⅷ。「閉会中の審査」については、後述五3(1)「カ　会期不継続の原則と閉会中の審査」参照）。

(2)　議会の事実上の組織と議案の審査又は議会の運営に関し協議又は調整を行うための場

議会は、法制度上は、本会議と委員会によって運営されることとされているのであるが、実際には、これらの法制度上の組織のほかに、事実上の会議が開かれ、これによって議会が審議すべき事項について、審議が行われることが少なくない。このような事実上の〝組織〟としては、「全員協議会」「委員会協議会」等がみられる。

このような議会の事実上の〝組織〟の意義又はタイプとしては、あらかじめの事前の打合せ・協議的なもの、議会に付議すべき事項以外の事項について意向を聴く、又は意見を述べるというもの、公式の場で審議するのが適当でない段階の事項や政治的に判断される事項について特に非公式に論議するもの、全く議会内部の問題について内々に打合せや協議をするもの等がある。

議会の事実上の〝組織〟として、原則議員全員で事実上組織されるのが「全員協議会」、原則各委員会の委員で事実上組織されるのが「委員会協議会」と一般的にいわれている。その他にも、議会の事実上の組織はみられる。

平成二〇年の自治法の改正（衆議院の総務委員長の提案による。）により、議会は、会議規則の定めるところにより、議案の審査又は議会の運営に関し協議又は調整を行う場を設けることができることとされた（自治法一〇〇XII）。これは、上述のような議会の事実上の組織のうち、議案の審査又は議会の運営に関し協議又は調整を行う議会の「場」として位置付けるに相応しいと認められるもの（例えば、内々に打合せや協議を行うものなどについては、異議があるものもあろう。）について、会議規則に定める手続・ルールによって、設けることができることとしたものと解する。このことは、「場」の範囲を会議規則にゆだねているわけではないと考える（会議規則は、手続・ルールを定めるものである。）。「場」を設けることについては、議会の議決（定型的なものについては、あらかじめ一般的に議会が決定しておくこともよい。）で決定することとし、緊急を要する場合は、議長において決定することとしてよい。なお、自治法一〇〇条一二項に該当する「場」以外の議会の事実上の組織が認められないというものではないと解する。

2　議長及び副議長等

(1)　議長及び副議長等の選挙等

ア　選挙等及び任期等

議会は、多数の議員が平等な資格においてその構成員となっている合議制の機関であるから、議会における活動を主宰し、議会を代表する者が必要である。議長がこれであり、議会は、議員の中から議長を選挙しなければならない（自治法一〇三I）。

議長は、議場の秩序を保持し、議事を整理し、議会の事務を統理し、議会を代表する職務・権限を有する（自治法一〇四）。秩序保持権、議事整理権、事務統理権、議会代表権といわれるものがこれである（「(2) 議長の職務権限」参照）。

また、議会は、副議長一人を議員の中から選挙する（自治法一〇三Ⅰ）。副議長の職務は、議長に事故があるとき、又は議長が欠けたときに、議長の職務を行うことである（自治法一〇六Ⅰ）。この場合における副議長の職務権限は、議長の権限と同一である。すなわち、副議長は、議長に事故があるとき、又は議長が欠けたときに、議長に代わってその職務を行う地位であり、その意味において、副議長の地位は、一定の場合に議長の職務を行う仮定代位機関であって、議長の補佐機関ではない。議長が職務を行い得る限りにおいては、副議長は、他の一般の議員と同様であり、議長に事故があり、又は欠けたときに、その間だけ、議長の職務を行うのである。事実上は、副議長は、議長の相談相手となって議長の職務を補佐する役割を果たしていることが多いのであろうが、それは法律上の職務・権限として行っているものではない。

議長及び副議長の任期は、議員の任期による（自治法一〇三Ⅱ）。実際においては、申し合わせによる辞職（自治法一〇八参照）により短期（一年交代又は二年交代が多い。）に交代することが多いが、このような短期交代制は、自治法の予定するところではない。もちろん、そのことを会議規則に定めることは、できない。

自治法においては、議長及び副議長に事故があるという万一の場合に備えて、仮議長の制度を設けている（自治法一〇六Ⅱ）。仮議長も議員の中から選挙されるのが原則であるが、場合によっては、議会は仮議長の選任を議長に委任することができる（自治法一〇六Ⅲ）。仮議長も議長に代位してその職務を行うものであるが、その職務を行い得るのは、議長及び副議長にともに事故があるときに限られている。すなわち、仮議長は、議長及び副議長の両者の存在を前提として、その双方に事故があるときに議長の職務を行うのであって、議長及び副議長の双方又は一方が欠けたときは、直ちに補充の選挙を行ったうえで議事を進めるべきものであり、この場合、仮議長のもとで議事を進めることはできない。

また、自治法は、年長の議員による臨時議長の制度について規定している（自治法一〇七）。年長議員による臨時議長が議長の職務を執行するのは、議長及び副議長を選挙するとき、議長及び副議長がともに事故があるため仮議長を選挙するときである。この場合には、会議に出席している最年長の議員が議長の職務を執行し、議長及び副議長又は仮議長の選挙を行う。したがって、その職務は極めて限定されており、年長議員による臨時議長の職務は、議長及び副議長又は仮議長を選挙し、これらの者が議長の職務を行うことができるようになれば、終了する。

なお、臨時議長については、一定の場合に、法律が臨時議長となるべき者を定めているのであって、特別の選任行為は必要としない。

イ　議長及び副議長の辞職

議長及び副議長は、議会の許可を得て辞職することができる（自治法一〇八本文）。ただし、副議長は、閉会中においては、議長の許可を得て辞職することができる（自治法一〇八ただし書）。

議長又は副議長の不信任を議決する例があるが、これは議会という機関の単なる事実上の意思表示であるに止まり、法的に何らの効果も生じない。議長又は副議長は、これによって職を失うこともないし、辞職願の提出を強制されるものでもない。会議規則により、議長又は副議長の不信任案が可決されたときは、議長又は副議長はその職を失うと規定しても無効である。

(2)　議長の職務権限

議長の職務権限は、議場の秩序を保持し（秩序保持権）、議事を整理し（議事整理権）、議会の事務を統理し（事務統理権）、議会を代表する（議会代表権）ことである（自治法一〇四）。平成一八年の自治法の改正後の議長が議会運営委員会の議決を経て、長に対し、会議に付議すべき案件を示して行う臨時会の招集の請求（自治法一〇一Ⅱ）や平成二四年の自治法の改正後の長が臨時会の招集をしないときに議長が行う臨時会の招集（自治法一〇一Ⅵ）も議会を代表する議長の職務権限に含まれるものと考えてよい。そのほか、委員会に出席し、発言することができるとされている（自治法一〇五）。なお、平成一六年の行訴法の改正で、抗告訴訟の被告適格の原則が行政庁から行政庁の所属する国又は公共団体に変更されたことに伴い、自治法が改正され、地方公共団体の議会又は議長の処分又は裁決に係る地方公共団体を被告とする訴訟については、議長が地方公共団体を代表することが規定された（自治法一〇五の二）。

3　議会事務局等

議会の事務局は、地方公共団体の議会の庶務を処理し、自主的活動を確保するため、議会の独自の機構として置かれる。議長は、議会の事務を統理する（事務統理権。自治法一〇四参照）が、事務を処理するためには一定の組織と職員が必要であることに対応するものである。

議会の事務局は、都道府県の場合は必置であり、市町村は条例の定めるところにより置くことができる（自治法一三八Ⅰ Ⅱ）。事務局には、事務局長、書記その他の職員が置かれる（自治法一三八Ⅲ）。

事務局を置かない市町村の議会には、議会に書記長、書記その他の職員を置くこととされているが、町村においては書記長を置かないことができる（自治法一三八Ⅳ）。

事務局長、書記長、書記その他常勤の職員（臨時の職を除く。）の定数は、条例で定める（自治法一三八Ⅵ）。

事務局長、書記長、書記その他の職員は、議長が任免する（自治法一三八Ⅴ）。事務局長及び書記長は議長の命を受け、書記その他の職員は、上司の指揮を受けて、議会に関する事務に従事する（自治法一三八Ⅶ）。これらの職員に関する任用、勤務条件、分限及び懲戒、服務等その他身分取扱いに関しては、地方公務員法の定めるところによる（自治法一三八Ⅷ）。

議会に関する予算の執行権者は、長であるが、事務局の職員を長の補助機関に併任して執行させることはできる。

なお、平成二三年四月に成立した自治法の改正で、議会事務局及び議会の事務を補助する職員を共同設置することができることとされた（自治法二五二の七）。

第三一次地方制度調査会の「人口減少社会に的確に対応する地方行政体制及びガバナンスのあり方に関する答申」（平成二八年二月末取りまとめ、三月（一六日）手交）において、「議会がその役割を十分に果たすことができるよう、議会活動に関する議員への研修の充実や、議会事務局職員の資質向上や小規模な市町村における議会事務局の共同設置を含めた議会事務局の体制強化や議会図書室の機能向上が必要である。」としている（同答申第3・3(2)「⑤議会活動に対する支援の充実」）。

議会は、議員の調査研究に資するため、図書室を附置し、送付を受けた官報、公報及び刊行物を保管して置かなければならない（自治法一〇〇XIX。なお、同条XVII XVIII参照）。議会図書室は、一般に利用させることができる（自治法一〇〇XX）。

五　地方公共団体の議会の運営

1　議会の種類等

地方公共団体の議会は、定期的に招集される「定例会」と臨時の必要に応じて招集される「臨時会」とするとされている（自治法一〇二）。

平成二四年の自治法の改正において、地方公共団体の議会は、自治法一〇二条の規定にかかわらず、条例で定めるところにより、定例会及び臨時会とせず、毎年、条例で定める日から翌年の当該日の前日までを会期とする通年の会期とすることができることとし、その場合、条例で定期的に会議を開く日（「定例日」）を定めなければならないとするとともに、長が定例日以外の日において会議を開くことを請求することができることとするなどとされた（改正後の自治法一〇二の二。後述2「(4)　会期」参照）。

(1)　定例会

定例会は、付議事件の有無にかかわらず、定例的に招集される会議である。

定例会の招集回数については、平成一六年の改正前においては、毎年四回以内において条例で定めることとされていた（改正前の自治法一〇二Ⅱ）が、改正により、「毎年、条例で定める回数これを招集しなければならない」とされた（改正後の同項）。つまり、上限がなくなり条例で自由に回数を定めることができることとされたものである。

なお、自治法が制定された当初、定例会は毎年六回以上招集しなければならないこととされていたが、昭和二七年の改正で毎年四回とされ、さらに昭和三一年の改正では毎年四回以内において条例で定める回数招集すべきこととされていたものである。

(2) 臨時会

臨時会は必要がある場合において、その事件に限り招集し、あらかじめ長の付議事件の告示が必要である（自治法一〇二ⅢⅣ）。臨時会の招集は、長が招集する（自治法一〇一Ⅰ）。議長は、議会運営委員会の議決を経て、長に対し、また、議員の定数の四分の一以上の者は、長に対し、それぞれ、会議に付議すべき事件を示して臨時会の招集を請求することができる（自治法一〇一ⅡⅢ）。これらの場合、平成二四年の自治法の改正により、長が二〇日以内に臨時会の招集をしないときは、議長が臨時会を招集することができ、又は招集しなければならないとされた（自治法一〇一ⅤⅥ。後述参照）。臨時会に付議する事件は必ずしも一事件である必要はなく、二以上の事件を審議するための臨時会も招集できる。告示された付議すべき事件以外の事件であっても、緊急を要するものであれば直ちにこれを会議に付議することができる（自治法一〇二Ⅵ）。

議員の定数の四分の一以上の者による臨時会の招集の請求は、以前から認められていたが、議長が議会運営委員会の議決を経て臨時会の招集を請求することができることとされたのは、平成一八年の自治法の改正による。この改正は、第二八次地方制度調査会の「地方の自主性・自律性の拡大及び地方議会のあり方に関する答申」（平成一七年一二月）（同答申2(2)⑥「イ　議会招集のあり方」参照）を踏まえ、議会の活性化を図る見地から、議会における審議の機会を広く保障するとともに、長と議会の関係のあり方としても議会側が必要と認めるときに臨時会が必ず開かれること及び機動的かつ迅速に臨時会が開会されることが担保されるようにされたものである。議員又は議長からの臨時会の招集の請求があったときは、長は、請求のあった日から二〇日以内に臨時会を招集しなければならないとされた（自治法一〇一Ⅳ）。近年、議会の側からの臨時会の招集の請求があっても長が招集しないという事例が生じ、そうした場合の対応として、平成二四年の自治法の改正により、議長が臨時会を招集することができ、又は招集しなければならないこととされたことについては前述のとおりである（自治法一〇一Ⅴ Ⅵ。なお、後述２「(1) 議会の招集」参照）。

なお、臨時会の招集請求に関して、地方議会の活性化を図る観点からは、理事者側からの報告を求めるために適宜に臨時会の招集を請求することができることとするなど、審議の機会を広く保障するべきだとする要請がある。このような観点から、地方分権一括法の公布に伴う通知において「臨時会の招集の請求に当たっては、会議に付すべき事件を示して行うこととされているが、法第九八条第一項の権限に基づき執行機関の報告を求めて招集を請求する場合もこれに該当するので、十分留意すること」とされた。自治法九八条一項に基づく権限は「検査権（「検閲・検査権」）」と称されているが（三４(2)「ア 検査権（検閲・検査権）」参照）、その実質は執行機関に対する一般的な監視権を具体化するものであり、当該監視権に基づき理事者の報告を請求し臨時会の招集を求めることができる旨を示したものである。

２ 招集、開閉及び会期

(1) 議会の招集

議会の招集とは、議会が活動を開始する前提として、議員を一定の期日に一定の場所に集合することを要求する行為である。議会が議会活動を有効に行うためには、招集行為が要件であり、招集行為がなければ、議員が一堂に集まり、会議を行っても有効な議会の活動とはならない。なお、平成二四年の自治法の改正で規定された条例の定めるところにより、毎年条例で定める日から翌年の当該日の前日までを会期とする通年の会期（一〇二の二）とする場合、その条例で定める日の到来をもって長が当該日に招集したものとみなすとされている（自治法一〇二の二Ⅱ）。

議会の招集の権限は原則として長に属する（自治法一〇一Ⅰ前段）。議員又は議長は自ら議会を招集することは一般的にはできないが、議員の定数の四分の一以上の者及び議長（平成一八年の自治法の改正による。）は（議長は、議会運営委員会の議決を経て）、会議に付議すべき事件を示して臨時会の招集を請求することができ（自治法一〇一ⅡⅢ）、長は、請求があったときは、請求のあった日から二〇日以内（平成一八年の自治法の改正による。）に臨時会を招集しなければならない（自治法一〇一Ⅳ）。請求があった日から二〇日以内であれば招集時期等については、必ずしも請求を行った議員の意思に拘束されるものではない。さらに条例で「〇日に招集しなければならない」というように、期日を制約することはできない。「会議に付議すべき事件」としては、提案権が議会の側にあるものでなければならず、長に提案権が専属するものは認められない。

平成二四年の自治法の改正により議長による臨時会の招集請求のあった日から二〇日以内に長が臨時会を招集しないときは、議長は、臨時会を招集することができることとされた（一〇一Ⅴ）。また、議会の定数の四分の一以上の者からの臨時会の招集の請求（自治法一〇一Ⅲ参照）のあった日から二〇日以内に長が臨時会を招集しないときは、議長は、請求をした者の申出に基づき、当該申出のあった日から、都道府県及び市にあっては一〇日以内、町村にあっては六日以内に臨時会を招集しなければならないとされた（自治法一〇一Ⅵ）。

議会の招集は、招集告示によって行われる（自治法一〇一Ⅶ）。議会の招集告示は、都道府県及び市にあっては開会の日前七日、町村にあっては開会の日前三日までになされなければならないが（自治法一〇一Ⅶ）、緊急を要する場合はこの限りではない（同項ただし書）。緊急を要する場合の認定は長が行うが、客観的にも緊急を要する場合でなければならない。緊急を要する場合でも、必ず招集の告示は行わなければならない。

招集の告示は、定例会の場合は議会を招集する期日及び場所を、臨時会の場合には議会を招集する期日及び場所並びに付議すべき事件を示して行う（自治法一〇二Ⅳ参照）。なお、長が臨時会を招集しない場合に議長が招集するときの招集告示は、議長が請求において示された会議に付議すべき事件を臨時会に付議すべき事件として、あらかじめ告示しなければならない（自治法一〇二Ⅴ）。

臨時会の開会中に緊急を要する事件があるときは、直ちにこれを会議に付議することができる（自治法一〇二Ⅵ）。

(2) 議会の成立

議会の議員が定数の半数に達していないときは、議会に定数の半数以上の議員が出席し得る状態ではないので、会議を開くことができず（自治法一一三本文）、「議会が成立していない」という。これに対して、議員がその定数の半数以上在職している状態が「議会の成立」とされる。

(3) 議会の開閉

議会の招集が行われると、議員は招集日の開議定刻前に議事堂に参集しなければならず、招集に応じて参集したときは、その旨を議長に通告する。議員は招集に応じ、会期中の議会の会議又は委員会に出席する義務があり、また、議長から特に招状を受けた場合は、議会に出席しなければならない（自治法一三七参照）。

議会の開閉に関する事項は、議会が定める（自治法一〇二Ⅶ）。議会の開閉とは、議会の活動の開会、閉会を意味するが、通常、規則で「議会の開閉は、議長が宣告する」と定め、議長にゆだねている。

議会を有効に開会するための要件としては、①議員定数の半数以上の議員が在職し、議会が成立していること、②議会が適法に招集されていること（自治法一〇一ⅠⅤⅥ参照）、③議会の招集に応じて議員定数の半数以上の議員が参集し、出席すること（この「定足数の原則」には、例外が認められている（3(1)「ウ　定足数の原則」参照）。自治法一一三）が必要である。招集の期日に招集に応じた議員が半数に達しなかった場合は、開会できず、流会することとなる。

議会の開会とは、議会を現実に活動し得る状態におく行為であり、その議会の活動開始の基点となる行為である。

閉会により議会はその活動能力を終了する。したがって、その会期の会議を再び開くことができない。閉会は、議長が宣告することが通常であるが、議長が宣告しなくても会期が終了することによって自然閉会となることがある。

なお、第二八次地方制度調査会の「地方の自主性・自律性の拡大及び地方議会のあり方に関する答申」（平成一七年一二月）

においては、議会の議員に幅広い人材を確保できるようにする（特に女性や勤労者が議員として活動するうえでの便宜に資する）ため、また、住民と議会との意思疎通を充実するため、休日、夜間等に議会を開催するなどの運用上の工夫をすることが提言されている（同答申第二2⑵「①幅広い層からの人材確保等」及び④「ア　住民と議会との意思疎通の充実」参照）。また、第二九次地方制度調査会の「今後の基礎自治体及び監査・議会制度のあり方に関する答申」においても、「勤労者が議員として活動することを容易にするため、例えば、夜間、休日等に議会を開催するなどの運用上の工夫を図ることが考えられる。」とされている（同答申第3・3⑵「勤労者等の立候補や議員活動を容易するための環境整備」）。平成二四年の自治法の改正で規定された通年の会期の制度も、こうした考え方に資するものとみられる。第三一次地方制度調査会の「人口減少社会に的確に対応する地方行政体制及びガバナンスのあり方に関する答申」においても、「例えば、多様な人材が議員として活動することを容易にするため、夜間・休日等の議会開催、通年会期制の活用等、より柔軟な議会開催等の工夫が必要である。」とされている（同答申第3・3⑷「②多様な人材の参画」）。

⑷　会期

会期とは、議事機関としての議会が、議会としての活動をし得る一定の期間をいう。

会期の決定は議会の開閉と同様議会の権限である（自治法一〇二Ⅶ）。会期の決定は、会期の初めに議会の議決で定めるものであり、通常は、開会の冒頭に議決される。

議会の審議が議事日程どおり進行しなかったり、追加議案の提出があった場合は、議会の会期を延長することができる。会期延長に関する事項は議会がこれを定めることとされており（自治法一〇二Ⅶ）、議会の議決により会期を延長することができるとしているのが通例である。地方公共団体の議会の場合、会期は何回でも延長できる（国会の場合制限がある。国会法一二Ⅱ参照）。ただ、いたずらに会期延長を繰り返すことは適当とはいえない。

第29次地方制度調査会の「今後の基礎自治体及び監査・議会制度のあり方に関する答申」において、「……長期間の会期を設定してその中で必要に応じて会議を開く方式を採用することや、現行制度との関係や議会に関する他の諸規定との整合性に留意しつつ会期制を前提としない方式を可能とすることなど、より弾力的な議会の開催のあり方を促進するよう必要な措置を講じていくべきである。」とされた（同答申第3・2「(2)議会の招集と会期」）。そして、平成二四年の自治法の改正により、地方公共団体の議会は、条例で定めるところにより、定例会及び臨時会とせず、毎年、条例で定める日から翌年の当該日の前日までを会期とする（つまり、通年を会期とする）ことができることとされた。この通年の会期の制度は、定例会・臨時会の制度のように集中的に審議を行う議会運営と異なり、定期的かつ予見可能性のある形で会議を開く議会のあり方を、選択することができるようにするものである。通年を会期とする場合、その条例で定める日の到来をもって、長が当該日にこれを招集した日とみなされる。また、議員の任期が満了したとき、議会が解散されたとき又は議員がすべてなくなったときは、それぞれの日をもって会期は終了するものとされている。この場合、長は一般選挙により選出された議員の任期が始まる日から三〇日以内に議会を招集しなければならず、その招集の日から最初の通年を会期とする条例で定める日の前日までを会期とするものとする。通年を会期とする議会は、条例で、定期的に会議を開く日（「定例日」）を定めなければならない。長は、議長に対し、会議に付議すべき事件を示して定例日以外の日において会議を開くことを請求することができ、この場合、議長は、当該請求のあった日から、都道府県及び市にあっては七日以内、町村にあっては三日以内に会議を開かなければならない（改正後の自治法一〇二の二）。

3　議会の会議

(1)　議会の会議における原則

ア　地方公共団体の議会の会議の原則の概要等

議会の会議の運営には、いくつかの原則がある。これらの会議の諸原則は、幾多の会議の経験から生まれたものが多いが、重要なものなどは法令や会議規則で明定されるのが一般的であるといえる。これらは、あくまでも原則であって、例外もあり、また、将来にわたって絶対不変のものでもない。

地方公共団体の会議の原則としては、会議公開の原則（自治法一一五Ⅰ）、定足数の原則（自治法一一三）、多数決の原則（自治法一一六Ⅰ）がそれぞれ法定されており、一事不再議の原則（会議規則）及び会期不継続の原則（自治法一一九）はそれぞれその一部が法令又は規則に規定されており、さらに、議員平等の原則、発言自由の原則、一議事一議題の原則、現状維持の原則、討論交互の原則等、法令や規則に規定されていないが、議会運営上一般的には当然の事理として存するものもある。

これらの会議の原則は、その目的から三つに分類することもできる。

① 議会の意思の決定に関するものとしては、定足数の原則（自治法一一三）、多数決の原則（自治法一一六Ⅰ）が該当し、議会制民主主義の基本であり、会議の諸原則中の主要なものである。

② 議事の公正を期するためのものとしては、会議公開の原則（自治法一一五Ⅰ）等が挙げられる。

③ 議会運営の規律を確保するためのものとしては、会期不継続の原則（自治法一一九）、一事不再議の原則、討論交互の原則等がこれに該当する。

以下においては、主要な会議の原則について、ここで述べ、その他のものは、会議の運営についての各項目で説明することとする。

イ　会議公開の原則

地方公共団体の議会の会議は、これを公開する（自治法一一五Ⅰ）。ただし、議長又は議員三人以上の発議により、出席議員の三分の二以上の多数で議決したときは、秘密会を開くことができる（自治法一一五ただし書）。つまり「会議公開の原則」と、これに対する例外としての秘密会の制度が自治法において認められている（国会についても憲法五七Ⅰ同旨）。議会は、住民を代表する議員が公の立場で当該地方公共団体の事務について審議し、表決する場である以上、その会議が住民一般に公開されるべきことは当然のことといわなければならない。つまり、地方公共団体の意思決定機関たる議会がその活動のありさまを公に示すことにより、住民の注目と批判を受けつつ、その公正な運営を確保することが可能となり、また、住民が議会及び議員の活動を十分に理解することによって、その意思を地方公共団体の政治・行政に反映していくことが現実に可能になる。いわば「会議公開の原則」は、住民自治が十分に機能するための前提となる重要な原則であるといえる。

「会議公開の原則」は、その内容として、①傍聴の自由、②報道の自由、③会議録の公開の三つを含むものとされている。なお、第二八次地方制度調査会の「地方の自主性・自律性の拡大及び地方議会のあり方に関する答申」（平成一七年一二月）においては、「……ケーブルテレビ、インターネット等の手段を用いた議会の審議状況の中継、審議記録の公表など審議の公開や議会に関する情報の積極的な広報を、さらに充実すべきである」としている（同答申第２・２⑵④「ア　住民と議会との意思の疎通の充実」参照）。

ウ　定足数の原則

地方公共団体の議会は議員の定数の半数以上の議員が出席しなければ、会議を開くことができない（自治法一一三本文）。これは、「定足数の原則」である。定足数とは、議会が会議を開き、意思決定機関として意思を議決する行為能力を有するに必要な最小限度の出席者数のことをいう。「議員の定数の半数以上の議員」の中には議長も含まれる。

なお、自治法及び他の法律で、議決に当たり特別の定足数を定めているものとして（開議の際は過半数で足りる。）、議員の三分の二以上の出席が必要とされている場合として、副知事等の主要職員の解職請求があったときの解職の同意議決（自治法八七Ⅰ）、議員の除名の同意議決（自治法一三五Ⅲ）及び長の不信任の同意議決（自治法一七八Ⅲ）があり、議員の四分の三以上の出席が必要とされている場合として、議会の自主解散の同意議決（地方公共団体の議会の解散に関する特例法二Ⅱ）がある。

「定足数の原則」は、このように会議開会のための要件であるが、（法に明定されていないものの）会議を継続するための要件（議事要件）でもあり、かつ、意思決定のための要件（議決要件）でもあることに注意する必要がある。したがって、議長は会議中定足数を欠くに至るおそれがあると認めるときは、議員の退席を制止し、又は議場外の議員に出席を求めることができるのが通例である。

「定足数の原則」に対する例外として、定足数を欠いても会議を開き得る場合として、除斥のため半数に達しない場合、再度招集の場合及び出席催告した場合の各場合が認められている（自治法一一三ただし書）。なお、この例外の場合でも、出席議員数が議長を含めて三人に満たないときは、会議を開くことができないときであり、自治法一七九条の長の専決処分の対象となる。

① 除斥のため半数に達しない場合

自治法一一七条に規定する議長及び議員の除斥については、後述する（(2)「ウ　除斥」参照）が、この除斥の規定に該当する者があり、そのために自治法一一三条本文の定足数を欠くに至ったとしても、当該除斥事件に限っては、会議を続行することができる。

② 再度招集の場合

同一の事件につき再度招集してもなお半数に達しないときは、定足数を欠いても会議を開くことができる。「同一事件につき再度招集してもなお半数に達しないとき」には、単に出席議員が半数に達しなくとも後述③の出席催告の措置を講ずることにより会議を開くことができる場合又は前述①の除斥による半数未満であって同様に会議を開くことができる場合は含まないと解すべきである。すなわち、最初の招集においても、再度の招集においても、ともに招集に応じた議員が半数に達せず、したがってまた出席議員が半数に達しない場合に限るとされている。定例会や通年の会期の場合の一般選挙が行われた後に招集される議会（自治法一〇二の二Ⅳ）については、特定の付議事件を告示して招集するということがないから、「同一の事件について」再度招集するということもない。したがって再度招集に関する定足数の例外は、臨時会の場合にのみ適用がある。

③　出席催告

招集に応じても出席議員が定足数を欠き、議長において出席を催告してもなお半数に達しないとき若しくは半数に達してもその後半数に達しなくなったときは、定足数を欠いても会議を開くことができる。これは、応招議員が議員定数の半数以上あるにもかかわらず、出席議員が定足数に満たない場合の規定であり、応招議員が半数以上いることを前提としている点で②の再度招集の場合と異なる。出席催告の方法については法律の定めはないが、会議規則で「議事堂に現存する議員又は招集地における議員の宿所若しくは連絡所に文書又は口頭をもって行う」と定めているのが通例である。出席催告の効力は、その日の会議を閉じるまでであって翌日に及ばないが、他方、当日中は休憩等によって効力が中断されるものではなく、また、出席催告当時日程に組まれていなかった新たな事件を付議することも可能である。なお、出席催告により定足数を欠いて開かれた会議において、後に、いったん定足数を満たし、その後再び定足数を欠くに至った場合も、催告の効果は持続しており、新たに催告手続をとらずに会議を続行できる（自治法一一三ただし書）。

①～③以外で定足数を欠いたまま事件が議決されたときは、手続上重大な瑕疵がありかつ違法であるので、議決に基づく処分が行われるまでの間は、会期の如何を問わず、また、長による再議の有無を問わず、議会において議員の発議によりその瑕疵を矯正すべく、当該議決を取り消して改めて適法に議決することができると考えられている。また、①～③以外で定足数を欠いた場合の議決の効力は無効である。採決、投票の際定足数を欠いていた場合のみならず、採決又は投票に至る審議過程において定足数を欠いた場合も、これによる議決、選挙等は無効であると考えるべきである。しかし、定足数の有無は議長が認定するものであり、また議員はいつでも定足数の確認を議長に要求できるものであるから、そのよ

うなこともなく閉会された場合には、議決、選挙等は一応有効であるとの推定を受けることとなる。

エ　多数決の原則

議会制度においては、その意思決定の方法として多数決の原則が採用され、少数者は討論と説得により賛同者を得て多数者になることによって、その意思実現を図ることとなる。

多数決には、絶対多数（過半数）、比較多数、特別多数の三種類があるが、議会における一般的な意思決定の方法はこのうちの絶対多数である（過半数）。自治法一一六条は「議会の議事は、出席議員の過半数でこれを決し、可否同数のときは、議長の決するところによる。」としている。議事とは、会議における事件の審議をいい、議決のみならず決定等も含まれるが、選挙は含まれない。選挙は出席議員の過半数は必要でなく、比較多数であればよいとされる。出席議員とは、単に出席している議員ではなく、採決の際議場に在る議員で当該事件につき表決権を有するものをいうのである。なお、議長は、議員として議決に加わる権利を有しない（自治法一一六Ⅱ）。

特別多数議決については、(3)「イ　議決」において説明する。

議長の裁決権の行使は、議長が表決に加わることができない過半数議決の場合に限られ、可否同数とはなり得ない特別多数議決の場合は行使できない。この場合は、議長は、表決権を有する。

「多数決の原則」の適用に当たって、白票や棄権票の取り扱い等について、種々論議がある。つまり、棄権及び白票がある場合には、自治法一一六条で「出席議員の過半数」という場合の「出席議員」には棄権、白票議員を含むか否か、また議長裁決の前提となる「可否同数」とは棄権、白票の存在するときを含むか否か、さらには、表決に際して棄権、白票が多数存在する場合には自治法一一三条の定足数の問題が出てこないか、といった点が問題になり、これらについて必ずしも明瞭ではない。

オ　一事不再議の原則

同一会期中に一度議決（可決又は否決）された同一の事項について再び意思決定をしないことを「一事不再議の原則」という。この原則について、憲法にも、自治法にもこれに該当する規定はなく（旧憲法においては、法律案の提出について規定があった。）、通例では会議規則において「議会で議決された事件については、同一会期中は再び提出することができない」として提案権の制約の面から規定している。

「一事不再議の原則」の「一事」とは、当該案件が既に議決された案件と同一の形式、内容をもっているということであるが、その解釈によってこの原則は、運用上、厳格にもなるし、緩和されることともなる。

「一事不再議の原則」は、議事運営上の原則であるという性格から、そもそも絶対的なものではなく、やや不明確とならざるを得ないし、この原則に対しては、「事情変更の原則」や「長による再議制度」（自治法一七六・一七七）などの例外もある。

カ　会期不継続の原則と閉会中の審査

議会において、「会期中に議決に至らなかった事件は、後会に継続しない」（自治法一一九）。すなわち、議会は会期ごとに独立の存在として活動を営むものであり、前後の会期は継続しないので、「会期中に議決に至らなかった事件」は会期終了とともに消滅し一切後会には継続しない。この規定自体は、「会期不継続の原則」を受けて「案件不継続」ということが規定されているといえる。

前の会期で不成立に終わった議案（否決及び審議未了廃案）は、必要に応じ後会でさらに発案することとなる。

この原則の例外として、閉会中における委員会の継続審査の措置がある。すなわち、委員会は、議会の議決により付議された特定の事件については、閉会中も、なお、これを審査することができる（自治法一〇九Ⅷ）。この継続審査については、「特定の具体的な事件につき議会の閉会中に特定の委員会をして審査させる」旨の議決を必要とする。継続審査に付された事件は、当然に次の会期に継続すると解され、次の会期において改めて提案し直す必要はなく、そのままで審議を行い議決することができる。

キ　その他の原則

以上のほか、その他の原則として、次のようなものが挙げられている。

①　議員平等の原則

議会の構成員である議員はすべて法律上平等であることをいう。

②　発言自由の原則

議員の言論の自由が最大限に尊重されることをいう。

③　一議事一議題の原則

会議において案件一つずつを議題として審議することをいう。

④　現状維持の原則

現状打開と現状維持の両説が賛否相半ばするときは、現状を維持することを決定することをいう。この原則は、自治法一一六条一項の規定により、議会の議事について多数決に基づき議会の意思を決定するに際して、可否同数の場合における議長の裁決権行使に当たって要請される原則とされる。

(2)　議会の会議の運営

ア　会議に付する事件

会議に付する事件とは、議会の会議の対象となる事件、すなわち議会が会議において処理すべき事項をいい、会議に付する「案件」という。会議に付する事件には、議案、動議、選挙、質問、請願・陳情、報告などが含まれる。

会議に付する事件には、議決事件（議案、動議、請願・陳情など）、選挙、これら以外の事件（質問、報告など）がある。議決事件のうち、「議案」（議会の議決を経るために議会に対して長又は議会の側（議員又は委員会）が提出する原案。なお、自治法一四九①・一〇九Ⅵ・一一二・一八〇の六②参照）と「動議」（自治法一一五の三参照）は区別されるが、議案のように一定の形式と手続によって提出するもの以外で、議会の意思決定を求めてなすところの提議が「動議」とされているとみられる。

イ　「案件」の提出

「議案」の提出権者については、一般には長と議会の側（議員及び委員会）の双方にあるとされるが、特別の場合は、長又は議会の側のいずれかにのみ専属する。例えば、長に専属するものとして、契約の締結に関する議決等（自治法九六Ⅰ⑤～⑭）、支庁・地方事務所・支所等の設置に関する条例（自治法一五五）、行政機関の設置に関する条例（自治法一五六ⅠⅡ）、長の直近下位の内部組織の設置及びその分掌事務に関する条例（自治法一五八Ⅰ）、地域自治区の設置等に関する条例（自治法二〇二の四ⅠⅡ等）、指定都市の区の設置等に関する条例（自治法二五二の二〇ⅠⅡ）及び指定都市の総合区の設置等に関する条例（自治法二五二の二〇の二ⅠⅡ）、公の施設の指定管理者の指定に関する議決（自治法二四四の二Ⅵ）、地方公共団体相互間の協力（連携協約、協議会、機関等の共同設置、事務の委託、事務の代替執行）に関する協議に関する議決（自治法二五二の二Ⅲ・二五二の二の二Ⅲ本文・二五二の七Ⅲ・二五二の一四Ⅲ・二六二の一六の二Ⅲ）等があり、議員に専属するものとしては、委員会に関する条例（自治法一〇九ⅠⅨ）、市町村の議会事務局の設置に関する条例（自治法一三八Ⅱ）等がある。

「動議」は、所定の発議者を必要とする場合と、そうでない場合があり、その取扱いも、「先決動議」と、そうでない「動議」との間に差異がある。

議会の議員が議案を提出するに当たっては、議員の定数の一二分の一以上の者の賛成がなければならず、文書でこれをしなければならない（自治法一一二）。かつては、議員の定数の八分の一以上の者の賛成が必要であったが、地方分権一括法による自治法の改正により、その要件について「八分の一以上」から「一二分の一以上」に緩和された。委員会が議案を提出することができるのは、その部門に属する事務に関するものについてであり、文書をもってしなければならない（自治法一〇九Ⅵ Ⅶ)。自治法一一二条で定める「議決すべき事件」には、議会の「機関意思の決定」は含まれず、「団体意思の決定」の場合を指すとされている(行実昭二五・七・一四)。

議員は「議案」に対する修正の「動議」を提出することができ、議会が修正の「動議」を議題とするに当たっては、議員の定数の一二分の一以上の者の発議によらなければならない(自治法一一五の三)。提出要件と同様、地方分権一括法による自治法の改正により要件が緩和されたものである。なお、委員会は修正案を提出することができるが、自治法一一五条の三の規定の適用はない(行実昭三一・九・二八)。

ウ　除斥

除斥とは、議事の公正を保障するため、事件に利害関係のある議員を、当該事件の審議に参与することを拒否する制度である。議長及び議員は、自己若しくは父母、祖父母、配偶者、子、孫若しくは兄弟姉妹の一身上に関する事件又は自己若しくはこれらの者の従事する業務に直接の利害関係のある事件については、その議事に参与することができない(自治法一一七)。ただし、議会の同意があったときは、会議に出席し、発言することができる(同条ただし書)。なお、養親子、継親子関係は含まれるが、配偶者の父母、祖父母、兄弟姉妹等は含まれない。一身上に関する事件は、その個人にとって直接かつ具体的な利害関係がある事件に限られるが、具体的にはその判断は難しい場合もある。

エ　議事日程

議事日程は、議会のその日その日の会議に付される事件及びその順序を定めたもの(予定表)である。議事日程には、その日の開議時刻、会議に付すべき事件の件名の具体的名称及びその順序が定められる。その日の会議は、原則として議事日程に記載されている事件について、その定める順序に従って進行する。もちろん、議長が、開議宣告後、日程事件を議題とする旨の宣告をすることが必要である。

なお、一般の「動議」については、会議中に随時提出されるもので議事日程事項とはされず、議長が議会に対してする諸般の報告についても必ずしも議事日程に記載しなくてもよい。

議事日程の変更・追加等は、議長の発議による方法と議員の「動議」による方法があるが、会議に諮る必要がある。

オ　議事等

議会の会議は、開議の宣告がなされた後、議事日程の定めるところに従って、議事が進められる。議事としては、種々のものがあるが、議題の宣告、議案の朗読、説明、質疑、委員会付託、委員会の審査、委員会付託事件の本会議における審議等、本会議における諸般の報告等が行われる。

会議に付すべき事件に関するものとは別に、議員が議題とは直接の関係はなく、当該地方公共団体の行政について、執行機関に対し説明を求め、あるいは事実又は所見を質する行為が認められ、これは「質問」といわれる。会議規則において、議員は、議長の許可を得て（緊急を要するとき等は議会の同意を得て）「質問」することができると一般的にされる。「質問」には、「一般質問」と「緊急質問」がある。

執行機関である長、委員会の委員長又は委員等は、議会の審議に必要な説明のため議長から出席を求められたときは、議場に出席しなければならない（自治法一二一Ⅰ）。このことについて、第二八次地方制度調査会の「地方の自主性・自律性の拡大及び地方議会のあり方に関する答申」（平成一七年一二月）において「議会審議に執行機関側が出席するのが通例となっているが、議員同士による議論をより積極的に推進すべきである」とされている（同答申第2・2⑵「⑥長と議会の関係」参照）。そして、平成二四年の自治法の改正により、議長から出席を求められた長等が出席すべき日時に議事に出席できないことについて正当な理由のある場合において、その旨を議長に届け出たときは、この限りでないとされた（自治法一二一Ⅰただし書）。

カ　公聴会

議会は、会議において、予算その他重要な議案、陳情等について公聴会を開き、真に利害関係を有する者又は学識経験を有する者等から意見を聴くことができる（自治法一一五の二Ⅰ）。また、委員会についても同様である（自治法一〇九Ⅴによる自治法一一五の二の準用）。平成二四年の自治法の改正前においては、委員会についての規定であった（改正前の自治法一〇九Ⅴ・改正前の一〇九の二Ⅴ、改正前の一一〇Ⅴによる一〇九Ⅴの準用）が、改正により、議会（本会議）に公聴会の規定が置かれ、委員会について準用することとされた。公聴会制度は特定の重要案件の審議に当たり、より周到な審査を期するため、利害関係者や学識経験者等の住民の意向等を直接聴く機会を設けることにより、間接民主制を補完する制度であるといわれている。

公聴会は、議会や委員会の決定、議長の承認、日時・場所等の公示、公述人の決定・通知など、条例などに基づく多くの手続と時間を要するため、会期の短い地方公共団体の議会では開催することは稀であるのが実態である。

キ　参考人制度

議会は、会議において、当該地方公共団体の事務に関する調査又は審査のため必要があると認めるときは、参考人の出頭を求め、その意見を聴くことができる（自治法一一五の二Ⅱ）。また、委員会についても同様である（自治法一〇九Ⅴによる自治法一一五の二の準用）。平成二四年の自治法の改正前においては、委員会についての規定であったことなどについては公聴会制度と同じである（改正前の自治法一〇九Ⅵ・改正前の一〇九の二Ⅴ、改正前の一一〇Ⅴによる一〇九Ⅵの準用参照）。公聴会制度は、上述のように現実には開催されるまで多くの手続と時間を要するなどのため、国会で行われているように（衆議院規則八五の二、参議院規則一八六参照）、委員会が利害関係者、学識経験者等から直接意見を聴き、調査又は審査の参考とする参考人制度が、平成三年の自治法の改正により設けられたのであるが、平成二四年の自治法の改正で議会（本会議）に参考人制度の規定が置かれ、委員会について準用することとされた。

ク　議員の派遣

議会の議案の審査又は地方公共団体の事務に関する調査のためその他議会において必要があると認めるときは、会議規則の定めるところにより、議員を派遣することができることが、平成一四年に成立した改正により定められた（自治法一〇〇XIII・国会法一〇三参照）。従来から委員の派遣（三4(2)「オ　事務調査権」参照）については、会議規則の定めるところにより行われているが、この規定は、議会が派遣する議員の派遣（議員派遣）について定めたものと解されている。

ケ　討論

議題となっている事件について質疑が終結すれば「討論」に移る。「討論」は、議題となっている事件に対して表決に当たって行う賛否の意見の表明である。「討論」は省略することがある。その場合、法令（自治法一一五II参照）又は会議規則の根拠が必要とされる。なお、単に「討論」の通告がないのは、「討論」の省略とは別である。

「討論」は、議長が討論の終結を宣告したとき又は「討論終結」の動議が可決されたときに終結する。

(3)　議会の意思決定

ア　表決

表決は、議会の会議において議案その他の案件について、各議員が議長の要求により賛成又は反対の意思表示をすることをいう。賛否の意思を表明する方法としては、通常、簡易表決（議長が異議の有無を諮り、異議がないと認めるときは可決の旨を宣告する方法）、起立による表決、投票による表決がある。

イ　議決

議決とは、表決の結果得られた議会の意思決定のことである。

議事は、一般には出席議員の過半数の賛成者をもって可決される（過半数の原則）（自治法一一六I）。しかし、特別多数議決を必要としているものもある。特別多数議決で、その要件として、出席議員の三分の二以上の者の同意を要するとしているものとしては、事務所の設置又は変更の条例の議決（自治法四III）、秘密会の開会の議決（自治法一一五I）、議員の資格決定（自治法一二七I）、条例の制定又は予算に関する再議の議決（自治法一七六III）、条例で定める重要な公の施設のうち条例で定める特に重要なものについての廃止又は条例で定める長期かつ独占的な利用の議決（自治法二四四の二Ⅱ）があり、また、その要件が、出席議員と同意の両方にあり、議員（数）の三分の二以上の者が出席し、その四分の三以上の者の同意を必要としているものとしては、主要職員の解職の同意議決（自治法八七Ⅰ）、議員の除名の同意議決（自治法一三五Ⅲ）、長の不信任の同意議決（自治法一七八Ⅲ）がある。さらに、議員数の四分の三以上の者が出席し、その五分の四以上の者の同意を必要としているものとして、地方公共団体の議会の解散に関する特例法に基づく議会の解散の同意議決（同法二Ⅱ）がある。

議決の方法は、会議規則で定められる。

なお、「多数決の原則」については、前述したところである。（(1)「エ　多数決の原則」参照）。

(4)　会議録

議長は、事務局長又は書記長（書記長を置かない町村においては書記）に書面又は電磁的記録（電子的方式、磁気的方式その他人の知覚によって認識することができない方式で作られる記録であって、電子計算機による情報処理の用に供されるものをいう。）により会議録を作成させ、並びに会議の次第及び出席議員の氏名を記載させ、又は記録させなければならない（自治法一二三Ⅰ）。電磁的記録によるものは、平成一八年の自治法の改正によるものである。

会議録には、議長及び議会で定めた二人以上の議員が、署名（書面をもって作成されているとき）をし、又は総務省令で定める署名に代わる措置（電磁的記録をもって作成されているとき）をとらなければならない（自治法一二三ⅡⅢ。平一八総務省令一三九）。

4　議会の紀律及び懲罰

(1)　紀律

議会における秩序を維持し、議会の品位を保持し、もって議会の円滑な運営を図るためには、議会の議員をはじめ、出席を求められた長その他の執行機関、傍聴人等議会に関係ある者がすべて一定の紀律を遵守しなければならない。自治法は、議会の紀律について一節（同法第二編第六章第九節「紀律」）を設けており、また、会議規則や傍聴規則等においても定められている。

紀律に関し、議員に関するものとしては、議会の会議中、自治法や会議規則に違反しその他議場の秩序を乱す議員があるときは、議長は、これを制止し、又は発言を取り消させ、その命令に従わないときは、発言を禁止し、又は場外に退去させることができること（自治法一二九Ⅰ）、議員は、議場の秩序を乱し又は会議を妨害するものがあるときは、議長の注意を喚起することができること（自治法一三一）、議員は、議会の会議又は委員会においては、無礼の言葉を使用し、又は他人の私生活にわたる言論をしてはならないこと（品位の保持。自治法一三二）、議会の会議又は委員会において、侮辱を受けた議員は、これを議会に訴えて処分を求めることができること（自治法一三三）が定められている。

会議の傍聴に関しては、傍聴人が公然と可否を表明し、又は騒ぎ立てる等会議を妨害するときは、議長は、これを制止し、その命令に従わないときは、退場させ、必要がある場合においては、当該警察官に引き渡すことができること（自治法一三〇Ⅰ）、傍聴席が騒がしいときは、議長は、すべての傍聴人を退場させることができること（自治法一三〇Ⅱ）、議長は、会議の傍聴に関し、必要な規則を設けなければならないこと（自治法一三〇Ⅲ）が定められている。

議長は、議場が騒然として整理することが困難であると認めるときは、その日の会議を閉じ、又は中止することができる（自治法一二九Ⅱ）。自治法一一四条二項において、議員の請求により会議を開いたとき（同条Ⅰ）、又は議員中に異義があるときは、会議の議決によらない限りその日の会議を閉じ、又は中止することができないとされているが、議長は、会議中に議場が騒然として整理することが困難であると認めるときは、職権で会議を閉じ、又は中止することができる（最高裁昭三三・二・四参照）。

議場における秩序の保持の権限は、議長に専属しており、議長は、自治法に定めるもののほか、会議規則等に基づき広く紀律に関する問題を決定する権限をもっている。また会議規則には、議員の離席の禁止、禁煙、携帯品の制限等について定められているのが一般的である。

(2) 懲罰

議会の議員に対する懲罰は、議会の紀律と品位を保持するために、議会の秩序を乱した議員に対して議会がその自律権に基づいて科する制裁である。自治法は、議員の懲罰について一節（同法第二編第六章第一〇節「懲罰」）を設けている。

議会は、自治法並びに会議規則及び委員会に関する条例に違反した議員に対し、議決により懲罰を科することができる（自治法一三四Ⅰ）。

懲罰の種類として、自治法においては、①公開の議場における戒告（公開の議場において、議長から当該議員に対し戒告文を朗読する。）、②公開の議場における陳謝（公開の議場において、議会が定めた陳謝文を朗読させる。）、③一定期間の出席停止（会期中の一定の期間を定めて本会議及び委員会への出席を停止する。）、④除名（議員の身分を剥奪する。）が定められている（自治法一三五Ⅰ）。

懲罰の発議は、①一般的な動議による場合（自治法一三五Ⅱ。議員の定数の八分の一以上の者の発議による。）、②処分要求による場合（自治法一三三。侮辱を受けた議員が議会に訴えて処分を求めるもの）、③議長の職権による場合（自治法一三七。議員が正当な理由なくて招集に応じないため、又は正当な理由がなくて会議に欠席したため、議長が招状を発しても、なお故なく出席しない者に対するもの）の三つの場合がある。

除名については、公選により選出された議員の身分を剥奪するという重い処分であることから、当該地方公共団体の議会の議員の三分の二以上の者が出席し、四分の三以上の者の同意が必要とされている（自治法一三五Ⅲ）。

懲罰に対する救済については、懲罰は議会の内部紀律に関する自律作用であって一般の行政庁の処分と同様には考えられないものであり、行政不服審査法第七条一項一号において同法に基づく審査請求はできないこととされている。したがって、自治法二五五条の四の規定により総務大臣又は都道府県知事に審決の申請を行うこととなるが、基本的には議会の自律作用であることから、除名処分についてだけその対象となると考えられている。行政事件訴訟については、一般的には除名処分だけが認められると解されている（最高裁昭三五・一〇・九、大阪高裁平一三・九・二一等参照）が、他の懲罰についても認められるべきだという見解もある。また「訴えの利益」について、任期が満了したときは除名処分の取消しを求める訴えの利益は失われるとするのが一般的である（最高裁昭三五・三・九）が、除名期間中の報酬を受ける権利や利益を回復する必要が認められるような場合は、法律上の利益を有する者（行政事件訴訟法九参照。なお、平成一六年に成立した同法の改正により同条に二項が追加されたことに留意を要する。）として原告適格が認められることもあると思われる。

5　専門的事項に係る調査

議会は、議案の審査又は当該地方公共団体の事務に関する調査のために必要な専門的事項に係る調査を学識経験を有する者等にさせることができる（自治法一〇〇の二）。この規定は、第二八次地方制度調査会の「地方の自主性・自律性の拡大及び地方議会のあり方に関する答申」（平成一七年一二月）（同答申第2・2⑵③「イ　専門的知見の活用」参照）を踏まえ、平成一八年の自治法の改正により追加されたものである。

議会において専門的な知見を要すると考えられる場合の制度としては、公聴会（自治法一一五の二Ⅰ・一〇九Ⅴによる一一五Ⅰの準用）や参考人制度（自治法一一五の二Ⅱ・一〇九Ⅴによる一一五Ⅱの準用）があるが、これらの制度は、意見を聴取することができるにとどまり、議会が必要とする専門的な知見を得ることができるような調査・研究を求めて報告を受けるといったものではない。また、議会の意を受けた執行機関がその附属機関や第三者に調査・審議又は調査・研究をさせ、議会にその結果を説明することはあろうが、制度的には、それはあくまで執行機関の執行の一環として位置付けられるものである。

自治法一〇〇条の二の規定による専門的事項に係る調査は、議会の活動として、議案の審査及び当該地方公共団体の事務の調査に関し専門的な知見の活用が必要となった場合に、議会が学識経験者等に専門的事項に係る調査をさせることができることとしたものである。

調査を求める相手方である「学識経験を有する者等」とは、個人だけでなく、法人、法人格のない団体・組織等も対象となるものであり、大学、調査研究機関、コンサルタント会社等も含まれる。なお、地方公共団体の外部の知見を活用する方策として制度化されたものであり、当該地方公共団体の議員や執行機関の職員をして調査させることは想定されていない。もっとも、議員の議員としての活動や執行機関の職員の職務とは関係のないような知見をこの制度を通じて活用することまで否定されるべきではないと解する。

専門的事項に係る調査をさせるのは、議会としての権限であるから、議会の機関意思の決定としての議決を要する。議決の内容としては、調査の対象である専門的事項、期間、調査を求める相手方の氏名又は名称、調査の期間、調査の結果の提出方法等である。議会の議決に基づく限り、調査の具体的な手続等について委員会において取り扱うこととすることは差し支えないものと解される。

「調査させること」には、調査の結果を報告させることも含まれる。その方法は、書面等によることが想定されるが、必ずしも書面等によることを要するものではない。報告を受けたうえで、必要があれば、委員会において参考人として当該学識経験を有する者等から意見を聴くことも考えられる。

この調査は、議案の審査又は当該地方公共団体の事務に関する調査が議会において行われていることが前提となる。したがって、議会が閉会した後においても引き続き調査を継続させる場合は、閉会中審査（自治法一〇九Ⅷ）の手続をとる必要がある。

この制度は、議会において地方公共団体の外部の者の知見を活用するためのものであり、執行機関において非常勤の特別職の委員等を任命、又は委嘱し、それらの者を構成員として組織して設置される執行機関の附属機関とは区別されなければならない。

第二八次地方制度調査会の「地方の自主性・自律性の拡大及び地方議会のあり方に関する答申」（平成一七年一二月）においては、「複数の者の合議による調査・報告もできることとすべきである」としている。この趣意は、個人だけではなく、団体等にも知見を求めることができるということ及び複数の個人に知見を求め、その合議による調査又は報告を求めることができるということであると思われる。自治法一〇〇条の二の規定においても同様の運用ができるものである。

調査を行った学識経験者等に対する調査に要する経費や報酬等の支払については、実費弁償（自治法二〇七参照）、契約に基づく金銭の支払等、個々具体的に対応されるべきものである。

第三節　地方公共団体の執行機関

一　地方公共団体の執行機関の意義及び通則

1　執行機関の意義

地方公共団体の執行機関とは、管理・執行権を有し、担任する事務（地方公共団体の意思を議会が決定するものについては、当該決定された意思を受けて担任する事務）について、地方公共団体としての意思を自ら決定（行政意思の決定）し、外部に表示することができる機関をいう。

現行の地方自治制度では、地方公共団体の意思決定機関である議会が議決すべき事項は、自治法九六条一項においては限定的に列挙されており（自治法九六Ⅰ）、議会が議決するもの以外の地方公共団体の意思決定は執行機関が行う（自治法一三八の二参照）。結局、地方公共団体の執行機関は、議会が意思決定した事項を管理・執行するとともに、その他でその権限に属する事項について、自ら意思決定を行い、これを外部に表示し、管理・執行する。

2　執行機関の通則

(1)　執行機関の責務とその組織の基本原則

地方公共団体の執行機関は、当該地方公共団体の条例、予算その他の議会の議決に基づく事務及び法令、規則その他の規程に基づく当該地方公共団体の事務を、自らの判断と責任において、誠実に管理し及び執行する義務を負う（自治法一三八の二）。

我が国の地方自治制度においては、執行機関の多元主義を採用している（第一節「三　執行機関に関する多元主義」参照）。その上で、執行機関の組織は、長の所轄の下に、それぞれ明確な範囲の所掌事務と権限を有する執行機関によって、系統的にこれを構成しなければならないとされるとともに、長の所轄の下に執行機関相互の連絡を図り、すべて一体として、行政機能を発揮するようにしなければならないとされている（自治法一三八の三Ⅰ Ⅱ）。「一体として行政機能を発揮する」とは、地方公共団体の執行機関は、それぞれ分立し、その管理・執行の分野は各々別個ではあるけれども、当該地方公共団体の機能の各部分をそれぞれ担当しているわけであるから、当該地方公共団体の機能としてみた場合には、各執行機関の事務の管理・執行が全体としての調和をもって無駄なくその効果が発揮されているようにしなければならないという意味である。

なお、執行機関の多元主義に対しては、前述したような問題の指摘がある（第一節「三　執行機関に関する多元主義」参照）。

(2)　長による執行機関全体の一体的運営の確保

ア　執行機関全体の一体的運営の確保の概要

我が国の地方自治制度は基本的組織原理として、執行機関の多元主義を採用し、長以外の委員会及び委員の地位を尊重しつつも、執行機関は長の下に系統的に構成され、かつ、相互に調整されなければならないものであることを勘案して、長に所轄権限を与えるとともに、委員会及び委員に対する総合的調整権を与え（自治法一三八の三・一八〇の四・二二一Ⅰ・

二三八の二)、組織、予算、公有財産管理等を通じて、長が委員会及び委員を間接的に統轄できるようにしている。

すなわち、第一には、予算の調製・執行、議案の提出、地方税の賦課・徴収、分担金・加入金の徴収、過料を科すること、決算を議会の認定に付することといった権限については、委員会又は委員の所管事項であっても、委員会又は委員には権限を与えずに、長の権限としている(自治法一八〇の六)。その趣旨は、委員会又は委員はそれぞれ独立の職務権限を有するものではあるが、議決権限あるいは広く住民一般との関係における管理・執行権限の統一ある行使を期し、財政運営の一元的処理を図ることにより地方公共団体の一体性を確保しようとするものである。

また、第二には、総合的調査権として、委員会又は委員の事務をつかさどる機関の組織、職員の定数、身分取扱い等について長に勧告権を認め、委員会又は委員に協議義務を課すとともに(自治法一八〇の四)、予算についての報告の徴収、予算執行状況に係る実地調査、必要な措置を求めることなどの権限を長に認め(自治法二二一I)、公有財産についても同様な報告要求、実地調査等の権限を長に認めている(自治法二三八の二)。これらの規定の趣旨は、地方公共団体全体として均衡を保持するために、地方公共団体を統轄し、代表する者であり、かつ、財政の究極の責任者であるところの長に対し、内部管理的事務を合理化することができるように、これらの総合調整をする権能を与えることとしたものである。

さらに、長と委員会又は委員の間において、両者の協議により、職員の兼職、事務の従事等を認め(自治法一八〇の三)、事務の委任・補助執行を相互に認めることとしている(自治法一八〇の二・一八〇の七)。

イ　長の総合調整権

①　組織等に関する総合調整権

地方公共団体の執行機関の組織は、長の所轄の下に、系統的に構成し、執行機関相互の連絡を図り、すべて、一体として、行政機能を発揮するようにしなければならない(自治法一三八の三III)。

地方公共団体の長は、地方公共団体の執行機関相互の間にその権限について疑義が生じたときは、調整するように努めなければならないとされている（自治法一三八の三Ⅲ）。

また、地方公共団体の長は、各執行機関を通じて組織及び運営の合理化を図り、その相互の間に権衡を保持するため、必要があると認めるときは、当該地方公共団体の委員会又は委員の事務局等の組織、職員の定数又は職員の身分的取扱いについて、委員会又は委員に必要な措置を講ずべきことを勧告することができる（自治法一八〇の四Ⅰ）。

さらに、委員会又は委員が、事務局等の組織、職員定数又は職員の身分的取扱いのうち、局部又は課等の新設に関する事項、職員の採用及び昇任の基準に関する事項、昇給の基準等に関する事項など一定の事項について、規則その他の規程を制定、変更しようとする場合は、あらかじめ長に協議しなければならないとされている（自治法一八〇の四Ⅱ、自治令一三二）。

これらの組織等に関する長の総合調整権は、地方公共団体の組織の肥大化を防ぎ、地方公共団体全体の均衡を保持する観点から、地方公共団体の代表者である長に認められているものである。

② 予算執行に関する総合調整権

地方公共団体の長は、予算の執行の適正を期するため、委員会、委員等に対して、収入及び支出の実績若しくは見込みについて報告を徴し、予算の執行状況を実地について調査し、又はその結果に基づいて必要な措置を講ずべきことを求めることができる（自治法二二一Ⅰ）。

③ 公有財産に関する総合調整権

地方公共団体の長は、公有財産の効率的運用を図るため必要があると認めるときは、委員会、委員等に対し、公有財産の取得又は管理について、報告を求め、実地について調査し、又はその結果に基づいて必要な措置を講ずべきことを求めることができる（自治法二三八の二Ⅰ）。また、委員会、委員等は、公有財産を取得し、又は行政財産の用途の変更若しくは行政財産である土地の貸付若しくは地上権若しくは地役権の設定若しくは行政財産の使用許可で長が指定したものをしようとするときは、あらかじめ長に協議しなければならない（自治法二三八の二Ⅱ）。

二　普通地方公共団体の長

1　普通地方公共団体の長の地位等

普通地方公共団体には、都道府県に知事、市町村に市町村長が置かれる（自治法一三九）。普通地方公共団体の長は、当該普通地方公共団体を統轄し、これを代表する（自治法一四七）。このことについては後述する（「三　普通地方公共団体の長の権限」参照）。

普通地方公共団体の長は、住民が直接これを選挙する（憲法九三Ⅱ、自治法一七・一八、公選法九Ⅱ参照）。普通地方公共団体の長は、独任制の機関であり、特別職に属する地方公務員である（地公法三Ⅲ①）。

普通地方公共団体の長は、平成一一年の地方分権一括法による自治法の改正前においては、普通地方公共団体の事務のうち議会又は他の執行機関の権限に属さない事務のほか、法律又はこれに基づく政令によりその権限に属する国、他の地方公共団体その他公共団体の事務、すなわち「機関委任事務」（第七章第二節三「2　機関委任事務制度の廃止の意義と経緯及び廃止に関する法的措置の概要」参照）を管理し執行することとされており（地方分権一括法による改正前の自治法一四八Ⅰ）、そのような場合は、国等の機関としての立場にたつものであった。改正後においては、機関委任事務制度の廃止により、「普通地方公共団体の長は、当該普通地方公共団体の事務を管理し及びこれを執行する。」とされている（自治法一四八）。

2　長の選挙及び任期

普通地方公共団体の長は、当該普通地方公共団体の住民が直接これを選挙する（憲法九三Ⅱ、自治法一七・一八、公選法九Ⅱ）。

被選挙権は、都道府県知事の場合、日本国民で年齢満三〇歳以上の者、市町村長の場合、年齢満二五歳以上の者であり

（一定の事由により被選挙権を有しない等のものは除く。）、議会の議員と異なり、当該普通地方公共団体の住民であることは要しない（自治法一九ⅡⅢ。公選法一〇Ⅰ④⑥・一一・一一の二・二五二、政治資金規正法二八参照）。

長の多選については、かねてから種々論議のあるところであるが、総務省に設けられた「首長の多選問題に関する調査研究会」は、平成一九年五月（三〇日）、法律に根拠を有する地方公共団体の長の多選制限については、必ずしも憲法に反するものとはいえないとの見解を取りまとめた。

普通地方公共団体の長の任期は四年である。普通地方公共団体の長の任期の起算については、自治法一四〇条二項の規定により公職選挙法二五九条及び二五九条の二の定めるところによるものであるが、同法二五九条の規定によれば、選挙の日から起算するのを原則とし、任期満了による選挙が普通地方公共団体の長の任期満了の日前に行われた場合には、前任の長が任期満了の日まで在任したときは前任者の任期満了の日の翌日から、選挙の期日後に前任の長が欠けたときはその欠けた日の翌日から、それぞれ起算することとされている。任期はこのように選挙の日から起算されることを原則とするから、必ずしも、任期の起算日と普通地方公共団体の長の就任（当選の効力発生）の日とは一致するものでないことに注意すべきである（公選法一〇二参照）。

なお、普通地方公共団体の長の職の退職を申し出た者が、その退職の申立てがあったことにより行われた長の選挙により当選人となったときは、その任期は、選挙前の任期の起算日から起算される（公選法二五九の二）。

3　長の兼職禁止

普通地方公共団体の長は、衆議院議員又は参議院議員を兼ねることはできず、また、地方公共団体の議会の議員並びに常勤の職員及び短時間勤務職員と兼ねることができない（自治法一四一。国会法三九参照）。ただし、一部事務組合の管理者、広域連合の長等については、たとえこれらの職が常勤の職又は短時間勤務職員の職であっても、当該普通地方公共団体が一部事務組合等を組織する者である場合には当該職を兼ねることができる（自治法二八七Ⅱ・二九一の四Ⅳ）。

選挙管理委員や監査委員は、地方公共団体の長と兼ねることはできない（自治法一八二Ⅶ・一九六Ⅲ）。そのほか、他の法律において長との兼職が禁止されているとみられるものとして、教育委員会の教育長及び委員（地教行法六）、都道府県公安委員会の委員（警察法四二Ⅱ）、当該地方公共団体の人事委員会又は公平委員会の委員（地公法九の二Ⅸ）、収用委員会の委員及び予備委員（土地収用法五二Ⅳ）、固定資産評価審査委員会の委員（地税法四二五Ⅰ②）がある。

また、各独立行政法人、国立大学法人及び地方独立行政法人の役員の欠格条項として、地方公共団体の職員（非常勤の者を除く。）は役員となることができないとされている（独立行政法人通則法二二、国立大学法人法一六Ⅰ、地方独立行政法人法一六Ⅰ）。

なお、公職選挙法により、特定の公務員を除き多くの公務員が在職中公職の候補者となることは禁止されており（公選法八九。任期満了による選挙の場合は立候補できる。）、そのような公務員が立候補したときは、その届出の日に当該公務員を辞したものとみなされる（公選法九〇）（なお、なかには当選の告知を受けた後、公選法一〇三条により職を辞したものとみなされ、又は職を辞した旨の届出の所定の手続をとらなければならない場合がないわけではない。）。

4　長の兼業の禁止

普通地方公共団体の長は、普通地方公共団体に対し請負をする者及びその支配人又は主として同一の行為をする法人（当該普通地方公共団体が出資している法人で政令で定めるものを除く。）の無限責任社員、取締役、執行役若しくは監査役若しくはこれらに準ずべき者、支配人及び清算人になることができない（自治法一四二）。「兼業の対象」「法人」等については、議員についての兼業の禁止とほぼ同様である（第二節二2「(3)　議員の兼業禁止」参照）。ただし、長の場合、当該普通地方公共団体が出資している法人で政令で定めるものについては、兼業禁止の規定の適用除外とされ（自治法一四二括弧書）、具体的には、当該普通地方公共団体が資本金、基本金その他これらに準ずるものの二分の一以上を出資している法人とされている（自治令一二二）。これは、地方公共団体と請負関係にある法人の中には、地方公共団体が主体となって設立し、本来その地方公共団体が直接行うことも考えられる事業を代わりに行っている性格をもつものもあり、このような法人については、むしろ当該法人の外部に対する信用を高め、あるいは当該法人に対し地方公共団体の意思をより良く反映させる観点から、平成三年の自治法の改正により長の兼業禁止規定の適用除外を認めたものである。

長が兼業の禁止の規定に該当するときは、その職を失う（自治法一四三Ⅰ前段）。その決定は、選挙管理委員会が行う（同項後段）が、争訟の対象となる（同条ⅢⅣ）。

5　長の身分の喪失

普通地方公共団体の長の身分の喪失の事由として、次のものがある。

ア　任期の満了（自治法一四〇Ⅰ参照）

前述「2　長の選挙及び任期」を参照されたい。

イ　退職（自治法一四五）

退職しようとする日前、都道府県知事にあっては三〇日、市町村長にあっては二〇日前までに、当該普通地方公共団体の議会の議長に申し出なければならない。ただし、議会の同意を得たときは、その期日前に退職することができる。

ウ　選挙の無効又は当選の無効の確定

公職選挙法に基づく争訟による選挙無効又は当選無効については、無効とされたとしても（選挙の当初より長たるべきものでなかったことが確定したとしても）、長は選挙無効又は当選無効が確定するまでは、その職を失わない（自治法一四四）。これに対して、公職選挙法二五一条に基づく当選人の選挙犯罪による当選無効については、当選の無効が確定すると、当選の日に遡って長の身分が失われることとなる（同法二五一の五参照）。もっとも、このような当選無効となった長が、当選無効の確定するまでの間に行った行為については、有効であるとせざるを得ない。

エ　兼職を禁止された職への就職

前述した（「3　長の兼職の禁止」参照）ような兼職を禁止された職についた場合、いずれを失職とするかについては、議員の場合と同様の論議があるところである。このことについては、第二節二2「(2)　議員の兼職禁止」で述べたところと同様である。

オ　兼業禁止規定に該当

兼業禁止規定（自治法一四二）に該当している場合は、長はその職を失う（自治法一四三Ⅰ。「4　長の兼業の禁止」参照）。

カ　被選挙権の喪失

被選挙権は、長になるための要件であると同時に、長としての身分を有するための要件でもある。したがって、被選挙権を有しないこととなったときは、その職を失う（自治法一四三Ⅰ前段）。公職選挙法一一条若しくは一一条の二若しくは二五二条又は政治資金規正法二八条の規定に該当する場合は、裁判所における宣告又は判決があり、客観的事実が確定されるため、宣告又は判決の確定によりその職を失う。これら以外については選挙管理委員会がこれを決定する（自治法一四三Ⅰ後段）。決定は文書をもってし、その理由をつけて本人に交付しなければならない（自治法一四三Ⅱ）。被選挙権なしと決定された長は、その時から職を失う。

キ　死亡

ク　住民による長の解職請求に基づく投票の結果、過半数の同意

地方公共団体の長の解職の請求が成立し、選挙人の解職の投票においてその過半数の同意があったときは、長はその職を失う（自治法一三Ⅱ・八一・八二Ⅱ・八三～八五）。

ケ　議会による不信任議決

地方公共団体の議会において長の不信任の議決（議員数の三分の二以上の者が出席し、その四分の三以上の者の同意）をした

場合において、長が議会を解散しないとき、又はその解散後初めて招集された議会において再び不信任の議決（議員数の三分の二以上の者が出席し、その過半数の者の同意）があったときは、長はその職を失う（自治法一七八）。

コ　廃置分合による地方公共団体の消滅

普通地方公共団体の設置があった場合においては、従来当該普通地方公共団体の地域の属していた関係地方公共団体の長たる者又は長であった者のうちから協議により定めた者が、長が選挙されるまでの間、その職務を行うこと等とされている（自治令一の二）。

6　長の資産等の公開

都道府県知事及び市町村長（特別区の区長を含む。）の資産等の公開について、条例の定めるところにより、国会議員の資産等の公開の措置に準じて必要な措置を講じなければならないこととされている（政治倫理の確立のための国会議員の資産等の公開等に関する法律七）。

三　普通地方公共団体の長の権限

普通地方公共団体の長は、当該普通地方公共団体の統括代表者としての性格と執行機関としての性格を有する。

1　知事及び市町村長の共通の権限

(1)　統轄・代表権

普通地方公共団体の長は、当該普通地方公共団体を統轄し、これを代表する（自治法一四七）。

「統轄」とは、当該普通地方公共団体の事務の全般について、当該普通地方公共団体の長が総合的統一を確保する権限を有することを意味する。「統轄」は「所轄」とは異なり、単に、各執行機関との関係について、その有する総合調整的な管理機能を指すのではなく、他の執行機関はもちろん、議会及び住民のすべてを含めて、当該団体の事務について中心的位置にあって一つにまとめ、その最終的一体性を保持することを示すものである。

「代表」とは、狭義には、外部に対して、当該普通地方公共団体の長が行った行為そのものが、法律上直ちに当該普通地方公共団体の行為となることを意味する。しかしながら、普通地方公共団体の長についての「代表」はそれにつきるものではなく、他の独立の執行機関はもちろん、議会及び住民のすべてを含めて、およそ当該地方公共団体に関して、集約的に当該地方公共団体としての立場を表すことも意味する。なお、自治法二四二の三の規定により、地方公共団体がその長に対し損害賠償請求等を目的とする訴訟を提起するときは、代表監査委員が地方公共団体を代表し（同条Ⅴ）、また、平成一六年に成立した行訴法の改正により抗告訴訟における被告適格の原則が行政庁から行政庁の所属する国又は公共団体に変更されたことに伴い、同法による自治法の改正により議会又は議長の処分又は裁決に係る地方公共団体を被告とする訴訟については議長が、選挙管理委員会の処分又は裁決に係る地方公共団体を被告とする訴訟については選挙管理委員会が、代表監査委員又は監査委員の処分又は裁決に係る地方公共団体を被告とする訴訟については代表監査委員が、それぞれ地方公共団体を代表することが規定されている（自治法一〇五の二・一九二・一九九の三Ⅲ）。他の行政委員会についても、行訴法の改正による各法律の改正により、地方公共団体を被告とすることとなる訴訟について、同様に規定が整備された（地公法八の二、地教行法五六、警察法八〇、農業委員会等に関する法律四〇、労働組合法二七の二三Ⅰ、土地収用法五八の二、漁業法一三五の二、地税法四三四の二）。

(2)　事務の管理及び執行権

普通地方公共団体の長は、当該普通地方公共団体の事務を管理し及びこれを執行する（自治法一四八）。普通地方公共団体の長は当該団体の事務について包括的に管理執行権限を有し、法律又は政令により他の執行機関の権限とされていない事務については、普通地方公共団体の長が当然にその権限として処理することができることとなる。

平成一一年の地方分権一括法による改正前の自治法一四八条においては、一項において普通地方公共団体の長のいわゆる国等の機関委任事務の管理執行権限についても規定するとともに、二項及び三項において、都道府県知事又は市町村がそれぞれ機関委任事務として管理執行する義務のある事務について別表にこれを掲げる旨規定してきたところであるが、地方分権一括法による機関委任事務制度の廃止により、これら機関委任事務にかかる部分が削除された。

普通地方公共団体の長が担任する事務は、自治法一四九条において、「概ね左に掲げる事務を担任する」とし、同条各号において概括列挙されている（「概括列挙主義」）。このことは、掲げられている事務が必ずしも普通地方公共団体の長の担任する事務のすべてを尽くしているものではないことを意味している。

自治法一四九条各号に定める普通地方公共団体の長の担任事務については、次のとおりである。

ア　議会の議決を経べき事件につきその議案を提出すること

すべての議会の議決を経べき事件をいうものではなく、地方公共団体の長において提案権（発案権）を有する事件のみを指す。したがって、例えば、関係行政庁等への意見書の提出（自治法九九）、議会の委員会に関する条例（自治法一〇九Ⅰ Ⅸ）及び会議規則の制定（自治法一二〇）、議員資格の決定（自治法一二七Ⅰ）、議員の懲罰（自治法一三四Ⅰ）などのように議会の側にその提案権の専属する事件については、地方公共団体の長は議案を提出し得るものではない。なお、教育に関する議案の提出の前提としてこれを作成する場合においては、教育委員会の意見を聴くこととされている（地教行法二九）が、「提出」そのものについては意見を聴く必要がない。

イ　予算を調製し、及びこれを執行すること

地方公共団体の長の予算調製権及び執行権のことである。「予算の調製」とは、予算を編成する一切の行為をいう。また、予算は、歳入については、一定の予測であって、歳入それ自体が予算に基づいて執行されるものとはいい難いが、歳出については、「項」間の経費の流用が認められない限り、各「項」については支出の最高限を規制しているものである。「予算の執行」とは、成立した予算に基づいて、歳入を収入し、地方債を起こし、契約の締結その他の支出負担行為をし、

支出を命令し、あるいは債務負担行為（自治法二一四）に基づく債務負担をし、一時借入金を借り入れ、経費の流用をする等予算を実行するための一切の手続の執行をいうが、収入、支出の手続のうち現金の出納については、自治法一七〇条の規定により会計管理者の職務権限とされているので、長の担任事務からは除外される。

予算の調製権は地方公共団体の長に専属するもので、議会及び他の執行機関はこれを有しない（自治法九七Ⅱただし書・一一二Ⅰただし書・一八〇の六①参照）。教育関係の歳入歳出予算の作成については、地方公共団体の長は、教育委員会の意見を聴かなければならない（地教行法二九）が、この場合も予算の調製権自体はあくまでも長にある。また、地方公営企業の予算については、管理者が予算の原案を作成し、地方公共団体の長に送付することとされている（地公企法九③）が、この場合も予算調製権者は長である（地公企法八Ⅰ①）。

次に、予算の執行権も地方公共団体の長に専属し、議会及び委員会又は委員はこれを有しない（自治法一八〇の六①、地教行法二二⑤参照）。したがって、これらの機関がその事務に関し、支出負担行為、支出命令その他の予算執行を必要とするときは、原則として、地方公共団体の長に対して、これらの手続をとるべきことを求める必要がある。もっとも、これについては、自治法一八〇条の二の規定により、委員会及び委員に係る予算の執行権を委員会、委員会の委員長、委員又は委員会若しくは委員の補助職員等に委任して、これら他の機関限りで予算の執行をさせ（この場合においては、地方公共団体の長は予算執行に関する総合調整権を有する。自治法二二一Ⅰ）、あるいはこれらの機関の補助職員等に地方公共団体の長の予算執行事務を補助執行させる途が開かれている。議会については、このような規定がないので、例えば、議会事務局の事務局長、書記長又は書記を長の補助機関である職員に併任し、その長の補助機関である職員の資格において、これに議会に係る予算の執行権を委任し（自治法一五三Ⅰ）、あるいはその補助執行をさせるより他に方法がない。なお、地方公営企業の予算については、管理者が予算執行権を有するというべきであって（地公企法八Ⅰ・九⑧〜⑩等参照）、地方公共団体の長の予算執行権の特例となっている。

ウ　地方税を賦課徴収し、分担金、使用料、加入金又は手数料を徴収し、及び過料を科すること

地方税の「賦課徴収」とは、厳密にいうならば、「賦課」は、抽象的な義務すなわち納税義務を具体的に確定させる（特定の人の負担すべき額を決定する）処分で、「徴収」はその具体的となった義務を実際に履行させる（現実に納付させる）ことをいうと解される。自治法上、この両者の概念を使い分けて賦課徴収という語を使用しているのは地方税についてのみであり（自治法二二三参照）、分担金、使用料、加入金、手数料については「徴収」という語を使用しているが、このうちには賦課の概念が全然入る余地がないとはいえない（自治法二二四～二二九参照）。

エ　決算を議会の認定に付すること

決算については、第一〇章第四節「二　決算」において詳述する。

オ　会計を監督すること

地方公共団体の会計事務は、法律又はこれに基づく政令に特別の定めがあるものを除くほか、会計管理者の権限に属する（自治法一七〇）のであるが、会計管理者がその会計事務を執行するに当たって、その遵守すべき義務に違反することがないかどうか、又はその行為が職務の達成上不適当でないかどうかを監視し、必要の応じ指示命令等をなし得る権限を有することをいうもので、その監督の作用としては、事務の報告の聴取、実地検査、書類帳簿の検閲、さらに監督上必要な命令を発すること等が考えられる。

カ　財産を取得し、管理し、及び廃止すること

「財産」とは、公有財産、物品、債権及び基金のすべてを総称する（自治法二三七Ⅰ）。地方公共団体に属する不動産、動産、物権、無体財産権、有価証券等およそ財産権の対象となる一切のものを含むが、歳計現金は除外される。歳計現金の管理行為は、現金の出納及び保管として、会計管理者の権限とされている（自治法一七〇Ⅱ①）。また、財産の管理行為の中でも、基金に属する現金の出納保管、公有財産又は基金に属する有価証券の出納保管、物品（基金に属する動産を含む。）

の出納保管（使用中の物品に係る保管を除く。）及び現金、財産の記録管理は同じく会計管理者の職務権限とされている（自治法一七〇Ⅱ①③～⑤）ので、その点で地方公共団体の長の権限は制限を受けることになるが、しかしその場合でも、全体としての総括的管理権は地方公共団体の長が有するものであり、会計管理者は、これらの現金、有価証券、物品の出納保管あるいは財産の記録管理等の面をつかさどっているとみるべきであろう。

地方公共団体に属する財産である以上、それが長以外の執行機関の権限に属する事務の執行に供されているものであっても、それらすべての財産の物的な面からする管理権は、長の権限に属するものである。ただ、学校その他の教育機関の用に供する教育財産の管理は教育委員会の権限とし（地教行法二一②。ただし、その取得、処分は普通地方公共団体の長の権限である。地教行法二二④）、あるいは地方公営企業の用に供する資産の取得、管理、処分は管理者の権限とする（地公企法九⑦）ような法律又はこれに基づく命令の特別の規定があるときは、その限りにおいて、地方公共団体の長の管理権は制限を受けることとなる。なお、長は、公有財産に関する総合調整権を有する（自治法二三八の二。第一〇章第九節二「2　公有財産の取得・管理の権限及び長の総合調整権等」参照）。

キ　公の施設を設置し、管理し、及び廃止すること

「公の施設」とは、自治法第一〇章にいう「公の施設」と同意義で、学校、病院、保育所、福祉施設、火葬場など住民の福祉を増進する目的をもってその利用に供するために普通地方公共団体が設ける施設をいう（自治法二四四Ⅰ。第一一章第一節「公の施設の意義」参照）。公の施設の設置及びその管理に関する事項は、条例でこれを定めるべきものとされている（自治法二四四の二Ⅰ）が、条例の定めに基づく具体的な設置、管理及び廃止の行為が地方公共団体の長の権限とされているわけである。したがって、財産の場合と同様、地方公共団体の公の施設である以上、それが長以外の執行機関の権限に属する事務の執行に供されているものであっても、その公の施設としての管理権は長の権限に属するものと解されるが、学校その他の教育機関の設置、管理及び廃止は教育委員会の権限とする（地教行法二一①）等法令の特別の規定があるとき

は、地方公共団体の長の権限は制限を受けるわけである。

ク　証書及び公文書類を保管すること

「証書」とは、貸付金、預金、契約等の一定の債権債務の存在の根拠を主張し得る書類をいい、「公文書類」とは、地方公共団体の事務に関する一切の帳簿、文書類一切を指すものである。しかしながら、法令全書のような図書類は備品であり、公文書には該当しない。

ケ　ア～クに掲げるものを除くほか、当該地方公共団体の事務を執行すること

包括的に当該地方公共団体の事務の執行権が定められているものである。これは、自治法一四九条が地方公共団体の長の担任事務の概括的な規定であるということを受けて、事柄を明瞭にしたものである。

(3)　総合調整権

執行機関の多元主義の下においても、普通地方公共団体の長が総合調整権をもって地方公共団体の一体性を確保することとしている。このことについては、前述した（一２「(2)　長による執行機関全体の一体的運営の確保」参照）ところである。

(4)　規則制定権

普通地方公共団体の長は、法令に違反しない限りにおいて、その権限に属する事務に関し、規則を制定することができ、その規則中に、規則に違反した者に五万円以下の過料を科する旨の規定を設けることができる（自治法一五）。委員会の定める規則その他の規程は、長の規則に違反することはできない（自治法一三八の四Ⅱ参照。長の規則については、第八章第三節「二　長が定める『規則』」参照）。

(5)　職員の任免権及び指揮監督権

地方公共団体の長は、その権限に属する事務を処理させるため、補助機関である副知事又は副市町村長、会計管理者、出納員その他の会計職員、職員等を任免する権限を有する（自治法一六二・一六八Ⅱ・一七一Ⅱ・一七二Ⅱ・一七四Ⅱ・二五二

の二〇Ⅳ・二五二の二〇の二ⅣⅤ)。これらについては、それぞれ後述する(「五　地方公共団体の長の補助機関」参照)。

地方公共団体の長は、その補助機関である職員を指揮監督する(自治法一五四)。「指揮監督」とは、補助機関たる職員に対する職務上のみならず身分上の一切の指揮監督をいう。「指揮」と「監督」の意義については、前者は補助執行の方針、基準、手続等について命令し、これに従わせる積極的な作用をいい、後者は補助機関たる職員の遵守すべき義務に違反することがないかどうか、その職務の達成上不適当なことはないかどうかを監視し、必要に応じて命令等による是正措置を講ずるいわば消極的な作用をいうものである。この指揮監督権は、行政庁内部における事務の補助執行上及び公務員組織の秩序維持上行われるものであるから、その範囲、形式及び手続を限定し得ない臨機的な性質を帯びている。

(6)　事務組織権

普通地方公共団体の長は、その権限に属する事務を分掌させるため、必要な組織を設けることができる(自治法一五五・一五六・一五八)。これらの組織については後述する(「六　地方公共団体の長の補助組織」参照)。

(7)　所管行政庁の処分の取消及び停止権

普通地方公共団体の長は、その管理に属する行政庁の処分が法令、条例又は規則に違反すると認めるときは、その処分を取り消し、又は停止することができる(自治法一五四の二)。

「その管理に属する行政庁」については、従来必ずしも明らかではない面があった。つまり、一般に行政法学上「行政庁」というときは、いわば行政官庁と同性格のもので、直接に行政客体に対して効果を及ぼす行政意思を自ら決定、表示する権限を有する行政機関をいうとされている。しかるに、かつては、地方分権一括法による改正前の自治法一五三条二項に関して、都道府県知事の「管理に属する行政庁」として、目下のところ(昭和二二年五月当時)支庁及び地方事務所が考えられるとしていた(通牒昭二二・五・二九)。しかしながら、支庁及び地方事務所は、直接行政客体に対して効果を及ぼす行政意思を自ら決定し、表示する機能を有する行政機関ではないと一般に解されている。現行の自治法一五五条においては、普通地方公共団体の長はその権限に属する事務を分掌させるため、支庁及び地方事務所等を設けることができるとされており、この場合の「分掌」とは、普通地方公共団体の長の事務の補助執行の一態様として理解すべきものであることから、法制上は、支庁、地方事務所等を「行政庁」と理解することは困難であると考えられる。「その管理に属する行政庁」とは、法令で直接対外的な処分権限を与えられた本来的な行政庁の意味であると解することが適当である。なお、この点に関し、家畜保健衛生所は「行政庁」でない旨の法制意見（法制意見昭二五・九・一八）がある。

「その管理に属する行政庁」の職員は、普通地方公共団体の補助機関であり、長はこれに対し指揮監督権を有する（自治法一五四）。一般にこのような場合の指揮監督権には、取消・停止権が含まれ、処分に違法事由がある場合のみならず、処分が不当であることを理由として行使することも可能であると解される。したがって、一般的には、長はこの指揮監督権によって、取消・停止権を行使できる。しかし、「その管理に属する行政庁」は、長から独立して権限を行使することとされたものであることから、長の取消・停止権が広く及ぶものとすることは適当でない。したがって、自治法一五四条の二の規定は、長が取消・停止権を行使できるのは、行政庁の処分が違法である場合に限定したものという意味を有する。

(8) 内部統制体制の整備と運用

第三一次地方制度調査会の「人口減少社会に的確に対応する地方行政体制及びガバナンスのあり方に関する答申」（平成二八年二月末日決定。三月（一六日）手交）において、「地方公共団体のガバナンスにおいては、地方公共団体の事務を全般的に統轄し、地方公共団体を代表する立場にある長の意識が重要である。……事務を執行する主体である長自らが、行政サービスの提供等の事務上のリスクを評価及びコントロールし、事務の適正な執行を確保する体制（以下「内部統制体制」という。）を整備及び運用することが求められる。」とされている（同答申第3・1「(1) 基本的な認識」）。

「内部統制」とは、組織内において業務の処理の適正さを確保する上でのリスクを評価し、リスクに対応するための規範を設けるなど、自らコントロールする取組みをいい、これにより業務の適正な執行を確保する体制は、「内部統制体制」

とされている。また、そうした体制を構築し、組織の中に適切な規範を定めるなど、それを現場の業務に適用していくことが「内部統制体制の整備」とされ、現場の業務に内部統制が適用され、効果、効能を発揮し機能することが「内部統制体制の運用」であるといえる。

平成二九年の自治法の改正において、上述の第三一次地方制度調査会の答申を勘案して、都道府県知事及び指定都市の市長は、①財務に関する事務その他総務省令で定める事務、並びに②その管理及び執行が法令に適合し、かつ、適正に行われることを特に確保する必要がある事務として当該都道府県知事又は指定都市の市長が認めるものについて、管理及び執行が法令に適合し、かつ、適正に行われることを確保するための方針を定め、及びこれに基づき必要な体制を整備しなければならないことが規定された（改正後の自治法一五〇Ⅰ）。また、指定都市の市長を除く市町村長については、上記に掲げる事務（②の事務については、当該市町村長が認めるもの）の上述の方針を定め、及びこれに基づき必要な体制を整備するよう努めなければならないとされた（努力義務を規定。改正後の一五〇Ⅱ）。

内部統制の対象とするリスクは、内部統制の取組の段階的な発展を促す観点も考慮して、地方公共団体が最低限評価すべき重要なリスクであり、内部統制の取組の発展のきっかけとなるものをまず設定すべきであると考えられた。具体的には、財務に関する事務の執行におけるリスクは、影響度が大きく発生頻度も高いこと、地方公共団体の事務の多くは予算に基づくものであり明確かつ網羅的に補足できること、民間企業の内部統制を参考にしながら進めることができること等から、当該リスクを必須対象事項とした。財務に関する事務の執行に伴うリスク以外のリスク（例えば、情報の管理に関するリスク）についても地方公共団体の判断により内部統制の対象とすることが可能である。最低限評価するリスクの設定については、地方公共団体が置かれている環境の変化や、内部統制体制の整備及び運用状況を踏まえて、随時、見直しを行うべきであると考えられている（上掲の第三一次地方制度調査会答申第3・1(3)「②評価及びコントロールの対象とすべきリスク」参照）。なお、必須対象事項として、「財務に関する事務その他総務省令で定める事務」とされているが「総務省令で定める事務」は、将来的に追加すべき事情が生じた際に対応するためで、現時点で具体的な事項は想定されていない。

内部統制、内部統制に関する方針の策定及び内部統制体制の整備は、本来全地方公共団体に求められるものであるが、平成二九年の改正では、内部統制に関する方針の策定及び内部統制体制の整備について、地方公共団体にとって過度な負担とならないよう、まずは組織や予算の規模が大きく、その必要性が高いと考えられる都道府県及び指定都市の長に対してだけ義務付けることとし、指定都市を除く市町村の長については、「努めなければならない。」として努力義務としている（自治法一五〇ⅠⅡ）。

上記の方針を定めた都道府県知事又は市町村長は、毎会計年度少なくとも一回以上、総務省令で定めるところにより、方針及びこれに基づき整備した体制について評価した報告書（内部統制評価報告書）を作成しなければならない（自治法一五〇Ⅳ）。この内部統制評価報告書は、業務の適正な管理及び執行を確保するため、事務執行の「P（企画立案）」、「D（実施）」、「C（評価）」、「A（改善）」のサイクルを継続的に繰り返すことを通じてプロセスを可視化し、不適切また非効率な点を見直すことができるようにするものである。

この内部統制評価報告書は監査委員の審査に付されなければならず、この審査に付した報告書を監査委員の意見（監査委員の合議による。）を付けて議会に提出しなければならない（自治法一五〇Ⅴ～Ⅶ）。都道府県知事又は市町村長は議会に提出した報告書を公表しなければならない（自治法一五〇Ⅷ）。内部統制は、本来、組織内部において自主的に実践されるものであるが、執行機関が自主的に行った評価について、監査委員の審査に付すことにより、内部統制をより適切に、有効に機能させることが可能となると考えられたものである。監査委員の審査に付した報告書を監査委員の意見を付けて議会に提出することとしていることにより、長を監視する立場である議会に対し説明責任を果たすことにつながるものである。住民に公表することとしているのは、住民への説明責任を果たすことにつながるとともに、「見える化」することで、内部統制の有効性を確保し、住民自治をより有効に機能させることに資するためのものである。

(9) 公共的団体等の監督権

普通地方公共団体の長は、当該普通地方公共団体の区域内の公共的団体等の活動の綜合調整を図るため、これを指揮監督することができる（自治法一五七Ⅰ）。普通地方公共団体の区域内の公共的団体等の活動の総合調整に関することは議会の議決事件とされており（自治法九六Ⅰ⑭）、長の指揮監督は議会の議決に基づいて行われる。

指揮監督権の行使の具体的方法としては、事後報告、書類帳簿の提出、事務視察のほか、監督官庁の措置の要請の権能が認められている（自治法一五七ⅡⅢ）。

2 知事に認められる特別の権限

都道府県と市町村とは、普通地方公共団体として、上位・下位の関係にあるわけではないが、都道府県は、市町村を包括する普通地方公共団体として、都道府県知事に市町村に関係する特別の権限が法令により認められているものが少なくない。そのような知事の特別の権限は、自治法制ばかりでなく個々の行政の分野にもかなりみられるところである。このことについては、都道府県と市町村との関係として後述する（第一三章第三節「都道府県と市町村の関係等」参照）。

四 地方公共団体の長の職務・権限の代理、委任及び補助執行

地方公共団体の長の権限を他の者に行使させることが認められている。自治法上、その方式を定めている制度としては、代理、委任及び補助執行の制度がある。

1 代理

地方公共団体の長の職務・権限の代理とは、長の職務・権限を長以外の者が職務代理者であることを明示して自己の名をもって、長の職務権限の全部又は一部を代理行使し、その行為自体は代理者の行為であるが、その行為の効果は長が行ったと同じ効力を生ずることである。したがって、その効果は当該地方公共団体に帰属する。

代理には、発生原因により法定代理と任意代理（又は授権代理）がある。

法定代理は、法の定める事実の発生により、当然に法律上の代理関係が生ずることをいう。自治法は「普通地方公共団体の長に事故あるとき、又は長が欠けたときは、副知事又は副市町村長がその職務を代理する」としている（自治法一五二Ⅰ前段）。

副知事又は副市町村長が二人以上あるときは、あらかじめ長が定めた順序、その定めがないときは、席次の上下により、それも明らかでないときは、年齢の多少により、年齢が同じであるときは、くじで定めた順序により、職務代理者を決める（自治法一五二Ⅰ後段）。席次の上下とは、給料の多寡、在職年数の長短等による序列の上下をいうものとされている。

副知事若しくは副市町村長にも事故があり、若しくは欠け、又は副知事若しくは副市町村長が置かれていない場合には、補助機関である職員のうちから長の指定する職員が長の職務を代理する（自治法一五二Ⅱ）。この長の指定する職員がいない場合は、規則で定めた上席の職員が職務を代理する（自治法一五二Ⅲ）。

これらの規定によっても、地方公共団体の長の職務を行う者がないときは、都道府県知事にあっては総務大臣が、市町村長にあっては都道府県知事が、普通地方公共団体の長の被選挙権を有する者で当該普通地方公共団体の区域内に住所を有する者の中から臨時代理者を選任し、当該普通地方公共団体の長の職務を行わせることができるとされている（自治法二五二の一七の八）。

これらの代理者（長の職務代理者）が地方公共団体の長の職務を代理し得る範囲は、原則として地方公共団体の長の職務権限等のすべてに及ぶものと解すべきである。しかしながら、それは地方公共団体の長の職務権限等のみを代理するものであって、地方公共団体の長の身分なり資格なりをそのまま代理するものではないから、地方公共団体の長の身分なり資格なりを要件として地方公共団体の長に附与された職務権限等については、一般的には職務代理者の代理権は及び得ないと解すべきである。したがって、議会の解散、副知事又は副市町村長、会計管理者の選任・任命などの権限はないものと解される。

地方公共団体の長は、その権限に属する事務の一部をその補助機関である職員をして臨時に代理させせることができる（自治法一五三Ⅰ）。この規定による代理は長の授権により代理関係が生じ、しかも長の権限の一部について代理するものである点（したがって、地方公共団体の長において何時でも代理関係を消滅又は変更することができる。）において法定代理と異なり、法定代理と区別して、任意代理（又は授権代理）と称される。

平成一八年の自治法の改正前においては、「吏員……をして臨時に代理させる」と規定されていたことから、文言上副知事及び助役が含まれるのか明確ではなかった。改正により副知事及び副市町村長も含まれると解される。臨時に代理させることについては、自治法一六七条一項との関係について、五「2　副知事又は副市町村長」を参照されたい。

2　委任

地方公共団体の長の権限の委任とは、代理と異なり、長が自己の権限の一部を受任者に移し、それを受任者の権限として行わせることをいう。委任は、権限の分配に変更がなされるものであるから、法令の根拠を必要とする。自治法は、地方公共団体の長がその権限を委任することができる受任者として、当該地方公共団体の補助機関である職員（自治法一五三Ⅰ）、長の管理に属する行政庁（自治法一五三Ⅱ）、当該地方公共団体の委員会、委員会の委員長、委員又はこれらの執行機関の事務を補助する職員若しくはこれらの執行機関の管理に属する機関の職員（自治法一八〇の二）を定めている。

地方自治法以外の法令においては、例えば地方税で定める長の権限を条例で定めるところにより支庁又は地方事務所等又は税務に関する事務所の長に委任することができる（地税法三の二）などの例がある。

なお、平成一一年の地方分権一括法による改正前の自治法では、都道府県知事の権限に属する事務の一部を市町村長に委任（機関委任）することができることとされていた（改正前の自治法一五三Ⅱ）が、機関委任事務制度の廃止及び地方分権の趣旨に沿った都道府県と市町村のあり方の観点を踏まえて、削除された。したがって、都道府県の事務を市町村が処理することとすることができるのは、「条例による事務処理の特例」の制度（自治法二五二の一七の二以下。第一三章第三節「六『条例による事務処理の特例』の制度」参照）によることとされている。

また、地方分権一括法による改正前においては、その管理に属する行政庁に対して委任できるのは、都道府県知事に限られていたが、市町村長も委任できることとすることとされた。「管理に属する行政庁」については、上述したところである（三1「(7) 所管行政庁の処分の取消及び停止権」参照）。

平成一八年の自治法の改正前においては、「吏員に委任し、」と規定されていたことから、文言上副知事及び助役が含まれるかどうか明確ではなかったが、改正により、副知事及び副市町村長が含まれることは明確にされている（自治法一六七Ⅱ）。

3　補助執行

地方公共団体の長の権限に属する事務の補助執行は、代理又は委任と異なり、長の権限を内部的に補助し、執行させることであり、対外的には長の名で執行される。長の補助機関である職員が補助執行するのは当然である。そのほか、自治法は地方公共団体の長はその権限に属する事務の一部を委員会等の執行機関の事務を補助する職員又はこれらの執行機関の管理に属する機関の職員に補助執行させることもできることとしている（自治法一八〇の二）。

なお、地方分権一括法による改正前の自治法においては、都道府県知事が市町村の職員をして補助執行させることもできるとされていた（改正前の自治法一五三Ⅲ）が、削除された。

五　地方公共団体の長の補助機関

1　補助機関

地方公共団体の長の補助機関は、長がその権限に属する事務を管理執行するに当たってこれを補助するものであり、法的には長の内部的な機関である。自治法は長の補助機関として、副知事又は副市町村長、会計管理者、出納員その他の会計職員、職員を原則として置き、常設又は臨時の専門委員を置くことができることとしている（自治法第二編第七章第二節第三款「補助機関」参照）。指定都市の総合区長、事務所又はその出張所の職員（自治法二五二の二〇の二Ⅲ・Ⅸ）も長の補助機関である。

2 副知事又は副市町村長

都道府県に副知事を、市町村に副市町村長を置くことを原則としている（自治法一六一Ⅰ本文）。ただし、条例で置かないことができる（自治法一六一Ⅰただし書）。なお、平成一八年の自治法の改正前においては、市町村については助役の名称であった。

副知事及び副市町村長の定数は、条例で定める（自治法一六一Ⅱ）。平成一八年の自治法の改正前においては、副知事及び助役の定数は原則として一人とされ、条例で定数を増加することができることとされていた（改正前の同条Ⅰ〜Ⅲ）が、改正により、副知事及び副市町村長について任意に条例で定数を定めることができることとなった。

副知事及び副市町村長は、普通地方公共団体の長が議会の同意を得て選任する（自治法一六二）。

副知事及び副市町村長の任期は四年である。ただし、普通地方公共団体の長は、任期中においても副知事又は副市町村長を解職することができる（自治法一六三）。また、副知事又は副市町村長が任期中に退職しようとするときは、退職しようとする日の二〇日前までに、当該普通地方公共団体の長に申し出なければならない。ただし、長の承認を得たときは、その期日前に退職することができる（自治法一六五Ⅱ）。副知事又は副市町村長が長の職務代理者である場合は、退職しようとする日の二〇日前までに議会の議長まで、申し出なければならない。ただし、議会の承認を得たときは、その期日前に退職することができる（自治法一六五Ⅰ）。

副知事又は副市町村長は、長の最高補助機関として、その職責の重要性に鑑み、欠格事由（自治法一六四。選挙権及び被選挙権を有しない者又は被選挙権を有しない者（公選法一一Ⅰ・一一の二））、兼職禁止（自治法一六六Ⅰ及び同条Ⅱによる一四一の準用。衆議院議員又は参議院議員、地方公共団体の議会の議員並びに常勤の職員及び短時間勤務職員、検察官、警察官、収税官吏又は公安委員会の委員との兼職が禁止される。）及び兼業禁止（自治法一六六Ⅱによる一四二の準用）の規定が定められている。

副知事及び副市町村長については、解職請求の規定がある（自治法一三Ⅱ・八六〜八八）。

副知事及び副市町村長の職務権限は、次のとおりである（自治法一六七）。

① 長を補佐すること

補佐の方法としては、もっぱら内部的に補佐することに加え、平成一八年の改正により、長の命を受け政策及び企画をつかさどることが規定された。また、長を補佐する範疇で長の職務を臨時に代理することも含まれると解する。

② 長の補助機関たる職員の担任する事務を監督すること

副知事又は副市町村長の職務権限たる「職員の担任する事務の監督」も、終局においては、都道府県知事又は市町村長の指揮監督を受けて自己以外の補助職員が担任している事務を監督することとなるわけである。その場合、身分上の監督権は有しないものとされている建前ではあるが、実際の運用上は、長の補助者として職員の身分上の監督ももとより行うべきものであって、特にその区別を明らかにする必要もないと思われる。

③ 長の職務を代理すること

自治法一六七条一項の「別に定めるところ」とは、自治法一五二条一項の規定を指し、副知事又は副市町村長は、都道府県知事又は市町村長に事故があるとき、又は欠けたとき、長の職務を代理（法定代理）することである。なお、副知事及び副市町村長は、長の補助機関である職員であるので、自治法一五三条一項の規定に基づき長の職務を臨時に代理（授権代理、任意代理）することも含むとも解し得る。この場合、自治法一六七条一項の「別に定めるところにより」とは、自治法一五二条一項の規定のほか、自治法一五三条一項の規定も指すものと解することとなる。

④　長の委任を受け、執行すること

平成一八年の自治法の改正前においては、改正前の自治法一五三条一項は「長は……吏員に委任し、又はこれをして臨時に代理させることができる」と規定されていたので、「吏員」（改正前の自治法一七二Ⅰ参照）ではない副知事及び改正前の助役は、文言上、改正前の自治法一五三条一項の規定により、委任を受け、又は臨時に代理する（任意代理、授権代理）ことができると解することには無理があった。実際においては、副知事又は助役が、長から委任を受け、又は職務の臨時代理をして事務を執行するとみられるようなこともあったが、これは、①の長を補佐することに含めて理解されていたと思われる。平成一八年の改正により、自治法一五三条一項は「補助機関である職員に委任し、又はこれに臨時に代理させることができる」と規定され、同法一六七条二項で「副知事及び副市町村長は、普通地方公共団体の長の権限に属する事務の一部について、第百五十三条第一項の規定により委任を受け、その事務を執行する」と規定された。これにより、副知事及び副市町村長が、長の権限に属する事務の一部について、長の委任を受け、執行することが明確となった。なお、自治法一五三条一項の任意代理、授権代理については、上述したとおりである（①及び③参照）。

3　会計管理者並びに出納員その他の会計職員

地方公共団体に会計管理者一人を置くこととされている（自治法一六八Ⅰ）。

平成一八年の自治法の改正前においては、都道府県に出納長を置き、市町村には収入役を置くこととされ、ただし、政令で定める市（人口一〇万未満の市）及び町村は、条例で収入役を置かず市町村長又は助役をしてその事務を兼掌させることができることとされていた（改正前の自治法一六八ⅠⅡ、改正前の自治令一三二の二）。また、条例で副出納長又は副収入役を置くことができることともされていた（改正前の自治法一六八ⅢⅣ）。平成一八年の改正は、第二八次地方制度調査会の「地方の自主性・自律性の拡大及び地方議会のあり方に関する答申」（平成一七年一二月）において、長を支えるトップマネジメント制度を見直し、副知事・助役・出納長・収入役の制度を廃止し、各地方公共団体が自らの判断で適切なトップマネジメント体制を構築できるよう、新たな制度に改めるべきであるとされていることを踏まえ、改正前においてトップマネジメント体制を構成していた特別職（地公法三Ⅲ①において、「就任について公選又は地方公共団体の議会の選挙、議決若しくは同意によることを必要とする職」は、特別職とされる。）である出納長及び収入役の制度（明治二一年に制定された市制町村制において市町村の収入役の制度を設けられ、昭和二二年に制定された地方自治法において市町村に収入役の制度とともに都道府県に出納長の制度が設けられた。）は廃止されることとし、これに伴い副出納長及び副収入役の制度も廃止された。この改正後においても、地方公共団体の会計事務の適正な執行を確保するため内部牽制の仕組みとし、会計事務（自治法一七〇Ⅱ参照）をつかさどる職務上独立した権限を有する会計機関を置くことは必要であると考えられることから、改正後の自治法一六八条において一般職である長の補助機関のうちから長が任命する会計管理者一人を置くこととされている。会計管理者は、一般職の長の補助機関である職員であるから、改正前の特別職であることから設けられていた諸規定（議会の同意を得て選任、兼職の禁止、兼業の禁止、任期、欠格事由、事務引継等）は削られた。なお、会計管理者は、一般職の地方公務員として、地方公務員法における身分関連規定が適用されることとなる。

会計管理者は必ず一人置く（自治法一六八Ⅰ）。また、「会計管理者」にかえて他の名称を用いることはできない。改正前の副出納長及び副収入役の制度は、廃止された。また、会計管理者は一般職の職員であるので、その代理的機関は任意に設置することができるものであり、特に副出納長及び副収入役に相当する機関についてまで規定しないこととされた。

地方公共団体の長、副知事若しくは副市町村長又は監査委員と親子、夫婦又は兄弟姉妹の関係にある者は、会計管理者になることはできない（自治法一六九Ⅰ）。また就任の際このような親族関係がなく適法に就任しても、在職中に右の要件が生じたときは、法律上当然にその職を失う（自治法一六九Ⅱ）。

平成一八年の改正においても、地方公共団体の会計事務について、近代会計法制の原則に従った予算執行機関（命令機関）からの会計機関の独立性の確保ということについては、変更されたわけではなく、前者は地方公共団体の長がこれを行うものとし（自治法一四九②）、後者は会計管理者がこれを行うものとした（自治法一七〇Ⅰ）。つまり、会計管理者は、もとより地方公共団体の長の補助機関の一であって、長の会計監督権に服する（自治法一四九⑤）のであるが、出納その他の会計事務については独立の権限を有するものであり、当該事務をつかさどることについて地方公共団体を代表するものである。したがって、例えば現金の保管のための銀行その他の金融機関への預入れは、地方公共団体の名義として、その取り扱いは会計管理者が行う（通知昭三八・一二・一九参照）。

ここでいう「会計事務」とは、自治法第二編第九章に規定する「財務」に関する事務のうち、予算の執行、契約の締結及び公有財産の管理を除き、収入、支出のうち現実の収支の執行手続（支出負担行為の確認を含む。）、現金の出納（小切手の振出しを含む。）及び保管、有価証券及び物品の出納及び保管、現金及び財産の記録管理、決算の調製等を総称する意味で用いられているのであって、会計事務の具体的な内容は、自治法一七〇条二項に例示されている。

地方公共団体の長は、会計管理者に事故がある場合において必要があるときは、長の補助機関である職員にその職務を代理させることができる（自治法一七〇Ⅲ）。この規定は、平成一八年の改正によって規定されたものである（改正前においては、出納長又は収入役の事務を補助し、出納長若しくは収入役に事故があるとき、又は出納長若しくは収入役が欠けたときに、その職務を代理する副出納長及び副収入役の制度があり（副出納長又は副収入役を置かない普通地方公共団体にあっては、長は、出納長又は収入役にこれらの事由があるときその職務を代理すべき吏員を定めておかなければならないこととされていた。）、さらにこれらにも事故があり、又は欠けたときは、普通地方公共団体の規則で定めた上席の出納員がその職務を代理することとされていた（改正前の自治法一七〇Ⅲ～Ⅵ）。）。なお、会計管理者が欠けた場合については、改正後の会計管理者は一般職の職員であるので、長が適宜に任命できることから、会計管理者の代理に関する規定は定められていない。

地方公共団体は、会計管理者の事務を補助させるため出納員その他の会計職員を置くものとされている（自治法一七一Ⅰ本文）。ただし、町村においては、出納員を置かないことができる（自治法一七一Ⅰただし書）。この場合においても、「その他の会計職員」は設置することを要する。

出納員その他の会計職員は長の補助機関である職員のうちから、長がこれを命ずる（自治法一七一Ⅱ）。出納員その他の会計職員を置くに当たっては、長が必要に応じて適切な数の職員を命ずればよい。

出納員は、会計管理者の命を受けて、現金の出納（小切手の振出しを含む。）若しくは保管又は物品の出納若しくは保管の事務をつかさどり、その他の会計職員は、上司の命を受けて当該地方公共団体の会計事務をつかさどる（自治法一七一Ⅲ）。

地方公共団体の長は、会計管理者をしてその事務の一部を出納員に委任させ、又は当該出納員をしてさらに当該委任を受けた事務の一部を出納員以外の会計職員に委任させることができる（自治法一七一Ⅳ）。

地方公共団体の長は、会計管理者の権限に属する事務を処理させるため、規則で、必要な組織を設けることができる（自治法一七一Ⅴ）。

4　職員

地方公共団体の長の一般的な補助機関として、地方公共団体に職員（一般の補助職員）が置かれる（自治法一七二Ⅰ）。平成一八年の自治法の改正により、改正前の「吏員」と「その他の職員」の区分、及び「吏員」についての「事務吏員」と「技術吏員」の区分は、廃止された（改正前の自治法一七二Ⅰ・一七三参照）。

職員の任命権は地方公共団体の長に属し（自治法一七二Ⅱ）、長がこれらの職員を任免するに当たっては、地方公務員法に定めるところによるほかは、別に議会の同意等を必要としないことはいうまでもない。地方公営企業従事職員（企業職員）の任免は、管理者がこれを行うものとされているが、規則で定める主要な職員を任免する場合においては、長の同意を得なければならない（地公企法一五Ⅰ）。また、委員会又は委員についてもそれぞれの職員の任免について規定が置かれている（自治法一九三による自治法一七二Ⅱの準用・二〇〇Ⅴ、地公法一二Ⅶ、警察法五五Ⅲ、地教行法一八Ⅶ、労働組合法一九の一二Ⅵによる同法一九の一一Ⅰの準用及び読み替え、農業委員会等に関する法律二六Ⅲ等）。さらに、消防職員については、消防組織法に規定されている（消防組織法一五Ⅰ）。

職員の定数は、条例で定めることとされているが（自治法一七二Ⅲ本文）、臨時又は非常勤の職員については、この限りではない（自治法一七二Ⅲただし書）。企業職員についてもこの規定の適用を受ける。定数を超えた職員を任命した場合は、違法であるが（自治法二三二の三参照）、雇用関係は一応有効に成立する（最高裁昭三九・五・二七参照）。

職員には、嘱託等を含む。

職員に関する任用、人事評価、給与、勤務時間その他の勤務条件、分限及び懲戒、服務、退職管理、研修、福祉及び利益の保護その他身分取扱に関しては、自治法に定めるもののほか、地方公務員法の定めるところによるものとされている（自治法一七二Ⅳ）。公営企業従事職員、教職員（教育公務員）及びいわゆる〝単純労務者〟には、さらに、特例が設けられている（地公法五七、地方公営企業等の労働関係に関する法律一七・附則Ⅴ、教育公務員特例法、地公企法三六・三八・三九）。

なお、地方公共団体の長は、その補助機関である職員をして、当該地方公共団体の他の執行機関の職員と兼ねさせること等も可能である（自治法一八〇の三）。

5　専門委員

地方公共団体は、常設又は臨時の専門委員を置くことができる（自治法一七四Ⅰ）。専門委員は、学識経験を有する者の中から長が選任し（自治法一七四Ⅱ）、長の委託を受け、その権限に属する事務について、必要な事項を調査する（同条Ⅲ）。専門委員は、常設の場合と臨時の場合がある。その設置は、通常の場合、地方公共団体の長が任意に決定する。

専門委員は地方公共団体の職員であり、長の補助機関に属すが、一般の職員（自治法一七二）とは区分され、非常勤とされる（自治法一七四Ⅳ）。また、地方公務員法上は特別職に属する（地公法三Ⅲ③）。専門委員の職務は、特定事項の調査であるから、その性格としては、自治法一三八条の四第三項に規定している附属機関（後述「八　地方公共団体の附属機関等」参照）と同様であるということもできるが、自治法においては、特に地方公共団体の長の補助機関として規定しているといえる。

6　指定都市の総合区長

平成二六年の自治法の改正により、指定都市は、その行政の円滑な運営を確保するため必要と認めるときは、市長の権限に属する事務のうち特定の区の区域内に関するものについて、改正後の自治法二五二条の二〇の二第八項の規定により、その長（総合区長）に執行させるため、条例で当該区に代えて総合区を設けることができることとされた。この指定都市の総合区については、第一四章第二節四「行政組織の特例」において説明する。

総合区長は、市長が議会の同意を得て選任する任期四年の特別職とされる（改正後の自治法二五二の二〇の二Ⅲ～Ⅵ。地公法三Ⅲ①参照）。指定都市の一般の区は、区長は長の補助機関である職員をもって充てることとされている（自治法二五二の二〇Ⅳ）が、総合区長は自治法一七二条の職員ではなく、特定の区の区域内に関する市長の権限に属する事務を執行する市長の補助機関として置かれるものと解すべきであろう（自治法一七二条参照）。

7　その他の法令に基づく長の補助機関

これらの補助機関以外に、特別の法令に基づく長の補助機関として、地方公営企業法に基づく管理者、消防組織法に基づく消防関係職員がある。これらの補助機関の任免、職務権限、身分取扱い等に関しては、それぞれの法令の定めるところによる。消防職員については、その任用、身分取扱い等は消防組織法の定めるもののほか、地方公務員法の定めるところによるとされている（消防組織法一六Ⅰ）。地方公営企業の管理者については、制度上は長の補助機関であるが、組織的にも、権限の行使について極めて独立性が強い。

六　地方公共団体の長の補助組織

1　長の事務の分掌等の組織

地方公共団体の長の権限に属する事務を処理するには、事務の分掌等をする組織が必要である。事務の分掌等の組織には、事務の種類に従って長の権限を分掌する内部組織（いわゆる本庁の組織）と、所管区域を定めて地域的に長の権限に属する事務の分掌等をする出先の組織（出先機関並びに地域自治区の事務所並びに指定都市の区又は総合区の事務所及びその出張所）に分類することができ、これらを地方公共団体の長の補助組織と総称する。

地方公共団体が自治権に基づいて、自己の行政組織を定める権能を自治組織権というが、自治法は地方公共団体の行政組織について、根幹的なものについて規定し、又は一般的な基準を定めるとともに、その範囲内において、地方公共団体が自治組織権に基づき、条例又は規則等で各地方公共団体の実情に応じた組織を定めることとしている。特に、基本的な組織については条例で定めることとし、議会の議決を必要とすることにより、民主的な統制を確保しようとしている。

(1)　地方公共団体の内部組織（本庁組織）

地方公共団体の内部組織については、以前は都道府県と市町村についての規定を異にしていたが、平成一五年の改正により、普通地方公共団体の内部組織に関する規定としてまとめられた。

都道府県については、かつては自治法で局部の数を定め、条例でその数を増減することができ、法定数を超えて置こうとするときは、あらかじめ自治大臣に協議しなければならないこととし、その局部の名称及びその分掌事務の例示をしていたが、名称及び分掌事務の例示は削られ（平成三年改正）、条例で局部の数を法定数を超えて置こうとするときは、協議制に替えてあらかじめ自治大臣（後に、総務大臣）に届け出なければならないこととされた（平成九年改正。平成一五年改正前の自治法一五八Ⅰ～Ⅲ）。なお、都道府県は、公共事業の経営に関しては、条例で、必要な組織を設けることができた（同条Ⅴ)。市町村については、条例で必要な部課を設けることができるとされていた(同条Ⅶ)。

平成一五年の改正は、平成一四年一〇月の地方分権改革推進会議の「事務・事業の在り方に関する意見—自主・自立の地域社会をめざして—」にのっとり、地方公共団体の自主組織権を尊重する立場から行われたものである。この改正により、都道府県に関する定めと市町村に関する定めとを分けることなく普通地方公共団体に関する定めとしてまとめられた。そして、普通地方公共団体の長は、その権限に属する事務を分掌させるため、必要な内部組織を設けることができるとし(自治法一五八Ⅰ前段)、その場合において、長の直近下位の内部組織の設置及びその分掌する事務については、条例で定めるものとされている(同項後段)。ここで「長の直近下位の内部組織」とは、普通地方公共団体の長の権限に属する事務を分掌するために設けられる最上位の組織を意味するものである。

改正後においては、改正前の規定のように都道府県の「局・部」若しくは「分課」又は市町村の「部・課」といった組織(改正前の自治法一五八Ⅰ～ⅣⅥⅦ)については自治法の規定で言及することなく、都道府県についても、市町村についても、内部組織という概念で規定されていることに留意を要する。

普通地方公共団体の長は、内部組織の編成に当たっては、当該普通地方公共団体の事務及び事業の運営が簡素かつ効率的なものとなるよう十分配慮しなければならない(自治法一五八Ⅱ)。改正前の規定では、自治法二条一四項及び一五項の規定に適合し、かつ、他の都道府県の局部の組織又は市町村の局部の組織との間に権衡を失しないように定めなければならないと規定されていた(改正前の自治法一五八Ⅱ後段・Ⅶ後段)が、改正後は上述のような配慮規定とされている。もっとも、自治法二条一四項及び一五項の規定の趣旨に適合することは、地方公共団体の運営の基本的原則であり(第七章第七節「2 能率化の原則」「3 合理化・規模適正化の原則」及び本章第一節「四 組織機構の基本原則——民主・自治と能率化・合理化の原則」参照)、内部組織の編成に当たって適用があることはいうまでもない。

平成二三年四月に成立した自治法の改正前には、長は、直近下位の内部組織の設置及びその分掌を定める条例を制定し又は改廃したときは、遅滞なく、その要旨その他総務省令で定める事項について、都道府県にあっては、総務大臣、市町村にあっては都道府県知事に届け出なければならないとされていた（改正前の自治法一五八Ⅲ）が、義務付け・枠付けの見直しの一環として、改正により削られた。

(2) 地方公共団体の出先機関

ここで「出先機関」とは、内部組織（本庁組織）に対して、所掌事務を地域的に分掌等をさせるため、所管区域を定めて設置する機関をいう。地方公共団体の出先機関としては、当該地方公共団体の地域を区分して一定の所轄区域を有するものと、当該地方公共団体の全域を所轄区域とするものとがあるが、地方公共団体の出先機関のほとんどは前者である。さらに、一般的に事務の分掌をするものと特定の事務の分掌等をするものがあり、前者を「総合出先機関」、後者を「特別出先機関」（又は「個別出先機関」「特定出先機関」）という。平成一六年の自治法の改正により制度化された地域自治区（自治法第二編第七章第四節）並びに指定都市の区又は総合区の事務所及びその出張所（自治法二五二の二〇・二五二の二〇の二）も出先の組織であり、市町村長の事務を一般的に分掌できる性格のものであるが、これらは、地域自治区又は指定都市の区若しくは総合区という行政区画の事務所等であり、ここでいう出先機関とは区別して説明する（後述「(3) 地域自治区の事務所並びに指定都市の区又は総合区の事務所及びその出張所（行政区画の事務所等）」参照）。なお、〝出先機関〟といわれるものに、内部事務組織の下部組織の分課であるものや、公の施設を管理するものもあることに留意を要する。

ア 総合出先機関

都道府県の支庁及び地方事務所、市町村の支所又は出張所等は、普通地方公共団体の長の権限に属する事務一般に関して地域的に分掌し得る機関として「総合出先機関」といわれている。

都道府県にあっては支庁（道にあっては支庁出張所を含む。）又は地方事務所、市町村にあっては支所又は出張所を条例で必要な地に、設けることができ（自治法一五五Ⅰ）、これらの位置、名称及び所管区域は、条例で定めなければならない（同条Ⅱ)。

これらを設置する場合は、その位置及び所管区域については、住民の利用に最も便利であるように、交通の事情、他の官公署との関係等について適当な考慮を払わなければならない(自治法一五五Ⅲによる四Ⅱの準用)。

支庁又は地方事務所、支所又は出張所の名称を用いず、その他の名称を用いる場合もあるが、特定の事務は除くとしても、出先において事務一般を取りまとめて所掌するものであるときは、名称の如何にかかわらず総合出先機関として自治法一五五条の規定に該当するものと解される。

都道府県の支庁若しくは地方事務所の長又は市町村の支所の長は、特定の事務を分掌するのではなく、その所管区域内について都道府県知事又は市町村長の権限に属する事務一般に関して分掌し得るのであるから、長の補助機関である職員をもって充てるものとされている(自治法一七五Ⅰ)。

イ　特別出先機関(「個別出先機関」「特定出先機関」)

地方公共団体の長は、自治法一五五条一項に定めるものを除くほか、法律又は条例に定めるところにより、保健所、警察署その他の行政機関を設けるものとされている(自治法一五六Ⅰ)。ここでいう「行政機関」とは、それが「保健所、警察署その他の行政機関」とあること、自治法一五五条に規定する一般的権限を有する支庁若しくは地方事務所又は支所等(「総合出先機関」)以外のものであること、地方分権一括法による改正によって削除される以前の自治法別表第五に掲げられていた行政機関の性格などにより、地方公共団体の長の権限に属する事務を全般的に処理するようなものを除き、特定の事務(例えば、保健、徴税、河川管理等)の分掌等をするために設置する機関、すなわち「特別出先機関(「個別出先機関」「特定出先機関」)」を意味するものと解される。また、ここでいう「行政機関」とは、直接公権力の行使そのものには関係しなくとも一般関係住民の権利義務に密接な関係のある事務を担当する機関であれば「行政機関」と解される。一方で、土木事務所や物産観光あっせん事務所のようなものは、一般関係住民の権利義務に密接な関係を有していないので自治法一五六条の「行政機関」には該当せず、都道府県の局部又は市町村の部課に属する分課に相当するものと解して、地方公共団体の長限りで規則その他適宜の方式によって設置しうるものとされる。

また、公の施設は住民に公的なサービスを提供するものであり、一般には、「行政機関」に該当しないが、住民一般の権利義務に密接な関係を有する事務を処理する機能を併せて有する場合は、「行政機関」に該当する。

自治法一五六条一項に該当する行政機関の位置、名称及び所管区域は、条例でこれを定める（同条Ⅱ）。もっとも行政機関の設置に関して規定する法律においてその位置、名称又は所管区域を条例か規則のどちらかで定めることが規定されている場合は、当該規定の定めるところにより、その他の場合は、条例で定めることとなる。この場合において、条例の施行規則、条例の委任に基づく規則等において規定することは可能である。

なお、自治法一五六条一項に該当する行政機関の位置及び所管区域は、住民の利用に最も便利であるように、交通の事情、他の官公署との関係等について適当な考慮を払わなければならない（自治法一五六Ⅲによる四Ⅱの準用）。

(3) 地域自治区の事務所並びに指定都市の区又は総合区の事務所及びその出張所（行政区画の事務所等）

平成一六年に成立した自治法の改正で制度化された地域自治区（自治法第二編第七章第四節）及び大都市に関する特例である指定都市の区又は平成二六年の自治法の改正で制度化された総合区は、区域を分けて設けられる行政区画である（自治法二〇二の四Ⅰ・二五二の二〇Ⅰ・二五二の二〇の二Ⅰ参照）。地域自治区には、条例で、地域自治区の事務所を、指定都市の区には、条例で、区又は総合区の事務所若しくは必要があると認めるときはその出張所を置くものとされ、それらの位置、名称及び所管区域は、条例で定めなければならない（自治法二〇二の四ⅠⅡ・二五二の二〇ⅠⅡ・二五二の二〇の二ⅠⅡ）。指定都市の総合区が分掌する事務は条例で定めなければならないとされ（二五二の二〇の二Ⅱ）、この改正で区の事務所が分掌する事務も条例で定めなければならないとされた（二五二の二〇Ⅱ）。これらの事務所及びその出張所も、地域的に長の権限に属する事務を分掌するものであり、出先の組織である。ただ、行政区画の事務所及びその出張所であることから、一般の出先機関とは区別できる。

地域自治区の事務所並びに指定都市の区又は総合区の事務所及びその出張所については、それぞれ該当のところで説明する（「九　地域自治区」、第一四章第二節「四　行政組織の特例」参照）。

七　地方公共団体の委員会及び委員

1　執行機関である委員会又は委員の概要

(1)　委員会及び委員の制度（「行政委員会」の制度）

前述したように、我が国の地方自治制度は、執行機関の多元主義を採用しており（第一節「二　執行機関に関する多元主義」参照）、地方公共団体の執行機関には、長のほかに委員会及び委員がある（自治法第二編第七章第三節「委員会及び委員」参照）。戦後の地方自治制度における執行機関の組織についての特色は、首長が直接公選とされたことのほか、執行機関が一の機関に集中されることなく、行政機能の種類及び性質に応じて特別の行政部門には独立の執行機関が設けられ（「執行機関の多元主義」）、しかも、それらの機関の多くは、合議制の委員会としての構成がとられていることである。これは、権力の集中を排除し、行政運営の公正妥当を期するとともに、行政の民主化を確保しようとするものであるといえる。この種の行政事務の執行のための委員会又は委員を、通常、行政委員会と呼ぶが、前述したように、行政の合理化・能率化及び行政機構の簡素化、行政の総合性の確保等といった見地から、行政委員会の制度について批判もある（第一節「二　執行機関に関する多元主義」参照）。

行政委員会の制度は、米国等の制度に倣い導入されたものである。委員会又は委員は、形式的、系統的には長を頂点とする執行機関と補助組織の体系の中にあるが、長から独立して法律等に定められたその職務権限の行使をするものである。

このような執行機関としての委員会又は委員が所掌している業務は、①政治的中立性若しくは公平・公正・中立を要する、②執行について専門技術的若しくは利害調製的な視点からの配慮を特に要する又は③準立法的若しくは準立法的性格を有する等の性質を具備しているといわれている。

行政委員会の制度は、上述したように我が国の行政の民主化等の政策として、国にも地方公共団体にも導入されたものであるが、国の場合、行政委員会の多くについては我が国の実態に即応しないとの理由から廃止されたり、その権限の行使について独立性が制限されたりしてきたところである。地方公共団体の行政委員会の制度についても、第二八次地方制度調査会の「地方の自主性・自律性の拡大及び地方議会のあり方に関する答申」（平成一七年一二月）において、「準司法的機能を有する機関を別にすれば、戦後六〇年を経て、社会経済情勢が大きく変化している中で、制度創設時と同様の必要性がすべての機関について存続しているとはいえない状況にある。」（同答申第１・１「⑵行政委員会制度」）とされており、また、地方分権改革推進委員会の第三次勧告（平成二一年一〇月）においても、「当該事務の執行について特段に強く、政治的中立性又は公平・公正・中立性、あるいはまた準司法的・準立法的性格を有するかどうかといった、制度創設時において主張された理由が今日も妥当しているのかどうか問われることになる。」（同勧告第２章「１　地方自治体における行政委員会の必置規制の見直し」）としていること、また、平成二五年一二月の中央教育審議会の答申と平成二六年に成立した地方教育行政の組織及び運営に関する法律の改正及び平成二七年に成立した農業協同組合法等の一部を改正する等の法律による農業委員会等に関する法律の改正については、前述したところである（第一節「二　執行機関に関する多元主義」参照）。

⑵　執行機関である委員会及び委員の設置と種類並びに兼業禁止及び兼職禁止

普通地方公共団体の執行機関たる委員会又は委員の設置は、法律の定めるところによる（自治法一三八の四）。法律の定めるところにより、普通地方公共団体に置かなければならないとされる委員会及び委員としては、都道府県に設置されるものとして、教育委員会、選挙管理委員会、人事委員会、監査委員、公安委員会、労働委員会（平成一六年に成立した労働組合法の改正による自治法の改正により、地方労働委員会が労働委員会とされた。）、収用委員会、海区漁業調整委員会、内水面漁場管理委員会の九種類があり、市町村に設置される委員会として、教育委員会、選挙管理委員会、人事委員会又は公平委員会、監査委員、農業委員会、固定資産評価審査委員会の六種類がある（自治法一八〇の五Ⅰ～Ⅲ）。

これらの行政委員会について、機能又は性質別にみると、重複もするが、政治的中立性の要請によるものとして、教育委員会、公安委員会、選挙管理委員会等があり、公平・公正・中立の要請によるものとして、教育委員会、選挙管理委員会、人事委員会又は公平委員会、監査委員等があり、専門技術的なもの又は利害関係の調整に係るものとして、海区漁業調整委員会、内水面漁場管理委員会、労働委員会、農業委員会等があり、審判・裁定機能をもつものとして、人事委員会又は公平委員会、労働委員会、収用委員会、固定資産評価審査委員会が挙げられる。

なお、行政委員会制度に関して、第二八次地方制度調査会の答申（平成一七年一二月）及び地方分権改革推進委員会の第三次勧告（平成二一年一〇月）については、前述したところである（(1)及び第一節「二　執行機関に関する多元主義」参照）。

委員会の委員又は委員には長や議員と同様に兼業禁止の規定があり、当該地方公共団体に対してその職務に関し請負をする者及びその支配人又は主として同一の行為をする法人（当該地方公共団体が出資している法人で政令で定めるものを除く。）の無限責任社員、取締役、執行役若しくは監査役若しくはこれに準ずべき者、支配人又は清算人たることができない（自治法一八〇の五Ⅵ）。この禁止の範囲は長と同様であるが、禁止の対象となる請負行為が「その職務に関するもの」に限られる点が異なる（なお、固定資産評価審査委員会の委員については、この限定はない（地税法四二五Ⅱ参照）。）。法律に特別の定めがあるものを除き、この規定に該当するに至ったときは失職する（自治法一八〇の五Ⅶ）。

委員会の委員又は委員の兼職の禁止については、各法律の規定によるが、国会法において衆議院議員及び参議院議員は、別に法律で定めた場合を除いては地方公共団体の公務員と兼ねることができないとされている（国会法三九）。

委員会又は委員は、地方公共団体が共同設置できることとされてきたところであるが、平成二三年の自治法の改正により、委員会又は委員の事務局若しくはその内部組織も共同設置することができることとされた（自治法二五二の七。第一三

章第四節「四　地方公共団体の機関等の共同設置」参照)。

(3) 執行機関である委員会又は委員の特色

ア　合議制の機関

行政庁は、責任の所在の明確性、事務の統一性、迅速な判断の必要性等の理由から、独任性の執行機関の形態をとるのが通常であるが、行政委員会は、慎重で公平・公正・中立的な判断、利害の調整、審判・裁定的機能等の観点から、合議制の形態をとる執行機関である。監査委員は、複数であるが、監査の執行は個々の監査委員があたるため、他の行政委員会と異なり、むしろ独任制の性格が強いが、監査の結果に関する報告の決定又は意見の決定等は合議によるものとされている(自治法一九九XI等。なお、この合議についての地方制度調査会の答申等について、第一二章第二節二「1　監査委員による監査等の概要」参照)。

イ　執行機関

委員会又は委員は、地方公共団体の事務のうち所管するものを自ら管理執行する権限を有する執行機関である。この点は、同じ合議制の機関である附属機関が、自ら管理執行する権限を有するのではなく、執行の前提として必要な調停、審査、審議又は調査等を行うのと異なる(後述「八　地方公共団体の附属機関等」参照)。

地方公共団体の長は、その権限に属する事務の一部を、当該地方公共団体の委員会又は委員と協議して、委員会、委員会の委員長、委員若しくはこれらの執行機関の事務を補助する職員若しくはこれらの執行機関の管理する職員に委任し、又はこれらの執行機関の事務を補助する職員若しくはこれらの執行機関の管理に属する機関の職員をして補助執行させることができる(自治法一八〇の二。政令でも定める委員会又は委員は除く。現在なし)。

委員会又は委員は、その権限に属する事務の一部を、当該地方公共団体の長と協議して、長の補助機関たる職員若しくはその管理に属する出先の行政機関(組織)の長に委任し、若しくは長の補助機関たる職員若しくはその管理に属する行政機関に属する職員をして補助執行させ、又は専門委員に委託して調査させることができる。ただし、公安委員会の権限に属する事務については、除外される（自治法一八〇の七、自治令一三三の二）。

長は、委員会又は委員と協議して、その補助機関である職員を委員会又は委員の職員等と兼ねさせること等ができる（自治法一八〇の三）。

ウ　独立性

委員会又は委員は独立して管理執行する権限を有し、その行使に対して長の指揮監督権は及ばない。もっとも長は、原則として委員の任免（選挙管理委員の議会における選挙などの例外がある。）を行い、議会に議案を提出し、予算の調製・執行、経理等や財産の取得管理等について権限を有し、各執行機関を所轄する立場における総合調整権を有する（自治法一四九ⅠⅡⅤ～Ⅶ・一三八の三・一八〇の四・二二一Ⅰ・二三八の二参照）。

また、地方公共団体の委員会は、権限の行使の独立性とともに、法律の定めるところにより、法令又は地方公共団体の条例若しくは規則に違反しない限りにおいて、その権限に属する事務に関し、規則その他の規程を定めることができる（自治法一三八の四Ⅱ）。これらの委員会が規則その他の規程を制定し得るためには、「法律の定めるところ」によらなければならないのであるから、結局、各個別の法律の根拠を必要としている。また、委員会の制定する規則その他の規程は法律、条例はもとより地方公共団体の規則（自治法一五参照）に違反してはならないことに留意する必要がある。

委員会の委員（教育委員会については教育長及び委員）又は委員は、当該委員会又は委員の所掌に応じて、専門家など一定の選任資格が定められ、選任方法も、議会の同意を得た長の選任又は議会における選挙、関係者による選挙等の民主的な手法がとられている場合が多い。委員は、人事委員、監査委員の一部に例外があるが、原則として非常勤であり（自治法一八〇の五Ⅴ）、特別職である（地公法三Ⅲ①②）。平成二六年に成立した地教行法の改正後の教育長は常勤であり（地教行法一一Ⅳ）、特別職である（地公法三Ⅲ①）。委員には、一定の任期の定めがあり、その意に反して罷免されることがなく、職は委員の事務局等の組織を定めるに当たっては、長の内部組織との間に権衡を失しないようにしなければならない（自治法一八〇の五Ⅳ）。

務の独立性が保障されている（例えば、自治法一八三Ⅰ・一八四の二Ⅱ・一九七・一九七の二Ⅱ、地教行法五・七Ⅳ等）。委員会又

2　教育委員会と地方教育行政組織

教育委員会は、戦後の改革の一環としての教育行政改革の中で、教育行政組織の国家行政からの独立と教育の民主化を進める目的の下に、地方公共団体の独立の行政委員会として設置された。当初、教育委員会の委員は公選の職とされていた。しかし、占領下で実施された戦後改革の諸制度が戦後の状況変化のもとに見直されていく中で、教育委員会の制度も大幅な再検討が行われ、教育委員の公選制の廃止、教育長の任命に関する承認制の導入が行われた。その後、地方分権一括法による改正により、教育長の任命についての承認制の廃止などの改革が行われたところである。

教育委員会は、地方教育行政の組織及び運営に関する法律（地教行法）等の定めるところにより、学校その他の教育機関を管理し、学校の組織編成、教育課程、教科書その他の教材の取扱及び教育職員の身分取扱に関する事務を行い、並びに社会教育その他教育、学術及び文化に関する事務を管理執行する（自治法一八〇の八、地教行法二一参照）。教育委員会は、都道府県、市（特別区を含む。）町村及び教育に関する事務を共同処理する市町村の組合に置かれる（地教行法二）。

教育委員会のあり方については、多くの論議がみられるが、平成二五年一二月（一三日）、中央教育審議会は、今後の地方教育行政のあり方について、現行の制度は、「責任者が、教育長なのか、教育委員長なのか、合議制の教育委員会なのか、責任の所在が不明確となっている現状を改め、地方公共団体における教育行政の責任体制を明確にするため、常勤の教育行政の専門家である教育長を地方公共団体の教育行政の責任者とするよう、抜本的に改革すべきである。」として、新しい教育委員会の組織と役割などについて答申した。その後の論議の結果、平成二六年四月に、地方教育行政の組織及び運営に関する法律の改正案が国会に提出され、平成二六年六月に成立した（施行期日は、平成二七年四月一日）。この改正にお

いては、中央教育審議会の答申（平成二五年一二月）では「首長の特別な附属機関として教育委員会を置く。教育委員会は、公立学校の管理等の教育に関する事項について必要な審議を行う機関とする。」としていた（Ⅲ1⑷「②新しい教育委員会の位置づけと審議事項等」）のに対し、改正前の地教行法第二三条（改正後は二一条）に定める教育委員会の職務権限は変更することなく、執行機関である教育委員会（行政委員会）を置くとされた（平成二六年改正後の二）。中央教育審議会の答申とは異なるが、教育の政治的中立性、継続性・安定性を確保するということを重視したものとされる。そのうえで、従来の教育委員会の委員長と教育長を一本化した新たな責任者である常勤の教育長（新教育長）を置くこととされた（平成二六年改正後の三・四・一一Ⅳ）。

教育委員会は、平成二六年の地教行法の改正前においては、当該地方公共団体の長の被選挙権を有する者で、人格が高潔で、教育、学術及び文化に関し識見を有する者のうちから地方公共団体の長が議会の同意を得て任命する五人（条例の定めるところにより、都道府県若しくは市又はこれらが加入する地方公共団体の組合について六人以上、町村又は町村のみが加入する地方公共団体の組合にあっては三人以上とすることができる。）の委員（任期四年）から構成される合議制の行政委員会として設置されるとされていた（改正前の地教行法三～五）。平成二六年に成立した地教行法の改正後においては、教育委員会は、教育長及び四人の委員（条例の定めるところにより、都道府県若しくは市又は地方公共団体の組合のうち都道府県若しくは市が加入するものの教育委員会にあっては教育長及び五人以上の委員、町村又は地方公共団体の組合のうち町村のみが加入するものの教育委員会にあっては教育長及び二人以上の委員とすることができる）をもって組織するとされた（平成二六年改正後三）。教育長は、長の被選挙権を有する者で、人格が高潔で、教育行政に関し識見を有する者のうちから、長が議会の同意を得て任命し（平成二六年改正後四Ⅰ）、任期は、三年である（改正後五）。委員の任命及び任期については、改正前と同じである。教育委員会の教育長及び委員の任命については、委員会の構成が同一政党に所属する教育長及び委員が二分の一以上になってはならないようにしなければならないとされている（地教行法四Ⅳ）。なお、平成一九年の改正で、委員のうちに保護者である者が含まれるようにしなければならないとされた（地教行法四Ⅴ）。

平成二六年の改正前においては、教育委員会は、委員（教育長に任命された委員を除く。）のうちから、委員長を選挙しなければならないとされていた（改正前の地教行法一二Ⅰ）。また、教育委員会には教育長が置かれ（改正前の地教行法一六Ⅰ）、教育長は教育委員会の委員（委員長を除く。）であるもののうちから教育委員会が任命するとされていた（改正前の地教行法一六Ⅱ）。教育長の任命については、かつては、都道府県及び指定都市の教育委員会の教育長については文部大臣の承認が、市町村教育委員会の教育長については都道府県教育委員会の承認が必要とされていたが、地方分権一括法による地教行法の改正によって、これらの承認制を廃止するとともに、都道府県及び指定都市についても教育委員会の委員（委員長を除く。）である者のうちから、教育委員会が任命することとされた（改正前の地教行法一六Ⅱ）。市町村又は市町村の組合の教育長は、従来から市町村の教育委員会の委員のうちから教育委員会が任命することとされていた。

平成二六年の改正前の教育長は教育委員会の指揮監督のもとに、教育委員会の権限に属するすべての事務をつかさどるとされていた（改正前の地教行法一七Ⅰ）。平成二六年の改正後においては、教育長は、改正前の教育委員会の委員長と教育長を一本化した新たな責任者であり、教育長は、会務を総理し、教育委員会を代表する（改正後の一三Ⅰ）。教育委員会には、その権限に属する事務を処理させるため、事務局が置かれる（地教行法一七Ⅰ）。平成二六年の改正前の教育長は事務局の事務を統括し、所属の職員を指揮監督すると規定されていた（改正前の地教行法二〇Ⅰ）。つまり、教育委員会と事務局は、執行機関と補助機関の関係のように事務局を直接指揮監督する関係にはなく、平成二六年の改正前の教育長を指揮監督することを通じて間接的に関与するにとどまるものとされていた。

教育委員会の教育長及び委員については、地教行法に解職請求の規定があり、自治法の主要公務員の解職請求に関する規定が準用される（地教行法八、自治法八六Ⅱ〜Ⅳ・八七・八八Ⅱ。自治法一三Ⅲ参照）。

教育委員会は、法令に違反しない限りにおいて、その権限に属する事務に関し、教育委員会規則を制定することができる（地教行法一五Ⅰ）。

　都道府県の教育委員会の事務局に、指導主事、事務職員及び技術職員を置くほか、所要の職員を置き、市町村の教育委員会の事務局に、都道府県の教育委員会に準じて指導主事その他の職員を置く（地教行法一八ⅠⅡ）。

　なお、第二八次地方制度調査会の「地方の自主性・自律性の拡大及び地方議会のあり方に関する答申」（平成一七年一二月）において、前述した（第一節「二　執行機関に関する多元主義」参照）ように、教育委員会の設置について選択制とすることが適当であるとしている。また、文化、スポーツ、生涯学習支援、幼稚園、社会教育、文化財保護なども含め、公立小・中・高等学校における学校教育以外の事務については、地方公共団体の判断により長が所掌するか、教育委員会が所掌するかの選択を幅広く認める措置を直ちにとることとすべきであるとしている（同答申第１・１⑵　行政委員会制度」参照）。そして、平成一七年一〇月、中央教育審議会の「新しい義務教育を創造する（答申）」においては、文化（文化財保護を除く。）、スポーツ、生涯学習支援に関する事務（学校教育・社会教育に関する事務を除く。）は、地方自治体の判断により、首長が担当することを選択できるようにすることが適当であるとされている（同答申第Ⅱ部第三章⑵「ウ　首長と教育委員会の権限分担の弾力化」参照）。このことについては、平成一九年の地教行法の改正により、地方公共団体は、条例の定めるところにより、スポーツに関すること（学校における体育に関することを除く。）及び文化に関すること（文化財の保護に関することを除く。）のいずれか又はすべてを、長が管理し、及び執行することとすることができることとされた（地教行法二三）。

　なお、平成二一年の構造改革特別区域法及び競争の導入による公共サービスの改革に関する法律の一部を改正する法律により、構造改革特別区域法に基づき設定された構造改革特別区域において、社会教育機関の施設及び公の施設の一体的な利用又はこれらの総合的な整備の促進を図るため必要であり、社会教育機関における教育活動の適切な実施に支障を及ぼすおそれがないと認めて内閣総理大臣が認定したときは、社会教育機関の施設の管理及び整備に関する事務の全部又は一部について、当該地方公共団体の長が管理し及び執行するとされた（構造改革特別区域法二九Ⅰ）。

また、地方分権改革推進委員会の第三次勧告において、前述したように（第一節「二　執行機関に関する多元主義」参照）、教育委員会を引き続き存置するか、それともこれを存置せずその所掌事務を長の所管とするかについては、地方自治体の判断によって、任意に選択できるように改めるべきであるとされている（同勧告第2章1「(1)　教育委員会」参照）。

一方、いじめ問題などに鑑みて、国の教育委員会に対する関与を強化する方向で地教行法の改正（中央教育審議会「教育基本法の改正を受けて緊急に必要とされる教育制度の改正について（答申）」（平成一九年三月）参照）が成立した（平成一九年）。この改正によって、文部科学大臣は、都道府県教育委員会又は市町村教育委員会に対して、自治法の規定による是正の要求等（都道府県教育委員会が担任する自治事務についての是正の要求及び市町村教育委員会が担任する事務について緊急を要するときその他特に必要があると認めるときの是正の要求並びに市町村教育委員会に対して都道府県教育委員会が是正の要求をすることを求める指示）を行う場合において、教育を受ける権利が侵害されていることが明らかであるとして行うときは、講ずべき措置の内容を示して行うものとすることが規定された（地教行法四九。是正の要求については、一般的な制度としては講ずべき措置の内容までは示さないものである（第一三章第二節一「3　『関与』の類型等」及び三「3　是正の要求」参照）。）。また、文部科学大臣は、児童、生徒等の生命又は身体の保護のため、緊急の必要があるときは、当該教育委員会に対し、当該違反を是正し、又は当該怠る事務の管理及び執行を改めるべきことを指示することができることも規定された（平成二六年の改正前の地教行法五〇。自治事務については、是正の指示は、自治法を根拠として行う関与ではない。また、自治法では、個々の法律で規定する自治事務の処理に関する関与としては、身体又は財産の保護のため緊急に的確な処理を確保する必要がある場合等特に必要と認められる場合を除き、指示という関与は設けないことを原則としている（自治法二四五の三Ⅵ。第一三章第二節一「3　『関与』の類型等」、二「2　関与の基本原則（最小限度の原則、一般法主義の原則、特定の類型の関与に係る原則）」及び三「5　是正の指示」参照）。この規定は、一応、自治法に定める基本原則の範囲内のものと解される。）。このような改正は、地方分権に逆行するものという強い批判がある。なお、平成二六年の改正において、「身体の保護のため」とあるのを「身体に現に被害が生じ、又はまさに被害が生ずるおそれがあると見込まれ、その被害の拡大又は発生を防止するため」として、規定の明確化が図られた（改正後五〇）。

平成二六年の地教行法の改正において、長は、その地域の実情に応じ、当該地方公共団体の教育、学術及び文化の振興に関する総合的な施策の大綱を定めることとされ（改正後の一条の三）、長の職務権限に加えられた（改正後の二二条柱書き）。また、長は、大綱の策定に関する協議並びに教育を行うための諸条件の整備その他の地域の実情に応じた教育、学術及び文化の振興を図るため重点的に講ずべき施策及び児童・生徒等の生命又は身体に現に被害が生じ、又はまさに被害が生ずるおそれがあると見込まれる場合等の緊急の場合に講ずべき措置の調整を行うため、総合教育会議を設ける（改正後の一条の四Ⅰ）。総合教育会議は、長と教育委員会を構成員とし、必要と認めるときは、関係者又は学識経験を有する者から意見を聴くことができる（改正後の一条の四ⅡⅤ）。総合教育会議において事務の調整が行われた事項については、当該構成員は、その調整の結果を尊重しなければならないとされている（改正後の一条の四Ⅷ）。

3　選挙管理委員会

普通地方公共団体等（特別区及び広域連合を含む。）に選挙管理委員会を置く（自治法一八一Ⅰ・二八三・二九一の四Ⅰ⑧、自治令二一一以下参照）。選挙管理委員会は四人の選挙管理委員で組織される（自治法一八一Ⅱ）。

選挙管理委員は、選挙権を有する者で、人格が高潔で、政治及び選挙に関し公正な識見を有するもののうちから、普通地方公共団体の議会においてこれを選挙する（自治法一八二Ⅰ）。この選挙においては、同時に、委員と同数の補充員を選挙することとなる（自治法一八二Ⅱ）。委員の欠けた場合は、委員長が補充員の中から補欠することとされている（自治法一八二Ⅲ）。選挙管理委員の任期は、四年である（自治法一八三Ⅰ）。選挙管理委員又は補充員は、職務の公正な執行を確保するため、それぞれその中の二人が同時に同一の政党その他の政治団体に属する者となることができない（自治法一八二Ⅴ）。また、兼業禁止、兼職禁止、失職、罷免等、退職、守秘義務等の規定（自治法一八〇の五Ⅵ～Ⅷ・一八二Ⅶ・一八四～一八五の二）が設けられている。

選挙管理委員については、解職請求の規定がある（自治法一三Ⅱ・八六～八八）。

選挙管理委員会は、委員の中から委員長を選挙しなければならない（自治法一八七Ⅰ）。選挙管理委員長は、委員会に関する事務を処理し、委員会を代表する（自治法一八七Ⅱ）。委員長に事故あるとき、又は委員長が欠けたときは、委員長の指定する委員がその職務を代理する（自治法一八七Ⅲ）。

都道府県及び市の選挙管理委員会に書記長、書記その他の職員を置き、町村の選挙管理委員会に書記その他の職員を置く（自治法一九一Ⅰ）。

地方公共団体の選挙管理委員会の委員又は職員である者は、直接請求に係る請求代表者となり、又は請求代表者であることができない（自治法七四Ⅵ③）。

選挙管理委員会は、公職選挙法等の定めるところにより、当該普通地方公共団体が処理する選挙に関する事務及びこれに関係のある事務を管理する（自治法一八六）。「当該普通地方公共団体が処理する選挙」には、普通地方公共団体の長又は議会の議員の選挙、海区漁業調整委員会の選挙による委員の選挙（漁業法八六・八八参照）、衆議院議員又は参議院議員の選挙はもとより、例えば、土地改良法の定めるところによる土地改良区の総代会の総代の選挙に関する事務（土地改良法二三Ⅳ）のようなものをも含むものである。

選挙管理委員会に関し、必要な事項については選挙管理委員会が定める（自治法一九四）。

平成二七年の国会において、参議院選挙制度改革として参議院の定数是正及び二県の区域を区域とする選挙区の設置等を内容とする公職選挙法の改正が行われた。この改正において、鳥取県及び島根県、徳島県及び高知県をそれぞれ合区することとしており、このように合区された選挙区における参議院選挙区選出議員の選挙に関する事務を管理するため、選挙区内の二の都道府県（「合同選挙区都道府県」という。）は、協議により規約を定め、共同して参議院合同選挙区選挙管理委員会を置くものとしている（公選法五の六Ⅰ）。参議院合同選挙区選挙管理委員会は、委員は八人でもって組織し、合同選挙区都道府県の選挙管理委員会の委員をもって充てるとされ、その任期は、合同選挙区都道府県の選挙管理委員会の委員としての任期による（同条Ⅲ・Ⅳ・Ⅵ）。公職選挙法又はこれに基づく政令で特別の定めをするものを除くほか、参議院合同選挙区選挙管理委員会については、これを各合同選挙区都道府県の地方自治法一三八条の四第一項に規定する委員会とみなして、同法その他の法令の規定を適用する（公選法五の六XⅧ）。平成二八年七月一〇日に行われた参議院議員選挙において上述の二つの合区に係る参議院合同選挙区選挙管理委員会が選挙に関する事務を管理した。

4　監査委員

かつては、監査委員は、都道府県についてだけ必置とされ、市町村については任意設置とされていたが、監査機能の充実強化を図る観点から、昭和三八年の改正によりすべての普通地方公共団体について必置制の機関とされた（自治法一九五Ⅰ）。

監査委員は、多元的執行機関の一つであるが、各委員が権限を行使し得る独任制である。

監査委員及び監査については、第一二章「地方公共団体の監査制度」において、詳述する。

5　人事委員会及び公平委員会

普通地方公共団体等（特別区及び組合を含む。）は、人事委員会又は公平委員会を置かなければならない（自治法一八〇の五Ⅰ③、地公法七）。

人事委員会及び公平委員会に関し、自治法では設置に関する基本的な規定だけが定められており（自治法二〇二の二ⅠⅡ）、構成、権限、運営等については、地方公務員法で定められている。

人事委員会は、地方公務員法の定めるところにより、人事行政に関する調査、研究、企画、立案、勧告等を行い、職員の競争試験及び選考を実施し、並びに職員の勤務条件に関する措置の要求及び職員に対する不利益処分を審査し、並びにこれについて必要な措置を講ずる（自治法二〇二の二Ⅰ。地公法八Ⅰ参照）。

人事委員会は、都道府県及び政令指定都市は条例で置くこととされ、人口一五万人以上の市及び特別区は、条例で人事委員会又は公平委員会を置くものとされている（地公法七ⅠⅡ）。人事委員会は三人の委員をもって構成される（地公法九の二Ⅰ）。人事委員会の委員は、人格が高潔で、地方自治の本旨及び民主的で能率的な事務の処理に理解があり、かつ、人事行政に関し識見を有する者のうちから、議会の同意を得て地方公共団体の長が選任する（地公法九の二Ⅱ）。委員の任期は、四年である（地公法九の二Ⅹ）。委員のうち、二人の者が同一政党に属する者となることとなってはならない（地公法九の二Ⅳ）。

公平委員会は、地方公務員法の定めるところにより、職員の勤務条件に関する措置の要求及び職員に対する不利益処分を審査し、並びにこれについて必要な措置を講ずることとされている（自治法二〇二の二Ⅱ、地公法八Ⅱ参照）。

平成一六年の地方公務員法及び地方公共団体の一般職の任期付職員の採用に関する法律の一部を改正する法律による地方公務員法の改正により、人事委員会について、研修等に関する制度についての研究を行い、提出すること、給与、勤務時間その他の勤務条件に関し、勧告すること等が規定され（地公法八Ⅰ）、公平委員会については、職員の苦情を処理することが規定された（地公法八Ⅱ）ほか、条例で定めるところにより、職員の競争試験及び選考並びにこれらに関する事務を行うこととすることができることとされた（地公法九）。

人口一五万人以上の市及び特別区で人事委員会を置かないもの並びに人口一五万人未満の市、町、村及び地方公共団体の組合は、条例で公平委員会を置くものとされている（地公法七ⅡⅢ）。公平委員会は三人の委員をもって構成される（地公法九の二Ⅰ）。委員の選任資格、選任方法、任期は人事委員会と同様である。公平委員会の設置が義務付けられる地方公共団体にはかなり小規模な団体も含まれることから、公平委員会の事務について、公平委員会の共同設置及び公平委員会の事務の委託の二つの共同処理方式ができる旨の規定が置かれている（地公法七Ⅳ）。

人事委員会の委員は、常勤又は非常勤とし、公平委員会の委員は、非常勤とする（地公法九の二XI）。

人事委員会又は公平委員会は、人事委員会規則又は公平委員会規則を制定することができる（地公法八V）。

6　公安委員会

公安委員会は、自治法では、別に法律の定めるところにより、都道府県警察を管理するとされる（自治法一八〇の九I、警察法三八III参照）。また、都道府県警察に、別に法律の定めるところにより、地方警務官、地方警務官以外の警察官その他の職員を置くとされている（自治法一八〇の九II）。公安委員会に関する規定は、警察法に定められている。

都道府県公安委員会は、都道府県知事の所轄の下に置かれる（警察法三八I）。都道府県知事の所轄とは、警察の運営についての直接的な指揮命令権を含むものではなく、公安委員会の委員の任免に関する権限のほか、警察に関する条例、予算等に関する権限であり、これらの都道府県知事の所轄の権限を除いて、公安委員会が都道府県警察を管理する権限を有するとともに責任を負うものとされている。

都道府県公安委員会は、都、道、府及び指定都市を包括する県にあっては、五人の委員、それ以外の県にあっては、三人の委員をもって組織される（警察法三八II）。道の方面公安委員会は三人の委員をもって組織される（警察法四六II）。委員の任期は、三年である（警察法四〇I）。

公安委員会の委員については、解職請求の規定がある（自治法一三II、八六～八八）。

都道府県公安委員会は、法令又は条例の特別の委任に基づいて、都道府県公安委員会規則を制定することができる（警察法三八V）。

7　労働委員会（平成一六年の労働組合法の改正による自治法の改正により、従来の「地方労働委員会」が「労働委員会」と改称された。）

労働委員会は、労働組合法及び労働関係調整法等の定めるところにより、労働組合の資格の立証を受け及び証明を行い、並びに不当労働行為に関し調査し、審問し、命令を発し及び和解を勧め、労働争議のあっせん、調停及び仲裁を行い、その他労働関係に関する事務を執行する（自治法二〇二の二Ⅲ、労働組合法二〇参照）。これらの労働委員会の権限は、準司法的機能又は調整的機能をもつものである。

都道府県知事の所轄の下に、都道府県労働委員会が置かれ、それぞれ同数の使用者委員、労働者委員及び公益委員によって組織される。委員の数は、各一三人、各一一人、各九人、各七人又は各五人のうち政令で定める数である（労働組合法一九の一二ⅠⅡ本文）。政令では、別表において都道府県別に数が定められている（労働組合法施行令二五の二・別表第三）。ただし、条例で定めるところにより、当該政令で定める数に使用者委員、労働者委員及び公益委員各二人を加えたものをもって組織することができる（労働組合法一九の一二Ⅱただし書）。

使用者委員は、使用者団体の推薦に基づいて、労働者委員は、労働組合の推薦に基づいて、公益委員は、使用者委員及び労働者委員の同意を得て、都道府県知事が任命する（労働組合法一九の一二Ⅲ）。なお、公益委員については、同一の政党に属する委員の数の制限がある（労働組合法一九の一二ⅣⅤ・別表）。委員の任期は、二年である（労働組合法一九の一二Ⅵによる一九の五の準用）。

8　収用委員会

収用委員会は、土地収用法の定めるところにより、土地の収用に関する裁決その他の事務を行う（自治法二〇二の二Ⅴ。土地収用法五一参照）。収用委員会は七人の委員をもって組織される（土地収用法五二Ⅰ）。収用委員会には就任の順位を定めて二人以上の予備委員を置かなければならない（土地収用法五二Ⅱ）。委員及び予備委員は、法律、経済又は行政に関してすぐれた経験と知識を有し、公共の福祉に関し公正な判断をすることができる者のうちから、都道府県の議会の同意を得て、知事が任命する（土地収用法五二Ⅲ）。委員及び予備委員の任期は、三年である（土地収用法五三Ⅰ）。

9　農業委員会

農業委員会は、農業委員会等に関する法律の定めるところにより、農地等の利用関係の調整、農地の交換分合その他農地に関する事務を執行する（自治法二〇二の二Ⅳ、農業委員会等に関する法律三・六参照）。

その区域内に農地がない市町村には農業委員会を置かず（農業委員会等に関する法律三Ⅰただし書）、その区域内の農地面積（市街化区域と定められた区域で特定の農地面積を除く。）が著しく小さい市町村で政令で定めるものにあっては、市町村長は、農業委員会を置かないことができる（農業委員会等に関する法律三Ⅴ、同施行令二）。その区域が著しく大きい又はその区域内の農地面積が著しく大きい市町村で政令で定めるものにあっては、当該市町村の区域を二以上に分けて各区域に農業委員会を置くことができる（農業委員会等に関する法律三Ⅱ～Ⅳ）。

農業委員会については前述した（第一節「三　執行機関に関する多元主義参照」）ように、第二八次地方制度調査会の「地方の自主性・自律性の拡大及び地方議会のあり方に関する答申」（平成一七年一二月）において、その設置を選択制とすることが適当であるとされ（同答申第1・1「(2)　行政委員会制度」参照）、また、地方分権改革推進委員会の第三次勧告においても、農業委員会を設置するのか、これを設置せずその所掌事務を市区町村長が担うのかは、個々の市区町村が任意に選択できるように改めるべきであるとされていた（同勧告第2章1「(2)　農業委員会」参照）。

平成二七年の改正においては、農業委員会の設置については選択制とはならなかった。

農業委員会は、改正前においては、選挙による委員（選挙権及び被選挙権について限定があり（改正前の同法八）、その定数は政令で定める基準に従い四〇人を超えない範囲で条例で定めることとされていた（改正前の同法七）。なお、解任の請求の規定があった（改正前の同法一四））及び市町村長が選任する委員（農林水産省令で定める農業協同組合等がそれぞれ推薦した理事等又は組合員各一人及び当該市町村の議会が推薦した学識経験を有する者四人（条例でこれより少ない人数を定めている場合にあっては、その人数）以内）で組織されていた（改正前四ⅠⅡ）が、改正により、選挙による委員の制度は廃止され、委員は、農業に関する識見を有し、農地等の利用の最適化の推進に関する事項その他農業委員会の所掌に属する事項に関しその職務を適切に行うことができる者のうちから、市町村長が、議会の同意を得て、任命することとされた（改正後の同法八Ⅰ）。委員の定数は、農業委員会の区域内の農業者の数、農地面積その他の事情を考慮して政令で定める基準に従い、条例で定める（改正後の同法八Ⅱ、同法施行令五）。委員の任期は三年である（改正後の同法一〇Ⅰ）。また、委員は非常勤である（改正後の同法四Ⅱ）。

農業委員会については、平成二七年の改正によって、農業委員会に部会を置くことができること（改正後の同法一六）、都道府県農業会議所及び全国農業会議所の制度は廃止し、農業委員会ネットワーク機構の制度を設けること（改正後の同法四二〜五四）、農業委員会は、農地利用適正化推進委員を委嘱し、推進委員は農業委員会が定めた区域内の農地等の利用の最適化等の推進のための活動を行うこと（改正後の同法一七以下）等が規定された。これらに伴い同法第一条の法律の目的規定も改正された。

10　海区漁業調整委員会及び内水面漁場管理委員会

海区漁業調整委員会又は内水面漁場管理委員会は、漁業法の定めるところにより、漁業調整のため、必要な指示その他の事務を行う（自治法二〇二の二Ⅴ、漁業法八二・八三・一三〇）。海区漁業調整委員会及び内水面漁場管理委員会は、知事の監督に属する（漁業法八二Ⅱ・一三〇Ⅱ）。

海区漁業調整委員会は、農林水産大臣が定める海区に置かれ（漁業法八四Ⅰ）、一定の漁業者又は漁業従事者によって選挙された者九人（又は六人）、学識経験のある者及び海区内の公益を代表すると認められる者の中から都道府県知事が選任した者六人（又は四人）を委員として組織される（漁業法八五Ⅲ）。委員の任期は、いずれも四年である（同法九八Ⅰ）。海区漁業調整委員会の委員については、解職請求の規定がある（漁業法九九）。

なお、連合海区漁業調整委員会の制度がある（漁業法一〇五〜一〇九）。

内水面漁場管理委員会は、当該都道府県の区域内に存する内水面において漁業を営む者を代表すると認められる者、当該内水面において水産動植物の採捕をする者を代表すると認められる者及び学識経験がある者の中から都道府県知事が選任する者一〇名（原則であり、例外がある。）の委員をもって組織される（漁業法一三一）。委員の任期は、四年である（漁業法一三二による九八Ⅰの準用）。

11　固定資産評価審査委員会

固定資産評価審査委員会は、地方税法の定めるところにより、固定資産税に関し、固定資産課税台帳に登録された事項に関する不服の審査決定その他の事務を行う（自治法二〇二の二Ⅴ、地税法四二三Ⅰ参照）。

固定資産評価審査委員会の委員の定数は三人以上とし、当該市町村の条例で定める（地税法四二三Ⅱ）。委員の任期は、三年である（地税法四二三Ⅵ）。

固定資産評価審査委員会は、条例の定めるところにより、審査手続等に関して規程を定めることができる（地税法四三六Ⅱ）。

八　地方公共団体の附属機関等

地方公共団体は、法律又は条例の定めるところにより、執行機関の附属機関として、自治紛争処理委員、審査会、審議会、調査会その他の調停、審査、諮問又は調査のための機関を置くことができる（自治法一三八の四Ⅲ・二〇二の三参照）。「附属機関」とは、執行機関が行政の執行権を有するのに対して、これら執行機関の要請により、その行政執行のために、又は行政の執行に伴い必要な調停、審査、審議又は調査等を行うことを職務とする機関であり、執行権を有しないものである。ただ、例えば、都道府県に置かれる自治紛争処理委員については、同委員は直接調停案を作成して関係者に示す権限を有し（自治法二五一の二Ⅲ）、同委員はその限りでは直接外部に対して自己の名により活動し得るわけであるが、同委員の調停は、もっぱら執行機関たる都道府県知事が調停に付すこととしたことによるものであることから、なお附属機関の範疇に属するものと解されている。平成二六年の自治法の改正において、自治紛争処理委員は、改正により規定された連携協約（自治法二五二の二参照）に係る紛争を処理するための方策の提示（自治法二五二の二Ⅶ参照）も処理事項とすることとされたが、関係地方公共団体の処理方策の提示を求める旨の申請があったときに提示するものであり、同様に解される。

附属機関は、法律若しくはこれに基づく政令又は条例の定めるところにより設置することができる（自治法一三八の四Ⅲ・二〇二の三Ⅰ参照）。このことは、法律若しくはこれに基づく政令又は条例以外では附属機関を設置することはできないとするものである。自治法は自治紛争処理委員の設置を定めているが、このほか法律又はこれに基づく政令により設置の根拠が定められている附属機関がある。それ以外に、地方公共団体において任意に附属機関を設置することができるが、その場合、必ず条例の根拠によらなければならない。

ただし、政令で定める執行機関には附属機関を設けることができないとされ（自治法一三八の四Ⅲただし書）、かつてはこの種の執行機関として公安委員会が定められていたが（平成一二年改正前の同法施行令一二一の四）、平成一二年一二月の改正により削除され、現在においては該当の執行機関はない。

附属機関の職務権限は、法律若しくはこれに基づく政令又は条例で定めるところにより、その担任する事項について、調停、審査、審議又は調査等を行うことである。附属機関を組織する委員その他の構成員は非常勤である（自治法二〇二の三Ⅱ）。法律又はこれに基づく政令に特別の定めがあるものを除き、その庶務は、附属機関の属する執行機関が当然掌るものとされている（自治法二〇二の三Ⅲ）。

九　地域自治区

1　地域自治区の意義

第二七次地方制度調査会の「今後の地方自治制度のあり方に関する答申」（平成一五年一一月）においては、基礎自治体のあり方について、「一般的には、基礎自治体の規模・能力はさらに充実強化することが望ましい」とされ、また、「地方分権改革が目指すべき分権型社会においては、地域において自己決定と自己責任の原則が実現されるという観点から、団体自治ばかりではなく、住民自治が重視されなければならない」とし、「基礎自治体は、その自主性を高めるため一般的に規模が大きくなることから、後述する地域自治組織を設置することができる途を開くなどさまざまな方策を検討して住民自治の充実を図る必要がある」としている（同答申第1「1　地方分権時代の基礎自治体の構築」参照）。そのうえで、地域自治組織のタイプとしては、一般制度としては「行政区的なタイプ（法人格を有しない。）」を導入すべきであるとし、市町村の合併に際しては、合併後の一定期間、従前のまとまりにも特に配慮すべき事情がある場合には、合併前の旧市町村単位に「特別地方公共団体とするタイプ（法人格を有する。）」を設置することができることとすることが適当であるとしている（同答申第1・4「⑴地域自治組織の制度化」参照）。

この答申を受けて、平成一六年の自治法の改正により、第二編第七章に「第四節　地域自治区」の一節が加えられ、地域自治組織の一般制度である地域自治区について定められた。

「地域自治区」とは、「市町村内の区域を単位として当該市町村の一定の行政を処理するための組織・機構を備える法人格を有しない行政区画」の一種ということができる。なお、同様の性格を有するものとして、指定都市の「行政区」がある（自治法二五二の二〇参照）。「地域自治区」と指定都市の「行政区」とは、主としてその組織・機構のあり方において異なるものである。

2　地域自治区の設置等

地域自治区は、「市町村長の権限に属する事務を分掌させ、及び地域の住民の意見を反映させつつこれを処理するため」設けることができるものである（自治法二〇二の四Ⅰ）。なお、市町村の委員会又は委員は、その権限に属する事務の一部を、自治法一八〇条の七の規定により、地域自治区の事務所の長に委任すること等ができる。

地域自治区は、条例で、「市町村の区域を分けて定める区域ごとに」設けることができるものである（自治法二〇二の四Ⅰ）。この規定の趣意は、地域自治区を設ける場合は、市町村の全域にわたって設置されることが想定されている。ただ、実際には、段階的に設置されることもあり得るものである。市町村の全域にわたって設置することについては、異論もあり、論議がある。このことについて、第二九次地方制度調査会の「今後の基礎自治体及び監査・議会制度のあり方に関する答申」において、「……市町村の判断により当該市町村の一部の区域を単位として地域自治区を設置することもできるようにすることについて検討すべきである。」とされている（同答申第1・3「(5)『小さな自治』への対応」）。なお、指定都市については、区に区地域協議会を置く指定都市（自治法二五二の二〇Ⅵ Ⅶ・二〇二の五参照）は、その一部の区の区域に地域自治区を設けることができる（自治法二五二の二〇Ⅸ）。また、合併特例区（旧市町村合併特例法五の八〜五の三九、平成一六年合併法及び改正市町村合併特例法第三章参照）を設けている市町村において地域自治区を設ける場合は、合併特例区を設けている区域については、地域自治区を設けないことができる（旧市町村合併特例法五の三八、平成一六年合併法及び改正市町村合併特例法五六）。

地域自治区は、「区域を分けて定める区域ごとに」設けられるものであるから、区域を重ねて置くことはできない。地域自治区の区域は、各市町村が状況に応じて市町村の条例で定めるものであり、どのような単位が望ましいかということについて一般的な基準のようなものはないが、住民の意見の適切な反映及び効率的かつ効果的な事務処理という視点から考えられるべきものであろう。

なお、指定都市については、地域自治区を設けるときは、その区域は、区の区域を分けて定めなければならない（自治法二五二の二〇Ⅷ）。

市町村の合併に際しては、合併関係市町村の協議（合併関係市町村の議会の議決を経る。）で定める期間に限り、合併市町村の区域の一部に、一又は二以上の合併関係市町村であった区域をその区域とする地域自治区を設けることができる（旧合併特例法五の五ⅠⅢ、平成一六年合併法及び改正市町村合併特例法二三ⅠⅢ）。市町村の合併に際し、合併市町村の全部又は一部の区域に、合併関係市町村の区域による地域自治区（以下「合併に係る地域自治区」という。）を設ける場合においては、一般の地域自治区において条例で定めるものとされている事項については、合併関係市町村の協議（合併関係市町村の議会の議決を経る。）により定めるものとし、その変更は、条例で定める（旧市町村合併特例法五の五Ⅱ〜Ⅳ、平成一六年合併法及び改正市町村合併特例法二三Ⅱ〜Ⅳ）。

合併に係る地域自治区の区域における住居を表示（住居表示に関する法律二参照）するには、同条に定めるもののほか、当該合併に係る地域自治区の名称を冠するものとし、期間満了に際し、当該区域をその区域として引き続き設けられた地域自治区の区域における住居の表示についても、同様とする（旧市町村合併特例法五の七、平成一六年合併法及び改正市町村合併特例法二五）。

3　地域自治区の事務並びに事務所及びその長又は区長

市町村長が地域自治区に分掌させ得る事務の範囲は、市町村長の権限に属する事務の全般にわたるものであり、特定の分野に限定されるものではない。

地域自治区に事務所を置くものとし、事務所の位置、名称及び所管区域は、条例で定める（自治法二〇二の四Ⅱ）。通常は、既存の支所・出張所その他の出先機関が地域自治区の事務所としても活用されることが考えられるが、単独で置くことも、もとより可能である。地域自治区の事務所の位置及び所管区域を定め又はこれを変更するに当たっては、住民の利用にもっとも便利であるように、交通の事情、他の官公署との関係等について適当な考慮を払わなければならない（自治法二〇二の四Ⅳによる自治法四Ⅱの準用）。

地域自治区の事務所の長は、長の補助機関である職員をもって充てる（自治法二〇二の四Ⅲ。同法一七三参照）。合併に係る地域自治区には、当該合併に係る地域自治区の区域における事務を効果的に処理するため特に必要があると認めるときは、合併関係市町村の協議（合併関係市町村の議会の議決を経る。）により、期間を定め、事務所の長に代えて特別職である区長を置くことができる（旧市町村合併特例法五の六ⅠⅤⅩⅣ、平成一六年合併法及び改正市町村合併特例法二四ⅠⅤⅩⅣ）。区長は、合併市町村の長が選任し、任期は、二年以内において合併関係市町村の協議（合併関係市町村の議会の議決を経る。）で定める期間とする（旧市町村合併特例法五の六Ⅱ～Ⅳ、平成一六年合併法及び改正市町村合併特例法二四Ⅱ～Ⅳ）。なお、再任を妨げないものと解する。区長については、欠格要件、罷免、懲戒処分、身分保障等の規定がある（旧市町村合併特例法五の六Ⅵ～ⅩⅢ・二〇Ⅰ、平成一六年合併法及び改正市町村合併特例法二四Ⅵ～ⅩⅢ、平成一六年合併法六九Ⅰ、改正市町村合併特例法六一Ⅰ、地公法三四）。

なお、地域自治区に、事務所の長を置くとともに、別に区長等を置く運用がみられる。

4　地域協議会等

地域自治区には、地域協議会を置く（自治法二〇二の五Ⅰ）。地域自治区の地域協議会の法的性格は、附属機関（自治法一三八の四Ⅲ・二〇二の三）であるが、市町村長その他の市町村の期間の諮問に応じることや意見を聴かれることのほか、必要と認める事項について市町村長その他の市町村の機関に意見を述べることができるものである（自治法二〇二の七）。そして、地域協議会は、住民に基盤を置く機関として、住民及び地域に根ざした諸団体等の主体的な参加と協働活動を通じて、多様な意見の調整、身近な地域づくりなどを行うものであり、地域自治区の〝要《かなめ》〟となるものと位置付けられている。

地域協議会の構成員は、地域自治区の区域内に住所を有する者のうちから、市町村長が選任し、任期は、四年以内において条例で定める機関とする（自治法二〇二の五ⅡⅣ）。地域協議会の構成員の選任に当たっては、地域協議会の構成員の構成が、地域自治区の区域内に住所を有する者の多様な意見が適切に反映されるものとなるよう配慮しなければならない（同条Ⅲ）。この規定の趣旨から、構成員は、商工団体、農業団体、ＰＴＡ、ＮＰＯ等、地域内の集落等を基盤とする団体その他地域の諸団体等の代表者これらの推薦する者を選任しつつ、一部の構成員は公募による者を選任することとすることも考えられる。なお、公職選挙法による選挙によることはできない。

地域協議会の構成員は、国会法三九条の規定により、衆議院議員及び参議院議員が兼ねることはできないが、そのほか特段の兼職禁止の規定はなく、当該市町村の議会の議員が兼ねることは可能である。

地域協議会の構成員には、報酬を支給しないこととすることができる（自治法二〇二の五Ⅴ）。地域協議会の活動は住民として担う自発的な協働活動の一環として捉えられるべきものであって、専門性が重視されるような審議会の委員などとは相当に異なるケースも想定されるところであり、原則的には報酬を支給しないものと考えることもできる。

指定都市については、区又は総合区が設置され、区の事務所が設置されていることに関連して、条例で、区又は総合区ごとに区（又は総合区）地域協議会を置くことができることとされ（その区域内に地域自治区が設けられる区には、区（又は総合区）地域協議会を設けないことができる。）、区（又は総合区）地域協議会には、地域協議会の規定が準用される（自治法二五二の二〇Ⅵ Ⅶ）。なお、区又は総合区に区（又は総合区）地域協議会を置く指定都市は、その一部の区（又は総合区）の区域に地域自治区を設けることとすることができる（同条Ⅸ）。

地域協議会に、会長及び副会長を置き、選任及び解任の方法は、条例で定め、任期は、構成員の任期による（自治法二〇二の六Ⅰ～Ⅲ）。副会長については、複数置くことは差し支えないと解される（なお、自治法二〇二の六Ⅴ参照）。

地域協議会の権限としては、①市町村長その他の市町村の機関により諮問された事項又は市町村長が地域協議会の意見を聴かなければならないものとされる事項について、審議し、意見を述べること、②必要と認める事項について、審議し、市町村長その他の市町村の機関に意見を述べること、ができることである（自治法二〇二の七ⅠⅡ）。①の「意見を聴かなければならないものとされる事項」とは、一般的には、自治法二〇二条の七第二項において、その決定をし、又は変更をしようとする場合においては、あらかじめ、地域協議会の意見を聴かなければならないこととされる「条例で定める市町村の施策に関する重要事項であって地域自治区の区域に係るもの」（「必要的諮問事項」ともいえる。）であるが、合併市町村については、旧市町村合併特例法に規定されていた市町村建設計画又は平成一六年合併法若しくは改正市町村合併特例法の規定による合併市町村基本計画を変更しようとする場合、合併市町村の長は、地域自治区が設けられている場合は、地域協議会の意見を聴かなければならないとされている（旧市町村合併特例法五Ⅸ、平成一六年合併法六Ⅸ、改正市町村合併特例法六Ⅷ）。

地域協議会の権限は、事項的には、自治法二〇二条の七第一項の各号に規定されている①地域自治区の事務所が所掌する事務に関する事項、②①のほか、市町村が処理する地域自治区の区域に係る事務に関する事項、③市町村の事務処理に当たっての地域自治区の区域内に住所を有する者との連携の強化に関する事項、及び同条第二項に規定されている④条例で定める市町村の施策に関する重要事項であって地域自治区の区域に係るものに分けられる。そして、①〜③については、市町村長その他の市町村の機関により諮問されたもの又は地域協議会が自ら必要と認めるものについて、審議し、意見を述べることができ、④については、市町村長は、それを決定し、又は変更しようとする場合においては、あらかじめ、地域協議会の意見を聴かなければならないこととしている。なお、そのほか意見を聴かなければならないものとされているものとして、合併市町村については、上述した市町村建設計画又は合併市町村基本計画の変更がある。

④の条例で定める市町村の施策に関する重要事項としては、市町村が策定する基本的な構想（第七章第四節「一　市町村の事務・権能」参照）、基本計画等のうちその区域に係る事項、区域内の公の施設の設置・廃止及びその管理に関する基本的事項、その区域の住民の生活、地域のあり方等に大きな影響を及ぼす事項などが想定される。

地域協議会の意見については、市町村長その他の市町村の機関は、その意見を勘案し、必要があると認めるときは、適切な措置を講じなければならない（自治法二〇二の七Ⅲ）。市町村長等は、自らの意見と異なる場合、必ずしも地域協議会の意見に従わなければならないというものではないが、地域協議会の意見と異なる対応をとる場合は、十分な説明責任を負うことは当然である。

自治法に定めるもののほか、地域協議会の構成員の定数その他の地域協議会の組織及び運営に関し必要な事項は、条例で定めることとされている（自治法二〇二の八）。条例で定めることとしては、地域協議会の構成員の定数のほか、副会長の数及び会長の職務の代理順位の定め方、地域協議会の内部の構成（例えば、専門部会や分科会的なもの等）、開催回数、会議に関する規律など、が考えられる。

第四節　地方公共団体の長と議会の関係

一　長と議会の関係に関する制度の趣旨

地方公共団体は、首長制（首長主義、大統領制、二元代表制）に基づいて、それぞれ住民の直接選挙で選出される長と議員による議会とが、それぞれ独立の立場において相互に牽制し、その均衡と調和により、地方自治の公正・適切かつ円滑な運営を実現しようとするものである（第一節「一　首長制（首長主義、大統領制、二元代表制）」参照）。したがって、長の議会招集権や議会の議決権、監視権等、長及び議会のそれぞれの本来の機能を果たすための相互の関係におけるほか、一般的にも権限の分立が図られている。しかし、場合によっては、その権限行使について、いずれか一方がその権限の範囲を超えて活動したり、活動すべき活動をしなかったりするとき、相互の調和を図り、あるいは相互の抵触や相剋を解決しなければならない場合があり、長と議会が相互に相手方の活動を牽制し、また、住民の意思により解決することが必要となることもあり得る。自治法にはこのような趣旨等から、「長と議会との関係」について所要の規定が置かれている。自治法に規定されているのは、大別すると、「再議又は再選挙に関する制度」「長の不信任に関する制度」「長の専決処分に関する制度」の三つの制度である。

二　再議（又は再選挙）に関する制度

再議（又は再選挙）に関する制度は、議会が議決（又は選挙）した事項について、長が再度の議決（又は選挙）を求めることができるとする制度である。再議（又は再選挙）に関する制度については、これを長の拒否権とみて、単に異議があれば発動できる一般的拒否権と、異議があるだけでなく、特別の要件を必要とする特別的拒否権に分けることができる。

なお、平成一九年に制定された健全化法において、財政再生計画の策定又は変更に関する議案を否決したとき、財政再生計画の総務大臣への協議に関する議案を否決したとき及び財政再生計画の達成ができなくなると認められる議決をしたときには、長は再議に付することができることとされている（健全化法一七）。

1　一般的拒否権（異議がある場合の再議）

地方公共団体の議会の議決について異議があるときは、当該地方公共団体の長は、自治法に特別の定めがあるものを除くほか、その議決の日（条例の制定若しくは改廃又は予算に関する議決については、その送付を受けた日）から一〇日以内に理由を示して再議に付することができる（自治法一七六Ⅰ）。これを一般的拒否権（一般再議）という。平成二四年の自治法の改正前においては、条例の制定若しくは改廃又は予算の議決について異議があるときだけが対象であったが、改正により議会の議決のすべてを対象とすることとされた。再議に付されたときは、再議に付された議決は当該議決のときに遡ってその効果を有しないこととなる。なお、議決であっても否決された議決は執行上なんら効果を生じないので再議に付することはあり得ない（行実昭二六・一〇・一二）。議会の選挙（自治法一〇三Ⅰ・一八二Ⅰ等）、議会の決定（自治法一一七Ⅰ等）について異議があっても、この規定により再議に付すことはできない。

議決が再議に付されたとき、議会がさらに同一内容の議決をしたときは、議決は確定する。この場合、条例の制定若しくは改廃又は予算に関するものについては、出席議員の三分の二以上の者の同意がなければならない（自治法一七六ⅡⅢ）。

平成二四年の自治法の改正において、この再議（一般的拒否権）の対象が拡大されたことにも関連して、改正前の自治法一七七条一項に規定されていた収支不能議決の再議の規定は削られた。

2　特別的拒否権

(1)　越権・違法な議決又は選挙に関する再議（又は再選挙）

議会の議決又は選挙がその権限を超え又は法令若しくは会議規則に違反すると認めるときは、当該地方公共団体の長は、理由を示してこれを再議に付し又は再選挙を行わなければならない（自治法一七六Ⅳ）。さらに、再議又は再選挙に付されたにもかかわらず、なおその権限を超え又は法令若しくは会議規則に違反する議決又は選挙を行ったと認めるときは、都道府県知事にあって総務大臣、市町村長にあっては都道府県知事に対し、当該議決又は選挙があった日から二一日以内に、審査を申し立てることができる（自治法一七六Ⅴ）。この審査の申立ては、行政不服審査法による不服申立てとは異なった特別の不服申立制度であるが、自治法二五八条において、行政不服審査法の不服申立ての規定について、不服申立ての方式、不服申立ての手続、審理手続、執行停止、裁決等などに関する諸規定が準用されており、平成二六年に成立した新行政不服審査法の施行後においても、審理関係人等、審査請求書の提出等、執行停止、審理手続、裁決等などに関する諸規定が準用される。総務大臣又は都道府県知事は、審査の結果、議会の議決又は選挙がその権限を超え又は法令若しくは会議規則に違反すると認めるときは、当該議決又は選挙を取り消す旨の裁定をすることができる（自治法一七六Ⅵ）。この裁定に不服がある議会又は長は、裁定があった日から六〇日以内に裁判所に出訴することができる（自治法一七六Ⅶ）。この訴えのうち議会の議決又は選挙の取り消しを求めるものは、議会を被告として提訴される（自治法一七六Ⅷ。なお、平成一六年成立した行政事件訴訟法の改正による自治法の改正により規定された。）。

(2)　義務費の削除減額議決に対する再議

議会において、法令により負担する経費、法律の規定に基づき当該行政庁の職権により命ずる経費その他の地方公共団体の義務に属する経費を削除し又は減額する議決をしたときは、当該地方公共団体の長は、理由を示してその経費及びこれに伴う収入を再議に付さなければならない（自治法一七七Ⅰ①）。この場合に、議会がなおこれらの経費を削除し又は減額したときは、長は、その経費及びこれに伴う収入を予算に計上してその経費を支出することができる（自治法一七七Ⅱ）。これは「原案執行」といわれるが、必ずしも適切な表現ではないであろう。

(3)　非常災害対策又は感染症予防費の削除減額議決に対する再議

議会において非常の災害による応急若しくは復旧のために必要な経費又は感染症予防のために必要な経費を削除し又は減額する議決をしたときは、当該地方公共団体の長は、理由を示してその経費及びこれに伴う収入を再議に付さなければならない（自治法一七七Ⅰ②）。再議に付した場合において、議会がなおこれらの経費を削除し又は減額したときは、当該地方公共団体の長は、その議決を不信任の議決とみなすことができる（自治法一七七Ⅲ）。

三　長の不信任に関する制度

現行の地方自治制度の下においては、普通地方公共団体（特別区を含む。自治法二八三参照）は、いずれも住民の直接選挙によって選ばれた執行機関たる長と議員から構成される議決機関たる議会が、それぞれ独立の立場において相互に牽制し、その均衡と調和の下で運営されるもの（首長制（首長主義・大統領制・二元代表制））であるが、この両者の間に対立抗争が生じ、その均衡と調和が保たれなくなった場合においては、議会の側には、長に対する不信任議決権により長を失職させる権能を賦与するとともに、長の側には、これに対抗する手段として議会解散権を認めて、選挙を通じて住民の判断にゆだねることができることとしている。このような仕組みは、首長制（首長主義・大統領制・二元代表制）に議院内閣制の要素が加えられた我が国に特殊な制度である。

議会において、長の不信任の議決をしたときは、直ちに議長からその旨を長に通知しなければならない。この場合においては、長はこの通知を受理した日から一〇日以内に議会を解散することができる（自治法一七八Ⅰ）。

議会において長の不信任の議決をした場合において、議長から通知のあった日から一〇日以内に議会を解散しないときは、一〇日の期間が経過した日において、長はその職を失うものであり、また、議会の解散後はじめて招集された議会において再び不信任の議決があり、議長から長に対しその旨の通知があったときは、長は、議長から通知があった日においてその職を失うものである（自治法一七八Ⅱ）。

最初の不信任議決については、議員数の三分の二以上の者が出席し、出席議員の四分の三以上の者の同意がなければならず、議会解散後初めて招集された議会において行う不信任議決については、議員数の三分の二以上の者が出席し、出席議員の過半数の者の同意がなければならない（自治法一七八Ⅲ）。

不信任議決かどうかについて明確でない場合があり、例えば、辞職勧告決議については、自治法一七八条の規定に基づく議決か否かを明らかにしたうえで議決するようにするべきである。

四　長の専決処分に関する制度

専決処分権は、議会において議決（又は決定）すべき事件に関して、必要な議決（又は決定）が得られない場合において補充的手段として、議会の権限に属する事項を当該地方公共団体の長が代わって行うことを認めたものである。

地方公共団体の長は、自治法一七九条又は一八〇条の規定に基づき、その議決（又は決定）すべき事件を処分することができる。これを専決処分といい、それは、法令上議会の議決（又は決定）事項とされているにもかかわらず、長が議会の議決（又は決定）を経ないで処分することである。自治法の規定によって行われたものである限り、その処分は議会の議決（又は決定）を経て行われたものと同様に適法かつ有効である。専決処分は、自治法一七九条の規定による場合と自治法一八〇条の規定による場合がある。

(1)　自治法一七九条の規定による場合

この専決処分については、最近の事例に鑑み、平成二四年の自治法の改正でその対象から副知事又は副市町村長の選任の同意（自治法一六二）を除くこととされた（改正後の自治法一七九Ⅰただし書）。平成二六年の自治法の改正で規定された指定都市の総合区長の選任の同意（改正後の二五二の二〇の二ⅠⅢⅣ。第一四章第二節「四　行政組織の特例」参照）も除かれる（改正後の自治法一七九Ⅰただし書）。

ア　議会が成立しないとき

「議会の成立」とは、議会が議員定数の半数以上の存在議員を有し、現実に長の招集があれば、これらの議員が集合して、適法に議会活動を行い得る抽象的活動能力を有する（自治法一一三参照。第二節五２「(2)　議会の成立」参照）ことをいう。したがって、「議会が成立しないとき」は、右のような抽象的活動能力を有しないときであり、具体的には、在任議員の総数が議員定数の半数に満たない場合である。

イ　自治法一一三条ただし書の場合において、なお、会議を開くことができないとき

自治法一一三条ただし書の規定により、議会は、①自治法一一七条の規定による除斥のため半数に達しないとき、②同一の事件につき再度招集してもなお半数に達しないとき及び③招集に応じても出席議員が半数を欠き議長において出席を催告しても、なお半数に達しないとき又は半数に達してもその後半数に達しなくなったときは、出席議員の数が半数に達しなくても会議を開くことができるのであるが、この場合においても出席議員の数が議長のほか二名を下ることは許されない。なぜならば、議長外一名の出席では、合議体として議会ということはできず、議決（又は決定）をすることができないからである。したがって、このようなときは、「自治法一一三条ただし書の場合において、なお、会議を開くことができないとき」である。

ウ　特に緊急を要するため議会を招集する時間的余裕がないことが明らかであると認めるとき

この場合は、絶対に議会の議決（又は決定）を得ることが不可能な場合ではないが、当該事件が緊急を要し、議会を招集してその議決を経ている間に、その時期を失することが明らかであると認めるような場合である。議会の招集は、原則として議会の日前、都道府県及び市にあっては七日、町村にあっては三日前までに告示しなければならないが、緊急を要するときは、必ずしもこの告示期間を置くことを要しない（自治法一〇一Ⅴただし書）。しかし、いかなる場合においても、常に少なくともすべての議員が開会までに参集し得る時間的余裕を置いて告示しなければならないので、そのような時間的余裕がないことが明らかであると認められるときである。この要件については、平成一八年の改正前においては、「議会を招集する暇がないと認めるとき」とされていたが、第二八次地方制度調査会の「地方の自主性・自律性の拡大及び地方議会のあり方に関する答申」（平成一七年一二月）を受けて、要件の明確化が図られたものである。

エ　議会において議決（又は決定）すべき事件を議決（又は決定）しないとき

「議会において議決（又は決定）すべき事件」とは、議会が議決（又は決定）する権限を有する事件であるが、議決（又は決定）する権限を有する事件であることのみをもっては足らず、それが同時に法令上議決（又は決定）が必要であるものでなければならない。条例の制定若しくは改廃、予算その他自治法九六条一項各号の事件、同意その他法令により議会の権限とされている事項は一切含まれるが、議会において行う選挙はこれに含まれない。不信任の議決、自治法九九条の意見書の提出等、執行と関係のない議決についても該当しない。

以上の専決処分で、地方公共団体の長が専決処分したものについては、次の会議（次の会議とは、専決処分後における最初の会議である。臨時会を含むものと解する。）において議会に報告し、その承認を求めなければならない（自治法一七九Ⅲ）。議会の承認が得られなかった場合といえども当該処分の効力には影響がないが、平成二四年の自治法の改正において、条例の制定若しくは改廃又は予算に関する処置について承認を求める議案が否決されたときは、長は、速やかに、当該処置に関して必要と認める措置を講ずるとともに、その旨を議会に報告しなければならないとされた（自治法一七九Ⅳ）。

(2)　自治法一八〇条に基づき議会の委任による場合

地方公共団体の議会の権限に属する軽易な事項で、その議決により特に指定したものは、地方公共団体の長において、これを専決処分することができる（自治法一八〇Ⅰ）。

議会の議決により長において専決処分をするのは軽易な議決事件に限るべきであり、条例により、議会の議決事項とされているもの（自治法九六Ⅱ参照）について、議会の議決により知事の専決処分事項とするのは、一般的には適当であるとはいえないが、個別事件についてやむを得ない事情があれば差し支えない。

応訴した事件に係る和解のすべてを議決により知事の専決処分とすることは、自治法一八〇条一項に違反する無効なものとする判決がある。（東京高裁平一三・八・二七）。

自治法一八〇条の専決処分事項を指定する議案の提案権は、議員に専属し、長にはない。

自治法一八〇条一項の規定により専決処分をしたときは、地方公共団体の長は、これを議会に報告しなければならない（自治法一八〇Ⅱ）。委任による専決処分の場合には、法律の規定（自治法一七九の規定）による専決処分と異なり、議会の承認を求める必要はなく、報告で足りる。報告時期については、次の会議において議会に報告することが法意である。

第五節　給与その他の給付

一　議員の議員報酬等及び非常勤職員の報酬等

平成二〇年の自治法の改正（衆議院の総務委員長の提案による。）により、改正前の自治法二〇三条においては、議会の議員、委員会の委員等の非常勤の職員に対する報酬及び費用弁償並びに議会の議員に対する期末手当に関して規定されていたものを、議会の議員に対する規定と委員会の委員等の非常勤職員に対する規定とを分離し、自治法二〇三条においては議員の議員報酬及び費用弁償並びに期末手当について規定し、自治法二〇三条の二においては委員会の委員等の非常勤職員の報酬及び費用弁償について規定することとした。

地方公共団体は、議会の議員に対し議員報酬を支給しなければならず（自治法二〇三Ⅰ）、委員会の委員、非常勤の監査委員その他の委員、自治紛争処理委員、審査会、審議会及び調査会等の委員その他の構成員、専門委員、平成二九年の自治法の改正で規定された監査専門員、投票管理者、開票管理者、選挙長、投票立会人、開票立会人及び選挙立会人その他普通地方公共団体の非常勤の職員（短時間勤務職員及び平成二九年の地方公務員法の改正で位置付けられた地方公務員法第二二条の二第一項第二号に掲げる職員を除く。）に対し、報酬を支給しなければならない（自治法二〇三の二Ⅰ）。議会の議員に固有の名称である議員報酬を支給するとされたことの背景には、改正前の規定では、議員も非常勤の職員と解されてきたことに対して、議員は非常勤の職員とは区別されるべきだという強い主張があり、また、議員に対しては、国会議員と同様（憲法四九参照）、「歳費」を支給するよう要望があったことがある。ただ、「歳費」とするのは、必ずしも適切でないので、固有の名称である「議員報酬」とされたものである。「議員報酬」という名称であっても、「一定の役務の対価として与えられる反対給付」であることにおいては、「報酬」と変わりはない。

議会の議員及び委員会の委員等の非常勤の職員は、職務を行うために要する費用の弁償を受けることができる（自治法二〇三Ⅱ・二〇三の二Ⅲ）。また、地方公共団体は、条例で、議会の議員に対し、期末手当を支給することができる（自治法二〇三Ⅲ）。平成二九年の地方公務員法の改正で位置付けられた地方公務員法第二二条の二第一項第一号に掲げる職員に対しても、期末手当を支給することができると自治法の改正で規定された（自治法二〇三の二Ⅳ）。

議会の議員に対する議員報酬、費用弁償及び期末手当の額並びにその支給方法、また、委員会の委員等その他非常勤の職員に対する報酬、費用弁償及び期末手当の額並びにその支給方法は、条例でこれを定めなければならない（自治法二〇三Ⅳ・二〇三の二Ⅴ)。

委員会の委員等の非常勤の職員に対する報酬は、その勤務日数に応じて支給するが、条例で特別の定めをした場合はこの限りでないとされている(自治法二〇三の二Ⅱ)、委員会の委員に月額報酬を支給することについて、この自治法二〇三条の二第二項の規定に違反するかどうかについて、最高裁判所の判決(平二三・一二・一五)は、各地方公共団体ごとに、その財政規模、状況等との権衡の観点を踏まえ、当該非常勤職員の職務の性質、内容、職責や勤務の態様、負担等の諸般の事情の総合考慮による政策的、技術的な見地からの判断を要するものということができるとし、その裁量権の範囲を超え又はこれらを濫用するものであるか否かによって判断すべきものと解するとしている。

二　常勤職員の給与等

地方公共団体は、地方公共団体の長及びその補助機関たる常勤の職員、委員会の常勤の委員(教育委員会にあっては、教育長)、常勤の監査委員、議会の事務局長又は書記長、書記その他の常勤の職員、委員会の事務局長若しくは書記長、委員の事務局長又は委員会若しくは委員の事務を補助する書記その他の常勤の職員その他地方公共団体の常勤の職員並びに短時間勤務職員及び平成二九年の地方公務員法の改正で位置付けられた地方公務員法第二二条の二第一項第二号に掲げる職員に対し、給料及び旅費を支給しなければならない(自治法二〇四Ⅰ)。

「給料」とは、労務に対する対価の意味においては報酬と同じであるが、自治法においては常勤の職員に対するものを給料と称しているのであって、国家公務員の場合の「俸給」に相当する。なお、「給与」という場合には、給料の他、自治法二〇四条二項の諸手当を含むが、「給料」は「給与」の内で、正規の勤務時間による勤務に対する報酬をいうのである。

給料請求権は、その基本権を抛棄、譲渡、質入れ、相続することはできないが、すでに発生した支分権は、公職選挙法一九九条の二第一項に規定する寄附の禁止に該当する場合を除き、抛棄等をすることができる。

地方公共団体は、条例で、職員に対し、扶養手当、地域手当、住居手当、初任給調整手当、通勤手当、単身赴任手当、特殊勤務手当、特地勤務手当（これに準ずる手当を含む。）、へき地手当（これに準ずる手当を含む。）、時間外勤務手当、宿日直手当、管理職員特別勤務手当、夜間勤務手当、休日勤務手当、管理職手当、期末手当、勤勉手当、寒冷地手当、特定任期付職員業績手当、任期付研究員業績手当、義務教育等教員特別手当、定時制通信教育手当、産業教育手当、農林漁業普及指導手当、災害派遣手当（武力攻撃災害等派遣手当及び新型インフルエンザ等緊急事態派遣手当を含む。）又は退職手当を支給することができる（自治法二〇四Ⅱ）。

給料、手当及び旅費の額並びにその支給方法は、条例で定めなければならない（自治法二〇四Ⅲ）。なお、教育公務員特例法の適用を受ける教育職員及び地方公営企業法の適用又は準用を受ける職員については、これらの法律等に基づき取扱いが異なるものがあることに留意を要する。

三　給与等の支給制限

地方公共団体は、いかなる給与その他の給付も法律又はこれに基づく条例に基づかずには、これを議会の議員、自治法二〇三条の二第一項の者及び同法二〇四条第一項の者に支給することができない（自治法二〇四の二）。

法律又はこれに基づく条例に基づき支給するとは、法律上直接に給与の種類、額、支給方法等について規定があり、これによって直ちに給与が支給できるような場合に、これに基づいて支給すること、及び法律においてある種の支給について根拠があり、この法律の授権に基づいて条例で具体的に種類、額、支給方法等を定め、それに基づいて支給することをいう。「これに基く条例」と規定されているのは、具体的に地方公共団体の職員の給与に関して法律の特別の定めがあり、その法律によって、すなわち当該規定に基づいて条例が内容的に給与の種類、額及び支給方法等を定めることを意味する。

これに違反する給与その他の給付の支出は、違法であり、その支給を行った職員は地方公共団体に損害を与えた場合損害賠償の責に任じなければならず、支給を受けた職員も本来請求権のない者であるから、返還の義務がある。

判例においては、例えば旅費・報償費の名目での記念品料支給について、社会通念上の儀礼の範囲内であれば許容されるが、その範囲を超える金額となるものは、法律又はこれに基づく条例に基づかない給付となり違法となるとしたもの（最高裁昭三九・七・一四）、昼休みの窓口業務を特殊勤務手当の支給の対象とする旨の規定を置くことなく、特殊勤務手当の種類・金額等の具体化を長に委ねる旨の条例の条項を根拠に手当を支給した当該手当は違法となるとしたもの（最高裁平七・四・一七）などがある。

四　給与その他の給付に関する処分についての審査請求

給与その他の給付に関する処分に不服がある場合には、旧行政不服審査法の下における自治法の規定（改正前の自治法二〇六条）においては、①地方公共団体の機関がした給与その他の給付に関する処分については、当該処分庁の如何を問わず、すべて当該地方公共団体の長に対して審査請求又は異議申立てをなすべきものとしたこと、及び②当該地方公共団体の長がした審査請求又は異議申立てに対する裁決又は決定に不服がある場合には、さらに、都道府県知事がした裁決又は決定については総務大臣、市町村長がした裁決又は決定については都道府県知事に、再審査請求又は審査請求をすることができるものとしたこと、の二点について、旧行政不服審査法に対する特例が定められていた。

平成二六年に成立した新行政不服審査法の施行は、公布の日（平成二六年六月一三日）から起算して二年を超えない範囲内において政令で定める日から施行するとされ、平成二八年四月一日に施行された（平成二七年政令第三九〇号）。施行前にされた行政庁の処分又は施行前にされた申請に係る行政庁の不作為に係るものについては、なお従前の例によるとされている（新行政不服審査法附則三）。

新行政不服審査法においては、異議申立て、審査請求及び再審査請求を原則的に一段階にし、審査請求に一元化する（新行政不服審査法二～四）こととされている。そして、新行審法関係法律整備法において自治法が改正され、新行政不服審査法における審査請求の規定（新行政不服審査法二・四）を適用するうえで、改正後の一項は、長以外の機関がした給与その他の給付に関する処分についての審査請求は、法律に特別の定めがある場合を除くほか、長が当該機関の最上級行政庁でない場合においても、長に対してするものとするとしている。つまり、処分庁の如何を問わず長に審査請求をすることとなるものである（自治法二〇六Ⅰ）。なお、審査請求があったときは、長は議会に諮問して決定しなければならない（自治法二〇六Ⅱ。なお、平成二九年第七次改革推進一括法による自治法の改正で当該審査請求が不適法であり、却下するときは、諮問しないでその旨を議会に報告しなければならないこととされた（改正後の二〇六ⅡⅣ）。また、旧行審法の下での自治法二〇六条六項の再審査請求の規定は削られた。

なお、審査請求があったときは、長は議会に諮問して決定しなければならないこととされていることから、新行政不服審査法四三条に定める機関に諮問しなければならない（行政不服審査会等への諮問）とする規定の適用は除外される（同条①②）。

一般職の地方公務員については、不利益処分に関して人事委員会又は公平委員会における審査の制度が設けられている（地公法四九～五一）。一般職の地方公務員についての給与その他の給付に関する処分については、多くは不利益処分に該当するような場合と考えられるから、そのような場合は、自治法二〇六条の「法律に特別の定めがある場合」に該当するものとして、人事委員会又は公平委員会に対し審査請求がなされることとなると解されている。ただし、非常勤職員その他の特別職の職員には地方公務員法が適用されないから、給与その他の給付に関する処分については、自治法二〇六条の規定の適用がある。また、一般職の職員に関するものであっても、本人の死亡等による妻子等の遺族の給料、退職年金等についての不服に関しても、不利益処分の規定の適用はないので、自治法二〇六条の規定の適用がある。

給与その他の給付に関する処分について不服のある者は、出訴することができる。給与その他の給付に関する処分についての訴訟は、行政事件訴訟法の適用を受け、行政庁の違法な処分又は裁決の取消しに係る訴訟として、処分又は裁決をした行政庁の所属する国又は地方公共団体を被告として提起する（行政事件訴訟法一一Ⅰ）。なお、平成一六年に成立した行政事件訴訟法の改正により被告適格の原則が行政庁から行政庁の所属する国又は公共団体に変更されたものである。この取消しの訴えについては、地方分権一括法による改正前の自治法二五六条の規定に該当する場合（当該処分につき、当該地方公共団体の機関以外の行政庁（労働委員会を除く。）に審査請求、審決の申請その他の不服申立てをすることができる場合）には、一般に不服申立前置の制度となっていたが、改正により同条が削除され、一般的な不服申立前置の制度は廃止された。なお、人事委員会又は公平委員会に対して不利益処分の審査請求をすることができるものの取消しの訴えは、その裁決又は決定を経た後でなければこれを提起することができない（地公法五一の二）。

第一〇章　地方公共団体の財務

第一節　地方公共団体の財務の意義と原則等

一　地方公共団体の財務の意義と範囲

地方公共団体は、その事務を処理し、行政を執行するために、「自治財政権」を有している。自治財政権の内容には、「財産を管理」する権能（憲法九四参照）のほか、必要な財源を確保するために地方税その他の収入を徴収したり、経費を支出することが含まれる（福岡地裁昭五五・六・五参照）。

「地方公共団体の財務」とは、一般に、地方公共団体が自治財政権に基づき、当該団体の財政を自主的・自律的に運営するために処理する予算及び決算、収入及び支出、契約、財産等に関する事務及びこれらに附帯する事務を包括する概念として用いられている。自治法においては、地方公共団体の経済行為全般にわたる基本的な事務とこれに附帯する事務を「財務」と総称しているものと思われ（自治法第二編第九章「財務」参照）、その具体的内容は、①会計年度及び会計区分、

②予算、③収入、④支出、⑤決算、⑥契約、⑦現金及び有価証券、⑧時効、⑨財産、⑩住民による監査請求及び訴訟等にわたる広い範囲に及んでいる。

なお、地方公共団体における現実の収支の執行手続（支出負担行為の確認を含む。）、現金の出納（小切手の振出しを含む。）及び保管、有価証券及び物品の出納及び保管、現金及び財産の記録管理、決算の調製等を総称して、「会計事務」と呼ばれているが（自治法一七〇Ⅱ）、会計事務は、地方公共団体の財務の一部とされている。

二　地方公共団体の財務に関する制度の沿革等と新しい視点からの公会計制度

自治法制定時の財務に関する制度は、戦前の府県制や市制、町村制に基づく制度をそのまま踏襲したものであった。しかしその後、戦後の地方自治制度の下における地方公共団体の運営の実情に沿わない部分が多く、社会経済の進展に対応する地方行政のあり方からみても、その改善を図る必要性が高まったことから、政府は「地方財務会計制度調査会」を設置し、近代的・合理的な財務制度の確立について検討を行った。

同調査会の答申の趣旨に従い、昭和三八年の自治法改正によって、組織面も含めた財務制度全般にわたる制度改革が行われた。同改正は、地方公共団体における財務事務の処理体制と処理方法等を近代化し、併せて新しい時代の住民生活の要請に応えることにより、地方公共団体における行政の能率と公正を確保することを目的としたものである。

また、近時の国際化、グローバル化の進展等に地方公共団体の財務に関する制度、とりわけ契約に関する制度についても対応が求められるようになり、所要の措置が講じられている。

なお、地方公共団体の財務に関する制度は、公の会計として、また沿革的な理由から国の制度との均衡等が考慮されていることが少なくないことに留意を要する。

近年、「電子政府」「電子自治体」に対応した財務事務の処理の要請があり、所要の規定の整備も行われている（例えば自治法二三四Ⅴ等）が、こうした観点からの地方財務制度の検討も求められるようになっている。

さらに、現在の地方財務制度が依拠している官庁会計の制度は、事前の統制と予算の執行の管理を重視し、現金主義による現金収支情報の把握という視点から単式簿記を用いた記録システムによる仕組みである。たしかに、官庁会計の任務としては、民主主義と公正・適正な会計管理ということが重要であり、現行の制度がそうした要請に沿ったものであるということもできる。一方で、近年においては行財政改革として、成果主義の要請があり、財政の効率化と有効性を追求する経営的管理（新公共経営（管理）―ＮＰＭ）を展開することが課題となっている。このような観点からは、公会計においてもストック情報やコスト情報が求められるが、現行の官庁会計にはこれらが欠如している。このようなことから、公会計において私企業と同様に、効率性と有効性を検証し、業績を評価するために必要なストック、コスト等の面における会計情報を提供する財務会計システムを併せて採用することが論じられ、検討されている。そして、発生主義・複式簿記の導入、バランスシート（貸借対照表。連結バランスシートの作成を含む。）、行政コスト計算書、資金収支計算書（キャッシュフロー計算書）、純資産変動計算書といった財務諸表の作成等が行われるようになった（「地方公共団体における行政改革の推進のための指針の策定について」（通知平一八・八・三一参照））。

総務省においては、新地方公会計制度について研究会を設けて調査研究を続けてきた。平成一八年五月、新地方公会計制度研究会が報告書を取りまとめ、引き続き設けられた新地方公会計制度実務研究会における調査研究も踏まえ、「地方公共団体における行政改革の更なる推進のための指針の策定について」を通知し（通知平一八・八・三一）、その中において公会計における上述したような財務書類の作成、整備の推進を要請した。なお、新地方公会計制度実務研究会は、平成一九年一〇月、さらなる報告書を取りまとめた。

また、平成一九年に制定された地方公共団体の財政の健全化に関する法律（健全化法）において、地方公共団体の財政の健全化に関する比率の公表の制度を設け、当該比率に応じて地方公共団体の財政の早期健全化及び財政の再生並びに公営企業の経営の健全化を図るための計画を策定する制度が定められ、健全化判断比率である実質赤字比率、連結実質赤字比率、実質公債費比率及び将来負担比率並びに公営企業の資金不足比率を算定し、その算定の基礎となる事項を記載した書類を監査委員の審査に付しその意見（監査委員の合議による。）を付けて、当該健全化判断比率及び資金不足比率を議会に報告し、かつ、公表しなければならないこととされた。地方公共団体においては、これらの地方公共団体の財務に関する要請に適切に対応し、公会計の状況を示す指標の基礎となる事項に係る書類を整備する必要がある。

こうした公会計に係る動向に鑑みて、将来、財務会計制度の大幅な改正が検討されることとなることも考えられる。地方分権改革推進委員会の第三次勧告（平成二一年一〇月）において、地方自治体の財務会計における透明性の向上と自己責任の拡大について、政府は透明性の向上と自己責任の拡大を図る観点から、地方自治体の財務会計制度の見直しに着手し改革の方向を提示すべきであるとしている（同勧告第二章「2　地方自治体の財務会計における透明性の向上と自己責任の拡大」参照）。また、同委員会の第四次勧告（平成二一年一一月）において、「政府は、地方自治体における事業ごとの予算・決算書類の作成や発生主義の考え方を取り入れた財務四表の導入などの取組みを更に一層促進するとともに、経常経費と投資経費とが区分されていない現行の予算・決算を含む財務会計制度についての改善など、透明性の向上と自己責任の拡大を図る観点から、地方自治体の財務会計制度の見直しに着手し、改革の方向性を国民に提示すべきである。」としている（同勧告Ⅱ「5　財政規律の確保」）。そして、平成二二年六月に閣議決定された「地域主権戦略大綱」において、「現行の予算単年度主義や国庫補助制度が地方公共団体の予算執行の現状にそぐわず、不適正な経理を誘発する一因となっているのではないかという指摘がある。また、地方の財政事情の的確な公開のためには、地方公共団体全体の決算情報のより充実した提供も重要な課題である。さらに、ストック情報を含めた財務状況の透明性の確保のため、発生主義の考え方を取り入れた予算・決算制度の在り方を検討すべきとの指摘がある。これらの点を踏まえ、地方自治法の財務規定の在り方について、国の財務会計制度との整合性を踏まえつつ検討を進める。」としている（同大綱第8「4　財務会計制度」）。

総務省は、平成二六年（四月）、「今後の新地方公会計の推進に関する研究会報告書」を取りまとめた。この研究会は、平成二二年（九月）に設置され、平成二五年（八月）に「中間とりまとめ」をしていたものであり、「中間とりまとめ」において、地方公会計の整備にあたっての標準的な考え方・方法を示す基準を設定することや、固定資産台帳の整備及び複式簿記の導入は必要不可欠であること等が示されたことを受けて、「地方公共団体における財務書類の作成基準に関する作業部会」と「地方公共団体における固定資産台帳の整備等に関する作業部会」を設けて検討してきたところを取りまとめた作業部会報告書を踏まえて作成されたものである。そして、総務省は、平成二七年一月（二三日）、「統一的な基準による地方公会計マニュアル」を示した（大臣通知）。

三　地方公共団体の財務に関する法規と原則

地方公共団体の財務について規律する法規を、一般に「財務法規」という。財務法規の法源としては、憲法に基づき「地方公共団体の組織及び運営に関する事項」について定める自治法が基本となる法律であり、同法に基づくものとして自治令、自治則等が制定されているほか、自治令一七三条の二の規定に基づき地方公共団体が定める「財務規則」がある。また、自治法に基づく財務制度の特例を定めるものとして、地方公営企業法等があり、地方財政法、地方税法等も財務法規の一般的・総則的な法源となっている。さらに、契約に関して、地方公共団体の物品等又は特定役務の調達手続の特例を定める政令、公共工事の入札及び契約の適正化の促進に関する法律、公共工事の品質確保の促進に関する法律等がある。さらに、個別の行政分野に係る法令中にも地方公共団体の財務に関する規定が置かれる場合があることに留意する必要がある。

次に、これらの財務法規に通ずる原則として、一般的にいって、財務事務の処理について「公正を確保すること」と「合理化・能率化を図ること」があると考えられる。例えば、地方公共団体の契約は、原則として一般競争入札の方法により締結することとされている（自治法二三四Ⅱ）のは主として前者の原則に基づくものであり、他方、歳出予算の各項の流用（自治法二二〇Ⅱ）や一定の場合に、私人に歳入の徴収若しくは収納の事務又は支出の事務を委託することができることとされている（自治法二四三、自治令一五八・一五八の二・一六五の三）のは、主として後者の原則に基づくものと解される。しかしながら、この二つの原則は、具体的な制度やその運用のあり方において互いに矛盾することもあり、財務制度には、これらを調和させるための技術的・実務的な配慮も強く認められることから、財務法規の解釈や運用に当たっては、このことに十分留意する必要がある。

また、財務事務の処理を体系的に行うとともに、住民の信頼を確保するため、執行機関の責任体制が確立していなければならない。

なお、近年、地方公共団体の行政運営に対する住民の関心が高まるとともに、財務事務の処理の当否が問われる事例が見受けられることから、財務事務の公正かつ合理的・能率的な処理を確保するという観点に立って、透明化や電子化等を含め、その処理体制と処理方法等の一層の適正化と近代化・合理化が要請されている。

第三一次地方制度調査会の「人口減少社会に的確に対応する地方行政体制及びガバナンスのあり方に関する答申」において、内部統制の対象とするリスクについて具体的には、「財務に関する事務の執行におけるリスクは、影響度が大きく発生頻度も高いこと、地方公共団体の事務の多くは予算に基づくものであり明確かつ網羅的に捕捉できること、民間企業の内部統制を参考にしながら進めることができること等から、当該リスクを最低限評価するリスクとすべきである。」とされている（同答申第3・1⑵「②評価及びコントロールの対象とすべきリスク」）。この答申を勘案し、平成二九年の自治法の改正において、「財務に関する事務等の適正な管理及び執行を確保するための方針の策定等」の規定（内部統制体制の整備と運用に関する規定）が設けられた（改正後の自治法一五〇条）。詳細については、「第九章第三節三1『⑻ 内部統制体制の整備と運用』」を参照されたい。

四　財務に関係のある事務の実地検査

総務大臣は都道府県について、都道府県知事は市町村について、財務に関係のある事務に関し、必要があるときは、実地の検査を行うことができる（自治法二五二の一七の六ⅠⅡ）。また、総務大臣は、市町村の財務に関係のある事務について、都道府県知事が行う実地の検査に関し、都道府県知事に対し必要な指示をすることができ、また緊急を要するときその他特に必要があると認めるときは、自ら実地の検査を行うことができる（同条ⅢⅣ。自治法二五二の一七の七参照）。「実地の検査」とは、実地において調べることをいい、具体的には、実地にある書類・帳簿の提出を求め、実地に視察を行い、事務処理の正否を検査することを内容とする。

なお、都道府県知事の事務は、「第一号法定受託事務」である（自治法二九八Ⅰ参照）。

五　地方公共団体の財政の健全化に関する法律（健全化法）に基づく調査等及び勧告

平成一九年に制定された健全化法に基づき、総務大臣は、必要に応じ、財政再生団体の財政再生計画の実施状況について調査し、又は報告を求めることができることとされている（健全化法一九）。また、総務大臣又は都道府県知事は、財政健全化団体の財政健全化計画又は経営健全化団体の経営健全化計画の実施状況を踏まえ（健全化法六・二四による六の準用参照）、財政の早期健全化又は公営企業の経営の健全化が著しく困難であると認められるときは、当該団体の長に対し、必要な勧告をすることができることとされた（健全化法七・二四による七の準用）。さらに、総務大臣は、財政再生団体の財政運営がその財政再生計画に適合しないと認められる場合その他財政再生団体の財政の再生が困難であると認められる場合においては、当該財政再生団体の長に対し、予算の変更、財政再生計画の変更その他必要な措置を講ずることを勧告することができることとされた（健全化法二〇）。

平成二八年の地方交付税法等の一部を改正する法律により健全化法が改正され、三セク等に対する短期貸付金のうち地方公共団体が実質的に負担すると見込まれる額及び公有地信託のうち地方公共団体が実質的に負担すると見込まれる額が将来負担比率（健全化法二④参照）に反映するようにされた（改正後の健全化法二④ト・チ）。

なお、第四節二「4　地方公共団体の財政の健全化に関する法律（健全化法）に基づく健全化判断比率等の公表等」を参照されたい。

第二節　会計年度

一　会計年度の意義

「会計年度」とは、地方公共団体の収入、支出等を区分して、その関係や会計経理を明確にするために設けられた一定の期間をいい、地方公共団体の財務事務の基本となる予算が、原則としてその効力を保有し、存続する期間（有効期間）を意味するものである。

地方公共団体の会計年度は、毎年四月一日に始まり、翌年三月三一日に終わる（自治法二〇八Ⅰ）。地方公共団体の会計年度が、国の会計年度（財政法一一）と同じく、四月一日に始まることについては、事業の執行その他の行財政運営に及ぼす影響が指摘されており、会計年度に関する制度の改革の論議もある。

二　会計年度独立の原則

地方公共団体の各会計年度における歳出は、その年度の歳入をもって、これに充てなければならない（自治法二〇八Ⅱ）。このそれぞれの会計年度に支出すべき経費の財源はその年度における収入によって支弁しなければならないということは、ある会計年度に属する収入及び支出は、他の会計年度にわたって処理されてはならないということでもあり、このようなたてまえを「会計年度独立の原則」という。

しかしながら、地方公共団体の収入、支出等は、会計年度にかかわりなく、連続して処理されているものであり、いずれの会計年度に属するかということを容易には定めることができない場合が少なくないことから、これを明らかにするため、歳入及び歳出について「会計年度所属区分」が定められている（自治令一四二・一四三）。なお、この会計年度所属区分を定める基準としては、発生主義（収入又は支出の原因が発生した日の属する年度を基準とするもの）と現金主義（現実に収入又は支出が行われた日の属する年度を基準とするもの）の二つの考え方があるが、通常の国及び地方公共団体の会計（地方公営企業に係る特別会計等を除く会計）においては、原則として、現金主義が採用されている。もっとも、会計年度の所属区分を定めている自治令の規定で、収入について納期の末日や納入通知書等を発した日などにより、また支出について支払期日や支給すべき事実の生じた時などにより、区分することとしている（自治令一四二・一四三）ので、純粋に現金主義というわけではない。

また、財務事務の処理について、会計年度独立の原則を例外なく厳格に適用することとすると、かえって円滑な財政運営を阻害する場合があるので、予算の効率的執行等の観点から、この原則に対する例外が認められており、具体的には、①継続費の逓次繰越し（自治法二一二）、②繰越明許費（自治法二一三）、③事故繰越し（自治法二二〇Ⅲただし書）、④過年度収入及び過年度支出（自治令一六〇・一六五の八）、⑤歳計剰余金の繰越し（自治法二三三の二）、⑥翌年度歳入の繰上充用（自治令一六六の二）等の制度が設けられている。

第三節　会計区分

地方公共団体の会計は、一般会計及び特別会計に区分される（自治法二〇九Ⅰ）。

「会計」は、財務事務の処理に係る基本的な単位となるものであり、当該地方公共団体の財政状況の全体像が容易に把握できるよう単一であること（予算単一主義の原則）が本来望ましいが、地方公共団体の複雑で多岐にわたる事務を単一の会計で処理することは困難であるので、一般会計のほかに、特別会計を設けることを認めることによって、この問題を解決しようとするものである。

しかしながら、特別会計の濫設は予算の統一性を害することとなるので、特別会計は、①地方公共団体が特定の事業を行う場合（例えば、地方公営企業に係る特別会計等）や②その他特定の歳入をもって特定の歳出に充て一般の歳入歳出と区分して経理する必要がある場合（例えば、特定の歳入を財源とする貸付事業に係る特別会計等）において、条例でこれを設置することができるとされている（自治法二〇九Ⅱ）。ただし、他の法律の規定（例えば、地公企法一七、国民健康保険法一〇、介護保険法三Ⅱ、農業災害補償法九九の二Ⅱ）により特別会計の設置が義務付けられている場合には、改めてその設置について条例で定める必要はないと解されている。

なお、しばしば「普通会計」の概念が用いられる。「普通会計」とは、制度上の概念ではないが、一般会計並びに特別会計のうちの公営企業（地方公営企業法の一部適用のあるものも含む法適用企業及び地方財政法六条に規定する政令で定める公営企業のうち法適用企業以外のもの。）の会計、収益事業の会計及びその他公営事業の会計（国民健康保険事業会計、介護保険事業会計、後期高齢者医療事業会計、農業共済事業会計等）に属しない会計を総称する。健全化法二条一項では「一般会計等」とされている（健全化令二、健全化規則一参照）。また、地方財政法施行令一〇条、第一二条第二号及び第三〇条第一項に規定する「一般会計等」についても整合するよう地方財政法施行令が改正された（平成一九年一二月改正後当時の地財令九参照）。なお、統計上の普通会計は若干異なる。

第四節　予算と決算

一　予算

1　予算の意義

「予算」とは、一般に、一定期間における収入及び支出の見積り（予定的計画）のことをいう。地方公共団体の予算は、後述する（「2　予算の内容」参照）ように、一の会計年度における歳入及び歳出の見積り（歳入歳出予算）を主たる内容とするものである（自治法二一五参照）。

予算の性質的な意義としては、二つの側面がある。その一つは、その内容のもつ実質的な性質に係るものであり、他の一つは、その成立及び効力に関する法律的かつ政治的な性質に係るものである。

まず前者の面からいうならば、予算は、国や地方公共団体の一会計年度における収支の予定的な総計算であり、収支をその種類、目的又は性質に応じて体系的、かつ、組織的に集計編纂した見積書であって、これによって国や地方公共団体の会計年度内の収支の内容や事務事業の概要、その方向等が財政的な側面から明らかにされているものである。しかし、予算がこの面からの性質しか有しないならば、一般の「財政計画」と同じとも言える。

予算が国や地方公共団体の財政制度において有する特殊な性質は、その法律的かつ政治的な側面にみられる。つまり、予算は、憲法を頂点とする法律体系に基づいて作成され、議会の議決を経て承認されて（自治法九六Ⅰ②）、執行権者は、これによってはじめて経費を支出し、また将来経費を支出することとなる債務を負担することができる。また、執行権者は勝手に予算を変更することはできない。すなわち予算は、財政権の賦与の形式なのであり、執行権者が、支払をする権限が賦与され、義務を負担する形式（行政法上の意義における予算）でもある。

予算は、このような二つの性質的意義を有し、前者の内容的・実質的な側面について論じる場合は、主として予算（財政）政策の問題とされ、後者の法律的かつ政治的な側面について論じる場合は、主として予算制度の問題とされる。近年においては、上述したように（第一節「二　地方公共団体の財務に関する制度の沿革等と新しい視点からの公会計制度」参照）、前者については、NPMによる予算改革、特に政策評価による予算編成ということが課題とされるようになっており、後者については、発生主義予算制度、ストック情報の充実などといったことが論議されるようになっている。

なお、歳出予算は、その見積りを示すとともに、これに基づいて支出をする権限を長に付与し、その内容を拘束するものであるが、歳入予算は、その見積りを示すにとどまり、収入の徴収は、法令、条例等に基づいて行われるものであって、予算に計上されていない収入であっても、徴収すべきものは、これを徴収しなければならない。

2　予算の内容

予算は、①歳入歳出予算、②継続費、③繰越明許費、④債務負担行為、⑤地方債、⑥一時借入金、⑦歳出予算の各項の経費の金額の流用、に関する定めから成るものとされている（自治法二一五）。昭和三八年の改正前は、予算は、「歳入歳出予算」のみを指していたが、現行制度では、右に掲げる事項をすべて含むものとされている。この仕組みは、国の制度（財政法一六。予算総則、歳入歳出予算、継続費、繰越明許費及び国庫債務負担行為）にならったものであり、歳入歳出予算及びこれに直接関連する事項並びに将来の財政負担を伴い実質的に予算の内容となるものの全体像を把握することができるものとなっている。

⑴　歳入歳出予算

一会計年度における一切の収入及び支出は、すべてこれを歳入歳出予算に編入しなければならず（自治法二一〇）、これを「総計予算主義の原則」という。この「収入」とは、地方公共団体の各種の経費に充てるための財源となるべき現金の収納をいい、「支出」とは、地方公共団体の行政上の需要を満たすための現金の支払をいうものである。

歳入歳出予算は、歳入にあっては、その性質に従って（例えば、地方税、地方交付税、国庫支出金等）款に大別し、各款中においてはこれを項に区分し、歳出にあっては、その目的に従って（例えば、議会費、民生費、教育費等）これを款及び項に区分する（自治法二一六、自治令一四七Ⅰ、自治則一五Ⅰ）。各項は、さらに予算執行に関して目及び節に区分されるが（自治令一五〇Ⅰ③、自治則一五）、予算として議会の議決の対象となる、すなわち「議決科目」は款項であり、目節は「執行科目」とされ、双方併せて「予算科目」とされる。

歳入歳出予算の予算科目は、議決科目である款項、執行科目である目節ともに、総務省令で定める区分を基準としてこれを定めなければならないこととされている（自治令一四七Ⅰ・一五〇Ⅱ）。これを受けて、自治則においては、「歳入歳出予算の款項の区分及び目の区分」「歳入予算に係る節の区分」及び「歳出予算に係る節の区分」を定めている（自治則一五及び別記）。「歳入歳出予算の款項の区分及び目の区分」及び「歳入予算に係る節の区分」は、ともに基準を定めたものであり、行政目的如何によっては実情に応じて適正な範囲での新設、変更等も可能であることを前提としている（自治則別記「歳入歳出予算の款項の区分及び目の区分」備考参照）が、「歳出予算に係る節の区分」については、自治則において特に区分して規定し「別記のとおり定めなければならない」（自治則一五Ⅱ）としている（他は、「……の区分は、別記のとおりとする。」と規定されている（自治則一五Ⅰ）。）。このようにあくまで「基準」でありながら歳出予算に係る節の区分についてのみ制約を設けたのは、歳出予算における節は個々の予算の執行に当たっての最小限度の「単位」であり、普遍的なものとして統一されていることが、住民が予算を常識的に把握するうえにおいても、また他の地方公共団体と比較して論じるうえにおいても望ましいと判断されたためである。

歳入歳出予算には、予算外の支出又は予算超過の支出に充てるため、予備費を計上しなければならない（ただし特別会計については、計上しないことができる。自治法二一七Ⅰ）。予備費の使用については、議会の議決を要せず、長の権限で行うことができる。ただし、予備費は、議会の否決した費途に充てることはできない（自治法二一七Ⅱ）。

(2)　継続費

地方公共団体の経費をもって支弁する事件で、その履行に数年度を要するものについては、予算の定めるところにより、その経費の総額及び年割額を定め、数年度にわたって支出することができ、これを「継続費」という（自治法二一二）。

継続費は、事業の完成に数年度を要し、一か年度ごとの予算執行ではその効用を発揮できない場合等のために、認められている制度である。

継続費については、当初年度において、各年度の支出額を定めるが、各年度の支出は、改めて当該年度の歳出予算に計上しなければならない。なお、継続費の毎会計年度の年割額に係る歳出予算の経費の金額のうち、その年度内に支出を終わらなかったものは、当該継続費の継続年度の終わりまで逓次繰り越して使用することができる（自治令一四五）。これは、「会計年度独立の原則」の例外である。

(3)　繰越明許費

歳出予算の経費のうちその性質上又は予算成立後の事由に基づき年度内にその支出を終わらない見込みのあるものについては、予算の定めるところにより、翌年度に繰り越して使用することができ、これを「繰越明許費」という（自治法二一三）。

繰越明許費として翌年度に繰り越して使用しようとする歳出予算の経費は、実質的には前年度の予算であることから、当該歳出に充てるために必要な歳入の財源も翌年度に繰り越さなければならない（自治令一四六Ⅰ）。

(4)　債務負担行為

歳出予算の金額、継続費の総額又は繰越明許費の金額の範囲内におけるものを除くほか、地方公共団体が債務を負担する行為をするには、予算で「債務負担行為」として定めておかなければならない（自治法二一四）。債務負担行為は、将来にわたる債務を負担する行為であり、債務負担行為として予算で定められた事項は、その支出すべき年度において、義務費として歳入歳出予算に計上されることとなる。

(5) 地方債

地方公共団体は、別に法律で定める場合において、予算の定めるところにより、「地方債」を起こすことができ、その場合には、起債の目的、限度額、起債の方法、利率及び償還の方法を予算で定めなければならない（自治法二三〇）。地方債は、特定の費途に充てることを目的として、地方公共団体が他の者から資金を二か年度以上にわたって長期に借り入れるものであり、財政負担の平準化、負担の世代間の公平化等を目的としている。

地方債を起こすことができる場合は、一般的には地方財政法五条に規定されており、別に特例として、地方財政法附則、災害対策基本法、公害防止に関する事業に係る国の財政上の特例措置に関する法律、過疎地域自立促進特別措置法等にも規定されている。旧市町村合併特例法にも特例の規定があったが、平成一六年合併法及び改正市町村合併特例法にはこの特例はない。また、多数の退職者が想定される平成一八年度から平成二七年度までの間に限り、退職手当の財源に充てるための地方債を一定の範囲内の額について起債できるものとされ、平成二八年の改正で一〇年間（平成三七年度まで）延長された（地財法附則三三の五の五・附則三三の八、同施行令附則五）。

なお、平成一九年に制定された健全化法において、再生判断比率（実質赤字比率、連結実質赤字比率及び実質公債費比率）のいずれかが財政再生基準（健全化令八参照。なお、連結実質赤字比率については、制度導入期の三年間について経過的な基準が定められていた（同令附則五）。）以上である場合には、財政再生計画を定めなければならないものとされ（健全化法八）、財政再生計画を定めている団体を財政再生団体とし（健全化法九Ⅳ）、当該地方公共団体は、財政再生計画について総務大臣に協議し、その同意を求めることができることとなっている（健全化法一〇）。そして再生判断比率のいずれかが財政再生基準以上であり、かつ財政再生計画について総務大臣の同意を得ていない地方公共団体は、災害復旧事業等の財源とする場合を除き、地方債をもってその歳出の財源とすることができないこととされている（健全化法一一）。また、財政再生団体は、その財政再生計画につき総務大臣の同意を得ている場合に限り、収支不足額を振り替える地方債（再生振替特例債）を起こすことができる（健全化法一二）。

地方債を起こすこと等（起債等）については、かつては、当分の間、自治大臣（総務大臣）又は都道府県知事の許可を受けなければならないこととされていたが、地方分権一括法による地方自治法及び地方財政法の改正により、原則として、国（総務大臣）又は都道府県（都道府県知事）との事前協議の制度に改められ、地方財政法で規定されることとされた（地財法五の三・五の四。改正前の自治法二五〇参照）。

この改正後においては、地方財政法五条の三第一項で、「地方債を起こし、又は起債の方法（なお、平成二八年の改正で「地方債を起こし、又は起こそうとし、若しくは起こした地方債の起債の方法」と文言が修正された。）、利率若しくは償還の方法を変更しようとする場合は、政令で定めるところにより、総務大臣（改正当時は自治大臣）又は都道府県知事に協議しなければならない。ただし、軽微な場合その他の総務省令で定める場合については、この限りでない。」とされた。また、この改正前は、自治大臣（現総務大臣）又は都道府県知事の許可がなければ地方公共団体は地方債を発行できなかったが、改正後は、協議を行えば、総務大臣又は都道府県知事の同意がなくても、議会に報告のうえ、地方債を発行することができることとされた（地財法五の三V、地財令五）。なお、改正前の許可制度は自治法の改正前の二五〇条を根拠とするものであったが、改正後は、その根拠規定を一般会計等債（普通会計債）、公営企業債ともに地方財政法に移した。

さらに平成二三年八月に成立した地域の自主性及び自立性を高めるための改革の推進を図るための関係法律の整備に関する法律（第二次改革推進一括法）で、地方財政法が改正され、改正後の制度においては、実質公債費比率が政令で定める数値（政令では、一〇〇分の一六。ただし、平成二四年度は一〇〇分の一四（地財令四・附則九））未満である地方公共団体（実質赤字額が政令で定める額（政令では、零（地財令五））を超えるもの、連結実質赤字比率が政令で定める数値（政令では、零（地財令六））

を超えるもの又は将来負担比率が政令で定める数値（政令では、都道府県及び指定都市一〇〇分の三〇〇、市町村一〇〇分の二〇〇（地財令七））を超えるものを除く（地財令五～七）。）について、当該年度の地方債のうち協議をした地方債、改正後の制度による届出（改正後の地財法五の三Ⅵ）をした地方債及び許可を得た地方債の合算額が政令で定める額（協議不要基準額（地財令八））を超えない地方公共団体（協議不要対象団体）は、公的資金以外の資金に係る起債（その変更を含む。）については、協議を要しないものとし、あらかじめ、総務大臣又は都道府県知事に届け出ることとする制度に改められた（改正後の地財法五の三）。その他の場合は、許可を要する場合を除き、改正前と同様の協議の制度である。なお、施行後三年を経過した場合において、見直すこととされた（第二次改革推進一括法附則一二三Ⅰ）。

上述の見直しについて、総務省において研究会（地方財政の健全化及び地方債制度の見直しに関する研究会）を設けて、地方財政健全化法のあり方とともに検討の結果、平成二八年の地方交付税法等の一部を改正する法律及び同法律の施行に伴う関係政令の整備等に関する政令により、地方財政法等及び同施行令等が改正された。その内容は、実質公債費比率が一〇〇分の一六以上一〇〇分の一八未満の地方公共団体が協議対象となっていたのを一〇〇分の一八未満である地方公共団体が協議対象から届出に変更された（なお、一〇〇分の一八以上の地方公共団体は、後述するように許可を要する。）。また、将来負担比率について、都道府県及び指定都市にあっては一〇〇分の三〇〇、市町村にあっては一〇〇分の二〇〇を超えるものが協議対象とされていた（それ以下は届出）ものが、改正により都道府県にあっては一〇〇分の四〇〇、市町村にあっては一〇〇分の三五〇までについては、協議対象ではなくなり、届出とされた（それを超える地方公共団体は健全化法に定める早期健全化基準（同法二〇、同令七④）以上の団体であり、協議対象となる。）。これらにより、協議不要基準額に関する規定は削られた（改正前及び改正後の地財法五の三Ⅲ。同条Ⅶ参照。改正前・改正後の地財令八）。なお、将来負担比率について、三セク等に対する短期貸付金のうち地方公共団体が実質的に負担すると見込まれる額及び公有地信託のうち地方公共団体が実質的に負担すると見込まれる額について、将来負担比率に反映するように健全化法が改正された（改正後の同法二④ト・チ）。

公営企業を経営する協議不要対象団体は、当該公営企業に係る地方債について、前年度の資金不足額との関係で協議を要することとなる規定がある（改正後の地財法五の三Ⅴ）。

これらの改正後の協議制度の下においても、①実質収支の赤字が、標準財政規模に応じて段階的に設定されている水準（二・五％～一〇％）以上の地方公共団体（地財法五の四Ⅰ①、地財令一四・二一・二二）、②実質公債費比率が一八％以上の地方公共団体（地財法五の四Ⅰ③）、④過去に支払を遅延した地方公共団体のうち将来において遅延するおそれのあるものとして総務大臣が指定したもの（地財法五の四Ⅰ④、地財令二一・二四）、⑤協議せず若しくは届出をせず又は許可を受けずに地方債を発行（又は起債の変更）した地方公共団体のうち総務大臣が指定したもの（地財法五の四Ⅰ⑤、地財令二一・二四）、⑥協議若しくは届出又は許可に当たり不正の行為をした地方公共団体のうち総務大臣が指定したもの（地財法五の四Ⅰ⑥、地財令二一・二四）は、総務大臣又は都道府県知事の許可を受けなければならない（地財法五の四Ⅰ各号別記以外の部分）。また、経営の状況が悪化した公営企業（営業収益に対する資金不足額の割合が一〇％を超える事業）を経営する地方公共団体の当該公営企業に要する財源とする地方債の発行（又は起債の変更）については、総務大臣又は都道府県知事の許可を受けなければならない（地財法五の四Ⅲ、地財令二六・二七）。さらに、普通税（地方消費税、都道府県たばこ税、市町村たばこ税、鉱区税、特別土地保有税及び法定外普通税を除く。）の税率のいずれかが標準税率未満である地方公共団体の公共施設等の建設事業等の財源とする地方債（地財法五⑤）の発行（又は起債の変更）については、総務大臣又は都道府県知事の許可を受けなければならない（地財法五の四Ⅳ（なお、特別区についての特例として地財法五の四Ⅴ、地財令二八））。さらに、平成一九年に制定された健全化法において、財政再生団体及び財政再生計画を定めていない地方公共団体であって再生判断比率のいずれかが財政再生基準以上である団体は、総務大臣の許可を受けなければならないとされている（健全化法一三。健全化法二・三・八・一一参照）。

都道府県又は指定都市等の起債については総務大臣が、指定都市以外の市町村等の起債については都道府県知事が、それぞれ届出や協議を受ける（又は同意をする、許可をする）もの（地財令二・二一）である。

従来から、総理大臣（以前は自治大臣）は、「地方債計画」や「地方債の許可方針」を定めてきたが、協議制の下でも、総務大臣又は都道府県知事が協議における同意又は許可をするかどうかを判断するために必要とされる基準並びに公的資金を借り入れることができる地方債並びに許可をする地方債の総額並びに起債の目的となる事業を参酌して定める区分及び地方債の資金に応じて定める区分ごとの予定額の総額に関する書類（地方債計画等に関する書類）を作成し、これを公表することを法令に明記し（地財法五の三Ⅹ、地財令二〇）、地方債制度の運用の公正・透明性を高めることとしている。

地方公共団体は、総務大臣又は都道府県知事の同意を得た地方債（協議不要対象団体の特定公的資金（平成二八年改正後の地財法五の三Ⅲ、改正後の地財令七参照）以外の資金をもってする起債に係る届出がされた地方債のうち、協議を受けたならば同意をすると認められる地方債を含む。）又は許可を得た地方債についてのみ、公的資金（括弧書の場合は、特定公的資金以外の公的資金）を借り入れることができる（地財法五の三Ⅶ、地財法五の四Ⅵによる五の三Ⅶの準用、地財令一八の二。健全化法一三Ⅲによる地財法五の三Ⅶの準用）。これらの地方債に係る元利償還に要する経費は、地方交付税法第七条に定めるところにより、同条二号の地方団体の歳出総額の見込額に算入される（地財法五の三Ⅷ、五の四Ⅵによる五の三Ⅷの準用。健全化法一三Ⅲによる地財法五の三Ⅷの準用。このことは、毎年度の地方財政計画の歳出に含まれることになることである。）。

⑹　一時借入金

地方公共団体の長は、歳出予算内の支出をするため、「一時借入金」を借り入れることができるが、その借入れの最高額は、予算で定めなければならない（自治法二三五の三ⅠⅡ）。一時借入金は、既定歳出予算内の支出現金の不足を補うために一時的に調達される資金である。このように、一時借入金は資金繰りのために行われる単年度の資金の借入れであって、収入ではなく、その会計年度の歳入をもって償還しなければならない（自治法二三五の三Ⅲ）。

(7) 歳出予算の経費の金額の流用

歳出予算の経費の金額は、原則として、各款の間又は各項の間において相互にこれを流用することができないが、各項の経費の金額は、予算の執行上必要がある場合に限り、予算の定めるところにより流用することができる（自治法二二〇Ⅱただし書）。流用とは、予算の補正等を行わないで、予算執行上の処理として、一定の経費に充てるための財源を他の支出費目に充当することである。予算の定める範囲内で各項間の経費の金額の流用を認めたのは、軽微な事項、定型的な事項等に係る流用について、個別に議会に付議せず、あらかじめ予算で定めることにより、行政運営の円滑化を図ろうとするものである。

3 予算の調製及び議決

地方公共団体の長は、毎会計年度予算を調製し、年度開始前に、議会の議決を経なければならない（自治法二一一）。予算の調製及び提案の権限は、地方公共団体の長に専属している（自治法一一二Ⅰただし書・一四九①②・一八〇の六①）。なお、教育に関する予算案の作成については、教育委員会の意見を聴かなければならず（地教行法二九）、また、地方公営企業の予算は、当該地方公営企業の管理者が作成した予算の原案に基づいて調製することとされている（地公企法二四Ⅱ）が、これらも、地方公共団体の長の予算編成に係る最終的な権限と責任を制限するものではない。

予算が提出されると、議会は議決をしなければならないが、議会は長の予算の提出の権限を侵さない限りにおいて、これを増額して議決することができる（自治法九七Ⅱ）。

「長の予算の提出の権限を侵す」とは、長が提案した予算の趣旨を損なうような増額修正を行うことをいうものである。予算の趣旨を損なうような増額修正であるか否かの判断は、当該増額修正をしようとする内容、規模、当該予算全体との関連、当該地方公共団体の行財政運営における影響度等を総合的に勘案して、個々の具体の事案に即して判断すべきものとされている（通知昭五二・一〇・三）が、具体的には、例えば、議会に提出された予算案にあらたな款項を加え、また、継続費、繰越明許費、債務負担行為等に新たな事業、事項を加えることは、原則として提案権の侵害となると解される。

なお、地方公共団体の長は、予算の調製後に生じた事由に基づいて、既定の予算に追加その他の変更を加える必要が生じたときは、「補正予算」を調製し、議会に提出することができる（自治法二一八Ⅰ）。また、長は、必要に応じて、一会計年度のうちの一定期間に係る「暫定予算」を調製し、議会に提出することができる（自治法二一八Ⅱ）。暫定予算とは、例えば、予算が年度開始までに成立する見込みのない場合等に、年間を通ずる本予算が成立するまでの暫定的な措置として調製されるものであるから、本予算が成立すればその効力を失い、暫定予算に基づく支出又は債務の負担は、本予算に基づく支出又は債務の負担とみなされる（自治法二一八Ⅲ）。

地方公共団体の議会の議長は、予算を定める議決があったときは、その日から三日以内にこれを長に送付し、長は、再議その他の措置（自治法一七六・一七七参照）を講ずる必要がないと認めるときは、直ちにこれを都道府県にあっては総務大臣、市町村にあっては都道府県知事に報告し、かつ、その要領を住民に公表しなければならない（自治法二一九）。

4　予算の執行

地方公共団体の長は、政令で定める基準に従って予算の執行に関する手続を定め、これに従って予算を執行しなければならない（自治法二二〇Ⅰ）。政令においては、①予算の計画的かつ効率的な執行を確保するため必要な計画を定めること、②定期又は臨時に歳出予算の配当を行うこと、③歳入歳出予算の各項を目節に区分するとともに、当該目節の区分に従って歳入歳出予算を執行すること、を定めている（自治令一五〇Ⅰ）。

予算の執行の権限は、地方公共団体の長に専属し、委員会又は委員にはその権限がない（自治法一四九②・一八〇の六①）。ただし、長は、その権限に属する事務の一部を委員会又は委員に委任することができ（自治法一八〇の二）、その場合には、長は予算の執行の適正を期するため、当該委員会又は委員に対して、収入及び支出の実績若しくは見込みについて報告を徴し、予算の執行状況を実地について調査し、又はその結果に基づいて必要な措置を講ずべきことを求めることができる

（自治法二二一Ⅰ）。

また、地方公共団体の長は、予算の執行の適正を期するため、①工事の請負契約者、②物品の納入者、③補助金、貸付金等の交付又は貸付けを受けた者、④調査、試験、研究等の委託を受けた者、⑤当該地方公共団体が出資している法人で政令で定めるもの（当該地方公共団体が設立した地方住宅供給公社、地方道路公社、土地開発公社及び地方独立行政法人並びに当該地方公共団体が資本金等を二分の一以上を出資している一般社団法人及び一般財団法人及び株式会社（自治令一五二条一項において同条一項二号に掲げる法人とみなされる一般社団法人及び一般財団法人並びに株式会社を含む。）並びに当該地方公共団体が資本金等を四分の一以上二分の一未満を出資している一般社団法人及び一般財団法人並びに株式会社（自治令一五二条三項において同条一項三号に掲げる法人とみなされる一般社団法人及び一般財団法人並びに株式会社を含む。）のうち条例で定めるもの）、⑥その者のために債務を負担している法人で政令で定めるもの（資本金等の二分の一に相当する額以上の額の債務を負担している一般社団法人及び一般財団法人並びに株式会社並びに資本金等の四分の一に相当する額以上二分の一に相当する額未満の額の債務を負担している一般社団法人及び一般財団法人並びに株式会社のうち条例で定めるもの）、⑦当該地方公共団体が受益権を有する信託で政令で定めるもの（不動産の信託）の受託者、に対して、その状況を調査し、報告を徴することができる（自治法二二一ⅡⅢ、自治令一五二）。

なお、当該地方公共団体が資本金等の四分の一以上二分の一未満を出資している法人等のうち条例で定めるものまでに拡大することとする改正は、平成二三年（一二月）の自治令の改正による。

二　決算

1　決算の意義と認定等

「決算」は、一会計年度の歳入歳出予算の執行の結果の実績を表示した計算表である。

決算は、毎会計年度、会計管理者が調製し、出納の閉鎖後三か月以内に、証書類等とともに、地方公共団体の長に提出しなければならない（自治法二三三Ⅰ）。長は、これを監査委員の審査に付し、その意見を付けて、次の通常予算を議する会議までに、議会の認定に付さなければならない（自治法二三三ⅡⅢ）。

議会による決算の認定（自治法九六Ⅰ③）は、当該年度の収支の内容等を検討して確認するとともに、決算に対する議会の意思を明らかにして、執行機関に必要な措置を求め、又は将来の参考に資することを目的とするものであり、決算が認定されなくても、既に行われた収入、支出等の効力には影響を及ぼさない。もっとも、政治的責任の問題はある。

第三一次地方制度調査会の「人口減少社会に的確に対応する地方行政体制及びガバナンスのあり方に関する答申」において、「監査委員の意見が付された決算を議会が審議した結果、議会が決算認定せず、その理由を示した場合については、議会が長に対し理由の中で指摘した問題点について長が説明責任を果たす仕組みを設けることとすべきである。」とされた（同答申第3・3⑵「④決算審議」）。この答申を勘案し、平成二九年の地方自治法の改正において、長は、決算の認定に関する議案が否決された場合において、当該議決を踏まえて必要と認める措置を講じたときは、速やかに、当該措置の内容を議会に報告するとともに、これを公表しなければならないとされた（改正後の自治法二三三Ⅶ）。地方公営企業の決算についても、改正により同様に規定された（改正後の地方公営企業法三〇Ⅷ）。

なお、決算に関する制度については、地方公共団体の活動を成果、業績に基づいてチェックするために、発生主義の会計情報が求められるという指摘があり、そのための試みもみられるようになっている（第一節「二　地方公共団体の財務に関する制度の沿革等と新しい視点からの公会計制度」参照）。

2　決算の報告及び公表

地方公共団体の長は、決算を、その認定に関する議会の議決及び監査委員の意見（合議による（自治法二三三Ⅳ）。）と併せて、都道府県にあっては総務大臣、市町村にあっては都道府県知事に報告し、かつ、その要領を住民に公表しなければならない（自治法二三三Ⅵ）。

3　決算上の剰余金（歳計剰余金）

決算上剰余金を生じたときは、翌年度の歳入に編入しなければならない（自治法二三三の二本文）。ただし、条例の定めるところにより、又は普通地方公共団体の議会の議決により、剰余金の全部又は一部を翌年度に繰り越さないで基金に編入することができる（同条ただし書）。なお、このことについて、地方公共団体は、各会計年度において歳入歳出決算に剰余金を生じた場合においては、当該剰余金のうち二分の一を下らない金額は、これを剰余金の生じた翌々年度までに、積み立て、又は償還期限を繰り上げて行う地方債の償還財源に充てなければならないこと等とされている（地財法七）。なお、後述第九節五「基金」を参照されたい。

4　地方公共団体の財政の健全化に関する法律（健全化法）に基づく健全化判断比率等の公表等

平成一九年に制定された健全化法において、地方公共団体の長は、毎年度、前年度の決算の提出を受けた後、速やかに、健全化判断比率（実質赤字比率、連結実質赤字比率、実質公債費比率及び将来負担比率）及び資金不足比率並びにそれらの算定の基礎となる事項を記載した書類を監査委員の審査に付し、その意見（監査委員の合議による。）を付けて当該健全化判断比率及び資金不足比率を議会に報告し、かつ、公表しなければならないとされている（健全化法三ⅠⅡ・二二）。また、公表した健全化判断比率又は資金不足比率を、速やかに、都道府県及び指定都市の長にあっては総務大臣に、指定都市を除く市町村及び特別区の長にあっては都道府県知事に、報告しなければならない（健全化法三Ⅲ・二二Ⅲによる三Ⅲの準用）。

なお、平成二八年度の決算に基づく地方公共団体の健全化判断比率の状況は、財政再生団体に該当する団体は一団体、財政健全化団体に該当する団体（財政再生団体に該当する団体を除く。）はない（平成二六年度以降ない。）。

第五節　収入と支出

一　収入

1　収入の意義と構成等

「収入」とは、一般に、地方公共団体の各種の経費に充てるための財源となるべき現金（現金に代えて納付される証券を含む。）を収納することをいう。

地方公共団体の収入について、自治法においては、地方税、分担金、使用料、加入金、手数料、地方債について規定しているが、このほか、地方交付税、地方譲与税、国庫支出金（国庫補助金、国庫負担金、委託金等）等がある。以下において、主要なものを概説する。

(1)　地方税

「地方税」は、地方公共団体が、特別の給付に対する反対給付ではなく、その活動に要する経費に充てるための資金を調達する（財力調達）目的で、その課税権に基づき、強制的に徴収する金銭であり、地方公共団体の歳入のうち最も基本的なものである。

地方税の税目、課税客体、課税標準、税率、賦課徴収の方法等については、地方税法に定めがあるが（自治法二二三、地税法二・三参照）、地方公共団体が地方税の賦課徴収を行うためには、これらの事項を当該地方公共団体の条例及び規則において、具体的に定めなければならない（地税法三）。

租税の賦課徴収について、条例による地方税の課税と租税法律主義（憲法三〇・八四）との関係については、第八章第二節三2「(1)　憲法による国の専管事項及び『法律の留保』事項」において説明したところである。

地方税法によれば、地方税には普通税と目的税とがある（地税法四Ⅰ・五Ⅰ）。また、法定税と、法定税のほか別に税目を起こして課税する法定外税がある（地税法四Ⅲ Ⅵ・五Ⅲ Ⅶ・七三一Ⅰ）。平成二一年度より、道路特定財源の一般財源化により、道府県法定目的税であった自動車取得税及び軽油引取税が道府県法定普通税となった。

法定外税を新設し、又は変更しようとする場合においては、あらかじめ、総務大臣に協議し、その同意を得なければならない（地税法二五九Ⅰ・六六九Ⅰ・七三一Ⅱ）。地方分権一括法による地方税法の改正までは、法定外普通税について自治大臣の許可制とされていた。地方分権一括法による改正により、都道府県も市町村も、法定外目的税を課することができることとされるとともに、自治大臣（現総務大臣）との同意を要する協議制度とされた（地税法四Ⅵ・五Ⅶ・第四章第八節）。

総務大臣は、協議の申出を受けた場合には、地方税法に掲げる事由があると認める場合を除き、これに同意しなければならない（地税法二六一・六七一・七三三）。

地方税の税率は、地方公共団体が条例で定める（地税法三Ⅰ参照）ものであるが、地方税法は、法定税の各税目について一般的には税率に関する定めを設けており、標準税率（通常よるべき税率でその財政上その他の必要があると認める場合においてこれによることを要しない税率をいい、総務大臣が地方交付税の額を定める際に基準財政収入額の算定の基礎として用いる税率。地税法一Ⅰ⑤）を定めているもの、制限税率（超えてはならないものとされている税率）を定めているもの又は一定税率（これ以外の税率によることが許されない税率）を定めているものがある。もっとも、法定任意税で、税率について定めがない（任意税率）ものもある。標準税率を超えて税率を定めて課税することを超過課税という。最近においては、地方分権の推進を図る方向で、課税自主権の拡大の観点から、税目によって制限税率を撤廃又は緩和する改正が行われる（平成一〇年個人市町村民税について撤廃、平成一五年法人事業税について緩和、平成一六年固定資産税について撤廃、平成一八年自動車税及び軽自動車税について緩和）とともに、平成一六年の改正において、標準税率は、改正前の規定では「財政上の特別の必要があると認める場合においては、これによることを要しない税率」とされていたものを、上述のように改正し、これによることを要しない場合の要件を緩和した。

なお、三位一体の改革（第二章第四節「三　さらなる地方分権の推進と地方自治制度の改革」参照）により、平成一九年度から、国の所得税から地方公共団体の個人住民税に三兆円規模の税源が移譲された。

近年、地方公共団体間の財政格差が大きな問題となっており、地方税について税収の偏在の是正が課題とされている。このことについて、平成二〇年度税制改正要綱（平成二〇年一月一一日閣議決定）において、「地方税制については、更なる地方分権の推進とその基盤となる地方税財源の充実を図る中で、地方消費税の充実を図るとともに、併せて地方法人課税のあり方を抜本的に見直すなどにより、偏在性が小さく税収が安定的な地方税体系を構築することを基本に改革を進める。この基本方向に沿って、消費税を含む税体系の抜本的改革において、地方消費税の充実と地方法人課税のあり方の見直しを含む地方税改革の実現に取り組む。」としたうえで、「消費税を含む税体系の抜本的改革が行われるまでの間の暫定措置として、法人事業税の一部を分離し、『地方法人特別税』及び、『地方法人特別譲与税』を創設することにより、偏在性の小さい地方税体系の構築を進める。」とされた。これは、地方税制の抜本的改革の基本方向への〝橋渡し〟的な経過措置として、法人事業税の一部を分離して形式的国税化した「地方法人特別税」を創設し、その税収の全額を人口等一定の基準（人口及び従業者数）により都道府県へ譲与する「地方法人特別譲与税」を創設するというものである。「地方法人特別税」の賦課徴収は、都道府県が法人事業税の例により併せてこれを行うことになり、平成二〇年一〇月一日以降に開始する事業年度から適用することとされ、「地方法人特別譲与税」は、平成二一年度から譲与されている。地方法人特別税及び地方法人特別譲与税については、平成二四年に制定された税制抜本改革法において、税制の抜本的な改革において偏在性の小さい地方税体系の構築が行われるまでの間の措置であることを踏まえ、抜本的な改革に併せて抜本的に見直しを行うこととされた（国の法七⑤）。

平成二四年八月に制定された税制抜本改革法において、消費税及び地方消費税を合わせた税率（現行五％）を、平成二六年四月一日から八％（国の消費税六・三％、地方消費税一・七％）とし、平成二七年一〇月一日から一〇％（国の消費税七・八％、地方消費税二・二％。引き上げ分五％は、国の消費税三・八％、地方消費税一・二％）とすることとされていた。なお、税制抜本改革法附則（国の法附則一八、地方の法附則一九）において、改正規定のそれぞれの施行前に、経済状況の好転について、名目及び実質の経済成長率（同条第一項に名目三％程度かつ実質二％程度を目指した望ましい経済成長とされている。）、物価動向等、種々の経済指標を確認し、経済状況等を総合的に勘案したうえで、その施行の停止を含め所要の措置を講ずるとされた（国の法附則一八Ⅲ、地方の法附則一九Ⅲ）。

平成二六年四月一日から消費税が三％引き上げられ八％（国の消費税六・三％、地方消費税一・七％）とされた。また、地方消費税率の引上げをも勘案し、地方法人課税の偏在是正として、法人住民税法人税割の税率を引き下げ、当該引下げ相当分で、法人税額を課税標準とした四・四％の税率の地方法人税を国税として創設し、税収全額を交付税特会に繰り入れて地方交付税の原資とすることとされた。また、地方法人特別税（国税とし、その全額を地方法人特別譲与税とする。後述参照）の規模を三分の一縮小し、法人事業税に復元することとされた（いずれも、平成二六年一〇月一日以降に開始する事業年度から適用）。消費税率一〇％段階においては、法人住民税法人税割の地方交付税原資化をさらに進める。また、地方法人特別税・譲与税を廃止するとともに現行制度の意義や効果を踏まえて他の偏在是正措置を講ずるなど、関係する制度について幅広く検討を行うとされている。なお、平成二七年一〇月一日から一〇％とすることについては、安倍内閣総理大臣は、税制抜本改革法にのっとって、経済状況等を総合的に勘案しながら、平成二六年中に適切に判断したいと考えているとしていた（平成二六年一月二八日衆議院本会議答弁参照）。このことについて、平成二六年一一月一八日、安倍内閣総理大臣は、「残念ながら成長軌道に戻っていない。」という認識を示し、「消費税率を来年一〇月から引き上げることについては、個人消費を再び押し下げデフレ脱却も危うくなる。」との理由から、消費税率一〇％への引上げを平成二九年（二〇一七年）四月に一年半先送りし、この決断について、速やかに国民に信を問うべきだと決心したとして、衆議院を一一月二一日に解散することの意向を表明し、同年一二月（一四日）の衆議院議員選挙の結果、与党（自由民主党及び公明党）が議席を伸ばした。その後の推移については、後述する。

自動車取得税について、平成二一年度から〝エコカー減税〟が実施されており、また、自動車取得税及び軽油引取税の暫定税率を廃止したうえで、平成二二年度から当分の間、従前の税率水準を維持することとしている。平成二五年一月の平成二五年度の与党税制改正大綱において、自動車取得税について、消費税一〇％の時点で廃止することとし、消費税八％の段階ではエコカー減税の拡充などグリーン化を強化することが掲げられた。

平成二六年四月から消費税率を八％に引き上げられることとなったことから、平成二六年度の税制改正により、自動車取得税の税率が引き下げられるとともに、エコカー減税について環境性能に優れた自動車の軽減割合が拡充された。なお、平成二六年の税制改正において、軽自動車税（四輪）の標準税率を一・五倍又は一・二五倍に引き上げる等とされた（平成二七年度分から）。また、自動車税についてグリーン化特例の見直しが行われ、軽課の対象を重点化したうえで強化し、重課について一部について重過割合を引き上げた。

平成二七年度の税制改正において、法人税改革として、平成二七年度から税率引下げを行うこととされ、国・地方を通じた法人実効税率を、改正前は三四・六二％（国二三・七九％、地方一〇・八三％）であるものを、平成二七年度には三二・一一％（国二二・五五％、地方九・五六％）とし、平成二八年度には三一・三三％（国二二・八一％、地方八・五二％）とすることとされた（二年度間で国・地方で三・二九％の引下げ）。なお、平成二八年度税制改正においても課税ベースの拡大等により財源を確保して、税率下げ幅のさらなる上乗せを図るとされた。このような法人税改革において、地方税については、大法人向けの法人事業税所得割について、外形標準課税の拡大にあわせて、標準税率を引き下げることとした。

平成二七年度において、自動車取得税については、消費税率一〇％への引上げが先送りされたことから二年延長されることとされた（なお、燃費基準の置き換えは行うが、燃費基準未達成となる減税対象車の一部を引き続き減税対象車とする。）、また、軽自動車税について、平成二七年度に新規取得した一定の環境基準を有する軽四輪車について、その燃費性能に応じたグリーン化特例（軽課）を導入することとされた。

平成二八年度の税制改正において、法人実効税率のさらなる引下げを図ることとされ、平成二八年度の国・地方を通じた法人実効税率を二九・九七％（国二二・五九％、地方七・三八％）とすることとし、法人課税の所得割の引下げに対応して、外形標準課税を八分の五に拡大する（平成二七年度八分の三）こととされた。なお、平成二九年度に消費税率を一〇％に引き上げるときに、地方法人特別税・譲与税を廃止し全額法人事業税に復元することと関連して、法人事業税額の一部を都道府県が市町村に交付する法人事業税交付金を創設することとされた。

また、消費税について、消費税率が一〇％に引き上げられる平成二九年四月一日に軽減税率を導入することとされた。さらに、平成二九年四月一日に、地方法人特別税・譲与税を廃止し、法人事業税に復元することとなるが、偏在是正措置として、法人住民税法人税割の税率を引き下げるとともに、上述した地方法人税の税率を当該引下げ相当分さらに引き上げ、その税収全額を交付税及び譲与税配付金特別会計に直接繰り入れて、地方交付税原資を増額することとされた。さらに、地方法人特別税・譲与税に代わる偏在是正措置に伴う市町村の減収補てん、市町村間の税源の偏在性の是正及び市町村の財政運営の安定化を図る観点から、法人事業税の一定割合を市町村に交付する制度を創設することとされた。

なお、平成二八年度に地方創生応援税制（企業版ふるさと納税）を創設することとされた。

平成二八年度の税制改正において、平成二九年四月の消費税引上げのときに、自動車取得税を廃止することが決められた。平成二七年度末で期限切れを迎える自動車税のグリーン化特例（軽課）については、基準の切り替えと重点化を行ったうえで一年間延長することとされた。また、同じく平成二七年末で期限切れを迎える軽自動車税のグリーン化特例（軽課）については、一年間延長することとされた。

以上のうち、平成二九年四月（二〇一七年四月）に消費税率を一〇％に引き上げることについては、安倍内閣総理大臣は、主要国首脳会議（伊勢志摩サミット）の後平成二八年六月一日、G7（先進七か国）共通のリスク認識の下、内需を腰折れさせかねない消費税の引上げは延期すべきだと理解を求め、消費税率一〇％引上げを平成三一年一〇月（二〇一九年一〇月）まで二年半延期（先送り）する意向を表明した。これにより、消費税率一〇％の引上げ及びその引上げの段階で予定されていた措置は、原則として歩調を合わせて延期されることとなり、関連法律は平成二八年一一月（一八日）に成立した。

(2) 地方譲与税

「地方譲与税」は、国税として徴収された特定税目の税収を一定の客観的な基準によって地方公共団体に譲与するものである。地方譲与税には、地方揮発油譲与税（使途を限らず、都道府県及び市町村（特別区を含む）に譲与）、石油ガス譲与税（使途を限らず、都道府県及び指定都市に譲与）、自動車重量譲与税（使途を限らず、市町村（特別区を含む。）に譲与）、航空機燃料譲与税（航空機の騒音により生ずる障害の防止、空港及びその周辺整備等の空港対策に関する費用に充てることを使途とし、空港関係市町村（特別区を含む。）及び空港周辺都道府県に譲与）及び特別とん譲与税（使途を限らず、開港に係る港湾施設が設置されている開港所在市町村（特別区の存する区域の場合は都）に譲与）がある。

平成二〇年度の地方財政対策及び税制改革に関連して創設されることになった地方法人特別譲与税（使途を限らず、都道府県に譲与）は、平成二一年度から譲与されているが、税制抜本改革法における措置については、上述のとおりである（「(1) 地方税」参照）。そして、平成二六年度において、地方法人特別税の規模を三分の一縮小し、法人事業税に復元することとされた（平成二六年一〇月一日以降に開始する事業年度から適用）。また、消費税率一〇％の段階においては、地方法人特別税及び地方法人特別譲与税を廃止することとされていることは、上述「(1) 地方税」で説明したところである。

なお、平成二一年度より、道路特定財源の一般財源化と関連して、従来の地方道路譲与税の名称が地方揮発油譲与税に改められ、石油ガス譲与税及び自動車重量譲与税とともに、道路に関する費用に充てることを使途としていた使途制限が廃止された。

(3) 地方交付税

「地方交付税」は、特定の国税のうち、それぞれの一定割合の額である。地方交付税は、国税の一部として徴収されるが、地方公共団体の共有の固有財源として留保された部分であり、各地方公共団体への帰属は、地方公共団体間の財源の調整と地方公共団体の財源の保障の観点に立って国が交付する形式で行われる。国から交付される収入ではあるが、制度上、本来地方公共団体の固有の税源であり、その趣旨を明らかにするため、地方交付税という名称が付されている。

地方交付税は、地方交付税法に基づき交付されるが、同法は、「国は交付税の交付に当たっては、地方自治の本旨を尊重し、条件をつけ、又はその使途を制限してはならない」と規定している（地方交付税法三Ⅱ。地方交付税法一参照）。すなわち、地方交付税は、完全な地方公共団体の一般財源として交付されるものであり、交付された以降は、地方税収となんら変わりのない収入である。

平成二五年度までの制度においては、交付税の総額は、所得税及び酒税の収入額のそれぞれ一〇〇分の三二、法人税の収入額の一〇〇分の三四、消費税の収入額の一〇〇分の二九・五並びにたばこ税の収入額の一〇〇分の二五をもって交付税とするとされていた（改正前の地方交付税法六Ⅰ）。

平成二六年四月から税率が引き上げられた国の消費税収の一部は、地方交付税として配分される。また、平成二六年度に地方法人課税の偏在是正として創設された地方法人税は、税収全額を直接交付税特会に繰り入れて地方交付税の原資とされる（上述「(1) 地方税」参照）。そして、消費税率が一〇%となる段階においては、法人住民税法人税割の税率をさらに引き下げ、当該引下げ相当分の額を地方法人税に加え、地方交付税の原資とすることとしている。平成三〇年四月一日現在、地方交付税法六条一項に定める交付税の額は、所得税及び法人税の収入額のそれぞれ一〇〇分の三三・一、酒税の収入額の一〇〇分の五〇、消費税の収入額の一〇〇分の二二・三、並びに地方法人税の収入額をもって交付税とするとされる予定である（平成三〇年に国会に提出されている地方交付税法改正案の六Ⅰ）。

地方交付税のあり方については、最近多くの論議があり（例えば、経済財政諮問会議の審議を経た閣議決定「経済財政運営と構造改革に関する基本方針」二〇〇二〜二〇〇六）、特に、その総額、財源保障機能、交付団体の数が圧倒的に多く不交付団体の数が少ないことなどをめぐって論議が多い。

(4) 交通安全対策特別交付金

「交通安全対策特別交付金」は、国が、道路交通法に定める反則金の収入相当額等から一定の経費を控除した額を、当分の間、道路交通安全施設の設置及び管理に要する経費に充てるため、都道府県及び市町村に対して、交通事故の発生件数、人口の集中度等を考慮して算定した額を交付するものである（道路交通法附則一六〜二一）。

(5) 分担金及び負担金

「分担金」は、数人又は地方公共団体の一部に対し利益のある事件に関し、その必要な費用に充てるため、当該事件により特に利益を受ける者から、その受益の限度において徴収するものである（自治法二二四）。

分担金に関する事項は、条例で定めなければならない（自治法二二八Ⅰ）。

「負担金」は、特定の経費に充てるために、その事業に関係のある者に対して金銭負担として課し、徴収するものである。また、国と地方公共団体との間及び地方公共団体の間にみられる経費の負担関係に基づいて負担する場合も「負担金」とされる。このような「負担金」についての規定は自治法には置かれていないが、自治則一五条に基づく別記「歳入歳出予算の款項の区分及び目の区分」において歳入の区分として、「分担金」と共に掲げられている。負担金についての法律の規定は、各個別法及び地方財政法にあるが、各個別法に基づく負担金には、内容的には、一定事業について特別の利害関係を有する者（著しく利益を受ける者）に受益の限度に応じて負担させる「受益者負担金」（道路法六一、都市計画法七五、海岸法三三、河川法七〇等）、当該事業の原因をもたらしたことに着目して負担させる「原因者負担金」（道路法五八、下水道法一八の二、河川法六七等）及び当該事業の対象施設等を損傷した者に対して負担させる「損傷者負担金」（下水道法一八等）

がある。このうち、「受益者負担金」は、上述の「分担金」と同一のものといえる。地方公共団体間の経費負担関係に基づき地方公共団体が徴収する負担金は、地方財政法において、都道府県の行う土木その他の建設事業に要する経費についての市町村の負担に関して（同法二七・二九Ⅱ）、また、法律又は政令の定めるところにより市町村が要する経費についての都道府県の負担に関して（同法二九Ⅰ）、それぞれ規定されており、さらに、各個別法において、地方公共団体からの負担金や分担金の徴収についての規定があるものがある（砂防法一五、海岸法二八、土地区画整理法一一九等）が、これらについて、「受益者負担金」に相当するものは、「分担金」として取り扱われているものもある。

(6) 使用料及び手数料

地方公共団体の「使用料」は、使用又は利用の対価として徴収するものであり、使用料には、①当該地方公共団体の行政財産の目的外の使用又は公の施設の利用につき徴収されるもの（自治法二二五・二三八の四Ⅶ。自治法二四四参照）、②旧慣による市町村の公有財産（例えば、山林、ため池等）の使用につき徴収されるもの（自治法二二六・二三八の六参照）、③地方公営企業の利用につき徴収される料金（地公企法二一）、④地方公共団体の管理に属する国の営造物の使用につき徴収されるもの（地財法二三）がある。

使用料に関する事項は、条例で定めなければならない（自治法二二八Ⅰ、地財法二三）。

「手数料」は、地方公共団体が、当該地方公共団体の事務で特定の者のためにするものにつき、徴収するものである（自治法二二七）。

手数料に関する事項は、条例で定める（自治法二二八Ⅰ前段）が、この場合において、手数料について全国的に統一して定めることが特に必要と認められるものとして政令で定める事務（標準事務）のうち政令で定めるものについては、政令で定める金額の手数料を徴収することを標準として条例を定めなければならない（自治法二二八Ⅰ後段）。

これらの政令の定めは「地方公共団体の手数料の標準に関する政令」に規定されている。

(7) 加入金

「加入金」とは、旧来の慣行により、市町村の公有財産を使用する権利を有する者があるときは、この権利を保護することとしているが（自治法二三八の六参照）、市町村長が議会の議決を経て、新たにその使用の許可を受けた者から徴収するものである（自治法二二六）。

(8) 国庫支出金及び都道府県支出金

「国庫支出金」は、国から地方公共団体に対して、特定の事務・事業に要する経費に充てることを条件として（「特定財源」として）、その経費の全部又は一部に相当する金額を交付するものである。「国庫支出金」には、その性格により、地方公共団体の事務・事業のうち国も共同の責任をもって行わなければならない一定の経費について、経費の負担区分を定めて国が義務的に負担する「国庫負担金」（地財法一七。地財法一〇～一〇の四参照）、地方公共団体が行う事務・事業について国がその施策を行うことについて特別な必要があると認めるとき又は地方公共団体の財政上特別の必要があると認めるとき国が支出する「国庫補助金」（地財法一六参照）及び本来、国が自ら行うべき事務・事業について、諸々の事情から地方公共団体の事務・事業として行わせる場合にそれに要する経費の全額について国が支出する「（国庫）委託金」（地財法一〇の四参照）がある。なお、国の交付金と称されるもののうちには、国庫補助金に該当するものもある。

「国庫補助・負担金」の整理合理化と削減の動向については、第二章第四節「三　さらなる地方分権の推進と地方自治制度の改革」を参照されたい。

国庫補助・負担金の改革として、平成二一年の総選挙において、民主党はマニフェストで「ひも付き補助金の廃止」を掲げたが、これは、国庫補助・負担金の使途について大幅に自由度を高め、基本的に地方公共団体が自由に使えることとする方向で改革するものと考えられ、政権交代後、そうした方向に沿った国庫補助・負担金の一括交付金化の検討が進められた。このことについて、地方分権改革推進委員会の第四次勧告（平成二一年一一月）は「……基本的に地方が自由に使える『一括交付金』を創設する検討が行われている。……地方から見ても自由度がより高まることが期待され、地方分権改革の観点からは、公共事業関係の国庫補助負担金よりは望ましいものといえる。」とし、「この『一括交付金』の制度設計に当たっては、地方の意見を踏まえつつ、必要な総額を確保するとともに、その交付基準について十分な検討が必要である。」としている（同勧告Ⅰ「4　国庫補助負担金の一括交付金化に関しての留意点」）。さらに、平成二二年六月に閣議決定された「地域主権戦略大綱」において、「国から地方への『ひも付き補助金』を廃止し、基本的に地方が自由に使える一括交付金にする方針の下、現行の補助金、交付金等を改革する。」とされ、一括交付金の対象範囲、制度設計、導入のための手順などについて示した（同大綱第5「ひも付き補助金の一括交付金化」）。そして、平成二三年度の予算において、地域自主戦略交付金が計上された。これは、平成二三年度は第一段階として、都道府県を対象に投資補助金の一括交付金化が実施されたものであり、平成二四年度から指定都市も対象とされた。なお、平成二三年度及び平成二四年度については、その大宗が継続事業に充てられたとみられる。平成二四年一二月の衆議院の解散による総選挙の結果、政権交代となり、平成二五年一月（一一日）に閣議決定された「日本経済再生に向けた緊急経済対策」で、「平成二五年度に地域自主戦略交付金を廃止し、各省庁の交付金等に移行した上で重要な政策課題に対応する。」とされた（同閣議決定第3章Ⅲ2「(3)　農業の体質強化などの地域の特色を生かした地域経済の活性化と住みよい地域の構築の加速」）。そして、平成二五年度において、地方自主戦略交付金は廃止された。

平成二六年一二月（二七日）に閣議決定された経済対策において、自治体が地域の実情に応じて柔軟に活用できる「地域住民生活支援緊急支援交付金」を設けることとされ、平成二七年一月（九日）に閣議決定された平成二六年度の補正予算に、交付金四二〇〇億円が計上された（平成二七年二月三日成立）。この交付金は、地域消費・生活支援型の交付金（二五〇〇億円）と地域創生先行型の交付金（一七〇〇億円）に分けられ、自由度の高い国の交付金とされている。平成二七年度の補正予算（平成二八年一月（二〇日）成立）においては地方創生加速化交付金（一〇〇〇億円。交付率一〇〇％）が措置され、平成二八年度予算で地方創生の深化のための新型交付金（地方創生推進交付金）一〇〇〇億円（交付率五〇％。事業費ベース二〇〇〇億円）が計上された。これらにより、地方創生関係の交付金は、二〇〇〇億円（事業費で三〇〇〇億円）となった。さらに、平成二八年度の補正予算において、地方創生拠点整備交付金九〇〇億円（交付率五〇％。事業費ベース一八〇〇億円）が計上された。

「都道府県支出金」は、都道府県から市町村等に対して交付されるもので、「国庫支出金」と同様のものである。「都道府県支出金」には、同様に、「都道府県負担金」「都道府県補助金」及び「（都道府県）委託金」がある。

(9) 財産収入

「財産収入」は、地方公共団体の私的な経済活動に伴い、地方公共団体の財産から生じた収入をいう。「財産」については、後述する（第九節「財産」参照）。ただし、行政財産の目的外使用又は公の施設の利用並びに旧慣による市町村の公有財産の使用につき徴収される収入は使用料である（「(6) 使用料及び手数料」参照）。財産収入は、大きく「財産運用収入」と「財産売払収入」とに分けられる。

(10) 寄附金

「寄附金」は、任意の発意に基づき納入される収入である。使途の特定されない一般的寄附金と使途を定めた指定寄附金がある。なお、負担附の寄附又は贈与を受けることは、議会の議決を要する（自治法九六Ⅰ⑨）。

(11) 繰入金

「繰入金」は、会計間（基金からのものを含む。）又は一会計内の勘定間において所属を移される金額をいう。

(12) 繰越金

「繰越金」は、一会計年度から次の会計年度に持ち越して編入される金額である。地方公共団体の決算上剰余金の処分については、前述のとおりである（第四節二「3 決算上の剰余金（歳計剰余金）」参照）。

⒀　地方債

「地方債」は、地方公共団体が資金調達のために負担する債務で、その返済が一会計年度を越えて行われるものであり、歳入としての「地方債」は、当該起債に伴う収入である。地方債については、上述したところである（第四節一２⑸「地方債」参照）。

⒁　諸収入

「諸収入」は、自治則第一五条に基づく別記「歳入歳出予算の款項の区分及び目の区分」の歳入の款の区分において、他のどの区分にも属さない（歳入の区分には、上記に掲げたもののほか、都道府県について「地方消費税清算金」「地方特例交付金」「市町村たばこ税都道府県交付金」が、また市町村について「利子割交付金」「配当割交付金」「株式等譲渡所得割交付金」「分離課税所得割交付金」「道（府県）民税所得割臨時交付金」「地方消費税交付金」「ゴルフ場利用税交付金」「自動車取得税交付金」「軽油引取税交付金」「国有提供施設等所在市町村助成交付金」「地方特例交付金」があることに留意を要する。）収入を一括していうものである。諸収入の中には、「延滞金、加算金及び過料等（平成一七年の道路交通法の改正で規定された放置違反金（道路交通法五一の四XV が含まれる。））」「預金利子」「貸付金元利収入」「受託事業収入」「収益事業収入」などがあり、さらにどの収入にも属し難いような「雑入」がある。諸収入のうち、「貸付金元利収入」は、年度内の貸付に係るものも含み、多くの地方公共団体でかなりの額になっている。

２　不服申立て

分担金、使用料、加入金又は手数料の徴収に関する処分に関する不服については、行政不服審査法の適用によるが、旧行政不服審査法の下においては、地方公共団体の長以外の執行機関がした使用料又は手数料の徴収（長以外の執行機関は、分担金及び加入金の徴収権限は有しない（自治法一八〇の六③参照））に関する処分に対する不服申立ては、長に審査請求をすることができるものとされ、また、地方公共団体の長その他の執行機関以外の機関がした分担金、使用料、加入金又は手数料の徴収に関する処分についての審査請求は、長が処分庁の直近行政庁でない場合であっても、長に対してするものとする旨定められていた（旧行審法の下での自治法二二九ⅠⅡ）。平成二六年三月に成立した新行政不服審査法においては、異議申立て、審査請求及び再審査請求を原則的に一段階とし、審査請求に一元化する（新行政不服審査法二～四）こととされた。そして、新行審法関係法律整備法により自治法二二九条の規定も改正され、長その他の執行機関以外の機関がした処分及び長が処分庁の直近上級行政庁でない機関がした処分についても、長が処分庁の最上級行政庁でなくても、処分庁の如何を問わず長に審査請求をすることとされた。なお、審査請求期間は、新行政不服審査法一八条の規定が適用されることとなる（旧行審法の下における自治法二二九条三項は削られた。）。分担金、使用料、加入金又は手数料の徴収に関する処分についての審査請求（旧行審法の下では審査請求又は異議申立て）については、長は議会に諮ってこれを決定しなければならず（平成二九年の第七次改革推進一括法による自治法の改正により、当該審査請求が不適法であり、却下するときは、議会に諮問をせず、その旨を議会に報告しなければならないこととされた（自治法二二九ⅡⅣ）。）、出訴は不服申立前置とされている（自治法二二九Ⅴ）。

3　歳入の収入の方法と滞納処分等

地方公共団体の歳入を収入するときは、政令の定めるところにより、歳入を調定し、納入義務者に対して納入の通知をしなければならない（自治法二三一）。「歳入の調定」は、当該歳入について、所属年度、歳入科目、納入すべき金額、納入義務者等を調査して決定する内部的な意思の決定であり、「納入の通知」は、地方交付税、地方譲与税、補助金、地方債、滞納処分費その他その性質上納入の通知を必要としない歳入を除き、納入義務者に対して、所属年度、歳入科目、納入すべき金額、納期限等を具体的に表示する行為である（自治令一五四）。

公金の徴収又は収納の権限は、法律又はこれに基づく政令に特別の定めがある場合を除くほか、私人に委任し、又は私人をして行わせてはならないとされており（自治法二四三）、歳入のうち、使用料、手数料、賃貸料、物品売払代金（平成一六年の自治令の改正による。）、寄附金（平成二三年（一二月）の自治令の改正による。）及び貸付金の元利償還金については、その収入の確保及び住民の便益の増進に寄与すると認められる場合に限り、私人に徴収又は収納の事務を委託することができる（自治令一五八）。この「徴収」とは、地方公共団体の歳入を調定し、納入の通知をして収入を受け入れる行為をいい、「収納」とは、調定及び納入の通知のあった地方公共団体の収入を受け入れる行為をいうものである。なお、上述のほか、地方税の収納の事務、地方公営企業の業務に係る徴収又は収納、国民健康保険料の徴収の事務及び保育費用等の収納の事務について私人への委託ができることとされており、これらについては「三　私人の公金取扱い」を参照されたい。

歳入の収納は、現金によるほか、住民及び地方公共団体の双方の利便を考慮して、一定の場合には、証紙による収入の方法（自治法二三一の二ⅠⅡ）、指定金融機関が指定されている場合においては、口座振替の方法又は証券による納付の方法（自治法二三一の二ⅢⅣ、自治令一五五・一五六）が認められている。指定金融機関を指定していない市町村においては、納入義務者から証券の提供を受け、その証券の取立て及びその取り立てた金銭による納付の委託を受けることができる（自治法二三一の二Ⅴ、自治令一五七）。また、平成一八年の自治法の改正により、納入義務者の申し出によりクレジットカード等（指定代理納付者が交付し、又は付与する政令で定める証票、その他の物又は番号、記号その他の符号を提示又は通知して、指定代理納付者に納付させることを申し出た場合）により納付することを承認することができることとされた（自治法二三一の二Ⅵ、自治令一五七の二）。

地方公共団体の歳入をその納期限までに納付しない者があるときは、地方公共団体の長は、当該債務の内容の実現のための措置を講じなければならない。地方税については、地方税法及び国税徴収法の規定に基づき、裁判手続によらず、「滞納処分」の手続により地方公共団体が自ら強制徴収を行うことができる。その他の歳入のうち分担金、加入金、過料又は法律で定める使用料その他の地方公共団体の歳入については、地方税の滞納処分の例により、強制徴収をすることが認められている（自治法二三一の三Ⅲ）。「法律で定める使用料」については、自治法附則六条において、港湾関係のもの、土地改良事業に関するもの、公共下水道関係のもの及び漁港漁場整備関係のものが定められているほか、他の法律で自治法二三一条の三第三項の法律に定める収入に該当する旨の規定を置くもの（国民健康保険料、介護保険料等）があり、また、独自に滞納処分の根拠規定を置くもの（道路占用料等、河川使用料等、海岸土砂採取料等、土地区画整理事業の清算金等）がある。

督促、滞納処分等の処分に関する不服については、行政不服審査法の適用によるが、旧行政不服審査法の下においては、地方公共団体の長以外の機関がした督促、滞納処分等の処分についての審査請求は、長が処分庁の直近上級庁でない場合においても、長に対してするものとされていた（旧行審法の下で自治法二三一の三Ｖ）。平成二六年に成立した新行政不服審査法においては、異議申立て、審査請求及び再審査請求を原則的に審査請求に一元化することとされたことから、新行審法関係法律整備法により自治法二三一の三の規定も改正され、審査請求は、長が当該機関の最上級行政庁でない場合も、長にするものとされた（改正後の自治法二三一の三Ｖ）。なお、地方税の滞納処分例により行う処分についての審査請求については、新行審法関係法律整備法による改正後の地方税法一九条の四（改正後の審査請求期間の特例）の規定を準用することとされた（改正後の自治法二三一の三Ⅵ）。督促、滞納処分等の処分についての審査請求（旧行審法の下では審査請求又は異議の申立て）については、長は議会に諮ってこれを決定しなければならず（平成二九年の第七次改革推進法による自治法の改正により、当該審査請求が不適法であり却下するときは、議会に諮問をせず、その旨を議会に報告することとされた（自治法二三一の三Ⅶ Ⅸ）。）、出訴は不服申立前置とされている（自治法二三一の三Ⅸ）。

分担金、使用料、加入金及び手数料の徴収に関しては、詐欺その他不正の行為によりこれらの徴収を免れた者についてはその徴収を免れた金額の五倍に相当する金額（当該額が五万円を超えないときは、五万円）以下の過料を、その他これらの徴収に関しては五万円以下の過料を、それぞれ条例により科することができる（自治法二二八Ⅱ Ⅲ）。

二　支出

1　支出の意義と経費の支弁等

「支出」とは、一般に、地方公共団体の行政上の需要を満たすために現金を支払う（現金の交付に代え、小切手を振り出し、公金振替書を交付して行うことを含む。）ことをいう。

地方公共団体は、①当該地方公共団体の事務を処理するために必要な経費及び②その他法律又はこれに基づく政令により当該地方公共団体の負担に属する経費を支弁するものとされている（自治法二三二Ⅰ）。この「経費を支弁する」とは、事務処理のために必要な経費を支払い、支出することをいうものであり、必ずしも最終的に「経費を負担する」ことを意味するものではない。

また、法律又はこれに基づく政令により地方公共団体に対し事務の処理を義務付ける場合においては、国は、そのために要する経費の財源につき必要な措置を講じなければならない（自治法二三二Ⅱ）。具体的な措置としては、国庫負担金、国庫補助金等の交付、地方交付税の算定における基準財政需要額への算入等があるが、必ずしも具体的な財源措置が的確かつ十分なものでないため、いわゆる「超過負担」が生じているという指摘もある。

2　支出の制限等

地方公共団体は、その公益上必要がある場合においては、寄附又は補助をすることができる（自治法二三二の二）。これは、本来、寄附又は補助に係る地方公共団体の支出が無制限に拡大しないよう、財政運営の秩序を維持するための制約として規定されたものである。公益上の必要の有無については、第一次的には予算の調製の段階で地方公共団体の長が判断し、最終的には議会が予算の審議の段階で判断するものであるが、さらに、住民監査請求及び住民訴訟により、監査委員（外部監査委員を含む。）又は裁判所の判断を受けることとなる場合もあり得る。

地方公共団体の公金は、宗教上の組織若しくは団体の使用、便益若しくは維持のため、又は公の支配に属しない慈善、教育若しくは博愛の事業に対し、これを支出してはならない（憲法八九）。前半は、政教分離の原則（憲法二〇）に基づき、地方公共団体が宗教上の組織又は団体に対して援助することを禁止したものであり、後半は、これらの事業の自主的な活動を確保する見地から公金の支出を禁止したものである。「公の支配」に属するかどうかは、当該事業に対し、国又は地方公共団体が一般的な関与とは異なった特別の監督や関与を行っているかどうかによって決するものと解されている。

また、健全化法施行前の旧地方財政再建促進特別措置法にいう歳入欠陥を生じた団体（赤字団体。同法二二Ⅱ参照）は、当分の間、他の地方公共団体又は公共団体その他政令で定める者に対し、寄附金、負担金等を支出しようとする場合においては、あらかじめ総務大臣又は都道府県に協議し、その同意を得なければならないとされてきた（旧地方財政再建促進特別措置法二三Ⅱ）が、健全化法施行後は、この制度は、廃止されている。

なお、平成二三年八月に成立した地方の自主性及び自立性を高めるための改革の推進を図るための関係法律の整備に関する法律（第二次改革推進一括法）による健全化法の改正前においては、地方公共団体は、当分の間、国、独立行政法人（政令で定めるものに限る。）若しくは国立大学法人等又は郵政株式会社、各高速道路株式会社等に対して寄附金、法律又は政令の規定に基づかない負担金その他これらに類するものを支出してはならないこととされていた（改正前の健全化法附則五、改正前の健全化令三・四。健全化法施行前は、旧地方財政再建促進特別措置法二四、同令一二の二・一二の三）が、改正により削られた。

寄附又は補助と関連して、債務の保証の問題がある。地方公共団体は、法人に対する政府の財政援助の制限に関する法律において、会社その他の法人の債務については、総務大臣の指定する会社その他の法人を除き、保証契約をすることができない（法人に対する政府の財政援助の制限に関する法律三）。しかし、損失補償はできると解されている（行実昭二九・五・一二）。このことについて、形式的には損失補償としての構成をとっても、保証契約と異る実質を有する契約であるとすることは困難であるとして、違法とした判決がある（横浜地裁平一八・一一・一五）。また、健全化法において、損失補償の額が将来負担比率に反映することがあることとされていることに留意を要する（健全化法二④へ参照）。

損失補償については、総務省の「債務調整等に関する調査研究会」の「第三セクター、地方公社及び公営企業の抜本的改革の推進に関する報告書」（平成二〇年一二月）において、「地方公共団体は、第三セクター等が経営破たんしたときには、当初予期しなかった巨額の債務（財政負担）を負うリスクもあることから、新たな損失補償は、既存の損失補償対象債務の借換に不可欠な場合など、特別な理由がある場合以外は行うべきではない。特別な理由により、やむを得ず損失補償を行う場合にあっては、議会の議決に際し、当該特別の理由をはじめ、内容、対象債務の返済の見通しとその確実性、健全化法の将来負担比率に算入される一般会計等負担見込額等十分な説明を行うべきであるとされている（同報告書Ｖ「２　新たな損失補償の回避等）。

3　支出負担行為

「支出負担行為」とは、地方公共団体の支出の原因となるべき契約その他の行為をいう（自治法二三二の三）。したがって、契約、補助金等の交付その他給付の決定等地方公共団体の支出の原因となる一切の行為が含まれる。

支出負担行為の制度は、予算執行としての支出の行為を、第一段階の「支出負担行為」と第二段階の「狭義の支出」との二段階に区分し、予算執行の第一段階において効果的な統制を加え、歳出予算の適正な執行を確保しようとするものである。

支出負担行為は、法令又は予算の定めるところに従って行わなければならない（自治法二三二の三）。

支出負担行為は、支出発生の基礎となる行為と一致する場合と、そうでない場合とがある（例えば、職員の採（任）用は、将来の給与等の支払について支出発生の基礎となる行為であるが、任命の段階では支出負担行為としてとらえないで、具体的な給与の支出を決定する段階でこれを支出負担行為としてとらえる。）。したがって、一般的にいって支出負担行為としてとらえる時期については、技術的な基準から決定されることとなる。いかなる段階においてこれを支出負担行為としてとらえるかという整理区分は、通常、財務規則（自治令一七三の二参照）で定められている。財務規則では、支出負担行為の整理区分は、「経費等の区分」ごとに、「支出負担行為として整理する時期」「支出負担行為の範囲」「支出負担行為に必要な主な書類」等について定めている。

なお、すでに支出の原因となるべき契約その他の行為が合法的になされていて、地方公共団体が支出義務を負っているにもかかわらず、支出負担行為をしないということはできないものである。

4　支出の方法

地方公共団体の支出について、支出負担行為をし、支出を命令する（すなわち、歳出に係る「予算の執行」）のは長である（自治法一四九②）が、これを受けて支払をするのは、会計管理者である（自治法一七〇Ⅱ①②）。このような支出について、命令機関と執行機関を分離する仕組みは、近代会計の原理に基づくもので、地方公共団体についてもこれによりその財務の執行の適正を期するためであり、このことについては、平成一八年の自治法の改正により、出納長及び収入役の制度が廃止され、会計管理者を置くこととする制度とされても同じである。

会計管理者は、地方公共団体の長の政令で定めるところによる命令がなければ、支出をすることができない（自治法二三二の四Ⅰ）。この支出命令について、「政令で定めるところによる命令」とされているのは、平成一六年の自治法の改正により、政令で定めるところにより公共料金等の一定の経費については年度分等を一括して支出命令を行うことができることとして個々の支出ごとに支出命令をすることは要しないこととすることができるようにされたものであり、政令で定める命令として自治令一六〇条の二においては、当該支出負担行為に係る債務が確定した時以降に行う命令（同条①）とともに、当該支出負担行為に係る債務が確定する前に行う特定の経費の支出に係る命令に関して、当該特定の経費を定めている（同条②）。また、支出命令を受けても、①当該支出負担行為が法令又は予算に違反していないこと及び②当該支出負担行為に係る債務が確定していることを確認したうえでなければ支出をすることができない（自治法二三二の四Ⅱ。なお同法一七〇Ⅱ⑥参照）。会計管理者は、この限度において職務上の独立性を有し、長の支出命令を審査する権限を有する。

また、地方公共団体の支出は、債権者のためでなければこれをすることができず（自治法二三二の五Ⅰ）、債務の金額が確定し、支払期限が到来しているときに、正当な債権者に対してこれを行うことが原則である。もっとも、一定の場合には、「資金前渡（職員に現金支払をさせるため、その資金を前渡する。）」「概算払（債務金額の確定前に概算をもって支払をする。）」「前金払（金額の確定した債務について、支払うべき事実の確定又は時期の到来以前において支払う。）」「繰替払（当該地方公共団体の歳入の収納にかかる現金を経費の支払に一時繰り替えて支払をする。）」「隔地払（隔地の債権者に対して支出するため指定金融機関又は指定代理金融機関に資金を交付して送金の手続をさせて支払う。）」及び「口座振替（債権者からの申出によって、指定金融機関又は指定代理金融機関に通知して地方公共団体の預金口座から債権者の預金口座に振り替えて支払う。）」の方法による支出の方法が認められており、それぞれについて対象となる経費又はできる場合等について規定されている（自治法二三二の五Ⅱ、自治令一六一～一六五の二）。なお、「資金前渡」については、平成一六年の自治令の改正により、対象経費が拡大された（自治令一六一Ⅰ⑬～⑮）。

三　私人の公金取扱い

公金は、その性格からして、私人に取り扱わせることは、原則として禁止されるが、私人に公金を取り扱わせても責任関係が不明確とならず、公正な公金の取扱いが期待され、かつ、経済性が確保できるならば、地方公共団体自体が公金を取り扱うよりも私人に取り扱わせた方が適当な場合もあるので、一定の限度で私人の公金取扱いが認められている（自治法二四三、自治令一五八・一五八の二・一六五の三）。自治法には、指定金融機関等による公金の収納又は支払の事務が定められている（自治法二三五、自治令一六八～一六八の五）。また、私人の公金の取扱いが認められる「歳入の徴収又は収納の委託」

と「支出事務の委託」についての自治令の規定は、次のようなものである。

「歳入の徴収又は収納の委託」は、その収入の確保及び住民の便益の増進に寄与すると認められる場合に限り、使用料、手数料、賃貸料、物品売払金（平成一六年の自治令の改正による。）、寄附金（平成二三年（一二月）の自治令の改正による。）及び貸付金の元利償還金について認められ（自治令一五八Ⅰ）、平成一五年の地方税法施行令の改正による自治令の改正により、地方税について、上述の場合に限り、その収納の事務を適切かつ確実に遂行するに足りる経理的及び技術的な基礎を有する者として地方公共団体の規則で定める基準を満たしている者にその収納の事務を委託することができるとされた（自治令一五八の二）。また、地方公営企業については、管理者は、地方公営企業に係る公金の徴収又は収納の事務については、収入の確保及び住民の便益の増進に寄与すると認める場合に限り、政令で定めるところにより、私人に委託することができるとされている（地公企法三三の二、同令二六の四）。

「支出事務の委託」は、資金前渡することができる経費のうちの大部分（自治令一六一Ⅰ①〜⑮の経費）、貸付金及び誤納又は過納に係るその資金を前渡することができる払戻金（当該払戻に係る還付加算金を含む。自治令一六一Ⅱ参照）について、必要な資金を交付して私人に支出の事務を委託することができるものである（自治令一六五の三Ⅰ）。

公金の取扱いの事務を私人に委託した場合において、必要と認めるときは、会計管理者は、当該委託に係る事務について検査することができる（自治令一五八Ⅳ・一六五の三Ⅲによる一五八Ⅳの準用）。地方税の収納の事務の委託については、会計管理者は、収納の事務の状況を検査しなければならず、その結果に基づき受託者に対して必要な措置を講ずるべきことを求めることができる（自治令一五八の二ⅢⅣ）。

他の法令に規定があるものとして、地方税の特別徴収（地税法一Ⅰ⑨）のほか、平成一四年の国民健康保険法の改正により、厚生労働大臣が指定する市町村は、保険料の徴収の事務については、収入の確保及び被保険者の便益の増進に寄与すると認められる限り、私人に委託することができることとされ、告示及び公表、指定金融機関等への払い込み、市町村長の検査等の規定が設けられている（国民健康保険法八〇の二、同施行令二九の二三）。また、平成一六年の児童福祉法の改正において、保育費用の収納の事務についても、収入の確保及び本人又はその扶養者の便益の増進に寄与すると認められる場合に限り、私人に委託することができるとされ、告示及び公表、指定金融機関等への払い込み、都道府県又は市町村の検査等の規定が設けられている（児童福祉法五六Ⅲ、同施行令四四の二）。さらに、支出の事務の委託について、国民健康保険の療養の給付に関する費用の支払に関する事務を国民健康保険団体連合会又は社会保険診療報酬基金に委託することができる（国民健康保険法四五Ⅴ）。

第六節　契　約

一　本法上の契約の意義と議会の議決

自治法第二編第九章（財務）第六節の「契約」については、二三四条一項において、「売買、貸借、請負その他の契約は……」とされており、また、第六節全体の規定からみても、ここでいう「契約」とは、こうした地方公共団体が民間と同じ立場にたって締結する契約をいうものであるとされている。このような契約は、民法、商法等の一般法上の制度のほか、「契約自由の原則」が適用されるが、地方公共団体については、主として公正かつ適正な運用を確保する観点から、一般法上の制度に対する特例や「契約自由の原則」に対する制約を定めているものである。

契約の締結は、予算の執行に当たる行為であり、法令又は予算に基づいて行われるものであるから、地方公共団体の長の権限に属するが（自治法一四九②）、条例で定める契約その他一定の契約を締結する場合には、議会の議決を経ることを要する（自治法九六Ⅰ⑤～⑧、自治令一二一の二・別表第三・第四）。

二　契約の締結その他の手続

1　契約の締結の方法

地方公共団体がその当事者となる売買、貸借、請負その他の契約は、一般競争入札、指名競争入札、随意契約又はせり売りの方法により締結するものとされている（自治法二三四Ⅰ）が、このうち、一般競争入札を原則的な契約締結の方法とし、指名競争入札、随意契約又はせり売りは、政令で定める場合に該当するときに限り、これによることができる（自治法二三四Ⅱ、自治令一六七・一六七の二Ⅰ・一六七の三）。

「一般競争入札」は、地方公共団体の契約の相手方となる者の選定のための手続に不特定多数の者が参加することを認め、それらの者のうち、契約の目的に応じ、原則として、地方公共団体にとって最も有利な価格（予定価格の制限の範囲内で最高又は最低の価格）をもって申込みをした者を契約の相手方とする方式であり（自治法二三四Ⅲ本文）、地方公共団体の契約手続における「公正の確保」と「均等な機会の保障」に特に配慮したものである。

これに対し、「指名競争入札」は、地方公共団体が、これに参加する者に必要な資格として、あらかじめ、契約の種類及び金額に応じ、工事製造又は販売等の実績、従業員の数、資本の額その他の経営の規模及び状況を要件とする資格を定め（自治令一六七の一一Ⅱ。自治令一六七の五Ⅰ参照）、当該資格を有する者のうちから適当であると認める特定の者を指名したうえで（自治令一六七の一二Ⅰ）、入札の方法により競争をさせて、契約の相手方を決定する方法である。なお、近年は、要件を詳細に定める代わりに、希望する者を入札対象者とする公募型指名競争入札を導入する動きもみられる。「指名競争入札」によることができる場合は、政令で定める一定の要件に該当するときに限られる（自治令一六七）。また、「随意契約」とは、競争の方式によらないで、地方公共団体が任意に特定の相手方を選択して、契約を締結する方法である。「随意契約」によることができる場合は、政令で定める一定の要件に該当する場合に限られる（自治令一六七の二。なお、平成一六年の自治令の改正により要件が加えられ、平成二〇年及び平成二三年（一二月）並びに平成二七年（一二月）にも自治令の改正により、さらに加えられた（同条Ⅰ③④）。この随意的契約については、手続が簡素で経費が少なくてすむというメリットがある反面、適正な価格の形成や公平の確保という面での問題も生じやすいということもあり、一定の要件に該当するかどうかについての論議も少なくない。「せり売り」は、買受人が口頭により価格の競争を行うもので、この方法は、動産の売払いについてのみ認められている（自治令一六七の三）。

一般競争入札又は指名競争入札（以下「競争入札」という。）の参加者の資格、競争入札における公告若しくは指名の方法、入札保証金の納付並びに開札及び再入札の手続、随意契約及びせり売りの手続等については、政令で定められている（自治法二三四Ⅵ、自治令一六七の二Ⅱ～Ⅳ・一六七の四～一六七の八・一六七の一一～一六七の一四）。なお、平成二六年一〇月（二九日）の自治令の改正で、競争入札の参加者の資格について、暴力団員による不当な行為の防止等に関する法律三二条一項各号に掲げる者は参加させることができないこととされ（改正後の一六七の四Ⅰ③）、三年以内の期間を定めて競争入札に参加させないことができる者として、故意に、工事又は製造を粗雑に行ったと認められるときに加えて、その他の役務を粗雑に行ったときが加えられた（改正後の自治令一六七の四Ⅱ①）。

入札談合等の問題がしばしば指摘されており、一般競争入札の原則をより徹底することとした地方公共団体が拡大している（なお、平成一五年に制定された「入札談合等関与行為の排除及び防止に関する法律」参照）。また、平成二〇年、自治令が改正され、不正行為に対する入札参加停止期間の延長（不正行為があった日から二年間とされていたものを、地方公共団体が不正行為と認めたときから三年間に延長）等が行われた（自治令一六七の四Ⅱ・一六七の一〇の二ⅣⅤ、自治則の一二の四）。

なお、平成二八年三月、地方公共団体の物品等又は特定役務の調達手続の特例を定める政令（「特例政令」）が改正され（同年五月一日施行）、この特例政令が適用される場合に、複数落札入札制度によることができることとなったことについて、後述する（三「『政府調達協定』に係る特例政令及び入札契約適正化法による手続並びに公共工事の品質確保」）。

2　競争入札における落札者の決定

競争入札においては、入札に参加した者のうち、原則として、地方公共団体にとって最も有利な価格をもって申込みをした者を契約の相手方とするが（自治法二三四Ⅲ本文）、これには、次のような例外が設けられている（同条ただし書）。

まず、工事又は製造その他についての請負の契約について、予定価格の制限の範囲内で最低の価格をもって申込みをした者の当該申込みに係る価格によっては、当該契約の内容に適合した履行がされないおそれがあると認めるとき、又はその者と契約を締結することが公正な取引の秩序を乱すおそれがあって著しく不適当であると認めるときは、その者を落札者とせず、次順位の者を落札者とすることができる（「低入札価格調査制度」。自治令一六七の一〇Ⅰ・一六七の一三による準用）。

また、工事又は製造その他についての請負の契約について、当該契約の内容に適合した履行を確保するため特に必要があると認めるときは、あらかじめ「最低制限価格」を設けて、同価格以上の価格をもって申込みをした者のうち最低の価格をもって申込みをした者を落札者とすることができる（「最低制限価格制度」。自治令一六七の一〇Ⅱ・一六七の一三による準用）。

さらに、平成一一年の自治令の改正により「総合評価競争入札」の方式が導入されており、この方式による場合には、予定価格の制限の範囲内の価格をもって申込みをした者のうち、「価格その他の条件」が当該地方公共団体にとって最も有利なものをもって申込みした者を落札者とすることができる（「総合評価競争入札制度（総合評価方式）」。自治令一六七の一〇の二・一六七の一三による準用）。なお、工事又は製造その他についての請負の契約を「総合評価競争入札制度（総合評価方式）」によって締結する場合において、落札者となるべき者を落札者とせず、他の者のうち最も有利な申込みをした者を落札者とすることができる場合がある（自治令一六七の一〇の二Ⅱ・一六七の一三による準用）。

3　契約の履行の確保

契約を締結した場合においては、地方公共団体の職員は、契約の適正な履行を確保するため又はその受ける給付の完了の確認（既済部分又は既納部分の確認を含む。）をするため、必要な監督又は検査をしなければならない（自治法二三四の二Ⅰ、自治令一六七の一五）。また、地方公共団体が契約の相手方をして契約保証金等を納付させた場合において、契約の相手方が契約上の義務を履行しないときは、その契約保証金等は、当該地方公共団体に帰属する（自治法二三四の二Ⅱ、自治令一六七の一六）。

4　長期継続契約

地方公共団体は、電気、ガス若しくは水の供給若しくは電気通信役務の提供を受ける契約又は不動産を借りる契約その他政令で定める契約については、債務負担行為に関する規定（自治法二一四）にかかわらず、契約を締結する年度の翌年度以降においても効力が存続するものとして、「長期継続契約」を締結することができる（自治法二三四の三）。この場合においては、各年度におけるこれらの経費の予算の範囲内においてその給付を受けることとなる。なお、「その他政令で定める契約」については、平成一六年の自治法の改正によるものであり、自治令において、同令一六七の一七として「翌年度以降にわたり物品を借り入れ又は役務の提供を受ける契約で、その契約の性質上翌年度以降にわたり契約を締結しなければ当該契約に係る事務の取扱いに支障を及ぼすようなもののうち、条例で定めるものとする。」と規定された。具体的には、例えば、ＯＡ機器のリース契約等が想定される。

三　「政府調達協定」に係る特例政令及び入札契約適正化法による手続並びに公共工事の品質確保

地方公共団体の契約に関しては、我が国が平成七年に批准した「政府調達に関する協定」が、都道府県及び指定都市における一定規模の物品等又は役務の調達契約（特定調達契約）に適用されることとなったため、「地方公共団体の物品等又は特定役務の調達手続の特例を定める政令」が制定され、平成八年一月から施行されている。その後の改正の状況は、後述する。

この政令（「特例政令」という。）は、特に内外無差別かつ透明性といった視点から、国際ルールに沿って、個々具体的な手続の面で自治令と調整するなど、協定を我が国において実施するために法制的な整備を行ったものである。内容的には、都道府県及び指定都市（「指定地方公共団体」とされる。）が締結する調達契約であって、特例政令でいう予定価格が総務大臣が定める額（平成二六年四月一日から平成二八年三月三一日までの間に締結される調達契約について適用される総務省告示が定められている（平二六総務省告示一一））以上の額のものに適用され、競争参加者の資格、公告又は公示、落札者の決定方法、随意契約等について特例が定められている。この協定は、平成二六年二月に「政府調達に関する協定を改正する議定書」（平二六条約四）によって改正され（「改正協定」）、特例政令も改正協定その他国際約束を実施するため、平成二六年三月に改正された（平二六政令五八。平二六・三・一二総務省自治行政局行政課長通知参照）。

平成二八年三月、地方公共団体の物品等又は特定役務の調達手続の特例を定める政令（以下「特例政令」という。）が改正され（平成二八年政令第八八号）、特例政令が適用される特定地方公共団体（特例政令二①参照）の特定調達契約（特例政令四参照）につき、複数落札入札制度によることができることとなった（同年五月一日施行）。複数落札入札制度は、「一般競争入札又は指名競争入札により契約を締結しようとする場合において、その需要数量が多いときは、その需要数量の範囲内でこれらの競争入札に参加する者の落札を希望する数量及びその単価を入札させ、予定価格を超えない単価の入札者のうち、低価の入札者から順次需要に達するまでの入札者をもって落札者とすることができる。」とするものである（改正後の特例政令一〇Ⅰ参照）。複数落札入札制度に係る特例政令の規定は特例政令一〇条各項に定められている。複数落札入札制度は、需要数量が多いときに用いられる方法であることから、通常の一般競争入札又は指名競争入札による調達の可能性などを十分検討した上で運用する必要がある。また、当該競争入札における予定価格は、単価となることから、運用に当たっては、あらかじめ、特定地方公共団体の規則等において、これらの競争入札に付する場合の予定価格は、物品等又は特定役務の種類ごとの総価額を当該物品等又は特定役務の種類ごとの需要数量で除した金額とする旨を定めておく必要がある（「地方公共団体の物品等又は特定役務の調達手続の特例を定める政令の一部を改正する政令の公布について」（通知、平成二八年三月三〇日総行行六三号））。

また、公共工事の入札及び契約手続については、近年その公正と公平の確保や透明性の向上を図る観点から運用の改善等が進められてきたところであったが、平成一二年に「公共工事の入札及び契約の適正化の促進に関する法律」が制定された。この法律は、公共工事の入札及び契約の適正化の基本となるべき事項を明らかにするとともに、国及び地方公共団体等のすべての公共工事の発注者に対し、毎年度の発注見通し、入札者の名称、入札金額等の入札及び契約の過程に関する情報の公表を義務付け、不正行為等に関する措置、一括下請の禁止、現場の点検等の施行体制の適正化等について定めるとともに、地方公共団体等は、国が定める適正化指針（同法一五。平成一三・三・九閣議決定。現行のものは平成二三・八・九閣議決定。平成二六・九・三〇一部変更）に従い、入札及び契約の適正化を図るため必要な措置を講じるように努めなければならないこととしている。平成二六年に成立した建設業法等の改正において、入札契約適正化法が改正され、目的規定に「適正な金額での契約締結等のための措置」が加えられ、一章が加えられている（改正後の同法一・一二・一三）。

さらに、平成一七年、公共工事の品質確保の促進に関する法律が制定された。同法においては、公共工事の品質の確保に関し基本理念を掲げ、政府は公共工事の品質確保の促進に関する施策を総合的に推進するための基本方針を定めなければならないものとし、各省各庁の長、地方公共団体の長等は、基本方針に定めるところに従い、公共工事の品質確保の促進を図るため必要な措置を講ずるよう努めなければならないとするとともに、発注者は競争参加者の技術的能力に関する事項を審査しなければならないこととしている。また、競争参加者に対し、原則として、技術提案を求めるよう努めなければならないこととし、技術提案に関連する事項について規定するとともに、発注関係事務を適切に実施することができる者の活用などについて規定している。なお、平成二六年の国会に参議院国土交通委員長提案により同法が改正され、公共工事の担い手の中長期的な育成及び確保の促進の観点を明確にすることとし、そうした観点から発注者、受注者それぞれの責務を見直すほか、多様な入札及び契約の方法等について新たに規定された。

第七節　現金及び有価証券

一　金融機関の指定

公金の収納又は支払の事務を取り扱わせるため、都道府県は、議会の議決を経て、「指定金融機関」を指定しなければならず（自治法二三五Ⅰ、自治令一六八ⅠⅥ）、また、市町村は、議会の議決を経て、「指定金融機関」を指定することができる（自治法二三五Ⅱ、自治令一六八Ⅱ）。この制度の趣旨は、地方公共団体における出納事務は、会計管理者がこれをつかさどることが建前であるが（自治法一七〇）、その分量が多く、また複雑多岐にわたるため、これを会計管理者の下ですべて処理することは事実上不可能に近いことから、出納事務の効率的運営と安全を確保する観点から、現金の出納事務について最も熟達していると認められる銀行その他金融機関をして当該事務を掌理させることとしたものである。なお、郵政民営化後の郵便貯金銀行は、預入限度額（郵政民営化法一〇七参照）がある間においては、自治令一六八条一項の金融機関から除外されることとされている（郵政民営化法等の施行に伴う関係政令の整備等に関する政令（以下、「郵政民営化法等整備令」という。）附則一一Ⅱ）。

指定金融機関を指定している地方公共団体の長は、あらかじめ、指定金融機関の意見を聴いて（自治令一六八Ⅶ）、①指定代理金融機関（指定金融機関の取り扱う収納及び支払の事務の一部を取り扱う金融機関。自治令一六八ⅢⅥ）、②収納代理金融機関（自治令一六八ⅣⅥ）を指定することができる。

指定金融機関を指定していない市町村の長は、③収納事務取扱金融機関（会計管理者の取り扱う収納の事務の一部を取り扱う金融機関。自治令一六八Ⅴ）を指定することができる。

指定金融機関を指定している地方公共団体における支出は、原則として、現金の交付に代え、当該金融機関を支払人とする小切手を振り出し、又は公金振替書を当該金融機関に交付して行う（自治法二三二の六Ⅰ）。また、指定金融機関等を指定している場合には、公金の収納又は支払の事務は、当該金融機関等において取り扱うこととなるが、指定金融機関等は、納税通知書、納入通知書その他の収入に関する書類に基づかなければ、公金の収納をすることができない（自治令一六八の三Ⅰ）。さらに、指定金融機関及び指定代理金融機関は、会計管理者の振り出した小切手又は会計管理者の通知に基づかなければ、公金の支払をすることができない（自治令一六八の三Ⅱ）。

なお、指定金融機関等の取り扱う「公金の収納又は支払」の事務には、現金による出納のほか、口座振替の方法又は証券による収入（自治法二三一の二Ⅲ）に係る事務、隔地払又は口座振替の方法による支出（自治法二三二の五Ⅱ）に係る事務等が含まれる。

二　現金及び有価証券の出納及び保管等

1　現金及び有価証券の出納

地方公共団体における①現金（現金に代えて納付される証券及び基金に属する現金を含む。）及び②有価証券（公有財産又は基金に属するものを含む。）の出納は、地方公共団体の長の命令に基づいて、会計管理者が行う（自治法一七〇Ⅱ①③）。

地方公共団体の現金の出納は、毎月例日を定めて監査委員がこれを検査し、その結果に関する報告を、地方公共団体の議会及び長に提出しなければならない（自治法二三五の二ⅠⅢ）。監査委員は、指定金融機関等が取り扱う当該地方公共団体の公金の収納又は支払の事務についても、監査することができる（自治法二三五の二ⅡⅢ）。

2　現金及び有価証券の保管

会計管理者は、地方公共団体の歳入歳出に属する現金（歳計現金）を指定金融機関その他の確実な金融機関への預金その他の最も確実かつ有利な方法によって保管しなければならない（自治法二三五の四Ⅰ、自治令一六八の六）。なお、一時借入金（自治法二三五の三）は、歳計現金には属さないが、借り入れられた現金自体は、歳計現金と同様に歳出予算に計上された経費の支出に充てられるものであるから、その出納及び保管については、歳計現金と同様に取り扱うべきものとされている。また、基金に属する現金の出納及び保管も、歳計現金の出納及び保管の例によることとされている（自治法二四一Ⅶ）。

次に、債権の担保として徴するもののほか、地方公共団体の所有に属しない現金（歳入歳出外現金）又は地方公共団体の所有に属しない有価証券は、法律又は政令の規定によるのでなければ、これを保管することができず、また、会計管理者は、地方公共団体の長の通知がなければ、これらの出納をすることができない（自治法二三五の四Ⅱ、自治令一六八の七ⅠⅡ、自治則一二の五）。これらの定めによるほか、歳入歳出外現金の出納及び保管は、歳計現金の出納及び保管の例により、これを行う（自治令一六八の七Ⅲ）。

3　出納の閉鎖

地方公共団体の出納は、翌年度の五月三一日をもって閉鎖する（自治法二三五の五）。会計年度経過後から五月三一日までの期間を「出納整理期間」といい、この期間には、当該会計年度に属する出納を行うことができる。なお、会計年度経過後に至って歳入が歳出に不足するときは、翌年度の歳入を繰り上げてこれに充てること（翌年度歳入の繰上充用）ができるが、この場合においては、そのために必要な額を翌年度の歳入歳出予算に編入しなければならない（自治令一六六の二）。

第八節　時　効

時効に関しては、自治法において金銭債権の消滅時効について規定している（同法二三六）。

消滅時効とは、権利の不行使という事実状態が一定の期間継続した場合に、この状態が真実の権利関係に合致するものかどうかを問わずに、その事実状態をそのまま尊重してこれに法律効果を与え、不行使に係る権利の消滅の効果を生じさせる制度である。

平成二九年の民法の改正で民法の時効に関する定めが大幅に変わった（原則として公布の日（平成二九年六月二日）から三年を超えない範囲内において政令で定める日（平成二九年一二月二〇日に制定された政令（政令三〇九号）により原則として平成三二年四月一日とされた。）より施行）。

金銭の給付を目的とする普通地方公共団体の権利及び普通地方公共団体に対する権利で金銭の給付を目的とするものは、時効に関し他の法律に定めがあるものを除き、債権不行使の状態が五年間継続するとき（平成二九年の改正前「五年間これを行なわないとき」、改正後「これを行使することができる時から五年間行使しないとき」）は、時効によって消滅する（自治法二三六Ⅰ。なお、国を一方の当事者とする金銭債権についても同様の規定がある（会計法三〇）。）。

「時効に関し他の法律に定めがあるもの」として、民法に規定する債権（一般の債権について、民法の改正前同法一六七条一項の規定により一〇年、平成二九年の改正後同法一六六条・一六七条の規定により「債権者が権利を行使することができることを知った時から五年、権利を行使することができる時から一〇年（人の生命又は身体の侵害による損害賠償請求権二〇年）」）、不法行為による損害賠償請求権について、民法の改正前同法七二四条の規定により、平成二九年の改正後同法七二四条・七二四の二条の規定により、損害及び加害者を知つた時から三年（平成二九年の改正後「人の生命又は身体を害する不法行為による損害賠償請求は加害者を知った時から五年」）、不法行為の時から二〇年等の規定があり、一般商事債権について商法（同法五二二）、小切手上の請求権について小切手法（同法五一等）などがあり、公法上の債権として国に係る金銭債権（会計法三〇）、地方税の徴収に係る債権（地方税法一八等）、国民健康保険の保険料等（国民健康保険法一一〇Ⅰ）などがある。

金銭の給付を目的とする地方公共団体の権利の時効による消滅については、法律に特別の定めがある場合を除くほか、時効の援用を要せず、また、時効の利益を放棄することもできない（自治法二三六Ⅱ）。このように時効の利益の放棄が認められないのは、地方公共団体を一方の当事者とする債権債務関係を、できる限り画一的に処理しようとする趣旨に基づくものであり、また、同様の観点から、時効の援用も要しないこととされている。

金銭の給付を目的とする地方公共団体の権利について、消滅時効の中断、停止（平成二九年の民法改正後においては「完成猶予、更新」。後述参照）等について、適用すべき法律がないときは、民法の規定が準用される（自治法二三六Ⅲ）。「時効の中断、停止（平成二九年の民法改正後「完成猶予、更新」）その他の事項」とは、時効の中断、停止（平成二九年の民法改正後「完成猶予、更新」）のほか、時効の遡及効、時効の起算点（なお、平成二九年の民法の改正により自治法二三六条一項が改正され、時効の起算点は、「これを行使することができる時から」と明示されたので、平成二九年の改正後においては、時効の起算点に関する民法の規定の準用はないものである。）等の事項を指す。

平成二九年の民法の改正における時効制度の改正は、債権の短期消滅時効の廃止を含む債権の時効期間の改正のほか、従来の「時効の中断」「時効の停止」の制度（改正前の民法一四七～一六一）が大きく変更された。

改正前の「時効の中断」とは、時効の基礎である事実状態と相容れない法定の事由が生じると、その事由の発生前に既に進行してきた時効期間はその効力を失い、その中断事由が消滅したときからあらためて時効が進行を始めることをいう（改正前の民法一五七）。平成二九年改正前の民法は、消滅時効の中断事由として、(イ)請求、(ロ)差押え、仮差押え又は仮処分、(ハ)承認の三種を定めており（改正前の同法一四七）、これらの中断事由の発生により既に進行してきた時効期間はその効力を失い、中断した時効はその中断事由の終了した時（裁判上の請求によって中断した時効は裁判の確定した時）から新たに進行を始めるとする制度である（改正前の同法一五七）。

改正前の「時効の停止」とは、時効の完成に当たり故障があり、権利者が中断行為をすることが困難な事由がある場合に、一定期間時効の完成を猶予することをいう。改正前の民法は、時効の停止事由として五つの事由を定め、それぞれ一定期間時効が完成しないとすることを定めている（改正前の同法一五八～一六一）。

平成二九年の民法改正においては、「時効の中断」の効力のうち、時効の完成が猶予されるという効力と、それまでに進行した時効が全く効力を失い、新たな時効が進行を始めるという効力を分け、前者については「時効の完成猶予」、後者については「時効の更新」として再構成し、中断事由について、「完成猶予」と「更新」の双方の効力又はどちらか一方の効力（例えば改正前の「催告」等）を持つものかを分け、「完成猶予」については「…までの間は、時効は、完成しない。」と規定し、「更新」については「時効は、……した時から新たにその進行を始める。」と規定している。また、改正前の「時効の停止」は、改正後の「時効の完成猶予」となっている（改正後の民法一四七～一五四、一五八～一六一）。

第九節　財　産

一　地方公共団体の財産に関する通則

1　財産の範囲

自治法において、地方公共団体の「財産」とは、公有財産、物品及び債権並びに基金をいう（自治法二三七Ⅰ）。歳計現金は、現金の出納及び保管に関する規定（自治法二三五～二三五の五）に基づいて管理されることとなっているため、この財産の範囲から除外されている。また、占有権、借家権、賃借権等も、財産権の対象にはなるものであるが、財産の範囲には含められていない。

2　財産の管理及び処分の原則

地方公共団体の財産を交換し、出資の目的とし、若しくは支払手段として使用し、又は適正な対価なくしてこれを譲渡し、若しくは貸し付けることは、原則として禁止されるが、条例又は議会の議決による場合には（ただし、行政財産については、自治法二三八条の四第一項の規定のように、同条第二項から第四項に定める場合に限る。）、これらを行うことが認められる（自治法二三七Ⅱ。自治法九六Ⅰ⑥⑧・二三八の四Ⅰ～Ⅳ・二三八の五参照）。例えば、財産の交換又は適正な対価によらない譲渡若しくは貸付けが認められる場合の基準を条例により定める場合や財産を出資の目的とすることについて議会の議決を求めるような場合（自治法九六Ⅰ⑥参照）である（第九章第二節三２「⑵ 議決事項」カ・ク参照）。

また、地方公共団体の財産は、普通財産である土地に、当該地方公共団体を受益者として建物を建設し、又は土地を造成し、かつ、当該土地（その土地の定着物を含む。）の管理又は処分を行うことを目的とする場合で、議会の議決によるとき及び国債等の有価証券を一定の方法による場合でなければ、これを信託してはならない（自治法二三七Ⅲ・二三八の五ⅡⅢ、自治令一六九の三。自治法九六Ⅰ⑦参照）。有価証券の信託については、平成一八年の改正により規定されたものである。

二　公有財産

1　公有財産の意義と分類

自治法において「公有財産」とは、地方公共団体の所有に属する財産（基金に属するものを除く。）のうち、①不動産、②船舶、浮標、浮桟橋及び浮ドック並びに航空機、③①及び②に掲げる不動産及び動産の従物、④地上権、地役権、鉱業権その他これらに準ずる権利、⑤特許権、著作権、商標権、実用新案権その他これらに準ずる権利、⑥株式、社債（特別の法律により設立された法人の発行する債券に表示されるべき権利を含み、短期社債等を除く。）、地方債及び国債その他これらに準ずる権利、⑦出資による権利、⑧財産の信託の受益権をいう（自治法二三八Ⅰ）。

これらの公有財産は、行政財産と普通財産とに分類される（自治法二三八Ⅲ）。

「行政財産」とは、地方公共団体において公用若しくは公共用に供し、又は供することと決定した財産をいう（自治法二三八Ⅳ）。このうち、「公用財産」とは、地方公共団体が直接に公務のために使用する財産で、例えば、庁舎、議事堂等が該当し、また、「公共用財産」とは、直接に住民の使用・利用に供することを目的とする財産で、例えば、学校、住民の利用に供する会館、図書館、道路、公園等の敷地及び建物が該当する。さらに、「公用又は公共用に供することと決定した財産」とは、将来において特定の公用又は公共用に供すべきことと決定した財産で、例えば、公の施設の建設のための予定敷地等がこれに該当する。

他方、「普通財産」は、行政財産以外の一切の公有財産をいう（自治法二三八Ⅳ）。財産の管理は、地方公共団体の長の権限に属するので（自治法一四九⑥）、普通財産を行政財産とし、又は行政財産を普通財産とすることは、原則として長が決定するものである。

2 公有財産の取得・管理の権限及び長の総合調整権等

公有財産の取得及び管理は、地方公共団体の長の権限に属するが（自治法一四九⑥）、学校その他の教育機関の用に供する公有財産の管理は、教育委員会の権限に属し（地教行法二一②）、さらに委員会若しくは委員又はその補助機関等に長の権限の一部が委任されること（自治法一八〇の二参照）により、これらのものが公有財産の取得又は管理の権限を有する場合がある。このような場合においても、これらの委員会又は委員等による公有財産の取得又は管理が、当該地方公共団体の財産の取得又は管理の一環として、統一的かつ合理的に実施されるよう、地方公共団体の長には、公有財産の効率的運用を図るための総合調整権が付与されており（自治法二三八の二ⅠⅡ）、また、委員会等が行う公有財産の管理は、行政財産の用途廃止までのものとされている（自治法二三八の二Ⅲ）。

また、公有財産に関する事務に従事する職員は、その取扱いに係る公有財産を譲り受け、又は自己の所有物と交換することができない（自治法二三八の三Ⅰ）。この制限は、公有財産の処分の公正を確保するために設けられたものであり、その実効性を担保するために、これに違反する行為は無効とされている（自治法二三八の三Ⅱ）。

3 行政財産の管理及び処分

地方公共団体の行政財産は、原則としてこれを貸し付け、交換し、売り払い、譲与し、出資の目的とし、若しくは信託し、又はこれに私権を設定することはできず（自治法二三八の四Ⅰ）、この制限に違反する行為は無効とされる（自治法二三八の四Ⅵ）。

また、行政財産は、その用途又は目的を妨げない限度において、例外的にその使用を許可すること（例えば、博物館に食堂や売店等を設置する場合等）ができるが（自治法二三八の四Ⅶ）、この場合においても借地借家法の適用はない（自治法二三八の四Ⅷ）。

行政財産をその用途又は目的を妨げない限度において使用を許可する（行政財産の目的外使用を許可する）ことについては、本来の用途又は目的を妨げる結果とならないものでなければならないもので、長期継続的使用の許可は一般的にはできないとされるが、そのことについては個別的事例により個別的に判断することになる（通知昭三九・九・一〇参照）。このことについて、平成二五年六月（二六日）、総務省自治行政局行政課長通知「行政財産の目的外使用許可について」において、「太陽光発電用のソーラーパネルを設置するため行政財産である庁舎等の屋根の使用を許可することについては、建物の構造や耐震性、耐用年数等態様上の問題がなく、将来にわたって屋根を公用又は公共用に使用する予定がない場合には、適切な期間設定による長期継続的使用の許可をすることも可能であると考えられます。これは行政財産の本来の用途又は目的が阻害されない限り、行政財産の効率的利用の見地から、その用途又は目的以外の使用を認めることとした制度の趣旨に沿うものです。」とされた。

行政財産の使用を許可した場合において、公用又は公共用に供するため必要を生じたとき、又は許可の条件に違反する行為があると認めるときは、その許可を取り消すことができる（自治法二三八の四Ⅸ）。

なお、行政財産の目的外使用の不許可処分に係る損害賠償請求事件において、当該不許可処分が「重視すべきでない考慮要素を重視するなど、考慮した事項に対する評価が明らかに合理性を欠いており、他方、当然考慮すべき事項を十分考慮しておらず、その結果、社会通念に照らし著しく妥当性を欠いたものということができる。」とした最高裁の判決がある（最高裁平一八・二・七）。

行政財産については、地方公共団体の行政執行の物的手段としてその目的の達成のために利用されるべきものであり、本来、私権の設定の対象となり得ないものとされてきたが、行政財産の土地の使用関係の中には長期的・継続的なものもあり、目的外使用の制度では規律できない場合が増えてきたことから、昭和四九年の自治法改正により、行政財産である土地について、その用途又は目的を妨げない限度において、国、他の地方公共団体その他政令で定めるものに対し、政令で定める特定の用途のために、これを貸し付け、又はこれに地上権を設定することが認められることとなった（平成一八年改正前の自治法二三八の四Ⅱ。なお、条例で定める場合を除くほか、適正な対価なくして貸し付ける（地上権の設定等を含む。）場合は、議会の議決を要する（自治法九六Ⅰ⑥）。）。このうち行政財産である土地の貸付けに係る用途としては、区分所有に係る建物の用に供するいわゆる「合築のための土地の貸付け」について認められたが、土地の高度利用をより一層推進するため、昭和六三年の自治令改正により、貸付けの相手方となるものの範囲が、地方公共団体が資本金等の二分の一以上を出資している公益法人、株式会社及び有限会社（平成一七年に成立した会社法の施行後は、株式会社）や、公共団体又は公共的団体で法人格を有するもののうち、当該地方公共団体が行う事務と密接な関係を有する事業を行うものまで拡大された。また、地上権設定に係る用途については、鉄道、道路、水道、下水道、電気通信線路等などとされ、これらの事業者で自治令に規定されるものが対象となるとされた（平成一八年改正前の自治令一六九・一六九の表の二号・一六九の二）。

しかし近年になって、さらなる行政財産の貸与範囲等の拡大の要望が地方公共団体等からあり、市町村合併や行政改革の進展、少子化の動向などから庁舎や学校等の空きスペースの有効活用等が検討されていることから、地方公共団体において個々の行政財産の性格も踏まえつつ、有効活用等をすることができるようにすることが適切であると考えられた。このようなことから、平成一八年の改正によって、現行の行政財産に係る制度のスキームの基本は維持しつつ、行政財産について、新たに一定の場合に建物の一部を貸し付けることができることとし、また、土地の貸し付けができる一定の場合を拡大し、さらに、一定の場合に地役権を設定することができることとした。
なお、この改正は、国有財産法の改正とも整合しているものである。
行政財産について、その用途又は目的を妨げない限度において、貸し付け、又は私権を設定することができる場合は、次のとおりである（自治法二三八の四Ⅱ～Ⅳ、自治令一六九～一六九の五）。

① 行政財産である土地を貸し付けることができる場合

ア 自治法二三八の四第二項一号に定める場合

要するに、行政財産である土地の本来の目的を効果的に達成することに資する政令で定める堅固な建物等を所有する者に貸し付ける場合である（平成一八年の改正による。）。政令で定める堅固な建物等は、鉄骨造、コンクリート造、石造、れんが造その他これらに類する構造の土地に定着する工作物とされている（自治令一六九）。

（例えば、空港ターミナルビルの底地の貸付、港湾における荷揚げ施設・倉庫等の底地の貸付け等）

イ 自治法二三八の四第二項二号に定める場合

要するに国、他の地方公共団体又は政令で定める法人と一棟の建物を区分して所有するため（以下「合築のため」という。）行政財産である土地を貸し付ける場合である（平成一八年の改正前から認められている。）。政令で定める法人は、

・特別の法律により設立された法人で国又は普通地方公共団体において出資しているもののうち、総務大臣が指定するもの（独立行政法人等登記令の別表の欄に掲げる法人）

・港湾局、地方住宅供給公社、地方道路公社、土地開発公社及び地方独立行政法人並びに普通地方公共団体が資本金、基本金その他これらに準ずるものの二分の一以上を出資している一般社団法人及び一般財団法人並びに株式会社

・公共団体又は公共的団体で法人格を有するもののうち、当該普通地方公共団体が行う事務と密接な関係を有する事業を行うもの

・国家公務員共済組合及び国家公務員共済組合連合会並びに地方公務員共済組合、全国市町村職員共済組合連合会及び地方公務員共済組合連合会

とされている（自治令一六九の二）。

この場合において、貸付けを受けた者が所有する一棟の建物の一部を他の者に譲渡しようとするときは、譲り受けようとする者に当該土地を貸し付けることができ（自治法二三八の四Ⅲ）、また、これにより貸付けを受けた者がさらに譲渡しようとする場合にも準用される（同条Ⅳ）。

ウ　自治法二三八の四第二項三号に定める場合

要するに、行政財産である土地とその土地の隣接地の上に他の者と合築するために当該土地を貸し付ける場合である（平成一八年の改正による。例えば、市街地再開発に伴い行政財産となった土地の貸付け等）。

②　行政財産である建物又はその敷地の一部を貸し付けることができる場合（自治法二三八の四第二項四号に定める場合）

要するに、行政財産である庁舎その他の建物及びその附帯施設並びにこれらの敷地に余裕がある（空き床等がある）場合として政令で定める場合に、他の者に当該余裕がある部分を貸し付ける場合である（①に該当する場合を除く。）（平成一八年の改正による。）。政令においては、庁舎等の床面積又は敷地のうち、当該普通地方公共団体の事務又は事業の遂行に関し現に使用され、又は使用されることが確実であると見込まれる部分以外の部分がある場合とされている（自治令一六九の三）。

（例えば、庁舎等の空地スペース貸付け等）

③　行政財産である土地に地上権を設定することができる場合（自治法二三八の四第二項五号に定める場合）

要するに、行政財産である土地を国、他の地方公共団体又は政令で定める法人の経営する鉄道、道路その他政令で定める施設の用に供する場合に地上権を設定する場合である（平成一八年の改正前から認められている。）。政令で定める法人は、自治令一六九の四第一項に定められている。

また、政令で定める施設は、軌道、電線路、ガスの導管、水道（工業用水道を含む。）の導管、下水道の配水管及び排水渠《きよ》、電気通信線路、鉄道、道路並びに前各号に掲げる施設の附属設備、とされている（自治令一六九の四Ⅱ）。

（例えば、鉄道の用途のための行政財産である土地に地上権の設定等）

④ 行政財産である土地に地役権を設定することができる場合（自治法二三八の四第二項六号に定める場合）

要するに、行政財産である土地を国、他の地方公共団体又は政令で定める法人の使用する電線路その他政令で定める施設の用に供する場合に地役権を設定する場合である（平成一八年の改正による。）。政令で定める法人は、電気事業法二条一〇号に規定する電気事業者とするとされている（自治令一六九の五Ⅰ）。

また、政令で定める施設は、電線路の附属設備とするとされている（自治令一六九の五Ⅱ）。

なお、上記の自治法二三八の四第二項の貸付けのうち、一号、三号及び四号の貸付けの相手については、当該普通地方公共団体が貸付けの対象である行政財産の適正な方法による管理を行う上で適当と認める者に限ることとされている。同条三項（四項で準用する場合を含む。）も同様である。

貸付け又は地上権若しくは地役権を設定した場合において、その期間中に、国、地方公共団体その他の公共団体において公用又は公共用に供するため必要を生じたときは、その契約を解除することができるが、その場合、借受人は、これによって生じた損失につきその補償を求めることができる（自治法二三八の四Ⅴによる二三八の五ⅣⅤの準用）。

4　普通財産の管理及び処分

普通財産は、行政財産とは異なり、直接行政目的のために使用されるものではなく、主としてその経済的価値を保全・

発揮することにより、間接的に地方公共団体の行政目的に資するために管理され又は処分されるものであることから、これを貸し付け、交換し、売り払い、譲与し、若しくは出資の目的とし、又はこれに私権を設定することができる（自治法二三八の五Ⅰ）。なお、条例で定める場合を除くほか、財産を交換し、出資の目的とし、若しくは支払手段として使用し、又は適正な対価なくしてこれを譲渡し、若しくは貸し付ける（地上権の設定等の用益物権の設定を含む。）場合は、議会の議決を要する（自治法九六Ⅰ⑥）。

なお、普通財産を貸し付けた場合において、その貸付期間中において、国、地方公共団体その他公共団体において公用又は公共用に供するため必要が生じたときには、地方公共団体の長は、その契約を解除することができる（自治法二三八の五Ⅳ）が、その場合、借受人は、これによって生じた損害につきその補償を求めることができる（自治法二三八の五Ⅴ）。これらの規定は、貸付け以外の方法により普通財産を使用させる場合についても準用される（自治法二三八の五Ⅶ）。また、一定の用途並びにその用途に供しなければならない期日及び期間を指定して貸し付けた場合において、借受人が用途に供せず又は用途を廃止したときは、地方公共団体の長は、その契約を解除することができる（自治法二三八の五Ⅵ）。

なお、連合町内会を通じて市有地を無償で神社施設の敷地の利用に供すること等について、憲法八九条及び二〇条一項後段の規定との関係についての最高裁判所の判決（平二二・一・二〇）に留意されたい。

5　財産の信託

財産の信託については、公有地の信託と有価証券の信託が認められる。

民間の活力を活用して、公有地の一層の有効活用を図るため、昭和六一年の自治法改正により、地方公共団体の普通財産である土地（その土地の定着物を含む。以下同じ。）について、信託することができる制度が導入された。

普通財産である土地は、当該地方公共団体を受益者として（第三者を受益者とすること（他益信託）は認められない。）、「信託された土地に建物を建設し、又は信託された土地を造成し、かつ、当該土地の管理又は処分を行うこと」を目的として、これを信託することができるとともに、平成二三年（一一月）の自治令の改正により、信託の期間終了後に当該土地の管理又は処分を行うこと、及び信託された土地の処分を行うことが信託の目的として追加された（自治法二三八の五Ⅱ、自治令一六九の六Ⅰ）。地方公共団体の不動産を信託する場合には、議会の議決を経ることが必要である（自治法九六Ⅰ⑦）。地方公共団体が受益権を有する不動産の信託の受託者は、監査委員の監査（自治法一九九Ⅶ、自治令一四〇の七Ⅲ）及び長の調査権等（自治法二二一Ⅲ、自治令一五二Ⅳ）の対象となり、また、長に対しては、当該信託に係る事務の処理状況を説明する書類の作成と議会への提出が義務付けられている（自治法二四三の三Ⅲ）。

なお、地方公共団体の長は、当該土地を公用又は公共用に供するため必要を生じたときその他一定の場合には、信託契約を解除することができる（自治法二三八の五Ⅷによる同条Ⅳ〜Ⅵの準用）。

平成一八年の自治法の改正により、国債等（国債、地方債及び同法二三八条一項六号に規定する社債）を、当該地方公共団体を受益者として、指定金融機関その他確実な金融機関に国債等をその価格に相当する担保の提供を受けて貸し付ける方法により当該国債等を運用することを目的とする場合に信託することができることとされた（自治法二三八の五Ⅲ、自治令一六九の三Ⅱ）。この有価証券の信託の場合、議会の議決事項にされていない（平成一八年の改正により、自治法九六条一項七号は、「不動産を信託すること」と改正された。）。また、この信託の受託者は、監査委員の監査及び長の調査権等の対象にはならず、長に対する当該信託に係る事務の処理状況を説明する書類の作成と議会への提出の義務付けもない（自治法一九九Ⅶ・二二一Ⅲ・二四三の三Ⅲ、自治令一四〇の七Ⅲ・一五二Ⅳ参照）。

6　旧慣による公有財産の使用

旧来の慣行により市町村の住民中特に公有財産を使用する権利を有する者があるときは、その旧慣による（自治法二三八の六Ⅰ前段）。その旧慣を変更し、又は廃止しようとするときは、市町村の議会の議決を経なければならない（自治法二三八の六Ⅰ後段）。

「旧来の慣行」とは、市制町村制においても既に本条と同様の規定が設けられていたことから考えて、市制町村制施行以前から続いていた慣行を意味し、それ以後においては、議会の議決を経て旧慣のあった公有財産につき、新たに使用権を得た者の場合のほか、旧慣による使用権の設定は認められるべきものではない。「公有財産」には、行政財産、普通財産のすべてを含み、山林、原野等の普通財産、溜池、牧場、用水等の行政財産が通例と思われる。

旧慣による使用権は、市町村の住民であることにより認められる権利であって、当該市町村の住民でなくなれば当然その権利を喪失するものであるから、入会権その他の私権とはその性質を異にする。

一方、旧慣による使用権が認められている公有財産を新たに使用しようとする者があるときは、市町村長は、議会の議決を経て、これを許可することができる（自治法二三八の六Ⅱ）。

旧慣による使用権については、条例により使用料を徴収することができ、また、新たに使用権を認められた者からは加入金を徴収し、又は使用料と加入金を併せて徴収することもできる（自治法二二六）。

7　行政財産を使用する権利に関する処分についての審査請求

行政財産を使用する権利に関する処分に不服がある場合には、旧行政不服審査法の下では、旧行政不服審査法により審査請求又は異議申立てができたものであるが、自治法二〇六条と同様、行政不服審査法による不服申立てに対して、①地方公共団体の機関がした行政財産を使用する権利に関する処分については、当該処分庁の如何を問わず、すべて当該地方公共団体の長に対して審査請求又は異議申立てをなすべきものとされていたこと、及び②当該地方公共団体の長がした審査請求又は異議申立てに対する裁決又は決定に不服がある場合には、さらに都道府県知事がした裁決又は決定については総務大臣、市町村長がした裁決又は決定については都道府県知事に再審査請求又は審査請求をすることができるものとされていたことの二点について、自治法に行政不服審査法の特例が置かれていた（旧行審法の下での改正前の自治法二三八の七）。

平成二六年に成立した新行政不服審査法において、異議申立て、審査請求及び再審査請求を原則的に一段階とし、審査請求に一元化（新行政不服審査法二～四）することとされている。行政財産を使用する権利に関する処分についての不服についても、新行審法関係法律整備法による自治法の改正で、自治法二三八条の七の見出し中「不服申立て」を「審査請求」とし、改正後の自治法二〇六条（給与その他の給付に対する審査請求）と同様となっているので、第九章第五節「四　給与その他の給付に関する処分についての審査請求」における説明を参照されたい。

三　物　品

自治法において「物品」とは、①地方公共団体の所有に属する動産（現金（現金に代えて納付される証券を含む。）及び公有財産又は基金に属するものを除く。）及び②地方公共団体が使用のために保管する動産（政令で定める動産（都道府県警察が使用している国有財産及び国有の物品）を除く。）をいう（自治法二三九Ⅰ、自治令一七〇）。

物品の出納及び保管（使用中の物品に係る保管を除く。）の事務は、会計管理者がつかさどるが（自治法一七〇Ⅱ④）、会計管理者は、地方公共団体の長の通知がなければ、物品の出納をすることができない（自治法二三九Ⅳ、自治令一七〇の三において準用する一六八の七Ⅱ）。これは、現金の出納と同様に、命令機関と執行機関を分離することにより、物品の管理の適正を期することとしたものである。

また、物品に関する事務に従事する職員は、その取扱いに係る物品（政令で定める物品を除く。）を地方公共団体から譲り受けることができず（自治法二三九Ⅱ、自治令一七〇の二）、この制限に違反する行為は無効である（自治法二三九Ⅲ）。

なお、自治法は、地方公共団体の所有に属しない動産で地方公共団体が保管するもの（使用のために保管するものを除く。）のうち政令で定めるものを「占有動産」とし（自治法二三九Ⅴ）、その管理に関し必要な事項を政令で定めることとして、政令で、法令に特別の定めがある場合を除くほか、会計管理者が管理することとし、歳入歳出外現金又は地方公共団体が保管する有価証券の管理の規定を準用している（自治令一七〇の五Ⅱ）。

四　債権

自治法第二編第九章（「財務」）において「債権」とは、金銭の給付を目的とする地方公共団体の権利をいう（自治法二四〇Ⅰ）。この概念は、地方税、分担金、使用料、手数料等の（公法上）の収入金に係る債権、物件の売払代金、貸付料等の（私法上）の収入金に係る債権等、地方公共団体が他の者に対し金銭の給付を請求する根拠となるすべての権利を含むものである。

地方公共団体の長は、債権について、政令の定めるところにより、その督促、強制執行その他その保全及び取立てに関し必要な措置をとらなければならず（自治法二四〇Ⅱ、自治令一七一～一七一の四）、また、政令の定めるところにより、その徴収停止、履行期限の延長又は当該債権に係る債務の免除をすることができる（自治法二四〇Ⅲ、自治令一七一の五～一七一の七）。なお、地方税法の規定に基づく徴収金に係る債権、証券に化体されている債権等、一部の債権については、債権に関するこれらの自治法二四〇条二項及び三項の規定を適用しないこととされている（自治法二四〇Ⅳ）。

五　基金

地方公共団体は、条例の定めるところにより、①特定の目的のために財産を維持し、資金を積み立てるための基金、又は②特定の目的のために定額の資金を運用するための基金、を設けることができる（自治法二四一Ⅰ）。地方公共団体は、基金を、条例で定める特定の目的に応じ、及び確実かつ効率的に運用しなければならない（自治法二四一Ⅱ）。

①の基金は、特定の目的の経費に充てられる財源を確保するために設けられるもので、例えば、施設の建設の資金を確保するための積立金、地方債の償還のための積立金等がこれに該当する。これらの基金については、その運用から生ずる収益のほか、その設置の目的のために、元本に当たる資金又は財産を処分して使用することができるが、当該目的のため

でなければこれを処分することができない（自治法二四一Ⅲ）。

②の基金は、特定の事務又は事業の運営の手段として設けられるものであり、例えば、物品の集中購買のための基金、資金の貸付けのための基金等が該当する。これらは、条例で定める目的に従って原資金の範囲内で行われ、例えば、当該物品の売払代金又は貸付金の償還元金は再び当該基金に収入され、新たな物品の購入又は貸付けのための資金として順次回転して運用される。この基金を設けた場合においては、地方公共団体の長は、毎会計年度、その運用の状況を示す書類を作成し、これを監査委員の審査に付し、その意見を付けて、決算附属書類（自治法二三三Ⅴ、自治令一六六Ⅱ）と併せて議会に提出しなければならない（自治法二四一Ⅴ）。

基金の運用から生ずる収益及び基金の管理に要する経費は、それぞれ毎会計年度の歳入歳出予算に計上しなければならない（自治法二四一Ⅳ）。

基金の管理については、基金に属する財産の種類に応じ、収入若しくは支出の手続、歳計現金の出納若しくは保管、公有財産若しくは物品の管理若しくは処分又は債権の管理の例による（自治法二四一Ⅶ）。自治法に定めるもののほか、基金の管理及び処分に関し必要な事項は、条例で定めることとされている（自治法二四一Ⅷ）。

なお、地方財政法では、決算上剰余金を生じた場合等においては、積み立て等の経費の財源に充てること等を義務付けている（地財法七。地財法四の三参照）が、この場合の「積み立て」は自治法二四一条の基金の規定が適用され、その設置については条例を必要とする。なお、災害救助法では、都道府県は必ず災害救助基金を設ける義務を負っている（災害救助法二二～三八）が、その設置等について条例を必要としないものと解される。

第一〇節　住民による監査請求と住民訴訟

地方公共団体の財務事務の執行は、地方公共団体の保有する資金や財産の変動に直接に影響を及ぼすものであり、ややもすれば不正な事務処理や事務の懈怠が生じやすいことから、自治法は、財務事務の民主的かつ実効的な統制を実現するために、住民による監査請求（以下「住民監査請求」という。）の制度と住民訴訟の制度を設けている。

住民監査請求及び住民訴訟の制度は、住民からの請求に基づいて、地方公共団体の執行機関又は職員の行う違法又は不当な行為若しくは怠る事実の発生を防止し、又はこれらによって生じる損害の賠償等を求めることを通じて、地方公共団体の財務の適正を確保し、住民全体の利益を保護することを目的とするものであり、違法な行為又は怠る事実については最終的には、裁判所の判断にゆだねて、判断の客観性と措置の実効性を確保しようとするものである。

一　住民監査請求

1　住民監査請求の請求権者、請求の対象等

「住民監査請求」（自治法二四二）は、住民から監査委員による監査を請求することにおいて、直接請求の一類型である事務の監査（自治法七五）の請求（自治法七五）と類似するところがあるが、両制度の趣旨や目的は異なっている（第六章第四節「三　住民監査請求・住民訴訟」及び第一二章第二節「三　住民監査請求による監査」参照）。また、「住民監査請求」は、「住民訴訟」の前提でもあるが、それ自体、地方公共団体の内部で財務行政の違法又は不当を糺すという意義を有する。

住民監査請求を行うことができるのは、「普通地方公共団体の住民」（直接請求である監査の請求は「選挙権を有する者」）とされており、法律上の行為能力が認められる限り、自然人たると法人たるとを問わず、また、一人であってもその主体となることができる。

住民監査請求の対象となるのは、地方公共団体の長若しくは委員会若しくは委員又は当該地方公共団体の職員による違法又は不当な財務会計上の行為又は財務に関する怠る事実である（自治法二四二Ⅰ）。違法又は不当な財務会計上の行為としては、具体的には、①公金の支出、②財産の取得、管理又は処分、③契約の締結又は履行、④債務その他の義務の負担

がこれに該当する。なお、これらの行為がなされることが、相当の確実さをもって予想される場合も含まれるものである。また、違法又は不当な財務に関する怠る事実としては、①公金の賦課又は徴収を怠る事実、②財産の管理を怠る事実が該当する。

住民監査請求の内容は、監査委員に対し、監査を求め、当該行為を防止し、若しくは是正し、若しくは当該怠る事実を改め、又は当該行為若しくは怠る事実によって当該地方公共団体のこうむった損害を補填するために必要な措置を講ずべきことを請求することである（自治法二四二Ⅰ）。

2 住民監査請求の手続等

住民監査請求の手続等については、第一二章第二節「三 住民監査請求による監査」において詳述する。

二 住民訴訟

1 住民訴訟の原告、請求の内容等及び制度の改正

住民訴訟（自治法二四二の二）は、行政事件訴訟法五条の「民衆訴訟」の類型に属するものであり、地方公共団体の機関の法規に適合しない行為の是正等を求める訴訟で、自己の法律上の利益にかかわらない資格で提起するものであって、法律による特別の定めに基づいてこれを提起することが認められているものである（行政事件訴訟法五・四二参照）。

住民訴訟の制度は、昭和二三年の第二次地方自治法改正で導入されたもので、アメリカにおける納税者訴訟に由来するとされる。昭和二八年の自治法の改正で住民訴訟とされ規定が整備された。また、昭和三八年の改正で全文改正されている。

住民訴訟を提起することができるのは、住民監査請求を行った住民であり（自治法二四二の二Ⅰ各号列記以外の部分参照）、住民監査請求の手続を経ていることは、住民訴訟の提起のための必須の要件とされている。

地方公共団体の住民が、裁判所に対し住民訴訟と提起することができるのは、次に掲げる場合である（自治法二四二の二

Ｉ各号列記以外の部分)。
① 住民監査請求に係る監査の結果又は勧告に不服があるとき
② 監査委員の勧告を受けた地方公共団体の議会、長その他の執行機関又は職員の措置に不服があるとき
③ 監査委員が住民監査請求に係る監査又は勧告を当該請求があった日から六〇日以内に行わないとき
④ 議会、長その他の執行機関又は職員が、監査委員の勧告に係る措置を講じないとき

住民訴訟は、住民監査請求の対象とされた違法な行為又は怠る事実（不当な行為又は怠る事実に係るものは認められない。）について請求することができるものであるが、地方公共団体に損害をもたらすような行為であることを要する（最高裁昭四八・一一・二七）。住民訴訟の請求の内容等について、平成一四年の自治法の改正により、訴訟類型の再構成等の改正が行われた。

改正前の自治法二四二条の二第一項各号に掲げられていた請求の内容は、次のとおりである。
① 当該執行機関又は職員に対する当該行為の全部又は一部の差止めの請求（ただし、当該行為により回復の困難な損害を生ずるおそれがある場合に限る。）
② 行政処分たる当該行為の取消し又は無効確認の請求
③ 当該執行機関又は職員に対する当該怠る事実の違法確認の請求
④ 地方公共団体に代位して行う次に掲げる請求
(ア) 当該職員に対する損害賠償の請求又は不当利得返還の請求（当該職員に利益の存する限度に限る。）
(イ) 当該行為又は怠る事実に係る相手方に対する法律関係不存在確認の請求、損害賠償の請求、不当利得返還の請求、原状回復の請求若しくは妨害排除の請求

右の①及び③の請求の対象となる職員は地方公共団体の執行機関の補助機関としての職員であるが、④の「四号訴訟」

の請求（「代位訴訟」）の(ア)の当該職員とは、当該職員の地位にある個人であって（最高裁昭五二・七・一三）、その職員の地位を離れた場合であっても、住民訴訟の被告等としての地位は存続するものと解されていた。

この改正前の「四号訴訟」において、損害賠償の請求等を受ける地方公共団体の長その他の職員は、違法に職権を行使したこと等に基づく個人としての責任を問われたものであり、したがって、その損害賠償に要する費用等を当該地方公共団体の公費により負担することは認められないものであった。また、当該「四号訴訟」に応じるために弁護士に支払うべき報酬についても、当該個人が負担すべきものであり、原則として、地方公共団体にその支払を請求することはできないとされていた。ただし、改正前の「四号訴訟」において当該職員が勝訴した場合（一部勝訴した場合を含む。）には、地方公共団体は、議会の議決により弁護士に支払うべき報酬額の範囲内で相当と認められる額を負担することができるとされていた（改正前の自治法二四二の二Ⅷ）。

このような、住民訴訟は、本来、財務会計上の行為又は財務に関する怠る事実の違法性をその争点としているが、これらの行為又は怠る事実の前提となった地方公共団体の施策等そのものの是非をめぐって、提訴されることが少なくない。また、住民一人であっても、これを提起できるものであることから、制度の濫用の傾向がみられるという指摘もなされてきた。さらに議会による予算の議決等の所定の手続を経て行われた財務事務の執行行為等についてまでも、改正前の「四号訴訟」により、職員個人に対して損害賠償等を請求することが認められるのは、余りにも当該職員の負担や責任が重い場合があるのではないかという意見もかねてから主張されてきたところである。こうしたことから、平成一一年一〇月、第二六次地方制度調査会は、訴訟類型の再構成を含む「住民訴訟における訴訟類型の再構成について」の答申を行った。

この地方制度調査会の答申を受けて、平成一四年に自治法が改正された。改正後の制度の概要は、次のとおりである。

① 自治法二四二の二第一項四号の規定（改正前については、上述④）の請求の内容は、当該職員又は相手方に損害賠償又は不当利得返還の請求をすることを地方公共団体の執行機関又は職員に対し求める請求（ただし、二四三の二（平成

二九年の自治法改正後は二四三の二の二）第三項の規定による職員の賠償責任の対象となる場合にあっては、当該賠償の命令をすることを求める請求）とされている（「第一段目の訴訟」。改正後の自治法二四二の二Ⅰ④）。

そして、追加された二四二条の三において、損害賠償又は不当利得返還の請求（又は命令）を命ずる判決が確定した場合においては、地方公共団体の長は、当該判決が確定した日から六〇日以内の日を期限として、損害賠償金又は不当利得の返還金の支払を請求し（又は賠償を命じ）なければならない（自治法二四二の三Ⅰ・二四三の二（平成二九年の自治法の改正後二四三の二の二）Ⅳ）。当該判決が確定した日から六〇日以内に損害賠償金又は不当利得による返還金が支払われないときは、地方公共団体は、当該損害賠償又は不当利得返還の請求を目的とする訴訟を提起しなければならない（「第二段目の訴訟」。自治法二四二の三Ⅱ・二四三の二（平成二九年の自治法の改正後二四三の二の二）Ⅴ）。なお、この場合、地方公共団体の長に対する請求を目的とする訴訟を提起するときは、当該訴訟については、代表監査委員が地方公共団体を代表する（自治法二四二の三Ⅴ）。

② 当該行為の全部又は一部の差止めの請求（自治法二四二の二Ⅰ①）について、改正前においては、地方公共団体に回復困難な損害を生ずるおそれがある場合に限るものとされていた（改正前の自治法二四二の二Ⅰ各号列記以外の部分ただし書）が、削除された。なお、請求に基づく差止めは、当該行為を差し止めることによって人の生命又は身体に対する重大な危害の発生の防止その他公共の福祉を著しく阻害するおそれがあるときは、することができない（自治法二四二の二Ⅵ）。

③ 原告が勝訴（一部勝訴を含む。）したときに弁護士報酬の支払の請求を当該地方公共団体にできる場合について、すべての訴訟類型に拡大された（自治法二四二の二Ⅻ。改正前の二四二の二Ⅶ参照）。

なお、違法な行為又は怠る事実については、民事保全法に規定する仮処分をすることができない（自治法二四二の二Ⅹ）。

2　住民訴訟の手続等

住民訴訟を提起することができる期間は、1に掲げた住民訴訟を提起できる場合に応じて、それぞれ一定の日から三〇日以内と定められている（自治法二四二の二Ⅱ）。

なお、平成一六年の行政事件訴訟法の改正により、抗告訴訟における被告適格の原則が行政庁から行政庁の所属する国又は公共団体に変更された（行政事件訴訟法一一Ⅰ）。自治法二四二の二第一項二号の「行政処分たる当該行為の取消又は無効の確認の請求」には行政事件訴訟法四三条の適用があり、改正後の同法一一条の準用があるので、この場合の被告は、地方公共団体となる。

住民訴訟は、当該地方公共団体の事務所の所在地を管轄する地方裁判所の管轄に専属する（自治法二四二の二Ⅴ）。一の住民訴訟が係属しているときは、当該地方公共団体の他の住民は、別訴をもって同一の請求をすることができない（自治法二四二の二Ⅳ）。

訴訟を提起した者が勝訴した場合（一部勝訴した場合を含む。）において、弁護士又は弁護士法人に報酬を支払うべきときは、地方公共団体に対し、その報酬額の範囲内で相当と認められる額の支払を請求することができる（自治法二四二の二Ⅻ）。なお、改正前の同条Ⅶ参照）。これは、改正前は「四号訴訟」についての定めであったが、改正により、すべての訴訟類型に拡大されたものである。

3　住民訴訟上の論点

実際の住民訴訟においては、様々な論点がみられるが、主要な事項としては、①財務会計上の行為かどうか、②怠る事実に該当するかどうか、③四号訴訟の「当該職員」又は「相手方」に当たるかどうか、④違法性が認められるかどうか（個々の行為又は怠る事実の違法性のほか、先行行為の違法と後の財務会計行為との関係など）、⑤議会における住民訴訟案件に係る権利放棄（第九章第二節三2(2)「コ　権利を放棄すること」、本章第一二節「長等の損害賠償責任の一部免責」参照）などである。

第一一節　職員の損害賠償責任

①会計管理者、②会計管理者の事務を補助する職員、③資金前渡を受けた職員、④占有動産を保管している職員、⑤物品を使用している職員（これらを「会計職員等」という。）が、故意又は重大な過失（現金については、故意又は過失）により、その保管に係る現金、有価証券、物品（基金に属する動産を含む。）若しくは占有動産又はその使用に係る物品を亡失し、又は損傷したときは、これによって生じた損害を賠償しなければならない（自治法二四三の二（平成二九年の自治法の改正で、二四三の二の二とされた。なお施行日は平成三二年四月一日である。）Ⅰ前段）。

また、①支出負担行為、②支出の命令又は支出負担行為等の確認、③支出又は支払、④契約の履行確保のための監督又は検査、をする権限を有する職員又はその権限を直接補助する職員で地方公共団体の規則で指定したもの（これらを「予算執行職員等」という。）が、故意又は重大な過失により、法令に違反して上述の行為をしたこと又は怠ったことにより地方公共団体に損害を与えたときも、同様である（自治法二四三の二（平成二九年の自治法の改正後二四三の二の二）Ⅰ後段）。先行行為に違法がある場合、それに続く財務会計上の行為が違法となるかどうかということについて難しい場合が少なくないが、最高裁判所は、平成二五年三月二一日、「普通地方公共団体が締結した支出負担行為たる契約が違法に締結されたものであるとしても、それが私法上無効でない場合には、当該普通地方公共団体が当該契約の取消権又は解除権を有しているときや当該契約が著しく合理性を欠きそのためその締結に予算執行の適正確保の見地から看過し得ない瑕疵が存し、かつ、当該普通地方公共団体が当該契約の相手方に事実上の働きかけを真しに行えば相手方において当該契約の解消に応ずる蓋然性が大きかったというような、客観的に見て当該普通地方公共団体が当該契約を解消することができる特殊な事情があるときでない限り、当該契約に基づく債務の履行としての支出命令を行う権限を有する職員は、当該契約の是正を行う職務上の権限を有していても、違法な契約に基づいて支出命令を行ってはならないという財務会計法規上の義務を負うものとはいえず、当該職員が上記債務の履行として行う支出命令がこのような財務会計法規上の義務に違反する違法なものとなることはないと解するのが相当である」としている（最高裁平二〇・一・一八、平二一・一二・一七参照）。

なお、いずれの場合においても、その損害が二人以上の職員の行為によって生じたものであるときは、当該職員は、それぞれの職分に応じ、かつ、当該行為が当該損害の発生の原因となった程度に応じて賠償の責めに任ずるものとする（自治法二四三の二（平成二九年の自治法の改正後二四三の二の二）Ⅱ）。

これらの場合においては、地方公共団体の長は、監査委員に対し、その事実があるかどうかを監査し、賠償責任の有無及び賠償額を決定する（監査委員の合議による。）ことを求め、その決定に基づき、期限を定めて賠償を命じなければならない（自治法二四三の二（平成二九年の自治法の改正後二四三の二の二）ⅢⅨ）。このことについて、平成一四年の改正の前においては、会計職員等にあってはその事実を知った日から、予算執行職員等にあってはその事実の発生した日からそれぞれ三年を経過したときは、賠償を命ずることができないこととされていた（改正前の自治法二四三の二Ⅲただし書）が、改正により削除され、その結果、自治法二三六条の金銭債権の消滅時効がそのまま適用されることとされた（自治法二三六Ⅰ。なお改正前の同法二四三の二Ⅲただし書参照）。

監査委員が賠償責任があると決定した場合において、地方公共団体の長は、当該職員からなされた当該損害が避けることのできない事故その他やむを得ない事情によるものであることの証明を相当と認めるときは、議会の同意（監査委員の合議による意見を付けて付議）を得て、賠償責任の全部又は一部を免除することができる（自治法二四三の二（平成二九年の自治法の改正後二四三の二の二）Ⅷ）。賠償を命じる処分に不服がある者は、旧行政不服審査法の下での改正前の自治法の規定では、異議申立てをすることができ、さらに総務大臣又は都道府県知事に審査請求をすることができるとされ、この場合、異議申立てについては、地方公共団体の長は、議会に諮問してこれを決定しなければならないとされていた（改正前の自治法二四三の二Ⅹ～ⅩⅢ）。新行政不服審査法において、異議申立て、審査請求及び再審査請求を原則的に一段階とし、審査請求に一元化され（新行政不服審査法二一～四参照）、新行審法関係法律整備法による自治法の改正により、改正前の自治法二四三条の二第一〇項の総務大臣又は都道府県知事に対する審査請求及び異議申立ての規定は削られ、新行政不服審査法の適用により、長に審査請求をすることとなった。長は、審査請求があったときは、議会に諮問してこれを決定しなければならない（自治法二四三の二（平成二九年の自治法の改正後二四三の二の二）XI）が、平成二九年の第七次分権改革推進一括法による自治法の改正により当該請求が不適法であり却下するときは、議会に諮問をしないでその旨を議会に報告しなければならないこととされた（改正後の同条XI・XIII）。

これらの職員の賠償責任について、一般の民事上の責任によらず、特にこのような制度を設けたのは、職員に責任の所在を認識させ、事故の発生を防止するとともに、現実に発生した損害の補填を行政処分によって簡易かつ迅速に行い、あるいは賠償責任の免除について公正を確保しようとすることによるものである。

なお、自治法上の特別の賠償責任を負うべき職員については、賠償責任に関する民法の規定は適用されないが（自治法二四三の二XIII（平成二九年の自治法の改正後二四三の二の二XIV））、その他の職員は、民法の規定に基づく賠償責任を負うこととなる。なお、地方公共団体の長は、民法による賠償責任があるものと解する判例がある（最高裁昭六一・二・二七）。

第一二節　長等の損害賠償責任の一部免責

前節に述べた「四号訴訟」の訴訟係属中又は請求等を命ずる判決が確定した後において、地方公共団体が一定の要件及び手続（例えば、自治法九六条一項一〇号に基づく議決等）に従って権利の放棄や和解を行うことについて、かねてから論議があった。最高裁判所は、平成二四年四月（二〇日及び二三日）住民訴訟の対象とされている損害賠償請求権又は不当利得返還請求権を放棄することについて、「個々の事案ごとに、当該請求権の発生原因である財務会計行為等の性質、内容、原因、経緯及び影響、当該議決の趣旨及び経緯、当該請求権の放棄又は行使の影響、住民訴訟の係属の有無及び経緯、事後の状況その他の諸般の事情を総合考慮して、これを放棄することが普通地方公共団体の民主的かつ実効的な行政運営の確保を旨とする同法（筆者注、地方自治法）の趣旨等に照らして不合理であつて上記の裁量権の範囲の逸脱又はその濫用に当たると認められるときは、その議決は違法となり、当該放棄は無効となるものと解するのが相当である。」と判示した。

このことについて、第三一次地方制度調査会の「人口減少社会に的確に対応する地方行政体制及びガバナンスのあり方に関する答申」（平成二九年二月末取りまとめ、三月（一六日）手交）において、「長や職員の損害賠償責任については、長や職員への委縮効果を低減させるため、軽過失の場合における損害賠償責任の長や職員個人への追及のあり方を見直すことが必要である。」とした。また、「同時に、……四号訴訟の対象となる損害賠償請求権の訴訟係属中の放棄を禁止することが必要である。」「判決が確定した後は、……損害賠償請求権を放棄する場合に監査委員等の意見の聴取を行うことが必要である。」としている（同答申第3・4⑵「⑤　見直しの方向性」）。この答申は、住民訴訟の四号訴訟（自治法二四二の二Ⅰ④）を通じて、個人責任としては多額で過酷な長や職員の損害賠償責任の追及が起こり得ることとなっており、現にそれが起こっているという現実の事態に鑑み、長や職員個人への損害賠償責任の追及のあり方を見直す必要性を指摘したのである。一方で、長等の責任を軽減する制度がない中で、地方公共団体が長や職員個人に対する損害賠償請求権や不当利得返還請求権を議会の議決を経て放棄（自治法九六Ⅰ⑩）する事例が少なくなく、権利の放棄が救済的に利用されているという側面がみられ、権利の放棄の裁量権の範囲を逸脱しているのではないかという批判もみられることから、「四号訴訟の対象となる損害賠償請求権の訴訟係属中の放棄を禁止することが必要である。」としている。結局、種々論議の結果、平成二九年の自治法の改正においては、長や職員の損害賠償責任の軽過失の場合の追及のあり方や地方公共団体の損害賠償請求権等の放棄や制限に関しては、最終的には取り上げられることなく、損害賠償責任の一部免責の制度が規定されることとなった（改正後の自治法二四三の二）。

自治法第二四二条の二第一項の住民訴訟の「四号訴訟」に係る長や職員の責任については、民法上の損害賠償責任（民法七〇九）と解されており、長や職員に軽過失しかない場合にも責任を追及されることになる。このため、個人責任として多額で過酷な損害賠償責任を負わされることがあり、そのため、人口減少社会における厳しい環境下で住民サービスを提供し、また、果敢な施策をも推進する必要がある地方公共団体の長や職員の萎縮を招き、弊害を生じているとの見方もある。会社法や独立行政法人通則法等も、役員等が、軽微な過失により巨額の損害賠償責任を負担することをおそれ、萎縮することを防止するという観点から、役員等の損害賠償責任を軽減する制度が設けられている（会社法四二五～四二七、独立行政法人通則法二五の二、一般社団法人及び一般財団法人に関する法律一一二～一一五）。こうしたことに鑑みて、上掲した第三一次地方制度調査会の答申では、「軽過失の場合における損害賠償責任の長や職員個人への追及のあり方を見直すことが必要である。」とされた（同答申第３・４⑵「③　見直しの方向性」）。また、国家賠償法上の公務員個人に対する求償要件は「故意又は重大な過失」とされている。一方、「軽過失」の場合の免責を規定することについては、過失責任を問われているからこそ地方公共団体の行き過ぎた施策の歯止めになっているという見方もある。結局、改正では「軽過失」の場合にも一定の責任を負うこともあることを前提に、損害賠償責任を限定することができる制度を設けることとされた。

改正においては、条例で、長若しくは委員会の委任若しくは委員又は職員（第二四三条の二の二第三項の規定の賠償の命令となる者を除く。以下「普通地方公共団体の長等」という。）の地方公共団体に対する損害賠償の責任を、普通地方公共団体の長等が職務を行うにつき善意でかつ重大な過失（「重大な過失」とは、はなはだしく注意義務を欠くことをいい、わずかな注意さえすれば結果を予測し、これを未然に防止するための措置を講ずることができるにもかかわらず、これを怠つた状態を指す（最高裁平二〇、一一、二七参照）。）がないときは、賠償の責任を負う額から、長等の職責その他の事情を考慮して政令で定める基準を参酌して、政令で定める額以上で当該条例で定める額を控除して得た額について免れさせる旨を定めることができるとされている（自治法二四三の二Ⅰ）。

議会は、この条例の制定又は改廃をしようとするときは、あらかじめ監査委員の意見を聴かなければならない（自治法二四三の二Ⅱ)。

この制度は、長等の賠償責任の限定を条例による事前免除という方式で行うものといえる。なお、職務を行うにつき、善意ではなく、又は重大な過失があるときは、改正後の条例による免除の対象とはならないものであり、悪質な違法行為については、これまでどおりの責任追及の対象となる。

この長等の損害賠償責任の条例による事前免除の制度が創設されても、自治法第九六条一項一〇号の規定に基づき、議会の議決による個別の権利の放棄は可能である。第三一次地方制度調査会の答申においては、「四号訴訟の対象となる損害賠償請求権の訴訟係属中の放棄を禁止することが必要である。」とされている(同答申第3・4⑵「⑤ 見直しの方向性」)。このことについては、改正においては訴訟係属中の放棄を禁止することとしていないので、本条の免除条例によって長等の損害賠償額の一部が免除される場合においても、地方公共団体は手続要件を満たした場合、当該放棄をすることができる。もっとも、改正後の制度で免除条例を設けた場合、条例で定められる額を超えるような個別の放棄は、改正後の制度との均衡を踏まえ、相応の事情についての説明が必要となるものと思われる。改正後に免除条例を設けない場合も、改正後の制度との均衡を踏まえた慎重な判断が求められると考えられる。また、住民訴訟の前段階である住民監査請求において、議会が、住民監査請求があった後に、損害賠償請求権等の権利の放棄の議決をしようとするときは、あらかじめ監査委員の意見を聴かなければならないこととされたこと(平成二九年の自治法改正後の同法二四二X)から考えても、本条の条例による事前免除制度が設けられた後に、重ねて権利放棄をすることは、一層慎重かつ厳格な判断が求められるといえよう。

「政令で定める額以上で当該条例で定める額を控除して得た額について免れされる旨を定める」と規定されている(自治法二四三の二Ⅰ)。これは、最低責任負担額(限度額)の設定は、条例によることとしたものであるが、全く自由に条例で定められるとすることは、過度に低額の最低責任負担額(限度額)を定めることも可能となり、賠償責任等の追及の趣意を損いかねない。そこで、「政令で定める基準を参酌し、」としたうえで、「政令で定める額以上で……得た額について免れさせる旨を定める」として、最低責任負担額の範囲について政令で参酌基準を設け、条例で免れさせることができる額の限度が定まることとなっている。参酌基準については、これと異なる場合もあり得るが、地方公共団体には、参酌基準を十分参照したうえでの判断が求められることとなり、参酌する行為を行ったかどうかについては、説明責任がある。

地方公共団体の議会は、上述の条例（免除条例）の制定又は改廃の議決をしようとするときは、あらかじめ監査委員の意見を聴かなければならない。意見の決定は、監査委員の合議による（自治法二四三の二ⅡⅢ）。免除条例は、地方公共団体の長や職員等の損害賠償責任について、事前に一律包括的にその一部を免除するという効果を有するものであり、その制定又は改廃に当たっては、判断の客観的合理性を担保する必要がある。そのため、議会は、免除条例の制定又は改廃に関する議決をしようとするときは、あらかじめ監査委員の意見を聴かなければならないとして、自治法第九六条一項一号の手続を加重することとしているものである。

第一三節　財政状況の公表等

地方公共団体の長は、条例の定めるところにより、毎年二回以上、歳入歳出予算の執行状況並びに財産、地方債及び一時借入金の現在高その他財政に関する事項を住民に公表しなければならない（自治法二四三の三Ⅰ）。

また、地方公共団体の長は、地方公共団体が出資し、又はその者のために債務を負担している法人のうちの一定のもの（自治法二二一Ⅲ、自治令一五二Ⅰ～Ⅳ参照。なお、平成二三年（一一月）の自治令の改正について、第四節「4　予算の執行」参照）について、毎事業年度、事業の計画及び決算に関する書類を作成し、これを次の議会に提出しなければならない（自治法二四三の三Ⅱ、自治令一七三Ⅰ）。さらに、地方公共団体の長は、地方公共団体が受益権を有する不動産の信託（自治法二二一Ⅲ、自治令一五二Ⅴ参照）について、信託契約に定める計算期ごとに、事業の計画及び実績に関する書類を作成し、これを次の議会に提出しなければならない（自治法二四三の三Ⅲ、自治令一七三Ⅱ）。

平成一九年に制定された健全化法においては、前述したように（第四節二「4　地方公共団体の財政の健全化に関する法律（健全化法）に基づく健全化判断比率等の公表等」参照）、健全化判断比率等を議会に報告し、かつ、公表すること等（健全化法三・二二）のほか、財政健全化団体、財政再生団体又は経営健全化団体の長は、毎年九月三〇日までに、前年度における決算との関係を明らかにした財政健全化計画、財政再生計画又は経営健全化計画の実施状況を議会に報告し、かつ、これを公表しなければならないこと等とされている（健全化法六・一八・二四による六の準用）。

第一一章　公の施設

第一節　公の施設の意義

公の施設とは、住民の福祉を増進する目的をもって、その利用に供するために地方公共団体が設ける施設をいう（自治法二四四）。

公の施設の要件としては、次のものが挙げられる。

① 公の施設は住民の利用に供する施設である。

たとえ、公の目的で設置されたものであっても、住民の利用に供することを目的としないものは公の施設ではない。したがって、純然たる試験研究所、留置場等は、公の施設ではない。「利用」の形態は、一般使用であるか否かを問わない。

② 公の施設は、当該地方公共団体の住民の利用に供するための施設である。

国民の利用に供するために設ける施設であっても、当該地方公共団体の区域内に住所を有する者（自治法一〇Ⅰ）

の利用に供しないものは公の施設ではない。したがって、主として地域外の者が利用することを目的とする観光宿泊施設、物産販売施設等は公の施設に該当しない場合があり得る。「住民」は、住民全部を対象とするものでなくても、合理的に一定の範囲に限られた住民であってもよい。

③ 公の施設は、住民の福祉を増進する目的をもって住民の利用に供するための施設である。

住民の利用に供する目的が、直接住民の福祉を増進するためであって、利用そのものが福祉の増進となるものでなければならず、競輪場、競馬場のような地方公共団体の財政上の必要のために住民の利用に供する施設、留置場のように社会公共秩序を維持するために設けられる施設は公の施設ではない。

④ 公の施設は、地方公共団体が設ける施設である。

公の施設は物的施設を中心とする概念であり、人的側面は必ずしもその要素ではない。

⑤ 公の施設は、地方公共団体が設けるものである。

①から④までの要件を具備するものであっても、国その他地方公共団体以外の公共団体が設置するものは自治法上の公の施設ではない。

公の施設の設置に当たり、地方公共団体は当該公の施設について何らかの権原を取得していることが必要である。しかし、必ずしも所有権を取得することが必要ではなく、賃借権、使用貸借権等所有権以外の権原で、当該公の施設を住民に利用させることが可能であることをもって足りる。

第二節　公の施設の設置及び管理と利用

一　公の施設の設置と廃止

公の施設を設置し、管理し及び廃止することは、地方公共団体の長の権限である（自治法一四九⑦）。ただし、教育委員会の所管に属する学校その他の教育機関の設置、管理及び廃止に関することは、教育委員会の権限である（地教行法二一①）。公の施設の設置及び管理に関する事項は、法律又はこれに基づく政令に特別の定めがあるものを除くほか、条例で定めなければならない（自治法二四四の二Ⅰ）。法律又はこれに基づく政令に定めがあるものとしては、公民館（社会教育法）、保護施設（生活保護法）、都市公園（都市公園法）、公共下水道（下水道法）等があり、少なくない。

なお、教育委員会の所管に属する学校その他の教育機関の設置の権限は、上述のように教育委員会にあるが、小学校（学校教育法二九・三八）、中学校（学校教育法四五・四九による三八の準用）、高等学校（学校教育法五〇）、中等教育学校（学校教育法六三）、特別支援学校（学校教育法七二・八〇）の具体的設置については、それぞれ自治法二四四条の二第一項の規定に基づき条例により規定することを要する。

公の施設の設置条例は、個別に制定しても、同一の種類の公の施設を同一の条例で規定しても差し支えない。

公の施設の「設置」とは、住民の利用に供する施設の利用を開始することをいい、公用開始行為により明らかにされる。その方法としては、公示などの明示の行為によることが適当である。

設置条例には、①公の施設を設置する旨、②公の施設の名称、③公の施設の位置（所轄区域がある場合は所轄区域）等を定めるものである。

公の施設の設置は条例によるので、当該施設を廃止する場合には、条例を廃止（同一条例で複数の公の施設を定める場合は当該施設に係る規定を削除）しなければならない。公の施設の廃止は、当該施設をその設置の目的に従って住民の利用に供しないこととする措置であり、公の施設の物的要素が滅失した場合においても設置条例を廃止することとなる。

なお、平成一六年に成立した旧市町村合併特例法の改正及び平成一六年合併法において制度化され、平成二二年の平成一六年合併法の改正後の改正市町村合併特例法においても規定されている合併特例区（特別地方公共団体である。）が設置する公の施設の設置、管理等については、設置について特例が規定されているほか、自治法の規定が準用される（一部読み替えられる。旧市町村合併特例法五の三〇、平成一六年合併法及び改正市町村合併特例法四八参照）。

二　公の施設の区域外設置等

地方公共団体は、通常当該地方公共団体の区域内に公の施設を設置するが、必要があるときは、その区域外においても、関係地方公共団体との協議により公の施設を設置することができる。この協議については、関係地方公共団体の議会の議決を経なければならない（自治法二四四の三ⅠⅢ）。

地方公共団体は地域をその構成要素とし、その権能の及ぶ範囲としており、その区域を自治権が及ぶ地域的な限界として、住民に関することをはじめとして自治の制度が定められている。公の施設も、当該地方公共団体の区域内に設置するのが原則であるが、他の地方公共団体との合意に基づいて、区域外に設置することにより、権能を区域外に及ぼすことを可能とするほうが、施設を設置しようとする地方公共団体にとって、又は設置される地方公共団体にとって、ともに利益になることがある。例えば、水道事業を経営する場合のダム、貯水池、配水管の敷設等、軌道事業、鉄道事業、バス事業における線路の敷設、停車場、車庫の整備等、火葬場、廃棄物処理場、公園などを設ける場合、区域内に限定することは、事業の経営を圧迫し、また、適当な立地場所が区域内にない地方公共団体における施設整備を抑制することになりかねない。したがって、一定の要件の下で、公の施設の区域外設置ができることとされているものである。

公の施設を区域外に設置する場合に、協議を行う対象となる関係地方公共団体は、市町村が同一都道府県内の他の市町村の区域に公の施設を設置する場合は当該市町村が協議の相手方となるが、他の都道府県内の市町村に設置する場合は、当該市町村との協議のほかに、場合によっては都道府県との協議も必要となる。また都道府県が他の都道府県の市町村の区域内に公の施設を設置する場合は、当該施設の設置される都道府県が協議の相手方となるのが通常である。

この協議が必要な場合は、公の施設を区域外に設置する場合であり、単に建物の所有権を取得するに過ぎない場合は協議を要しない。また、設置される住民との間に使用関係を生じない場合は協議を要しないと解されている。

地方公共団体は、他の地方公共団体との協議により、当該他の地方公共団体の公の施設を自己の住民の利用に供させることができる（自治法二四四の三Ⅱ）。この協議についても、関係地方公共団体の議会の議決を経なければならない（自治法二四四の三Ⅲ）。なお、道路、電車、バスなどの施設については、本来不特定多数の利用を目的としたものであり、特定の地方公共団体の住民に限って使用すべき性格のものではないことから、自治法二四四条の三第二項の協議がなくてもどの地方公共団体の住民も利用できる。

三　公の施設の管理

1　公の施設の管理に関する条例

公の施設の管理に関する事項は、設置と同様に、法律又はこれに基づく政令に特別の定めがあるものを除くほか、条例でこれを定めなければならない（自治法二四四の二Ⅰ）。住民が公の施設を利用・使用しようとする場合、その申込み手続、使用条件などについて事前に住民に周知し、住民の使用に便宜を与えるとともに、これに反する恣意的な管理運営方法を排除する必要があるからである。

管理に関する事項として条例で定めるものとしては、①利用の許可及びその取消し、②使用料の額及び徴収方法、③使用料の減免、④利用の制限、⑤指定管理者の管理、⑥罰則などがある。

また、指定管理者に管理を行わせる場合において、利用料金の制度（後述3「(2) 利用料金の制度」参照）をとるときは、使用料に関する定めに代えて、利用料金に関する定め、及び指定管理者が利用料金を定める場合は承認料金に関する定めを置かなければならない。

2 条例で定める重要な公の施設

条例で定める重要な公の施設につき条例で定める長期かつ独占的な利用をさせることについては議会の議決を要し（自治法九六Ⅰ⑪）、また、条例で定める重要な公の施設のうち条例で定める特に重要なものについて、これを廃止し、又は条例で定める長期かつ独占的な利用をさせようとするときは、議会において出席議員の三分の二以上の者の同意を得なければならない（自治法二四四の二Ⅱ）。

「長期」とは、住民一般の利用に供するという公の施設の目的が達成できないと認められる程度の期間であり、その期間についても条例で定めるべきである。「独占的な利用」とは、公の施設を特定の個人又は団体などに限り利用させ、住民一般の利用に供するという公の施設の目的が実質的に達成できないような状態になることをいう。

3 指定管理者制度

(1) 指定管理者制度

地方公共団体は、公の施設の設置の目的を効果的に達成するため必要があると認めるときは、条例の定めるところにより、法人その他の団体であって当該地方公共団体が指定するもの（「指定管理者」という。）に当該公の施設の管理を行わせることができる（自治法二四四の二Ⅲ）。この指定管理者制度は、地方分権改革推進会議の「事務・事業の在り方に関する意見」（平成一四年一〇月）及び総合規制改革会議の「規制改革の推進に関する第二次答申」（平成一四年一二月）にのっとり、平成一五年に成立した改正により、従来の管理の委託制度に替わって規定されたものである。

改正前の管理の委託制度の下においては、管理の委託は、公物本来の目的を達成させるための作用である公物管理権に限られ、公物警察権は委託できず、公物管理権のうちでも権力的性格のあるもの（例えば、使用（利用）許可、使用料の強制徴収、過料の賦課など）、すなわち「行政処分」は委託できないと解されていた。改正後の指定管理者制度は、従来の管理業務を委託する方式から、法律を根拠として管理権限を委任する方式に考え方を変更したものであり、既存の指定法人制度において行政権限の委任がなされていることを参考として、使用（利用）許可などの「行政処分」も含めて管理を行わせる制度とされているものである（自治法二四四Ⅱ括弧書参照）。このことについて、改正後の自治法二四四条の四第一項は、指定管理者も「公の施設を利用する権利に関する処分」をすることが前提となっている。なお、使用料の強制徴収、過料の賦課などは、除かれると解する（自治法二二八・二三一の三参照、通知平一五・七・一七参照）。

管理の委託制度の下においては、管理の委託先は、地方公共団体が出資している法人で政令で定めるもの（一又は複数の地方公共団体が資本金、基本金その他これらに準ずるものの二分の一以上を出資している法人及びその他総務省令の定めに該当する法人）又は公共団体若しくは公共的団体とされていた（改正前の二四四の二Ⅲ）が、改正後の指定管理者は、単に「法人その他の団体」とされている（自治法二四四の二Ⅲ）。個人は対象とならない。

指定管理者に関する条例には、指定の手続（申請の方法、選定基準等）、管理の基準（利用に当たっての基本的な条件など業務運営の基本的事項）及び業務の範囲（指定管理者の行う管理の業務について、使用の許可まで含めるかどうかを含め、施設の維持管理等の具体的範囲の設定）のほか、公の施設の目的や態様に応じたその他必要な事項を定めるものである（自治法二四四の二Ⅳ、通知平一五・七・一七参照）。

指定管理者の指定は、期間を定めて行うものであり、あらかじめ議会の議決を経なければならない（自治法二四四の二Ⅴ Ⅵ）。指定管理者は、毎年度終了後、公の施設の管理に関し事業報告を作成し、当該公の施設を設置する地方公共団体に提出しなければならない（同条Ⅶ）。

(2) 利用料金の制度

利用料金の制度は、管理の委託制度の下において、平成三年の改正で管理の委託先の拡大と併せて当該公の施設の利用に係る料金(利用料金)を管理受託者の収入として収受させることができる制度として創設されたものである(平成一五年の改正前の自治法二四四の二Ⅳ～Ⅵ)。平成一五年の改正後においては、地方公共団体は、適当と認めるときは、指定管理者の収入として収受させることができる制度として改正前とほぼ同様に規定された(自治法二四四の二Ⅷ～Ⅺ)。

公の施設の利用に係る料金(「利用料金」)は、公の施設の利用の対価であり、使用料に相当するものであるが、地方公共団体の収入ではなく、指定管理者の収入とされる。指定管理者制度による場合、使用料を徴収するか、又は利用料金によるかは、当該地方公共団体が条例で定める(自治法二四四の二ⅠⅢⅨ)。

利用料金は、公益上必要があると認める場合を除くほか、条例の定めるところにより、指定管理者が定めるものとされている。この場合、指定管理者は、あらかじめ、当該利用料金について当該地方公共団体の承認を得なければならない(「承認料金制度」といわれる。自治法二四四の二Ⅸ)。承認料金制度の場合、条例上は利用者負担の額の具体的な定めはなされないが、条例においては承認の根拠、承認に関する手続のほか、利用料金の金額の範囲、利用料金の算定方法など利用料金に関する基本的枠組みを定めておくことになる。「公益上の必要があると認める場合」には、地方公共団体が自ら利用料金を条例で定めるものとされている(自治法二四四の二Ⅸ前段)。これは政策的に低廉な料金を定める場合などもあるからである。

(3) 管理の適正を期するための措置等

指定管理者の管理の適正を期するため、地方公共団体の長又は委員会は、当該管理に係る業務又は経理の報告を求め、実地について調査し、又は必要な指示をすることができる(自治法二四四の二Ⅹ)。指定管理者がその指示に従わないときその他当該指定管理者による管理が適当でないと認めるときは、その指定を取り消し、又は期間を定めて管理の業務の全部又は一部の停止を命ずることができる（自治法二四四の二XI）。

（4）　指定管理者制度の運用の検証及び見直し

総務省においては、平成二〇年六月、指定管理者制度が導入後五年を経過したこともあって、その運用について次の事項に留意し、そのあり方について検証及び見直しを行うことについて通知した（通知平二〇・六・六「平成二〇年度地方財政の運営について」の第一４「(8)　指定管理者制度の運用」）。

①　指定管理者の選定の際の基準設定に当たっては、公共サービスの水準の確保という観点が重要であること。

②　指定管理者の適切な評価を行うに当たっては、当該施設の態様に応じ、公共サービスについて専門的知見を有する外部有識者等の視点を導入することが重要であること。

③　指定管理者との協定等には、施設の種別に応じた必要な体制に関する事項、リスク分担に関する事項、損害賠償責任保険等の加入に関する事項等の具体的事項をあらかじめ盛り込むことが望ましいこと。また、委託料については、適切な積算に基づくものであること。

また総務省は、平成二二年一二月、指定管理者制度について、様々な取り組みがなされる中で留意されるべき点が明らかになってきたことから改めて制度の適正な運用に努めるよう助言する（自治法二五二条の一七の五参照）として、「指定管理者制度の運用について」（総務省自治行政局長通知）を発出した。そこでは、指定管理者の指定は単なる価格競争とは異なるものであること、指定管理者の選出に当たっては労働法令の遵守や雇用・労働条件への適切な配慮がなされるよう留意することなどが指摘されている。

なお、平成二三年に、「民間資金等による公共施設等の活性化による公共施設等の整備等の促進に関する法律」（ＰＦＩ法）の改正により、公共施設等運営権制度が導入されたことについても留意を要する。

地方分権一括法による自治法の改正前においては、地方公共団体は、公の施設の利用に関し、条例で五万円以下の過料を科する規定を設けることができる旨の規定があった（改正前の自治法二四四の二Ⅶ）が、改正によって、一般的に条例で五万円以下の過料を科することができることとなった（改正後の自治法一四Ⅲ）ので、改正前の当該規定は削除された。なお、過料を科する権限は地方公共団体の長のみが有し、各種委員会、委員、公営企業管理者は、その権限を有しない（自治法一四九③・一八〇の六③、地公企法八Ⅰ④）。

四　公の施設の使用関係

地方公共団体（指定管理者を含む。）は、正当な理由がない限り、住民が公の施設を利用することを拒んではならない（自治法二四四Ⅱ。自治法一〇Ⅱ参照）。利用形態には、自由使用、許可使用、契約使用またこれらの複合的な使用があるが、公の施設は、住民の自由な利用を原則的に保障しているところに、その特徴がある。しかし、住民の利用も公共の福祉に反してはならないことは当然のことであり、また、公の施設が、住民にとって限られた財産である以上、その利用にも一定の限界が存在する。このことについて、法は「正当な理由がない限り」としており、「正当な理由」がある場合は、利用を拒否することを認めている。「正当な理由」に該当するか否かについては、個々具体の場合に応じて判断するほかないが、一般的には、公の施設の利用に当たって使用料を払わない場合、公の施設の利用者が予定人員を超える場合、その者に公の施設を利用させると他の利用者に著しく迷惑を及ぼす危険があることが明白な場合、公の施設の利用に関する規定に違反して公の施設を利用又は使用しようとする場合等は正当な理由に該当すると解される。

なお、公の施設の目的内の利用について、第三者の妨害行為を理由とする不許可処分についての最高裁判所の判決（昭五四・七・五、平七・三・七、平八・三・一五）を、また、水道の給水についての最高裁判所の判決（平一一・一・二一）を、参照されたい。

また、地方公共団体（指定管理者を含む。）は、住民が公の施設を利用することについて、不当な差別的取扱いをしてはならない（自治法二四四Ⅲ）。「不当な差別的取扱い」に該当するか否かについては、個別の事例について具体的に判断せざるを得ないが、性別、信条、社会的身分などにより合理的な理由なく利用の制限をする場合はこれに該当する。この場合の「住民」とは、当該公の施設を設置した地方公共団体の住民に限られる。住民は、その属する地方公共団体の役務を等しく受ける権利を有しており（自治法一〇Ⅱ）、地方公共団体がその住民に対して、不当な差別的取扱いを禁止しているものと解されるが、他の地方公共団体の住民に対してまで、差異のある取扱いを禁止している趣旨ではないと考えられる。したがって、当該地方公共団体の住民以外から、住民よりもある程度高い使用料を徴収することはできる。また、住民の間でも、利用者の経済状況、生活環境等に応じて利用料金等に差を設けることは合理的な範囲内であれば許容される。なお、別荘所有者の水道料金を大幅に値上げしたことについて、別荘所有者を「住民に準ずる地位にある者」として、「住民に準ずる地位にある者による公の施設の利用関係に地方自治法二四四条三項の規律（不当な差別的取扱いの禁止…著者註）が及ばないと解するのは相当でなく、……当該公の施設の性質やこれらの者と当該普通地方公共団体との結び付きの程度等に照らし合理的な理由なく差別的取扱いをすることは、同項に違反するものというべきである。」とした最高裁判決がある（最高裁平一八・七・一四）。

公の施設であるホール等の集会施設を宗教団体の主催する大会、研修会等に使用させることができるかどうかについて、憲法の規定との関連で論議がある。憲法八九条は、「公金その他の公の財産は、宗教上の組織若しくは団体の使用、便益若しくは維持のため、又は公の支配に属しない慈善、教育若しくは博愛の事業に対し、これを支出し、又はその利用に供してはならない。」と定めており、宗教上の組織又は団体に、公の財産を利用させることを禁止している。「公の財産」には、地方公共団体の「公の施設」も当然に含まれる。宗教上の組織又は団体に対する財政的援助は、ある意味で宗教的活動でもあり、憲法二〇条で定める信教の自由の保障に反することとなることから、憲法八九条は、その旨を財政面から明確にしているものとされる。しかしながら、宗教団体であっても、すべての公の財産の利用を禁じたものではなく、一般住民に対して広く利用に供されている公の施設について、宗教団体に対して、一般の利用者と同一の条件で公の施設を利用させることは憲法八九条に抵触するものではないと考えられる。

五　公の施設を利用する権利に関する処分についての審査請求

公の施設を利用する権利に関する処分について、旧行政不服審査法の下における規定においては、不服がある場合は、行政不服審査法により審査請求又は異議申立てができたものであるが、自治法に、①地方公共団体の機関がした公の施設を利用する権利に関する処分については、当該処分をした機関の如何を問わず、すべて当該地方公共団体の長に対して審査請求又は異議申立てをなすべきものとしていたこと、及び②当該地方公共団体の長がした審査請求又は異議申立ての裁決又は決定に不服がある場合には、さらに、都道府県知事が行った裁決又は決定については総務大臣、市町村長が行った裁決又は決定については都道府県知事に再審査請求又は審査請求をすることができるとしていたこと、の二点について行政不服審査法の特例が定められていた（改正前の自治法二四四の四）。

新行政不服審査法において、異議申立て、審査請求及び再審査請求を原則的に一段階とし、審査請求に一元化（新行政不服審査法二～四）することとされた。この公の施設を利用する権利に関する処分についての不服申立てについても、新行政不服審査法関係法律整備法による自治法の改正により、自治法二四四条の四の見出し中「不服申立て」を「審査請求」とし、改正後の自治法二〇六条（給与その他の給付に関する処分についての審査請求）や二三八条の七（行政財産を使用する権利に関する処分についての審査請求）と同様とされているので、第九章第五節「四　給与その他の給付に関する処分についての審査請求」における説明を参照されたい。

なお、指定管理者制度の場合、長及び自治法一三八条の四第一項に規定する機関（委員会又は委員）以外の機関として、指定管理者を含むこととされている（自治法二四四の四Ⅰ括弧書）。

合併特例区が設置した公の施設について指定管理者がした公の施設を利用する権利に関する処分に不服がある者は、合併特例区の長に対して審査請求をすることができる（旧市町村合併特例法五の三〇Ⅳ、平成一六年合併法及び改正市町村合併法四八ⅣⅤ）。合併特例区の場合、この規定以外の場合は行政不服審査法による。

第一二章　地方公共団体の監査制度

第一節　地方公共団体の監査の意義と監査制度の体系

監査とは、主として監察的見地から、事務若しくは業務の執行又は財産の状況を検査し、その正否を調べることをいう。地方公共団体の監査の制度として監査委員による監査の制度と外部監査人による監査の制度がある。監査委員は、長と並ぶ執行機関であり、地方公共団体の財務に関する事務の執行及び地方公共団体の経営に係る事業の管理を監査（「財務監査」）するほか、必要があると認めるときは、地方公共団体の事務の執行について監査（「行政監査」）することができる（自治法一九九ⅠⅡ）。このように監査委員は、「財務監査」のほか、事務の管理執行についても監査する「行政監査」を行う権限を有しており、また、要求等に因る監査や法律により職務権限とされている監査等を行うこととされ（第二節「二　監査委員による監査」参照）、地方公共団体の行政全般に関する監視とチェックを地方公共団体の内部で行う機関として、大きな役割を担っている。監査委員は、長と並ぶ多元的執行機関の一つであるが、教育委員会や選挙管理委員会のような委員会と異なり、各委員が権限を行使することができる独任制の機関である。これを前提にしたうえで、結果に関する報告の決定などの場合、監査委員の合議（合議に関する第二九次地方制度調査会の「今後の基礎自治体及び監査・議会制度のあり方に関する答申」について、第二節「1　監査委員による監査等の概要」参照）によらなければ権限が行使できないことが定められている（自治法一九九XII）。

外部監査人による監査の制度は、平成九年の自治法改正によって新たに導入されたものであり、公務員の地位を有さない一定の資格等を有する外部の専門家が、地方公共団体との契約によって監査を行うものである。地方公共団体の外部監査は、「包括外部監査」と「個別外部監査」の二つの種類がある。外部監査人は外部監査契約ごとに一人であり、当該外部監査についての全責任を有することとされている。

地方公共団体内部の執行機関であるが、長とは別の独立した執行機関である監査委員による監査と地方公共団体外部の専門家である外部監査人による監査が相まって、地方公共団体の公正かつ適正な行財政運営が担保されることが期待されている。

平成一八年の自治法の改正で監査委員の定数を条例で増加することができることとされたが、地方分権に伴い地方公共団体の自浄作用を強化する観点から、また、近年の地方公共団体の財政状況、入札談合等の不祥事の問題などにも鑑み、監査機能の一層の充実・強化を図る方向での論議がある。この監査機能の充実・強化については、第二九次地方制度調査会において論議され、同調査会の「今後の基礎自治体及び監査・議会制度のあり方に関する答申」（平成二一年六月）においては、監査委員制度の充実・強化について、監査委員の選任方法と構成、監査能力の向上と実施体制の強化及び監査の実効性・透明性の確保を取り上げて見直しの方向等について述べており、また、外部監査制度について、「制度の創設後一〇年が経過し、様々な実績が積み重ねられてきたところであるが、一方で、市町村において導入が進んでいないという実態もあり、外部監査の充実・導入促進の観点から、必要な改善を図るべきである。」としている（同答申第2「監査機能の充実強化」参照）。また、地方分権改革推進委員会は、第三次勧告（平成二一年一〇月）において、「政府は、第二九次地方制度調査会の答申を踏まえながらも、地方自治体の監査機能のあり方について明確な改革方針を打ち出すべきである。」としている（同勧告第2章「2　地方自治体の財務会計における透明性の向上と自己責任の拡大」）。さらに、同委員会は、第四次勧告（平成二一年一一月）において、「監査委員の機能の充実、外部監査機能の積極的な活用を図ることが肝要である」としている（同勧告Ⅱ「5　財政規律の確保」）。そして、平成二二年六月に閣議決定された「地域主権戦略大綱」においては、現行の監査委員制度・外部監査制度について、廃止を含め、抜本的に再編することとして、検討事項が掲げられている（同大綱第8「3　監査制度」）。

なお、総務省自治行政局に設けられた「地方公共団体の監査制度に関する研究会」は、平成二五年三月、「地方公共団体の監査制度に関する研究会報告書」を取りまとめた。この報告書は、現行の制度や運用の課題を検証し、その改革方策を考えることを前提としたものであり、見直しに当たっての論点と方向性について検討したものである。

第三一次地方制度調査会の「人口減少社会に的確に対応する地方行政体制及びガバナンスのあり方に対する答申」（平成二八年二月（二九日）決定。以下この節において「第三一次地方制度調査会の答申」という。）において、「現行の監査制度をより有効に機能させるための制度改正が必要である。」とし、「監査委員は、長による内部統制体制の整備及び運用の状況をチェックするとともに、その結果を踏まえた監査を実施することにより、リスクの高い分野の監査を集中して行う等、専門性の高い部分に重点化した監査を行うことが可能となる。これらを踏まえ、地方公共団体全体の資源が限られる中で、監査による監視機能を高めるため、監査の実効性確保のあり方、監査の独立性・専門性のあり方、監査への適正な資源配分のあり方について、必要な見直しを行うべきである。」としている（同答申第3・2「⑴基本的な認識」）。具体的な事項については、それぞれの箇所で説明する。また、同答申において、「地方公共団体に共通する監査基準の策定や研修の実施、人材のあっせん、監査実務の情報の蓄積や助言等を担う、地方公共団体の監査を全国的に支援する共同組織の構築が必要である。この場合、小規模な市町村等からの求めがあるときは、その監査の支援を当該共同組織が行うことも考えられる。」としている（同答申第3・2⑷「⑥全国的な共同組織の構築」）。

平成二九年の自治法の改正において、監査基準の策定について規定が整備された（自治法一九八条の三、一九八の四）が、地方公共団体の監査を全国的に支援する組織の構築については見送られた。

第二節　地方公共団体の監査委員による監査

一　地方公共団体の監査委員とその組織

1　監査委員の選任

監査委員は、地方公共団体の監査に責任を有する長から独立した執行機関である。監査委員の設置については、自治法に所要の規定が置かれている。

普通地方公共団体には、監査委員を必ず置かなければならない（自治法一九五Ⅰ）。昭和三八年の自治法の改正前は、都道府県についてのみ必置とされ、市町村については任意設置とされていた。

監査委員の定数は、都道府県及び人口二五万以上の市（特別区）にあっては四人、その他の市（特別区）及び町村にあっては二人としている（自治法一九五Ⅱ、自治令一四〇の二。自治法二八三Ⅰ参照）。ただし、条例でその定数を増加することができる（自治法一九五Ⅱただし書）。この監査委員の定数については、平成一八年の自治法の改正によるものであり、改正前においては、人口二五万人未満の市にあっては条例の定めるところにより三人又は二人とし、町村にあっては二人とするとされていた（改正前の自治法一九五Ⅱ）。広域連合や一部事務組合等の組合については、自治法二九二条により、都道府県の加入するものは四人、市（特別区）及び町村が加入し、都道府県が加入しないものについては当該加入する団体の人口規模により人口二五万人以上の市（特別区を含む。以下同じ。）が加入するものは四人、その他は二人の監査委員を置くものとされる。ただし、条例でその定数を増加することができる。改正法施行の際、監査委員の定数を三人と定める条例は、改正後の自治法一九五条二項ただし書の規定に基づいて制定されたものとみなされる（改正法附則六）。

監査委員は、地方公共団体の長が、議会の同意を得て選任する。監査委員は、「人格が高潔で、普通地方公共団体の財務管理、事業の経営管理その他行政運営に関し優れた識見を有する者」（以下「識見を有する者」という。）及び議員のうちからこれを選任することとされている（自治法一九六Ⅰ前段）。「識見を有する者」については、この条文の文言を満たすと長と議会が認める者であれば特段の資格は要求されていない。議員から選任される監査委員の数は、監査委員の定数が四人の都道府県及び市（特別区）にあっては二人又は一人、その他の市（特別区）及び町村にあっては一人とされている（自治法一九六Ⅵ）。どの場合においても、議員から選ばれる監査委員と識見を有する者から選ばれる監査委員とが必ず選任されることとなっていた。

この議選監査委員について、上述した第三一次地方制度調査会の答申において、「各地方公共団体の判断により、監査委員は専門性のある識見監査委員に委ね、議選監査委員を置かないことを選択肢として設けるべきである。」とされた（同答申第3・2⑷「②議選監査委員のあり方」）。

この答申を勘案して、平成二九年の自治法の改正において、「条例で議員のうちから監査委員を選任しないことができる。」とされた（改正後の一九六Ⅰただし書）。

識見を有する者から選任される監査委員の数が二人以上である団体にあっては、少なくともその数から一を減じた人数以上は、当該団体の常勤の職員及び短時間勤務職員の経歴を有さない者でなければならない（自治法一九六Ⅱ、自治令一四〇の三）。これは、監査委員の大半が当該団体の常勤職員又は短時間勤務職員の経験者である場合には監査がなれあいになってしまいかねないという指摘を踏まえて、平成九年の改正で導入されたものである。結果として、識見を有する者の監査委員で当該団体の常勤の職員及び短時間勤務職員の経歴を有する者から選任される者は一人を限度とすることになる。

監査委員は地方公共団体の常勤の職員及び短時間勤務職員と兼ねることができない（自治法一九六Ⅲ）。これは、監査委員の職務が常勤の職員又は短時間勤務職員の立場と両立しないということによるものである。また、監査委員は、衆議院議員又は参議院議員、検察官、警察官若しくは収税官吏又は普通地方公共団体における公安委員会の委員と兼ねることはできない（自治法二〇一による同法一四一Ⅰ及び一六六Ⅰの準用）。さらに、公職選挙法一一条一項の規定の選挙権及び被選挙権を有しない者及び同法一一条の二の規定の被選挙権を有しない者に該当する者は、監査委員となることができず（欠格事由）、監査委員が同法一一条一項の規定に該当するに至ったときは、その職を失う（自治法二〇一による同法一六四の準用）。

識見を有する者から選任される監査委員は、常勤とすることができる（自治法一九六Ⅳ）。都道府県や人口二五万以上の市にあっては、少なくとも一人以上は常勤としなければならない（自治法一九六Ⅴ、自治令一四〇の四）。都道府県や規模の大きな市は、その事務の公正かつ適正な執行を担保するために、常勤の監査委員が必要であるとされたものである。

監査委員の選任については、議会における選挙とするべきだとする考え方もあり、第二九次地方制度調査会で論議されたが、同調査会は「今後の基礎自治体及び監査・議会制度のあり方に関する答申」において、「……監査委員の選任方法や構成については、各地方公共団体における今後の行政運営や監査機能の強化のための自主的な取組の状況を踏まえつつ、監査委員を公選により選出することも含めて引き続き検討を行う必要がある。」とした（同答申第2・1「⑴監査委員の選任方法と構成」）。公選の場合、議員から選挙される監査委員を認めるかどうか（つまり、議員と監査委員との兼職を認めるかどうか）については、意見が分かれている。上述の第三一次地方制度調査会の答申においては、「監査委員の選任方法を公選とすることについては、監査委員として専門的な能力を有する人材の立候補が期待できるのか、また、議会による選挙とした場合、実質的メリットがあるのか、その場合の監査委員の制度的な位置付けをどのように考えるのかといった課題もあることから、慎重に考えるべきである。」としている（同答申第3・2⑶「①監査の独立性を高める方策」）。

監査委員の任期は、「識見を有する者」として選任される者は四年、議員から選任される者は議員の任期によることとされ、任期が終了した後においても、後任者が選任されるまでの間は、その職務を行うこととされている（自治法一九七）。監査委員が心身の故障のため職務の遂行に堪えないときや職務上の義務違反その他監査委員たるに適しない非行があるときは、長の判断により議会の同意を得て罷免することができ、この場合には議会の委員会で公聴会を開くことが要件となっている（自治法一九七の二Ⅰ）。これ以外の場合は、監査委員はその意に反して罷免されることがないことが規定されており、監査委員の身分が保障されている（自治法一九七の二Ⅱ）。なお、監査委員が自ら退職しようとする場合でも、長の承認が必要である（自治法一九八）。

監査委員については、解職請求の規定がある（自治法一三Ⅱ・八六〜八八）。

長又は副知事若しくは副市町村長と親子、夫婦又は兄弟姉妹の関係にある者は監査委員となることができず（自治法一九八の二Ⅰ）、このような関係が就任後生じたときは失職することとされている（自治法一九八の二Ⅱ）。公正で客観的かつ適正な監査を行うためには、地方公共団体の主要な執行機関である長やその最高の補助機関である副知事若しくは副市町村長と近親関係にあってはならないことを定めているものである。

2　監査委員の服務等

監査委員は、その職務を遂行するに当たっては、法令に特別の定めがある場合を除くほか、監査基準（法令の規定により監査委員が行うこととされている監査、検査、審査その他の行為（以下「監査等」という。）の適切かつ有効な実施を図るための基準をいう。）に従い、常に公正不偏の態度を保持して監査をしなければならない（自治法一九八の三Ⅰ）。この監査基準に従うことについては、平成二九年の自治法改正で規定され、監査基準に関しては同改正において第九八条の四として新たに規定されたものである（後述）。また、職務上知り得た秘密を監査委員であるときのみならず、その職を退いた後も漏らしてはならない（自治法一九八の三Ⅱ）。このように監査委員には守秘義務が課されているが、他の特別職公務員と同様、罰則による担保は行われていない。この点、外部監査契約によって地方公共団体の監査を行う公務員の身分を有さない外部監査人には、罰則によって担保された守秘義務が課されているのと異なっている（自治法二五二の三一ⅢⅣ参照）。このことについては、平成九年の外部監査制度の導入に当たりバランスについて立法過程において論議されたが、特別職公務員に関する法制に共通したものであるため、監査委員のみに罰則による担保を導入するという判断に至らなかったものである。

監査委員については監査執行上の除斥に関しての定めがあり、自己若しくは父母、祖父母、配偶者、子、孫若しくは兄弟姉妹の一身上に関する事件又は自己若しくはこれらの者の従事する業務に直接利害関係のある事件については、監査することができない（自治法一九九の二）。

3　監査委員の組織

(1)　代表監査委員

監査委員は、識見を有する者のうちから選任される監査委員の一人（監査委員の定数が二人の場合において、そのうち一人が議員のうちから選任される監査委員であるときは、識見を有する者のうちから選任される監査委員）を代表監査委員としなければならない（自治法一九九の三Ⅰ）。代表監査委員に事故があるとき、又は代表監査委員が欠けたときは、監査委員の定数が三人以上の場合には、代表監査委員の指定する監査委員がその職務を代理し、監査委員の定数が二人の場合には他の監査委員がその職務を代理する（自治法一九九の三Ⅳ）。

代表監査委員は、監査委員に関する庶務を処理するほか、平成一四年の改正により、改正後の住民訴訟制度（第一〇章第一〇節二「1　住民訴訟の原告、請求の内容等及び制度の改正」参照）に関して、地方公共団体の執行機関又は職員に損害賠償又は不当利得返還の請求を命ずる判決が確定した場合において、地方公共団体がその長に対し訴訟を提起するときは、その訴訟については、代表監査委員が、当該団体を代表することが定められるとともに（自治法二四二の三Ⅴ）、この訴訟に関する事務を処理することとされている（自治法一九九の三Ⅱ）。また、平成一六年の行政事件訴訟法の改正により、抗告訴訟の被告適格の原則が行政庁から行政主体に変更されたことに伴い、同法の改正により自治法が改正され、代表監査委員又は監査委員の処分又は裁決に係る地方公共団体を被告とする訴訟については、代表監査委員が当該地方公共団体を代表することが定められるとともに、この訴訟に関する事務を処理することとされた（自治法一九九の三ⅡⅢ）。

代表監査委員は、事務局の事務局長、書記その他の職員を任免する。

なお、監査委員は、独任制の執行機関であるが、監査の結果の報告（自治法一九九Ⅸの規定によるもの）、意見の決定又は平成二九年の改正で規定された勧告の決定（自治法一九九Ⅺ）は合議によるものとされている（自治法一九九Ⅻ）。

(2) 事務局の設置

都道府県の監査委員には、事務局を置かなければならない（自治法二〇〇Ⅰ）。また、市町村の監査委員には、条例の定めるところにより事務局を置くことができる（自治法二〇〇Ⅱ）。自治法は、規模の小さな市町村については、組織機構の簡素合理化の観点から、長から独立した補助組織である事務局を必置としていない。一方で、複雑化する地方公共団体の事務の状況とそのチェックの重要性を踏まえると、現在においては、監査委員を補助する組織はどのような団体にも必要となってきている。とりわけ、一般には都道府県が処理することとされる事務の一部を処理する指定都市、中核市及び特例市については、独立の事務局が不可欠となっているといえる。また小規模な市町村においては、その事務の執行の適正を確保するため、事務局や監査委員を共同設置することが考慮されるべきである。この事務局の共同設置については、第二九次地方制度調査会の「今後の基礎自治体及び監査・議会制度のあり方に関する答申」は、「……現行制度上は、共同設置を可能とする規定がなく、事務局職員を共同設置することにより対応することとなる。今後、監査委員事務局の共同設置の促進を図るためには、事務局の共同設置を可能とする制度改正が検討されるべきである。」とした（同答申第２・１(2)監査能力の向上と実施体制の強化」）。そして、平成二三年四月に成立した自治法の改正により、機関等の共同設置として、委員会又は委員の事務局若しくは内部組織も共同設置できることとされた。このことについては、第一三章第四節「四地方公共団体の機関等の共同設置」を参照されたい。

事務局には、事務局長、書記その他の職員を置く（自治法二〇〇Ⅲ）。事務局を置かない市町村の監査委員の事務を補助させるため書記その他の職員を置く（自治法二〇〇Ⅳ）。事務局長、書記その他の職員は、代表監査委員が任免し、その定数は条例で定める（自治法二〇〇ⅤⅥ）。事務局長は監査委員の命を受け、書記その他の職員等は上司の指揮を受け監査委員に関する事務に従事する（自治法二〇〇Ⅶ）。

なお、第三一次地方制度調査会の答申において、「監査委員を補助する監査委員事務局の充実策として、専門性を有する優秀な人材の確保や研修の充実を効率的・効果的に行うための方策を講ずる必要がある。また、市町村が連携して事務局の共同設置を行うことも有効な方策である。」としている（同答申第3・2⑷「⑤監査事務局の充実」）。

⑶　監査専門委員

第三一次地方制度調査会の「人口減少社会に的確に対応する地方行政体制及びガバナンスのあり方に関する答申」（平成二八年二月取りまとめ、三月（一六日）手交）において、「専門性の高い外部の人材の活用という観点から、監査委員が特定の事件につき専門委員を任命できるようにする必要がある。」としている（同答申第3・2⑶「②　監査委員等の専門性を高める方策」）。

この答申を勘案し、平成二九年の自治法の改正において監査専門委員の規定が整備され、監査委員は常設又は臨時の監査専門委員を置くことができることとされた（自治法二〇〇の二Ⅰ）。

監査を行うにふさわしい人物が監査委員に選任されるとしても、監査の対象となる事務全てについて対応できる専門性を有しているとは限らず、事務局の職員も監査委員を補完できるだけの高い専門性を必ずしも有していないと思われる。専門性の補完という視点からは、専門委員の設置（自治法一七四）があるが、専門委員の選任は長とされており（同条2）、専門委員が監査委員の補完をすることとすることは、監査委員の独立性の観点から望ましいものではない。

このようなことから、監査専門委員の制度が設けられたものである。

監査において、委託契約により監査法人等を活用している場合もあるが、監査専門委員は、非常勤職員となることから、被監査主体から見て位置づけが明確になるものである。

監査専門委員は、専門の学識経験を有する者の中から、代表監査委員が、代表監査委員以外の監査委員の意見を聴いて、選任する（自治法二〇〇の二Ⅱ）。監査専門委員は、非常勤とされる（同条Ⅳ）。なお、報酬が支給される（自治法二〇三の二Ⅰ）。

監査専門委員は、監査委員の委託を受け、その権限に属する事務に関し必要な事項を調査する（自治法二〇〇の二Ⅲ）。この規定振りは、長が選任する専門委員と同様である（自治法一七四3参照）。

監査委員は独任制であるので、それぞれの監査委員が必要となる調査の内容が異なり、監査専門委員として選任を希望する者も異なることが考えられる。そのため、監査専門委員の選任に際しては、代表監査委員以外の監査委員の意見も聴くこととして調整を図ることとしている（自治法二〇〇の二Ⅱ）。なお、監査専門委員は、複数置くことも可能である。

二　監査委員による監査

1　監査委員による監査等の概要

前述したように（第一節「地方公共団体の監査の意義と監査制度の体系」参照）、監査委員は、地方公共団体の財務に関する事務の執行及び地方公共団体の経営に係る事業の管理を監査するという「財務監査」（自治法一九九Ⅰ）と地方公共団体の事務の執行について監査するという「行政監査」（同条Ⅱ）を行う職務権限を有している。「財務監査」は地方公共団体の歳入・歳出など一定の客観的な数値にかかわることが多いが、単に数字が正しいかどうかということのみを監査するものではなく、適法性や妥当性のほか効率性の判断にまで及ぶものである。「行政監査」は、行政の管理執行自体について監査を行うものである。「財務監査」と「行政監査」は、「一般監査」とされる（なお、監査について、「特別監査」を「要求等監査」のこととした場合は、後述の財政的援助団体等についての監査のうち、監査委員が必要と認めるときに行う監査も「一般監査」の類であるとみられる。）。「財務監査」は、「定期（例）監査」（自治法一九九Ⅳ）と「随時監査」（自治法一九九Ⅴ）に分かれる。「行政監査」は、「随時監査」として実施するものである（自治法一九九Ⅱ）。このような「一般監査」のほか、「特別監査」として「要求等監査」、すなわち、①自治法七五条の規定による直接請求による事務の監査、②自治法九八条二項の規定による議会の請求による監査、③自治法一九九条六項の規定による長の要求による監査、④自治法一九九条七項の規定による財政的援助を与えているもの等に対する監査があり、附加された職務権限として、①決算の審査（自治法二三三Ⅱ。健全化法に規定する健全化判断比率及び資金不足比率に係る監査を含む（健全化法三ⅠⅡ・二二）。）、②現金出納の検査（自治法二三五の二Ⅰ）、③指定金融機関等が取り扱う公金の収納又は支払の事務の監査（自治法二三五の二Ⅱ）、④定額の資金を運用するための基金の運用状況の審査（自治法二四一Ⅴ）、⑤住民監査請求に係る監査（自治法二四二）、⑥職員の賠償責任についての監査（自治法二四三の二の二ⅢⅧⅨ）、⑦指定金融機関等の検査結果についての報告聴取（自治令一六八の四Ⅲ）等がある。また、外部監査に係る職務権限がある（後述第三節「地方公共団体の外部監査」参照）。

「行政監査」は、平成三年の自治法の改正で追加されたものであり、地方分権一括法による改正前の「機関委任事務」も原則対象としていたが、当時の機関委任事務のうち、政令で定める①当該監査に際して開示することにより国の安全を害するおそれがある事項に関する事務（当該国の安全を害するおそれがある部分に限る。）、②当該監査に際して開示することにより個人の秘密を害することとなる事項に関する事務（当該個人の秘密を害することとなる部分に限る。）及び③労働組合法の規定による労働争議のあっせん、調停及び仲裁その他地方労働委員会の権限に属する事務並びに土地収用法の規定による収用に関する裁決その他収用委員会の権限に属する事務が除外されていた（地方分権一括法による改正前の自治法一九九Ⅱ括弧書、自治令一四〇の五。なお、平成一六年の労働組合法の改正による自治法の改正により、地方労働委員会は、労働委員会とされた。））。地方分権一括法による機関委任事務制度の廃止後においては、「自治事務」も「法定受託事務」も地方公共団体の事務であり、原則的に「行政監査」の対象となるものであるが、例外として、議会の「検査権（検閲・検査権）」「監査請求権」「調査権」等と同様、法定受託事務については上述の①～③の事務（ただし、労働委員会の権限に属する事務には法定受託事務はない。）を、自治事務については③の事務（組織に関する事務及び庶務を除く。）を、除外している（自治法一九九Ⅱ、自治令一四〇の五による同令一二一の四ⅠⅡの準用。なお、第九章第二節三4「⑴ 監視権等の意義と範囲」参照）。

地方公共団体の監査は、不正又は非違の摘発を旨とする点にあるのではなく、行政の適法性又は妥当性の保障にあるというべきであり、いかにすれば、公正かつ適正で、合理的かつ効率的な地方公共団体の行政を確保することができるかということが最大の関心事でなければならない。もちろん、監査の過程においては、あるいは非違をただし、不正を摘発する必要が生じてくるではあろうけれども、それらは、いわば副次的な目的である。

「財務監査」及び「行政監査」をするに当たっては、地方公共団体の事務の執行等が自治法二条一四項の規定（「地方公共団体は、その事務を処理するに当っては、住民の福祉の増進に努めるとともに、最少の経費で最大の効果を挙げるようにしなければならない。」）と一五項の規定（「地方公共団体は、常にその組織及び運営の合理化に努めるとともに、他の地方公共団体に協力を求めてその規模の適正化を図らなければならない。」）の趣旨にのっとってなされているかどうかに、特に意を用いなければならない（自治法一九九Ⅲ）。また、「行政監査」の実施に当たっては、上記のほか、事務の執行が法令の定めるところに従って適正に行われているかどうかについて適時に監査を行わなければならないとされている（自治法一九九Ⅱ後段、自治令一四〇の六）。これらは、地方公共団体の監査について、監査委員が監査を実施するに当たっての視点等を明示したものともいえる。また、平成二九年の自治法の改正において、監査委員は、自治法第一九八条の四に規定された監査委員が定める監査基準に従い監査等をしなければならないとされた（自治法一九八の三Ⅰ、一九八の四）。監査基準は、監査委員が定める（監査委員の合議による。自治法一九八の四ⅠⅡ）。変更についても準用される（同条Ⅳ）。監査基準を監査委員が自ら策定することとしているのは、被監査主体である長や議会が策定するのでは、監査の適切かつ有効な実施が確保されないおそれがあるからである。監査基準は監査委員が定めるが、総務大臣は、普通地方公共団体に対し、監査基準の策定又は変更について、指針を示すとともに、必要な助言を行うものとするとされている（同条Ⅴ）。「総務大臣が示す指針」においては、監査を行うに当たって必要な基本原則が定められる。この「総務大臣が示す指針」は、各地方公共団体が定める監査基準に統一性をもたせるためのものであり、監査基準の策定又は変更は当該指針を踏まえて行うべきものである。監査委員は、監査基準を定めたときは、直ちに、議会、長、各委員会及び委員に通知するとともに、これを公表しなければならない（同条Ⅲ）。変更についても準用される（同条Ⅳ）。「必要な助言」（同条Ⅴ）は、説明会等で一般的な助言を行うことが考えられるが、各地方公共団体からの相談等を通じて、地方公共団体ごとに個別に助言を行うことも想定される。

監査委員は、地方公共団体の職員に対して質問したり書類の調査を行ったりすることができることはもちろん、監査のために必要があると認めるときは、地方公共団体の外部の関係人の出頭を求めて調査をしたり、帳簿、書類その他の記録の提出を求めることができる（自治法一九九Ⅷ）。ただし、関係人はこの求めに誠実に対応するべきだという意味における義務はあるものの、罰則等による担保はないため、外部の関係人に対して、これを強制することはできない。また、平成一四年の改正において、監査委員が学識経験者等から意見を聴取することができることとされた（自治法一九九Ⅷ）。

監査委員は監査（議会の請求による監査（自治法九八Ⅱ）、長の要求に係る事項の監査（自治法一九九Ⅵ）、財務監査（自治法一九九Ⅰ）、行政監査（一九九Ⅱ）又は財政的援助を与えているもの等に対する監査（自治法一九九Ⅶ））の結果に関する報告を決定し、議会や首長、監査を受けた行政委員会等に提出するとともに、公表しなければならない（自治法一九九Ⅸ）。また、必要があると認めるときは、地方公共団体の組織及び運営の合理化に資するため、直接請求に基づく監査及び上述の監査の結果に関する報告に添えて意見を提出することができ、この場合、当該意見を公表しなければならないとされている（自治法一九九Ⅹ）。

監査委員は単独でも個々の調査行為などを実施することができるが、上述の監査の結果に関する報告の決定、意見の決定（自治法一九九Ⅹ）又は平成二九年の自治法で規定された勧告の決定（自治法一九九Ⅺ）は、合議によるものとされている（自治法一九九Ⅻ等）。このことについて、第二九次地方制度調査会の「今後の基礎自治体及び監査・議会制度のあり方に関する答申」において、「監査の実効性を高めるためには、監査結果の報告及びこれに添えて提出できる意見の決定については多数決によることができるものとし、少数意見を付記して公表することが適当である。」とした（同答申第２・１「⑶監査の実効性・透明性の確保」）。また、上述の第三一次地方制度調査会の答申において、「監査委員の合議が整わない場合、監査結果の決定ができないことになるが、……合議に至らない場合でも、監査の内容や監査委員の意見が分かるようにする必要がある。」としている（同答申第３・２⑵「②監査委員の合議が調わない場合の措置」）。これらの答申を勘案し、平成二九年の自治法の改正において、上述の監査の結果に関する報告（自治法一九九Ⅸの監査の結果に関する報告）の決定について、各監査委員の意見が一致しないことにより、合議により決定することができない事項がある場合には、その旨及び当該事項について各監査委員の意見を議会及び長並びに関係ある委員会又は委員に提出するとともに、これらを公表しなければならないこととされた（改正後一九九ⅩⅢ）。対象となる合議による監査とは、自治法一九九条に規定する監査の結果に関する報告の決定（同条Ⅸ）、意見の決定（同条Ⅹ）又は平成二九年の自治法の改正で規定された勧告の決定（同条Ⅺ）のほか、直接請求による監査の結果の報告の決定（自治法七五Ⅳ）、決算の審査に係る意見の決定（自治法二三三Ⅳ。健全化法に規定する健全化判断比率及び資金不足比率に係る審査を含む（健全化法三Ⅱ、二二Ⅲによる三Ⅱの準用）。）、定額の資金を運用するための基金の運用の状況の審査に係る意見の決定（自治法二四一Ⅵ）、住民監査請求による監査及び勧告の決定（暫定的な停止の勧告の決定を含む。）（自治法二四二Ⅷ）、平成二九年の自治法の改正で規定された長等の損害賠償責任一部免責に関する条例に係る意見の決定（自治法二四三の二Ⅲ）、職員の損害賠償についての監査に係る賠償額の決定又は賠償責任の全部若しくは一部の免除に関する意見の決定（自治法二四三の二の二Ⅸ）、外部監査に係る意見又は協議等（自治法二五二の三二Ⅲ、二五二の三五Ⅳ等）などの場合、また、健全化法による健全化判断比率等についての審査の意見の決定（健全化法三Ⅰ・Ⅱ）などの場合にも合議による旨の規定がある。自治法九八条二項による議会の請求による監査については、同条には合議による旨の規定はないが、当該監査の性質上、やはり監査結果の報告の決定は合議によるべきものと解されてきたが、平成二九年の自治法の改正において合議によることが明示されている（自治法Ⅸ・Ⅻ）。一方、現金出納の検査（自治法二三五の二Ⅰ）、指定金融機関等における公金の収納等の監査（自治法二三五の二Ⅱ）は、いずれも技術的、客観的になされるものであり、合議によって結論を出さなければならない事項とは考えられない。

監査委員から監査の結果に関する報告の提出があった場合において、監査の結果に関する報告を受けた議会、長その他の執行機関が、監査の結果に基づいて措置を講じたり、監査の結果を参考にして措置を講じたりしたときは、その旨を監査委員に通知するものとされ、この場合においては、監査委員はその通知に係る事項を公表しなければならない（自治法一九九Ⅻ）。これは、平成九年の改正で加えられたものであるが、このことを通じて住民による監視機能も期待される。第三一次地方制度調査会の答申においては、「措置を講じなかった場合には、何ら義務がないため監査の結果に対する対応が不明確となることから、監査の結果が有効に生かされるよう、必要に応じて監査委員が必要な措置を勧告できるようにし、これに対して、監査を受けた者が説明責任を果たすような仕組みが必要である。」としている（同答申第3・2⑵「③監査結果の効力」）。この答申を勘案して、平成二九年の自治法の改正において、直接請求による監査及び自治法一九九条九項に規定する監査の結果に関する報告のうち、議会、長等において特に措置を講じる必要があると認める事項については、理由を付して、必要な措置を講ずべきことを勧告することができることとされ、当該勧告の内容を公表しなければならないとされた（自治法一九九XⅤ）。そして、勧告を受けた議会、長等は、当該勧告に基づき必要な措置を講ずるとともに、当該措置の内容を監査委員に通知しなければならないこととされ、監査委員は、当該措置の内容を公表しなければならないとされた（自治法一九九Ⅻ）。

2 「財務監査」と「行政監査」及び「定期（例）監査」と「随時監査」

監査委員は、毎会計年度少なくとも一回以上期日を定めて「財務監査」をしなければならないとされている（自治法一九九Ⅳ）。一般にこれを「定期（例）監査」と呼んでいる。

監査委員は、「定期（例）監査」のほか、必要があると認めるときは、いつでも財務に関する事務の執行や地方公共団体の経営に係る事業の管理を監査することができ（「財務監査」。自治法一九九Ⅴ）、また、必要と認めるときは、地方公共団体の事務の執行について監査することができる（「行政監査」。自治法一九九Ⅱ）。さらに、必要があると認めるとき、財政的援助を与えているもの等の財政的援助等に係るものの監査をすることができる（自治法一九九Ⅶ）。また、必要があると認めるときは、指定金融機関等の取り扱う公金の収納又は支払の事務について監査をすることができる（自治法二三五の二Ⅱ）。これらは、監査委員の判断によりいつでも行うことができる監査であるので、「随時監査」と呼ばれている。

「随時監査」は、必要があると認めるときに行うものであり、行財政運営について公正かつ適正を欠く蓋然性がある場合や、特定のテーマについて組織横断的に実施する場合に行われるのが一般的である。いずれにしても監査委員がその判断により特定の事項や事件を選択して監査を実施することが「随時監査」の特質であるといえる。

なお、平成一六年の旧市町村合併特例法の改正及び平成一六年合併法において制度化され、平成二二年の平成一六年合併法の改正による改正市町村合併特例法にも規定されている合併特例区の監査について、合併市町村の監査委員は、毎会計年度少なくとも一回以上期日を定めて合併特例区の事務を監査するものとすることなどが定められている（旧市町村合併特例法五の三三、平成一六年合併法及び改正市町村合併特例法五一）。

3 要求等監査

監査委員は、住民からの事務の監査の請求（自治法七五）や議会、長から地方公共団体の事務に関する監査の請求又は要求（自治法九八Ⅱ・一九九Ⅵ）があった場合には、その請求又は要求に係る事項について監査をしなければならない。また、長の要求があるときは、財政的援助団体等の財政的援助に係るものを監査すること（自治法一九九Ⅶ）、指定金融機関等が取り扱う公金の収納又は支払の事務について監査すること（自治法二三五の二Ⅱ）ができ、さらに、長の求めにより職員の賠償責任に関する監査等を行う（自治法二四三の二Ⅲ Ⅷ）。これらは「特別監査」であり、この類のものは一般には「要求等監査」といわれている。「随時監査」が監査委員の問題意識と必要性の判断によることとされているのに対し、「要求等監査」は、監査委員と別の主体が監査の必要性を判断し監査委員がそれを受けて監査等を実施することとされている。監査の発動の端緒が異なり、特定のテーマの選択を別の主体が行うことを除けば、監査委員が行う監査の性格自体は、「随時監査」と同様のものである。

なお、住民監査請求による監査も「要求等監査」の一つであるが、特殊な性格のものであるので、別途後述する（「三　住民監査請求による監査」参照）。

「要求等監査」で、事務の監査請求並びに議会又は長からの地方公共団体の事務に関する監査の請求又は要求及び財政的援助団体等に係る監査の要求並びに住民監査請求による監査については、監査委員の監査に代えて契約に基づく監査によることのできることを条例により定める地方公共団体においては、請求又は要求をする場合、監査委員の監査に代えて個別外部監査契約に基づく監査によることを求めることができる（自治法二五二の三九～二五二の四三。第三節「四　個別外部監査契約に基づく監査」参照）。

(1)　住民の直接請求（事務の監査請求）による監査

選挙権を有する者は、その総数の五〇分の一以上の者の連署をもって、その代表者から、監査委員に対し、地方公共団体の事務の執行に関し、監査の請求をすることができるとされている（自治法七五Ⅰ）。この請求があったときは、監査委員は直ちに請求の要旨を公表しなければならない（自治法七五Ⅱ。第六章第四節二「2　事務の監査請求」参照）。監査委員は請求に係る事項について監査をし、監査の結果に関する報告を決定し、これを議会及び長並びに関係のある執行機関に提出する（自治法七五Ⅲ）。監査の結果に関する報告の決定は、合議による（自治法七五Ⅳ）。監査の結果に関する報告は、請求の代表者にも送付しなければならない（自治法七五Ⅲ）。

(2)　議会の求めによる監査

議会は、監査委員に対し、地方公共団体の事務に関する監査を求め、監査の結果に関する報告を請求することができる（自治法九八Ⅱ）。議会は、自ら様々な監視等の機能を有している（第九章第二節三「4　監視権等」参照）が、監査委員の監査を活用することによって、議会の機能に役立てることとなる。

監査の実施に当たっては、地方公共団体の事務の執行等が自治法二条一四項及び一五項の規定の趣旨にのっとってなされているか、また、法令の定めるところに従って適正に行われているかどうかについて、監査を行わなければならない（自治法九八Ⅱ後段による同法一九九Ⅱ後段の準用、自治令一四〇の六）。

(3)　長の要求による監査

監査委員は、長から地方公共団体の事務の執行に関し監査の要求があったときは、その要求に係る事項について監査をしなければならない（自治法一九九Ⅵ）。長の要求による監査は、自らの所管に属することについてその公正かつ適正であることを客観的に評価する手段としてはもちろん、他の執行機関である委員会に関することなどについて、調査等の必要があると思われる場合などには、中立的かつ専門的な機関である監査委員の監査によって事実を確定させ、ことの正否を正すことなどに活用することも考えられる。また、長の交代があった場合に、前任の長によって行われた事務について監査を行った上で、事務の処理に当たることなども考えられる。なお、平成一九年に制定された健全化法においては、同法の規定によって財政健全化計画、財政再生計画又は経営健全化計画を定めなければならない地方公共団体の長は、これらの計画を定めるに当たっては、あらかじめ、財政の健全化のために改善が必要と認められる事務の執行について、自治法一九九条六項の監査の要求をしなければならないこととされ、かつ、要求と併せて外部監査を求めなければならないとされている（同法二二六Ⅰ）。

後述する「財政的援助団体等についての監査」及び「指定金融機関等が取り扱う公金の収納又は支払の事務の監査」のうち、長の要求に係るもの（自治法一九九Ⅶ・二三五の二Ⅱ）も長の要求による「要求等監査」であり、「職員の賠償責任に関する監査等」（自治法二四三の二Ⅲ Ⅷ）も長の求めによるものである。

4　財政的援助団体等についての監査

監査委員は、必要があると認めるとき又は長の要求があるときは、①地方公共団体が補助金、交付金、貸付金、損失補償、利子補給その他の財政的援助を与えているもの、②地方公共団体が資本金、基本金その他これらに準ずるものの四分の一以上出資している法人（自治令一四〇の七Ⅱにより該当の法人とみなされる法人を含む。）、③地方公共団体が借入金の元金や利子の支払を保証しているもの、④地方公共団体が受益権を有する不動産の信託の受託者、⑤地方公共団体が自治法二四四条の二第三項の規定に基づき公の施設の管理を行わせているもの、の出納その他の事務の執行で当該財政的援助等に係るものを監査することができる（自治法一九九Ⅶ、自治令一四〇の七）。

これは、地方公共団体の事務のみならず、その地方公共団体が財政的援助を与えているものや資本金等の四分の一以上を出資しているもの等など地方公共団体と一定の財政的な関係を有する地方公共団体以外のものに対しても、「随時監査」や長の要求による監査を実施することができることを定めたものである。

財政的援助を与えているもの等に対する監査の範囲は、その財政的援助等に係るものに限られる。例えば地方公共団体が、ある団体に対し、特定の事業に関する補助金を与えたような場合には、その事業についての監査は実施できるが、団体の運営全般にわたるような監査はできないものである。

5　決算の審査、現金出納の検査、指定金融機関等が取り扱う公金の収納又は支払の事務の監査、定額の資金を運用するための基金の運用状況の審査、職員の賠償責任に関する監査等

監査委員は、地方公共団体の監査を担当する専門的かつ中立的な執行機関として、上述した監査のほか、地方公共団体の財務に関する一連の手続等の中で監査等を行うことにより重要な役割を果たすこととされている（「住民監査請求による監査」については、別途後述する（「三　住民監査請求による監査」参照））。

(1)　決算の審査

地方公共団体は会計年度が終了すると決算の手続をする必要がある。会計管理者は、出納閉鎖後三か月以内に決算を調製し、長に提出しなければならない（自治法二三三Ⅰ）。長は、これを監査委員の審査に付さなければならないこととされている（自治法二三三Ⅱ）。この監査委員の審査は「決算審査」といわれている。長は、監査委員の意見（監査委員の合議による。）を付けたうえで、次の通常予算を議する会議までに議会の認定に付さなければならない（自治法二三三ⅢⅣ）。

また、平成一九年に制定された健全化法において、地方公共団体の長は、毎年度、前年度の決算の提出を受けた後、健全化判断比率（実質赤字比率、連結実質赤字比率、実質公債費比率及び将来負担比率）及び資金不足比率並びにそれらの算定の基礎となる事項を記載した書類を監査委員の審査（監査委員の合議による。）に付し、その意見を付けて当該健全化判断比率及び資金不足比率を議会に報告し、かつ、公表しなければならないこととされている（健全化法三ⅠⅡ・二二）。

(2)　現金出納の検査及び指定金融機関等が取り扱う公金の収納又は支払の事務の監査

地方公共団体の現金の出納は、毎月、例日を定めて監査委員が検査しなければならない（自治法二三五の二Ⅰ）。これを「例月出納検査」と呼んでいる。さらに、監査委員が必要と認めるとき、又は長の要求があるときには、指定金融機関等が取り扱う公金の収納又は支払の事務について監査することができる（自治法二三五の二Ⅱ）。監査委員は、これらの検査や監査の結果に関する報告を議会及び長に提出しなければならないこととされている（自治法二三五の二Ⅲ）。

(3) 定額の資金を運用するための基金の運用状況の審査

特定の目的のために定額の資金を運用するための基金（第一〇章第九節「五　基金」参照）を設けた場合においては、地方公共団体の長は、毎年度、その運用状況を示す書類を作成し、これを監査委員の監査に付し、その意見（監査委員の合議による。）を付けて、主要な施策の成果を説明する書類その他政令で定める書類と併せて議会に提出しなければならない（自治法二四一Ⅴ Ⅵ）。

(4) 職員の賠償責任に関する監査等

会計管理者若しくは会計管理者の事務を補助する職員等（会計職員等）又は予算執行職員等が地方公共団体に対して損害を与えたときにおいては、これらの職員はこれによって生じた損害を賠償しなければならない（自治法二四三の二Ⅰ）。長がこれらの職員が地方公共団体に損害を与えたと認めるときは、監査委員に対しその事実があるかどうかを監査し、賠償責任の有無及び賠償額の決定を求め、その決定（監査委員の合議による。）を経た上でなければ、損害賠償の請求はできないこととされている（自治法二四三の二の二Ⅲ Ⅸ）。これは、監査委員に客観的に賠償責任の有無と損害額を決定させることによって、職員の損害賠償責任の追及を適正かつ合理的に行うこととするためのものである。また、長が賠償責任の全部又は一部を免除しようとする場合、あらかじめ監査委員の意見を聴きその意見（監査委員の合議による。）を付けて議会に付議しなければならないとされている（自治法二四三の二の二Ⅷ・Ⅸ、第一〇章第一一節「職員の損害賠償責任」参照）。

三　住民監査請求による監査

「要求等監査」の一つではあるが、監査のプロセスとその法的効果が特別で、訴訟手続に移行し得るものとして「住民監査請求」の制度が定められている（第一〇章第一〇節「一　住民監査請求」参照）。このように「住民監査請求」は、「住民訴訟」の前提でもあるが、それ自体、地方公共団体の財務行政の違法又は不当を糺すという意義を有する。

地方公共団体の住民は、長やその他の執行機関又は職員について、①違法又は不当な公金の支出、財産の取得、管理若しくは処分、契約の締結若しくは履行若しくは債務その他の義務の負担がある（当該行為がなされることが相当の確実さをもって予測される場合を含む。）と認めるとき、又は②違法又は不当に公金の賦課若しくは徴収又は財産の管理を怠る事実があると認めるとき、これらを証する書面を添え、監査委員に監査を求めて、当該行為を防止し、若しくは是正し、若しくは当該怠る事実を改め、又は当該行為若しくは怠る事実によって当該地方公共団体の被った損害を補塡するために必要な措置を講ずべきことを請求することができる（自治法二四二Ⅰ）。これを「住民監査請求」と称している。この請求は、住民（法人も含まれる。）が、長等の執行機関又は職員の違法又は不当な行為等について一人でも行うことができるものであり、この点において有権者の一定数の署名が必要な事務の監査請求と異なる。

この請求は、住民が自己の利益すなわち、主観的利益のためではなく、地方公共団体全体の利益のために行う客観的な利益のためのものと構成されており、後続する「住民訴訟」も客観訴訟である。

この住民監査請求の件数は近年増加しており、その中には本来想定されていた財務上の違法又は不当な行為にとどまらず、財務上の行為に先行する行政の是非に至るまで幅広く請求の対象とするような運用が行われていることについて論議がある。

また、この住民監査請求の対象の特定性をめぐって、請求においてどこまで具体的に行為を記載しなければならないのか論議がある。このことについて、最高裁判所の判決（平二・六・五、平一六・一一・二五、平一六・一二・七、平一八・四・二五等）を参照されたい。

この請求は、違法又は不当な行為のあった日又は当該行為の終わった日から、一年を経過したときはできないこととされている（自治法二四二Ⅱ。なお、最高裁昭六二・二・二〇、同平一四・七・二参照）。ただし、請求がこの期間内にできなかったことに正当な理由があるときは認められる（自治法二四二Ⅱただし書）。具体的には天災などによる場合、長や職員が故意にその行為を秘匿していた場合などに認められている。「正当な理由」については、住民が相当の注意力をもって調査したときに客観的にみて当該行為を知ることができたかどうかということ、当該行為を知ることができたと解されるときから相当の期間内に監査請求をしたかどうかということが基準となるとされる（最高裁昭六三・四・二二、平元一一・二四。なお、最高裁平一四・九・一二、平一七・一二・一五、平一八・六・一、平二〇・三・一七参照）。

なお、「怠る事実」にはそもそも期間制限となる起点がないから原則的には監査請求の期間制限が及ばない（最高裁昭五三・六・二三）。ただし、違法又は不当な行為に基づいて発生する損害賠償請求権等の不行使をもって「怠る事実」とする住民監査請求については、当該違法又は不当な行為のあった日又は終った日を基準として期間制限の規定が適用されるべきとされている（最高裁昭六二・二・二〇）。

監査の請求があったときは、監査委員は、直ちに当該請求の要旨を当該地方公共団体の議会及び長に通知しなければならない（平成二九年自治法改正後の自治法二四二Ⅲ、平成三二年四月一日施行）。

監査委員は、監査を行い、当該請求に理由がないと認める場合には、その理由を付して請求人に通知するとともに、公表する。当該請求に理由があると認める場合には、議会、長その他の執行機関又は職員に対して期間を示して必要な措置を講じるよう勧告するとともに請求人に通知し、公表しなければならない（自治法二四二Ⅳ）。この監査と勧告についての決定は監査委員の合議によるものとされている（自治法二四二Ⅺ）。「定期（例）監査」や「随時監査」等の場合と比較すると、住民監査請求の場合には、監査委員に勧告権が与えられている。この勧告の内容は、「必要な措置」である限り特に制限はなく、請求人の請求内容に必ずしも拘束されない。違法又は不当な行為等の是正のために必要であれば、職員の処分や契約変更、解除など様々な勧告を行うことが認められる。「勧告」には、その実行を強制する効力はないが、勧告を受けた相手方には一般的に尊重する義務が生じるうえ、後述するように、必要な措置を講ずるものとされている（自治法Ⅸ）。この点で、通常の監査結果の報告とは異なるものである。この監査と勧告は、請求のあった日から六〇日以内に行わなければならず（自治法二四二Ⅵ）、六〇日を経過すれば監査の結果を待たずに住民訴訟に移行することが認められている（自治法二四二の二ⅠⅡ③）。

監査に当たっては、請求人に証拠の提出と陳述の機会を与えなければならない（自治法二四二Ⅶ）。なお、平成一四年の改正において、請求人の陳述又は関係のある長その他の執行機関若しくは職員の陳述の聴取を行う場合に、監査委員が必要であると認める場合には、関係のある長その他の執行機関若しくは職員又は請求人を立ち会わせることができることとすることとされた（自治法二四二Ⅷ）。

監査委員の勧告があった場合には、勧告を受けた相手方は、その勧告に示された期間内に必要な措置を講ずるとともに、その内容を監査委員に通知しなければならない（自治法二四二Ⅸ前段）。「必要な措置」とは、勧告の内容を原則とするが、それに拘束されるものではなく、勧告を受けた者が違法又は不当な行為等を是正するのに必要と認める措置を講ずることができるものと解されている。監査委員は、勧告の相手方から通知された事項を請求人に通知するとともに公表しなければならない（自治法二四二Ⅸ後段）。

平成一四年の改正において、請求に係る行為が違法であると思料するに足りる相当な理由があり、地方公共団体に生ずる回復の困難な損害を避けるため緊急の必要があり、かつ、当該行為を停止することによって人の生命又は身体に対する重大な危害の発生の防止その他公共の福祉を著しく阻害するおそれがないと認めるときは、監査委員は、理由を付して監査手続が終了するまでの間暫定的に当該行為を停止すべきことを勧告（監査委員の合議による。）することができることとすることとされた（自治法二四二Ⅳ前段・Ⅺ）。この場合においては、監査委員は、当該勧告の内容を請求人に通知し、かつ、これを公表しなければならない（自治法二四二Ⅳ後段）。

地方公共団体の住民は、住民監査請求をした場合において、①監査委員の監査の結果又は勧告に不服があるとき、②勧告を受けた議会、長その他の執行機関又は職員の措置に不服があるとき、③監査委員が請求があった日から六〇日以内に監査又は勧告を行わないとき、④勧告を受けた議会、長その他の執行機関又は職員が措置を講じないとき、には、裁判所に、住民監査請求をした違法な行為又は怠る事実について、訴訟をもって自治法二四二条の二第一項に定める請求をすることができる。この場合、違法にわたる行為又は怠る事実については訴訟が可能であるが、単に不当な行為等については訴訟はできないことに留意する必要がある。

この住民訴訟については、第一〇章第一〇節「二　住民訴訟」において説明したところである。

平成二九年の自治法の改正において、議会が二四二条第一項の住民監査請求があった後に、当該請求に係る行為又は怠る事実に関する損害賠償又は不当利得返還の請求権その他の権利の放棄に関する議決（自治法九六Ⅰ⑩）をしようとするときは、あらかじめ監査委員の意見を聴かなければならないとされた（改正後の自治法二四二Ⅹ。平成三二年四月一日施行）。

第三節　地方公共団体の外部監査

一　地方公共団体の外部監査制度の趣旨

地方公共団体の外部監査制度は、平成九年の改正によって新たに制度化された。その背景としては、次のことが挙げられる。

一つは、当時、地方分権推進委員会を中心に精力的に議論が進められていた地方分権との関係である。地方分権が進めば、地方公共団体の「自己決定と自己責任」ということが徹底されることとなる。その対応としてこれまで国と地方公共団体との関係において、例えば、機関委任事務に係る一般的・包括的な指揮監督権、数多くの多様な関与、補助金等によるコントロールなどによって、国が地方公共団体の事務処理を幅広く、かつ細かくチェックしてきたのに代わって、地方公共団体におけるチェック機能を十分に強化する必要があるということである。

いま一つは、地方公共団体の情報公開、住民による監査請求及び住民訴訟を通じて明らかにされ、平成七年頃から大きな問題となった地方公共団体における不適正な予算執行の問題である。この問題は、地方公共団体に対する国民の信頼感を著しく損なうものとなった。これは、主として制度の運用の次元の問題であるとも考えられるが、制度的にも何らかのチェック機能の強化が必要とされたものである。

これらのことを背景として、平成九年二月、第二五次地方制度調査会の「監査制度の改革に関する答申」が出され、これに基づく自治法の改正が行われたものである。

創設された外部監査制度は、従来の監査委員制度に加えて、地方公共団体が外部の専門家と個々に契約して監査を受ける制度である。地方公共団体に属さない者が地方公共団体と契約を結んで監査を行うことによって地方公共団体の監査の独立性を強化し、一定の資格等を有する専門家とに限って契約できることとすることによって専門性を強化することとしたものである。なお、外部監査は、定期性のある監査を除外することとする等、従来からの監査委員による監査との役割分担を図っている。

近年においては、外部監査制度のさらなる充実の必要も指摘されている（第一節「地方公共団体の監査の意義と監査制度の体系」参照）。このことについて、第二九次地方制度調査会の答申並びに地方分権改革推進委員会の第三次勧告及び第四次勧告については、第一節「地方公共団体の監査の意義と監査制度の体系」を参照されたい。また、平成二二年六月に閣議決定された「地域主権戦略大綱」においては、「外部監査については、監査対象から独立性を確保した、組織的な外部監査体制の構築について具体的な制度設計を検討する」とされている（同大綱第８「3　監査制度」）。平成二九年の自治法の改正における外部監査制度の改正については、後述するように包括外部監査制度の対象団体の拡大に資するような改正が行われた。

二　外部監査契約

1　外部監査契約の概要

外部監査契約は「包括外部監査契約」と「個別外部監査契約」の二つの類型から構成されている（自治法二五二の二七Ⅰ）。「包括外部監査契約」とは、都道府県、指定都市及び中核市並びにそれ以外の市又は町村で契約に基づく監査を受けることを条例により定めたもの（自治法二五二の三六、自治令一七四の四九の二六）が、自治法二条一四項及び一五項の規定の趣旨（住民福祉の増進、最少の経費で最大の効果、組織及び運営の合理化、規模の適正化）を達成するために、自治法に定められた専門家の監査を受けるとともに、監査の結果に関する報告書の提出を受けることを内容とする契約である（自治法二五二の二七Ⅱ）。都道府県、指定都市及び中核市は、必ず包括外部監査契約を締結しなければならないが、それ以外の市町村は条例により定めた市町村が包括外部監査契約を締結するものである。また、この契約は、平成二九年の自治法の改正（平成三〇年四月一日施行）までは毎会計年度ごとに当該監査を行う専門家と締結するものでなければならないとされていたが、改正により、条例で定める市町村の包括外部監査契約の導入をしやすくするため、指定都市及び中核市以外の市又は町村は、条例で定める会計年度について締結するものとされた（改正後自治法二五二の三六Ⅱ）。なお、監査を受けるだけではなく監査に関する結果の報告書の提出を受けてはじめて契約の履行は完結する。

自治法二五二条の二八に規定する専門家でない者との契約はここでいう包括外部監査契約にはならない。さらに、地方公共団体と監査法人等が契約し、社員である公認会計士を監査のために派遣する契約は、包括外部監査契約には当たらないものである。

「個別外部監査契約」とは、通常の場合監査委員が行うこととされている住民、議会又は長からの請求又は要求に基づく監査（自治法七五・九八Ⅱ・一九九Ⅵ Ⅶ・二四二参照）を、監査委員の監査に代えて契約に基づく監査によることができることを条件で定めている地方公共団体が、自治法で定められた専門家の監査を受けるとともに、監査の結果に関する報告書の提出を受けることを内容とする契約である。（自治法二五二の二七Ⅲ）。この契約も監査を行う自治法二五二条の二八に規定する専門家と契約するものである。

個別外部監査契約を締結するかどうかは、個々の地方公共団体が条例により定める。住民、議会又は長から監査委員に対して行われる請求又は要求による監査のどの部分を個別外部監査契約に基づく監査によるかについても第一次的には条例の規定によるが、その範囲内で、さらに当該請求又は要求において限定することもできるものと解する。包括外部監査契約と個別外部監査契約とは、地方公共団体が外部の専門家と法令に基づいて契約を締結し、監査を受け、報告書の提出を受けるという点でその基本的な構造を一にしている。

なお、個々の地方公共団体が条例により定めることについては、第二九次地方制度調査会の「今後の基礎自治体及び監査・議会制度のあり方に関する答申」（平成二一年六月）において、「……いずれの個別外部監査においても導入の前提として必要とされている条例の制定を不要とすることが適当である。」とされている（同答申第２・２⑵「②個別外部監査」）。このことについて、第三一次地方制度調査会の「人口減少社会に的確に対応する地方行政体制及びガバナンスのあり方に関する答申」においては、「慎重に検討する必要がある」とされた（同答申第三・２⑷「④　外部監査のあり方」）。

２　外部監査契約を締結できる者

地方公共団体が外部監査契約を締結できる者に該当するためには、まず「普通地方公共団体の財務管理、事業の経営管理その他行政運営に関し優れた識見を有する者」でなければならない（自治法二五二の二八Ⅰ）。

識見ということについては、自治法一九六条一項に規定されている議員以外から選任される監査委員についての規定の識見と同じ文言である（監査委員の場合、さらに「人格が高潔で」という文言がある。）。外部監査契約を締結することができる者については、そのうえ、一定の資格等が要求されている。すなわち、地方公共団体が外部監査契約を締結することができる者は、①弁護士（弁護士となる資格を有する者を含む。）、②公認会計士（公認会計士となる資格を有する者を含む。）、③国の行政機関において会計検査に関する行政事務に従事した者又は地方公共団体において監査若しくは財務に関する行政事務に従事した者であって、監査に関する実務に精通しているものとして政令で定めるもの、これらのいずれかに該当する者である（自治法二五二の二八Ⅰ①～③）。さらに、①②③のいずれかに該当する者に加えて、「外部監査契約を円滑に締結し又は適正な履行を確保するため必要と認めるとき」には、④上述の識見を有するものであって税理士（税理士となる資格を有する者を含む。）であるものとも外部監査契約を締結することができる（自治法二五二の二八Ⅱ）。

「国の行政機関において会計検査に関する行政事務に従事した者又は地方公共団体において監査若しくは財務に関する行政事務に従事した者であつて……政令で定めるもの」を該当する者の一つとしたのは、これらの公務における経験が地方公共団体の監査に有用であることが少なくないと考えられたからである。政令で定める者としては、これらの行政事務に関する一定の職に在職した期間が通算して一〇年以上になる者又はこれらの行政事務に関する総務大臣の指定した研修を修了した者で通算して五年以上になる者である（自治令一七四の四九の二一、自治則一七の二～一七の六参照）。

税理士が該当する者の資格等の一つとして加えられているのは、外部監査契約を締結する団体が拡大することが望ましいという認識のもとに、地域によって自治法二五二条の二八第一項各号に該当する者の確保が難しい場合があることも想定して、外部監査契約を円滑に締結し又はその適正な履行を確保するため必要と認めるときは、識見を有する税理士（税理士となる資格を有する者を含む。）とも地方公共団体の判断により外部監査契約を締結することができることとされたものである（なお、この規定は、国会における修正により追加された。）。

自治法二五二の二八第三項は、同条一項又は二項の規定で外部監査契約を締結することができる者に該当するものであっても、外部監査契約を締結してはならない者（欠格者）を定めている。一号から六号までは、弁護士や公認会計士などの欠格条項と同じである。七号から九号までは、特に当該地方公共団体の議会の議員や職員、常勤の職員であった者は、外部性を欠く者として外部監査契約を締結することができる者から除くこととされたものである。また、当該地方公共団体の長、副知事若しくは副市町村長、会計管理者又は監査委員と親子、夫婦又は兄弟姉妹の関係にある者や当該地方公共団体に対し請負関係（外部監査契約に基づくものを除く。）にある者などが除かれる（自治法二五二の二八Ⅲ⑩⑪）。

3 外部監査人の監査に関する一般的事項

(1) 監査実施に伴う外部監査人の義務

外部監査人は、外部監査契約の本旨に従い、善良な管理者の注意（当該職業又は地位にある人として普通に（一般に）要求される程度の注意）をもって、誠実に監査を行う義務を負う（自治法二五二の三一Ｉ）。外部監査人は、外部監査の履行に当たっては、常に公正不偏の態度を保持し、自らの判断と責任において監査をしなければならず（自治法二五二の三一Ⅱ）、監査の実施に関して知り得た秘密は、契約期間中のみならず、外部監査人でなくなった後も、漏らしてはならない（自治法二五二の三一Ⅲ）。このことは、監査人の服務についてと同様である（自治法一九八の三参照）。もっとも、外部監査人の守秘義務については、守秘義務に反した者に刑罰が科される（自治法二五二の三一Ⅳ）。外部監査人は公務員の身分を有さず地方公共団体との間の契約に基づく地位であるにもかかわらず守秘義務を刑罰で担保することは、かなり異例であるともいえるが、これは、外部監査人が地方公共団体の内部にある個人情報などの秘密に触れる場合があることを想定したものである。また、外部監査人に守秘義務が課されないと、監査を受ける側の職員に守秘義務が働くことにより、監査に有効な情報が提供されないといったことを防ぐ意図もある。なお、監査委員については、守秘義務の規定はあるが、刑罰による担保はされていない。これは、地方公共団体の特別職に共通する法制となっており、特別職が政治的責任等を負っていることが考慮されているものと考えられている。

外部監査人は、いわゆる刑罰に関する「みなし公務員」とされている（自治法二五二の三一Ｖ）。外部監査人は契約に基づく地位ではあるが、監査の事務に関しては外部監査人自身の行為についても、また、外部監査人に対する行為についても刑罰その他の罰則の適用について監査委員と同様に取り扱うこととしたものである。これにより、例えば外部監査人の行為を妨害したものについては、威力業務妨害罪ではなく公務執行妨害が適用されることとなり、職務の遂行に対する刑罰による保護が強化される面があるし、また、収賄罪のように職務の廉直性の担保が強化される面もある。

(2)　特定事件についての監査の制限

外部監査人については、除斥に関する定めがあり、自己若しくは父母、祖父母、配偶者、子、孫若しくは兄弟姉妹の一身上に関する事件又は自己若しくはこれらの者の従事する業務に直接の利害関係のある事件については、監査することができない（自治法二五二の二九）。これは、監査委員についての自治法一九九条の二と同様である（第二節一「2　監査委員の服務等」参照）。

(3)　監査の実施に伴う外部監査人と監査委員相互間の配慮

外部監査制度の導入の結果、外部監査制度が適用される地方公共団体の監査は、監査委員と併行して外部監査人が実施することとなった。両者は独立の監査主体であるため、相互の配慮が必要となる。そこで、外部監査人が監査を行う際には、監査委員に通知する等相互の連絡を図る義務を課すとともに、外部監査人も監査委員もお互いの監査の実施に支障を来さないよう配慮しなければならないこととされている（自治法二五二の三〇）。

例えば、同一の組織に同じ日に外部監査人と監査委員が共に監査に入ることによって相互に支障が生じるようなことにならないようあらかじめ調整し、有効な監査が実施できるように意図したものである。また、これは監査を受ける側の立場からも必要な調整であると思われる。

(4)　外部監査人補助者

複雑多岐にわたる地方公共団体の事務を適切に監査するためには、外部監査も複数の者による組織的な監査が必要である。外部監査契約の相手方として地方公共団体と直接法的な関係を有することとなるのは、外部監査人だけであるが、一定の手続を経ることによって外部監査人補助者を監査に従事させることを可能としている。これによって、外部監査人が統括するチームで組織的な監査を実施することが想定されている。

外部監査人補助者については、特段の資格は要求されていない。外部監査人の判断により必要な者を補助させることができることとしたものである。基本的には、外部監査人に外部監査チームの編成をどのようにするかが任されているということである。

外部監査人補助者を用いる場合には、外部監査人は監査委員に補助をさせる者の氏名、住所、履歴、補助させることが必要である理由、補助させる期間を記載した書面を監査委員に提出して協議することとされている（自治法二五二の三二Ⅰ、自治令一七四の四九の二三、自治則一七の七）。地方公共団体の監査に責任を有する執行機関である監査委員が、外部監査に関与することとなる外部監査人補助者について一定のチェックを行うこととしているのである（外部監査制度においては、外部監査人が地方公共団体以外の関係人に対して権限を行使したり、外部の者を使用する場合には、監査委員が協議を受けるシステムを採用している。）。

外部監査人補助者となると、外部監査人と同様の守秘義務が課され（自治法二五二の三二ＶⅥ）、刑法などの罰則の適用についても外部監査人と同様「みなし公務員」とされる（自治法二五二の三二Ⅶ）。これらにより、外部監査人補助者も外部監査人と同じ立場で監査にかかわることができることとなる。

(5) 外部監査人の監査への協力

地方公共団体が外部監査人の監査を受けるに当たっては、当該地方公共団体の議会、長その他の執行機関又は職員は、外部監査人の監査の適正かつ円滑な遂行に協力するよう努めなければならない（自治法二五二の三三Ⅰ）。また、代表監査委員は、外部監査人の求めに応じ、監査委員の監査の事務に支障のない範囲内において、監査委員の事務局長、書記その他の職員、平成二九年の自治法改正で規定された監査専門員又は自治法一八〇条の三の規定による職員を外部監査人の監査の事務に協力させることができる（自治法二五二の三三Ⅱ）。もっとも、監査委員事務局等の職員の活用は、監査委員の監査に支障のない範囲内において協力させるものである。

(6) 議会による説明の要求又は意見の陳述

地方公共団体の議会は、外部監査人の監査に関し必要があると認めるときは、外部監査人又は外部監査人であった者の説明を求めることができる（自治法二五二の三四Ⅰ）。また、地方公共団体の議会は、外部監査人の監査に関し必要があると認めるときは、外部監査人に対し意見を述べることができる（自治法二五二の三四Ⅱ）。

これらの外部監査人と議会との関係については、二つの意味がある。一つは外部監査人の監査は、契約に基づくものであるが、住民の代表としての立場から議会が外部監査人の監査についてチェックするという意味である。いま一つは、外部監査人の監査の対象となった普通地方公共団体の事務の処理について外部監査人の監査を介して説明を受けるという意味である。

議会への説明は、外部監査人である期間を終了しても求められることがある。これは、外部監査を実施し、報告書を提出した後になってから、議会が説明を求めることがあることを想定したものであり、外部監査契約が終了している場合にも対処する必要がある。

4 外部監査契約の解除

外部監査人が外部監査人となることができる資格等（自治法二五二の二八ⅠⅡ参照）を失った等の場合又はその資格等を有するについての欠格条項等（自治法二五二の二八Ⅲ参照）に該当するに至った場合は、地方公共団体の長は必ず外部監査契約を解除しなければならない（自治法二五二の三五Ⅰ）。

外部監査人に心身の故障が生じたり、義務違反が発生したりした場合等においては、地方公共団体の長の判断により外部監査契約を解除することができる（自治法二五二の三五Ⅱ前段）。この場合においては、地方公共団体の監査に責任を有する執行機関である監査委員の意見（監査委員の合議による（自治法二五二の三五Ⅳ））を聴くこと及び議会の同意を要件とすることとし、監査を受ける立場にある地方公共団体の長の恣意的な判断を防ぐこととしている（自治法二五二の三五Ⅱ後段）。これらのことは、個別外部監査人が特定事件についての監査の制限の規定（自治法二五二の二九）により監査することができなくなったと認められる場合に準用される（自治法二五二の四四による二五二の三五ⅡⅣの準用）。

外部監査人の方から外部監査契約を解除しようとするときは、地方公共団体の長の同意を必要とする（自治法二五二の三五Ⅲ）。この場合にも、地方公共団体の長は監査委員の意見（監査委員の合議による（自治法二五二の三五Ⅳ））を聴かなければならない。

外部監査契約解除の効果は、遡及しないこととし、それまで行われた監査の実施に関する行為はすべて効力を有することとしている（自治法二五二の三五Ⅵ）。

外部監査契約が解除された場合には、遅滞なく新しい外部監査契約を締結しなければならない（自治法二五二の三五Ⅴ）。このことは、個別外部監査人が特定の事件についての監査の制限の規定（自治法二五二の二九）により監査することができなくなったと認められる場合に準用される（自治法二五二の四四による二五二の三五Ⅴの準用）。

三　包括外部監査契約に基づく監査

1　包括外部監査契約の締結

自治法において、包括外部監査契約を締結しなければならない団体は、都道府県と政令で定める市とされており（自治法二五二の三六Ⅰ①）、自治令一七四条の四九の二六で具体的に指定都市及び中核市が定められている。都道府県を法律上明確に規定したのは、その事務事業が広域的で広範囲かつ複雑多岐にわたっていることから考えて包括外部監査制度を導入することとすることが適切であると考えられたものである。指定都市及び中核市については、一般の市では都道府県の事務とされている事務の一部を処理する団体であること、人口が多く、行財政の規模や組織の規模も大きいことなどを考慮して政令でその対象とすることとされているものである。包括外部監査契約を締結しなければならない地方公共団体を拡大すべきであるとする意見がかねてからあり、このことについて、第二九次地方制度調査会の「今後の基礎自治体及び監査・議会制度のあり方に関する答申」（平成二一年六月）において、指定都市及び中核市以外の市町村に包括外部監査を義務付けることについて、引き続き検討を行うべきであるとした（同答申第2・2(2)「②包括外部監査」）。そして、第三一次地方制度調査会の答申においては、「条例により導入する地方公共団体が条例で頻度を定めることができるようにすることにより、包括外部監査制度導入団体を増やしていくことが必要である。」とした（同答申第3・2(4)「④外部監査制度のあり方」）。これらの答申を勘案して、平成二九年の自治法の改正において、次のような改正が行われた。

指定都市及び中核市以外の市又は町村については、包括外部監査契約に基づく監査を受けることを自主的に条例で定めた場合にのみ包括外部監査契約を締結しなければならないこととされている（自治法二五二の三六Ⅱ）が、この条例で定めた指定都市及び中核市以外の市又は町村について、平成二九年の自治法の改正前においては、指定都市及び中核市と同様、毎会計年度とされていたものが、改正により「条例で定める会計年度」とされた（改正後の自治法二五二の三六Ⅱ）。特別区については、自治法二八三条一項の規定により市に関する規定が適用される。また、一部事務組合や広域連合は、自治法二五二条の四五の規定により一般の市又は町村とみなして包括外部監査契約に基づく監査に関する規定が適用され、条例により定めた一部事務組合や広域連合が条例で定める会計年度において包括外部監査契約を締結することとなる。

包括外部監査契約の締結については、あらかじめ監査委員の意見（監査委員の合議による。）を聴くとともに、議会の議決を経なければならない（自治法二五二の三六Ⅱ後段、Ⅲ）。

包括外部監査契約の相手方は「一の者」とされている（自治法二五二の三六Ⅰ各号列記以外の部分、Ⅱ）。地方公共団体の包括外部監査契約について責任を負うべき者を明確にすることとしたものである。包括外部監査の責任者である包括外部監査人が自治法二五二条の三二に規定する外部監査補助者とチームを構成して包括外部監査を行うことを想定している。

包括外部監査契約を同一の者とは三回までしか連続して締結することはできない（自治法二五二の三六Ⅳ）。これは、外部監査の趣旨に十分に沿うためには、いわゆる「なれあい」的になることを制度的に防ぐ必要があると考えられたものである。これにより、毎会計年度包括外部監査契約を締結する地方公共団体の長は、その任期四年の間に少なくとも二人の異なる外部監査人による包括外部監査を受けることとなる。

包括外部監査契約の必要的記載事項は、契約期間の始期、監査に要する費用の算定方法のほか、自治令一七四条の四九の二七により、費用の支払方法を記載することとされている。その他の事項について、地方公共団体と外部監査人との合意により契約内容とすることができることはいうまでもない。ただ、外部監査人がその識見に基づいて事件を選定することをあらかじめ拘束するなど、法で定められている包括外部監査契約に基づく監査の基本を変質させるような契約は締結できないものと解される。

包括外部監査契約の始期は、契約で定めるが、終期は会計年度の末日と規定されている（自治法二五二の三六Ⅶ）。包括外部監査契約は、毎会計年度「速やかに」締結しなければならない（自治法二五二の三六ⅠⅡ）。それぞれの団体の置かれた事情、例えば長や議会の議員の選挙の日程などによって違いがあるため、一律に契約の始期を法律で決めてしまうことには無理があるのでこのように規定されたものである。そのうえで、地方公共団体に包括外部監査契約の実があがるよう期間を十分に確保すべき努力義務を負わせている（自治法二五二の三六Ⅷ）。

2　包括外部監査人の監査

包括外部監査人が行う監査は、包括外部監査対象団体の「財務に関する事務の執行」と包括外部監査対象団体の「経営に係る事業の管理」に関する監査である（自治法二五二の三七Ⅰ）。いわゆる「行政監査」は含まない。これは、包括外部監査の導入に際し、包括外部監査人が地方公共団体の外部から契約に基づいて監査を行うことを踏まえ、客観的な判断が基本とされる「財務監査」にまずは限定することが適当であると判断されたものである。「財務監査」であっても、自治法二条一四項及び一五項の規定の趣旨を達成するために行う監査である（自治法二五二の三七Ⅰ参照）から、地方公共団体の事務事業の有効性、効率性などについて監査を行うこともちろん可能である。

包括外部監査人は、「特定の事件」について監査することとしている（自治法二五二の三七Ⅰ）。包括外部監査人が行う監査は、随時に行うことについては、自治法一九九条二項に規定されている監査委員の行ういわゆる「随時監査」に近い性格のものである。もっとも、監査委員は、自治法一九九条一項に規定された「財務に関する事務の執行及び普通地方公共団体の経営に係る事業の管理を監査する」ことについての「定期（例）監査」のほか、「必要があると認めるときは」いつでも監査を行うことができるとされている（自治法一九九Ⅱ）が、包括外部監査人については、「特定の事件」について監査をするものと規定されている。包括外部監査人は、自己の見識と判断に基づいて、当該包括外部監査対象団体が住民の福祉を増進し、最少の経費で最大の効果を挙げるため（自治法二XIV・二五二の二七Ⅱ参照）、また、組織及び運営の合理化を図るため（自治法二XV・二五二の二七Ⅱ参照）、一番効果的であると考える「事件」を選択して、それについて監査を行うことになる。この「特定の事件」の選択については、包括外部監査人に任されており、その対象や範囲についても特に制限はない。ただ、「当該地方公共団体が平成〇年度に行ったすべての事務事業」など事件の特定性を欠くものであってはならないし、監査委員が行う「定期（例）監査」や「決算審査」とその実質において変わらないような選択は、「特定の事件」とする趣旨に合わない。また、外部のふさわしい者に、その者の判断で一番効果的な事件を選定して監査させるという制度の本質から、あらかじめ包括外部監査契約において事件を決定しておくことはできない。包括外部監査人は、当該包括外部監査対象団体の事情やその時点の地方公共団体全体の置かれた状況、社会経済情勢等を十分踏まえて、自己の能力や専門とする分野などを考慮して事件を選択しなければならない。その際、包括外部監査対象団体の長やその他の執行機関、それらの職員などから意見を聴くことも可能である。ただ、事件の選択の主体性はあくまでも包括外部監査人にあるべきである。なお、平成一九年に制定された健全化法において、包括外部監査人は、自治法二五二条の三七第一項の規定による監査のため必要があると認めるときは、公表された健全化比率及び資金不足比率並びにそれらの算定の基礎となる事項を記載した書類について調査することができるとされている（健全化法三Ⅶ・二二Ⅲによる三Ⅶの準用）。

包括外部監査に当たっては包括外部監査対象団体の財務に関する事務の執行や経営に係る事業の管理が自治法二条一四項及び一五項の規定の趣旨にのっとってなされているかどうかに、特に意を用いなければならないとされている（自治法二五二の三七Ⅱ）これは、監査委員の監査における自治法一九九条三項と同様の規定である。また、平成一九年に制定された健全化法において、財政健全化団体、財政再生団体又は経営健全化団体が包括外部監査対象団体である場合にあっては、包括外部監査人は、上記のほか、当該団体の財務に関する事務の執行及び当該団体の経営に係る事業の管理が財政の早期健全化、財政の再生又は公営企業の経営の健全化を図る観点から適切であるかどうかに、特に意を用いなければならないとされている（健全化法二六Ⅱ）。

監査委員が行う「随時監査」は、必要があれば、何回でも行うことができる。包括外部監査人も包括外部監査契約の期間内であれば、包括外部監査契約に基づいて包括外部監査対象団体から支払われる費用の額に見合う範囲で、何回でもテーマを選択して監査を行うことができるものである。ただ、監査委員はその必要性の判断を行い、「随時監査」を行わないこともできるのに対して、包括外部監査人は包括外部監査契約は締結したが、どの特定の事件も監査しないということは許されない。このため、包括外部監査契約の期間内に「特定の事件」を選択して、少なくとも一回以上対象団体の包括外部監査を行わなければならないとされている（自治法二五二の三七Ⅲ）。なお、第二九次地方制度調査会の「今後の基礎自治体及び監査・議会制度のあり方に関する答申」（平成二一年六月）において、「……毎会計年度外部監査を受ける方式に加え、条例により複数年度に一回包括外部監査を受ける方式を導入することが適当である。」とされている（同答申第2・2⑵「①包括外部監査」）。この答申を勘案して、平成二九年の自治法の改正において上述したように（1外部監査契約の締結参照)、指定都市及び中核市以外の市又は町村については「条例で定める会計年度」とされた(自治法二五二の三六Ⅱ)。

監査委員は自治法一九九条七項に基づいて、必要と認めるときは、当該地方公共団体が補助金、交付金、負担金、貸付金、損失補償、利子補給その他の財政的援助を与えているものの出納その他の事務の執行で当該財政的援助に係るものを監査することができる。また、当該地方公共団体が資本金等の四分の一以上を出資しているもの等、借入金の元金又は利子の支払を保証しているもの、受益権を有する不動産の信託の受託者又は公の施設の管理を行わせているものに対しても同様である。包括外部監査人もこれらの当該包括外部監査対象団体以外の者に対する監査を、外部監査人が必要と認めるとき行うことができることとするかどうかについては、当該包括外部監査対象団体の条例にゆだねることとされている(自治法二五二の三七Ⅳ)。この条例は、すべての分野について包括外部監査人の監査ができるようにすることも可能であるし、特定の財政的援助を与えているものに対してのみできることとすることも可能である。また、この条例を定めないことも可能である。条例が定められれば、包括外部監査人は「特定の事件」を選択するに当たり、当該包括外部監査対象団体のみならず条例が認める範囲まで広げることができることとなる。

包括外部監査人は包括外部監査契約の期間内に監査を実施し、監査結果報告を決定し、かつ、提出しなければならない(自治法二五二の三七Ⅴ)。包括外部監査契約は、報告の提出をまってはじめてその履行が完結されるものである。報告は、議会、長及び監査委員には必ず提出されなければならず、また、当該包括外部監査の対象となった「特定の事件」に関係のある執行機関にも「特定の事件」に応じて提出されなければならない。

包括外部監査人は、監査のために必要があると認めるときは、関係人に対して、監査委員と同様(自治法一九九Ⅷ)、一定の権限の行使等をすることができる(自治法二五二の三八Ⅰ)。ただ、自己の判断だけで関係人に権限の行使等をすることができる監査委員と異なり、包括外部監査人は監査委員と協議して行う(協議の決定は監査委員の合議による(同条Ⅴ)。)こととされている。なお、監査委員が関係人に対して権限の行使等をする場合と同様、罰則などの強制手段は、規定されていない（自治法一〇〇Ⅲ参照）。したがって、関係人はこの求めに誠実に対応すべきだという意味における義務はあるものの、罰則等による担保はないため、これを強制することはできない。監査委員との協議が調わないまま、包括外部監査人が関係人に対して権限の行使等をしようとした場合には、関係人は、これに従わない正当な事由があるものといえる。

なお、平成一四年の改正において、監査委員の監査と同様、学識経験を有する者等から意見を聴くことができることとされた（自治法二五二の三八Ⅰ）。

包括外部監査人は、監査の結果に基づいて必要があると認めるときは、当該包括外部監査対象団体の組織及び運営の合理化に資するため、報告に添えて意見を提出することができる（自治法二五二の三八Ⅱ）。これは監査委員の場合（自治法一九九Ⅹ）と同様である。

地方公共団体の監査に関する執行機関である監査委員は、包括外部監査人の監査の結果に関する報告を公表しなければならない（自治法二五二の三八Ⅲ）。監査委員が公表することとしているのは、包括外部監査人には、公報等の公表の手段がないことや、監査に関する報告の提出後間もなく包括外部監査契約の期間が終了する場合もあることを考慮したものである。

監査委員は、地方公共団体の監査を行う執行機関として、包括外部監査人の監査の結果に関し必要があると認めるときは、議会及び長並びに関係のある委員会又は委員に意見（監査委員の合議による。）を提出することができることとされている（自治法二五二の三八ⅣⅤ）。場合によっては、包括外部監査人の監査の結果と監査委員の意見が合わないことも想定されるが、その場合、どちらを尊重するか等は、報告や意見の提出を受けた機関が判断することとなる。

包括外部監査人の監査の結果に基づいて、又は監査の結果を参考にして、議会や長その他の執行機関が措置を講じたときには、監査委員に通知するものとされ、監査委員は当該通知に係る事項を公表しなければならないこととされている（自治法二五二の三八Ⅵ）。これは、監査委員の場合と同旨である（自治法一九九XIV参照）。

四　個別外部監査契約に基づく監査

1　個別外部監査契約に基づく監査の特色

個別外部監査契約に基づく監査は、前述したとおり（二「1　外部監査契約の概要」参照）、自治法の各規定に基づいて、住民、議会又は長が監査委員の監査を請求又は要求することができることとされている場合に、併せて監査委員の監査に代えて契約に基づく監査によることを求めることができるという、特例による外部監査とされている。

個別外部監査契約に基づく監査は、いずれの場合も、請求又は要求に係る監査について、監査委員の監査に代えて契約に基づく監査によることができることを条例により定める地方公共団体におけるものである。このことについての第二九次地方制度調査会の答申及び第三一次地方制度調査会の答申等については、二「1　外部監査契約の概要」において述べたところである。

包括外部監査契約に基づく監査は、「特定の事件」の選択が外部監査人に任されていたのに対し、個別外部監査契約に基づく監査の場合は、すでに監査すべき事件が請求者や要求者によって選択されているものである。また、通常、監査委員が行うべき監査を、個別外部監査契約に基づく監査によることが相当であるかどうかについて議会又は監査委員が判断するプロセスが存在する。さらに、個別外部監査契約に基づく監査は、その請求又は要求が随時に発生するため、期間など個別外部監査契約にゆだねられる範囲が包括外部監査契約より広くなっていることにも留意を要する。これらの点以外については、基本的には包括外部監査契約と同様に理解することができるものである。

自治法においては、個別外部監査契約に基づく監査について、自治法七五条一項に規定する事務の監査の請求に係る個別外部監査契約に基づく監査において全般的な定めをし、他の個別外部監査契約に基づく監査については、その請求又は要求の主体に応じて若干の差異は設けられているものの、事務の監査の請求に係る個別外部監査契約に基づく監査の規定の準用等が行われている。

2 事務の監査の請求に係る個別外部監査契約に基づく監査

自治法七五条一項は、選挙権を有する者は、五〇分の一以上の連署をもって、監査委員に対し、当該地方公共団体の事務の執行に関し、監査の請求をすることができることを定めている。この監査について、監査委員の監査に代えて個別外部監査契約に基づく監査によることができることを条例により定める地方公共団体においては、自治法七五条の監査の特例として、選挙権を有する者は、請求する場合において、併せて監査委員の監査に代えて個別外部監査によることを求めることができる（自治法二五二の三九Ⅰ）。包括外部監査と異なり、個別外部監査を導入するかどうかは、すべての地方公共団体について当該地方公共団体の条例にまかされている。また、監査のどの部分を個別外部監査契約に基づく監査によることとするかということについて条例で規定することもできることは前述したとおりである（二「1 外部監査契約の概要」参照）。

監査委員の監査に代えて個別外部監査契約に基づく監査によることを求める事務の監査の請求は、事務の監査の請求をする場合において、併せ監査委員に対して行う（自治法二五二の三九Ⅰ）。この場合には、通常の請求書に要求される事項のほか、監査委員の監査に代えて個別外部監査契約に基づく監査によることを求める旨とその理由（一〇〇〇字以内）を記載しなければならない（自治令一七四の四九の三〇Ⅰ）。これは、請求代表者証明書の交付申請の時点で必要とされるものであるので、有権者の署名を収集する時点では、併せて個別外部監査契約に基づく監査を求める事務の監査の請求を行うことが明らかにされることとなっている（自治令一七四の四九の三〇Ⅱ）。

事務の監査の請求に係る個別外部監査の請求があったときは、監査委員は、監査委員の監査に代えて個別外部監査契約に基づく監査によることについての意見（監査委員の合議による。）を付けて、長に通知しなければならない（自治法二五二の三九Ⅲ Ⅶ）。これは、議会が個別外部監査に付することについて判断するに当たって、地方公共団体の監査を担当する執行機関である監査委員の意見を参考にすることが必要であると考えられたものである。監査委員から通知を受けた長は、二〇日以内に議会に招集し、個別外部監査契約に基づく監査によることについて議会に付議しなければならない（自治法二五二の三九Ⅳ）。議会が否決したときは、通常の事務の監査の請求とみなして、監査委員が監査を行うこととなる（自治法二五二の三九XV）。議会が可決した場合には、地方公共団体の長は個別外部監査契約を、包括外部監査契約と同様、「一の者」と締結しなければならない（自治法二五二の三九Ⅴ）。この契約の締結については、あらかじめ監査委員の意見（監査委員の合議による。）を聴くとともに、議会の議決を経なければならない（自治法二五二の三九ⅥⅦ）。このように契約の締結に至るまで、二つの議決を要することとされたのは、当該事務の監査を個別外部監査契約に基づく監査によることについての判断と個別外部監査契約の相手方を始めとする契約内容についての判断と、二つの判断があり、これを区別して判断する必要があると考えられるものである。また、当該地方公共団体が包括外部監査対象団体である場合に、当該包括外部監査人と個別外部監査契約を締結するときには、契約に関する議決は必要ないこととし、この場合、一定の条件を満たしたものでなければならない（自治法二五二の三九Ⅹ）。

事務の監査の請求に係る個別外部監査契約には、個別外部監査契約に基づく監査の請求に係る事項を記載することによって、個別外部監査の範囲を明確にすることとしている（自治法二五二の三九Ⅷ①）。

個別外部監査契約を締結した者は、個別外部監査契約で定められた期間内に監査を行い監査の結果に関する報告を決定し、議会、長及び監査委員並びに関係のある執行機関に提出しなければならない（自治法二五二の三九Ⅻ）。監査委員は、この報告を請求に係る代表者に送付し、かつ、公表しなければならない（自治法二五二の三九ⅩⅢ）。

事務の監査の請求に係る個別外部監査契約に基づく監査も、包括外部監査契約に基づく監査と同様に、監査委員と協議（監査委員の合議による。）して、関係人に対して一定の権限の行使等をすることができ、また、対象団体の組織及び運営の合理化に資するため、報告に添えて意見を提出することができる（自治法二五二の三九ⅩⅣによる二五二の三八ⅠⅡⅤの準用）。

監査委員は、個別外部監査の結果に関する報告があったときは、これを請求に係る代表者に送付し、かつ、公表しなければならない（自治法二五二の三九XIII）。また、包括外部監査契約に基づく監査と同様に、監査委員は、個別外部監査人の監査の結果に関し、議会及び長並びに関係のある委員会又は委員に意見（監査委員の合議による。）を提出することができ、また、議会や長その他の執行機関は、個別外部監査人の監査の結果に基づいて、又は監査の結果を参考として措置を講じたときは、その旨を監査委員に通知するものとし、監査委員は、通知に係る事項を公表しなければならない（自治法二五二の三九XIVによる二五二の三八IV～VIの準用）。

3　議会の請求に係る個別外部監査契約に基づく監査

自治法九八条二項に基づいて、議会は当該地方公共団体の事務に関する監査を監査委員に求めることができる。この監査について、監査委員に代えて個別外部監査契約に基づく監査によることができることを条例により定める地方公共団体の議会は、監査の請求をする場合において、特に必要があると認めるときは、その理由を付して、併せて監査委員の監査に代えて個別外部監査契約に基づく監査によることを監査委員に求めることができる（自治法二五二の四〇I）。この場合、あらかじめ監査委員の意見（合議による。）を聴かなければならない（自治法二五二の四〇I後段・二五二の四〇IV）。

個別外部監査契約に基づく監査によることについて判断する議会自身が個別外部監査契約に基づく監査を求めるものであるので、事務の監査の請求の場合と異なり、改めて個別外部監査契約に基づく監査によることについて議決することとはされていない。この点を除けば、事務の監査の請求に係るものとほぼ同様の構成、手続等となっており、所要の規定の準用等も行われている（自治法二五二の四〇IV～VI）。

4　長の要求に係る個別外部監査契約に基づく監査

長からの要求があったときの監査は、当該地方公共団体の事務の執行に関する監査（自治法一九九VI。健全化法の規定に基づき、財政健全化計画、財政再生計画又は経営健全化計画を定めるに当たって、地方公共団体の長があらかじめ、監査の要求をしなければならない場合の事務の執行についての監査を含む。（健全化法二六I参照））と、地方公共団体が、補助金等の財政的援助を与えているもの、出資しているもの、借入金について保証しているもの等及び公の施設の管理を行わせているものについての監査（自治法一九九Ⅶ）等がある（第二節二3「(3) 長の要求による監査」及び「4 財政的援助団体等についての監査」参照）。

自治法一九九条六項は、地方公共団体の長から、当該団体の事務の執行に関し監査の要求があったときは、監査委員はその要求に係る事項について監査をしなければならないことを定めている。この監査について、監査委員の監査に代えて個別外部監査契約に基づく監査によることができることを条例により定める地方公共団体の長は、要求をする場合において、特に必要があると認めるときは、その理由を付して、併せて監査委員による監査に代えて個別外部監査契約に基づく監査によることを求めることができる（自治法二五二の四一Ⅰ）。なお、健全化法の規定により財政健全化計画、財政再生計画又は経営健全化計画を定めるに当たっては、地方公共団体の長は監査の要求をしなければならないこととされており、かつ、監査の要求と併せて理由を付して、外部監査を求めなければならないこととされている（健全化法二六Ⅰ）。監査委員は、このことについての意見（合議による。）を長に通知しなければならない（自治法二五二の四一ⅢⅣ）。その構成、手続等については、事務の監査の請求に係るものとほぼ同様になっており、所要の規定の準用等も行われている（自治法二五二の四一Ⅳ～Ⅵ）。

次に、自治法一九九条七項は、地方公共団体の長から財政的援助を与えているもの等の財政的援助等に係るものの監査の要求があったときは、監査委員は監査をしなければならないことを定めている。この監査について、監査委員の監査に代えて個別外部監査契約に基づく監査によることができることを条例により定める地方公共団体の長は、要求をする場合において、特に必要があると認めるときは、その理由を付して、併せて監査委員による監査に代えて個別外部監査契約に基づく監査によることを求めることができる（自治法二五二の四二Ⅰ）。監査委員は、このことについての意見（合議による。）を長に通知しなければならない（自治法二五二の四二ⅢⅣ）。この個別外部監査の構成、手続等は、事務の監査の請求に係るものとほぼ同様になっており、所要の規定の準用等も行われている（自治法二五二の四二Ⅳ～Ⅵ）。

5　住民監査請求に係る個別外部監査契約に基づく監査

自治法二四二条一項に基づいて住民は、違法又は不当な公金の支出等について監査を請求することができる。この住民監査請求に係る監査について、監査委員の監査に代えて個別外部監査契約に基づく監査によることができることを条例により定める地方公共団体の住民は、請求をする場合において、特に必要があると認めるときは、その理由を付して、併せて監査委員による監査に代えて個別外部監査契約に基づく監査によることを求めることができる（自治法二五二の四三Ⅰ）。

この場合の個別外部監査契約に基づく監査は、他の個別外部監査契約に基づく監査と異なり、個別外部監査によることが相当であるかどうかの判断は、議会でなく監査委員が行うこととされている（自治法二五二の四三Ⅱ）。

監査委員は、個別外部監査契約に基づく監査が相当であると認めるときは個別外部監査によることを決定（監査委員の合議による。）し、住民監査請求に係る個別外部監査の請求があった日から二〇日以内にその旨を長に通知しなければならず（自治法二五二の四三Ⅱ、二五二の四三Ⅲによる二五二の三九Ⅶの準用）、この場合、直ちに併せてこの通知をした旨を請求人に通知しなければならないこととされている（自治法二五二の四三Ⅱ後段）。長に通知があった後の当該個別外部監査構成、手続等については、事務の監査の請求に係るものと同様のものもあり、所要の規定の準用等も行われている（自治法二五二の四三ⅢⅣⅥ）が、他の個別外部監査契約に基づく監査と異なり、個別外部監査人は、監査の結果に関する報告は監査委員だけに対して行うこととされている（自治法二五二の四三Ⅳ）。この報告を受けた監査委員は、これに基づいて住民監査請求に理由があるかどうかの判断を自ら行い、請求に理由がないと認めるときはその旨を請求人に通知し、公表し、請求に理由があると認めるときは、議会や長等に対して必要な措置を講ずべきことを勧告し、勧告の内容を請求人に通知し、公表する（自治法二五二の四三Ⅴの規定による同法二四二Ⅴの規定の読み替え。なお、合議について同条Ⅺの規定の読み替え）。

住民監査請求に係る監査以外の監査においては、監査の結果は、公表されるにとどまるものである。このため、監査委員の意見と外部監査人の監査の結果がたとえ矛盾するものであったとしても、監査の結果を受け止める議会や長等の側でどちらが妥当かを判断することで足りることとなる。しかしながら、住民監査請求に係る監査については、請求に理由のあるかどうかを判断して行われる監査委員の決定及び勧告について法的な効果を生じることとなる。議会や長等は勧告によって「必要な措置を講じる」義務があり（自治法二四二Ⅸ）、また、結果によっては住民訴訟の途も開かれている（自治法二四二の二）。したがって、理由があるかどうかを判断して「必要な措置を講ずる」べきことを勧告することについては、地方公共団体の監査の結果として一元的に決定されることが必要である。そこで住民監査請求に係る個別外部監査に限っては、個別外部監査人の監査結果に基づいて請求に理由があるかどうかを判断し、決定及び勧告をするのは監査委員であるということとされ、請求人への通知や公表も監査委員が行うのである。

通常の住民監査請求の場合は、請求があった日から六〇日以内に監査及び勧告を行わなければならないとされている（自治法二四二Ⅵ）。個別外部監査契約に基づく監査によることとなった場合には、契約手続に要する期間を考慮して、これを九〇日以内に延長している（自治法二五二の四三Ⅴによる同法二四二Ⅵの規定の読み替え）。この期間内に決定及び勧告が行われない場合に、勧告の結果を待つことなく自治法二四二条の二の規定の住民訴訟を出訴することができるのは、通常の住民監査請求の場合と同様である。

住民監査請求に係る個別外部監査契約に基づく監査の請求があった場合において、監査委員が二〇日以内に個別外部監査が相当かどうかの判断をし通知を行わないときには、当該請求ははじめから通常の住民監査請求であったものとみなされることとされている（自治法二五二の四三Ⅸ前段）。また、監査委員が個別外部監査が相当とする通知を長に対して行わないときは、監査委員は自ら監査を行うとともに監査結果を通知する際に、なぜ個別外部監査が相当とする通知を行わなかったかという理由を書面により請求人に通知するとともに、公表しなければならない（自治法二五二の四三Ⅸ後段）。

なお、平成一四年の改正において、監査委員の場合と同様、個別外部監査人が請求人、長その他の執行機関や職員の陳述の聴取を行う場合において必要と認めるときは、監査委員と協議（監査委員の合議による。）して、関係のある長その他の執行機関若しくは職員又は請求人を立ち会わせることができることとすることとされた（自治法二五二の四三Ⅶ。自治法二四二Ⅶ参照）。

第一三章　国と地方公共団体との関係及び都道府県と市町村との関係並びに地方公共団体相互間の協力関係

第一節　国等と地方公共団体との関係と地方分権改革

今日進められている地方分権改革にとって、大きな課題であり、欠くことのできない改革の大きな柱の一つは、国と地方公共団体との関係や都道府県と市町村との関係の規律に関する基本的理念と原則を確立し、それに基づいて具体的な制度を構築するということである。このことについては、平成七年に制定された「地方分権推進法」においては、地方分権の推進に関する基本理念として、「地方分権の推進は、国と地方公共団体とが共通の目的である国民福祉の増進に向かって相互に協力する関係であることを踏まえつつ、各般の行政を展開するうえで国及び地方公共団体が分担すべき役割を明確にし、地方公共団体の自主性及び自立性を高め、個性豊かで活力に満ちた地域社会の実現を図ることを基本として行われるものとする。」とされている（地方分権推進法二）。平成一八年一二月に制定された地方分権改革推進法においても、地方分権改革の推進に関する基本理念として、同趣旨の規定がされている（地方分権改革推進法二）。

地方分権推進法に基づき設置された地方分権推進委員会の勧告（第一次）においては、「（中間報告では、）国と地方公共団体との関係を上下・主従の関係から対等・協力の新しい関係に転換させるため……提示した。」としている。また、地方分権推進計画においても、「地方自治の本旨を基本とする対等・協力の新しい関係を築くため、機関委任事務制度を廃止することとし……」とした（第二「2　機関委任事務制度の廃止」）。その後、国会をはじめ公の場においても、地方分権改革が、「国と地方公共団体との関係を上下・主従の関係から対等・協力の新しい関係に転換させる」ことを目指していることがしばしば述べられてきたところである。

地方分権改革は、要するに、地方公共団体の「自己決定と自己責任」ということを徹底するということに他ならないわけであるから、国と地方公共団体との関係も、その趣旨に沿ったものとならなければならない。国と地方公共団体との関係が、上下・主従の関係では、地方公共団体の「自己決定」の範囲にも、奥行きにも、著しい制約を伴うものとなる。また、「責任」の面においても、その所在が曖昧になり、責任感が薄れるとともに、責任の追及も難しい。

したがって、国との関係において、地方公共団体の「自己決定と自己責任」の原則を確立することと、国と地方公共団体との関係を「対等・協力の関係」とすることとは、表と裏の関係にある。

地方分権一括法等による改革においては、このことについて、制度的に大きな前進があったとみられている。すなわち、まず、我が国の中央集権型行政システムの中核的部分を形成してきたといわれる機関委任事務制度及びこれに係る包括的かつ一般的な指揮監督権が廃止され、普通地方公共団体の執行機関である首長や委員会等が管理し、執行する事務は、すべて地方公共団体の事務とされて、体系的に整理された（自治法一の二・二等。第七章第二節三「2　機関委任事務制度の廃止の意義と経緯及び廃止に関する法的措置の概要」参照）。

そして、機関委任事務制度を廃止するとともに、国と地方公共団体及び都道府県と市町村との間の対等・協力を基本とする新しい関係を構築することとして、地方公共団体の事務・権能に係る規定の再構成をする（第七章第三節「一　地方公共団体の事務・権能に係る規定の再構成とその基本的考え方」参照）とともに、地方公共団体に対する国又は都道府県の関与等について、その廃止・縮小、合理化等を推進し、併せて関与等のルールの確立と公正及び透明性の確保・向上を図ることとしたものである。

自治法においては、地方分権一括法による改正により、第一一章に節及び款を置き、新たに第一節として「普通地方公共団体に対する国又は都道府県の関与等」、第二節として「国と普通地方公共団体との間並びに普通地方公共団体相互間及び普通地方公共団体の機関相互間の紛争処理」が設けられ、関与の定義、関与の法定主義、関与の基本原則（最小限度の原則、一般法主義の原則、特定の類型の関与に係る原則）、自治法を根拠として各大臣等が行うことができる関与等の根拠等、関与等の手続ルール、関与に関する係争処理制度などが定められた。

しかし、国と地方公共団体との関係については、なお課題が多く、また行政の各分野における法令や運用においてこうした改革を踏まえた措置が適切に講じられていない状況にある。これらのことについては、引き続き地方分権改革の課題として論議されており、第二章第四節「三　さらなる地方分権の推進と地方自治制度の改革」において述べたところである。そうした課題の中で、国と地方公共団体との適切な役割分担、地方公共団体への権限の移譲、地方公共団体に対する事務の処理又はその方法の義務付け及び国等の関与の整理及び合理化については、平成一八年に制定された地方分権改革推進法において、地方分権改革の推進に関する国の施策の基本方針として、所要の措置を講ずるものとするとし（同法五Ⅰ）、その措置を講ずるに当たっては地方公共団体の自主性及び自立性が十分に発揮されるようにしなければならないとされた（同法五Ⅱ）。

なお、地方公共団体に関する国の法令等による規律が多く、広範かつ細部にまで及んでいるという国による〝規律密度が高い〟状況については、強い批判がある。この規律密度の問題並びに地方分権改革推進委員会の勧告等並びに「地方分権改革推進計画」とそれを踏まえた関係法律の整備に関する法律及び「地域主権戦略大綱」とそれを踏まえた平成二三年四月に国会に提出され、同年八月に成立した地域の自主性及び自立性を高めるための改革の推進を図るための関係法律の整備に関する法律（第二次改革推進一括法）、また、平成二四年三月に国会に提出され、同年一一月の衆議院の解散により廃案となった地域の自主性及び自立性を高めるための改革の推進を図るための関係法律の整備に関する法律案、平成二五年にさらなる事項を加えた内容で国会に提出され、同年六月に成立した地域の自主性及び自立性を高めるための改革の推進を図るための関係法律の整備に関する法律（第三次改革推進一括法）、提案募集方式により地方からの提案等を踏まえた、平成二七年六月成立した地域の自主性及び自立性を高めるための改革の推進を図るための関係法律の整備に関する法律（第五次改革推進一括法）及び平成二八年五月成立した地域の自主性及び自立性を高めるための改革を推進するための関係法律の整備に関する法律（第六次改革推進一括法）、平成二九年四月に成立した地域の自主性及び自立性を高めるための改革を推進するための関係法律の整備に関する法律（第七次改革推進一括法）などについては、第三章第一節「二　地方自治の法構造」を参照されたい。付言するならば、国の地方公共団体に関する規律密度の問題は、法令によるもののほか、補助負担金の交付に係るものなどもあることに留意を要する。

また、国の政策・施策に対する地方公共団体の参画等ということも、国と地方公共団体との関係についての重要な課題の一つであるが、このことについては、第二節「七　国の施策に対する地方公共団体の意見の反映」を参照されたい。

第二節　国と地方公共団体との関係の調整等

一　関与の定義と類型等

1　関与の定義

自治法は、地方公共団体に対する国又は都道府県の関与について、次のように定義している。

（関与の意義）

第二百四十五条　本章において「普通地方公共団体に対する国又は都道府県の関与」とは、普通地方公共団体の事務の処理に関し、国の行政機関（内閣府設置法（平成十一年法律第八十九号）第四条第三項に規定する事務をつかさどる機関たる内閣府、宮内庁、同法第四十九条第一項若しくは第二項に規定する機関、国家行政組織法（昭和二十三年法律第百二十号）第三条第二項に規定する機関、法律の規定に基づき内閣の所轄の下に置かれる機関又はこれらに置かれる機関をいう。以下本章において同じ。）又は都道府県の機関が行う次に掲げる行為（普通地方公共団体がその固有の資格において当該行為の名あて人となるものに限り、国又は都道府県の普通地方公共団体に対する支出金の交付及び返還に係るものを除く。）をいう。

一　普通地方公共団体に対する次に掲げる行為

イ　助言又は勧告

ロ　資料の提出の要求

ハ　是正の要求（普通地方公共団体の事務の処理が法令の規定に違反しているとき又は著しく適正を欠き、かつ、明らかに公益を害しているときに当該普通地方公共団体に対して行われる当該違反の是正又は改善のため必要な措置を構ずべきことの求めであつて、当該求めを受けた普通地方公共団体がその違反の是正又は改善のため必要な措置を講じなければならないものをいう。）

ニ　同意

ホ　許可、認可又は承認

ヘ　指示

ト　代執行（普通地方公共団体の事務の処理が法令の規定に違反しているとき又は当該普通地方公共団体がその事務の処理を怠つているときに、その是正のための措置を当該普通地方公共団体に代わつて行うことをいう。）

二　普通地方公共団体との協議

三　前二号に掲げる行為のほか、一定の行政目的を実現するため普通地方公共団体に対して具体的かつ個別的に関わる行為（相反する利害を有する者の間の利害の調整を目的としてされる裁定その他の行為（その双方を名あて人とするものに限る。）及び審査請求その他の不服申立てに対する裁決、決定その他の行為を除く。）

すなわち、関与の主体については、「国の行政機関又は都道府県の機関」とするとともに、行為の類型については、関与の基本類型とされている「助言又は勧告」「資料の提出の要求」「是正の要求」「同意」「許可、認可又は承認」「指示」「代執行」「協議」について、第一号のイからト及び第二号として列挙し、基本類型外の関与については、第三号として「前二号に掲げる行為のほか、一定の行政目的を実現するため普通地方公共団体に対して具体的かつ個別的に関わる行為」と規定している。また、関与の各種ルールを適用することが必ずしも適切でないと考えられるものとして、①地方公共団体が民間等と同じ立場で対象となる行為（固有の資格外において行為の名あて人となるもの）、②国又は都道府県の支出金の交付及び返還に係る行為、③相反する利害を有する者の間の利害の調整を目的としてされる裁定その他の行為（その双方を名あて人とするものに限る。）及び審査請求その他の不服申立てに対する裁決、決定その他の行為（裁定的関与）、については、関与の定義から除外している。

2　「国の行政機関」「都道府県の機関」――関与の主体

関与の定義で規定する「国の行政機関」については、中央省庁等改革により、内閣法及び国家行政組織法が改正されるとともに、内閣府設置法が制定され、また、平成三三年三月三一日まで復興庁が設置されたことから、これに伴い、具体的には次のような機関となっている（自治法二四五条各号列記以外の部分等）。

①「内閣府設置法第四条第三項に規定する事務をつかさどる機関たる内閣府」

②「宮内庁」

③「内閣府設置法第四十九条第一項若しくは第二項に規定する機関」

内閣府の外局として置かれる公正取引委員会、国家公安委員会、個人情報保護委員会、金融庁及び消費者庁（内閣府設置法六四条に掲げられている機関）

④復興庁設置法第四条第二項に規定する事務をつかさどる機関たる復興庁

⑤「国家行政組織法第三条第二項に規定する機関」

省並びにその外局として置かれる委員会及び庁（国家行政組織法別表第一に掲げられている機関）

⑥「法律の規定に基づき内閣の所轄の下に置かれる機関」

現行法上、国家公務員法三条に規定する人事院

⑦「これらに置かれる機関」

①～⑥に、これらの所掌事務を遂行するため又は分掌するために置かれる機関若しくは部局等

「国の行政機関」には、国会、裁判所、会計検査院、内閣は含まれない。

関与の定義で規定する「都道府県の機関」とは、知事、委員会等の執行機関のほか、補助機関、附属機関、分掌機関等都道府県に置かれる機関一般を意味している。「都道府県の機関」の中には、概念上は議会も含まれる。ただし、一般的には、都道府県の議会が市町村に関与することは想定されていない。

「国の行政機関」や「都道府県の機関」の行為について、自治法二四五条本文の括弧書において、「普通地方公共団体がその固有の資格において当該行為の名あて人となるものに限り……」とあるのは、本法で規定する関与に関する法律は、

行政主体間の規律として、関与等について、基本類型等、法定主義、基本原則（最小限度の原則、一般法主義の原則、特定の類型の関与に係る原則）、自治法を根拠として行うことができるもの、手続ルール、係争処理制度等について定めようとするものであるからである。地方公共団体が民間等と同じ立場となる国等との関係については、民間等との関係と同じ規律（行政手続法、行政不服審査法）を適用することが原則である。

ここで「固有の資格」とは、行政手続法四条一項及び行政不服審査法七条二項で規定されているものと同じ概念（「一般私人が立ちえないような立場にある状態」をいう。）である。

なお、地方公共団体がその固有の資格外において行為の名あて人となるものについては、地方分権推進委員会の勧告及びそれを受けた地方分権推進計画においては、地方公共団体又は民間団体に共通する規制緩和の観点から、極力緩和する方向で取り組むこととすべきとされている。

「国の行政機関」や「都道府県の機関」の行為について、自治法二四五条各号列記以外の部分の括弧書において「（……国又は都道府県の普通地方公共団体に対する支出金の交付及び返還に係るものを除く。）」とあるのは、次のような理由による。

自治法で規定する関与の規律は、関与等について、基本類型等、法定主義、基本原則（最小限度の原則、一般法主義の原則、特定の類型の関与に係る原則）、自治法を根拠として行うことができるもの、手続ルール、係争処理制度等について定めようとするものであるが、これらの支出金の交付及び返還については、関与についての自治法の規律を適用するのは、その趣旨になじまないものと考えられる。なお、国又は都道府県の支出金の交付及び返還に係る関与のうち、国の補助金等については、補助金等に係る予算の執行の適正化に関する法律が、別途一般法として定められている。地方分権一括法による改正によっても、同法が改正され、手続ルールとして、新たに標準処理期間について定められた（補助金等に係る予算の執行の適正化に関する法律六Ⅱ）。また、係争に関する制度としても、不服審査制度が設けられている（補助金等に係る予算の執行の適正化に関する法律二五）。さらに、同法の適用のない委託費については、従前から予算に基づき、要綱等により、その取扱いが定められている。市町村に対する都道府県の支出金の取扱いについても、都道府県の予算、規則、要綱等により定められているのが通例である。

国等の支出金については、そのあり方そのものを別途見直すことは必要であるが、その交付手続等に関していえば、相手が地方公共団体であるか私人であるかを問わず支出金等の適正な執行を確保する必要があることなどから、自治法上の関与のルールとは別途の考慮が必要と考えられる。したがって、自治法の関与の定義からは除くこととしているものである。もっとも、国等の支出金の交付及び返還に関する現行の制度にも改革が必要な事項は少なくないと思われる。

3「関与」の類型等

自治法二四五条の関与の定義で規定する「関与」とは、一号で「イ　助言又は勧告」「ロ　資料の提出の要求」「ハ　是正の要求」「ニ　同意」「ホ　許可、認可又は承認」「ヘ　指示」「ト　代執行」を、二号で「普通地方公共団体との協議」をそれぞれ掲げている。そのうえ、同条三号で、「前二号に掲げる行為のほか一定の行政目的を実現するため普通地方公共団体に対して具体的かつ個別的に関わる行為」（同号括弧書の行為を除く。）としている。

一号及び二号に掲げられた関与は、関与の基本類型であり、個別の事務に対する国等の関与は、原則としてこの基本類型の中から、当該事務に関する法律又はこれに基づく政令で、その必要性に応じ、定めるものであることが基本的な考え方とされている。これらは、地方分権推進委員会の勧告（第一次）において「自治事務」に係る関与の基本類型又は「法定受託事務」に係る関与の基本類型として示されたものを踏まえ列記したものである。

これらの関与の基本類型については、次のような点に留意されるべきである。

まず第一に、「承認」と「同意を要する協議」についてである。「承認」は、法令上種々の意味に使用されているが、公法上では、国の機関相互の間において用いられることが一般的であり、上級の機関の同意という意味を有すると解されている場合がある。一方、「同意」という用語は、対等な立場にある者相互の間において使用されており、上下関係を前提とする用語ではなく、この点において「承認」と異なる。地方分権一括法による改正により、機関委任事務制度を廃止し、国と地方公共団体の関係を対等・協力なものに転換することとされたことに鑑み、上下関係を前提としても用いられる「承認」という用語を、国と地方公共団体との関係において今後も一般的に使用することは不適当であると考えられるので、対等な立場にある者相互の間において用いられる「同意」を関与の基本類型の一つとしている。また、「承認」は必ずしも「協議」を前提としないが、「同意」については、通常は双方の協議を前提とするものであり、国と地方公共団体とが相互に誠実に協議し、その結果一定の事項について双方の意思の合致としての「同意」を必要とする場合に、「同意を要する協議」として整理されているところである。

第二に、「命令」「指揮」と「指示」についてである。「命令（「命ずる」を含む。以下同じ。）」「指揮」と「指示」は、いずれも相手に一定の作為又は不作為の義務を課すことを意味する用語として用いられる。しかしながら、「命令」や「指揮」は、通常上級機関が下級機関に対して行うもの、又は公務員の職務に関し上司が部下に対し行う職務命令を意味する場合に多く用いられるのに対し、「指示」は、必ずしも下級機関に対してばかりでなく、関係機関又は関係者に対しても用いられる。機関委任事務制度を廃止し、国と地方公共団体の関係を対等・協力なものに転換することとされたことに鑑み、通常上下関係を前提として用いられる「命令」又は「指揮」という用語を、国と地方公共団体との関係において今後も一般的に使用することは不適当であると考えられるので、対等な立場にある者に対しても用いられる「指示」を「法定受託事務」に対する関与の基本類型の一つとしている。地方分権一括法による改正前においては、機関委任事務制度を前提に、包括的・一般的に「命令」や「指揮」等ができる旨規定されることが少なくなかったところである。

第三に、「是正の要求」と「是正の指示」についてである。「是正の要求」は原則的には「自治事務」に対する「国の行政機関」の関与であり（もっとも「第一号法定受託事務」について、各大臣の指示を受けて都道府県知事等が行うもの及び各大臣が緊急を要するときその他特に必要があると認めるときに行うもの等がある（自治法二四五の五Ⅱ～Ⅳ）。）、これに対する対処の具体的措置の内容は地方公共団体の裁量によるものである。これに対し、「是正の指示」は「法定受託事務」に対する関与であり、是正改善のために示された内容に従う義務を生じるものと考えられる。なお、平成一九年の地教行法の改正において、都道府県教育委員会又は市町村教育委員会の教育に関する事務の管理及び執行について、教育を受ける権利が侵害されていることが明らかであるとして、自治法の規定により文部科学大臣が行う是正の要求又は都道府県教育委員会が市町村教育委員会に是正若しくは措置を求めるよう文部科学大臣が行う指示については是正の要求の方式として、措置の内容を示して行うものとすることとしている（同法四九）。このことなどについては、後述する（三「3　是正の要求」及び「5　是正の指示」参照）。

第四に「代執行」と「並行権限の行使」についてである。自治法二四五条一号トに規定する「代執行」とは、「普通地方公共団体の事務の処理が法令の規定に違反しているとき又は当該普通地方公共団体がその事務の処理を怠っているときに、その是正のための措置を当該普通地方公共団体に代わって行うこと」である（同括弧書）。これに対して、例えば、建築基準法一七条七項及び一二項の規定による国土交通大臣の措置などは、地方公共団体の法令違反等を「是正する」という観点から地方公共団体に「代わって」行うものではなく、「国の利害に重大な関係がある建築物に関し必要があると認めるとき」に国土交通大臣が指示をして（建築基準法一七Ⅰ Ⅷ）、なお従わない場合に「自ら」行うものであることが法律上明記されており、限定された場合において国の立場から独自に行使すべきものとして国の行政機関に留保された権限であるということができる。したがって、これらは、自治法二四五条一号トに規定する「代執行」ではなく、いわゆる「並行権限の行使」と考えるべきものである。国土利用計画法一三条二項、都市計画法二四条四項等にも同様の規定があるが、これらも同様に「並行権限の行使」と考えるべきものである。また、「並行権限の行使」の中には、地方公共団体の事務の処理とは関係なく国が権限を行使するもの（例えば、法律が施設等への立入権限を国と地方公共団体の両方に認めているような場合。国際観光ホテル整備法一二Ⅱ・一三Ⅱ・一八Ⅱ、障害者の日常生活及び社会生活を総合的に支援するための法律（障害者総合支援法）一二、水質汚濁防止法二二等）もある。「並行権限の行使」については、自治法二五〇条の六において、地方公共団体が「自治事務」として処理している事務と同一の事務を、国の行政機関が法令の定めるところにより、自らの権限に属する事務として処理するときは、原則として、あらかじめ国の行政機関から当該地方公共団体に対して書面により通知しなければならないと定めている。「並行権限の行使」のうち、地方公共団体が権限を行使しないうちに国が同一内容の権限を行使したり、地方公共団体が行った行為の効果を覆すような行為を国が行うことにより、結果として国の意思決定が地方公共団体の意思決定に優越することになる場合もあり、このようなものについては、「処分その他公権力の行使にあたる関与」（自治法二四五③の関与類型）に該当し、係争処理手続の対象となる場合もあるものと考えられる。なお、「並行権限の行使」については、参議院において、「地方公共団体の自主性及び自立性に極力配慮し、国民の利益を保護する緊急の必要があり、かつ、国がこれを行うことが不可欠である場合など、限定的・抑制的にこれを発動すること。」との附帯決議が行われており、慎重でなければならない。

国又は都道府県が地方公共団体に対して関与するためには、法律又はこれに基づく政令に根拠を定める必要があり（自治法二四五の二。関与の法定主義）、原則として、これらの基本類型の中から、自治法二四五条の三の基本原則を踏まえて、定められることとなる。

関与のうち、「技術的な助言又は勧告」「資料の提出の要求」「是正の要求」並びに「法定受託事務」についての「是正の指示」及び「法定受託事務」についての「代執行」並びに市町村の「自治事務」についての都道府県の執行機関が行う「是正の勧告」については、直接自治法に基づき行うことができることとされ、そのための根拠規定が別途自治法二四五条の四から二四五条の八に設けられている。なお、「条例による事務処理の特例」（自治法二五二の一七の二以下参照）における場合の特則として自治法二五二条の一七の四の規定がある。

また、自治法二四五条二号の「普通地方公共団体との協議」を要することのないように、及び一号の関与のうち「自治事務」についての「代執行」を受け、又は要することのないように、また、「同意」「許可、認可又は承認」「指示」については、それぞれ一定の場合を除き、これらの行為を要することと又は従わなければならないこととすることのないようにしなければならない等とする基本原則が自治法二四五条の三第二項から六項までに規定されている（後述二「2　関与の基本原則（最小限度の原則、一般法主義の原則、特定の類型の関与に係る原則）」参照）。

自治法二四五条三号に規定する「前二号に掲げる行為のほか、一定の行政目的を実現するため普通地方公共団体に対して具体的かつ個別的に関わる行為……」とは、基本類型外の関与である。自治法二四五条一号及び二号で列記されている基本類型のほかにも、「検査」「監査」「立入検査」等の関与がある。また、ごく例外的にではあるが、「命令」「確認」等の関与もある。これらについては、できる限り、行為を受け、又は要することとすることのないようにしなければならない（自治法二四五の三Ⅱ）とされている（限定機能）が、個々の法律の必要性によって例外的に規定されることもあり得る。その場合、これら基本類型外の関与についても、当然、法定主義、基本原則（この場合、最小限度の原則及び一般法主義の原則）、手続ルール、係争処理制度等を適用する必要があることから、自治法二四五条三号が設けられたものである。

ここで、「一定の行政目的」とは、地方公共団体の事務の処理に関して、全国的な統一性、広域的な調整、行政事務の適正な執行の確保を図る等の行政目的のことである。そして、関与は「国の行政機関又は都道府県の機関」が行う行為であり、そのような地方公共団体の事務の処理に係る行政目的を実現することが、当該「国の行政機関又は都道府県の機関」の任務又は所掌事務の範囲に含まれていることが前提となる。また、関与は「具体的かつ個別的に関わる行為」であり、処理基準の設定などは、これには含まれない。

基本類型外の関与について規定した自治法二四五条三号の中から、「相反する利害を有する者の間の利害の調整を目的としてされる裁定その他の行為（その双方を名あて人とするものに限る。）及び審査請求その他の不服申立てに対する裁決、決定その他の行為」（裁定的関与）を除外している。これらの行為については、紛争解決のために行われる準司法的な手続であり、別途法律の根拠及び手続が定められているのが通例であること、紛争当事者（特に地方公共団体以外の当事者）の権利救済等を考えると必ずしも必要最小限にすべきものとはいえないこと、これら紛争解決のための手続に加え、さらに関与に係る係争処理制度の対象とすることは、いたずらに当事者を不安定な状態におくことになり、紛争の早期解決に資さないと考えられることなどから、自治法で規定する関与に関する規定を適用することは適切でないと考えられたものである。

関与等については、基本類型の関与及びそれぞれに類する基本類型外の関与等について手続ルール等が定められている（自治法二四六〜二五〇の五。後述「四　関与等の手続等」参照）。また関与のうち一定のものについて、係（紛）争処理手続の制度が定められている（自治法二五〇の一三〜二五〇の二〇・二五一の三〜二五二。後述「五　国の関与に関する係争処理制度」及び第三節「四　審査及び勧告等の制度と訴訟並びに連携協約に係る紛争を処理するための方策の提示」参照）。

二　関与の法定主義と基本原則

1　関与の法定主義

自治法二四五条の二は、「普通地方公共団体は、その事務の処理に関し、法律又はこれに基づく政令によらなければ、普通地方公共団体に対する国又は都道府県の関与を受け、又は要することとされることはない。」と規定している。これは、前述した「地方公共団体に対する国又は都道府県の関与」については、法律又はこれに基づく政令の根拠を必要とすることとするものであり、「関与の法定主義」を定めたものである。

法定主義の対象となる関与には、許認可、指示のような「処分その他公権力の行使」に当たる関与はもちろん、助言、勧告、資料の提出の要求のような非権力的な関与も含まれる。

地方分権一括法による改正前も、地方公共団体に事務を義務付ける場合又は機関委任事務を長等に行わせる場合には、法律又はこれに基づく政令によることとされていた（地方分権一括法による改正前の自治法二Ⅱ・一四八・二三二Ⅰ参照）。しかし、「機関委任事務」については、包括的な指揮監督権（地方分権一括法による改正前の自治法一五〇等）が認められており、指揮監督権の内容については、主務大臣等が指揮監督のために自ら必要と認める適当な手段方法をとり得るとされ、その取り得る手段方法については特に法令の規定のあることを必要としないものと解されていたため、指揮監督権の内容を具体化する形で、これまで、協議、承認の義務付けなどを通達で定めている場合もあった。

地方分権一括法により、機関委任事務制度が廃止され、包括的・一般的な指揮監督権も廃止されたことから、国等が普通地方公共団体に関与する場合には、すべて法律又はこれに基づく政令の根拠が必要となる。

このことは、法律による行政の原理の考え方を国と地方公共団体という行政主体間の関係について具体化したものといえる。その内容は、国・地方公共団体と国民・住民との間において「権利制限・義務賦課行為」は法律の根拠を要するとする原則（内閣法一一、内閣府設置法七Ⅳ、国家行政組織法一二Ⅲ・一三Ⅱ参照。なお、〝侵害留保の原則〟との関係に関しては、第八章第二節四「2　権利制限・義務賦課行為」参照）と比べて、対象が助言・勧告など行政手続法にいう行政指導に当たるものにまで及んでいる点において、より広く法律による行政を要求したものとなっている。これは、国と地方公共団体は、行政主体としては、対等・協力の関係が基本であるとする考え方に基づくものである。

法律又はこれに基づく政令の根拠を要する「関与」としては、国又は都道府県の職員が地方公共団体の担当者から所管法令の解釈等について照会された場合に回答する行為についてまで、必ずしも「関与」と捉える必要はなく、私人等から照会を受けた場合に回答する行為と同様に、情報提供の一環としてなされるものと考えることで足りると思われる。これに対して、国が一定の行政目的を実現するために地方公共団体に具体的かつ個別的にかかわる行為として行う助言・勧告については、法律又はこれに基づく政令の根拠がなければできない。この場合、例えば自治法二四五条の四の規定の「技術的な助言若しくは勧告」等に該当すれば同規定を根拠として行うことができるものである。

2 関与の基本原則（最小限度の原則、一般法主義の原則、特定の類型の関与に係る原則）

自治法二四五条の三は、前条の「関与の法定主義」と並んで、関与を法律又はこれに基づく政令で設けるに当たっての基本原則、今後の立法の方針を定めている。国は、個別の事務に関する法律又はこれに基づく政令を立案し、制定する場合、地方公共団体に対する関与を設けるに当たっては、関与の基本原則として示された指針を尊重しなければならない。「国は」と規定されていることから、国会においても同様である。

「関与の基本原則」としては、自治法二四五条の三において、次のようなことが定められている。

① 「自治事務」及び「法定受託事務」に共通しておよそ関与全般について、国は、法律又はこれに基づく政令により、地方公共団体に対する国又は都道府県の関与の規定を設ける場合には、その目的を達成するために必要な最小限度のものとするとともに、地方公共団体の自主性及び自立性に配慮しなければならない（自治法二四五の三Ⅰ。「最小限度の原則」）。

② 国は、できる限り、「自治事務」の処理に関しては、「代執行」（自治法二四五①ト）及び「基本類型外の関与」（自治法二四五③）を、「法定受託事務」の処理に関しては、「基本類型外の関与」（自治法二四五③）を、地方公共団体が受け、又は要することのないようにしなければならない（自治法二四五の三Ⅱ）。つまり、基本類型外の関与は、「自治事務」についても「法定受託事務」についても、できる限り、設けることのないようにするということである（「一般法主義の原則」）。なお、「自治事務」に対する「代執行」について、「できる限り……ないようにしなければならない」と規定されているが、これは、仮に「自治事務に対する代執行は設けることができない」と規定しようとすると、同じ法律のレベル後の立法の規定を完全に拘束することを意図した規定となるため、法体系上困難と考えられたことによるものである。少なくとも法令の立案に当たっての政府部内の対応としては、「自治事務」に対する「代執行」の規定を設けることは想定されていない。この点については、地方分権推進委員会の第一次勧告及び地方分権推進計画にお

いて、「自治事務については、国の行政機関又は都道府県知事は代執行することができない。」とされている。また、地方分権一括法の審議において、地方分権推進担当の当時の自治大臣が、「自治事務」に対する「代執行」はない旨、また、少なくとも法令の立案に当たっての政府部内の対応としては、「自治事務」に対する「代執行」の規定を設けることは考えられない旨答弁している。

③ 「自治事務」及び「法定受託事務」に共通する基本類型の関与とされている協議について、国は、「国又は都道府県の計画と普通地方公共団体の計画との調和を保つ必要がある場合等国又は都道府県の施策と普通地方公共団体の施策との間の調整が必要な場合」を除き、普通地方公共団体の事務の処理に関し、国又は都道府県との「協議」を要することとすることのないようにしなければならない（自治法二四五の三Ⅲ）。

④ 「自治事務」に係る関与の原則的な基本類型ではない「同意」について、国は、「自治事務」の処理に関して、「法令に基づき国がその内容について財政上又は税制上の特例措置を講ずるものとされている計画を普通地方公共団体が作成する場合等国又は都道府県の施策と普通地方公共団体の施策との整合性を確保しなければこれらの施策の実施に著しく支障が生ずると認められる場合」を除き、「同意」を要することとすることのないようにしなければならない（自治法二四五の三Ⅳ）。なお、「自治事務」に係る「同意」が認められる場合についての考え方は、地方分権推進計画において整理されており、「法令に基づき国がその内容について財政上又は税制上の特例措置を講ずるものとされている計画を地方公共団体が作成する場合」「地方公共団体の区域を越える一定の地域について総量的な規制・管理を行うため国が定める総量的な具体的基準を基に関係地方公共団体が計画を作成する場合」等とされている。

⑤ 「自治事務」に係る関与の原則的な基本類型ではない「許可、認可又は承認」について、国は、「自治事務」の処理に関して、「普通地方公共団体が特別の法律により法人を設立する場合等自治事務の処理について国の行政機関又は都道府県の機関の許可、認可又は承認を要することとすること以外の方法によつてその処理の適正を確保することが

困難であると認められる場合」を除き、「許可、認可又は承認」を要することとすることのないようにしなければならない（自治法二四五の三Ⅴ）。なお、「自治事務」に係る「許可、認可又は承認」が認められる場合についての考え方は、地方分権推進計画において整理されており、「刑法等で一般には禁止されていながら特別に地方公共団体に許されるような事務を処理する場合」「公用収用・公用換地・権利変換に関する事務を処理する場合」「補助対象資産、国有財産処分等に関する事務を処理する場合」「法人の設立に関する事務を処理する場合」「国の関与の名あて人として地方公共団体を国と同様に扱つている事務を処理する場合」等とされている。

⑥「自治事務」に係る関与の原則的な基本類型ではない「指示」について、国は、「自治事務」の処理に関して、「国民の生命、身体又は財産の保護のため緊急に自治事務の的確な処理を確保する必要がある場合等特に必要と認められる場合」を除き、「指示」に従わなければならないこととすることのないようにしなければならない（自治法二四五の三Ⅵ）。なお、「自治事務」に係る「指示」が認められる場合についての考え方は、地方分権推進計画において整理されており、「国民の生命、健康、安全に直接関係する事務の処理に関する場合」「広域的な被害のまん延防止の観点からの事務の処理に関する場合」等とされている。なお、平成一九年の地教行法の改正において、「文部科学大臣は、都道府県委員会又は市町村委員会の教育に関する事務の管理及び執行が法令の規定に違反するものがある場合又は当該事務の管理及び執行を怠るものがある場合において、児童、生徒等の生命又は身体の保護のため、緊急の必要があるときは、当該教育委員会に対し、当該違反を是正し、又は当該怠る事務の管理及び執行を改めるべきことを指示することができる。ただし、他の措置によっては、その是正を図ることが困難である場合に限る。」と規定した（平成二六年改正前の同法五〇。ちなみに、教育に関する事務の管理及び執行は、原則として自治事務である。）。そして、平成二六年の地教行法の改正において、身体に現に被害が生じ、又はまさに被害が生ずるおそれがあると見込まれ、その被害の拡大又は発生を防止するため緊急の必要があるときは、文部科学大臣が指示することができるとし、規定の明確化を

図った（改正後の五〇）。この規定については、後述する（三「5　是正の指示」参照）。

以上のように、「自治事務」と「法定受託事務」との間においては、「関与の基本原則」において、かなりの場合、取扱いを異にしており「自治事務」については、「代執行」はできる限りしないようにしなければならないとされ（想定されていない。）、「同意」「許可、認可又は承認」「指示」については、一定の場合を除き要することのないようにする又は従わなければならないこととすることのないようにする制約がある。

前述し、後に詳述するように、各大臣等の関与については、「技術的な助言又は勧告」「資料の提出の要求」「是正の要求」「是正の勧告」「是正の指示」「代執行」は、自治法のそれぞれの規定を直接根拠として行うことができる。このうち、「是正の要求」は原則として「自治事務」に対する関与であり（「第二号法定受託事務」について各大臣の指示を受けて都道府県知事等が行うもの及び各大臣が緊急を要するとき等に行うものもある。）、「是正の指示」は「法定受託事務」に対する関与として規定され（なお、平成一九年の地教行法の改正により同法五〇条に規定された自治事務に対しても適用される「是正の指示」については、後述三「5　是正の指示」を参照されたい。）、また、「是正の勧告」は市町村の「自治事務」に対する都道府県の執行機関の関与として規定されている。「代執行」は、上述のように「法定受託事務」（自治法上は長が管理又は執行するもの。）についてのみ想定されている。

また、関与と関連して、「法定受託事務」については、その処理するに当たりよるべき基準（「処理基準」）を定めることができる（自治法二四五の九）が、「自治事務」について、基準を定める場合には、別途個別の法律又はこれに基づく政令（これらに基づく省令・告示を含む。）で定める必要がある。

なお、地方分権一括法案の国会における審議の際、関与の見直しに関し、普通地方公共団体に対する国又は都道府県の関与について、「今後、地方自治法に定める関与の基本原則に照らして検討を加え、必要な措置を講ずるものとすること」（衆議院）、「今後、地方自治法に定める関与の基本原則、国・都道府県・市町村間の対等協力の原則に照らして検討を加え、必要な措置を講ずるものとすること」（参議院）という附帯決議がなされたところである。

三　一般的根拠に基づく関与等及び法定受託事務に係る「処理基準」

関与について、類型化が図られ、法定主義と上述のような基本原則が定められたうえで、自治法の規定を直接一般的な根拠として行い得る関与並びに各個別の法律及びそれに基づく政令の規定を根拠として行い得る関与のうちの原則的なものが、「自治事務」に関するもの及び「法定受託事務」に関するものとの区分を踏まえつつ、自治法に規定されている。自治法の規定を直接根拠として行使し得る関与は、以下のとおりである。

1　技術的な助言及び勧告

「技術的な助言及び勧告」に関しては、地方分権一括法による改正前の自治法においても、自治大臣及び主務大臣並びに都道府県知事等が行うものについて同様の規定があった（改正前の自治法二四五）。

各大臣（内閣府設置法四条三項に規定する事務を分担管理する大臣たる内閣総理大臣又は国家行政組織法五条一項に規定する各省大臣をいう。以下同じ。）は地方公共団体に対し、又は都道府県知事その他の都道府県の執行機関は市町村等に対し、その担任する事務に関し、地方公共団体の事務の運営その他の事項について「技術的な助言又は勧告」をすることができる（自治法二四五の四Ⅰ）。また、各大臣は、その担任する事務に関し、都道府県知事その他の都道府県の執行機関に対し、上述の市町村に対する「技術的な助言又は勧告」に関し、必要な指示をすることができる（自治法二四五の四Ⅱ）。一方、地方公共団体の長又は執行機関は、各大臣又は都道府県知事その他の都道府県の執行機関に対し、その担任する事務の管理及び執行について「技術的な助言又は勧告」を求めることができる（自治法二四五の四Ⅲ）。

「技術的な助言又は勧告」とは、客観的に妥当性のある行為又は措置を実施するように促したり、又はそれを実施するために必要な事項を示したりすることである。技術的とは、恣意的ともいえるような判断又は意思等を含まない意である。

「勧告」は、助言よりも強い権限であって、勧告を受けた場合には、勧告を尊重しなければならない義務を負うと解すべきであるが、法律上勧告に従うべき義務を負うものではない。

地方分権一括法による改正前の自治法二四五条四項の規定に基づき都道府県知事等が市町村に対して行う「技術的な助言又は勧告」は、都道府県知事等の「機関委任事務」と解されていた。したがって、改正前においては、主務大臣は、都道府県知事等の行う助言又は勧告について包括的・一般的な指揮監督権に基づいて指揮監督することが可能であったものである。改正後においては、機関委任事務制度及びそれに基づく指揮監督権が廃止されたので、都道府県知事等の行う助言又は勧告については、法律又はこれに基づく政令に定めのない限り、各大臣は必要な指示をすることができないこととなる。このため、自治法二四五条の四第二項として、各大臣の「指示」の規定が設けられている。

都道府県知事等の市町村に対する「技術的な助言又は勧告」のうち、市町村の「自治事務」又は「第二号法定受託事務」の処理に関して、都道府県知事等が自らの判断に基づき行う「技術的な助言又は勧告」は都道府県の「自治事務」として行われるものである。これに対して、各大臣の「指示」に基づいて都道府県知事等が行う「技術的な助言又は勧告」及び市町村の「第一号法定受託事務」の処理に関する都道府県知事等の「技術的な助言又は勧告」は、都道府県の「第一号法定受託事務」として行われるものである（自治法二九八Ⅰ）。

なお、一般的に「助言」も「勧告」も、「処分その他公権力の行使」に該当する関与ではなく、したがって、係（紛）争処理手続（自治法二五〇の一三〜二五〇の二〇・二五一の三〜二五二参照）の対象とはならないものである。

平成二七年七月に成立した公職選挙法の改正で規定された参議院合同選挙区管理委員会は、参議院合同選挙区選挙に関する事務について（合同選挙区都道府県の選挙管理委員会が担任する事務を除く。）、市町村に対し、上述と同様、技術的な助言及び勧告並びに資料の提出の要求ができる（同法五の七Ⅰ）。総務大臣は、参議院合同選挙区選挙管理委員会の上述の市町村に対する指示に関し、同管理委員会に関し、必要な指示をすることができる（同法五条の七Ⅱ）。参議院合同選挙管理委員会は総務大臣に対し、市町村の選挙管理委員会は参議院合同選挙区選挙管理委員会に対し、参議院合同選挙区選挙に関する事務の管理及び執行について技術的な助言若しくは勧告又は必要な情報の提供を求めることができる（同法五条の七Ⅲ）。

2　資料の提出の要求

「資料の提出の要求」に関しては、地方分権一括法による改正前の自治法においても、自治大臣及び主務大臣並びに都道府県知事等が行うものについて「技術的な助言又は勧告」とともに、同様の規定があったものである（改正前の二四五Ⅲ Ⅳ）。

各大臣又は都道府県知事その他都道府県の執行機関は、「技術的な助言又は勧告」をするため又は地方公共団体の事務の適正な処理に関する情報を提供するため、必要な資料の提出を求めることができる（自治法二四五の四Ⅰ）。また、各大臣は、その担任する事務に関し、都道府県知事その他の都道府県の執行機関に対し、上述の市町村に対する資料の提出の求めに関し、必要な指示をすることができる（自治法二四五の四Ⅱ）。一方、地方公共団体の長その他の執行機関は、各大臣又は都道府県知事その他の都道府県の執行機関に対し、その担任する事務の管理及び執行について必要な情報の提供を求めることができる（自治法二四五の四Ⅲ）。

「資料の提供の要求」は、それを受けた地方公共団体には要求に応じて資料を提出するという一般的な尊重義務が発生するものと考えられるが、それに応じないことをもって違法となるような関与ではない。

各大臣の指示の規定に関しては、「1　技術的な助言及び勧告」において述べたところと同じである。

また、「処分その他公権力の行使」に該当する関与ではなく、したがって、係（紛）争処理手続の対象とはならないものである。

参議院合同選挙区選挙に関する事務についての資料の提供の要求及び情報の提供の求めについても、上述の技術的な助言及び勧告において述べたように、同様に規定されている（公選法五の七）。

3　是正の要求

(1)　趣旨、要件、対象事務等

「是正の要求」（自治法二四五の五）、「是正の勧告」（自治法二四五の六）及び「是正の指示」（自治法二四五の七）は、いずれも、地方公共団体の事務の処理が法令の規定に違反しているとき、又は著しく適正を欠き、かつ、明らかに公益を害していると認めるときにおいて（すなわち、地方公共団体の「違法な事務処理等」があると認めるときにおいて）、自治法のこれらの規定を直接根拠として国又は都道府県の知事若しくは教育委員会若しくは選挙管理委員会が行うことができる関与である。

「是正の要求」は、都道府県の「自治事務」に対する国の関与並びに市町村の「自治事務」及び「第二号法定受託事務」に対する特定の場合の国（違法な事務処理等がある場合で緊急を要するときその他特に必要があるとき認めるとき）又は都道府県（違法な事務処理等がある場合で国が都道府県の執行機関に対し市町村に「是正の要求」をするよう指示したとき）の関与として規定され（自治法二四五の五）、また、「是正の勧告」は、市町村の「自治事務」に対する都道府県の関与として規定され（自治法二四五の六）、「是正の指示」は、都道府県及び市町村の「法定受託事務」に対する国（ただし、「第二号法定受託事務」は除かれる。）又は都道府県の関与として規定されている（自治法二四五の七）。

「是正の要求」は、地方公共団体の事務の処理が、法令の規定に違反していると認めるとき、又は著しく適正を欠き、かつ、明らかに公益を害していると認めるときに、当該地方公共団体に対し、当該事務の処理について違反の是正又は改善のために必要な措置を講ずべきことを求めることである。

「法令の規定に違反していると認めるとき」とは、文字どおり違法な場合である。

「著しく適正を欠き」とは、個々具体の法令の規定に明らかに抵触するとはいえないまでも、事務処理の適正な執行に著しく反することである。ただし、この場合には、「明らかに公益を害していると認めるとき」という要件を満たしていることが必要である。その趣旨は、地方公共団体の事務処理が著しく適正を欠いている場合であって、しかも、当該地方公共団体内部の問題として放置することが公益上認められないような事態に限るということであり、真にやむを得ないものと客観的に認定されるものでない限り、軽々にこれらが行われるべきではないことを意味している。

「是正の要求」の対象となる事務は、原則として「自治事務」であるが、市町村の「第二号法定受託事務」についても、上述のように、都道府県の執行機関が各大臣の指示を受けた場合、また各大臣が緊急を要するときその他特に必要があると認める場合、「是正の要求」の対象となる。

地方分権一括法による改正前の自治法二四六条の二にも「是正措置要求」(「適正な事務処理の確保措置」)の制度があり、「機関委任事務」のほか、従前の「公共事務」「団体委任事務」等についても対象とし、単なる勧告のように相手方がこれを尊重する義務を負うだけのものではなく、地方公共団体又はその長は求めがあった以上は、その趣旨に従い是正改善の措置を講ずべき一般的な義務を負うものと解されていたものである。このことについては後述する(「(3)『是正の要求』の効果」参照)。

「是正の要求」については、国会において、「自治事務」に対する「是正の要求」の発動は抑制的であるべきであるとの趣旨の附帯決議が、衆・参両院において行われている。

(2) 国の「是正の要求」と都道府県の「是正の要求」

「是正の要求」は、国の各大臣が都道府県及び市町村に求めるものと、特定の場合に都道府県の知事等が市町村に求めるものとがある。

ア 国が求める「是正の要求」

地方分権一括法による改正前の自治法二四六条の二に基づく「是正措置要求」(「適正な事務処理の確保措置」)については、主務大臣の請求に基づいて内閣総理大臣が行うこととされていた。これは、主務大臣の請求を受けて調整の上、内閣を統括する立場にある内閣総理大臣が権限を行使することとすることにより、事前に二段階の判断を経ることとしたものと考えられる。

これに対して、改正後の「是正の要求」は、各大臣の権限としている。これは、主として、①個別の法律において国の関与を規定する場合、行政事務を分担管理する各大臣の権限とするのが原則と考えられること、②地方分権一括法による改正により、新たに国の関与に地方公共団体が不服がある場合の係争処理制度が設けられ、国が行う「是正の要求」についてその主体を内閣総理大臣とした場合、内閣に属する国地方係争処理委員会が内閣を統括する立場にある内閣総理大臣の「是正の要求」を審査し、勧告することとなり適切でないと考えられるとともに、係争処理においては、行政事務を分担管理している各大臣と関与を受けた事務を担任している地方公共団体の執行機関との間で争うこととすることが制度として簡明であり、係争の早期解決に資すると考えられること、の理由によるものである。

国の各大臣は、都道府県が処理する「自治事務」の処理について「是正の要求」をすることができる（自治法二四五の五Ⅰ）ほか、都道府県の執行機関に対し、市町村の「自治事務」及び「第一号決定受託事務」の処理について「是正の要求」をするよう指示することができ（自治法二四五の五）、さらに、市町村の「自治事務」及び「第一号法定受託事務」の処理について、緊急を要するときその他特に必要があると認めるときは市町村に対し「是正の要求」をすることができる（自治法二四五の五Ⅳ）。

なお、総務大臣は、住民基本台帳法の事務の処理に関し、東京都知事に対し（平成一一年一月）東京都国立市に、また福島県知事に対し（平成一一年八月）福島県矢祭町に、それぞれ、住民基本台帳ネットワークに接続することを求める「是正の要求」を行うよう指示をし、東京都知事及び福島県知事は、当該指示に基づき、「是正の要求」をした。矢祭町は、なかなか措置を講じなかった。また、平成二五年一〇月、義務教育諸学校の教科用図書の無償措置に関する法律の規定に基づく事務の執行について、文部科学大臣は、同法の規定に違反していると認められるとして自治法二四五条の五第二項の規定に基づき、沖縄県教育委員会に対し、同県八重山郡竹富町に対して自治法二四五条の五第三項に基づく違反を是正するため必要な措置を講ずべきことを求めるよう指示をした。しかし、沖縄県は竹富町に是正の要求はしなかった。そこで、文部科学大臣は、平成二六年三月、沖縄県教育委員会に指示をしていたところ沖縄県教育委員会が是正の要求を行わないままに新年度が迫ってきたことから、自治法二四五条の五第四項の規定に基づき、当該違反を是正するために必要な措置を講ずることを求める是正の要求をした。国の大臣が市町村に対して自治法二四五条の五第四項に基づく是正の要求をしたのは初めてであった。この件については、同年五月沖縄県教育委員会が竹富町の教科書共同採択地区からの分離を認め、単独採択が可能となった。

イ　都道府県が求める「是正の要求」

市町村に対して都道府県が「是正の要求」をすることができるのは、各大臣の指示を受けて行う場合（市町村の「自治事務」及び「第二号法定受託事務」）（自治法二四五の五ⅡⅢ）及び都道府県の「自治事務」を「条例による事務処理の特例」（自治法二五二の一七の二以下）によって市町村が処理する場合（自治法二五二の一七の四Ⅰ）に限られる。その主体については、市町村の教育委員会及び選挙管理委員会が担任する事務については、それぞれ都道府県の教育委員会、選挙管理委員会とし、それ以外の市町村の事務については都道府県知事としている（自治法二四五の五Ⅱ・二五二の一七の四Ⅰ、地教行法五五Ⅸによる自治法二五二の一七の四Ⅰの準用）。

長、教育委員会及び選挙管理委員会以外の委員会等については、人事委員会（公平委員会）、監査委員については、都道府県と市町村に同種の委員会等があるが、それぞれ当該団体の内部的な事務を行うための機関であり、都道府県と市町村との間での事務の関連性はほとんどないこと、市町村の執行機関には、農業委員会と固定資産評価審査委員会があるが、これらの委員会の事務と密接な関連を有する事務を行っている都道府県の委員会等はないことから、市町村の教育委員会と選挙管理委員会の事務については、それぞれ都道府県の教育委員会と選挙管理委員会が、それ以外の市町村の事務については、都道府県知事が、関与の主体として適当と考えられたものである。また、教育委員会と選挙管理委員会については、特に政治的中立性が要求される機関（委員（教育委員会については教育長及び委員）について政党所属制限（自治法一八二Ｖ、地教行法四Ⅳ）等の規定がある。）であり、そういう観点からも、これらの委員会については、知事が一般的に関与することとするよりも、都道府県の委員会が関与することとするほうが適切と考えられる。

「是正の勧告」「是正の指示」における都道府県の関与の主体についても、同様の考え方に基づくものである（自治法二四五の六・二四五の七Ⅱ）。なお、「法定受託事務」に係る審査請求の制度における審査庁についても、同様の規定となっている（自治法二五五の二）。

上述のように、市町村に対する「是正の要求」について、国が直接市町村に行うことができるのは、市町村の「自治事務」及び「第二号法定受託事務」の処理について緊急を要するときその他特に必要があると認めるときに限っている（「法定受託事務（第一号法定受託事務）」についての「是正の指示」も、同様の考え方に立っている。）。都道府県は、市町村に対する「是正の要求」は、「条例による事務処理の特例」により市町村が処理する場合以外は、各大臣の指示があった場合にのみ行うことができるものである。大臣の指示を受けた場合、指示を受けた都道府県の執行機関は、必要な措置を講ずべきことを求めなければならない（自治法二四五の五Ⅲ。すなわち、「是正の要求」をしなければならない。）。なお、住民基本台帳法の事務処理及び義務教育諸学校の教科書の無償措置に係る事務の執行についての事例に関しては上述のとおりである。

「条例による事務処理の特例」により、都道府県の「自治事務」を市町村が処理することとなる場合には、知事は、大臣の「指示」がない場合にも、「是正の要求」ができる旨の特則が設けられている（自治法二五二の一七の四Ⅰ）。

なお、都道府県は、市町村の「自治事務」の処理が法令の規定に違反している等と認めるときにおいては、自らの判断で、「是正の勧告」を行うことができる（自治法二四五の六）。「是正の勧告」は、それを受けた市町村には一般的な尊重義務はあるものと考えられるが、「是正の要求」と違い、是正改善すべき法律上の義務が生じるものではない（「4　是正の

正又は改善のための必要な措置を講じなければならない。」（自治法二四五の五Ｖ）と規定している。つまり、「是正の要求」を受けた地方公共団体は、是正又は改善のための必要な措置を講じなければならない義務を負うものである。ただし、是正又は改善の具体的な措置内容については、地方公共団体の裁量によるものである。

「是正の要求」も「是正の指示」も、ともに、地方公共団体の事務の処理が、「法令の規定に違反していると認めるとき、又は著しく適正を欠き、かつ、明らかに公益を害していると認めるとき」に、自治法に基づき一般的に行うことができる関与で、そのいずれも、当該関与を受けた地方公共団体は、是正又は改善のための必要な措置を講じなければならないものであり、係（紛）争処理手続の対象となる関与である。しかし、「是正の指示」は、是正又は改善のための具体的措置の内容についても指示することが可能であり、それに従う義務が生ずるものであるのに対し、「是正の要求」は、具体的措置の内容については、地方公共団体の裁量によるものとすることにおいて異なるものである（ただし、前述したように（一「3『関与』の類型等」参照）、平成一九年の地教行法の改正において、文部科学大臣が、都道府県教育委員会又は市町村教育委員会の教育の事務の管理及び執行に関して行う自治法に基づく是正の要求は、「自治事務」であっても、講ずべき措置の内容を示して行うものとすることとされている（地教行法四九）。この規定は、文部科学大臣の「是正の要求」等の方式を定めたものであり（地教行法四九の見出しを参照）、措置の内容に従うべき義務を課しているものではないと解すべきであろう。平成二一年の農地法及び農業振興地域の整備に関する法律の改正で規定された農林水産大臣が都道府県知事に自治法の現定により行う「是正の要求」（農地法五九Ｉ、農業振興地域の整備に関する法律五の三などについても、同様である）。

なお、地方分権一括法による改正前の自治法二四六条の二の「是正措置要求」（「適正な事務処理の確保措置」）の規定には改正後の自治法二四五条の五第五項に相当する規定がなかったが、「是正の要求」の規定で、その効果を法律に規定することとしたのは、改正前の自治法二四六条の二の「是正措置要求」の効果よりも強めることを意図したものではなく、「是正の勧告」との法律上の効果の違いを明らかにするとともに、係争処理手続の対象とするための法制的な技術的処理としても要請されたためである。

平成二四年の自治法の改正で、「是正の要求」や「是正の指示」が行われた場合における地方公共団体の不作為に関する国（又は都道府県）による不作為の違法の確認の訴えの制度が定められた（自治法二五一の七、二五二）。後述五「6　地方公共団体の不作為に関する国の訴えの提起」及び第三節四「5　市町村の不作為に関する都道府県の訴えの提起」を参照されたい。

4　是正の勧告

「是正の勧告」は、市町村の「自治事務」の処理が法令の規定に違反しているとき、又は著しく適正を欠き、かつ、明らかに公益を害していると認めるときにおいて、都道府県自らの判断に基づき市町村に対し行う関与であり、都道府県が「自治事務」として行う関与と位置付けられている。

「是正の勧告」は、市町村の違法な事務処理等について勧告するという重大な関与であるが、あくまでも勧告であり、その効果は、尊重義務が生じるにとどまり、関与に係る係争処理手続（自治法二五一の三）の対象とはならない。

「是正の勧告」の要件、都道府県の執行機関の考え方等については、「是正の要求」と同様である。

5　是正の指示

「是正の指示」は、地方公共団体の「法定受託事務」の処理が法令の規定に違反しているとき、又は著しく適正を欠き、かつ、明らかに公益を害していると認めるときに、国又は都道府県が地方公共団体に対して行うことができる関与である。

「法定受託事務」については、「指示」が原則的な関与の基本類型として認められているが、自治法の規定を直接一般的根拠として行うことができる「是正の指示」は、違法な事務処理等に対する「指示」、いわば事後的な「指示」である。事前については、一般的に自治法の規定を根拠とするものとして、自治法二四五条の九の規定に基づいて「法定受託事務」について「処理基準」を定めることができるが、事前の「指示」（具体的かつ個別的な行為）や事後の「指示」であっても自治法の「是正の指示」以外のものについては、個別の法律又はこれに基づく政令において、その必要に応じて事項と場合を限定して定める必要がある（自治法二四五の二・二四五の三ⅡⅥ参照。なお、平成一九年の地教行法の改正において規定され、平成二六年の改正で規定の明確化が図られた文部科学大臣の都道府県教育委員会又は市町村教育委員会に対して「自治事務」についても行える指示（地教行法五〇）については自治法二四五条の三第六項に規定する関与の基本原則の範囲内のものと解する。二「2 関与の基本原則（最小限度の原則、一般法主義の原則、特定の類型の関与に係る原則）」参照）。

「是正の指示」は、当該「法定受託事務」の処理について「違反の是正又は改善のため講ずべき措置に関し、必要な指示をすることができる。」ものである（自治法二四五の七ⅠⅡⅣ）。つまり、「自治事務」に対する「是正の要求」と異なり、「講ずべき措置に関し」必要な指示をするものであり、地方公共団体は、その「指示」された是正又は改善のための措置の内容に従わなければならない。

「是正の指示」の規定も、市町村に対しては、原則として都道府県知事等が関与することとし、各大臣が、直接関与することができるのは、「第一号法定受託事務」について「緊急を要するときその他特に必要があると認めるとき」に限られている（自治法二四五の七Ⅳ）。これは、市町村の事務処理については、その実態をよく把握し得る立場にある都道府県が関与することとするのが適当と考えられること及び国がすべての市町村に対して直接関与することは現実的でないことから、自治法の規定を直接一般的根拠として行う関与である「是正の指示」については、第一次的には都道府県が行うこととしているものである。なお、市町村の「第一号法定受託事務」に対する都道府県の関与は、それ自体「第一号法定受託事務」として行うものとされている（自治法三二〇Ⅰ）。各大臣は、市町村の「第一号法定受託事務」については、都道府県の「是正の指示」に関し、必要な指示ができるとともに、上述したように緊急時等には自ら市町村に「是正の指示」をすることができるものである（自治法二四五の七ⅢⅣ）。

平成二三年四月、千葉県選挙管理委員会が千葉県浦安市選挙管理委員会に対し、千葉県議会議員の選挙に関する事務の執行について「是正の指示」をした。しかし、浦安市選挙管理委員会は従わなかった（このように「是正の指示」や「是正の要求」を受けた地方公共団体の不作為に関して、平成二四年の自治法の改正で規定された訴えの提起の制度については、五「6　地方公共団体の不作為に関する国の訴えの提起」及び第三節四「5　市町村の不作為に関する都道府県の訴えの提起」参照。そして、米軍の沖縄県普天間飛行場の移設に係る公有水面埋立承認（公有水面埋立法四二）の取消処分をめぐっての国の「是正の指示」等及び不作為に関する国の訴えの提起については、後述五「6　地方公共団体の不作為に関する国の訴えの提起」において説明する。）。

各大臣は、市町村が処理する「第二号法定受託事務」に対しては、「是正の指示」はできず、都道府県の執行機関に対して「是正の要求」をするよう指示すること及び緊急を要するときその他特に必要と認めるとき自ら「是正の要求」ができることにとどまる（自治法二四五の五Ⅱ～Ⅳ参照）。

「是正の指示」の要件、「是正の指示」と「是正の要求」の効果等の違い、市町村に「是正の指示」を行う都道府県の執行機関等については、「3　是正の要求」において前述したところである。

参議院合同選挙区選挙管理委員会が管理する事務は、第一号法定受託事務とみなされる（公選法五の六Ⅱ）が、市町村が担任する参議院合同選挙区選挙管理委員会の「是正の指示」について、上述と同様に規定されている。

6　代執行等

「代執行」の制度は、地方分権一括法による改正前の機関委任事務制度の下において、機関委任事務に関する「職務執行命令」の制度の中に位置付けられていた（改正前の自治法一五一の二）。すなわち、主務大臣（又は都道府県知事）は、国の機関委任事務の管理又は執行について、法令の規定又は主務大臣（若しくは都道府県知事）の処分に違反するものがある場合又は管理若しくは執行を怠るものがある場合において、他の方法でその是正を図ることが困難であり、かつ、それを放置することにより著しく公益を害することが明らかであるときは、勧告をし、当該勧告に係る事項を行わないときは期限を定めて当該事項を行うべきことを命令することができることとし、さらに期限までに当該事項を行わないときに当該事項を行うべきことを命ずる旨の裁判を請求することができるとされ、期限を定めて当該事項を行うべきことを命ずる裁判があった場合に、なお、当該事項を行わないとき、当該都道府県知事（又は市町村長）に代わって当該事項を行うことができるとされていた（なお、平成三年の改正前においては、内閣総理大臣（又は都道府県知事）が長を罷免することもできること、代執行又は罷免のためには命令違反事実の確認の裁判も必要であること等とされていた。）。

地方分権一括法による改正により、機関委任事務制度は廃止されたが、改正後の制度の下において、「法定受託事務」は、「国（又は都道府県）が本来果たすべき役割に係るものであつて、国（又は都道府県）においてその適正な処理を特に確保する必要があるものとして法律又はこれに基づく政令に特に定めるもの」（自治法二Ⅸ①②）であるから、地方公共団体の事務の処理が法令の規定等に違反しているとき又は当該地方公共団体がその事務の処理を怠っているときに国（又は都道府県）が、「その是正のための措置を当該普通地方公共団体に代わって行うこと」、すなわち「代執行」（自治法二四五①ト）も、一定の要件の下においては認めることとしているものである。

その基本的な構成等は、地方分権一括法による改正前の職務執行命令の制度に準じている。もっとも、改正前の制度は、国の機関委任事務の管理又は執行についての法令違反等がある場合の矯正手段として位置付けられていたが、改正後においては、新しい国と地方公共団体（又は都道府県と市町村）との関係の一つと位置付けられているものである。

「代執行等」の制度の概要は、以下のとおりである（自治法二四五の八）。

① 各大臣は、その所管する法律若しくはこれに基づく政令に係る都道府県知事の「法定受託事務」の管理若しくは執行が法令の規定若しくは当該各大臣の処分に違反するものがある場合又は当該「法定受託事務」の管理若しくは執行

を怠るものがある場合において、他の方法によってその是正を図ることが困難であり、かつ、それを放置することにより著しく公益を害することが明らかであるときは、文書により、当該都道府県知事に対して、その旨を指摘し、期限を定めて、当該違反を是正し、又は当該怠る「法定受託事務」の管理若しくは執行を改めるべきことを勧告することができる（自治法二四五の八Ⅰ）。

② 各大臣は、都道府県知事が①の期限までに勧告に係る事項を行わないときは、文書により、当該都道府県知事に対し、期限を定めて当該事項を行うべきことを指示することができる。

③ 各大臣は、都道府県知事が②の期限までに当該事項を行わないときは、高等裁判所に対し、訴えをもって、当該事項を行うべきことを命ずる旨の裁判を請求することができる。

④ 当該高等裁判所は、各大臣の請求に理由があると認めるときは、当該都道府県知事に対し、期限を定めて当該事項を行うべきことを命ずる旨の裁判をしなければならない。

⑤ 各大臣は、都道府県知事が④の裁判に従い同項の期限までに、なお、当該事項を行わないときは、当該都道府県知事に代わって当該事項を行うことができる。この場合においては、各大臣は、あらかじめ当該都道府県知事に対し、当該事項を行う日時、場所及び方法を通知しなければならない。

⑥ 高等裁判所の判決に対する上告の期間は、一週間とする。上告は、執行停止の効力を有しない。

⑦ 各大臣の請求に理由がない旨の判決が確定した場合において、既に⑤により②の指示に係る事項が行われているときは、都道府県知事は、当該判決の確定後三か月以内にその処分を取り消し、又は原状の回復その他必要な措置を執ることができる。

⑧ 以上は、市町村長の「法定受託事務」の管理若しくは執行が法令の規定若しくは各大臣若しくは都道府県知事の処分に違反するものがある場合又は当該「法定受託事務」の管理若しくは執行を怠るものがある場合において、他の方

法によってその是正を図ることが困難であり、かつ、それを放置することにより著しく公益を害することが明らかであるときについて準用する（読み替えあり）。

⑨　各大臣は、その所管する法律又はこれに基づく政令に係る市町村長の「第一号法定受託事務」の管理又は執行について、都道府県知事に対し、⑧において準用される①～⑤の措置に関し、必要な指示をすることができる。

なお、法律又は政令上は都道府県知事が管理又は執行することとされている「法定受託事務」が条例による事務処理の特例（自治法二五二の一七の二）により、市町村長が管理又は執行することとされた場合については、自治法二四五条の八第一二項（上記⑧）の特則として、自治法二五二条の一七の四第二項が定められており、各大臣が直接代執行等を行うことができることとされている。

これらのことについて、特に留意すべき事項は、次のとおりである。

第一に、①において、他の方法（自治法二四五条の八第一項の規定では「本項から第八項までに規定する措置以外の方法」）とは、「法定受託事務」の適正な執行を図るための措置をいい、例えば自治法二四五条の七の規定に基づく「是正の指示」などを指す。「著しく公益を害する」とは、社会公共の利益に対する侵害の程度が甚だしい場合のことをいう（なお、行政代執行法二参照）。この判断は、第一次的には各大臣の判断にかからしめられているが、最終的には訴訟を通じて裁判所の判断にゆだねられることとなる。

第二に、「代執行」のための訴訟の性格は、行政事件訴訟法に規定する機関訴訟（行政事件訴訟法六・四二）である。また、この訴訟は義務付け訴訟的性格を有する（行政事件訴訟法三Ⅵ。同法三七の二・三七の三参照）。行政事件訴訟法四三条は、機関訴訟について、取消訴訟的性格を有する訴訟及び無効等確認の訴え的性格を有する訴訟以外のものについては「第三十九条及び第四十条第一項の規定を除き、当事者訴訟に関する規定を準用する。」（同条Ⅲ）としており、本条の訴訟もこの規定の適用を受けることとなるが、自治法二四五条の八第一四項は、「行政事件訴訟法第四十三条第三項の規定にかかわらず、同法第四十一条第二項の規定は、準用しない。」との特別の定めを置いて、当事者訴訟の準用関係を整理している。なお、⑦に述べたように行政事件訴訟法三三条の規定の判決の拘束力の規定によって通常は処理される事項について具体的な特例が置かれている（自治法二四五の八XI）。つまり、「上告は、執行停止の効力を有しない。」としているが、各大臣の代執行後、最高裁判所で高等裁判所の判決が破棄され、知事勝訴の判決が確定した場合には、もともと各大臣には代執行権限がなかったことになるのであり、代執行による処分を取り消し、又は事実行為について原状回復することも、本来的権限に附属する権限として、本来の権限者である知事が行うことができる旨明らかにしたものである。

第三に、③の訴訟は、各大臣が原告となり、都道府県知事を被告として、当該都道府県知事が②の指示に定められている期限までに当該事項を行わないときは、高等裁判所に対して、当該事項を行うべきことを命ずる旨の裁判を請求する訴訟である。この訴訟では、各大臣による指示の正当性が争われることとなるが、平成三年の改正による改正前の自治法一四六条の職務執行命令訴訟に関し、最高裁判所は、「同条が裁判所を関与せしめその裁判を必要としたのは、地方公共団体の長に対する国の当該指揮命令の適法であるか否かを裁判所に判断させ、……職務執行命令訴訟において、裁判所が国の当該指揮命令の内容の適否を実質的に審査することは当然であ」る（最高裁昭三五・六・一七）としている。この考え方に従えば、裁判所は、「法定受託事務」の管理執行について、法令若しくは処分に違反するものがあるかどうか、又はその管理執行を怠っているかどうか、その是正を図る方法が他にないかどうか、それを放置することが著しく公益を害することが明らかかどうかなどのほか、各大臣の指示が適法かどうかについても実質的に審査を行うこととなる。

代執行に係る事例としては、米軍の沖縄県普天間飛行場の移設に係る公有水面埋立て法に基づく沖縄県が行った埋立て承認（同法四二、法定受託事務）をその後沖縄県知事が取り消したことに対して、当該取消しの取消しに係る自治法二四五条の八に基づく代執行手続きとして、国土交通大臣は、同年一〇月二八日同条一項の勧告を行い、同年一一月九日同条第二項の指示をし、同月一七日に福岡高等裁判所（那覇支部。以下同じ。）に対し、同条三項に基づき訴えをもって当該事項を行うべきことを命ずる旨の裁判を請求をした。裁判所は、沖縄県普天間飛行場移設問題について提起されている訴訟に関し和解案を提示し、平成二八年三月四日、安倍内閣総理大臣と沖縄県知事は、和解案に示された事項を実行することとした。その後の推移については、後述（五「6　地方公共団体の不作為に関する国の訴えの提起」）する。

7　処理基準

(1)　処理基準の意義と効力

「処理基準」は、「『法定受託事務』の処理について、各大臣（又は都道府県の執行機関）が定める当該『法定受託事務』を処理するに当たりよるべき基準」をいう（自治法二四五の九参照）。「処理基準」は、地方公共団体に対して具体的かつ個別的にかかわる行為ではなく一般的に定めるものであり、自治法上の関与とは異なる（自治法二四五参照）。

「法定受託事務」に係る「処理基準」は、事務を処理するに当たり「よるべき基準」であり、地方公共団体は、それに基づいて事務を処理することが法律上予定されているものである。「処理基準」と異なる事務処理が行われた場合において、法的な義務を果たしていないという評価を受ければ違法とされることもあり得る。また、「処理基準」の内容が法令の解釈に係る場合には、「処理基準」と異なる解釈による事務処理が法令違反と評価されることもあると考えられる。

「法定受託事務」に係る「処理基準」を、直接、係（紛）争処理手続の制度（自治法二五〇の一三以下・二五一の三以下）の対象とすることはできない。「処理基準」は一般的な基準であって、具体的な事件性がない以上、抽象的には係（紛）争処理手続の対象とならないものである。ただし、地方公共団体が「処理基準」と異なる事務処理をした場合には、各大臣等が「是正の指示」を行うことが考えられるが、地方公共団体は、当該「是正の指示」に係る係（紛）争処理手続の中で、「処理基準」の適否について争うことは可能である。

「処理基準」は、その目的を達成するために必要最小限度のものでなければならないとされている（自治法二四五の九V）。

また、新たな事務の義務付けや、国との協議や承認等の関与、必置規制などを定めることはできないものである（自治法二Ⅱ・二四五の二等参照)。具体的には、処理基準としては、法令の解釈や、許認可等の審査基準、調査の様式などを定めるものといえる。

(2)「処理基準」を定める主体等

「法定受託事務」に係る「処理基準」については、都道府県の「法定受託事務」については各大臣が、市町村の「法定受託事務」については都道府県の執行機関又は各大臣(「第一号法定受託事務」について特に必要があると認めるとき)が定めることができることとされており(自治法二四五の九Ⅰ～Ⅲ)、その形式は、告示等に限られていないので、各大臣等が、「処理基準」を定め、通知として各地方公共団体に示すことも可能である。なお、「自治事務」に関しては、「地方分権推進計画」では、「自治事務」に係る基準のうち必要なものは、「法律又はこれに基づく政令(法律又はこれに基づく政令の委任に基づく省令又は告示を含む。)で定める」こととされている。その趣旨は、国が「自治事務」について基準を定める必要がある場合には、法律又はこれに基づく政令で、その基準を定めるべきであり、やむを得ず省令・告示で基準を定める場合であっても、個別の法律又はこれに基づく政令で省令又は告示に委任する必要があるということである。よって、「自治事務」については、「技術的な助言又は勧告」として行うことはともかく、個々の法律の根拠規定がなければ、国として基準を定めることはできず、原則地方公共団体の判断によることとなるものである。なお、国が法律又はこれに基づく政令若しくはこれらに基づく省令等で「自治事務」について基準的なものを定める場合、自治法二条一三項の規定に鑑みて、極めて限定されるべきであり、その内容も同条同項の趣旨を踏まえたものでなければならない。

参議院合同選挙区選挙管理委員会が市町村の参議院合同選挙区選挙について担任する第一号法定受託事務に関して定める処理基準についても、同様である。

(3)「処理基準」と「通知」等

地方分権一括法による改正前の「機関委任事務」については、国の包括的・一般的な指揮監督権があり、事務の管理・

執行全般にわたり、「通達」の形式で一般的に定めることも、具体の事例について個別に指示等することも可能であった。また、「機関委任事務」については「通達」の中で、一定の事項について、国との協議、承認等の義務付けや必置規制等についても定めることができると考えられていたものである。これに対して、「法定受託事務」に係る「処理基準」は、個々具体の事例を対象としてそのつど定めるものではなく、あくまで一般的な基準として定められるものであり、上述したように、その内容も目的を達成するために必要な最小限度のものでなければならない。また、新たな事務の義務付けや、国との協議や承認等の関与、必置規制などを定めることはできないものである。

機関委任事務制度の廃止により、地方公共団体の長は、国の機関としての性格は持たず、大臣の指揮監督を受けることはなくなったので、地方公共団体に対する指揮監督権の行使としての「通達」という概念はなくなった。もっとも、国の行政機関が、地方公共団体に対して、一定の行為を促し、又は求める場合には、自治法や各個別法（これらに基づく政令を含む。）に基づく助言・勧告又は指示等の関与としてなされることとなるから、それらの行為が書面によりなされること（「通知」）、また、「法定受託事務」に係る「処理基準」を定め、その内容が書面により地方公共団体に示されること（「通知」）はあり得るものである。

また、「通達」に関しては、参議院において、「既に発出している通達は、今回の改正の趣旨に則り適切に整理することとし、いわゆる通達行政が継続されることのないようにすること」との附帯決議がなされている。

平成一二年四月一日の地方分権一括法の施行、機関委任事務制度の廃止により、従来の通達・通知は次のとおり整理されることとされた。

① 従来指揮監督権（改正前の自治法一五〇等）に基づき拘束力のあるものとして出されていた「通達」については、その根拠規定が廃止されることから、何ら措置を行わなかった場合には当然に廃止されることとなる。

② 従来指揮監督権に基づき拘束力のあるものとして出されていた「通達」のうち、「法定受託事務」に係る「処理基準」

として引き続き拘束力を有する必要があるものについては、自治法二四五条の九に基づく「処理基準」であることを明示して、各地方公共団体に示す必要がある。

③ 従来から助言・勧告として出されていた通知については、従来通り助言・勧告として位置付けられる。

四 関与等の手続等

1 関与等の手続の規定の趣旨等と適用範囲

自治法においては、地方公共団体に対する国又は都道府県の関与等の手続について定めている（自治法第二編第一一章第一節第二款「普通地方公共団体に対する国又は都道府県の関与等の手続」）。

「普通地方公共団体に対する国又は都道府県の関与等の手続」としては、書面主義、手続の公正・透明性の確保（許認可等の審査の基準の設定・公表、不利益取扱いの禁止）、事務処理の迅速性等の確保（協議における誠実協議義務、標準処理期間の設定・公表、申請・協議の申出・届出の到達主義）等について定めている。

関与等の手続ルールの法的整備は、「関与の法定主義」及び「関与の必要最小限度の原則」の確立、機関委任事務制度及びそれに係る指揮監督権の廃止並びに個別の法律に基づく関与等の廃止・縮減といった実体法的整備と併せて、関与等の手続法的整備を行うことにより、団体自治の制度的保障の充実と確立を図ろうとするものである。

このことに関し、行政手続法は、最終的には国民の権利利益の保護に資することを目的としているが、その趣旨とするところの「行政運営における公正の確保と透明性（略）の向上を図」ること（行政手続法一Ⅰ）は、行政の手続全般において、普遍性を有するものと考えられる。そのような考え方を地方公共団体に対する国又は都道府県の関与等についても取り入れ、国と地方公共団体、都道府県と市町村との間の手続ルールを整備することにより、これらの関係をより公正・透明なもの等にする（「公正・透明の原則」等の確立）ことは、ひいては、国民との関係においても、行政の手続が公正・透明なものとなることにつながるものといえる。

自治法に定める関与等の手続の規定は、自治法二四五条で定義した「普通地方公共団体に対する国又は都道府県の関与」等について適用される。なお、地方公共団体がその固有の資格外において行為の名あて人となるものについては、これらの規定の適用ではなく、行政手続法の定めるところによることとなる（行政手続法四Ⅰ参照）。また、補助金等については、補助金等に係る予算の執行の適正化に関する法律の定めるところによる。

また、自治法に定める関与等の手続ルールは、自治法二四五条一号及び二号に規定する基本類型の関与はもちろん、個別の法律に基づき設けられている基本類型以外の関与（自治法二四五③参照）等についても適用されるものであり、自治法において、そのことを示す場合、特に、「……類する行為」としている（自治法二四七Ⅰ・二四八Ⅰ・二四九Ⅰ・二五〇の二ⅠⅡ）。また、「許認可等の取消し等」（自治法二五〇の二ⅡⅢ・二五〇の四）及び「届出」（自治法二五〇の五）についても定め、さらに「並行権限の行使」（自治法二五〇の六）についても定めている。

2　助言等の方式

「助言等」の方式については、「書面の交付」及び「不利益な取扱いの禁止」について定めている。「助言又は勧告」は、一定の行為又は措置を実施するように促す行為、又はそれを実施することについて必要な事項を示す行為であって、「処分その他公権力の行使」に当たらない行為のことであり、「これらに類する行為」としては、例えば指導（災害対策基本法三Ⅳ、地教行法四八等）、要請（災害対策基本法七七Ⅱ等）等が挙げられる。

国の行政機関又は都道府県の機関は、地方公共団体に対し、助言等を書面によらないで行った場合において、地方公共団体から当該助言等の趣旨及び内容を記載した書面の交付を求められたときは、これを交付しなければならない（自治法二四七Ⅰ）。ただし、「助言等」のうち、「普通地方公共団体に対しその場において完了する行為を求めるもの」及び「既に書面により当該普通地方公共団体に通知されている事項と同一の内容であるもの」については、適用はない（自治法二四七Ⅱ）。これらの内容は、行政指導に係る行政手続法三五条の規定に準じたものである。

また、国又は都道府県の職員は、地方公共団体が「助言等」に従わなかったことを理由として、不利益な取扱いをしてはならない（自治法二四七Ⅲ）。「助言等」については、それらを受けた地方公共団体には、一般的に尊重する義務はあっても、それらに従って事務を処理しなければならない法律上の義務が発生するものではない。したがって、「助言等」に従わなかったことを理由として、不利益な取扱いをしてはならないことが、行政指導に係る行政手続法三二条二項の規定に準じて、国又は都道府県の職員の職務上の義務として定められている。ここで、「国又は都道府県の職員は……」と、行政機関ではなく「職員」としているのは、行政手続法の「行政指導に携わる者」と同様の観点からである。「不利益な取扱い」とは、「助言等」に携わる職員が、「助言等」に従わなかった地方公共団体に対して、それまで平等に提供してきた情報を当該地方公共団体にだけ提供しないこととするとか、別の場面において意図的に差別的な取扱いをするといった当該地方公共団体が「助言等」を受ける以前には得られていた利益又は得られることが確実であった利益を損なわしめ、又はそれまで被っていなかった不利益を与えるようなことである。

３　資料の提出の要求等の方式

「資料の提出の要求」等の方式については、「書面の交付」について定められている。

「資料の提出の要求」は「処分その他公権力の行使」に当たらない行為であり、「資料の提出の要求」のほか、「これらに類する行為」として、報告の求め、意見の開陳、説明その他の必要な協力の求め、調査などが含まれる。

国の行政機関又は都道府県の機関は、地方公共団体に対し、「資料の提出の要求等」を書面によらないで行った場合において、当該資料の提出の要求等の趣旨及び内容を記載した書面の交付を求められたときは、これを交付しなければならない（自治法二四八）。

4 「是正の要求」「指示」等の方式

「是正の要求」「指示」等の方式については、「書面の交付」（原則「書面主義」）について定められている。

「是正の要求」「指示」は、いずれも地方公共団体に法律上の作為又は不作為の義務が生じるものであり、「処分その他公権力の行使」に当たる行為である。「これらに類する行為」としては、例えば命令（「命ずる」を含む。学校教育法一五Ⅱ～Ⅳ、障害者の日常生活及び社会生活を総合的に支援するための法律（障害者総合支援法）八六Ⅰ等）等が挙げられる。

「是正の要求」「指示」等は、対応によっては違法となることもあるような関与であり、行政手続法における不利益処分の理由の提示の規定（行政手続法一四）に準じて、原則として、「是正の要求」「指示」等をするときは、同時に、その内容及び理由を記載した書面を交付しなければならないこととされている（自治法二四九Ⅰ本文）。なお、当該書面を交付しないで「是正の要求」「指示」等をすべき差し迫った必要がある場合は、この限りではない（自治法二四九Ⅰただし書）。この場合においては、是正の要求等をした後相当の期間内に、当該書面を交付しなければならない（自治法二四九Ⅱ）。

5 協議の方式

「協議」の方式については、「誠実協議等」及び「書面の交付」について定められている。

「協議」については、協議の当事者である国の行政機関又は都道府県の機関と地方公共団体の双方共に、誠実に協議を行い相当の期間内に協議が調うよう努めなければならない（自治法二五〇Ⅰ）。ただし、必ずしも、協議が調うことが必要とされるものではない。仮に、地方公共団体が自らの協議の義務を果たしたと認めるにもかかわらず当該協議が調わない場合には、自治法二五〇条の一三第三項（又は同法二五一条の三第三項）の規定に基づき、義務を果たしたかどうかについて国地方係争処理委員会に対して審査の申出（又は総務大臣に自治紛争処理委員の審査に付することを求める旨の申出）をすることができる。これにより、地方公共団体は、自らの義務を果たしたことを国地方係争処理委員会（又は自治紛争処理委員）によって確認されることが可能となるものである。「相当の期間」とは、客観的に見て合理的と思われる期間であるが、

「同意を要する協議」については、「標準処理期間」（自治法二五〇の三Ⅰ）がその目安となろう。

なお、法定外普通税となる横浜市の勝馬投票券発売税の新設について、地方税法六六九条一項に基づく「同意を要する協議」に関して総務大臣が不同意としたことについて、国地方係争処理委員会は、総務大臣は、その不同意を取り消し、同市と再協議をすることを勧告した（国地方係争処理委員会勧告平一三・七・二四）。

「協議」を受けた国の行政機関又は都道府県の機関が意見を述べた場合、地方公共団体から当該「協議」に関する意見の趣旨及び内容を記載した書面の交付を求められたときは、これを交付しなければならない（自治法二五〇Ⅱ）。

6　許認可等に係る方式

申請等（法令に基づく申請又は協議の申出）があった場合における「許認可等」（許可、認可、承認、同意その他これらに類する行為）に関しては、「基準」（自治法二五〇の二ⅠⅢ）及び「標準処理期間等」（自治法二五〇の三）について定められている。「許認可等」は、国等の許認可等一定の行為を要することを義務付けた場合における地方公共団体からの申請又は申出に対する国等の諾否の応答であり、「処分その他公権力の行使」に当たる行為である。「これらに類する行為」としては、例えば確認（暴力団員による不当な行為の防止等に関する法律六Ⅰ・八Ⅳ等）、指定等が挙げられる。

また、「許認可等の取消し等」に関しては、「基準」（自治法二五〇の二ⅡⅢ）及び「書面の交付」（書面主義（自治法二五〇の四））について定められている。「これに類する行為」としては、例えば許認可等の撤回、停止等が挙げられる。

(1)　基準

国の行政機関又は都道府県の機関は、「許認可等」をするかどうかを法令の定めに従って判断するために必要とされる基準を定め、かつ、行政上特別の支障があるときを除き、これを公表しなければならない（自治法二五〇の二Ⅰ）。また、「許認可等の取消し等」をするかどうかを法令の定めに従って判断するために必要とされる基準を定め、かつ、これを公表するよう努めなければならない（自治法二五〇の二Ⅱ）。これらの基準を定めるに当たっては、当該「許認可等」又は「許認可等の取消し等」の性質に照らしてできる限り具体的なものとしなければならない（自治法二五〇の二Ⅲ）。

これらの規定は、行政手続法における、「申請に対する処分」に係る審査基準の規定（行政手続法五）及び「不利益処分」に係る処分の基準の規定（行政手続法一二）に準じたものである。

(2) 標準処理期間等

国の行政機関又は都道府県の機関は、申請等がそれらの事務所に到達してから当該申請等に係る許認可等をするまでに通常要すべき標準的な期間を定め、かつ、これを公表するよう努めなければならない（自治法二五〇の三Ⅰ）。また、法令により許認可等の機関と申請等の提出先の機関とが異なる場合には、併せて、提出先の機関の事務所に到達してから当該許認可等の機関の事務所に到達するまでに通常要すべき標準的な期間を定め、かつ、これを公表するよう努めなければならない（同項括弧書）。これらの規定は、行政手続法六条に準じたものである。

国の行政機関又は都道府県の機関は、申請等が提出先とされている機関の事務所に到達した場合において遅滞なく当該申請等に係る許認可等をするための事務を開始しなければならない（自治法二五〇の三Ⅱ）。行政手続法七条の規定の一部に準じたものである。

なお、事実上の事前の調整が必要とされる場合についての定めはないが、運用上、標準期間を定め、公表するよう努めるべきである。

(3) 書面の交付（「書面主義」）

国の行政機関又は都道府県の機関は、普通地方公共団体に対し、申請等に係る「許認可等を拒否する処分」をするとき又は「許認可等の取消し」等をするときは、当該「許認可等を拒否する処分」又は「許認可等の取消し等」の内容及び理由を記載した書面を交付しなければならない（自治法二五〇の四）。行政手続法における、「許認可等を拒否する処分」に係る理由の提示の規定（行政手続法八）及び「不利益処分」の理由の提示の規定（行政手続法一四）に準じたものである。なお、

「是正の要求」等の場合の書面の交付義務については「是正の要求」等をすべき差し迫った必要がある場合の例外が認められているが、この場合はそのような例外は認められていないので、その旨留意されるべきである。

7　届出の到達主義

「届出」について「届出の受理」が、これまで国又は都道府県の関与として捉えられていた（地方分権推進法五参照）。一方、行政手続法では、届出（地方公共団体等がその固有の資格においてすべきこととされているものを除く。）について、形式上の要件に適合している場合、その到達をもって「当該届出をすべき手続上の義務が履行されたものとする」との規定が設けられたことにより（行政手続法三七。なお、行政手続法二⑦・四Ⅰ参照）、国の行政機関と一般私人との関係においては、個別の法律において特別の規定がない限り、「届出の受理」という特別な概念は、基本的になくなったものである。

自治法二五〇条の五は、「地方公共団体が固有の資格において名あて人となる届出」についても、その届出に係る国の行政機関又は都道府県の機関の行為を一応関与（自治法二四五③）として捉えたうえで、行政手続法三七条と同様、地方公共団体が固有の資格においてすべきこととされている「届出」に係る「到達主義」を規定している。その限りにおいて、「届出の受理」という行政上の特別の行為の意味はなくなるものである。

8　並行権限の行使の方式

自治事務について「並行権限の行使」をするとき、すなわち、「国の行政機関が『自治事務』と同一の事務を自らの権限に属する事務として処理する」（自治法二五〇の六。一「3　『関与』の類型等」参照）ときは、国の行政機関は、あらかじめ、地方公共団体に対し、当該事務の内容及び理由を記載した書面により通知しなければならない（自治法二五〇の六Ⅰ本文）。ただし、当該通知をしないで当該事務を処理すべき差し迫った必要がある場合は、通知をしないで処理できる（自治法二五〇の六Ⅰただし書）が、事務を処理した後相当の期間内に通知をしなければならない（自治法二五〇の六Ⅱ）。

「並行権限の行使」について、「代執行」との関係、法律で認められている例、係争処理手続との関係、国会の附帯決議等については、前述したところである（一「3　『関与』の類型等」参照）。

五　国の関与に関する係争処理制度

1　係争処理制度の趣旨・目的と概要

地方分権一括法による自治法の改正により、地方公共団体に対する国又は都道府県の関与に関する係争処理の制度が設けられた。係争処理の制度は、国と地方公共団体との間及び都道府県と市町村との間で関与をめぐる係争が生じた場合に、行政部内の公平・中立な第三者機関の判断によって簡易・迅速にこれを処理し、行政部内において解決しない場合、違法に係るものは、裁判所の司法判断によって解決を図るものであり、対等・協力を基本とする国と地方公共団体及び都道府県と市町村の関係にふさわしい合理的な係争処理の仕組みとして、設けられたものである。このような制度の導入により、国又は都道府県の関与の慎重を期し、また、その適正を制度的に保障することとしている。

国の関与に関する国と地方公共団体との係争については、これを行政部内において処理する公平・中立な第三者機関として、国地方係争処理委員会が設けられている（自治法二五〇の七以下）。また、都道府県と市町村との係争については、従来の自治紛争調停委員制度が見直され、市町村に対する都道府県の関与について国地方係争処理委員会に準ずる審査の権限を持つこととなった自治紛争処理委員による係（紛）争処理制度となっている（自治法二五一以下）。なお、自治紛争処理制度については、別途後述する（第三節「二　都道府県と市町村との間の調整等の体系」「三　自治紛争処理制度」「四　審査及び勧告等の制度と訴訟並びに連携協約に係る紛争を処理するための方策の提示」参照）。

国の関与に関する係争処理手続の流れを順を追って簡潔に説明すると、①国の地方公共団体に対する所定の関与について、②当該地方公共団体の長その他の執行機関は、その関与に係る行為若しくは不作為又は法令に基づく協議について不服があるとき等においては、国地方係争処理委員会に対し審査の申出をすることができる（自治法二五〇の一三）。③審査の申出があった場合、国地方係争処理委員会において審査が行われ、④その結果として、その係争につき勧告又は通知等を行う（自治法二五〇の一四）。⑤勧告がなされた場合には、国の行政庁は、当該勧告に示された期間内に勧告に即して必要な措置を講じなければならない（自治法二五〇の一八）。⑥当該地方公共団体の長その他の執行機関は、国地方係争処理委員会の審査の結果若しくは勧告若しくは国の行政庁の講じた措置に不服があるとき又は審査若しくは勧告を行わないとき若しくは国の行政庁が措置を講じないときには、違法な関与又は不作為については、高等裁判所に対して違法な関与の取り消し又は不作為の違法の確認を求める訴訟を提起することができ、司法的な解決が図られる（自治法二五一の五）。また、是正の要求又は指示の審査の申出をした場合において、国地方係争処理委員会が審査の結果又は勧告の内容の通知をした場合及び国地方係争処理委員会が九〇日を経過しても審査又は勧告を行わない場合（自治法二五一の五Ⅰ③参照）、当該地方公共団体の長その他の執行機関が訴訟を提起せず、かつ、当該是正の要求に応じた措置又は指示に係る措置を講じないときは、平成二四年の改正により制度化された地方公共団体の不作為に関する国の訴えの提起の制度の対象となる（自治法二五一条の七Ⅰ②。後述「6　地方公共団体の不作為に関する国の訴えの提起」及び第三節四「5　市町村の不作為に関する都道府県の訴えの提起」参照）。

都道府県の関与に関する係争処理手続も、右とほぼ同様である（自治法二五一の三・二五一の六・二五二Ⅰ②・Ⅲ②）が、国地方係争処理委員会が常設の機関であるのに対し、自治紛争処理委員は事件ごとに任命される臨時の機関であるため、総務大臣に対して審査に付することを求める旨の申出をすることとなり、総務大臣は、その申出があったときは、自治紛争処理委員を任命し、事件をその審査に付すことが義務付けられる（自治法二五一の三Ⅰ）。

2　国地方係争処理委員会

(1)　国地方係争処理委員会の設置と権限

国地方係争処理委員会は、国家行政組織法八条の規定に基づいて設置される、いわゆる「八条機関」（重要事項に関する調査審議、不服審査その他学識経験を有する者等の合議により処理することが適当な事務をつかさどらせるための合議制の機関）である。国地方係争処理委員会は、総務省に置かれる（自治法二五〇の七Ⅰ、総務省設置法八Ⅱ）。

国地方係争処理委員会は、国の関与（自治法二四五参照）のうち所定のものに関する審査の申出につき、自治法の規定によりその権限に属させられた事項を処理する（自治法二五〇の七Ⅱ）。国地方係争処理委員会の権限の具体的な事項については、自治法第二編第一一章第二節第二款「国地方係争処理委員会による審査の手続」に規定されている。

(2) 組織及び委員

ア 組織、委員及び委員長並びに委員の任命

国地方係争処理委員会は、委員五人をもって組織される（自治法二五〇の八Ⅰ）。

国地方係争処理委員会に、委員長を置き、委員の互選によりこれを定める。委員長は、会務を総理し、委員会を代表する。委員長に事故があるときは、あらかじめその指名する委員が、その職務を代理する（以上、自治法二五〇の一〇）。

委員は、優れた識見を有する者のうちから、両議院の同意を得て、総務大臣が任命する（自治法二五〇の九Ⅰ）。国会の閉会又は衆議院の解散のために両議院の同意を得ることができないときは、総務大臣は、両議院の同意を得ることなく委員を任命することができるが（自治法二五〇の九Ⅲ）、この場合には、任命後最初の国会において両議院の事後の承認を得なければならず、両議院の事後の承認が得られないときは、総務大臣は、直ちにその委員を罷免しなければならない（自治法二五〇の九Ⅳ）。

委員の任命については、そのうち三人以上が同一の政党その他の政治団体に属することとなってはならず（自治法二五〇の九Ⅱ）、委員のうち三人以上が同一の政党その他の政治団体に属するに至った場合には、そのうちの二人を除く委員は罷免される（自治法二五〇の九Ⅸ Ⅹ）。委員は、在任中、政党その他の政治団体の役員となり、又は積極的に政治運動をしてはならない（自治法二五〇の九ⅩⅣ）。

イ　委員の任期

委員の任期は、三年とする。ただし、補欠の委員の任期は、前任者の残任期間とする（自治法二五〇の九Ⅴ）。委員は、再任されることができる（自治法二五〇の九Ⅵ）。

ウ　委員の罷免

委員については、自治法に罷免事由が規定されており（罷免しなければならない（又は罷免するものとする。）場合と罷免することができる場合とがある。）、委員は、これらの場合を除くほか、その意に反して罷免されることがない（自治法二五〇の九Ⅶ）。

エ　委員の勤務形態等

国地方係争処理委員会の委員は、原則として非常勤とする（自治法二五〇の八Ⅱ本文）。ただし、審査の申出の件数等を勘案し、必要に応じて常勤の委員を確保することができるよう、委員五人のうち必要に応じて二人以上を常勤とすることができるものとされている（自治法二五〇の八Ⅱただし書）。

オ　委員の守秘義務

委員は、職務上知り得た秘密を漏らしてはならない。その職を退いた後も、同様とする（自治法二五〇の九XIII）。守秘義務違反に対する罰則規定は設けられていない。

(3)　国地方係争処理委員会の会議

国地方係争処理委員会は、委員長が招集する（自治法二五〇の一一Ⅰ）。委員会は、委員長及び二人以上の委員の出席がなければ、会議を開き、議決をすることができない（自治法二五〇の一一ⅡⅣ）。委員会の議事は、出席者の過半数でこれを決し、可否同数のときは、委員長の決するところによる（自治法二五〇の一一Ⅲ）。

委員は、自己に直接利害関係のある事件については、その議事に参与することができない（自治法二五〇の九XVI）。

(4)　専門委員

国地方係争処理委員会に、国の関与に関する審査の申出に係る事件に関し、専門の事項を調査させるため、専門委員を置くことができる（自治令一七四Ⅰ）。専門委員は、学識経験のある者のうちから、委員長の推薦により、総務大臣が任命する（自治令一七四Ⅱ）。専門委員は、当該専門の事項に関する調査が終了したときは、解任されるものとする（自治令一七四Ⅲ）。専門委員は、非常勤とする（自治令一七四Ⅳ）。

3　国地方係争処理委員会による審査の対象、手続等

(1)　審査の対象

国地方係争処理委員会による審査の対象となるのは、①国の関与のうち是正の要求、許可の拒否その他の「処分その他公権力の行使に当たるもの」（自治法二五〇の一三Ⅰ）、②国の関与のうち許可その他の「処分その他公権力の行使に当たるもの」に係る不作為（自治法二五〇の一三Ⅱ）、③国と地方公共団体との法令に基づく協議（自治法二五〇の一三Ⅲ）、である。

この場合において、審査の対象となる国の関与は、自治法二四五条に規定されている「地方公共団体に対する国の関与」に該当するものに限られる。したがって、「普通地方公共団体がその固有の資格において当該行為の名あて人となるもの以外のもの」や、「国の地方公共団体に対する支出金の交付及び返還に係るもの」については、審査の申出をすることができない（自治法二四五柱書き参照）。「地方公共団体がその固有の資格において当該行為の名あて人となるもの以外のもの」については、行政不服審査法及び行政事件訴訟法による通常の行政争訟の手続で処理されることになり、また、「国の地方公共団体に対する支出金の交付及び返還に係るもの」のうち国の補助金等については、補助金等に係る予算の執行の適正化に関する法律二五条の規定による不服の申出の制度がある。

ア　「処分その他公権力の行使に当たる」関与（自治法二五〇の一三Ⅰ）

国地方係争処理委員会による審査は、法制技術的観点からは、行政不服審査法と類似の考え方を採り入れることが可能

なものが少なくない。行政不服審査法においては、対象となる行為を行政庁の「処分その他公権力の行使に当たる行為」と規定しているところであり、係争処理手続の対象となる関与も「処分その他公権力の行使に当たる（関与）」とされている。

行政不服審査法等の解釈において、行政庁の「処分その他公権力の行使」とは、行政庁の行為のうち、行政庁が優越的な意思の主体として一方的に意思決定をし、その結果につき相手方の受忍を強要し得る効果を持つものをいうものとされており、「行政処分」（「行政処分」は、「公権力の主体たる国又は公共団体が行う行為のうち、その行為によって直接国民の権利義務を形成し又はその範囲を確定することが法律上認められているものをいう」とするのが最高裁判所の判例である（最高裁昭三九・一〇・二九）。）がこれに該当し、事実行為の中にもこれに該当するものがある（いわゆる「公権力的事実行為」）と一般的には解釈されている。また、行政庁の「処分その他公権力の行使に当たる」こと、すなわち「処分性」については、多くの論議があり、「行政処分」の概念は、争訟による権利・利益のより実効的な救済という観点から処分性を拡大する方向にある（最高裁昭三九・一〇・二九とこれをめぐる多くの論議参照。なお、塩野宏『行政法Ⅱ・行政救済法（第五版）』（有斐閣）一一八・一二一・一二二頁、ジュリスト『行政判例百選Ⅱ（第四版）』（有斐閣）三九八・三九九頁等参照）。国地方係争処理委員会への審査の申出の対象となる「処分その他公権力の行使に当たるもの」とは、地方公共団体に対する国の関与のうち行政庁と国民・住民との間における「行政処分」と類似の性質を有するものが該当し、「公権力的事実行為」の性質を有する関与も含むものである。なお、自治法の「是正の要求」については、行政庁と国民・住民との間における「行政処分」とは性質の異なるものという指摘もあり、自治法二五〇条の一三第一項の「処分その他公権力の行使に当たるもの」という規定等との関係において、これを「行政処分」と類似の性質を有するものとみるか、又は「処分」ではない「その他公権力の行使に当たるもの」とみるか、論議の分かれるところである（地方分権推進計画においては、「是正措置要求（「是正の要求」に該当する）」については、『権力的な又は処分性のある関与』とは別のものと考えられているように思われる（第二5「⑶国地方係争処理委員会における審査及び勧告」参照）。）が、いずれにしても「是正の要求」が国地方係争処理委員会への審査の申出の対象になることは、法文上明らかにされているところである（自治法二五〇の一三Ⅰ各号列記以外の部分）。

例えば、「是正の要求」や「指示」は、これによって行政庁が望む作為又は不作為に係る法的拘束力を直接相手方に対して有することが法文上又は解釈上認められ、また、関与としての「同意」は、それによって相手方の行為や手続を進めることが法的に可能となるものであり、さらに、「許可」は、一般的禁止の解除によって適法に行い得る地位を直接相手方に付与することが法律上認められているものである。これらはいずれも行政庁と国民・住民との間における「処分その他公権力の行使に当たる行為」と類似の性質を有する関与に該当するということができる。その他、「処分その他公権力の行使に当たる」関与に該当すると考えられる関与としては、認可、承認、命令、取消等があり、監査、立入検査等の事実行為的なもの等の関与もある。

ある関与が「処分その他公権力の行使に当たる」関与に該当するか否かは、個別の法令に照らして判断されるべきものである。その際、当該関与の内容の実現を相手方に受忍させる優越的な地位を法が関与権者に与えているかどうかが判断の基準となる。したがって、通常は「処分その他公権力の行使に当たる」関与に該当しないと考えられるもの（例えば、通知など）であっても、その根拠法令において特に公権力性が付与されていることにより、「処分その他公権力の行使に当たる」関与に該当すると判断される場合もあり得る（例えば、私人を対象とする例ではあるが、通知について、関税定率法の規定により税関長が行った輸入禁制品と認めるのに相当な理由がある旨の通知が抗告訴訟の対象となる「行政処分その他公権力の行使」に当たるとされた例があり（最高裁昭五九・一二・一二）、食品衛生法の規定（平成一五年改正前一六条、改正後二七条）により提出された輸入届書に対する検疫所長の食品衛生法違反である旨の通知が同様に解された例があり（最高裁平一六・四・二六）、また、事業計画決定について、第二種市街地再開発事業の事業計画決定が抗告訴訟の対象となるとされた例がある（最高裁平四・一一・二六）。土地区画整理事業の事業計画決定についても抗告訴訟の対象となることとされた（最高裁平二〇・九・一〇）。一方、国地方係争処理委員会は、全国新幹線鉄道整備法に基づく工事費用負担に係る都道府県の意見聴取について、同法九条四項の国土交通大臣が行う意見聴取は、処分その他公権力の行使に当たるものではない等として、国地方係争処理委員会の審査の申出の対象ではないとした（国地方係争処理委員会平二一・一二・二五決定）。）。

なお、自治法二四五条の四の規定の「助言又は勧告」及び「資料の提出の要求」は、相手方である地方公共団体にこれに従うべき法的義務を課すものではなく、当該地方公共団体がこれに従わなかったとしても違法となるものではない。この点は、法的拘束力のあることが明記された「是正の要求」（自治法二四五の五Ⅴ）と異なっている。したがって、自治法二四五条の四の規定の「助言又は勧告」及び「資料の提出の要求」は、「処分その他公権力の行使に当たる」関与には該当せず、これについて国地方係争処理委員会に対し審査の申出をすることはできない。

「自治事務」に係るいわゆる「並行権限の行使」（自治法二五〇の六）については、地方公共団体の事務の処理とは関係なく国が権限を行使するもの（例えば、法律が施設等への立入権限を国と地方公共団体の両方に認めているような場合など）もあり、そのようなものは、国の関与ではなく、したがって、一般的には国地方係争処理委員会の審査の対象ともならないといえる。しかし、「並行権限の行使」とされるものの中には、地方公共団体が権限を行使しないうちに国が権限を行使することにより地方公共団体の権限行使ができなくなったり、地方公共団体が行った行為の効果を覆すような行為を国が行うことなど、結果として国の意思決定が地方公共団体の意思決定に優越することになるものもあり、そのようなものは、「処分その他公権力の行使に当たる」関与に該当して審査の対象になると考えられる（一「3『関与』の類型等」参照）。もっとも、例えば、事業者に対する改善命令等について考えると、国が並行権限を行使する場合であっても、地方公共団体の改善命令とは別個の観点から改善命令を行うような事例では、必ずしも国の意思決定が地方公共団体の意思決定に優越することにはならない。したがって、国の「並行権限の行使」の結果として国の意思決定が地方公共団体の意思決定に優越することになるかどうかは、一般的には、個々の法令の規定や具体の事例に即して判断されるべきものである。

「法定受託事務」の代執行手続における指示（自治法二四五の八Ⅱ XIII）及び代執行（自治法二四五の八Ⅷ）は、審査の対象から除外されている（自治法二五〇の一三Ⅰ各号）。

イ　関与に係る不作為（自治法二五〇の一三Ⅱ）

関与に係る「不作為」とは、地方公共団体からの法令に基づく申請又は協議の申出が行われた場合において、相当の期間内に何らかの「処分その他公権力の行使に当たる」関与をすべきにかかわらず、これをしないことをいう。

例えば、地方公共団体の事務処理が法令上国の行政庁の許可に係らしめられており、そのため当該地方公共団体が当該国の行政庁に許可の申請をしたにもかかわらず、当該申請を処理するのに通常必要と考えられる期間を経過してもなお当該国の行政庁が何らの応答もしないような場合である。このような不作為状態を早期に解消し、事務処理の促進を図ることは、地方公共団体にとっても、当該地方公共団体の住民にとっても利益にかなうことであることから、当該不作為について不服を申し立てることのできる地位が地方公共団体に付与されたものである。なお、行政不服審査法においても不作為についての不服申立ての制度がある（行政不服審査法三・四・一九Ⅲ・四九）。

許認可等についての標準処理期間（自治法二五〇の三）と「相当の期間」との関係については、行政手続法上の標準処理期間（行政手続法六）と行政不服審査法及び行政事件訴訟法上の「相当の期間」（行政不服審査法三、行政事件訴訟法三Ｖ）との関係に準じて考えることができ、一般的には「標準処理期間は、あくまでも申請の処理に要する期間の『目安』に過ぎないものであり……したがって、申請に対する処分が標準処理期間を経過してもなされないからといって、そのことのみで、直ちに当該行政庁が行政事件訴訟法第三条第五項にいう『不作為の違法』に当たることにはならないものと考える。」（行政管理研究センター『逐条解説行政手続法（平成一八年改訂版）』（ぎょうせい）一四五・一四六頁）とされている。ただし、標準処理期間も判断の際の有力な参考の一つにはなるであろう。

ウ　地方公共団体との「協議」（自治法二五〇の一三Ⅲ）

国と地方公共団体との「協議」については、当事者双方に誠実に協議を行い相当の期間内に協議が調うように努めなければならない義務があり（自治法二五〇Ⅰ）、また、協議の義務を果たしていることが前提となって地方公共団体が事後の行為や手続等を進めることになるので、協議が調わないときに地方公共団体が協議の義務を果たしたか否かの判断を第三者機関に仰ぐことは、地方公共団体にとって大きな意味がある。そこで、「協議」についても審査の対象とされたものである。

なお、協議後相手方の「同意」を得べきこととされている場合（いわゆる「同意を要する協議」）には、「同意」を得られない限り事後の行為や手続等を進めることができないので、「協議」の義務を果たしたかどうかを確認するだけでは意味がない。この場合には、自治法二五〇条の一三第二項（同意とも不同意とも応答がない場合）又は同条一項（不同意との応答があった場合）の規定による審査の申出をすべきであろう。

(2)　審査の申出人

国地方係争処理委員会に対し審査の申出をすることができるのは、関与の対象となった事務を担任する地方公共団体の長その他の執行機関である（自治法二五〇の一三Ⅰ～Ⅲ）。

これは、国の関与が地方公共団体の事務処理に関して行われるものであることから、当該関与の適法又は適正を争うのは当該関与の対象となった事務を担任しその管理執行の責任を負う各執行機関こそ最もふさわしいと考えられたものである。

地方公共団体の長の権限に属する事務の一部が当該地方公共団体の職員又は長の管理に属する行政庁に委任されている場合（自治法一五三ⅠⅡ）であっても、当該事務の処理に関する関与について審査の申出をすることができるのは、当該職員又は行政庁ではなく、執行機関たる地方公共団体の長である。この点については、後述する審査の申出の相手方の取扱いと異にしている（「(3)　審査の申出に係る相手方等」参照）。

地方公共団体の長の権限に属する事務の一部が当該地方公共団体の委員会又は委員に委任されている場合（自治法一八〇の二）は、事務を担任する執行機関そのものが変更されるのであるから、新たに当該事務を担任するに至った委員会又は委員が審査申出人の立場に立つことになる。

なお、担当部署が複数存在し、それぞれ属する執行機関が異なるような場合には、当該複数の執行機関が各自審査の申出をすることができると解される。

(3) 審査の申出に係る相手方等

「処分その他公権力の行使に当たる」国の関与又は国の不作為に不服がある場合の審査の申出に係る相手方は、当該関与を行った国の行政庁又は当該不作為に係る国の行政庁である（自治法二五〇の一三ⅠⅡ）。

これは、国地方係争処理委員会における「処分その他公権力の行使に当たる」国の関与又は国の不作為についての審査は、関与権限の行使又は不行使状態の継続が適切かどうかを判断し、適切でないと認めた場合には是正のため必要な措置を講ずべき旨の勧告をするものであるから、関与の権限を与えられ、その権限の行使・不行使について当面の責任があり、委員会の勧告に即して直接必要な措置を講ずることのできる当該関与を行った行政庁を相手方当事者とすることが、係争の迅速かつ適正な処理を期するうえで適切であることが考慮されたものである。

「協議」に関する審査の申出に係る相手方は、当該「協議」の相手方である国の行政庁である（自治法二五〇の一三Ⅲ）。

各省大臣の関与権限が法令の規定により地方支分部局の長等に委任されている場合は、各省大臣ではなく、関与権限者である地方支分部局の長等が審査の申出に係る相手方となる。

また、関与権限を共管する複数の主任の大臣が連名で行う関与については、後述するように、当該関与に関する訴訟が固有必要的共同訴訟になることから、すべての共管大臣について審査申出前置の要件を満たすためには、これらすべての共管大臣を共同の相手方として審査の申出をしておく必要があると考えられる。

（4）　審査の申出の方式

審査の申出は、文書でしなければならない（自治法二五〇の一三Ⅰ～Ⅲ）。記載事項については、自治令一七四条の三に規定されている。

（5）　審査の申出期間

「処分その他公権力の行使に当たる」国の関与については、その効果を早期に安定させるための配慮から、これに不服がある場合の審査の申出（自治法二五〇の一三Ⅰ）を、当該国の関与があった日から三〇日以内にしなければならないこととされている（自治法二五〇の一三Ⅳ本文）。この期間を徒過した審査の申出は、不適法な申出として却下されるべきである。ただし、国の関与があった日から三〇日を経過した後でも、天災その他やむを得ない理由があるときは、この限りではない（自治法二五〇の一三Ⅳただし書）。この場合においては、審査の申出は、その理由がやんだ日から一週間以内にしなければならない（自治法二五〇の一三Ⅴ）。

審査申出書の郵便又は信書便による送付に要した日数は、期間の計算に算入されない（自治法二五〇の一三Ⅵ）。

（6）　事前の通知

審査の申出をしようとする地方公共団体の長その他の執行機関は、相手方となるべき国の行政庁に対し、審査の申出をする旨をあらかじめ通知しなければならない（自治法二五〇の一三Ⅶ）。事前の通知は、「処分その他公権力の行使に当たる」国の関与に不服があるときの審査の申出（自治法二五〇の一三Ⅰ）のみならず、国の不作為に不服があるときの審査の申出（自治法二五〇の一三Ⅱ）及び協議が調わないときの審査の申出（自治法二五〇の一三Ⅲ）についても、事前の通知をしなければならないこととされている。

事前の通知をしなければならないとされたのは、相手方である国の行政庁にも事前準備の機会を与え、審査の手続を迅速に行うためであるが、同時に国の行政庁に再考の機会を与えることにもなるものと思われる。

(7) 審査の申出が国の関与に及ぼす影響

「処分その他公権力の行使に当たる」国の関与に不服があるときの審査の申出（自治法二五〇の一三Ⅰ）がされた場合であっても、当該国の関与の効力についてはこれによって影響を受けるということはない。国地方係争処理委員会の勧告を受けた国の行政庁が、当該国の関与を取り消し、又は変更する等のことがない限り、当該国の関与は、名あて人である地方公共団体に対し、依然として有効である。

行政不服審査法や行政事件訴訟法においては、処分について審査請求や取消訴訟の提起があった場合において、原則は執行不停止としつつ、一定の必要があると認めるときは、処分の効力、処分の執行又は手続の続行の全部又は一部を停止することができる等の「執行停止」の制度がある（行政不服審査法二五、行政事件訴訟法二五）。しかし、国の地方公共団体に対する関与に関する係争処理手続においては、「執行停止制度」が設けられていないことに留意を要する。もっとも、「指示」の中に、地方公共団体がこれに従わない場合に当該指示に係る事項を国の行政機関が自ら行うことを予定しているものが存在する（「並行権限の行使」。国土利用計画法一三、都市計画法二四、建築基準法一七、農地法五八等。なお、「並行権限の行使」には、地方公共団体の事務の処理とは別に、国が同じ権限を行使するものがある（第二節一「3 『関与』の類型等」参照）。）。このような場合には、当該「指示」を対象とした係争処理手続の中でその効力を一時停止することによって、係争処理手続が終了するまでの間、後続する国の行政機関の権限行使を阻止できるという実益が認められるので、「執行停止制度」導入の是非を検討する余地があるといえる。しかしながら、およそ各大臣の権限の行使を法的拘束力をもって阻止するような強力な権限を、同じく内閣の統轄の下にある国地方係争処理委員会に与えることは、行政事務の分担管理の原則に対する例外となるものであるから、そのような制度の創設には慎重でなければならないという有力な見解がある。なお、後続する国の行政機関の権限行使も、「処分その他公権力の行使に当たる」関与に該当すると解される限り、それ自体を係争処理手続で争うことができることに留意を要する（「(1) 審査の対象」参照）。

(8)　審査の申出の取下げ

審査の申出をした地方公共団体の長その他執行機関は、国地方係争処理委員会による審査の結果の通知又は勧告（自治法二五〇の一四）があるまで又は調停（自治法二五〇の一九）が成立するまでは、いつでも当該審査の申出を取り下げることができる（自治法二五〇の一七Ⅰ）。審査の申出の取下げは、文書でしなければならない（自治法二五〇の一七Ⅱ）。審査の申出の取下げがあると、最初から審査の申出がなかったものと取り扱われる。

(9)　審査の手続

ア　証拠調べ

国地方係争処理委員会は、審査を行うため必要があると認めるときは、当該審査の申出をした地方公共団体の長その他の執行機関、相手方である国の行政庁若しくは参加行政機関（後述「イ　関係行政機関の参加」参照）の申立てにより又は職権で、各種の証拠調べをすることができる（自治法二五〇の一六Ⅰ）。委員会が行うことのできる証拠調べは、①適当と認める者に、参考人としてその知っている事実を陳述させ、又は鑑定を求めること（自治法二五〇の一六Ⅰ①）、②書類その他の物件の所持人に対し、その物件の提出を求め、又はその提出された物件を留め置くこと（自治法二五〇の一六Ⅰ②）、③必要な場所につき検証をすること（自治法二五〇の一六Ⅰ③）、④当事者若しくは参加行政機関又はその職員を審尋すること（自治法二五〇の一六Ⅰ④）である。委員会は、審査を行うに当たっては、当事者及び参加行政機関に証拠の提出及び陳述の機会を与えなければならない（自治法二五〇の一六Ⅱ）。委員会は、必要があると認めるときは、委員会の委員に、参考人の陳述を聞かせ、必要な場所についての検証をさせ、当事者等の審尋をさせ、又は当事者等の陳述を聞かせることができる（自治令一七四の四）。

イ　関係行政機関の参加

国地方係争処理委員会は、関係行政機関を審査の手続に参加させる必要があると認めるときは、当該審査の申出をした地方公共団体の長その他の執行機関、相手方である国の行政庁若しくは当該関係行政機関の申立てにより又は職権で、当該関係行政機関を審査の手続に参加させることができる（自治法二五〇の一五Ⅰ）。委員会は、関係行政機関を審査の手続に参加させるときは、あらかじめ、当該審査の申出をした地方公共団体の長その他の執行機関及び相手方である国の行政庁並びに当該関係行政機関の意見を聴かなければならない（自治法二五〇の一五Ⅱ）。審査の手続に参加した関係行政機関には、証拠調べの申立権が付与されるなど、当事者の審査手続における地位と同様の地位が与えられている（自治法二五〇の一六）。

4　国地方係争処理委員会による審査の結果と勧告等

(1)　審査の結果と勧告等

国地方係争処理委員会が、審査を行った結果の取扱いは、次のとおりである。

なお、審査及び勧告は、審査の申出があった日から九〇日以内に行わなければならない（自治法二五〇の一四Ⅴ）。国の「処分その他公権力の行使に当たる」関与又は国の不作為について審査の申出をした日から九〇日を経過しても審査結果の通知又は勧告がないときは、これを待つことなく直ちに訴えを提起することが可能である（自治法二五一の五Ⅰ③）。

ア　「処分その他公権力の行使に当たる」関与

「自治事務」に関する国の「処分その他公権力の行使に当たる」関与については、審査の申出があった場合は、国地方係争処理委員会は、審査の結果、当該国の関与が違法でなく、かつ、地方公共団体の自主性及び自立性を尊重する観点から不当でないと認めるときは、理由を付してその旨を当該審査の申出をした地方公共団体の長その他の執行機関及び相手方である国の行政庁に通知するとともに、これを公表し、当該国の関与が違法又は地方公共団体の自主性及び自立性を尊重する観点から不当であると認めるときは、相手方である国の行政庁に対し、理由を付し、かつ、期間を示して、必要な措置を講ずべきことを勧告するとともに、当該勧告の内容を当該地方公共団体の長その他執行機関に通知し、かつ、これを公表する（自治法二五〇の一四Ⅰ）。

これに対し、「法定受託事務」に関する国の「処分その他公権力の行使に当たる」関与について審査の申出があった場合においては、国地方係争処理委員会の審査の権限は、当該国の関与の適法性審査に限定され、当該国の関与が違法でないと認めるときは、理由を付してその旨を当該審査の申出をした地方公共団体の長その他の執行機関及び相手方である国の行政庁に通知するとともに、これを公表し、当該国の関与が違法であると認めるときは、相手方である国の行政庁に対し、理由を付し、かつ、期間を示して、必要な措置を講ずべきことを勧告するとともに、当該勧告の内容を当該地方公共団体の長その他の執行機関に通知し、かつ、これを公表する（自治法二五〇の一四Ⅱ）。

「自治事務」の場合は、地方公共団体の自主的かつ自立的な執行が最大限保障されなければならない。そこで、「自治事務」に関する国の関与については「法定受託事務」の場合と異なり、関与の適法・違法の判断のほか、関与の当・不当の判断にまで国地方係争処理委員会の審査権が及ぶこととされているものである。ただし、国地方係争処理委員会は、関与を行った行政庁の上級行政機関ではなく、国の関与をめぐって国と地方公共団体との間において生じた係争を処理する第三者機関であり、関与を行った行政庁の政策判断の妥当性について一般的に判断するものとすることは適当でないと考えられる。したがって、地方公共団体の自主性及び自立性を尊重する観点からの関与の当・不当を審査することとしたものである。

イ　関与に係る国の不作為

関与に係る国の不作為について審査の申出があった場合においては、審査の結果、当該審査の申出に理由がないと認めるときは、理由を付してその旨を当該審査の申出をした地方公共団体の長その他の執行機関及び相手方である国の行政庁に通知するとともに、これを公表し、当該審査の申出に理由があると認めるときは、相手方である国の行政庁に対し、理由を付し、かつ、期間を示して、必要な措置を講ずべきことを勧告するとともに、当該勧告の内容を当該地方公共団体の長その他の執行機関に通知し、かつ、これを公表する（自治法二五〇の一四Ⅲ）。

ウ　協議の不調

「協議」が調わないことについて審査の申出があった場合においては、当該協議に係る地方公共団体がその義務を果たしているかどうかを審査し、審査の結果を理由を付して当該審査の申出をした地方公共団体の長その他執行機関及び相手方である国の行政庁に通知するとともに、これを公表する（自治法二五〇の一四Ⅳ）。

(2)　勧告の効果

国の「処分その他公権力の行使に当たる」関与又は国の不作為についての審査の申出に対し、国地方係争処理委員会の勧告があったときは、当該勧告を受けた国の行政庁は、当該勧告に示された期間内に、当該勧告に即して必要な措置を講ずるとともに、その旨を委員会に通知しなければならない（自治法二五〇の一八Ⅰ前段）。この場合においては、委員会は、当該通知に係る事項を当該審査の申出をした地方公共団体の長その他の執行機関に通知し、かつ、これを公表しなければならない（自治法二五〇の一八Ⅰ後段）。委員会は、当該勧告を受けた国の行政庁に対し、講じた措置についての説明を求めることができる（自治法二五〇の一八Ⅱ）。

国地方係争処理委員会の勧告は、「勧告」であるが、これを受けた国の行政庁は、自治法二五〇条の一八第一項前段の規定による効果として、「勧告に即して必要な措置を講ず」べき義務を負う。この義務は、当該勧告に示されたとおりの措置を講ずるべく国の行政庁を拘束するものではないが、勧告一般に認められる尊重義務よりも強い義務であり、国の行政庁を、係争の解決のため「勧告に即して必要な措置を講ずる」ことが求められる立場に置くものである。国の行政庁が措置を講じないとき、又は国の行政庁の措置に不服があるときは、違法な国の関与の取消し、又は国の不作為の違法の確認を求めて地方公共団体の長その他の執行機関は出訴できるという法律上の効果が生じる（自治法二五一の五Ⅰ②④）。

これまでに国地方係争処理委員会に審査の申出があった事案で、横浜市勝馬投票券発売税事件においては、国地方係争処理委員会は、協議不足を指摘し、総務大臣はその不同意を取り消し、市と改めて協議をすることを勧告した（平一三・七・二四勧告）。また、新潟県北陸新幹線建設負担金事件においては、国地方係争処理委員会は、審査の対象と解することはできないとして却下した（平二一・一二・二五決定）。

(3) 調停

国と地方公共団体との間も、合意によって係争を収束させることは、本来望ましいことであるので、国地方係争処理委員会による調停の制度が設けられている。

国地方係争処理委員会は、審査の申出があった場合において、相当であると認めるときは、職権により、調停案を作成して、これを当事者に示し、その受諾を勧告するとともに、理由を付してその要旨を公表することができる（自治法二五〇の一九Ⅰ）。調停は、調停案を示された当事者から、これを受諾した旨を記載した文書が委員会に提出されたときに成立する（自治法二五〇の一九Ⅱ前段）。調停が成立したときは、委員会は、直ちにその旨及び調停の要旨を公表するとともに、当事者にもその旨を通知する（自治法二五〇の一九Ⅱ後段）。

5 国の関与に関する訴訟

(1) 関与に関する訴訟の法的性格と審査申出の前置

司法権に固有の内容として裁判所が審判し得る対象は、裁判所法三条一項にいう「法律上の争訟」に限られ、この中には、民事訴訟及び刑事訴訟のほか、行政事件訴訟のうちいわゆる主観的訴訟に分類される抗告訴訟及び当事者訴訟が含まれる。行政事件訴訟の中には、これらのほか、民衆訴訟及び機関訴訟があるが、これらはいずれも「法律上の争訟」に該当しない、いわゆる客観的訴訟であり、法律により特別に裁判所への出訴権が規定されていない限り、訴えを提起することはできない。

地方分権一括法による自治法の改正により設けられた自治法二五一条の五の規定は、違法な国の関与の取消しの訴え及び国の不作為の違法確認の訴えを国の関与に関する訴訟の二つの類型として規定し、これらをいずれも機関訴訟と位置付けている（同条八項及び九項は、機関訴訟に関する規定である行政事件訴訟法四三条一項及び三項の適用があることを前提にした規定である。）。

国の関与に関し高等裁判所に訴えを提起するには、その前に国地方係争処理委員会の審査を経なければならない（自治法二五一の五Ⅰ）。このように国の関与に関する訴訟について審査申出前置主義が採用されている。国の関与をめぐる係争は、当事者がともに行政機関であることから、第三者機関である委員会の合理的な判断が示されれば、それによって大部分の係争は解決されるものと期待でき、また、委員会の審理は、訴訟手続よりも簡易な手続によって九〇日以内に終了することとされているところであり（自治法二五〇の一四Ⅴ）、このような委員会における簡易・迅速な手続によって、係争の早期解決が図られるべきでもある。さらに、委員会の審査を経ることにより、当該係争の背景となっている状況や争点が明らかにされ、これらに対する委員会の判断も示されることから、裁判所における訴訟の進行にも役立ち、訴訟に要する時間の短縮にもつながると考えられる。

なお、国の関与に関する訴訟の第一審裁判所は、原告が所属する地方公共団体の区域を管轄する高等裁判所である（自治法二五一の五Ⅲ）。

(2) 訴訟の当事者

国の関与に関する訴えは、国地方係争処理委員会に対し審査の申出をした地方公共団体の長その他の執行機関が原告となり、当該審査の申出の相手方となった国の行政庁を被告として提起される（自治法二五一の五Ⅰ）。したがって、訴訟の当事者は、国地方係争処理委員会における審査手続の当事者と同じである。

関与権限を共管する複数の主任の大臣が連名で行う関与についての訴訟は、いわゆる固有必要的共同訴訟であり、全共管大臣を被告として訴えを提起しなければならないと解される。

(3) 訴えを提起できる場合

「処分その他公権力の行使に当たる」国の関与及び国の不作為については、国地方係争処理委員会に対する審査の申出を経た後、関与の取消しの訴え及び不作為の違法確認の訴えを提起することができるが、「協議」については、出訴が認められていない。

国の関与の取消しの訴え及び国の不作為の違法確認の訴えは、次の四つの場合に提起することができる（自治法二五一の五Ⅰ）。

① 国地方係争処理委員会の審査の結果又は勧告に不服があるとき（自治法二五一の五Ⅰ①）

② 国地方係争処理委員会の勧告を受けた国の行政庁が講じた措置に不服があるとき（自治法二五一の五Ⅰ②）

③ 審査の申出をした日から九〇日を経過しても、国地方係争処理委員会が審査又は勧告を行わないとき（自治法二五一の五Ⅰ③）

④ 国地方係争処理委員会の勧告を受けた国の行政庁が当該勧告に示された期間内に、当該勧告に即して必要な措置を講じないとき（自治法二五一の五Ⅰ④）

国地方係争処理委員会の勧告を受けた国の行政庁が講じた措置に不服があることを理由として訴えを提起する場合（前掲②）、国の関与に関する訴えの提起は、事前に国地方係争処理委員会に審査の申出をしたことが要件となっていることから、この審査申出前置の要件を満たすためには、審査申出の対象とされた国の関与と、訴訟において対象とされた国の関与とが同一であることが必要であることに留意を要する。したがって、委員会の勧告を受けて国の行政庁が講じた措置に不服があることを理由として直ちに訴えを提起できるのは、国の行政庁が当該措置を講じたことによってもなお審査申出の対象とされた国の関与が同一性を保ったまま存続している場合であるということができる（例えば、期間を示してある行為を義務付ける指示をした国の行政庁が国地方係争処理委員会の勧告を受けて当該期間を延長する措置を講じたような場合は、従たる意思表示（付款）部分が変更されただけで、行為を義務付けるという本体部分には変更がないから、当初の指示が同一性を保ったまま存続していると解することができる。これに対し、許認可に係る国の不作為について審査の申出があり、早急に諾否の応答をすべき旨の勧告を受けた国の行政庁が申請に係る許認可を拒否する処分をしたような場合は、審査申出の対象（不作為の事実）と訴訟の対象（拒否処分）とが異なるから、当該拒否処分を対象として直ちに訴えを提起することはできず、改めて当該拒否処分について国地方係争処理委員会の審査を受けなければならない。）。

(4) 出訴期間

訴えの提起には、訴えを提起できる場合に対応して、自治法に出訴期間が定められている（自治法二五一の五Ⅱ各号）。国の不作為の場合、国地方係争処理委員会に対する審査の申出には期間の制限がないが、違法確認の訴えには出訴期間の期限があるので、注意を要する。

(5) 訴訟の手続等

国の関与の取消しの訴えについては、行政事件訴訟法四三条一項の規定が適用される。その結果、原則として同法の取消訴訟に関する規定（行政事件訴訟法八～三五）が準用されることになるが、自治法二五一条の五第一項から第七項までの規定がこれらに対する「特別の定め」として優先的に適用されるほか（行政事件訴訟法一参照）、取消訴訟に関する規定の中でも自治法二五一条の五第八項の規定によって準用されないこととされているものがある。

国の不作為の違法確認の訴えについては、行政事件訴訟法四三条三項の規定が適用される。その結果、原則として同法の当事者訴訟に関する規定（行政事件訴訟法四〇Ⅱ・四一）が準用されることになるが、自治法二五一条の五第一項から第七項までの規定がこれらに対する「特別の定め」として優先的に適用されるほか、当事者訴訟に関する規定の中でも自治法二五一条の五第九項の規定によって準用されないこととされているもの等がある。

自治法及び行政事件訴訟法に定めがない事項については、通常の民事訴訟の例による（行政事件訴訟法七）。

上告は、判決に不服のある国の行政庁もすることができる。すなわち、国の行政庁は、自ら積極的に訴訟を提起することはできないが、地方公共団体の提起した訴訟において自らの主張が容れられず、判決に不服がある場合には、これらを争うことができる。上告の期間は、一週間とされている（自治法二五一の五Ⅵ）。

(6) 判決の効力

ア 形成力及び拘束力

国の関与を取り消す判決が確定すると、当該関与は、その関与が行われたときに遡って効力を失い、初めから関与が行われなかったのと同じ状態となる（取消判決の形成力）。

また、国の関与を取り消す判決又は国の不作為の違法を確認する判決が確定すると、行政庁は、国の関与又は不作為を違法とした判決の判断内容を尊重し、その事件について判決の趣旨に従って行動し、これと矛盾する処分等がある場合には、適当な措置を執るべきことが義務付けられる（拘束力。行政事件訴訟法三三参照）。関与を行った国の行政庁は、同一の状況下において同一の地方公共団体に対し同一の関与をすることができず、また、不作為に係る国の行政庁は、速やかに申請等に対する何らかの応答をしなければならない。

イ 判決の効力が及ぶ者の範囲

国の関与を取り消す判決の形成力及び拘束力並びに国の不作為の違法を確認する判決の拘束力は、処分又は裁決をした行政庁及び関係行政機関に及ぶ（自治法二五一の五Ⅶ、行政事件訴訟法三二Ⅰ）。一般私人に対しては、これらの判決の効力は及ばない（自治法二五一の五Ⅷにおいて行政事件訴訟法三二は準用しないこととされている。）。

違法な関与であれば、私人に対する関係でも遡及的に消滅させることが望ましいと思われる場合、当該関与を行った国の行政庁が、判決の拘束力（不整合処分の取消義務）に従って、当該関与を私人に対する関係でも取り消すことによって実現されることになる。

6　地方公共団体の不作為に関する国の訴え提起

平成二四年の自治法の改正において、地方公共団体の不作為に関する国の訴えの提起及び市町村の不作為に関する都道府県の訴えの提起の制度が定められた（自治法二五一の七及び二五二。なお改正前の自治法二五二は、改正後の二五一の六とされた。）。これは、最近の事例にも鑑みたものであり、是正の要求又は是正の指示を受けた地方公共団体の不作為（是正の要求又は是正の指示を受けた地方公共団体の行政庁が、相当の期間内に是正の要求に応じた措置又は指示に係る措置を講じなければならないにもかかわらず、これを講じないことをいう。）に係る地方公共団体の行政庁を被告として、高等裁判所に対し、訴えをもって当該不作為の違法の確認を求めるものであり、機関訴訟として位置付けられる。

地方公共団体の不作為に関する違法の確認を求める国の訴えは、次の場合に提起できる（二五一の七Ⅰ）。

① 是正の要求又は指示に関する国地方係争処理委員会（以下「委員会」という。）に対する審査の申出（自治法二五〇の一三Ⅰ参照）をせず、かつ、当該是正の要求に応じた措置又は指示に係る措置を講じないとき（自治法二五一の七Ⅰ①）。

② 是正の要求又は指示に関する委員会に対する審査の申出をした場合において、

イ　委員会が審査の結果又は勧告の内容を通知（自治法二五〇の一四ⅠⅡ参照）した場合に当該是正の要求又は指示の取り消しを求める訴え（自治法二五一の五Ⅰ参照）の提起をせず、かつ、当該是正の要求に応じた措置又は指示に係る措置を講じないとき（自治法二五一の七Ⅰ②イ）

ロ　委員会が審査の申出をした日から九〇日を経過しても審査又は勧告（自治法二五〇の一四ⅠⅡ参照）を行わない場合において、当該地方公共団体の執行機関が当該是正の要求又は指示の取り消しを求める訴えの提起をせず、かつ、当該是正の要求に応じた措置又は指示に係る措置を講じないとき（自治法二五一の七Ⅰ②ロ）。

なお、訴えができない期間、国の関与に関する訴えの提起の規定の準用などの規定が置かれている（二五一の七Ⅱ～Ⅴ）。

この地方公共団体の不作為に対する国の違法確認の訴えについては、米軍の沖縄県普天間飛行場の移設に係る公有水面埋立て承認（公有水面埋立法四二）をめぐり、裁判所が提示した（平成二八年三月四日）和解案に示された事項を、国及び沖縄県が実行することとしたことを踏まえ、国土交通大臣が沖縄県知事に、埋立承認の取消処分を取り消すことについて是正の指示をした（同月一六日）が、沖縄県知事は、国の是正の指示に不服があるとして国地方係争処理委員会に審査の申出をした（同月二三日）。同委員会は、本件是正の指示が自治法二四五条の七第一項の規定に適合するか否かについては判断をせず、真摯に協議し、双方がそれぞれ納得できる結果を導き出す努力をすることが問題の解決に向けての最善の道であるとの見解に到達したとの見解をもって審査の結論とするとした（六月二〇日）。国は、沖縄県知事が措置を講じないことに対して、国土交通大臣が、自治法二五一条の七の規定に基づき、不作為違法確認の訴えを提起した（七月二二日）。福岡高等裁判所（那覇支部）は、平成二八年九月（一六日）、国土交通大臣が沖縄県知事の埋立承認を取り消した処分を取り消すことについて是正の指示をしたものの沖縄県知事が取り消さないことが違法であることを確認する判決をした。沖縄県知事は最高裁判所に上告し、最高裁判所は平成二八年一二月（二〇日）、上告を棄却した。沖縄県は平成二九年七月（二四日）、国の工事は県漁業調整規則による許可が必要だとして、移設工事の差し止め請求と判決の間までの工事を止めることを求める仮処分の申立てをした。

市町村の不作為に関する都道府県の訴えの提起については、第三節四「5　市町村の不作為に関する都道府県の訴えの提起」において説明する。

六　関与等以外の国が地方公共団体に具体的かつ個別的に関わる行為

地方公共団体の事務処理に対して国が行う裁定その他の行為及び審査請求、再審査請求、審査の申立、審決の申請等の不服申立てに対して、国が裁決、決定、審決等をする行為については、関与の定義から除外されている（自治法二四五③括弧書。一「3『関与』の類型等」参照）。これらの争いの解決のために行われる準司法的な手続は、「関与」とはされていないものであるが、これらも国が第三者的中立的立場にたって行う地方公共団体の事務の処理に具体的かつ個別的に関わる行為である。このような行為は「裁定的関与」とされる。

また、後述するところであるが、総務大臣が任命する自治紛争処理委員は、国の機関として設置されるものである。総務大臣が任命する自治紛争処理委員の「調停」「審理」「審査及び勧告等」、平成二六年の自治法改正で規定された「連携協約に係る紛争を処理するため方策の提示」（同法二五一の三の二。第四節「二　連携協約」参照）に係るものも、国が第三者的中立的な立場にたって行う地方公共団体の事務の処理に具体的かつ個別的に関わる行為である。自治紛争処理のうち、「調停」及び「審理」については、都道府県（又はその機関）が当事者となるもの又は都道府県の事務に関するものについて総務大臣が任命する自治紛争処理委員が、その他のものにあっては都道府県知事が任命する自治紛争処理委員が、それぞれ行うものである。また、「審査及び勧告等」は、都道府県の市町村長その他の執行機関に対する関与について総務大臣が任命する自治紛争処理委員が行うものであり、「連携協約に係る紛争を処理するための方策の提示」は、都道府県が当事者となる紛争について総務大臣が任命する自治紛争処理委員が行うものである。

自治紛争処理制度については、第三節「都道府県と市町村の関係等」において、まとめて詳述することとする（第三節「三　自治紛争処理制度」及び「四　審査及び勧告等の制度と訴訟並びに連携協約に係る紛争を処理するための方策の提示」参照）。

七　国の施策に対する地方公共団体の意見の反映（「国と地方の協議の場」を含む。）

1　意義と経緯

望ましい国と地方公共団体との関係を考えれば、国の地方公共団体に対する関与等との対比において、国の施策への地方公共団体の意見の反映ということが制度的にもっと充実されるべきであるといえる。

平成五年、議員立法により、地方公共団体の長又は議長の全国的連合組織（いわゆる地方六団体、すなわち、「全国知事会」「全国都道府県議会議長会」「全国市長会」「全国市議会議長会」「全国町村会」「全国町村議会議長会」は、これに該当する。）が、内閣に意見を申し出、又は国会に意見を提出することができることとされた（自治法二六三の三Ⅱ）。これにより、平成六年九月、地方六団体の連名により「地方分権の推進に関する意見書―新時代の地方自治―」が、内閣に対しては意見の申し出として、また国会に対しては意見書の提出として行われた。

また、地方分権一括法による自治法の改正により、これらの「意見の申出」又は「意見書の提出」に対する国の側の「回答」についての規定が加えられたところである。

さらに、平成一八年の自治法の改正により、各大臣は、地方公共団体に対し新たな事務又は負担を義務付ける施策の立案をしようとする場合には、連合組織に当該施策の内容となるべき事項を知らせるために適切な措置を講ずるものとするとされた。

このように、前進はみられたが、国と地方公共団体の関係が対等・協力の関係を基本とするという視点からは、まだ大きくかけ離れているといわざるを得ず、国の政策・施策に関する地方公共団体の参画等について一層充実した一般的な仕組みの制度化等をするべきだとする見解も少なくなかった（全国知事会「地方自治の保障のグランドデザイン」第三部第二章第六節「2　国の行政・立法への参加」参照）。

特に、小泉内閣の下で進められた「三位一体の改革」の過程において、政府と地方の側との協議の機会が設けられ、その後も、課題に応じて協議の機会があったが、地方の側からは、地方分権改革に関する事項や地方に影響を及ぼし、又は地方が重大な関心を有する事項に関する国の政策・施策について、国と地方とが協議する〝場〟を法制化・制度化することを強く要請するようになった。このようなことから、平成二一年八月（三〇日投票）に実施された総選挙に際し、主要政党は、この「国と地方との協議の場」の設定を政権公約（マニフェスト）に掲げた。また、地方分権改革推進委員会は、第三次勧告（平成二一年一〇月）において、国と地方の双方の代表者が一堂に集まる機会をできるだけ速やかに設け、「国と地方の協議の場」の法制化について率直に意見を交換し、双方の合意を目指すべきであるとし、「たたき台」として同委員会の「当委員会の試案」を示した（同勧告第三章「国と地方の協議の場の法制化」参照）。そして、政府が閣議決定した地方分権改革推進計画（平成二一年一二月）において、「国と地方の協議の場については、法制化に向けて、地方とも連携協議しつつ、政府内で検討し成案を得て法案を提出する。」とされ（同計画第２「国と地方の協議の場の法制化」）、平成二二年の国会に、国と地方の協議の場に関する法律案が提出され、平成二三年四月に成立した。この法律による協議の場は、関係大臣並びに地方公共団体の長及び議長の全国的連合組織（自治法二六三の三Ⅰ参照）を代表する者から構成するものとし（国と地方の協議の場に関する法律二Ⅰ）、協議の対象は、①国と地方公共団体との役割分担に関する事項、②地方行政、地方財政、地方税制その他の地方自治に関する事項、③経済財政政策、社会保障に関する政策、教育に関する政策、社会資本整備に関する政策その他の国の政策に関する事項のうち、地方自治に影響を及ぼすと考えられるもの、のうち重要な事項とされている（同法三Ⅰ）。そして、平成二三年六月一三日に「国と地方の協議の場」の初会合が開かれ、その後も適宜開催されている。

平成二六年六月に、地方分権改革担当大臣の下の地方分権改革有識者会議の取りまとめを踏まえて、地方分権の新たな手法として地方からの「提案募集方式」（第二章第四節「三　さらなる地方分権の推進と地方自治制度の改革」）が導入されたが、この「提言」の内容には国の政策・施策への参画等としての性格のものも含み得るものであり、実際、平成二六年の地方からの提言以降の地方からの提言には、そうした性格のものもみられる。

２　意見の申出等と内閣の回答

自治法二六三条の三第一項の規定による地方公共団体の長又は議長の全国的連合組織は、地方自治に影響を及ぼす法律又は政令その他の事項に関し、総務大臣を経由して内閣に意見を申し出、又は国会に意見書を提出することができる（自治法二六三の三Ⅱ）。法律又は政令その他の事項とは、法律又は政令その他の命令等のほか、国会決議、閣議決定等、また諸計画等などについても考えられ、既存（定）のものも、検討中等のものも含む。ただし、これらは、地方自治そのものに影響を及ぼすものでなければならず、個々の地方公共団体固有の事項は含まれない。

内閣に対する意見の申し出と国会に対する意見書の提出は、一方のみに対して行ってもよく、同時に双方を行うこともできる。また、個々の長又は議長の全国的連合組織、すなわち、全国知事会、全国都道府県議会議長会、全国市長会、全国市議会議長会、全国町村長会及び全国町村議会議長会のそれぞれが単独して行うことも、共同して行うことも可能である。

内閣は、「意見の申出」を受けたときは、これに遅滞なく「回答」するように努めるものとされ（自治法二六三の三Ⅲ）、当該意見が地方公共団体に対し新たに事務又は負担を義務付けると認められる国の施策に関するものであるときは、内閣は、これに遅滞なく回答するものとすることとされている（自治法二六三の三Ⅳ）。この内閣の「回答努力義務」及び「回答義務」は、地方分権一括法により、加えられたものである。

3　国の施策を事前に知らせるための措置

第二八次地方制度調査会の「地方の自主性・自律性の拡大及び地方議会のあり方に関する答申」（平成一七年一二月）において、「既に長、議長の全国的連合組織の意見申出の制度が設けられていることを踏まえ、各大臣は、地方自治に影響を及ぼす施策の企画又は立案を行おうとするときは、地方公共団体がその意見を反映することができる適切な時期に、関連する資料を添えてその内容を長、議長の全国的連合組織に通知することを制度化すべきである。……また、各省大臣等と地方代表との協議の機会を確保することとしてそのあり方について検討すべきである。」としている（同答申第一２「(2)法令・制度における地方公共団体の意見反映の拡充」参照）。

この答申に鑑み、平成一八年の自治法改正により、「各大臣は、その担任する事務に関し地方公共団体に対し新たに事務又は負担を義務付けると認められる施策の立案をしようとする場合には、第二項の連合組織が同項の規定により内閣に対して意見を申し出ることができるよう、当該連合組織に当該施策の内容となるべき事項を知らせるために適切な措置を講ずるものとする。」と規定された（自治法二六三の三Ⅴ）。新たに事務又は負担を義務付けると認められる施策は、同条四項と同じであり、法律及びこれに基づく政令の内容だけでなく、それらを根拠とした府省令、告示等の内容も含むものと解する。

地方分権改革推進委員会の第三次勧告（平成二一年一〇月）において、この事前情報提供制度について、本制度の趣旨を十分に踏まえ、対象となる施策の立案について、情報提供されるべきことが徹底されることはもとより、情報提供の時期や方法については適切な対応が行われるべきであるとし、具体的な時期と方法について例示している（同勧告第一章６「(2)チェックのための仕組み」参照）。

八　国の出先機関

国の出先機関について、自治法は、国の出先機関（駐在機関を含む。）は、国会の承認を経なければこれを設けてはならないとし、国の地方行政機関の設置及び運営に関する経費は、国においてこれを負担しなければならないとしている（自治法一五六Ⅳ）。この規定の趣旨は、地方自治を侵害するような国の地方出先機関の濫設を防止することにあるとされている。もっとも、一定の国の出先機関は除外される（自治法一五六Ⅴ）。

なお、国の地方支分部局（地方出先機関）について、地方分権改革推進委員会が地方分権改革との関係において地方出先機関の見直しを調査審議し、第二次勧告（平成二〇年一二月）において、「見直しの基本的考え方」「事務・権限の見直しの考え方」「組織の見直しの考え方」「個別出先機関の事務・権限の見直しと組織の改革」などについて勧告をした。政府の地方分権改革推進本部（本部長、内閣総理大臣）は、平成二一年三月（二四日）、この勧告を踏まえて、「出先機関改革に係る工程表」を定めた。平成二一年九月に発足した政権の下においては、地域主権戦略会議（平成二一年一一月閣議決定で設置）において、審議検討され、平成二二年六月に閣議決定された「地域主権戦略大綱」において、「国の出先機関の抜本的な改革に当たっては、改革の理念に沿って、『原則廃止』の姿勢の下、ゼロベースで見直すこととし、地方自治体側を始め制度の利用者など広く関係各方面の意見等をも踏まえつつ、国と地方の役割分担の見直しに伴う事務・権限の地方自治体への移譲等を進めた上で、それに伴う組織の廃止・整理・合理化等の結論を得る。」とした（第４・２「⑴　進め方の基本」）。そして、平成二二年一二月、「アクション・プラン～出先機関の原則廃止に向けて～」が閣議決定された。このアクション・プランにおいて、平成二四年通常国会に法案を提出し、準備期間を経て平成二六年度中に事務・権限の移譲が行われることを目指すこととした。平成二四年の臨時国会において、当時の政府は、「国の特定地方行政機関の事務等の移譲に関する法律案」を準備したが、提出されないまま、平成二四年一一月に衆議院が解散された。

その後、政権の交代を経て、平成二五年九月（一三日）、政府の地方分権改革推進本部が決定した「地方公共団体への事務・権限の移譲等に関する当面の方針について」（第二章第四節「三　さらなる地方分権の推進と地方自治制度の改革」及び第七章第二節二「3　地方公共団体に対する事務再配分と事務配分の方式等」参照）に掲げられている事項は、国の地方出先機関が所管する事務・権限が中心となっている。

平成二五年一二月（二〇日）、「事務・権限の移譲等に関する見直し方針」が閣議決定され、これを踏まえた「地域の自主性及び自立性を高めるための関係法律の整備に関する法律」（第四次改革推進一括法）が平成二六年五月に成立した。この法律には、国から都道府県に対する権限移譲等（主として地方出先機関からの移譲）六六項目（政令予定事項等を含む。）が盛り込まれている。また、平成二七年六月に成立した第五次改革推進一括法、平成二八年五月に成立した第六次改革推進一括法及び平成二九年五月に成立した第七次改革推進一括法においても、国から都道府県等への一部の権限移譲が含まれている。

最近、国の中央省庁の地方への移転として文化庁の京都への移転、消費者庁の徳島への移転、統計局の和歌山への移転などが取り上げられており、実証実験も行われている。

第三節　都道府県と市町村の関係等

一　都道府県と市町村の関係とその改革

「都道府県」及び「市町村」については、普通地方公共団体の種類としての視点からは第四章第三節「二　普通地方公共団体」において、それぞれの役割分担及び事務・権能等という視点からは第七章第四節「市町村の事務・権能と都道府県の事務・権能」において、既述したところである。

普通地方公共団体としての市町村と都道府県の地位と性格、市町村と都道府県の間の役割分担及び市町村と都道府県の事務・権能等を踏まえ、都道府県と市町村の関係についての制度が整備され、その運用が図られている。

都道府県と市町村は、いずれも住民の福祉を増進するために事務を処理する普通地方公共団体としては、基本的に相互に対等の立場にあるべきものである。しかしながら、地方分権一括法による改正前の機関委任事務制度下においては、国の機関委任事務については、国の機関としての都道府県知事等が市町村長等に対し、包括的・一般的指揮監督権を行使することができ、しかも機関委任事務のシェアが大きかったことから、都道府県が市町村に対して一般的に優越的な地位にあって市町村の事務に関与したり市町村を指導したりすることが、あたかも当然であるかのような様相を呈していた。

このようなことを勘案して、地方分権一括法による改革においては、都道府県と市町村との関係をより明確に対等・協力の関係として構築していくこととし、都道府県と市町村を上下の関係においているとみられる次の規定が削除された。

①　市町村長が国の機関として国の事務を処理する場合において都道府県知事及び主務大臣から包括的な指揮監督を受けることとされる規定（改正前の自治法一五〇）

② 市町村長が処理する国又は都道府県の事務に係る知事の取消・停止権に関する規定（改正前の自治法一五一Ⅰ）

③ 都道府県知事がその権限に属する事務を市町村長に委任することができる事務委任の規定（改正前の自治法一五三Ⅱ）

④ 都道府県知事の権限に属する事務を市町村の職員をして補助執行させることができる規定（改正前の自治法一五三Ⅲ）

なお、改正前においては、都道府県は、都道府県単位で事務処理の統一性を図る視点から、市町村の行政事務に関し、条例で必要な規定を設けることができることとされ（いわゆる「統制条例」）、市町村の行政事務に関する条例が当該都道府県の条例に違反するときは、当該市町村の条例はこれを無効とするという規定が置かれていた（改正前の自治法一四ⅢⅣ）が、改正により削除された（第七章第四節「二　都道府県の事務・権能」及び第八章第二節三4「(2)　具体的事項とメルクマール等」参照）。

二　都道府県と市町村との間の調整等の体系

都道府県は、市町村を包括する広域の地方公共団体として、市町村に関する連絡調整に関する事務・権能を有する（自治法二Ⅴ。第四章第三節「二　普通地方公共団体」及び第七章第四節「市町村の事務・権能と都道府県の事務・権能」参照）。しかし、都道府県は、法律又はこれに基づく政令に定めがある場合のほか、市町村の組織及び運営に関する事項を定めることはできないものである（憲法九二、自治法二四五の二参照。なお、第八章第二節三2「(1)　憲法による国の専管事項及び『法律の留保』事項」参照）。一方、市町村は、当該都道府県の条例に違反してその事務を処理してはならない（自治法二XVI）。

このような都道府県と市町村との関係の大きな枠組みの中で、個々具体的な都道府県と市町村との間の調整等の仕組みは、法律又はこれに基づく政令の規定によることとなる。

法令による一般的な制度としては、「市町村に対する都道府県の関与等に関する制度」「自治紛争処理の制度」その他の制度があり、「条例による事務処理の特例」制度も都道府県の区域内で都道府県の事務・権能を市町村に再配分して、互いの機能の調整をするという意味においては、広義の都道府県と市町村との間の調整ともいえるし、「条例による事務処理の特例」に伴って都道府県の関与の特例や特則が設けられているということにおいても、都道府県と市町村との間の調整にかかわる制度でもある。これらのうち、「市町村に対する都道府県の関与等に関する制度」に関しては、関与の定義と類型等（第二節「一　関与の定義と類型等」参照）、関与の法定主義と基本原則（同「二　関与の法定主義と基本原則」参照）、一般的根拠に基づく関与等及び法定受託事務に係る「処理基準」（同「三　一般的根拠に基づく関与等及び法定受託事務に係る『処理基準』」参照）、関与等の手続等（同「四　関与等の手続等」参照）等について、国の地方公共団体に対する関与等の説明の中で既述したところである。

国の地方公共団体に関する関与等との対比等において特に留意すべき事項は、次のようなものであろう。

第一に、市町村に対する都道府県の関与等に関し、各大臣が都道府県の執行機関に対し指示をすることができるものとされているものがみられることである。例えば、「助言又は勧告」又は「資料の提出の求め」に関するもの（自治法二四五の四Ⅱ）、「是正の要求」に関するもの（自治法二四五の五Ⅱ）、「第一号法定受託事務」に係る「是正の指示」に関するもの（自治法二四五の七Ⅲ）、「第一号法定受託事務」に係る「代執行等」に関するもの（自治法二四五の八ⅩⅢ）、「第一号法定受託事務」に係る「処理基準」に関するもの（自治法二四五の九Ⅳ）である。

第二に、「自治事務」について、国の各大臣は、都道府県の処理が法令の規定に違反していると認めるとき、又は著しく適正を欠き、かつ、明らかに公益を害していると認めるときは、「是正の要求」の権限を有する（自治法二四五の五Ⅰ）が、都道府県の執行機関は、各大臣の指示を受けた場合以外はより緩やかな「是正の勧告」で対応することとされている（自治法二四五の五Ⅲ・二四五の六。第二節三「3　是正の要求」及び「4　是正の勧告」参照）。

なお、こうしたことを反映して、平成二四年の自治法の改正で規定された不作為に関する訴えの提起も、国の地方公共団体に対する訴えの提起に比べて、市町村の不作為に関する都道府県の訴えの提起は、複雑になっている。

「自治紛争処理制度」及び「条例による事務処理の特例」制度に伴うもの等について、以下に説明する。

三　自治紛争処理制度

1　制度の構成等

自治紛争処理制度は、地方分権一括法による改正前においては、自治紛争調停委員の制度として定められていたものに加えて、市町村に対する都道府県の関与に関する係争についても、できる限り行政内部で簡易かつ迅速に解決を図ることを旨として、国地方係争処理手続に準じた係争処理手続を定めたものである。

改正前の自治紛争調停委員については、広く、地方公共団体相互間及び地方公共団体の機関相互間の争いについて調停を行うこととされていた（調停制度。改正前の二五一、改正後の二五一の二）ほか、自治法の規定による審査請求等があった場合において、申請者から要求があったとき又は特に必要があると認めるときは、自治紛争調停委員を任命し、その審理を経たうえで裁決等をするものとされていた（審理制度。改正前の自治法二五五の四、改正後の自治法二五五の五）。改正においては、これらの従来の「調停制度」及び「審理制度」については、その必要性は今後とも変わらないと考えられることから、基本的にこれらの制度が維持され、これらに加えて、都道府県の関与について市町村に不服がある場合の審査の申出について、審査し、勧告等を行うことができる制度が新たに設けられたものである（「審査及び勧告等の制度」。自治法二五一の三）。

なお、これに伴い、「自治紛争調停委員」は「自治紛争処理委員」に変更された。

さらに、平成二六年の自治法の改正において、自治紛争処理委員は、同法に規定された「連携協約」（自治法第二編第一一章第三節「第一款　連携協約」（改正後の自治法二五二の二）に係る紛争を処理するための方策の提示（改正後の自治法二五二の二Ⅶ参照）を処理するものとされた（改正後の自治法二五一・二五一の三の二）。このことについては、後述四「6　連携協約に係る紛争を処理するための方策の提示」の説明を参照されたい。

以下においては、「審査及び勧告等の制度」と「訴訟」、及び「連携協約に係る紛争を処理するための方策の提示」については、国の関与についての係争処理制度との関連や関与に関連する訴訟であること、また後に追加された制度であることに鑑み、別途説明する。

２　自治紛争処理委員

(1)　組織及び委員

自治紛争処理委員は、三人とし、事件ごとに、優れた識見を有する者のうちから、総務大臣又は都道府県知事がそれぞれ任命する（自治法二五一Ⅱ前段）。この場合、総務大臣又は都道府県知事は、あらかじめ当該事件に関係のある事務を担任する各大臣又は都道府県の委員会若しくは委員に協議する（自治法二五一Ⅱ後段）。

自治紛争処理委員の任命については、国地方係争処理委員会の委員と同様、政治活動の制限等について規定されている（自治法二五一Ⅴによる二五〇の九ⅡⅨ①・ⅩⅣの準用）。

(2)　在任期間

自治紛争処理委員は、事件ごとに任命され（自治法二五一Ⅱ）、委員は当該事件の終了によりその職を失う。このことについては従来は、調停の打切り又は成立の場合に当然退任する規定が自治令にあったが（改正前の自治令一七四の一五）、法律の改正により、調停、審理及び審査のそれぞれについて、委員の在任期間の終期に関する規定の整備が行われた（自治法二五一Ⅳ）。平成二六年の自治法の改正で規定された「連携協約に係る紛争を処理するための方策の提示」の場合も、改正後の自治法に規定された（自治法二五一Ⅳ⑥⑦）。

(3)　委員の罷免

自治紛争処理委員については、罷免事由として、自治法二五一条五項において国地方係争処理についての所要の規定が準用（読み替えあり）されるほか、当該事件に直接利害関係を有することとなったとき罷免しなければならないと定められている（同条Ⅳ）。委員は、これらの場合を除くほか、その意に反して罷免されることがない（自治法二五一Ⅴによる二五〇の九Ⅻの準用）。

(4) 委員の守秘義務

自治紛争処理委員は、職務上知り得た秘密を漏らしてはならない。その職を退いた後も同様である（自治法二五一Ⅴによる自治法二五〇の九ⅩⅢの準用）。

3 調停制度及び審理制度

自治紛争処理制度の中で、上述したように、「調停制度」と「審理制度」は、地方分権一括法による改正前からあるものである（改正前の自治法二五一・二五五の四）。

(1) 調停制度

「調停制度」については、地方公共団体相互の間又は地方公共団体の機関相互の間に紛争があるとき、都道府県又は都道府県の機関が当事者となるものにあっては総務大臣、その他のものにあっては、都道府県知事が、当事者の文書による申請に基づき又は職権により、紛争解決のため、自治紛争処理委員を任命し、その調停に付することができることとされているものである（自治法二五一の二Ⅰ、自治令一七四の六参照）。このように「調停」は、当事者が双方共、地方公共団体又は地方公共団体の機関である紛争についてのみ行われるものである。もちろん、都道府県（又はその機関）と市町村（又はその機関）の間の紛争についても対象となり得るものであるが、この「調停制度」は、自治法に特別の定めがあるものを除くこととされており（同法二五一の二Ⅰ）、後述する市町村に対する都道府県の関与に関する不服についての審査及び勧告の制度の対象となる紛争は、この「調停制度」からは除かれる（そのほか、市町村の境界に関する争論があるとき（自治法九）、議会の議決が権限を超えると認めるとき（自治法一七六Ⅴ～Ⅶ）なども除かれる。）。なお、後述するように、市町村に対する都道府県の関与に関する「審査及び勧告等の制度」にも調停の制度がある（自治法二五一の三ⅩⅠ～ⅩⅣ）。

自治紛争処理委員は、調停による解決の見込みがないときは、総務大臣又は都道府県知事の同意を得て調停を打切り、事件の要点及び調停の経過を公表することができる（自治法二五一の二V）。

自治紛争処理委員の調停事務は準司法的事務ともいえるものであるから、実質的に事件の内容を究める必要があるので、当事者及び関係人の出頭及び陳述を求め、又は当事者及び関係人並びに紛争に係る事件に関係のある者に対し、紛争の調停のため必要な記録の提出を求めることができるものとされている（自治法二五一の二Ⅸ）。

自治紛争処理委員は、それぞれ独任であって、合議制の機関の構成員ではない。したがって、それぞれ別個の見地から調停をなし得るわけであるが、調停案の作成等は合議によることとされている（自治法二五一の二X）。

なお、都道府県の知事が自治紛争調停委員を任命して調停に付する事務は「機関委任事務」であったが、地方分権一括法の改正により、当該事務は「自治事務」となった。

(2) 審理制度

「審理制度」については、新行政不服審査法の下における改正後の自治法では、総務大臣又は都道府県知事に対して、自治法一四三条三項（一八〇条の五Ⅷ及び一八四Ⅱにおいて準用する場合を含む。）の審査請求又は自治法の規定による審査の申立て若しくは審決の申請があった場合において、自治紛争処理委員を任命し、その審理を経たうえ、裁決若しくは裁定又は審決をするものとされている（自治法二五五の五Ⅰ）。

不服申立てについての決定に当たり、自治紛争処理委員の審理を経ることとされているのは、上級行政庁ではないいわば第三者的な立場にある総務大臣又は都道府県知事を裁決庁等と認めたことと関連して、合議的機関の予備的審理を経ることによって、より公正妥当な裁決、裁定又は審決を期そうとするためである。

旧行政不服審査法の下においての改正前の自治法においては、法定受託事務に係る審査請求（同法二五五の二）及び条例による事務処理特例により市町村が処理することとなる法定受託事務について特則として認められる再審査請求（同法二五二の一七の四Ⅲ）を除き、自治法の規定による審査請求が広く対象となっていた。これに対し、改正後においては、自治紛争処理委員の審理手続を経る「審査請求」は、長・執行機関の身分に関する処分に関するもの（同法一四三Ⅲ及び同条同項を準用する一八〇の五Ⅷ及び一八四Ⅱ）である。そして、自治紛争処理委員の審理手続を経る自治法の規定による「審査の申立て」若しくは「審決の申請」は、議会の議決若しくは選挙又は違法な権利侵害に係るものである（同法八七Ⅱ・一一八Ⅴ・一二七Ⅳ・一七六Ⅴ・二五五の四）。

自治法に規定のある「審査請求」について、自治紛争処理委員の審理手続を経るものが改正前よりも狭められているが、新行政不服審査法においては審理員の制度（行審法九）及び審査会等への諮問手続き（行審法四三・八一）が定められたという背景がある。なお、自治紛争処理委員を任命して裁決する「審査請求」については、新行政不服審査法に定める上述の審理員の制度及び諮問手続きは適用しないこととされ（二五五の五Ⅱ）、自治法に規定する「審査の申立て」又は「審決の申請」については新行政不服審査法の審理員の制度（行審法九参照）の規定が準用される（なお、諮問手続（行審法四三・八一）については準用されない。自治法二五八Ⅰ）が、自治紛争処理委員の審理手続を経ることとされている自治法の規定による「審査の申立て」及び「審決の申請」においては、審理員の制度の規定は準用されない（自治法二五五の五Ⅲ）。

旧行政不服審査法の下では、自治紛争処理委員の審理を経る場合としては、不服申立てをした者から要求があったとき、又は（総務大臣若しくは都道府県の知事が）特に必要があると認めるときであったが、改正後においては、上述のとおり整理されており、一般私人による不服申立ては含まれないものであることから、自治法二五五条の五の適用のある不服申立てについては、必ず自治紛争処理委員を任命をしてその審理を経ることとされている。

四　審査及び勧告等の制度と訴訟並びに連携協約に係る紛争を処理するための方策の提示

1　審査及び勧告等の制度の趣旨・目的と概要

自治紛争処理委員による「審査及び勧告等の制度」は、市町村又は市町村の機関が担任する事務に関する都道府県の関与について、市町村長又は市町村の執行機関が不服があるときに係る紛（係）争処理のための制度であり、その趣旨等は、国地方係争処理の制度と同じである（第二節五「1　係争処理制度の趣旨・目的と概要」参照）。

この制度は、国地方係争処理の制度とともに地方分権一括法による自治法の改正により、導入されたものである。市町村に対する都道府県の関与に関する争いは、地方公共団体に対する国の関与に関する係争とは異なり、地方自治行政の場で地方自治関係として生じたものである。したがって、地方自治と地域性に関する視点を個々の事案に応じてより適切に反映できるようにするとともに、地域の実情に通じた適任者を随時任命するという仕組みにより係争を処理することが適当であることから、自治紛争処理委員の権限とされたものである。

総務大臣は、市町村長その他の市町村の執行機関が、その担任する事務に関する都道府県の関与に係る行為若しくは不作為又は法令に基づく協議について不服がある場合等において自治紛争処理委員の審査に付することを求める旨の申出をしたときは、自治紛争処理委員を任命し、当該申出に係る事件をその審査に付さなければならない（自治法二五一の三Ⅰ～Ⅲ）。以下の手続等は、国地方係争処理手続に準じるものである（第二節五「1　係争処理制度の趣旨・目的と概要」参照）。

なお、自治係争処理委員は、国地方係争処理委員会と異なり、独任制であるが、都道府県の関与の審査に係る決定及び勧告の決定（自治法二五一の三XV①～④）、関係行政機関の参加及び証拠調べの実施についての決定（自治法二五一の三XV⑤⑥）並びに調停案の作成及びその要旨の公表についての決定（自治法二五一の三XV⑦）については、自治紛争処理委員各自の判断が区々に分かれるのは適当でないので、合議によることとされている。これらの事項以外の事実的行為（例えば参考人の陳述の聴取等）については、各自が行うことを妨げない。手続の効率化による迅速な事案処理という観点からは、適宜分担して行うことも考えられる。

2　自治紛争処理委員による審査の対象等

⑴　審査の対象

自治紛争処理委員による審査の対象となるのは、①都道府県の関与のうち、「是正の要求」（各大臣からの指示を受けて行うもの及び条例による「事務処理の特例」により、都道府県の事務を市町村が処理することとされた「自治事務」に関するもの）、許可の拒否その他の「処分その他公権力の行使に当たる」もの（自治法二五一の三Ⅰ）、②都道府県の関与のうち許可その他の「処分その他公権力の行使に当たる」ものに係る不作為（自治法二五一の三Ⅱ）、③都道府県と市町村との法令に基づく「協議」（自治法二五一の三Ⅲ）、である。これらの具体的な内容等については、国地方係争処理委員会による審査の対象について述べたところと同様である（第二節五3「⑴　審査の対象」参照）。

なお、「是正の勧告」（自治法二四五の六）は、相手方である市町村に対しこれに従うべき法的義務を課すものではなく、当該市町村がこれに従わなかったとしても違法の評価を受けるものではないので、「処分その他公権力の行使に当たる」関与には該当せず、これについて自治紛争処理委員の審査に付すべき旨の申出をすることはできない。

⑵　審査の申出人及び審査の申出に係る相手方等

自治紛争処理委員の審査に付すべき旨の申出をすることができるのは、関与の対象となった事務を担任する市町村長その他の市町村の執行機関であり（自治法二五一の三Ⅰ～Ⅲ）、審査の申出に係る相手方は、関与を行った都道府県の行政庁、不作為に係る都道府県の行政庁又は「協議」の相手方である都道府県の行政庁である（自治法二五一の三Ⅳ）。

自治紛争処理委員の審査に付すべき旨の申出は、総務大臣に対して行い、申出を受けた総務大臣は、速やかに、自治紛争処理委員を任命し、当該申出に係る事件をその審査に付さなければならない（自治法二五一の三Ⅰ～Ⅲ）。

なお、市町村に対する都道府県の関与の中には、法令の規定上「都道府県」そのものが関与の権限主体とされているものがあり、このような場合に審査の申出に係る相手方となるべき「都道府県の行政庁」とは何を指すのかが問題となるが、当該規定に基づく関与については、都道府県そのものが審査手続の相手方になると解すべきであろう。

(3) 審査の申出の方式、申出期間及び事前の通知

審査の申出は、文書でしなければならない（自治法二五一の三Ⅰ～Ⅲ）。審査申出書に記載すべき事項は、国地方係争処理委員会に対する審査申出書と同様である（自治令一七四の七Ⅰ～Ⅲ。同令一七四の三参照）。

審査の申出期間及び事前の通知については、都道府県の「処分その他公権力の行使に当たる」関与に不服がある場合の審査の申出については期間の制限があること、申出書の郵便又は信書便による送付に要した日数は期間の計画に算入されないこと、審査の申出をしようとするときは事前に相手方である都道府県の行政庁に通知しなければならないことについては、国地方係争処理委員会に対する審査の申出の場合と同様である（自治法二五一の三Ⅴ～Ⅶによる二五〇の一三Ⅳ～Ⅶの準用）。

(4) 審査の申出が都道府県の関与に及ぼす影響

審査の申出が都道府県の関与の効力に影響を及ぼさないことについても、国地方係争処理委員会に対する審査申出の場合と同様である。

(5) 審査の申出の取下げ

審査の申出の取下げについての取扱いも、国地方係争処理委員会に対する審査申出の場合と同様であるが、審査申出の取下げは、自治紛争処理委員に対してではなく、総務大臣に対して行うこととされている（自治法二五一の三Ⅴ～Ⅶによる二五〇の一七の準用。なお、自治法二五一の三Ⅰ～Ⅲ参照）。

(6)　審査の手続

自治紛争処理委員による審査の手続も、国地方係争処理委員会による審査の場合と同様である（自治法二五一の三Ⅴ〜Ⅶによる二五〇の一五及び二五〇の一六の準用）。審査の手続に参加することが想定される関係行政機関の例としては、審査の対象となった都道府県の関与の根拠法令を所管する主任の大臣などが考えられる。

3　自治紛争処理委員による審査の結果と勧告等

(1)　審査の結果と勧告等

自治紛争処理委員が審査を行った結果の取扱いについては、「処分その他の公権力の行使に当たる」関与、不作為及び協議の不調のいずれについても、国地方係争処理委員会による審査の場合と同様である（第二節五4「(1)　審査の結果と勧告等」参照）。

(2)　勧告の効果

自治紛争処理委員の勧告の効果も、国地方係争処理委員会の勧告の場合と同様である（自治法二五一の三Ⅴ〜Ⅶによる二五〇の一四の各項の準用）が、勧告の内容その他審査の結果については、自治紛争処理委員から総務大臣に報告されることになっている（自治法二五一の三Ⅷ）。また、都道府県の行政庁が講じた措置について通知を受け、これを申出をした市町村長等に通知し、かつ、公表しなければならないこととされ、また、勧告を受けた都道府県の行政庁に説明を求めることができるのは、自治紛争処理委員ではなく、総務大臣である（自治法二五一の三Ⅸ Ⅹ）。

最近の事例として、我孫子市が行った農用地区域の指定解除の協議に対する千葉県知事の不同意についての申出に対する自治紛争処理委員は、千葉県知事に対し不同意を取り消し、市との協議を再開することを勧告した（平二一・五・一八勧告）。

(3)　調停

自治紛争処理委員が審査をする場合においても、職権により、調停案を作成して、これを当事者に示し、その受諾を勧告するとともに、理由を付してその要旨を公表することができる（自治法二五一の三Ⅺ）。この場合の手続は、調停の打切りに関するものを除く自治紛争処理委員による「調停」の手続（自治法二五一の二ⅢⅣⅦ）や国地方係争処理委員会が行う審査の申出に係る「調停」（同法二五〇の一九）に準じて規定されている（自治法二五一の三Ⅺ～ⅩⅣ）。この調停は、これを受託した旨を記載した文書が総務大臣に提出されたときに成立する（自治法二五一の三ⅩⅢ）。

4　都道府県の関与に関する訴訟

都道府県の関与に関する係争処理手続においても、国の関与に関する訴訟と同様の訴訟制度が設けられている（自治法二五一の六。同条Ⅲによる二五一の五Ⅲ～Ⅶの準用）。その法的性質、具体的内容などについては、国の関与に関する訴訟について述べたところと同様である（第二節五「5　国の関与に関する訴訟」参照）。

5　市町村の不作為に関する都道府県の訴えの提起

前述した（第二節五「6　地方公共団体の不作為に関する国の訴えの提起」）ように、平成二四年の自治法の改正において、地方公共団体の不作為に関する国等の地方公共団体の不作為の違法の確認を求める訴えの提起の制度が定められた。

市町村の不作為に関する都道府県の高等裁判所に対する訴えの提起は、各大臣が都道府県の執行機関に対し市町村に是正の要求をするよう指示（自治法二四五の五Ⅱ参照）をした場合（二五二Ⅰ）と、市町村の法定受託事務について都道府県の執行機関が是正の指示（自治法二四五の七Ⅱ参照）をした場合（二五二Ⅲ）がある。

前者の場合は、市町村に是正の要求をするよう指示をした各大臣が、都道府県の執行機関に対し、次に該当するとき、訴えをもって当該市町村の不作為の違法の確認を求めるよう指示することができ（自治法二五二Ⅰ）、指示を受けた都道府県の執行機関は、訴えをもって当該市町村の不作為の違法の確認を求めなければならないとするものである。（改正後の二五二Ⅱ）。

①　都道府県の是正の要求に関する自治紛争処理委員の審査に付することを求める申出（以下「審査に付する申出」という。）

をせず、かつ、当該是正の要求に応じた措置を講じないとき

② 審査に付する申出をした場合において、

ア 自治紛争処理委員の審査の結果又は勧告の内容の通知（自治法二五一の三Ⅴにおいて準用する二五〇の一四Ⅰ参照）をした場合に、当該是正の要求の取消しを求める訴えの提起をせず、かつ、是正の要求に応じた措置を講じないとき

イ 自治紛争処理委員が当該申出をした日から九〇日を経過しても審査又は勧告を行わない場合において、当該市町村の執行機関が当該是正の要求の取消しを求める訴えの提起をせず、かつ、当該是正の要求に応じた措置を講じないとき

後者の場合は、法定受託事務の処理について是正の指示をした都道府県の執行機関が当該指示を受けた市町村の不作為の違法の確認を求めるものであり、国の地方公共団体の法定受託事務の処理についての是正の指示に係る場合と同様に規定されている（自治法二五二Ⅲ）。また、市町村の第一号法定受託事務の処理について、都道府県の執行機関に対し、市町村に対する是正の指示に関し必要な指示をした各大臣は（自治法二四五の七Ⅲ参照）、市町村の不作為の違法の確認の訴えの提起に関し必要な指示をすることができるとされている（自治法二五二Ⅳ）。

なお、訴えができない期間、国の関与に関する訴の提起の規定の準用などの規定が置かれている（改正後の自治法二五二Ⅴ～Ⅷ）。

6 連携協約に係る紛争処理方策の提示

平成二六年五月に成立した自治法の改正において、自治法第二編第一一章第三節「普通地方公共団体間の協力」として、連携協約が加えられた（本書の本章第四節「二　連携協約」及び第四節「八　圏域における地方公共団体間の協力と地域間の連携等」参照）。改正においては、自治法二五一条一項を改正して自治紛争処理委員会の処理事項に連携協約に係る紛争を処理するための方策の提示（自治法二五二の二Ⅶ参照）が加えられた。そして、自治法二五一条の三の二として、処理方策の提示

について手続を定めている。手続としては、処理方策の提示を求める旨の申請があったときの自治紛争処理委員の任命、当該申請の取下げ、合議による決定、処理方策の提示を受けたときは当事者である地方公共団体はこれを尊重して必要な措置を執るようにしなければならないこと、などが定められている。なお、平成二六年一〇月（二九日）に自治令が改正され、処理方策の提示に関して、所要の通知及び報告について規定された（自治令一七四の八）。その中で、総務大臣又は都道府県知事は、それぞれ任命した自治紛争処理委員に対し処理方策を定める経過について報告を求めることができることとされている（自治令一七四の八Ⅳ）。

五　関与等以外の都道府県が市町村に具体的かつ個別的に関わる行為

市町村の事務に係る都道府県知事等への審査請求等に対する裁決等の行為は、国の裁決等と同様、関与の定義から除外されている（自治法二四五③括弧書）。これらの争いの解決のために行われる準司法的な行為も、国の場合と同様、都道府県が第三者的中立的な立場にたって行う市町村の事務の処理に具体的かつ個別的に関わる行為である（第二節六「関与等以外の国が地方公共団体に具体的かつ個別的に関わる行為」参照）。

また、市町村の境界等に係る調停、裁定、決定等（自治法九～九の五）や市町村の間の協力関係（自治法第二編第一一章第三節「普通地方公共団体相互間の協力」参照）など、複数の市町村の間の事案に関する都道府県の行為があり（第四章第三節二２⑴「都道府県の地位及び機能」参照）、これらも都道府県が具体的かつ個別的に市町村に関わる行為である。なお、これらのうち調整的なものについては、争訟に関する定めもみられる（自治法九Ⅷ～Ⅺ等）。

なお、関与等から除かれるが、都道府県知事が任命する自治紛争処理委員が行う行為は、市町村に関わるものであり、都道府県が市町村に具体的かつ個別的に関わる行為である。

六 「条例による事務処理の特例」の制度

1 制度の意義

地方分権一括法による自治法の改正により、自治法一条の二が新設され、「国においては、……本来果たすべき役割を重点的に担い、住民に身近な行政はできる限り地方公共団体にゆだねることを基本として、……」、住民に身近な行政分野については、積極的に地方公共団体に事務権限を配分すべきことが規定された。

この規定の趣旨に鑑み、法令に規定される住民に身近な行政は、できる限り法令の規定でより住民に身近な地方公共団体である市町村の担任する事務とすることが一般的には望ましいものであるが、現実の市町村の規模・能力その他諸条件には大きな差があることなどから、一律に定めるもののほか、市町村の規模能力等に応じた事務の配分の制度も併せて認めることが現実的であると考えられる。

この点、法律上の制度としては、自治法において、これまでも指定都市制度（自治法二五二の一九以下）や中核市制度（自治法二五二の二二以下）があり、さらに、地方分権一括法による改正により二〇万以上の人口規模を有する市について特例市制度（自治法二五二の二六の三以下）が創設された（自治法第二編第一二章参照）。なお、平成二六年の自治法の改正で中核市の人口要件を二〇万以上とし、特例市の制度を廃止することとした（第一四章第三節「中核市制度」及び第四節「平成二六年の自治法改正前の特例市制度及び改正後の施行時特例市制度」）。また、各行政分野における個別法により定められる制度もある（保健所設置市等）。

もっとも、これらの特例制度は、法令による制度であり、地域において定められる制度ではない。地方分権一括法による改正前においては、機関委任の制度により、都道府県知事から市町村長への事務の委任という形式で地域独自の権限委任が行われてきた（なお、改正前の地教行法に基づく都道府県の教育委員会及び教育長から市町村の教育委員会及び教育長への事務の委任についても同様であった（改正前の地教行法二六ⅢⅣ）。）。これは、機関委任事務制度の廃止に伴い削除された改正前の自治法一五三条二項を根拠としたものであり、機関委任という性格を反映して市町村長の意思に関係なく、知事の判断により市町村長に対し一方的に事務処理を行わせることを可能とするものであった。また市町村長に委任した事務については、都道府県知事は、委任した事務が都道府県知事に委任された国の機関委任事務であれば、包括的な指揮監督権があり（改正前の自治法一五〇）、職務執行命令制度（改正前の自治法一五一の二）の対象とされるほか、委任した事務については取消・停止権を有していた（改正前の自治法一五一Ⅰ）。なお、委任を受けた事務は市町村長に機関委任されたものであるので、市町村の条例制定権等の対象外であったことは当然である。

地方分権一括法による改正により、機関委任事務制度が廃止され、機関委任として制度を存続させることはできないこととなった。しかし、上述のように地域の実情に応じて柔軟に市町村へ事務・権限の配分ができるようにすることが適切であり、このため、地方分権一括法による改正において、「都道府県は、都道府県知事の権限に属する事務の一部を、条例の定めるところにより、市町村が処理することとすることができる」制度が定められ（「条例による事務処理の特例」の制度）、当該条例を制定し、又は改廃する場合においては、「都道府県知事は、あらかじめ、当該市町村の長に協議しなければならない」こととされたものである（自治法二五二の一七の二。なお、地教行法においても都道府県教育委員会の権限に属する事務について同様の規定がある（地教行法五五））。

この制度は、機関委任による制度の活用の実態を引き継ぐことも勘案しつつ、それにとどまらず、都道府県の判断によって、都道府県の事務権限を市町村に再配分することを可能とすることを趣旨目的とする制度であることに十分留意されるべきであろう。

この制度を「条例による事務処理の特例」とし、「委託」とは区別されていることについては、この制度は、都道府県の事務権能であるものについて、都道府県の条例で定めるところにより、都道府県から市町村への事務の再配分を可能とするものであることから「委任」概念にはなじまないと考えられたものである。実際の制度とその関連においても、①条例の制定改廃に当たっては、都道府県は市町村とあらかじめ協議することとされているが、その協議については、必ずしも意思の合致まで必要とされるものではないこと、②自治法においては、地方公共団体間の意思の合致を前提とした「規約による事務の委託」(自治法二五二の一四)の制度、また、公の施設に関連して平成一五年の改正前の自治法に管理委託の制度(改正前の自治法二四四の二Ⅲ。条例の規定を根拠として、委託者と受託者間の契約によって行うものとされていた。)があったことから、この都道府県から市町村への事務の再配分の制度について「委託」という用語を用いた場合、他の制度の「委託」との間で概念の混同が生じるおそれがあると思われることがその背景にある。

なお、「条例による事務処理の特例」の制度を定める条例が法令に違反することはできないことはいうまでもなく(憲法九四、自治法一四Ⅰ)、個々の法令の規定、趣旨・目的に違反して条例により事務を再配分することや法の一般原則(公平の原則等)に反するようなことはできない。

平成一六年の自治法の改正によって、市町村の長は、都道府県知事に対し、「条例による事務処理の特例」の制度によって、当該市町村が処理することとするよう要請できる制度が定められ、平成一九年の地教行法の改正によって、都道府県教育委員会の事務についても、同様に、要請できる制度が定められた(後述2「(4) 市町村との協議及び市町村の要請」参照)。

2 制度の内容

(1) 「条例による事務処理の特例」と「事務の委託」

自治法二五二条の一七の二第一項においては、「都道府県は、都道府県知事の権限に属する事務の一部を、条例の定めるところにより、市町村が処理することとすることができる」、また、「この場合においては、当該市町村が処理することとされた事務は、当該市町村の長が管理し及び執行するものとする」と規定されている(地教行法五五Ⅰにおいて、同様の規定がある。)。この「条例による事務処理の特例」の制度は、法律若しくは政令上都道府県の事務とされているもの又は都道府県の独自の事務を市町村に再配分するものであり、市町村に事務を再配分するに当たっては、都道府県の当該条例の制定又は改廃をする場合、市町村の長との協議が必要である。また、再配分された事務については、都道府県知事は、包括的な指揮監督権や取消・停止権は有しないものである。なお、再配分された事務は、市町村の事務であり、市町村は当該事務について、法令又は都道府県の条例に違反しない限り条例の制定が可能である。

このように、「条例による事務処理の特例」の制度と改正前の自治法一五三条二項の規定による事務の委任とでは、基本的な考え方においても、また、手続の面においても、大きく異なるものである。

ところで、自治法二五二条の一四の規定は、普通地方公共団体が協議により規約を定め、他の地方公共団体に事務の一部を委託できることを定めている（第四節「五　地方公共団体の事務の委託」参照）が、この規約による「事務の委託」の制度と「条例による事務処理の特例」の制度との違いについてである。「規約による事務の委託」の制度は、二つの地方公共団体の間で協議のうえ、規約を定めて行うものであり、双方の議会の議決（意思の合致）を必要とする。この「規約による事務の委託」の制度は、相手が同種の事務を行っているのが通例であり、都道府県が市町村に事務を委託することもあるが、都道府県相互間若しくは市町村相互間において委託を行い、又は市町村が都道府県へ委託することが一般的である。これに対して、「条例による事務処理の特例」の制度は、都道府県の事務とされているものを都道府県の条例によって、当該都道府県の区域内の市町村に再配分しようとするものであって、都道府県は市町村と誠実に協議する義務はあるが、意思の合致（市町村議会の議決）までは要求されるものではなく、また、通常、都道府県から複数の市町村への事務配分が想定されている。さらに、都道府県の条例で定める以上、当該都道府県の区域が前提となるため、「条例による事務処理の特例」の制度による事務の再配分の相手方は、当該都道府県の区域内の市町村に限られる。これに対し、「規約による事務の委託」の相手方については、区域は問題にならない。

(2) 対象となる事務

「条例による事務処理の特例」の制度の対象となる事務は、自治法においては、都道府県知事の権限に属する事務に限られている。自治法以外の法律において「条例による事務処理の特例」の制度を定めている法律は、現在のところ地教行法だけであり、地教行法においては、「都道府県は、都道府県委員会の権限に属する事務の一部を、条例の定めるところにより、市町村が処理することとすることができる。」（地教行法五五Ⅰ）として、都道府県教育委員会の権限に属する事務の一部を、条例により、市町村に再配分することができることとしている。なお、旅券事務について、旅券法において「条例による事務処理の特例」の制度の適用除外が規定されていたが、平成一六年の同法の改正において適用除外の規定は削られた（改正前の同法二一の四参照）。

このように、「条例による事務処理の特例」の制度の対象となる事務は現在のところ、「都道府県知事の権限に属する事務」及び「都道府県教育委員会の権限に属する事務」に限られている。これは、都道府県の執行機関としては長である知事のほか各種の委員会又は委員があるが、①地方分権一括法による改正前において機関委任の制度があったのは、知事から市町村長に対するもの（改正前の自治法一五三Ⅱ）のほかは、都道府県の教育委員会及び教育長から市町村の教育委員会及び教育長に対するもの（改正前の地教行法二六ⅢⅣ）だけであったこと、②都道府県の選挙管理委員会の権限に属する事務については、公職選挙法等に基づき、市町村の選挙管理委員会は、選挙人名簿の管理等国及び都道府県の選挙に関する事務を処理することとされており、これらの事務に加えて、都道府県の選挙管理委員会が管理する事務を、さらに市町村が処理することとすることは想定し難いこと、③都道府県の他の委員会又は委員の権限に属する事務については、「条例による事務処理の特例」の制度によって市町村が処理することについては馴染まないものであること、などの理由によるものである。

また「条例による事務処理の特例」の制度の対象となる事務については、次のことに留意を要する。

第一は、法令の規定により都道府県の条例で定めることとされている事務（例：屋外広告物法に基づく屋外広告物の制限等に関する条例）に関しては、法令に基づく条例を制定することにより、具体の事務が発生するものであり、具体の事務として都道府県知事の権限に属することとされたものを市町村に再配分することは可能であるが、当該条例の制定という権能自体を「条例による事務処理の特例」の制度により市町村が行うこととすることはできない。このことを勘案して、平成一六年に制定された景観法による屋外広告物法の改正により、都道府県は、屋外広告物法の規定に基づく条例の制定又は改廃に関する事務の全部又は一部を、条例で定めるところにより、景観行政団体である市町村が処理することとすることができることが規定された（屋外広告物法二八）。

第二に、都道府県が、市町村を包括する広域の地方公共団体として当該都道府県の事務として独自に定めた事務について、「条例による事務処理の特例」の制度により、市町村がその事務の一部を処理することとすることは可能である。この場合において、都道府県の条例等で市町村の事務を創設することはできない（自治法二Ⅱ参照）ことから、都道府県の条例等による事務について「条例による事務処理の特例」の制度により市町村が事務を処理することとすることができるのは、その事務の一部を対象とする場合又は当該都道府県の区域内の市町村の一部に限って市町村が処理することとする場合に限られることとなる（当該条例又は規則により創設された事務のすべてを当該都道府県の区域内すべての市町村が処理することとすることは制度として想定されていない。）。

(3) 事務処理の特例を定める「条例」に定めるべき事項

「条例による事務処理の特例」の制度の「条例」には、市町村が処理することとなる知事又は都道府県教育委員会の権限に属する事務の根拠及び当該事務を処理することとなる市町村名を規定することが必要である。

なお、都道府県の規則に基づく事務の一部を市町村が処理することとするときには、事務処理の特例を定める「条例」において、都道府県の規則に基づく事務であることを明示して、別に規則で定める範囲の事務を市町村が処理することとする旨の規定を置く必要がある（自治法二五二の一七の二Ⅱ括弧書参照）。

(4) 市町村との協議及び市町村の要請

ア 市町村との協議

「条例による事務処理の特例」を定める条例（都道府県の規則に基づく事務を市町村が処理することとする場合で、条例の定めるところにより、規則に委任して当該事務の範囲を定めるときは、当該規則を含む。）を制定し又は改廃する場合においては、都道府県知事は、あらかじめ、事務を処理し又は処理することとなる市町村の長に協議しなければならない（自治法二五二の一七の二Ⅱ、地教行法五五Ⅱ）。

この場合において、都道府県知事は、事務を処理することとなる市町村の長と誠実に協議をする必要はあるが、市町村の長の同意までは要さない。ただし、運用上は、都道府県と市町村との間で十分協議し、両者の合意の上で市町村が処理することとなるものと思われる。

この市町村との協議については、地方分権一括法附則の規定により、平成一一年四月一日において、改正前の自治法一五三条二項又は地教行法二六条三項若しくは四項の規定により市町村長又は市町村の教育委員会若しくは教育長に委任されている都道府県知事又は都道府県の教育委員会若しくは教育長の権限に属する事務について、「条例による事務処理の特例」の制度の条例の定めるところにより施行日以後引き続き市町村の長又は教育委員会が管理し及び執行することとする場合においては、当該条例の制定については、協議は必要ないものとされている。

イ 市町村の要請

第二七次地方制度調査会の「今後の地方自治制度のあり方に関する答申」（平成一五年一一月）において、「条例による事務処理の特例」について、「現行制度では基礎自治体の方から事務権限の移譲を求めることができないことから、基礎自治体が自らの判断により事務権限の移譲を都道府県に積極的に求めていくことができることとする必要がある。」等とされた（同答申第２・２「⑴大都市に共通する課題」参照）。この答申を承けて、平成一六年の自治法の改正により、市町村からの要請についての制度が定められたものである。すなわち、市町村の長は、都道府県知事に対し、その権限に属する事務の一部を当該市町村が処理することとするよう要請すること（議会の議決を経る。）ができ、都道府県知事は、要請があったときは、速やかに、当該市町村の長と協議しなければならない（自治法二五二の一七の二ⅢⅣ）。なお、都道府県教育委員会の権限に属する事務については、改正されていなかったが、平成一九年の地教行法の改正により、同様に、市町村長は、都道府県知事に対し、当該都道府県教育委員会の権限に属する事務の一部を当該市町村が処理することができるよう要請することができることとされた（地教行法五五Ⅵ～Ⅷ）。

市町村の長からの要請があったにもかかわらず都道府県知事が協議に応じない場合や都道府県知事が要請に応じた措置をとらないときは、市町村の長は、総務大臣に申請をして、自治紛争処理委員の調停に付することを求めることができる（自治法二五一の二Ⅰ参照）。

⑸　「条例による事務処理の特例」の制度の対象となった事務の管理執行の主体

「条例による事務処理の特例」の制度によって、市町村が処理することとされた事務は、当該市町村の長が管理し及び執行するものとされる（自治法二五二の一七の二Ⅰ後段）。地教行法による場合は、当該市町村が処理することとされた事務は、当該市町村の教育委員会が管理し及び執行するものとされる（地教行法五五Ⅰ後段）。

なお、自治法一八〇条の二に基づき、「条例による事務処理の特例」の制度により事務を処理することとされた市町村の長から、当該市町村の執行機関たる委員会に事務を委任することは可能である。

⑹　財源措置

「都道府県がその事務を市町村が行うこととする場合においては、都道府県は、当該市町村に対し、その事務を執行するに要する経費の財源について必要な措置を講じなければならない」（地財法二八Ⅰ）。したがって、都道府県は、「条例による事務処理の特例」の制度により市町村が処理することとなる事務について必要な財源措置を講じなければならないものである。

(7)「条例による事務処理の特例」の場合の法令等の適用と効果又は特則

「条例による事務処理の特例」の制度により市町村において処理される事務に関する法令、条例等の適用の関係については、各個別法令等との関係及び自治法で定める一般的な制度との関係（地教行法五五Ⅸの規定により読み替えて準用される場合を含む。）が自治法に分けて規定されており、前者は「条例による事務処理の特例の効果」として（自治法二五二の一七の三）、また、後者は「是正の要求」等についての自治法の「特則」として、それぞれ規定されている（自治法二五二の一七の四）。

ア「条例による事務処理の特例」の効果

①条例の定めるところにより市町村が処理することとされた事務について規定する法令、条例又は規則中都道府県に関する規定は、当該事務の範囲内において、当該市町村に関する規定として当該市町村に適用があるものとすること（自治法二五二の一七の三Ⅰ、地教行法五五Ⅸによる自治法二五二の一七の三の準用）。

「条例による事務処理の特例」の制度においては、事務について規定する法令等の適用については、都道府県に関する規定が当該市町村に適用されるが、これに対して、事務について規定する法令等以外の法令等の適用については、都道府県に関する規定は適用になるのではなく、市町村に関する規定が適用される。すなわち、個別法令等で規定する都道府県の事務を市町村が処理する場合において、当該事務について規定する法令等以外の、例えば自治法の各種規定（関与の規定、「法定受託事務」に係る行政不服審査の規定、手数料の規定等）などの適用については、市町村が処理することとされた事務は当該市町村の事務となるので、自治法の都道府県に関する規定が適用になるのではなく、市町村に関する規定がそのまま適用されることとなる。また、市町村が処理することとされた当該事務について規定する都道府県の条例又は規則以外のものとしては、例えば当該市町村の行政手続条例、情報公開条例、手数料条例、財務規則等がある。

② ①により市町村に適用があるものとされる法令の規定により国の行政機関が市町村に対して行うものとなる「助言」等、「資料の提出の要求」等又は「是正の要求」等は、都道府県知事を通じて行うことができるものとすること（自治法二五二の一七の三Ⅱ、地教行法五五Ⅸによる自治法二五二の一七の三の準用）。

「助言等」とは「助言、勧告その他これらに類する行為」（自治法二四七Ⅰ参照）を、「資料の提出の要求等」とは「資料の提出の要求その他これに類する行為」（自治法二四八参照）を、「是正の要求等」とは「是正の要求、指示その他これらに類する行為」（自治法二四九Ⅰ参照）のことである。

ここで、「助言等」「資料の提出の要求等」又は「是正の要求等」の関与には、自治法に直接基づいて行われる「技術的な助言及び勧告並びに資料の提出の要求」（自治法二四五の四）、「是正の要求」（自治法二四五の五）、「是正の指示」（自治法二四五の七）は、含まれない。この規定が適用になるのは、個別法令における関与であり、自治法に直接基づくこれらの関与については、自治法の市町村の処理する事務に対する国又は都道府県の関与の規定が適用されることとなる。すなわち、「条例による事務処理の特例」の制度により市町村が処理することとなる事務について規定する個々の法令中都道府県に関する規定が、当該市町村が処理することとされた事務の範囲内において、当該市町村に適用されることにより、個別法令において国の行政機関が都道府県に行うこととされている「助言等」「資料の提出の要求等」又は「是正の要求等」については、国の行政機関が直接に市町村に対して行うこととなるが、この場合において、これらの関与は都道府県を通じて行うこともできるものとするものである。

③ ①により市町村に適用があるものとされる法令の規定により市町村が国と行うものとなる「協議」は、都道府県を通じて行うものとし、同様に、市町村が国に対して行うこととなる許認可等に係る申請等は都道府県を経由して行う

ものとすること（自治法二五二の一七の三Ⅲ、地教行法五五Ⅸによる自治法二五二の一七の三の準用）。

都道府県が国の行政機関と行うこととされている「協議」については、当該事務を規定する法令が市町村に適用されることにより、市町村が国の行政機関と協議をすることに、また、都道府県が国の行政機関の「許認可等」を要することとされていた事務については、市町村が国の行政機関の「許認可等」を要することとなるが、これらの場合において、当該「協議」は都道府県を通じて行うものとし、当該国の「許認可等」に係る市町村からの申請等は、都道府県を経由して行うものとするものである。

イ　「是正の要求」等の特則

①　「是正の要求」及び「代執行等」に係る特則

自治法の規定を直接一般的根拠として行うことができる関与の規定（自治法二四五条の四（「技術的な助言及び勧告」並びに「資料の提出の要求」）、同法二四五条の五（「是正の要求」）、同法二四五条の六（「是正の勧告」）、同法二四五条の七（「是正の指示」）、同法二四五条の八（「代執行等」））については、「条例による事務処理の特例」の制度により、都道府県の事務を市町村が処理することとなる場合には、市町村が事務を処理するものとして市町村に関する規定が適用されることとなるが、「是正の要求」及び「代執行等」については、次の特則が設けられている。

「是正の要求」については、一般には、都道府県知事又は都道府県教育委員会は、各大臣からの指示があった場合にのみ、市町村に対して「是正の要求」をすることができる（自治法二四五の五ⅡⅢ。別途自らの判断で「自治事務」について「是正の勧告」（自治法二四五の六）をすることは可能）こととされているが、「条例による事務処理の特例」の制度においては、法令上は都道府県が処理することとされている事務を、都道府県の判断に基づき、市町村が処理することとするものであることから、当該市町村の「自治事務」の処理が違法等の場合には、都道府県は各大臣の指示がない場合であっても、「是正の要求」ができることとされている（自治法二五二の一七の四Ⅰ、地教行法五五Ⅸによる自治法二五四の一七の四Ⅰの準用)。

平成二四年の自治法の改正において、条例に定めるところにより市町村が処理することとされた自治事務の処理について、各大臣の指示を受けて都道府県知事が行う「是正の要求」(自治法二四五の五Ⅲ参照)及びこの特則による自治事務の処理について都道府県知事が行う「是正の要求」(自治法二五二の一七の四Ⅰ参照)について、市町村の不作為に関する都道府県の訴えの提起について定める改正後の二五二条一項の各号のいずれかに該当するときは、各大臣の指示がない場合であっても、高等裁判所に対し、訴えをもって当該「是正の要求」を受けた市町村の不作為の違法の確認を求めることができることとされた(自治法二五二の一七の四Ⅲ)。なお、改正において、地教行法五五条の該当規定も改正され、都道府県教育委員会の権限の条例による事務処理の特例についても準用される(改正法附則一〇条による地教行法五五条九項の改正)。

「代執行等」については、自治法の規定(自治法二四五の八)では都道府県知事の管理し及び執行する「法定受託事務」であれば各大臣が、市町村長が管理し及び執行する「法定受託事務」であれば都道府県知事が行うこととなるが、「条例による事務処理の特例」の制度により、市町村が事務を処理することとされた場合にあっては、各大臣が代執行等をすることができることとされている(自治法二五二の一七の四Ⅱ)。

② 「再審査請求」等の特則

自治法二五五条の二において、市町村長又は市町村教育委員会の「法定受託事務」に係る処分又は不作為について、都道府県知事又は都道府県教育委員会に「審査請求」をすることができることとされていることから、「条例による事務処理の特例」の制度により、市町村が処理することとされた「法定受託事務」についても、当該事務に係る処分又は不作為に不服のある者は、都道府県知事又は都道府県教育委員会に対して「審査請求」をすることができる。

当該処分又は不作為については、「条例による事務処理の特例」の制度の適用のない場合、都道府県知事又は都道府県教育委員会の処分又は不作為に対して各大臣に「審査請求」をすることができるものである（自治法二五五の二①）。旧行政不服審査法八条一項二号においては、「審査請求」ができる処分について委任により原権限庁が審査庁となった場合には、原権限庁が自ら処分をした場合における審査庁に対して「再審査請求」をすることができる旨の規定が設けられていた。その趣旨は、委任がなされるか否かによって審査庁が異なることになり、原権限庁が自ら処分した場合における審査庁の判断を求める機会を失うこととなるのは、国民の権利利益の保護の観点から適当ではないとされることによる。この趣旨は、「条例による事務処理の特例」の制度により、審査庁が異なることとなる場合においても基本的にあてはまると考えられること、また、従前、政令指定都市や中核市等について事務の特例を認めている場合においても、審査庁が異なることとなる場合には、「再審査請求」の規定を設けているのが通例である（例えば、児童福祉法五九の四Ⅱ、生活保護法八四の二Ⅱによる六六Ⅰの準用）ことから、「法定受託事務」について「条例による事務処理の特例」の制度によりその審査庁が各大臣から都道府県知事又は都道府県教育委員会に変わる場合においては、各大臣に対して「再審査請求」をすることができる旨の規定が設けられたものである（自治法二五二の一七の四Ⅳ、地教行法五五Ⅸによる自治法二五二の一七の四Ⅳの準用）。

新行政不服審査法において、異議申立て、審査請求及び再審査請求を原則的に一段階とし、審査請求に一元化する（新行政不服審査法二～四）こととされ、新行審法関係法律整備法によって自治法の関係規定が整備された。自治法二五二条の一七の四第四項の規定については、自治法二五五条の二において法定受託事務に係る市町村長の処分についての審査請求の裁決に不服がある者は、改正後も各大臣に対して再審査請求をすることができることとされている。これは、不服申立先の特例を存置し、審査請求先を改正後も審査請求先にしようとしたものである。また、旧行政不服審査法では、原権限庁から下級行政庁に権限が委任された場合における再審査請求が規定されていた（改正前の同法八Ⅰ②）が、改正では、最上級庁を審査庁とすることにすることから、改正前の行政不服審査法八条は削られた。

しかし、事務処理の特例により市町村が処理することとされた事務のうち法定受託事務に係る処分をする権限を市町村長が補助機関である職員又はその管理に属する行政機関の長に委任した場合においては、まず当該市町村長に審査請求をし（行政不服審査法四④）、その後知事に対して再審査請求をし（自治法二五二の一七の四Ⅳ）、そのうえで、その裁決に不服がある者は各大臣に再々審査請求をすることを認めることとした（自治法二五二の一七の四Ⅴ）。この再々審査請求は、個別の法律による新たな不服申立て手続であるが、行政不服審査法第四章（再審査請求）の規定を準用することとされている（自治法二五二の一七の四Ⅵ）。

なお、上述の児童福祉法五九条の四の規定についても、改正により、自治法二五五条の二第二項の再審査請求の裁決があったときは、当該裁決に不服のある者は、自治法二五二の一七の四第五項から第七項までの規定の例により、厚生労働大臣に対して再々審査請求をすることができるとされた（同法五九の四Ⅲ）。

第四節　地方公共団体相互間の協力関係

一　地方公共団体相互間の協力関係の概要

複数の地方公共団体が協力・共同して事務・事業に対応する必要があることは、しばしばみられるところである。そのような場合としては、①個別の地方公共団体の区域を越えた広域の行政需要への対応として必要な場合（「広域行政の必要」）、②事務・事業への能率的・効率的対応として求められる場合（「能率的・効率的処理の必要」）及び③単独では処理することが困難な特定の事務・事業への対応として必要な場合（「能力補完の必要」）に大別できるであろう。

複数の地方公共団体が協力・共同して事務・事業に対応する場合、①法律制度として認められている特別地方公共団体（自治法一の三Ⅲ・第三編）である地方公共団体の組合（一部事務組合及び広域連合。同法第三編第三章。なお、平成二三年四月に成立した自治法の改正前においては、地方開発事業団があった（改正前の自治法第三編第五章）。）を設置する方式、②特別地方公共団体によらないが法律制度として認められている各種の協力の方式及び③法律制度によらない事実上の各種の協力の方式（事実上の協議会等）、がある。このうち、法律制度として認められている①及び②が制度上の地方公共団体の協力方式である。

地方公共団体の協力方式のうち①の特別地方公共団体については後述する（第一五章第三節「地方公共団体の組合」。なお、第五節「旧地方開発事業団」参照）。

上述②の法律制度上の地方公共団体の協力方式については、自治法上の協力方式として、平成二六年の自治法の改正前から、地方公共団体の①協議会（自治法二五二の二〜二五二の六）、②機関等の共同設置（自治法二五二の七〜二五二の一三）、③事務の委託（自治法二五二の一四〜二五二の一六）、④職員の派遣（自治法二五二の一七）、が自治法第二編第一一章第三節「普通地方公共団体相互間の協力」として定められてきた。自治法の他の規定においても、⑤公の施設の区域外設置及び共同利用（自治法二四四の三）、⑥相互救済事業経営の委託（自治法二六三の二）、⑧長及び議長の全国的連合組織（自治法二六三の三）がある。また、他の法律においても、消防の相互応援協定（消防組織法三九）、地方行政連絡会議（地方行政連絡会議法）などがあり、法人格を有する特殊なものとして、地方公共団体が共同して設置する港務局がある（港湾法第二章）。

複数の地方公共団体が協力・共同して地域の広域的な政治・行政に対応する場合、複数の行政主体によるものであることなどから、どうしても統合性、一体性、計画性などを欠きがちになるということが指摘される。一方、特に、交通通信手段の発達・発展と交通通信体系の整備の進展、科学技術の飛躍的向上、住民等の諸活動の圏域の拡大、行政需要の拡大と複雑かつ多様化、グローバル化の進展などによって、広域行政は、一般的に、総合的・計画的で高度なものが求められている。旧広域市町村圏などの広域圏の施策は、こうした要請に応えるものとして、昭和四〇年代以降、意欲的に展開されたところである。そして、近年においては、市町村の合併も積極的に推進されたところである。

さらに、最近は、「定住自立圏構想」等が推進されている。また、第三〇次地方制度調査会の「大都市制度の改革及び基礎自治体の行政サービス提供体制に関する答申」（平成二五年六月）において、現行の共同処理方式のほか、地方公共団体間における柔軟な連携を可能とする仕組みを制度化すべきであるとした（同答申第４・３「⑴　新たな広域連携制度の必要性」）。そして、平成二六年に成立した自治法の改正において「連携協約」の制度が設けられた（改正後の自治法第二編第一一章第三節「第一款　連携協約」、改正後の自治法二五二の二）。また、相当の人口規模と中核性のある都市が近隣市町村と有機的に連携して地域の活性化を図るための連携中枢都市圏の形成が図られることとなった。これらのことについては、「八　圏域における地方公共団体間の協力と地域間の連携等」において説明する。

二　連携協約

1　連携協約の制度化

平成二五年六月に、第三〇次地方制度調査会が提出した「大都市制度改革及び基礎自治体の行政サービスの提供体制に関する答申」において、現行の自治法に定める事務の共同処理の方式のほか、地方公共団体間における柔軟な連携を可能とする仕組みを制度化すべきであるとしている（同答申第４・３「⑴　新たな広域連携の制度の必要性」）。そのうえで、三大都市圏以外の地方圏においては、地方中枢拠点都市（連携中枢都市：筆者注）を核に、各分野において、都市機能の「集約とネットワーク化」を図っていくことが重要であるとし（同「⑵　地方圏における市町村間の広域連携のあり方」）、三大都市圏においては、各都市が異なる行政サービスや公共施設の整備等に関して、水平的・相互補完的、双務的に適切な役割分担を行うことが有用であり、そのような水平的役割分担の取組を促進するための方策を講じるべきであるとしている（同「⑶　三大都市圏の市町村」）。

そして、平成二六年の自治法の改正において、「連携協約」の制度が設けられた（改正により、改正前の自治法第二編第一一章第三節中第四款を第六款とし、第一款から第三款までを一款ずつ繰り下げ、二五二条の二を二五二条の二の二とし、「第一款　連携協約」（二五二条の二）を規定した。）。

2　連携協約の締結等

「連携協約」の制度は、地方公共団体間の協力の仕組みとして創設されたものであり、次のとおりである。

地方公共団体は、当該地方公共団体及び他の地方公共団体の区域における当該地方公共団体及び当該他の地方公共団体の事務の処理に当たっての当該他の地方公共団体との連携を図るため、協議により、連携して事務を処理するに当たっての基本的な方針及び役割分担を定める協約（「連携協約」）を当該他の地方公共団体と締結することができる（改正後の二五二の二Ⅰ）。協議については、議会の議決を経なければならない（同条Ⅲ）。地方公共団体は、連携協約を締結したときは、その旨及び当該連携協約を告示するとともに、都道府県が締結したものにあっては総務大臣に、その他のものにあっては都道府県知事（以下同じ。）に届け出なければならない（同条Ⅱ）。連携協約を締結した地方公共団体は、当該連携協約に基づいて、連携して事務を処理するに当たって当該地方公共団体が分担すべき役割を果たすため必要な措置を執るようにしなければならない（同条Ⅵ）。連携協約を締結した地方公共団体相互間に連携協約に係る紛争があるときは、総務大臣又は都道府県知事に対し、自治紛争処理委員による当該紛争を処理するための方策の提示を求める旨の申請をすることができる（同条Ⅶ）（改正後の二五一Ⅰ・二五一の三の二参照。第一三章第三節四「6　連携協約に係る紛争を処理するための方策の提示」参照）。公益上必要がある場合においては、総務大臣又は都道府県知事は、関係のある地方公共団体に対し、連携協約を締結すべきことを勧告することができる（二五二の二Ⅴ）。

連携協約は、二つの地方公共団体の間で締結されるものである。したがって三以上の広域の連携においては、二つの地方公共団体間の連携協約が複数締結されることになる。定住自立圏や連携中枢都市圏においては、中心又は核となる都市と近隣市町村との間において、また、近隣市町村の間において、多くの連携協約が、多層的に締結されることが想定され、結果として、圏域が見えてくるものと考えられる。また、三大都市圏では、規模・能力がある都市間において、水平・相互補完的、双務的な連携等のタイプが考えられる。さらに、市町村間の連携が困難な場合は、都道府県と市町村の間の連携も考えられる。

このような地方公共団体間の連携は、今日の人口減少社会にあって、地域を活性化し、地域経済を発展させ、住民に対する行政サービスを持続可能なものとし、住民の利便の向上を図るうえで、一般的にいって、単独の地方公共団体が「フルセットの行政」で対処するという考え方からは脱却していくことが求められ、地域において地方公共団体が有機的な関係で結ばれ、また相互関係のネットワークを形成するうえでのツールとなるという意義を有する。

連携協約は、地方公共団体が連携して事務を処理するに当たっての基本的な方針及び役割分担を定める協約である。この役割分担には事務の分担だけではなく、政策面での分担を盛り込むことができるものである。この基本的な方針及び役割分担が連携協約の内容となることによって、それらについて団体間で認識を共有することとなる。

連携協約が根拠となり、またベースとなって、関係地方公共団体間の連携に係る事務処理に関するルール等（法令の適用、条例・規則等に関すること等）や処理の方法・方式等（例えば、協議会等の事務処理組織、事務委託、請負等）について取り決められる。もちろんそれが連携協約に盛り込まれることもあり、また、別途定められることがあってもよい。

3　連携協約の位置付け

以上のようなことから、連携協約は、地域の実情が反映できる多様性のある柔軟な連携であることが望まれる。したがって、法律の規定は最小限のものとし、他の事務に関する共同処理の制度と異なり、連携協約にはその記載事項について規定は置かれていない。

柔軟な連携ということならば、地方公共団体間の連携についても民事上の契約（民法第三編第二章「契約」参照）によることが最も相応しいといえるし、また、自治法に連携協約が置かれても、民事上の契約による地方公共団体間の連携を妨げるものではないことはいうまでもない。新たに自治法で連携協約の制度を定めたのは、地方公共団体間の連携については、より安定性を確保し、長期的・継続的にも展開が可能となるように、また、公的な主体間であることが反映できるようにするという趣意のものと思われる（上述のように、地方公共団体間の協議に議会の議決を経ること、当該地方公共団体が分担すべき役割を果たすため必要な措置を執るようにしなければならないとされていること、自治紛争処理委員による紛争を処理するための方策の提示の制度が定められていること及び公益上必要がある場合に総務大臣又は都道府県知事が連携協約を締結すべきことを勧告できることを参照）。

自治法に規定されている連携協約は、民事上の契約に上述の趣旨から特例を定めたものということではなく、自治法において地方公共団体間の関係についての特別の制度が定められたものと解されている。もっとも、具体的な事例においては自治法又は協議による協約に特段の規定がない場合は、民法の規定に準じる（又は類推適用する）ことになろう。

三　地方公共団体の協議会

1　協議会の制度の意義等及び協議会の種類

地方公共団体の協議会の制度は、昭和二七年の自治法の改正により、行政運営の簡素化、合理化を図る趣旨から、機関等の共同設置及び事務の委託の制度とともに設けられたものである。もっとも、協議会の制度は、機構及び事務処理の簡素化、合理化を第一義の目的としているというより、地方公共団体の区域を越えて適切に施策を遂行しようとするところに意義がある制度であるといえる。

地方公共団体は、地方公共団体の事務の一部を共同して管理し及び執行し、若しくは地方公共団体の事務の管理及び執行について、連絡調整を図り、又は広域にわたる総合的な計画を共同して作成するため、協議により規約を定め、地方公共団体の協議会を設けることができる（自治法二五二の二の二Ⅰ）。地方公共団体の協議会は、法人格を有しない共同執務組織としての性格のものである。

自治法に規定する協議会には、三種類のものがある。もっとも、一の協議会が二以上の性格を有する場合もある。

① 管理執行協議会――地方公共団体の事務の一部を共同して管理し及び執行するための協議会

この管理執行協議会が関係地方公共団体又はその長その他の執行機関の名においてした事務の管理執行は、それぞれ関係地方公共団体の長その他の執行機関がしたものとしての効力を有する（自治法二五二の五）。つまり、管理執行協議会は、関係地方公共団体の共通の執行機関たる性格を有し、自治法二五二条の五が示すように、協議会と関係地方公共団体又はその長その他の執行機関との間には、代理に準ずる効果が認められる。

「名においてした」とは、関係地方公共団体又はその長その他の執行機関としての行為であることを明らかにして行うことである。

② 連絡調整協議会――事務の管理及び執行について連絡調整を図るための協議会

この連絡調整協議会の行う事務の連絡調整は、それ自体としては何ら法律上の効果を生ぜず、協議会の行った連絡調整の結果に基づいて関係地方公共団体の長その他の執行機関が事務の管理執行をして、初めて外部的な効果を生ずることになる。この協議会は、広域行政の必要などの事情に対処して、事務の総合的、一体的、統一的な処理を行うために、相互に情報や意見の交換を行い、共通の方針を求めて連絡調整を行う協議の組織であり、この場合の協議会は、執行機関としての性格よりも、協議機関としての性格のほうが強い。

③ 計画作成（策定）協議会――広域にわたる総合的な計画を共同して作成（策定）するための協議会

この計画作成（策定）協議会の制度は、地域の行政の広域化の傾向や地域振興開発行政の総合的、計画的な展開を図る必要性の増大に鑑み、地方公共団体の事務事業の総合的かつ計画的な実施の前提として昭和三六年の自治法の改正により整備されたものである。計画作成（策定）協議会が広域にわたる総合的な計画を作成したときは、関係地方公共団体は、当該計画に基づいて、その事務を処理するようにしなければならないとされ（自治法二五二の二の二Ⅴ）、その計画の実効性の確保を図ることとしている。

2 協議会の設置等

地方公共団体は、協議により規約を定めることにより、協議会を設置することができる（二五二の二の二Ⅰ）。この協議会の設置の協議については、連絡調整協議会を除いて、関係地方公共団体の議会の議決を経なければならない（自治法二五二の二の二Ⅲ）。この協議の議案の提案権は長に専属し、議会は修正権を有しない。

なお、長以外の執行機関の権限に属する事項についての協議会を設置する場合においても、その協議の主体は、関係地方公共団体自体であり、実際の協議に当たるのは、その代表者である長である。

地方公共団体は、協議会を設けたときは、その旨及び規約を告示するとともに、都道府県の加入するものにあっては総務大臣、その他のものにあっては都道府県知事に届け出なければならない（自治法二五二の二の二Ⅱ）。

関係地方公共団体による協議会の任意の設置のほか、公益上必要がある場合には、総務大臣又は都道府県知事は、協議会を設けるべきことを勧告することができることとされている（自治法二五二の二の二Ⅳ）。「公益上必要がある場合」とは、関係地方公共団体の間で広域行政の観点などからみて協議会の設置の必要性が非常に大きいが、種々の事情によって協議会設置に向けての手続が顕在化していない場合などが挙げられる。

旧市町村合併特例法、平成一六年合併法及び改正市町村合併特例法において、合併をしようとする市町村は、自治法二五二条の二第一項の規定により、合併協議会を置くものとされている（旧市町村合併特例法三Ⅰ、平成一六年及び改正市町村合併特例法三Ⅰ）が、この合併協議会については、住民による合併協議会設置の請求（住民発議）の制度及びそれに続く合併協議会設置協議についての住民投票の制度が定められている（旧市町村合併特例法四・四の二、平成一六年合併法及び改正市町村合併特例法四・五）。なお、平成一六年合併法においては、平成二六年の自治法の改正前の自治法二五二条の二第四項の規定による都道府県知事の合併協議会の設置の勧告について及びそれに続く合併協議会設置協議についての住民投票の制度が定められていた（平成一六年合併法六二）が、平成二二年の平成一六年合併法の改正による改正後の改正市町村合併特例法では削られている。

協議会は、協議会を設ける地方公共団体の数を増減し、若しくは規約を変更し、又は協議会を廃止しようとするときは、設置の例によりこれを行う（自治法二五二の六）。平成二四年の自治法の改正において、協議会を設ける地方公共団体は、その議会の議決を経て、脱退する日の二年前までに他の全ての関係地方公共団体に書面で予告することにより、協議会から脱退することができることとされ、関係規定が整備された（自治法二五二の六の二）。

3　協議会の組織

協議会は、会長及び委員をもって組織する（自治法二五二の三Ⅰ）。会長及び委員は、規約の定めるところにより常勤又は非常勤とし、関係地方公共団体の職員のうちからこれを選任する（自治法二五二の三Ⅱ）。会長と委員とは別個であるので、規約で委員の中から会長を互選するというような定めをすることはできない。

会長及び委員として選任されるべき者の範囲は、関係地方公共団体の職員であれば、特別職、一般職を問わない。したがって、地方公共団体の長その他の執行機関又はこれらの補助職員のいずれからでも選任できる。なお、長以外の執行機関の担任する事務に係る協議会についても、必要な場合には、その委員の一部を長又はその補助職員のうちから選任することもできる。議会の職員については、協議会が執行機関の共同組織としての性格を有することから、協議会の会長又は委員となることは消極的に解すべきである。

なお、市町村の合併協議会の場合は、旧市町村合併特例法、平成一六年合併法及び改正市町村合併特例法に特例があり、規約の定めるところにより、委員は、関係市町村の議会の議員又は長その他の職員をもって充てることとし、規約の定めるところにより、学識経験者を加えることができることとされ、平成一四年の旧市町村合併特例法の改正により、住民発議に起因して置かれる合併協議会には、規約の定めるところにより、請求に係る代表者を加えることができるものとされている（旧市町村合併特例法三Ⅲ～Ⅴ、平成一六年合併法及び改正市町村合併特例法三Ⅲ～Ⅴ）。また、会長についても、関係市町村の議会の議員又は長その他の職員の中から選任するとされていたが、平成一一年の改正により、学識経験を有する者の中からも選任することができるものとされている（旧市町村合併特例法三Ⅱ、平成一六年合併法及び改正市町村合併特例法三Ⅱ）。

協議会の会長は、協議会の事務を掌理し、協議会を代表する（自治法二五二の三Ⅲ）。ここで、「事務を掌理」とは、協議会の会長が、予算の執行、協議会の担任する事務に従事する職員の指揮監督などの内部管理事務のほか、協議会の本来の事務の管理及び執行又は連絡調整若しくは計画作成（策定）の権限と責任を有するものとされていることを意味する。

協議会の担任事務を処理するために必要な職員の職の設置、事務処理機構などの組織については、規約で所要の定めをする（自治法二五二の四Ⅰ④）。

4　協議会の規約

協議会の規約については、三種類の協議会に共通する必要的記載事項と、管理執行協議会について特に必要とされる必要的記載事項とが規定されている（自治法二五二の四）。もっとも管理執行協議会において必要的記載事項とされている事項について、その他の協議会においても、任意的記載事項として規約に記載することが適当な場合もある。

ア　共通する必要的規約記載事項

三種類の協議会に共通する必要的規約記載事項は、次のとおりである。

①　協議会の名称

協議会の名称としていかなる名称を用いるべきかについて法律上は明確な制限はない。しかし、できるだけ関係地方公共団体及び共同処理の事務の種類などが明らかになるようにすべきである。

②　協議会を設ける地方公共団体

関係団体が特定されればよく、「〇〇県下市町村」「〇〇郡内町村」というような規定の仕方も考えられるが、具体的に関係団体を列挙するのが適当であると考える。

③　協議会が管理し及び執行し、若しくは協議会において連絡調整を図る関係地方公共団体の事務又は協議会の作成する計画の項目

協議会の担任する事務の範囲を明確かつ具体的に列記すべきである。計画作成（策定）協議会にあっては、どのような項目についての計画を策成するかを明示しなければならない。

④　協議会の組織並びに会長及び委員の選任の方法

協議会の組織として委員の定数、協議会の事務に従事する職員の定数、事務処理機構等並びに会長及び委員の具体的な選任方法、任期などを規定する。

⑤　協議会の経費の支弁の方法

「経費の支弁の方法」とは、関係地方公共団体が協議会の運営に必要な経費を負担し、支弁する方法を意味する。

イ　管理執行協議会に特別な必要的規約記載事項

管理執行協議会について、特別な必要的規約記載事項は、次のとおりである。

①　協議会の担任する事務の管理及び執行の方法

協議会の担任する事務を関係地方公共団体の名において管理執行する場合に、どの団体の条例、規則などの適用によって処理するかを定める。

②　協議会の担任する事務を管理し及び執行する場所

通常は、関係地方公共団体のうちのいずれかの事務所内とされる場合が多いと思われる。

③　協議会の担任する事務に従事する関係地方公共団体の職員の身分取扱い

協議会は、その性質上、固有の職員を有せず、関係地方公共団体から派遣された職員をもってその事務を処理させる。そのため、職員の身分取扱いについて規約で所要の事項を定める必要がある。記載事項としては、職員の定数及び関係地方公共団体ごとの定数の配分、職員の選任方法、職員の解任手続などが考えられる。

④ 協議会の担任する事務の用に供する関係地方公共団体の財産の取得、管理及び処分又は公の施設の設置、管理及び廃止の方法

協議会は法人格を有しない共同執務組織であるから、原則として固有の財産又は公の施設を有しない。したがって、協議会が事務を処理するために必要な財産又は公の施設は、関係地方公共団体が取得しなければならない。規約においては関係地方公共団体の財産の取得などの方法について規定することとなる。

⑤ その他協議会と協議会を設ける関係地方公共団体との関係その他協議会に関し必要な事項

「協議会と協議会を設ける関係地方公共団体との関係」としては、協議会の事務の監査、報告の徴収、会長及び委員の解任、関係予算の執行手続等に係る関係地方公共団体の協議会への関与などに関する事項、「その他協議会に関し必要な事項」としては、協議会の会計手続、協議会の廃止に伴う事項などが考えられる。

5 協議会の事務の管理及び執行の効力

地方公共団体の協議会が、関係地方公共団体又はその長その他の執行機関の名においてした事務の管理及び執行は、関係地方公共団体の長その他の執行機関が管理し及び執行したものとしての効力を有する（自治法二五二の五。ただし、協議会が内部管理事務のように自己の名においてもっぱら自己のためにする行為の効果は、直接協議会に帰属すると解される）。これは、民法の代理（民法九九以下）にほぼ相当する法的効果が認められるものである。民法の代理の場合には、代理人が、本人から代理権を授与されて一定の行為を本人のためにすることを示してするときは、その行為の法律効果はすべて本人に帰属する。協議会の事務の管理執行についても同様の関係であると考えることができ、協議会がその担任事務につき関係地

方公共団体又はその長その他の執行機関の名において行為をすれば、その効力は、直ちに関係地方公共団体又はその長その他の執行機関に帰属することになる。

6　協議会の広域にわたる総合的な計画

協議会が広域にわたる総合的な計画を作成したときは、関係地方公共団体は、当該計画に基づいて、その事務を処理するようにしなければならない（自治法二五二の二の二Ⅴ）。計画作成（策定）協議会は、都市圏、地域の社会・生活圏などの圏域を基礎とする広域行政の総合的、計画的な推進を図るため設置される場合が多いと考えられる。このような計画作成（策定）協議会が計画を作成しても、それが実効性を持ち、実現されなくては無意味であるので、関係地方公共団体などに対して、その計画の実行を義務付けたものである。

四　地方公共団体の機関等の共同設置

1　機関等の共同設置の制度の意義等

機関等の共同設置の制度は、協議会の制度及び事務の委託の制度と同様、昭和二七年の自治法の改正により設けられたものである。機関等の共同設置の制度は、地方公共団体の機関等を簡素化し、経費節減を図りつつ、合理的な行政を維持しようとするものといえるが、近年においては行政需要の高度化、技術化、多様化に対して、特に規模能力の小さい市町村の能力補完的な意義を有することについても留意されるべきであろう。

共同設置する機関等が管理し及び執行したことの効果は、関係地方公共団体の機関等がしたと同様に、それぞれの団体に帰属する。このように共同設置する機関等は、共同設置をした各地方公共団体の共通の機関等としての性格を有するものである。

2　共同設置できる機関等

平成二三年の自治法の改正前においては、共同設置できる機関等は、①執行機関としての委員会又は委員及び附属機関（「機関の共同設置」）と②長、委員会又は委員の事務を補助する職員及び専門委員（「職員の共同設置」）とされていた（改正前の自治法二五二の七Ⅰ）。このことについて、第二九次地方制度調査会の「今後の基礎自治体及び監査・議会制度のあり方に関する答申」において、「機関等の共同設置については、現行の機関及び職員の共同設置に加え、効率的な行政運営や小規模市町村の事務の補完を可能とするため、内部組織、事務局及び行政機関についても共同設置が進められるよう、制度改正を含めた検討を行うことが適当である。」とされた（同答申第１・３「⑵　広域連携の積極的な活用を促すための方策」）。この答申を踏まえた自治法の改正が平成二三年四月に成立し、改正前では委員会若しくは委員若しくは附属機関である機関及び執行機関を補助する職員又は専門委員とされていたものに加え、「議会事務局若しくはその内部組織、行政機関（自治法一五六Ⅰ）、長の内部組織（自治法一五八Ⅰ）、委員会若しくは委員の事務局若しくはその内部組織」及び「議会の事務を補助する職員」も共同設置することができることとされた（改正後の自治法二五二の七Ⅰ）。この改正により、従前からの委員会又は委員及び附属機関の「機関の共同設置」と「職員等の共同設置」に加え、事務局、行政機関、内部組織といった「事務局・行政機関・内部組織の共同設置」まで含めて、「機関等の共同設置」とされることとなったといえる。また、職員の共同設置については議会の事務を補助する職員が加えられた。

この改正は、共同処理方式による周辺市町村等との広域連携の多様な選択肢を用意するうえで従来の機関等の共同設置に加えて、事務局・行政機関・内部組織、職員等を幅広く共同設置することができることとすること、効率的な行政運営に資すること及び小規模市町村の事務の補完を可能にすることを基本的な考え方とするものである。

平成二九年の自治法の改正において、従来から専門委員を共同設置することができることとされていたことと同様に、同年の改正で規定された監査専門員（改正後の自治法二〇二の二）も共同設置することができることとされた（改正後の自治法二五二の七Ⅰ）。

政令で定める委員会については、共同設置はできないとされており（自治法二五二の七Ⅰただし書）、公安委員会が該当する（自治令一七四の一九）。また、公選の委員が構成員となる委員会である海区漁業調整委員会（なお、平成二七年の農業協同組合法等の一部を改正する等の法律による農業委員会等に関する法律の改正前には、農業委員会に公選の委員の制度があったが、改正により公選の委員の制度は廃止された。）については、共同設置の場合の選任方法に関する規定を欠いている（自治法二五二の九Ⅰ参照）ので、共同設置は予定されていないと解すべきであろう。

職員の共同設置については、出納員、徴税吏員など職名についての共同設置はできないと解されている。

3　共同設置の手続等

地方公共団体は、協議により規約を定め、機関等の共同設置をすることができる（自治法二五二の七Ⅰ）。この共同設置の協議については、関係地方公共団体の議会の議決を経なければならない（自治法二五二の七Ⅲによる二五二の二の二Ⅲ本文）。この協議の議案の提案権は長に専属し議会は修正権を有しない。なお、長以外の執行機関としての委員会又は委員などの共同設置をする場合の協議の主体も関係地方公共団体自体であり、実際の協議に当たるのはその代表者である長である。

普通地方公共団体は、機関等の共同設置をしたときは、その旨及び規約を告示するとともに、都道府県の加入するものにあっては総務大臣、その他のものにあっては都道府県知事に届け出なければならない（自治法二五二の七Ⅲによる二五二の二Ⅱの準用）。

また、関係地方公共団体による任意の共同設置の手続のほか、公益上必要がある場合には、総務大臣又は都道府県知事は、機関等の共同設置をすべきことを勧告することができることとされている（自治法二五二の七Ⅲによる二五二の二の二Ⅳ）。

機関等の共同設置をする地方公共団体の数を増減し、若しくは共同設置に関する規約を変更し、又は機関等の共同設置を廃止しようとするときは、関係地方公共団体は、共同設置をするときの例により、協議してこれを行うこととされている（自治法二五二の七Ⅱ Ⅲ）。平成二四年の自治法の改正において、機関等を設置する地方公共団体は、その議会の議決を経て、脱退する日の二年前までに他の全ての関係地方公共団体に書面で予告することにより、共同設置から脱退することができることとされ、関係規定が整備された（改正後の二五二の七の二）。

4　共同設置に関する規約

共同設置に関する規約の記載事項は、次のとおりである（自治法二五二の八①〜⑤）。

①　共同設置する機関の名称

例えばA市B町何々委員会というように表示することが適当である。

②　共同設置する機関を設ける地方公共団体

関係地方公共団体名を個々具体的に列挙する。

③　共同設置する機関の執務場所

何県何市何町何市役所内というように具体的に明示するのが適当である。

④　共同設置する機関を組織する委員その他の構成員の選任方法及び身分取扱い

「選任の方法」については、自治法二五二条の九第一項から三項まで、「身分取扱い」については、同条四項及び五項の規定の適用を受ける。このことについては後述する（「5　共同設置する機関を組織する委員等の選任方法及び身分取扱い等」）。

⑤　①から④までに掲げるものを除くほか、共同設置する機関と関係地方公共団体との関係その他共同設置する機関に関し必要な事項

「共同設置する機関と関係地方公共団体との関係」とは、負担金とか、事務の管理執行に関する条例、規則の調整などの事項、「その他共同設置する機関に関し必要な事項」とは、共同設置の機関を運営していく場合に必要なその

他の事項が考えられる。

5　共同設置する機関を組織する委員等の選任方法及び身分取扱い等

(1)　選任方法

①　共同設置する委員会の委員で地方公共団体の議会が選挙すべきもの（現行では、選挙管理委員及び補充員（自治法一八二Ⅰ Ⅱ））の選任方法は、規約において、(i)規約で定める特定の地方公共団体の議会が選挙する方法、(ii)関係地方公共団体の長が協議により定めた共通の候補者について、すべての関係地方公共団体の議会が選挙する方法のいずれの方法によるかを定めるものとする（自治法二五二の九Ⅰ）。なお、選挙管理委員は、地方公共団体の長及び議員の選挙権を有することを選任及び在任の要件とするが（自治法一八二Ⅰ・一八四Ⅰ参照）、共同設置する場合には、いずれか一の関係地方公共団体の長及び議員の選挙権を有していればよいと解される。

②　地方公共団体が共同設置する委員会の委員若しくは委員又は附属機関の委員その他の構成員で地方公共団体の長が地方公共団体の議会の同意を得て選任すべきもの（監査委員（自治法一九六Ⅰ）、教育長及び教育委員（地教行法四Ⅰ・Ⅱ）、人事委員会及び公平委員会の委員（地公法九の二Ⅱ）、固定資産評価審査委員（地税法四二三Ⅲ）、収用委員及び予備委員（土地収用法五二Ⅲ）など）の選任方法は、規約において、(i)規約で定める特定の地方公共団体の長がその地方公共団体の議会の同意を得て選任する方法、(ii)関係地方公共団体の長が協議により定めた共通の候補者について、それぞれの関係地方公共団体の長がその地方公共団体の議会の同意を得たうえ、規約で定める特定の地方公共団体の長が選任する方法、のいずれの方法によるかを定めるものとする（自治法二五二の九Ⅱ）。

③　地方公共団体が共同設置する委員会の委員若しくは委員又は附属機関の委員その他の構成員で、地方公共団体の長、委員会又は委員が選任すべきもの（自治紛争処理委員（自治法二五一Ⅱ）、教育委員会が委嘱する社会教育委員（社会教育法一五Ⅱ）など）の選任の方法は、規約において、(i)規約で定める地方公共団体の長、委員会又は委員が選任する方法、

(ii)関係地方公共団体の長、委員会又は委員が協議により定めた者について、規約で定める地方公共団体の長、委員会又は委員がこれを選任する方法のいずれの方法によるかを定めるものとする（自治法二五二の九Ⅲ）。

(2)　身分取扱い

共同設置する機関に選任する者の身分取扱いは、上掲(1)①又は②で、規約で定める地方公共団体の議会が選挙し又は規約で定める地方公共団体の長が選任する場合には、その地方公共団体の職員とみなし、すべての関係地方公共団体の議会が選挙する場合には、規約で定める地方公共団体の職員とみなされる（自治法二五二の九Ⅳ）。上掲(1)③の場合は、これらの者を選任する地方公共団体の長、委員会又は委員の属する地方公共団体の職員とみなされる（自治法二五二の九Ⅴ）。

(3)　解職請求の特例

委員会の委員等で法律の規定により解職請求をすることができるものが共同設置された場合の解職請求については、解職請求手続の特例が設けられている（自治法二五二の一〇、自治令一七四の二〇～一七四の二三）。

解職請求の対象となる者は、共同設置に係る委員会の委員（教育委員会にあっては、教育長及び委員）などで法律の定めるところにより地方公共団体の長及び議員の選挙権を有する者の請求に基づき地方公共団体の議会の議決によりこれを解職することができるものである（自治法一三Ⅱ Ⅲ・八六、地教行法八）。

共同設置に係る委員会の委員などは、身分取扱いについては、関係地方公共団体のうち特定の団体の職員とみなされるが（自治法二五二の九Ⅳ Ⅴ）、それ以外の面では、関係地方公共団体すべての共同の機関であるので、解職請求をすることができる者は、いずれかの関係地方公共団体の長及び議員の選挙権を有する者である。したがって、共同設置している団体のいずれかの団体において、解職請求がその要件を充たして行われればよく、すべての関係団体である必要はない。解職請求をすることができる者は、いずれかの関係地方公共団体の長及び議員の選挙権を有する者であるので、解職請求を受理すべき者は、その地方公共団体の長である。

自治法二五二条の一〇の規定による地方公共団体の共同設置する委員会の委員などの解職については、自治令に特別の定めがあるものを除くほか、その委員会の委員などがそれぞれの普通地方公共団体に設置されているものとみなして、これらの機関の解職に関する法令の規定を適用する（自治令一七四の二〇）。

地方公共団体の長は、その解職の請求をそれぞれの地方公共団体の議会に付議し、その結果を自治法二五二条の九第四項又は第五項の規定により共同設置する委員会の委員などが属するものとみなされる地方公共団体の長に通知しなければならない（自治令一七四の二三Ⅰ）。

共同設置する委員会の委員等の解職請求による解職は、議会の議決によって成立するのであるが、関係地方公共団体が二以上あるので、二の地方公共団体が共同設置する場合には、すべての関係地方公共団体の議会において、三以上の地方公共団体が共同設置する場合にはその半数を超える関係地方公共団体の議会において解職に同意する旨の議決があったときは、その解職は成立する。この議決は、地方公共団体が共同設置する委員会の委員等を失職させる効果を持つ（自治令一七四の二三Ⅲ）。

6　共同設置する機関の補助職員及び経費の負担等

地方公共団体が共同設置する委員会などの事務を補助する職員は、共同設置する委員会の委員（教育委員会にあっては、教育長及び委員）などが属するものとみなされる規約で定める地方公共団体の職員をもって充てる（自治法二五二の一一Ⅰ）。地方公共団体が共同設置する附属機関の庶務は、その規約で定める地方公共団体の執行機関においてこれをつかさどる（自治法二五二の一一Ⅰ）。

地方公共団体が共同設置する委員会などに要する経費は、関係地方公共団体がこれを負担し、規約で定める地方公共団体の歳入歳出予算にこれを計上して支出するものとする（自治法二五二の一一Ⅱ）。通常の経費の負担は、関係地方公共団体の長の協議により決定されるが、特定の事務に要する経費については、その事務に関係のある団体が負担することになろう。

地方公共団体が共同設置する委員会が徴収する手数料その他の収入は、規約で定める普通地方公共団体の収入とするものとされる（自治法二五二の一一Ⅲ）。

地方公共団体が共同設置する委員会が行う関係地方公共団体の財務に関する事務の執行及び関係地方公共団体の経営に係る事業の管理の通常の監査は、規約で定める地方公共団体の監査委員が毎会計年度少なくとも一回以上期日を定めてこれを行うものとされている（自治法二五二の一一Ⅳ前段）。この場合には、その監査委員は、監査の結果（合議による。）を他の関係地方公共団体の長に報告するとともにこれを公表しなければならない（自治法二五二の一一Ⅳ後段）。各監査委員の意見が一致しないことにより合議により決定することができない事項がある場合は、その旨及び当該事項についての各監査委員の意見を他の地方公共団体の長に提出するとともにこれを公表しなければならない（平成二九年の自治法の改正後の二五二の一一Ⅴ）。これらの規定は、「定期（例）監査」につき定めるものであるが、関係地方公共団体の監査委員が「随時監査」を行うことは差し支えないと解されている。

7　共同設置する機関に対する法令の適用

地方公共団体が共同設置する委員会若しくは委員又は附属機関は、自治法その他これらの機関の権限に属する事務の管理及び執行に関する法令、条例、規則その他の規程の適用については、自治法に特別の定めがあるものを除くほか、それぞれ関係地方公共団体の委員会若しくは委員又は附属機関とみなされる（自治法二五二の一三）。

これは、共同設置する機関等は、元来それぞれの関係地方公共団体の機関等であり、その行為の結果はそれぞれの関係地方公共団体に帰属するものであるが、これを法令などの適用の関係上明らかにしたものである。

共同設置に係る機関の事務の管理及び執行に関する条例、規則その他の規程が相互に矛盾抵触することは、共同設置の趣旨から望ましくない場合が多いので、条例、規則などについて、必要に応じ協議による調整が行われるように規約において所要の定めをしておく必要があろう。

8　組織及び職員等の共同設置に関する準用（議会事務局等の共同設置に関する準用規定）

平成二三年四月に成立した自治法の改正前においては、自治法二五二条の一三の規定は、長、委員会若しくは委員を補助する職員又は専門委員の共同設置について準用する「職員等の共同設置に関する準用規定」であったが、改正により、議会事務局、行政機関（一五六Ⅰ参照）、長の内部組織（一五八Ⅰ参照）、委員会事務局（委員会又は委員の事務局若しくは内部組織をいう。）及び議会の事務を補助する職員も共同設置することができることになった（改正後の自治法第二五二条の七）ことから、これらについても、政令の定めるところにより、自治法第二五二条の八から第二五二条の一二までの規定を準用することとして、「議会事務局等の共同設置に関する準用規定」とされた（自治法二五二の一三、自治令一七四の二四）。

五　地方公共団体の事務の委託

1　事務の委託の制度の意義等

事務の委託の制度は、協議会の制度及び機関等の共同設置の制度と同様、昭和二七年の自治法の改正により設けられたものである。事務の委託の制度は、機関等の共同設置と同様に、地方公共団体の組織機構を簡素化し、経費節減を図りつつ、合理的な行政を確保しようとするものといえるが、人材確保などの面にも資するという能力補完的な意義にも留意されるべきであろう。

もっとも、機関等の共同設置の場合は、共同設置された機関等が、各地方公共団体共通の機関等であり、したがって、共同設置機関等が管理し及び執行したことの効果は、関係地方公共団体の機関等が行ったものとなるのに対し、事務の委託の場合は、委託されれば、委託を受けた地方公共団体の機関等があたかも自己固有の事務と同様に管理し及び執行することになる点に機関等の共同設置との相違がある。

なお、事務の委託については、自治法の規定（第二編第一一章第三節第三款「事務の委託」）によるもののほか、私法上の契約によって委託する場合（例えば、土木工事の委託等）に受託者が他の地方公共団体となることもある。

2　事務の委託の当事者

地方公共団体の事務の委託の当事者は、委託者も受託者も地方公共団体である（自治法二五二の一四Ⅰ参照）。一部事務組合や広域連合も事務の委託の当事者となり得る。もっとも、一部事務組合や広域連合が事務を受託する場合は、受託事務が当該一部事務組合や広域連合が処理する事務と同種の事務の範囲内であることが必要である。

3　事務の委託の手続等

地方公共団体は、協議により規約を定め、地方公共団体の事務の一部を他の地方公共団体に委託して、当該地方公共団体の長又は同種の委員会若しくは委員をして管理し執行させることができる（自治法二五二の一四Ⅰ）。この委託の協議については関係地方公共団体の議会の議決を経なければならない（自治法二五二の一四Ⅲによる二五二の二の二Ⅲ本文の準用）。この協議の議案の提案権は長に専属し議会は修正権を有しない。なお、長以外の執行機関の権限に属する事項について事務の委託をする場合の協議の主体は関係地方公共団体（委託団体及び受託団体）自体であり、実際の協議に当たるのは、その代表者である関係地方公共団体の長である。

地方公共団体は、事務の委託をしたときは、その旨及び規約を告示するとともに、都道府県が当事者となるものにあっては総務大臣、その他のものにあっては都道府県知事に届け出なければならない（自治法二五二の一四Ⅲによる二五二の二の二Ⅱの準用）。

また、関係地方公共団体の任意の事務の委託の手続のほか、公益上必要がある場合には、総務大臣又は都道府県知事は、事務の委託を行うべき旨の勧告をすることができる（自治法二五二の一四Ⅲによる二五二の二の二Ⅳの準用）。

委託した事務を変更し、又はその事務の委託を廃止しようとする場合は、関係地方公共団体は、委託の例による等により、これを行うこととされている（自治法二五二の一四ⅡⅢ）。

4　事務の委託に関する規約

事務の委託に関する規約の記載事項は、次のとおりである（自治法二五二の一五①〜④）。

① 委託する地方公共団体及び委託を受ける地方公共団体

関係地方公共団体名を具体的に記す。

② 委託事務の範囲並びに委託事務の管理及び執行の方法

「委託事務の範囲」は、地方公共団体の事務の一部の範囲に限られるが、事務の委託は、実質的に地方公共団体の権限の配分を変えるものであるので、疑義を生ずる余地のないように、できるだけ具体的かつ明確に記載するようにしなければならない。後述するように（「5　委託の効果等」参照）「委託事務の管理及び執行の方法」としては、自治法二五二条の一六の規定により、規約で特別の定めをしない限りは、委託事務の管理執行については、受託団体の条例、規則等が委託団体の条例、規則等としての効力を有することとされるので、その事務について委託団体の条例、規則等を適用しなければならない場合には、規約にそのための所要の定めをすることになる。

③ 委託事務に要する経費の支弁の方法

委託に要する経費は、委託をした地方公共団体が受託団体に対する委託金として予算に計上し、負担をすべきである。委託金の額などについては、委託団体と受託団体の長が協議して定めることになる。なお、委託事務の管理執行に伴い生ずる手数料などの収入をどうするかについても、委託金の額とも関連して明確にしておく必要がある。

④ その他委託事務に関し必要な事項

その他の規約の記載事項としては、委託事務に関する予算の分別計上、委託事務の管理執行についての連絡調整の方法、委託事務に関する条例、規則等の改廃の手続などがある。

5 委託の効果等

事務の委託が行われる場合には、受託をした地方公共団体の機関がその事務を処理することにより、委託をした地方公共団体が自らその事務を管理及び執行したのと同様の効果を生ずる。委託後は、その事務についての法令上の管理及び執行の責任は、受託団体又はその機関に帰属することになり、反面、委託をした地方公共団体は、委託の範囲内において、委託した事務を管理及び執行する権限を失うことになる。

そして、事務の委託がされた場合には、当該事務の管理及び執行に関する法令中委託した地方公共団体又はその執行機関に適用すべき規定は、その委託された事務の範囲内において、その事務の委託を受けた地方公共団体又はその執行機関について適用があるものとされる（自治法二五二の一六前段）。

事務の委託があった場合には、別に規約で定めをするものを除くほか、これらの事務の委託を受けた地方公共団体のその事務の管理及び執行に関する条例、規則又はその機関の定める規程は、委託をした地方公共団体の条例、規則又はその機関の定める規程としての効力を有する（自治法二五二の一六後段）。規約で特別の定めをすれば、委託をした地方公共団体の条例などにより委託をした事務の管理及び執行が行われるので、規約においてその定めをする必要があるかどうかについて、事務の性質などを考慮しながら、実情に即した判断をしていくことが必要である。また、委託した事務について、原則どおり受託地方公共団体の条例、規則等を適用することとする場合には、その条例が委託をした地方公共団体の住民にも周知徹底されるように、所要の措置を講ずべきである。

六 地方公共団体による事務の代替執行

1 事務の代替執行の制度化とその性格等

平成二六年の自治法の改正において、「第五款 事務の代替執行」の制度を定めている（なお、改正前第一款から第三款までを一款ずつ繰り下げ、「第一款　連携協約」とし、改正前の第四款を第六款としている。）。この「事務の代替執行」の制度は、地方公共団体が、他の地方公共団体の求めに応じて、協議（議会議決を経る。）により規約を定め、当該他の地方公共団体の事務の一部を、当該他の地方公共団体（又は長若しくは同種の委員会若しくは委員。以下同じ。）の名において管理し及び執行することができるとするものであり（自治法二五二の一六の二）、その管理及び執行は、当該他の地方公共団体が管理及び執行したものとしての効力を有する（同二五二の一六の四）。この制度は、民法の代理（民法九九以下）にほぼ相当する法的効果が認められるものであり、代理又は代理に類するものと思われる。このような制度が考えられたのは、第三〇次地方制度調査会の「大都市制度の改革及び基礎自治体の行政サービス提供体制に関する答申」（平成二五年六月）において、「小規模な市町村などで処理が困難な事務が生じた場合において、……当該市町村を包括する都道府県が、事務の一部を市町村に代わって処理する役割を担うことも考えられる、……地方公共団体間の柔軟な連携の仕組みを制度化し活用することにより、都道府県が事務の一部を市町村に代わって処理することができるようにすべきである。」（同答申第4・3⑸都道府県による補完）とされていることを勘案したものであろう。このように、国（又は国の行政機関）や地方公共団体（又はその執行機関）が他の地方公共団体に代わって当該他の地方公共団体の事務の一部を処理すること（以下「代行」という。）なお、自治法の代執行（自治法二四五の八）は法定受託事務に係る特殊な制度であるので区分しておく。）については立法例も見られる（過疎地域自立促進特別措置法の基幹的な道路及び公共下水道の幹線管渠等の代行（同法一四・一五）、災害対策基本法の都道府県知事による応急措置の代行（同法七三）、新型インフルエンザ等対策特別措置法による緊急措置の代行（同法三八2）、大規模災害からの復興に関する法律（同法四二以下）など）。これらの立法例は、いずれも特別な事務・事業や特別な事情の下で事務・事業を処理できない又は責任を負えない場合等において特例的に代行する者が処理し、それは、代行する者の名において処理するものであり、その責任も代行者が負う。平成二六年の自治法の改正では、地方公共団体の相互間の協力関係の一般的な制度の一つとして、上述したような代替執行の制度を規定したが、この事務の代替執行制度は、立法例に見られる代行の制度とは異質な制度というべきである。

2 事務の代替執行の手続等

地方公共団体は、他の地方公共団体の求めに応じて、協議により規約を定め、事務の代替執行をすることができる（自治法二五二の一六の二Ⅰ）。この協議については関係地方公共団体の議会の議決を経なければならない（自治法二五二の一六の二Ⅲによる自治法二五二の二の二Ⅲ本文の準用）。この協議の議案の提案権は長に専属し、議会は修正権を有しない。長以外の執行機関の名において管理及び執行する場合も協議の主体は関係地方公共団体（代替を求める団体及び代替をする団体）自体であり、実際の協議に当たるのは、その代表者である地方公共団体の長である。

地方公共団体は、事務の代替執行をすることとしたときは、その旨を告示するとともに、都道府県が当事者となるものにあっては総務大臣に、その他のものにあっては都道府県知事に届け出なければならない（自治法二五二の一六の二Ⅲによる自治法二六二の二の二Ⅱの準用）。

公益上必要がある場合においては、都道府県の加入するものについては総務大臣、その他のものについては都道府県知事は、関係のある地方公共団体に対し、事務の代替執行を勧告することができる（自治法二五二の一六の二Ⅲによる自治法二五二の二の二Ⅳの準用）。

3 事務の代替執行に関する規約

事務の代替執行に関する規約は、次のとおりである（自治法二五二の一六の三）。

① 事務の代替執行をする地方公共団体及びその相手方となる地方公共団体

関係地方公共団体名（代替を求める団体名及び代替をする団体名）を具体的に記す。

② 代替執行事務の範囲並びに代替執行事務の管理及び執行の方法

地方公共団体の事務の一部の範囲に限られるが、委託とは異なり、事務権限は代替を求めた団体に残ることに留意を要する。管理及び執行については、具体的な処理の方法等について定める。なお、代替を求めた団体に適用される法令等、代替を求めた団体の条例、規則等によって代替をする団体の執行機関が事務を管理及び執行することとなる。もっとも、法令に違反しない限りにおいて、規約で別の取扱いを定めることはできるとの考え方もあると思われるが、事務の委託について自治法第二五二条の一六のように「別に規約で定めをするものを除くほか」とされていないことから、否定的に解されている（自治法二五二の一六の三Ⅳ参照）。

③　代替執行事務に要する経費の支弁方法

代替執行事務に要する事務に要する経費は、代替を求めた団体が代替をする団体に対する負担金として予算に計上することとなり、代替をする団体の負担金収入となる。その額などについては、代替を求める団体と代替をする団体とが協議して定める。なお、代替執行に伴い生ずる手数料などの収入をどうするかについても、負担金の額とも関連して明確にしておく必要がある。

④　その他事務の代替執行に関し必要な事項

代替を求めた団体に対する代替をする団体の事務の執行状況の報告や意思疎通のための協議、代替をする団体の議会の代替事務の必要な調査・審査等に関することについて明確にしておく。また、代替執行事務に関する条例、規則等の改廃の手続等について所要の定めをする。

七　職員の派遣

1　職員の派遣の制度の意義等

職員の派遣の制度は、昭和三一年の自治法の改正により、職員派遣に関する一般的な制度として設けられたものである。これは、一の地方公共団体が他の地方公共団体の求めに応じて行う職員の派遣の手続を定めるとともに、派遣職員の身分取扱い等に関する規定を整備したものである。この制度によって、派遣される職員の身分を保障することにより、職員の派遣を促進して、地方公共団体相互間の自主的な協力援助により事務処理の合理化、能率化を図ることができると考えられる。

職員の派遣の制度は、地方公共団体の長又は委員会若しくは委員が、法律に特別の定めのあるものを除くほか、当該地方公共団体の事務の処理のため特別の必要があると認めるとき、他の地方公共団体の長又は委員会若しくは委員に対し、地方公共団体の職員の派遣を求めることができるものとするものである（自治法二五二の一七）。

職員の派遣については、自治法に規定するもののほか、他の法律に特別の定めを置く例もあり（警察法六〇、災害救助法一四、消防組織法三九、水防法二三、家畜伝染病予防法四八の二等）、また、法令の規定によらずに、人事上の発令の方式の一つである併任等の方法によって実施することもできる。

平成二三年三月に発災した東日本大震災の救援と復興に当たり、全国の地方公共団体から被災地の多くの地方公共団体に相当の職員が派遣され、また派遣が継続されている。

2　職員の派遣の当事者

自治法に規定する職員の派遣の当事者は、地方公共団体の長又は委員会若しくは委員で、執行機関である。なお、議会事務局等は当事者になり得ない。

3　職員の派遣の手続等

地方公共団体の長又は委員会若しくは委員は、自治法二五二条の一七第一項の規定により、他の地方公共団体の長又は委員会若しくは委員に対し、職員の派遣を求めることができるのであるが、職員の派遣の実際の協議は、長は長、委員会は同種の委員会、委員は委員という形で行われるべきである。また、この場合の協議の内容としては、職員を派遣することのほか、職員の身分取扱いについても明らかにすべきである。なお、地方公共団体の委員会若しくは委員が職員の派遣を求め、又はその求めに応じて職員を派遣しようとするときは、あらかじめ当該普通地方公共団体の長に協議しなければならない（自治法二五二の一七Ⅲ）。これは、地方公共団体の長の有する各執行機関を通ずる総合調査権に着目したものである。

4　派遣職員の身分取扱い

派遣職員の原則的な身分取扱いについては、①派遣職員は、派遣を受けた普通地方公共団体の職員の身分をあわせ有することになる、②派遣職員の給料、手当（退職手当を除く。）及び旅費は、派遣を受けた地方公共団体の負担とする、③派遣職員の退職手当及び退職年金又は退職一時金は、派遣をした地方公共団体の負担とする、④①～③のほか、派遣職員の身分取扱いに関しては、当該職員の派遣をした地方公共団体の職員に関する法令の規定の適用があるものとする、という原則が定められている（自治法二五二の一七Ⅱ本文・Ⅳ本文）。ただし、平成一八年の自治法の改正により、退職手当について、当該派遣が長期にわたることその他の特別の事情があるときは、協議により、当該派遣の趣旨に照らして必要な範囲内において、派遣を求める地方公共団体がその全部又は一部を負担することとすることができるとされた（自治法二五二の一七Ⅱただし書）。

②及び③の「負担」とは、経済的、実質的な負担を意味し、実際の支給をどちらの団体が行うかとは無関係であり、派遣をした団体が現実の支給を行い、派遣を受けた団体が負担金を納入する方法によっても差し支えない。

また③の退職年金と退職一時金は、現行制度の下においては、地方公務員共済制度の問題となるので、退職年金等に係る地方公共団体の負担金は、派遣をする地方公共団体が負担するものとして、この規定を解すべきである。

④の原則については、当該法令の趣旨に反しない範囲内で、政令で特別の定めをすることができるとされている（自治法二五二の一七Ⅳただし書）。特別の定めとして、自治令一七四の二五において、(i)派遣職員に対する政治的行為の制限に関する地方公務員法三六条二項の規定の適用については、制限を受ける区域を、当該職員の派遣をした地方公共団体の区

域と派遣を受けた地方公共団体の区域との双方の区域とする、(ii)自治令に規定するもののほか、派遣職員の身分取扱いに関して必要がある場合には、当該職員の派遣をした地方公共団体及び当該職員の派遣を受けた地方公共団体の長又は委員会若しくは委員の協議により、当該職員の派遣をした地方公共団体の職員に関する法令の規定を適用せず、又は当該職員の派遣を受けた地方公共団体の職員に関する法令の規定を適用することができるなどが定められている。

(ii)の「法令の規定を適用せず」又は「法令の規定を適用する」とあるのは、協議によって必要な規定を取捨選択することを認めたものであり、一部の適用、不適用を意味すると解すべきである。

八　圏域における地方公共団体間の協力と地域間の連携等

一の普通地方公共団体の区域を越えた範域における地方公共団体間の協力及び地域間の連携等の関係を、「圏域」の関係として捉え、その圏域内、又は圏域における所要の政策・施策や地域及び住民に必要な諸機能の効果的かつ効率的な確保を目指して取り組むことが、政治・行政の立場から「圏域行政」として理解されてきた。そして、このような圏域行政は、主として、基礎自治体レベルで市町村を越えた範域について取り上げられてきたのが一般的である(もっとも、都道府県を越える範域について、例えば、「ブロック」等の圏域について、取り上げられることもある。)。

「広域圏」について、どのような視点からその圏域を設定し、また、それにどのような意義付けをするかということ等を勘案して、これまでに、「広域市町村圏」「大都市周辺地域広域行政圏」(なお、「広域市町村圏」と「大都市周辺地域広域行政圏」とを合わせて「広域行政圏」とされることがある。)「地方生活圏」「広域生活圏」(「広域市町村圏」及び「地方生活圏」の双方を指すことが多い。)「定住圏」(「第三次全国総合開発計画」(昭和五二年一一月)において新しい生活圏として想定された基礎的な圏域)「地方拠点都市地域」(「地方拠点都市地域の整備及び産業業務施設の再配置の促進に関する法律」に基づくもの)等が取り上げられてきた。

これらについては、関係地方公共団体の相互間の協力を前提とし、また、多くの場合それを中心に据えて、圏域の設定、圏域計画の策定、圏域の事務・事業の調整などの面で、協調的、効果的かつ効率的な対応を図ろうとされてきたと言える。例えば、広域市町村圏を例に挙げると、法律に根拠を有するものではないが、広域市町村圏には中枢的役割を担う広域行政機構を設け、①関係市町村の全部が加入すること、②広域市町村圏の広域的かつ総合的な振興整備の計画である広域市町村圏計画を策定し、及びその実施の連絡調整を行うことの二つの要件を充たすべきものとされてきた（通知昭四五・四・一〇）。そして、広域行政機構は、自治法に規定する一部事務組合若しくは広域連合又は協議会であるべきものとされた（通知平一二・三・三一、平一四・四・二六）。

一方、地域と地域との連携という視点からは、普通地方公共団体という政治・行政の主体の間の法令上の制度（自治法に定める協議会、機関等の共同設置、事務の委託、及び職員の派遣並びに特別地方公共団体である組合及びかつての地方開発事業団の設置や自治法以外の法律で定める消防の相互応援協定（消防組織法三九２）、港湾局の設置（港湾法第二章）など。後述するように平成二六年の自治法の改正により連携協約及び事務の代替執行が規定された。）ばかりではなく、民間等も含めた多様で幅広い連携があり、現に広く行われている。そのような社会実態としての地域と地域との間の連携は、むしろ法令で制度化されたもの以外のものが多いことに留意を要する。

近年においては、国全体としても人口減少と少子高齢化の急速に進む時代となったが、多くの地域においては、かなり以前から人口の減少と少子高齢化が進んだ結果、雇用、医療、福祉、交通、ショッピング、教育など多くの暮らしに必要な機能を地域で確保することが困難となってきている。このようなことから、政府においては、地域で中心となる都市を核として、当該中心都市と周辺地域との個々の連携の積み重ねによってみえてくる圏域を定住自立圏とし、その圏域ごとに「集約とネットワーク」の考え方に基づき、中心市において圏域全体の暮らしに必要な都市機能を集約的に整備するとともに、周辺市町村において必要な生活機能を確保し、農林水産業の振興や豊かな自然環境の保全等を図るなど、互いに連携、協力することにより、圏域全体の活性化を図ることを目的とする「定住自立圏構想」の推進を図ることとし、平成二〇年一二月、「定住自立圏構想推進要綱」を定めた（その後、数次の改正が行われている（最近は平成二九年一〇月）。）。これに関連して、広域行政圏計画策定要綱（上述の通知平一二・三・三一）及びふるさと市町村圏推進要綱（通知平一一・四・二一）については、平成二一年三月三一日をもって廃止することとされた（通知平二〇・一二・二六「定住自立圏構想推進要綱について」）。　また、中心市の後背地域の豊かな自然等の資源を活かして雇用を創出し、中心市から通勤するといった圏域について振興策を講じる「多自然拠点都市圏構想」が平成二四年度から「定住自立圏構想」とともに、推進されてきた。

平成二五年六月に、第30次地方制度調査会が提出した「大都市制度改革及び基礎自治体の行政サービスの提供体制に関する答申」において、現行の地方自治法に定める事務の共同処理の方式のほか、地方公共団体間における柔軟な連携を可能とする仕組みを制度化すべきであるとしている（第4・3「⑴　新たな広域連携の制度の必要性」）。そのうえで、三大都市圏以外の地方圏においては、地方中枢拠点都市（今日では「連携中枢都市圏」。以下同じ。）を核に、各分野において、都市機能の「集約とネットワーク化」を図っていくことが重要であるとし（同「⑵　地方圏における市町村間の広域連携のあり方」）、三大都市圏においては、各都市が異なる行政サービスや公共施設等に関して、水平的・相互補完的、双務的に適切な役割分担を行うことが有用であり、そのような水平的役割分担の取組を促進するための方策を講じるべきであるとしている（同「⑶　三大都市圏の市町村」）。

そして、平成二六年の自治法の改正により「連携協約」の規定が設けられた（「二　連携協約」参照）。この「連携協約」が活用される場面としては、連携中枢都市圏における中心都市と近隣の市町村との連携、条件不利地域における市町村間の広域連携が困難な市町村と都道府県との連携、三大都市圏における水平的・相互補完的、双務的な連携が想定されている。

平成二六年六月（二四日）に閣議決定された「『日本再興戦略』改訂版二〇一四―未来への挑戦―」（改訂成長戦略）において、公的サービス、都市機能、グローバルに競争力のある地域企業を核とした産業が、地域の中核的な都市に集積すると同時に、大都市圏、中枢都市及びその周辺地域の内外で人や情報の交流・連携を拡大し、ネットワークによる機能補完を通じて広域的な地域の存続を目指す必要があるとされている（第一Ⅱ４「⑵　地域経済の構造改革」）。また、地域の合意形成の下での都市機能の集約や地方中枢都市圏等の形成等を図り、行政サービスの集約と経済活動の活性化を実現することが重要であるとしている（第二・一６⑶「⑥　総合的な政策推進体制の整備」）。さらに、同日閣議決定された「経済財政運営と改革の基本方針二〇一四について」（〝骨太の方針〟）において、「『集約とネットワーク化』の考え方に基づき、相当の人口規模と中核性のある都市が近隣市町村と有機的に連携し地域の活性化を図るため、地方中枢拠点都市圏や定住自立圏を形成し、圏域全体の経済成長の牽《けん》引、高次の都市機能の集積、生活機能サービスの確保・向上といった取組を推進する」とされている（第３章２「⑶　地方行財政制度」）。

平成二六年一二月（二七日）、「まち・ひと・しごと創生法」（平成二六年法律一三六号）第八条の規定に基づき、「まち・ひと・しごと創生総合戦略」が閣議決定されたが、その中において、「国は、地方公共団体間の広域連携に関し、重複する都市圏概念を統一し、経済成長のけん引などの機能を有する『連携中枢都市圏』の形成を促進し、財政面やデータ分析面での支援等を行う。併せて、従来からの定住自立圏の形成を進め、全国各地において、地域連携による経済・生活圏の形成を推進する。各地方公共団体は、こうした地域連携施策を活用しつつ、地域間の広域連携を積極的に進めることとし、現状分析もその連携エリア単位で行い、抽出された課題を各地方公共団体の『地方版総合戦略』に順次反映させていくこととする。また、都道府県は、市町村レベルの地域課題を、自らの『地方版総合戦略』にも反映させ、市町村と連携をとり地方創生を進める。」とし（同総合戦略Ⅱ３「⑷　地域間の連携の推進」）、今後の施策の方向として、「重複する都市圏概念を統一し、人口減少・少子高齢社会においても一定の圏域人口を有しつつ、活力ある社会経済を維持するための、経済成長のけん引などの機能を備えた『連携中枢都市圏』を形成する。『連携中枢都市圏』における連携手法としては、地方自治法に規定する『連携協約』を活用するとともに、その他個別の法律や施策に基づき必要となる手続も活用する。『連携中枢都市圏』構想については、二〇一五年度に改定が予定される国土形成計画法（昭和二五年法律第二〇五号）における国土形成計画（全国計画及び広域地方計画）への反映を行う。」「（定住自立圏について）定住自立圏の取り組み成果について再検証を行い、……二〇二〇年度には、定住自立圏の協定締結等圏域数を一四〇圏域とすることを目指す。」としている（同総合戦略Ⅲ２⑷「(オ)　地域連携による経済・生活圏の形成」）。

平成二七年の「経済運営と改革の基本方針二〇一五」（〝骨太の方針〟。平成二七年六月（三〇日）閣議決定）において、「地方創生の深化のためには、従来の『縦割り』の事業や取組を超えた、新たな『枠組み』づくり（官民協働及び地域連携）や新たな『担い手』づくり（地方創生の事業推進主体の形成や専門人材の確保・育成）、生活経済実態に即した新たな『圏域』づくり（「広域圏域」から「集落生活圏」まで）が重要となる。」とされている（「経済財政運営と改革の基本方針二〇一五」第二章３⑴「（地方創生の深化）」）。そして、同日閣議決定された「まち・ひと・しごと創生基本方針二〇一五」において、「この圏域は、『広域圏域』から『集落生活圏』までを含めた多様なものが考えられる。『広域圏域』という観点からは、連携中枢都市圏や定住自立圏の形成等を積極的に推進するとともに、今後、広域的な経済振興施策を担う官民連携組織が形成されることが期待される。また、中山間地域等においては、『小さな拠点』の形成により、一体的な日常生活圏を構成している『集落生活圏』を維持することが重要となる。」としている（まち・ひと・しごと創生基本方針二〇一五Ⅱ３「③新たな『圏域づくり』」）。

第三一次地方制度調査会の「人口減少社会に的確に対応する地方行政体制及びガバナンスのあり方に関する答申」（平成二八年二月（二九日）決定）において、「行政サービスの持続可能な提供のための地方行政体制を確立することが人口減少対策を的確に講じることにつながるものと考えられる。」としている（同答申第Ⅰ２）。そのうえで、「広域連携による行政サービスの提供をこれまで以上に柔軟かつ積極的に進めていく必要がある」とし、「行政サービスの持続可能な提供のための地方行政体制としては、広域連携等による行政サービスの提供として、柔軟な連携を可能とする仕組みである連携協約制度を活用して、連携中枢都市圏や定住自立圏（以下「連携中枢都市圏等」という。）が人口減少社会に的確に対応するためのプラットホームとして重要である」として、その推進について指摘している（第2・1「広域連携等による行政サービスの提供」）。

平成二八年の「財政運営と改革の基本方針二〇一六について」（〝骨太の方針〟平成二八年六月（二日）閣議決定）において、「連携中枢都市圏、定住自立圏については、各圏域において、その特性を踏まえ、社会人口増減などの適切な指標の設定を含め成果を検証する仕組みを本年度中に構築し、結果を明らかにするよう促す。」としている（同基本方針・第3章5(3)「④広域化・共同化などの地方行政分野における改革」）。

また、同日閣議決定された「ニッポン一億総活躍プラン」において、「……連携中枢都市圏の形成等を通じ、東京一極集中の是正、若い世代の就労・結婚・子育ての希望実現、地域特性に即した課題解決を進め、人口減少と地域経済の縮小を克服する。」としている（同プラン4「Ⅱ地方創生」）。

平成二九年の「経済財政運営と改革の基本方針二〇一七～人材への投資を通じた生産性向上～」（〝骨太の方針〟平成二九年六月（九日）閣議決定）において、「連携中枢都市圏等の形成を進め、日本版ＢＩＤを含むエリアマネジメントの推進方策を検討する（同方針　第二章4「(1)地方創生」）」、広域連携プロジェクトの取組等を通じ対流促進型国土の形成を目指す『国土形成計画』等を推進し、これからの時代にふさわしい国土の均衡ある発展の実現を図る（同「(4)地域の活性化①地域の活性化に向けた取組」）」、「人口規模が小さく、行財政能力の限られる市町村と周辺の中核的な都市や都道府県との間の連携・補完に係る制度の整備等を踏まえ地方公共団体の実情に応じ、公共サービスの広域化・共同化の取組を着実に推進する（第三章・3(3)「④広域化・共同化や業務改革等の推進」）」などとしている。

なお、平成三〇年二月一日現在で、定住自立圏の圏域数は一一九圏域であり、連携中枢都市圏の圏域は二四圏域が形成されている。

第一四章　大都市等に関する特例

第一節　大都市等に関する特例の趣旨と沿革

大都市は、人口が集中するとともに社会的実態としての都市の機能等も大きく、行政需要の量や質、また、それに対応する市としての規模能力等も一般の市と相当差異があると思われる。

大都市には一般の市とは異なる特別の制度を設ける必要があるとの議論は、明治二一年の市制町村制の制定当初からなされてきたところである。

大正期に入り、東京、大阪、京都、名古屋、横浜、神戸の六大都市に人口・産業が急激に集積し、一般の市とはかけ離れた位置を占めるに至ったことを受けて、六大都市の特別市運動が展開された。その結果、大正一一年の六大都市行政監督ニ関スル法律により、六大都市の事務処理に関して知事の監督権の緩和が図られたが、それ以外はみるべき特別な制度は設けられなかった。また、昭和一〇年代の戦時体制下で特別市運動も衰退していった。

その中で、戦時体制下の帝都東京の一元的な行政を実現するため、昭和一八年に従来の東京府と東京市を合体させた東京都制が制定された。これは大都市制度の一環でもある東京に関する特別な制度といえるものであったが、地方自治法において都の制度として継承しているところである。

戦後、昭和二二年の地方自治法制定時には、大都市制度として、特別市の制度が設けられた。これは、府県との間の二重行政、二重監督を排除して、大都市行政の統一的、合理的運営を図るものとされていた。具体的には、特別市を、都道府県の区域から外して独立させ、市の権能・事務に加えて原則として都道府県の権能・事務を合わせもつ特別地方公共団体として位置付け、特別市の区は行政区とし、公選による区長を置くとされていた。また、特別市の指定は、人口五〇万人以上の市について法律（この法律は憲法九五条に規定する「地方自治特別法」で住民投票が必要）で指定することとされており、東京を除いた五大都市を想定していたところである。

しかし、関係府県からは、残存区域が府県として極めて弱体となり行政運営が困難になること、大都市行政の孤立化を招くこと等から、大きな反発が生じ、関係府県の選挙人の投票において過半数の同意を得なければならないこともあって、特別市の指定は容易に実施に至らないまま、五大都市と関係府県の対立が年々激化していった。

このため、地方制度調査会は、昭和二八年の「地方制度の改革に関する答申」の中で、大都市制度に関しては、差し当たって事務及び財源の配分により、大都市行政の運営の合理化を図るものとして、知事の大都市に対する許認可権を整理し、都道府県の「補完行政に属する事務」と「委任事務で広域的又は統一的処理を必要とする事務以外の事務」は大都市の事務とするとともに、これに伴う税源の移譲や交付税上の配慮を行うこと等を提案した。

これを受けて、昭和三一年の自治法改正により、特別市制度は廃止され、現行の指定都市制度が設けられた。

指定都市制度については、第二節において詳述するが、大都市について、事務配分、関与、行政組織、財政に関し一般の市と異なる特例が設けられている。なお、特別市制度と異なり、指定都市は都道府県の区域に包括されており、都道府県と市町村との二層制の例外とはなっていない。

その後、社会経済の進展に伴って、指定都市以外の市町村においても格差が拡大してきた。そして、市町村の現状がその規模、能力、態様が千差万別であるとともに地域的な発展の状況も様々であることを踏まえて、市町村の規模能力に応じた事務配分を進めることが求められるようになった。

平成元年には、第二次行政改革推進審議会の「国と地方の関係等に関する答申」で、地域の中核都市として、人口規模その他一定の条件を満たす市に対して、都市における各般の行政分野について地域行政に係る事務を中心に都道府県の事務権限を大幅に委譲するとして、地方中核都市の制度化が提言された。また、全国市長会から、人口三〇万人以上の都市等に対して指定都市程度の事務配分を行うべきとの提言がなされた。これらを受けて、平成五年に、第二三次地方制度調査会が「広域連合及び中核市に関する答申」を行い、中核市制度の具体的あり方を明らかにし、その創設を答申した。この答申に基づき、平成六年の自治法改正により、中核市制度が創設された。

中核市制度については、第三節において詳述するが、規模能力が比較的大きな都市について、その事務権限を強化し、できる限り住民の身近で行政を行うことができるよう、事務配分の特例等が設けられている。

さらに、平成七年の地方分権推進法の制定を受け、地方分権の推進の観点から、基礎的地方公共団体である市町村への事務の配分を積極的に推進することが、地方分権推進委員会において審議された。その中で、市町村の規模・能力は千差万別であり、あらゆる行政分野にわたって一律に都道府県が処理する事務を市町村に配分することは、現実問題として困難であるため、市町村への事務配分をできるだけ推進する観点からは、行政ニーズが集中し、事務処理に必要とされる専門的知識・技術を備えた組織を整備することが可能と思われる市町村から、人口規模に応じてまとめて事務の配分をすることが必要であるとの考え方が示され、指定都市制度、中核市制度に加えて、さらにきめ細かく、一定の人口規模（二〇万以上など）を有する市に対して事務権限をまとめて委譲する制度の創設が勧告された（第二次勧告）。また、指定都市、中核市に対してさらに権限委譲を進めるとともに、中核市の要件（昼夜間人口比率）を見直すことについても、地方分権推進委員会から勧告された。勧告を受けてこれらは地方分権推進計画（平成一〇年五月）に定められた。

この地方分権推進計画に基づき、平成一一年の地方分権一括法による自治法改正により、特例市制度の創設等が行われた。特例市制度については、第四節に詳述するが、地方分権を推進するため、人口二〇万以上の市に対して一定の事務権限を一括して配分する事務配分の特例等が設けられたものである。この特例市制度は、後述するように、平成二六年の自治法の改正により、中核市の人口要件を二〇万以上と改正して、中核市と特例市の制度を統合し、特例市の制度を廃止することとされた。

さらに、第二七次地方制度調査会は、「今後の地方自治制度のあり方に関する答申」（平成一五年一一月）において、「大都市のあり方」について前述した（第二章第四節「三　さらなる地方分権改革の推進と地方自治制度改革」参照）ような答申を行った（同答申第２「大都市のあり方」参照）。そして、市町村からの「条例による事務処理の特例」による事務の再配分の要請についての制度は、前述した（第一三章第三節六２「(4)　市町村との協議及び市町村の要請」参照）ように、平成一六年の自治法の改正により実現した。

また、地方分権改革推進委員会の「第一次勧告」（平成二〇年五月）において、基礎自治体への事務・権限の移譲が具体的に勧告されているが、その中において、指定都市、中核市、当時の特例市へのさらなる事務・権限の移譲が取り上げられた。そして、平成二三年八月に成立した地域の自主性及び自立性を高めるための改革の推進を図るための関係法律の整備に関する法律（第二次改革推進一括法）、また、平成二五年六月に成立した地域の自主性及び自立性を高めるための改革の推進を図るための関係法律の整備に関する法律（第三次改革推進一括法）において、その一部が措置された。更に、その後の平成二六年の第四次改革推進一括法、平成二七年の第五次改革推進一括法、平成二八年の第六次改革推進一括法及び平成二九年の第七次改革推進一括法などによっても一部措置されている。これらのことと、自治法及び自治令に定める大都市等に関する特例との関係について、第二節「二　事務配分の特例」及び第三節「二　事務配分の特例」を参照されたい。

なお、都に関する大都市制度としては、自治法に都の制度があって、特別区制度が設けられており、また平成二四年（八月二九日成立、九月五日公布）には、大都市地域における特別区の設置に関する法律が制定された。これらについては、第一五章第二節「特別区」において詳述する。

平成二五年六月、第三〇次地方制度調査会は、「大都市制度の改革及び基礎自治体の行政サービス提供体制に関する答申」を提出した。その中において、「第2　現行の大都市制度の見直し」として、指定都市について、二重行政の解消を図るための具体的な方策や都市内分権により住民自治を強化するための具体的な方策を掲げ、また、中核市・特例市制度についての具体的な方策として、両制度の統合、都道府県からの事務移譲及び住民自治の充実を掲げた。そして、この答申を勘案した自治法の改正が平成二六年五月に成立した。また、答申においては、特別区制度の他地域への適用（大都市地域特別区設置法による特別区の設置に関する具体的な留意点等）、特別市（仮称）の検討の意義と課題及び当面の対応、三大都市圏域の調整について掲げている（同答申第3「新たな大都市制度」参照）。これらのうち、自治法の改正事項及び答申のうち特に注目すべき事項については、該当の箇所において説明する。

第二節　指定都市制度

指定都市制度については、自治法において、第二編第一二章「大都市等に関する特例」の第一節「大都市に関する特例」に、要件に関する規定、事務配分及び関与の特例として指定都市の権能等の規定、行政組織の特例として区の設置の規定等が定められている。

指定都市制度は、都道府県と市町村との二層性のなかで、大都市問題に対処するため、一定の事務を都道府県ではなく指定都市の事務とし、併せて、当該事務に係る都道府県の知事等の関与を受けないこととする等を定め、また、住民のより近いところで事務処理を円滑に処理するための組織として行政区を置くこととされているものである。

最近、大都市地域特別区設置法の制定もあって、指定都市、とりわけ大きな人口規模の指定都市から、特別市の制度を設け、特別市となることの要望もみられる。そして、第三〇次地方制度調査会が平成二五年六月に提出した「大都市制度の改革及び基礎自治体の行政サービス提供体制に関する答申」において、特別市（仮称）は、「二重行政」が完全に解消されることや大規模な都市が日本全体の経済発展を支えるため、一元的な行政権限を獲得し、政策選択の自由度が高まるという点に意義があるとしつつ、一方で、さらに検討すべき課題を指摘し、当面の対応として、まずは都道府県から指定都市への事務と税財源の移譲を可能な限り進め、実質的に特別市（仮称）に近づけることを目指すこととし、特別市（仮称）という新たな大都市のカテゴリーを創設する場合の様々な課題については、引き続き検討を進めていく必要があるとされた（同答申第3「2　特別市（仮称）」）。

一　指定都市の要件

指定都市の要件としては、「政令で指定する人口五〇万以上の市」とされている（自治法二五二の一九Ⅰ）。指定に当たっては、人口のみで形式的に判断するのではなく、人口その他都市としての規模、行財政能力等において既存の指定都市と同等の実態を有するとみられる都市が指定されている。

指定都市の指定は、まず、昭和三一年に大阪市、名古屋市、京都市、横浜市、神戸市の五大都市が指定された。その後、北九州市、札幌市、川崎市、福岡市、広島市、仙台市、千葉市、さいたま市、静岡市、堺市、新潟市、浜松市、岡山市、相模原市及び熊本市が指定され、平成二七年四月一日現在で二〇市が指定都市である（熊本市は、平成二四年四月一日に指定都市となった）（地方自治法第二百五十二条の十九第一項の指定都市の指定に関する政令参照）。なお、〝大阪都構想〟が実現すれば大阪市はなくなるので指定都市は一九市となる。

指定都市制度は、当初は、第一節に述べた沿革のとおり、五大都市をその対象として想定していたものであり、人口五〇万以上という要件についても特別市制度のものを継承したものである。なお、指定当時の神戸市の人口が九八万人であり一〇〇万人に達していなかったことも配慮されたものとみられている。

昭和三八年の北九州市の指定以降、人口については概ね一〇〇万人に達することを目処として、その規模、行財政能力、都市機能等を総合的に勘案して指定されてきたといえるが、近年においては、合併した場合は弾力的な指定が行われている（「新市町村合併支援プラン」参照）。また、沿革的にも現実的にも、指定後の都道府県と市の関係において円滑に行政運営が確保されるかとの視点も重視され、指定都市への移行について都道府県と市の意見が一致しているかどうかについても重要な判断要素とされている。以上の諸々の要素を勘案しながら、個々の市について検討し、政令によって指定が行われてきている。

二　事務配分の特例

1　自治法に基づく事務配分の特例

指定都市においては、法律又は政令の定めるところにより都道府県が処理することとされている事務を指定都市が処理するができるとする事務処理の特例が定められている。この特例は、自治法に規定があるものと、個別の法令で規定されているものとがある（このことは、中核市及びかつての特例市についても、同様である。）。

自治法においては、事務の項目を掲げ（指定都市については、自治法二五二の一九Ⅰ）、具体的な内容は、自治令に規定されている（指定都市については、自治令一七四の二六以下）。

平成二三年六月に制定された介護サービスの基盤強化のための介護保険法等の一部を改正する法律による介護保険法及び地方自治法の改正により、介護保険に関する事務が指定都市の事務配分の特例に加えられた（自治法二五二の一九Ⅰ

7の2)。

また、平成二三年四月に国会に提出され、同年八月に成立した地域の自主性及び自立性を高めるための改革の推進を図るための関係法律の整備に関する法律(第二次改革推進一括法)により、権限移譲が実現し、大都市等以外の市(保健所設置市に限るものを含む。以下同じ。)又は市町村に権限が移譲される結果、指定都市の特例でなくなったことから、改正前の自治法二五二条の一九第一項の第一〇号墓地、埋葬等の規制に関する事務、第一一号興行場、旅館及び公衆浴場の営業の規制に関する事務、第一三号都市計画に関する事務が削られた。

平成二五年一二月に制定された生活困窮者自立支援法による自治法の改正で自治法二五二条の一九第一項八号の二として「生活困窮者の自立支援に関する事務」が加えられた(施行期日は、平成二七年四月一日)。

また、平成二六年五月に成立した地域の自主性及び自立性を高めるための改革を図るための関係法律の整備に関する法律(第四次改革推進一括法)による自治法及び医療法の改正で、自治法二五二条の一九第一項九号の二として「医療に関する事務」が加えられた(施行期日は、平成二七年四月一日。医療法七一条の三参照)。

さらに、平成二六年五月に制定された難病の患者に対する医療等に関する法律による自治法の改正で自治法二五二条の一九第一項一一号の二として「難病の患者に対する医療等に関する事務」が加えられた(施行日は、平成三〇年四月一日)。

以上により、平成三〇年二月一日においては、自治法の規定に係る指定都市の事務配分の特例は、一九項目となっており、平成三〇年四月一日においては、二〇項目となる。その項目は、次のとおりである。

① 児童福祉に関する事務(自治令一七四の二六)
② 民生委員に関する事務(自治令一七四の二七)
③ 身体障害者の福祉に関する事務(自治令一七四の二八)
④ 生活保護に関する事務(自治令一七四の二九)

⑤　行旅病人及び行旅死亡人の取扱いに関する事務（自治令一七四の三〇）
⑥　社会福祉事業に関する事務（自治令一七四の三〇の二）
⑦　知的障害者の福祉に関する事務（自治令一七四の三〇の三）
⑧　母子家庭及び父子家庭並びに寡婦の福祉に関する事務（自治令一七四の三一）
⑨　老人福祉に関する事務（自治令一七四の三一の二）
⑩　母子保健に関する事務（自治令一七四の三一の三）
⑪　介護保険に関する事務（自治令一七四の三一の四）
⑫　障害者の自立支援に関する事務（自治令一七四の三二）
⑬　生活困窮者の支援に関する事務（自治令一七四の三三）
⑭　食品衛生に関する事務（自治令一七四の三四）
⑮　医療に関する事務（自治令一七四の三五）
⑯　精神保健及び精神障害者の福祉に関する事務（自治令一七四の三六）
⑰　結核の予防に関する事務（自治令一七四の三七）
⑱　難病の患者に対する医療費等に関する事務（平成三〇年四月一日施行）
⑲　土地区画整理事業に関する事務（自治令一七四の三九）
⑳　屋外広告物の規制に関する事務（自治令一七四の四〇）

2　個別法に基づく事務配分の特例

自治法に規定されている事務配分の特例のほか、個別の法令により、都道府県が処理する事務のうち、国土交通行政、文教行政、環境保全行政等に関する特定の事務の全部又は一部について、指定都市が処理することとされているものが少なくない。国土交通行政に関する事務としては、道路法に基づく指定都市の区域内の指定区間外の国道、都道府県道の管理（道路法一七）、都市計画法に基づく都市計画決定（後述）、都市計画に係る開発行為等の許可、都市再開法に基づく再開発事業計画の認定等があり、文教行政に関する事務としては、地教行法等に基づく県費負担教職員の任免、給与の決定等、研修（平成二六年の改正前の地教行法五八）等、平成二六年の第四次改革推進一括法による改正後の県費負担教職員の給与等の負担、定数の決定、学級編制基準の決定等（後述、改正後の義務教育費国庫負担法二・三、改正後の公立義務教育諸学校の学級編制及び教職員定数の標準に関する法律三～一〇・改正による地教行法五八の削除参照）があり、環境保全に関する事務としては、大気汚染防止法に基づく大気汚染の防止に関する事務（同法三一、同施行令一三Ⅳ）、水質汚濁防止法に基づく排出水の規制等の事務（同法二八、同施行令一〇）、廃棄物の処理及び清掃に関する法律に基づく廃棄物処理施設等に関する事務（同法二四の二、同施行令二七）等があるほか、保健所が設置される（地域保健法五Ⅰ、同施行令一）ことから、保健衛生、医療、環境衛生等の行政に関する事務についても、各個別法令の規定で保健所設置市として指定都市が処理することとされる。

都市計画に関する事務について、地方分権一括法による都市計画法の改正により、都道府県の都市計画決定の事務（一部は除かれる。）が指定都市の事務とされ（都市計画法八七の二）、さらに、平成二三年八月に成立した地域の自主性及び自立性を高めるための改革の推進を図るための関係法律の整備に関する法律（第二次改革推進一括法）により、都市計画の決定について従前の制度では指定都市の特例が適用されていない区域区分に関する都市計画（都市計画法一五Ⅰ②）及び都市再開発方針等に関する都市計画（同項③）も指定都市の特例が適用される（指定都市に権限移譲される）こととされた。ただし、この改正では都市計画の決定の事務で都市計画区域の整備、開発及び保全の方針に関する都市計画については、指定都市の特例とはされなかった。

平成二五年六月に成立した地域の自主性及び自立性を高めるための改革の推進を図るための関係法律の整備に関する法律（第三次改革推進一括法）においても、市街地再開発事業の施行の認可権限等の移譲が行われた（改正後の都市再開発法一三七)。
第三〇次地方制度調査会の「大都市制度の改革及び基礎自治体の行政サービス提供体制に関する答申」(平成二五年六月)において、指定都市と都道府県との「二重行政」の解消を図るためには、できるだけ指定都市に移譲することによって、同種の事務を処理する主体を極力一元化することが必要であるとし、移譲事務の分野としては、都市計画と農地等の土地利用の分野や、福祉、医療、教育等の対人サービスの分野などが考えられるとしている(第2・1⑵「① 事務移譲」)。なお、同答申の別表において、都道府県の事務のうち指定都市に移譲されていない主な事務(七三事務)を掲げている。

この第三〇次地方制度調査会の答申等を勘案した指定都市への権限移譲が平成二六年(五月)に成立した地域の自主性及び自立性を高めるための改革の推進を図るための関係法律の整備に関する法律(第四次改革推進一括法)等によって措置され、上述の都市計画区域の整備、開発及び保全の方針に関する都市計画の決定(都市計画法一五Ⅰ①)の権限(改正後の同法八七の二)、県費負担教職員の給与等の負担、定数の決定、学級編制基準の決定等の権限(改正後の義務教育費国庫負担法二・三、改正後の公立義務教育諸学校の学級編制及び教職員定数の標準に関する法律三〜一〇・改正による地教行法五八の削除)、看護師など各種資格者の養成施設等の指定・監督等の権限など、四一事項(政令予定事項等を含む。)が移譲等をされることとされた。なお、それらには、自治法に基づく事務配分の特例と、個別法に基づく事務配分の特例等の双方が含まれている。

地方分権改革について新たに導入した「提案募集方式」による地方公共団体等からの提案等を踏まえ、「平成二六年の地方からの提案等に関する対応方針」(平成二七年一月(三〇日)閣議決定)に基づく「地域の自主性及び自立性を高めるための改革の推進を図るための関係法律の整備に関する法律」(第五次改革推進一括法。平成二七年六月成立)において、都道府県から指定都市に対し、火薬類の製造の許可等、高圧ガスの製造の許可等、指定都市立特別支援学校の設置等に係る権限が移譲された。

三　関与の特例

指定都市が事務処理をするに当たって、一般の市で必要とされる都道府県の知事等の許可、認可、承認等を要せず、又は、都道府県の知事等に代えて国の各大臣の許可、認可等を要するなどの、関与等の特例が規定されている（自治法二五二の一九Ⅱ）。

この関与の特例は、かつて、行政監督の特例といわれていたものであり、指定都市制度の創設に当たって、旧五大都市の沿革（五大都市行政監督ニ関スル法律等）に基づき、指定都市ができるだけ都道府県から独立して権能を行使し、大都市の一元的な事務処理が可能となるよう設けられたものである。その基本方針としては、次のような三つのものが挙げられていたところである。

① 市町村のみが処理している事務であって、都道府県知事の監督を受けているものについては監督を受けないこととすること。

② 都道府県及び市町村の双方が処理している事務であって、都道府県は監督を受けず市町村のみ都道府県知事の監督を受けているものについては監督を受けないこととすること。

③ 都道府県及び市町村の双方が処理している事務であって、都道府県にあっては主務大臣、市町村にあっては都道府県の監督を受けているものについては、主務大臣の監督を受けるものとすること。

関与等の特例の具体的内容は、自治法に基づく事務配分の特例に係るものについては自治令に具体的に規定されている（自治令一七四の二六Ⅶ・一七四の二八Ⅶ・一七四の二九Ⅵ・一七四の三〇の二Ⅲ・一七四の三〇の三Ⅵ・一七四の三一Ⅲ・一七四の三一の二Ⅳ・一七四の三二Ⅴ、一七四の三六の二Ⅶ・一七四の三七Ⅳ・一七四の三九Ⅳ）。また、昭和三一年以前において五大都市行政監督ニ関スル法律に基づき特例が認められていたものについても、水道法に係るものが自治令に規定されている

（自治令一七四の四二）。さらに、道路法等の個別法に規定されているものもある（道路法七五等）。

四　行政組織の特例

指定都市の行政組織の特例は、まず、指定都市は、大都市における住民に身近な行政を円滑に処理し、実情を踏まえた市政の効果的な執行をする等の配慮から区が設置されることとされている（自治法二五二の二〇）。平成二六年の改正により区に代えて総合区を設けることができることとされた（自治法二五二の二〇の二）。

すなわち、指定都市は、市長の権限に属する事務を分掌させるため、条例で、その区域を分けて区を設け、区の事務所又は必要があると認められるときはその出張所を置くものとされている（自治法二五二の二〇Ⅰ）。そして、平成二六年の自治法の改正（平成二八年四月一日施行）において、指定都市は、その行政の円滑な運営を確保するため必要があると認めるときは、特定の区の区域内に関するものについて、区域に係る政策及び企画をつかさどるほか、法令又は条例により総合区長が執行することとされた事務及び市長の権限に属するもの（区域内の住民の意見を反映させて区域のまちづくりを推進する事務、区域内の住民相互間の交流を促進するための事務、社会福祉及び保健衛生に関する事務のうち区域内の住民に対して直接提供される役務に関する事務（以上については法令又は条例により市長が執行することとされたものを除く。）、主としてその区域内に関する事務で条例で定めるもの）をその長に執行させるため、条例で当該区に代えて総合区を設け、総合区の事務所又は必要と認めるときはその出張所を置くことができることとされた（自治法二五二の二〇の二Ⅰ～ⅢⅧ）。指定都市における総合区の制度は、第三〇次地方制度調査会の「大都市制度の改革及び基礎自治体の行政サービス提供体制に関する答申」（平成二五年六月）を踏まえたものである。

区又は総合区の事務所や出張所の位置、名称、及び所管区域並びに区の事務所が分掌する事務については、条例で定めなければならない（自治法二五二の二〇Ⅱ、二五二の二〇の二Ⅱ。なお、分掌事務については平成二六年の改正による。）。指定都市は、必ず市の全域を画して区又は総合区を設け、そこに事務所を設置しなければならない。総合区については、一の指定都市の中の特定の区を総合区とすることもできるものである。

指定都市の区及び総合区は、いわゆる行政区である。都の特別区が法人格を持ち特別地方公共団体として位置付けられるのとは異なり、指定都市の区又は総合区は法人格を持たず、指定都市内の区域を単位として指定都市の一定の行政を処理するための組織・機構を備える法人格を有しない行政区画である。地域自治区も同様の性格のものであり、そうしたことから、指定都市の地域自治区の制度には若干の特例が定められ、また、区又は総合区ごとに区（又は総合区）地域協議会を置くことができることとされている（自治法二五二の二〇Ⅵ～Ⅸ、自治法二五二の二〇Ⅶ～Ⅹ、自治法二五二の二〇の二ⅩⅢによる二五二の二〇Ⅶ～Ⅹの準用。第九章第三節「九　地域自治区」参照）。

指定都市の区の機関については、区の事務所の長として区長を置く（自治法二五二の二〇Ⅲ。なお、平成二六年改正前の自治令一七四の四三Ⅰ参照）。平成一八年の自治法の改正前においては、区助役を置くことができることとされていた（改正前の自治令一七四の四三）が、改正により、規定が削除された。また、改正前においては区収入役を置くこととされていたが、改正により、区会計管理者を一人置く制度とされた（自治令一七四の四二Ⅰ）。区長及び区会計管理者は、指定都市の市長の補助機関である職員のうちから市長が任命するものであり（自治法二五二の二〇Ⅳ、自治令一七四の四二Ⅱ）、一般職の公務員である。一方、総合区の区長は、市長が議会の同意を得て選任する特別職（地公法三Ⅲ①）であり、任期は四年である（自治法二五二の二〇の二Ⅴ）。また、区及び総合区には選挙管理委員会が置かれ（自治法二五二の二〇Ⅳ、自治法二五二の二〇Ⅴ、自治法二五二の二〇の二Ⅺ）、農業委員会も置かれる（農業委員会等に関する法律四一、同施行令九Ⅰ）。さらに、上述したように、必要と認めるときは、区地域協議会を置くことができる（自治法二五二の二〇Ⅵ、自治法二五二の二〇Ⅶ、自治法二五二の二〇の二ⅩⅢによる二五二の二〇Ⅶの準用）。

なお、住民基本台帳法、戸籍法等のように、区及び総合区を市にみなしたり、市に関する規定を区及び総合区に準用しているものがある（住民基本台帳法三八、戸籍法四等）。

そのほかの指定都市の行政組織等の特例としては、指定都市には公平委員会ではなく必ず人事委員会を置くこととされていること（地公法七Ⅰ）、児童相談所を設置しなければならないこと（児童福祉法五九の四Ⅰ及び同令四五Ⅰ並びに自治令一七四の二六Ⅰにより適用があるものとされる児童福祉法一二Ⅰ・一三Ⅰ）等がある。なお、指定都市の区域には、道府県警察本部の事務を分掌させるため市警察部が設置される（警察法五二）。

五　財政上の特例

指定都市の指定に伴い、事務配分の特例や行政組織の特例等により、新たな行政需要が生じることに対応して、財政上の特例が設けられている。

具体的には、まず、地方交付税の算定上所要の措置（基準財政需要額の算定における補正）が講じられている。また、地方揮発油譲与税、石油ガス譲与税が都道府県並みに譲与されている（地方揮発油譲与税法二、石油ガス譲与税法一）ほか、自動車取得税交付金が増額され（地税法一四三Ⅱ）、軽油引取税交付金が交付される（地税法一四四の六〇）。さらに、事務所税を課するものとすることとされ（地税法七〇一の三〇・七〇一の三一Ⅰ①）、大規模償却資産に対する固定資産税の課税制限の適用が除外されている（地税法三四九の四）。また、平成二九年度から県費負担教職員の給与負担の事務等が指定都市に移譲されたことに伴い、個人住民税所得割の二％分を指定都市に移すこととされた（平成二九年度については、経過措置として交付金で措置することとされた）。そのほか、宝くじの発売が都道府県と同様に認められている（当せん金付証票法四）。

六　指定都市都道府県調整会議等

第三〇次地方制度調査会の「大都市制度の改革及び基礎自治体の行政サービス提供体制に関する答申」（平成二五年六月）

（第2・1「(2)『二重行政』の解消を図るための具体的な方策」参照）を踏まえて、平成二六年の自治法の改正において、指定都市と当該指定都市を包括する都道府県（包括都道府県）との二重行政等に関する問題に対処して、必要な協議を行うため、及び協議に係る勧告に関して、「指定都市都道府県調整会議（自治法二五二の二一の二）」並びに「指定都市と包括都道府県の間の協議に係る勧告（自治法二五二の二一の三）」及び「指定都市都道府県勧告調整委員（自治法二五二の二一の四）」の各制度が定められた。

指定都市都道府県調整会議は、指定都市及び包括都道府県の事務の処理について必要な協議を行うために設けるもの（自治法二五二の二一の二Ⅰ）で、市長と知事で構成し、必要と認めるときは、協議して、市長又は知事の補助機関である職員から選任した者、長又は知事以外の執行機関の委員長（教育委員会にあっては教育長）、委員若しくは補助する職員又は管理に属する機関の職員のうちから選任した者、それぞれの議会のうちから選任した者、学識経験を有する者を構成員として加えることができる（長以外の執行機関の権限に属する事務については、当該執行機関の委員長（教育委員会にあっては教育長）、委員若しくは補助する職員又は管理に属する機関の職員のうちから選任した者を加えるものとする（自治法二五二の二一の二Ⅱ〜Ⅳ））。

市長又は知事は、事務が競合しないようにする趣旨（自治法二Ⅵ参照）又は住民の福祉の増進に努めるとともに最少の経費で最大の効果を挙げるようにしなければならない趣旨（自治法二ⅩⅣ）を達成するため必要があると認めるときは、市長は包括都道府県の事務に関し知事に対して、知事は指定都市の事務に関し市長に対して、協議を行うことを求めることができ、それぞれ、求めに係る協議に応じなければならないとされている（自治法二五二の二一の二Ⅴ・Ⅵ）。

指定都市の市長又は包括都道府県の知事は、指定都市都道府県調整会議における協議を調えるため必要があると認めるときは、議会の議決を経て総務大臣に対し、当該協議を調えるため必要な勧告を行うことを求めることができる（自治法二五二の二一の三Ⅰ〜Ⅳ）。総務大臣は、勧告の求めがあった場合においては、国の行政機関に通知するとともに（国の行政機関は、総務大臣に対し、当該勧告の求めについて意見を申し出ることができる。）、指定都市都道府県勧告調整委員を任命し、当該勧告の求めに係る総務大臣の勧告について意見を求めなければならない（自治法二五二の二一の三Ⅴ～Ⅶ）。総務大臣は、指定都市都道府県勧告調整委員から意見が述べられたときは、遅滞なく、市長及び知事に対し、上述の自治法二条六項又は一四項の規定の趣旨を達成するため必要な勧告をしなければならない（自治法二五二の二一の三Ⅷ）。指定都市都道府県勧告調整委員は（三人とし、事件ごとに優れた識見を有する者のうちから、総務大臣がそれぞれ任命し、非常勤とする。委員には、国地方係争処理委員会の委員についての所要の規定が準用される。）、総務大臣からの求めに応じ、勧告の求めがあった事項に対し意見を述べる（自治法二五二の二一の四Ⅰ～ⅢⅥ）。

第三節　中核市制度

中核市制度については、自治法において、第二編第一二章「大都市に関する特例」の第二節「中核市に関する特例」に、要件に関する規定、事務配分及び関与の特例として中核市の機能等の規定、指定に係る手続等の規定等が定められている。中核市制度は、指定都市以外の都市で、社会的実態としての都市の機能、規模能力等が比較的大きい都市について、市の事務権限を強化し、できる限り住民の身近で行政を行うことができるようにするために、平成六年の自治法改正で創設された制度である。なお、後述するように、平成一一年の地方分権一括法の改正で創設された特例市の制度と中核市の制度が平成二六年の地方自治法の改正（平成二七年四月一日施行）で統合され、特例市の制度は、廃止された。

一　中核市の要件

中核市は、「政令で指定する人口二〇万以上の市」とされている（自治法二五二の二二Ⅰ）。平成一八年の自治法の改正前においては、人口が五〇万未満の場合にあっては面積一〇〇平方キロメートル以上を有することとされていた（改正前の自治法二五二の二三）が、改正により面積要件が廃止された。

中核市制度は、指定都市に準じる大きな都市としての諸機能、行政需要、規模能力等を有する都市に対して指定都市に対する事務の配分等の特例の範囲内でできるだけ事務権限の配分等をしようとするものであり、対象となる都市については、特例として配分される事務に関して、行政需要のまとまりと行財政能力が必要であるため、これらを総合的に表現する人口の要件が中核市について定められている。つまり、人口が一定以上の場合には、社会的実態としての都市の諸機能も大きく、一定の大きさの行政需要が想定されるとともに、これを的確かつ効率的に処理し得る行財政能力等を備えていると考えられることからである。また、当時人口三〇万以上としたのは、中核市は保健所を設置することから保健所設置市の基準に沿う必要があること、全国市長会からの人口三〇万以上の都市等に対して指定都市程度の事務配分を行うべきとの提言がなされたこと等を考慮したものである。

以前において、面積を要件としていたのは、一般的には一定の面積を有することも行財政能力を行政需要の指標となると考えられたことによるものである。このことについては、人口が五〇万以上の市については、人口の要件だけで中核市としての行政需要のまとまりがあり、対応する行財政能力も備えているとみられること及び都道府県の行政のサービスの効率化の観点を踏まえ、平成一四年の自治法の改正により面積要件は不要とされた。その後、第二八次地方制度調査会の「地方の自主性・自律性の拡大及び地方議会のあり方に関する答申」（平成一七年一二月）において、さらに規模・能力に応じた基礎自治体への事務権限の移譲を進める観点から面積要件は廃止することが適当であるとされたことを踏まえ、平成一八年の改正で面積要件は全廃された。

中核市には保健所を設置することが地域保健法において定められている（地域保健法五、地域保健法施行令一）。中核市には、保健衛生に関する事務が一括して配分されるが、そのためには保健所の存在が不可欠であると考えられるからである。

なお、中核市創設時には、人口要件、面積要件に加えて、人口三〇万以上五〇万未満の市については、さらに昼夜間人口比率の要件が設けられていた。人口五〇万以上の市は地域における中核性を当然有していると考えられたが、人口三〇万以上五〇万未満の市については、周辺市町村の中核的な都市であることを確認するため、人口の補完要件として、当該市への周辺市町村からの昼間の人口流入が流出を上回っていることが求められていたものである。その後、地方分権の推進の観点から、市町村への事務配分を積極的に推進するため改めて検討した結果、平成一一年に地方分権一括法による自治法の改正で昼夜間人口比率の要件を廃止することとされた。

中核市の要件は、市の要件と同様に、成立要件である。このため、中核市となった後に要件を欠くに至った場合にも中核市の指定に影響はない。これは、指定に当たって必要な職員・施設など人的・物理体制が整備されるが、指定後要件を欠く場合に中核市が当然に一般市に戻ることとすると、いったん中核市の事務を処理するために整備された人的・物的体制に鑑みると甚だ非効率であり適切でないと考えられたことによるものである。

第三〇次地方制度調査会の上述した（第一節「大都市等に関する特例の趣旨と沿革」）答申を勘案し、平成二六年の自治法の改正において、中核市の人口要件を、現行の要件が人口三〇万以上の市とされているものを人口二〇万以上の市と改正されることとされた（改正後の自治法二五二の二二Ⅰ）。そして、特例市の制度は廃止された（改正法で、自治法第一四章第三節は削られた。）。なお、改正法で、該当規定の施行の際に特例市である市（「施行時特例市」とされる。）については、施行の日（平成二七年四月一日）から起算して五年を経過する日までの間は、人口二〇万未満であっても中核市として指定することができるとされている（改正法附則第三条）。

平成三〇年二月一日現在の中核市は次の四八市である（地方自治法第二百五十二条の二十二第一項の中核市の指定に関する政令参照）。

旭川市、函館市、青森市、八戸市、盛岡市、秋田市、いわき市、郡山市、宇都宮市、前橋市、高崎市、川越市、越谷市、船橋市、柏市、八王子市、横須賀市、富山市、金沢市、長野市、岐阜市、豊橋市、豊田市、岡崎市、大津市、高槻市、豊中市、枚方市、尼崎市、西宮市、奈良市、東大阪市、姫路市、和歌山市、倉敷市、福山市、呉市、下関市、高松市、松山市、高知市、久留米市、長崎市、佐世保市、大分市、宮崎市、鹿児島市、那覇市

平成三〇年四月一日には、新たに、福島市、川口市、八尾市、明石市、鳥取市、松江市の六市が中核市となる予定であり、中核市は、五四市となる予定である。

二　事務配分の特例

中核市は、指定都市が処理することができる事務のうち、都道府県がその区域にわたり一体的に処理することが中核市が処理することに比して効率的な事務その他の中核市において処理することが適当でない事務以外の事務で、政令で定めるものを、政令で定めるところにより、処理することができるとされている（自治法二五二の二二Ⅰ）。

まず、中核市に認められる事務配分の特例が、あくまでも指定都市に認められている事務配分の特例の範囲内のものであることを、法文上明らかにしている。指定都市制度と中核市制度は、都市の規模能力に応じた事務配分を行うものであるが、指定要件等から指定都市のほうが制度的により規模能力が大きいものとして位置付けられていることなどによるものである。

「中核市において処理することが適当でない事務」とは、次のような事務である。

① 都道府県が都道府県の区域にわたり一体的に処理することが効率的な事務

② 現に都道府県が区域を分けて所管している区域の平均的な人口や面積の実態と中核市の人口や面積の要件を比較検討して、事務量などを勘案して中核市程度の市に施設の設置等をして処理することが非効率である事務

③ 大都市圏域等として一体性を図る必要から、圏域内で事務を処理する地方公共団体が数多くに分かれることが適当でなく、また、圏域の中でさらに国が事務の適用地域を指定することや、事務に直接関連するような方針・計画等を国が自ら定める等の規定があるなどの事務

④ 特殊、限定的な事務であることから、特例を設けることが適当でない事務

中核市が特例として処理することとされる事務の具体的な内容は、社会福祉、保健衛生等に関する事務について、自治令に規定されている（自治令一七四の四九の二以下）。なお、平成二三年六月に制定された介護サービスの基盤の強化のための介護保険法等の一部を改正する法律による介護保険法の改正により、指定都市とともに、介護保険に関する事務が中核市の事務配分の特例に加えられた。そのほか、個別の法令において、環境保全に関する事務（大気汚染防止法に基づく大気汚染防止に関する事務（同法三一、同施行令一三Ⅳ）、水質汚濁防止法に基づく排出水の規制等に関する事務（同法二八、同施行令一〇）、廃棄物の処理及び清掃に関する法律に基づく廃棄物処理施設等に関する事務（同法二四の二、同施行令二七等））、都市計画法に基づく都市計画に係る開発行為の許可等に関する事務（都市計画法二九Ⅰ等）、都市再開法に基づく再開発事業計画の認定（同法一三七、同施行令五二）、地教行法等に基づく県費負担教職員の研修（地教行法五九。なお人事権については中核市の事務となっていないが、議論がある。）障害者総合福祉法に基づく指定障害者福祉サービス事業者の指定等（同法五一の二Ⅱ等、五一の三Ⅱ等）などについて規定されているところである。また、中核市は保健所が設置されること（地域保健法五Ⅰ、同施行令一）から、個別の法令により保健所設置市の事務とされるものも、中核市の事務となっている。ただし、指定都市の特例である指定区間外の国道や都道府県道の管理、指定都市の特例になっている都市計画の決定、県費負担教職員の任免等は中核市の特例にはなっていない。なお、平成一六年の児童福祉法の改正において、指定都市のほか、政令で定める市においても児童相談所を設置し、児童福祉司を置く等とされており、中核市の中から政令で定めることが想定されているが、中核市である横須賀市及び金沢市が定められている（児童福祉法五九の四Ⅰ、同施行令四五の二）。なお、第二次改革推進の一環として都市計画決定に関する事務の一部が一般の市まで移譲された。

平成二三年八月に成立した地域の自主性及び自立性を高めるための改革の推進を図るための関係法律の整備に関する法律（第二次改革推進一括法）において、指定都市について先述したとおり（第二節二「1　自治法に基づく事務配分の特例」参照）、大都市等以外の市又は市町村に権限移譲される結果、大都市等の特例でなくなったことから、指定都市の特例から除かれる事務については、中核市の特例でもなくなった。ただし、保健所設置市に限り権限移譲されるものについては、中核市の特例にもなるものである。

財政上の特例については、指定都市と同様な方法で、地方交付税の算定上の措置が講じられている。なお、中核市には道路行政に関する事務配分の特例がないこと等から、指定都市に認められているような財源の特例等は特段講じられていない。

三　関与の特例

中核市に関する関与等の特例については、中核市は、元来、当該市を含む周辺の地域における経済社会生活圏の中核としての機能を有することに着目されており、指定都市とは異なった意味での圏域の一体性という視点が重視されているといえる。このため、必要に応じて都道府県の一定の調整機能を認め、都道府県と協働して事務を執行する必要があるものであり、関与等の特例を一律に設けることは必ずしも適当ではないと考えられることから、政令においては、既に指定都市について関与等の特例が認められているもののうち、福祉の分野等についてのみ特例を認めることとしたものである（自治法二五二の二二Ⅱ、自治令の条文は後掲）。

福祉の分野（児童福祉法、身体障害者福祉法及び同施行令、生活保護法、社会福祉法、知的障害者福祉法、母子及び寡婦福祉法、老人福祉法、障害者自立支援法）においては、市は福祉に関する事業主体として民間事業者と同様、都道府県の監督を受けることになっているのに対して、都道府県は事業主体として民間事業者のような監督は受けず、他の事業主体に対する監督権限を有するという二層性の体系となっている。中核市の場合、中核市が民間事業者に対する監督権限を有する一方で、引き続き事業者として都道府県の監督を受けることとなると、都道府県の監督を受ける者が民間事業者に対する監督権限を有することとなって体系上適切でないことから、福祉の分野についての知事の命令に関して、関与の特例が設けられているものである（自治令一七四の四九の二Ⅲ・一七四の四九の四Ⅲ・一七四の四九の五Ⅲ・一七四の四九の七Ⅲ・一七四の四九の九Ⅲ・一七四の四九の一〇Ⅲ・一七四の四九の一二Ⅲ）。

また、母子保健法及び結核予防法についても関与の特例が定められている（自治令一七四の四九の一一Ⅱ・一七四の四九の一六Ⅲ）

四　指定に係る手続等

1　中核市の指定に係る手続

中核市の指定に係る手続は、指定都市とは異なり、明確に規定されている（自治法二五二の二四）。具体的な手続としては、①総務大臣は、中核市の指定に係る政令の立案をしようとするときは、関係市からの申出に基づきこれを行うこと（自治法二五二の二四Ⅰ）、②中核市の指定の申出をしようとするときは、関係市は、あらかじめ該当市の議会の議決を経て、都道府県の同意を得なければならないこと（自治法二五二の二四Ⅱ）、③都道府県が中核市の指定の申出について同意する場合には、当該都道府県の議会の議決を経なければならないこと（自治法二五二の二四Ⅲ）を定めている。

2　指定都市の指定があった場合の取扱い

中核市に指定された市について指定都市の指定があった場合は、当該市に係る中核市の指定は、その効力を失うものとされている（自治法二五二の二六）。

3　中核市と他の市町村との廃置分合の場合の取扱い

中核市の区域の全部を含む区域をもって新たに市が設置される場合は、当該廃置分合に係る総務大臣への届出又は申請をもって中核市の指定に係る申出があったものとみなす、とされている（自治法二五二の二六の二。自治法七ⅠⅢ参照）。

中核市について合併があった場合、中核市へのいわゆる編入合併のときは中核市の名称に影響もなく特に手当ては必要ないものであるが、いわゆる対等合併により新たに市が設置されるときについては、このみなし規定により、改めて新たに設置された市からの中核市の指定に係る申出を要することなく、総務大臣において中核市の指定の手続が進められることになるものである。

第四節　平成二六年の自治法改正前の特例市制度及び改正後の施行時特例市制度

特例市制度については、自治法において、第二編第十二章「大都市等に関する特例」として、平成二六年の自治法の改正前において、第三節「特例市に関する特例」を設け、要件に関する規定、事務配分及び関与の特例として特例市の権能等の規定、指定に係る手続等の規定等が定められていた。

特例市制度は、地方分権を推進するため、市町村への事務の配分をできるだけ進める観点から、指定都市、中核市に加えて、さらにきめ細かく、人口二〇万以上の市に対して事務権限を一括して配分するために、平成一一年の地方分権一括法による自治法の改正で創設された。

第三〇次地方制度調査会の「大都市制度の改革及び基礎自治体の行政サービス提供体制に関する答申」（平成二五年六月）において、前述した（第一節「大都市等に関する特例の趣旨と沿革」）とおり答申されていることを踏まえ、平成二六年の自治法の改正において、中核市の人口の要件が、現行の三〇万以上から二〇万以上に改められ、特例市の人口の要件と同じになることから、改正により特例市の制度は廃止され、自治法第二編第一二章第三節は削られた。そして、改正の該当規定の施行の際（平成二七年四月一日）、現に改正前の特例市である市（「施行時特例市」とされる。）が処理する事務に関する法令の立案に当たっては、施行時特例市が処理することとされている事務を都道府県が処理することがないよう配慮しなければならないとされている（改正法附則二）。つまり、施行時特例市の事務を都道府県に〝引き上げる〟ようなことのないように配慮するということである。施行時特例市の多くが中核市に指定されることは予想されるところである、なお、改正前の自治法施行令第二編第八章「第三節　特例市に関する特例」も削られた。都道府県の事務の全部又は一部を施行時特例市の事務とする措置は、各個別法令で規定される（自治法改正附則において、各法律の改正に伴う経過措置として「中核市とあるのは中核市又は施行時特例市とする」こととしている。）。

一　平成二六年の自治法改正前の特例市の要件

平成二六年の自治法改正前の特例市（以下本節において「特例市」という。）は、「政令で指定する人口二〇万以上の市」とされていた（改正前の自治法二五二の二六の三Ⅰ）。

この要件は、中核市の要件（人口三〇万以上）に比べて、より緩やかなものであり、その指定要件の下で、一定の規模能力を有する市に対して、中核市の事務の配分の特例の範囲内でできるだけ市への事務権限の配分を行おうとするものであった。

特例市の要件は、中核市の要件等と同様、成立要件であり、特例市となった後に人口が二〇万を下回った場合にも特例市の指定に影響がないものであった。

平成二七年三月末日で、八戸市、山形市、水戸市、つくば市、伊勢崎市、太田市、川口市、所沢市、春日部市、熊谷市、草加市、越谷市、平塚市、小田原市、茅ヶ崎市、厚木市、大和市、長岡市、上越市、福井市、甲府市、松本市、沼津市、富士市、一宮市、春日井市、四日市市、吹田市、茨木市、八尾市、寝屋川市、岸和田市、明石市、加古川市、宝塚市、鳥取市、松江市、呉市、佐世保市及び佐賀市の四〇市であった（当時の地方自治法第二百五十二条の二十六の三第一項の特例市の指定に関する政令）。

二　事務配分の特例

特例市は、中核市が処理することができる事務のうち、都道府県がその区域にわたり一体的に処理することが特例市が処理することに比して効率的な事務その他の特例市において処理することが適当でない事務以外の事務で、政令で定めるものを、政令で定めるところにより、処理することができる、とされていた（平成二六年の改正前の自治法二五二の二六の三Ⅰ）。

まず、特例市に認められる事務配分の特例が、中核市に認められている事務配分の特例の範囲内であることを、法文上明らかにしていた。これは、特例市の要件が中核市の要件に比べてより緩やかであったことから、中核市の方が制度的により規模能力が大きいものとして位置付けられていたことなどによるものであった。

また、特例とならない事務である「特例市において処理することが適当でない事務」も、中核市より特例市のほうが多くなり、事務配分の特例もより狭いものであった。

具体的に特例市が処理することとされていた事務としては、土地区画整理事業に関する事務について、自治令に規定されていた（改正前の自治令一七四の四九の二〇の二）。そのほか、大気汚染防止法に基づく大気汚染防止に関する事務（同法三一、改正前の同施行令一三Ⅰ）、水質汚濁防止法に基づく排出水の規制等に関する事務（同法二八、改正前の同施行令一〇等）、都市計画に係る開発行為の許可等に関する事務（改正前の都市計画法二九Ⅰ等）、都市再開法に基づく再開発事業計画の認定（改正前の同法一三七、改正前の同施行令五一）などについて個別の法令にも規定されていたところであり、大気汚染防止法等に規定する事務の一部（一般粉じん発生施設に係る事務）は第二次改革推進の一環として特例市に移譲されたものである。

これらの事務は、施行時特例市の事務とされる（平成二六年の自治法改正附則における各法律の改正に伴う経過措置参照）。

三　関与の特例

特例市に関しては、自治法制上は、関与等の特例を原則として設けないこととされてきたが、例外的な場合等を想定して、中核市と同様な根拠規定が置かれていた（改正前の自治法二五二の二六の三Ⅱ）。

特例市については、中核市と同様かそれ以上に、都道府県の一定の調整機能を認めて都道府県と協働して事務を執行することが必要であると考えられてきた。また、特例市については、中核市で関与の特例がある福祉分野等の事務は特例市が処理することとされていないため、当面、具体的な関与等の特例は考えられなかった。しかしながら、今後、福祉の分野等の個別の行政分野について関与等の特例を伴う事務配分の特例が政令の改正で行われることなどもあり得ることから、関与等の特例の根拠規定が設けられていたものである。

四　指定に係る手続等

1　特例市の指定に係る手続

特例市の指定に係る手続は、中核市に係る手続規定が準用されていた（改正前の自治法二五二の二六の四）。これにより、市議会の議決、都道府県議会の議決を経た都道府県の同意、市の申出、指定のための政令の立案といった一連の手続が行われてきた。

2　指定都市又は中核市の指定があった場合の取扱い

特例市に指定された市について指定都市又は中核市の指定があった場合は、当該市に係る特例市の指定は、その、効力を失うものとされていた（改正前の自治法二五二の二六の六）。

これは、中核市に指定された市について指定都市の指定があった場合と同様の取扱いであった。なお、特例市から、中核市の指定を受けることなく、直接指定都市の指定を受けることもあり得ることから、「指定都市又は中核市の指定」となっていたものである。

3　特例市と他の市町村との廃置分合の場合の取扱い

特例市の区域の全部を含む区域をもって新たに市が設置される場合は、当該廃置分合に係る総務大臣への届出又は申請をもって特例市の指定に係る申出があったものとみなす、とされていた（改正前の自治法二五二の二六の七。自治法七ⅠⅢ参照）。これは、中核市と他の市町村との廃置分合の場合と同様の取扱いであった。したがって、新たに設置された市からの申出を要することなく、総務大臣において特例市の指定の手続が進められることになっていた。

第一五章　特別地方公共団体

第一節　特別地方公共団体の概要

特別地方公共団体としては、現在、自治法において、特別区、地方公共団体の組合（一部事務組合及び広域連合）及び財産区が規定されており（自治法一の三Ⅲ。平成二三年四月に成立した自治法の改正により、地方公共団体の組合であった全部事務組合及び役場事務組合と地方開発事業団の制度は廃止された。なお、改正法の施行の際現に設けられている地方開発事業団（一団体）については、なお従前の例によることとされている（改正法附則三）。）、また、平成一六年の旧市町村合併特例法の改正及び平成一六年合併法において制度化され、改正市町村合併特例法にも規定されている合併特例区も自治法一条の三第一項の特別地方公共団体とするとされている（旧市町村合併特例法五の九、平成一六年合併法及び改正市町村合併特例法二七）。これらは、普通地方公共団体に対して、特別地方公共団体として区分されているが、それぞれ特別地方公共団体としての特別な性格は決して同一ではない。すなわち、特別区は特別地方公共団体の中では市町村と同様の性格を持ち、平成一〇年の改正（原則として平成一二年四月一日施行）で基礎的な地方公共団体と位置付けられたが、都という大都市の一体的運営のためその権能、財政等の面で市町村とは異なった取扱いがされる特別な地方公共団体である。なお、平成二四年八月に成立した（九月五日公布）大都市地域における特別区の設置に関する法律（大都市地域特別区設置法）に定めるところにより設置される特別区を包括する道府県は、地方自治法その他の法令の規定の適用については、法律又はこれに基づく政令に特別の定めがあるものを除くほか、都とみなすこととされている（同法一〇）。地方公共団体の組合は、地方公共団体の事務についてその共同処理をし、組合のうち広域連合については広域計画を作成して必要な連絡調整や総合的かつ計画的処理を行うために設置され、国等からの事務の受け入れ体制ともなり得る特別な地方公共団体である。財産区は、市町村の一部について財産又は公の施設の所有又は設置の主体としてこれを管理及び処分又は廃止し得る権能を認めるための特別な地方公共団体である。平成二三年四月に成立した自治法の改正前の制度である地方開発事業団は、一定の地域の総合的な開発計画に基づいて、住宅、道路、港湾、水道等一定の施設の建設、これら施設の用に供する土地等の取得又は造成及び土地区画整理事業に係る工事を普通地方公共団体が共同して委託するために設置する特別な地方公共団体であった。

合併特例区は、一又は二以上の合併関係市町村の区域であった区域をその区域として、合併関係市町村において処理されていた事務であって市町村の合併後の一定期間当該合併関係市町村の区域であった地域を単位として処理することが当該事務の効果的な処理に資するもの、及び合併関係市町村の区域であった地域の住民の生活の利便性の向上等のため市町村の合併後の一定期間当該合併特例区が処理することが特に必要と認められる事務、を処理するために、期間を定めて（五年を超えることができない。）設置する特別な地方公共団体である。

地方公共団体の組合、財産区及び合併特例区は、その性格、組織及び権能の面からして憲法にいう地方公共団体とはいい難く、もっぱら自治政策の見地からする地方公共団体であるとされる。特別区については、憲法にいう地方公共団体であるか否かについて、かつて、昭和二七年の改正により特別区の区長の公選制が廃止されたこととの関連で問題とされたが、最高裁判所大法廷は、「……特別区は、その長の公選制が法律によって認められていたとはいえ、憲法第九十三条第二項の地方公共団体として認めることはできない」とした（最高裁昭三八・三・二七）。しかし、平成一〇年の改正により、特別区が「基礎的な地方公共団体」とされる（自治法二八一の二Ⅱ）など後述のような大きな改正が行われたことから、これらの制度の改正等により、最高裁判所の判決が変更されるべきものかどうか論議のあるところであるといえる。

なお、本法制定時においては特別地方公共団体として規定されていた特別市の制度は、昭和三一年の改正において、現行地方自治制度の下においてはこれを設置することは適当と認め難いとして廃止された。しかしながら、大都市行政の特殊性に鑑み、大都市行政の運営の合理化を図るために、第二編中に「大都市に関する特例」（現行「大都市等に関する特例」の一章が設けられ、社会福祉、保健衛生、都市計画等市民生活に直結する行政事務を大都市に配分する等の指定都市の制度が設けられた（第一四章第一節「大都市等に関する特例の趣旨と沿革」及び第二節「指定都市制度」参照）。

第二節　特別区

一　特別区制度の趣旨

特別区は、市と同様の性格を有しつつ、都という大都市の一体的運営のためにその機能、財政等の面で市町村とは異なる制度及び取り扱いが定められているものである。

大都市に関する制度としては、指定都市制度がある（自治法第二編第一二章第一節「大都市に関する特例」参照）が、特別区の制度は、人口が高度に集中する大都市地域における制度として、地域における事務等はできるだけ住民の身近な地方公共団体が処理することとしつつ、当該地域の行政の一体性及び統一性の確保の観点から、都（大都市地域特別区設置法に定めるところにより設置される特別区を包括する道府県は、地方自治法その他の法令の規定については、法律又はこれに基づく政令に特別の定めがあるものを除くほか、都とみなされる（同法一〇）。）が、特別区の存する区域を通じて一体的に処理することが必要である事務を処理し、また、都と特別区及び特別区相互の間の調整を図ることとしているものである。

二　特別区制度の沿革

1　自治法制定前

都における区の前身は、明治一一年の郡区町村編制法に基づいて、東京府に一五区六郡が置かれるとともに、旧江戸の地域が一五区に編成され、府知事の任命する官吏である区長の下で事務を処理することとされたことに遡る。

明治二二年の市制町村制の施行により、東京の一五区は東京市として成立し、一五区は東京市の行政区とされた。その後、明治四四年の市制改正により、東京の区には、法人格が与えられ、基本的には、昭和一八年の東京都制の制定に至るまで、東京市の下の法人区としての位置付けが続くことになる。この間、東京市の周辺市町村との合併により三五区にまで拡大した。

昭和一八年に、戦時体制における首都行政の一元化の要請等から東京都制が制定され、東京府及び東京市は廃止された。東京都制の下では、区は東京都の下での法人区として位置付けられたが、区長は官吏であって、区に課税権はなく、権能は財産管理等に限定されており、区の自治権は大幅に制約されていた。

昭和二一年の戦後の第一次地方制度改革により、東京都制が改正され、区長が公選とされ、また、法律制度上は、原則として一般の市（町村）と同等のものとされた。また、昭和二二年、自治法の制定を控え、三五区は、二二区に統合された（同年、板橋区から練馬区が分離し、現在の二三区となった。）。

2　自治法制定時

昭和二二年、自治法の制定によって、区は、特別区として、公選の区長の下に、法律の規定上は、一般の市町村と同等の事務・機能を有し得る市に近い特別地方公共団体とされたが、実際には、都は例外的に特別区の存する区域において市としての性格も合わせ有することとなっており、都が、従前市として処理していた事務の多くを留保していたため、特別区の事務・権能は大幅に制限され、事務配分等をめぐって紛糾が続いた。

3　昭和二七年改正

昭和二七年に自治法が改正され、特別区が原則として市（町村）と同等の事務・権能を有する地方公共団体であるという性格は変更されて、特別区は都の内部機構でありながら、地方的な事務の自主的、能率的処理に必要な限りにおいて法人格を有する特別の性格の地方公共団体とされた。そして、特別区の区長の公選制が廃止されるとともに、特別区の処理する事務が、自治法に列挙された九項目及び「都の条例により特別区に属する事務」に限定されることとされた。

4　昭和三九年改正

都は、府県の事務のほか、特別区の存する区域において、原則として、市の事務をあわせ行うものとされていたことから、東京への人口及び産業の著しい集中が進むにつれて、都行政が質量ともに複雑膨大化した。このため、都は一つの経営体として円滑で能率的な運営が期せられなくなっているという指摘がなされていた。こうした状況を踏まえ、都と特別区の間において、その事務及び税源の合理的な配分を図るとともに、当該事務の処理について都と特別区及び特別区相互間の連絡調整を促進するため、昭和三九年自治法等が改正された。

自治法に列挙されている特別区の処理する事務については、従来の一〇項目から福祉事務所設置の事務など二一項目に拡大された。また、特別区の課税権が地方税法の改正により法定化され、特別区への事務の移譲に伴って、市町村税の一部が、特別区税として、特別区へ移譲された。都区協議会の制度も自治法の改正で設けられた。昭和三九年の改正は、特別区の処理する事務を大幅に拡大するとともに課税権を法定化するなど、特別区の自主性を拡大するものであったが、特別区の性格については、「特別区は一般の市町村と同様の基礎的地方公共団体としての社会的実体を備えておらず、今回の改正により都及び特別区の性格の変更を生ずるものではない」とされた。また、区長の公選制については、改正は見送られた。

5　昭和四九年改正

昭和四九年の特別区の制度の改正は、大都市地域における地方制度のあり方についての考え方の変化を反映しているともいえる。その背景には、都が、特別区の存する区域における住民生活上のサービス等に忙殺され、大都市経営の基本的な責任を十分に果たしていないと思われること、また結果的に、人口の高度に集中する大都市地域の一体性及び統一性の確保の機能も生かしきれなくなっていること、さらに、住民の側からみても特別区の存する区域における住民自治があいまいになり、住民に身近な日常生活上のサービスがニーズにあったものとなり難いことなどがしばしば指摘されていたことがある。

このようなことから、人口が高度に集中する大都市地域においても、地域の行政は、基本的には主として住民との距離が最も近く、かつ、住民の帰属意識も高い、身近な地方公共団体において処理することとするべきであり、このことが同時に、大都市地域の行政の一体性と統一性を確保する都の機能を重点化することともなって、当該機能を効果的に発揮させることともなると考えられたものである。

昭和四九年の改正の主なものは、次のとおりである。

① 区長の選任を直接公選制とした。

② 特別区の事務・権能について、概括主義とされた（改正前は、特別区の事務・権能は、法に規定するものに限られており、一般の市の事務・権能は、都が処理することとされていた。）。

③ 保健所の事務・権能を特別区又は特別区の区長の事務・権能とした。

④ いわゆる〝都配属職員制度〟が廃止されるなど、特別区の人事権が確立された。

この改正により、特別区の自主性、自律性は大幅に高まることになったが、特別区の性格については、「大都市としての一体性という意味でなお都に留保されている事務なり権能なりが相当残っており……特別区の法的な性格としては従来の延長線上にある」（昭四九・五・一六衆議院地方行政委員会政府委員答弁）とされていた。

6　平成一〇年の改正等

昭和四九年の改正以降においても、特別区制度のあり方について、関係方面において検討が進められてきた。こうした検討の結果として、平成一〇年の改正が行われたものである（施行は、原則として平成一二年四月一日）。その改正の主なものは、次のとおりである。

① 都と特別区との役割及び役割分担の原則の規定を設け、特別区の存する区域を通じて都が一体的に処理するものとされているものを除き、一般的に、市町村が処理するものとされている事務を特別区が処理することとした。

② 特別区を基礎的な地方公共団体と位置付けた。

③ 一般廃棄物に関する事務等、住民に身近な事務を特別区の事務とした。

④ 都と特別区及び特別区相互の間の調整等の制度について、都の調整条例の制度を廃止するとともに、特別区財政調整交付金制度を地方交付税制度により類似するものとして特別区の財政自主権を一層強化する方向で改正した。

⑤ 都知事の権限に属する事務の中で主として特別区の区域内に関するものについては、都の規則によりこれを特別区の区長等に委任して管理執行させるものとする制度（区長委任条項の制度）を廃止した。

⑥ 特別区の廃置分合及び境界変更について、原則として市と同様とした（改正前は、都知事が発議することとされていた。）。

また、旧市町村合併特例法中の市に関する規定も特別区に適用することとされた（旧市町村合併特例法一七。平成一六年合併法六六及び改正市町村合併特例法五九参照）。

なお、平成二三年の自治法の改正により、市について改正された事項に準じて特別区についても改正された（基本構想に関する規定の削除及び議員定数の上限の撤廃）。

7　大都市地域特別区設置法の制定

平成二四年に大都市地域における特別区の設置に関する法律（大都市地域特別区設置法）が制定された（同年八月二九日成立、九月五日公布。公布の日から起算して六月を超えない範囲内において政令で定める日から施行（一部は同年九月二一日施行、残りは平成二五年三月一日施行）。この法律は、大都市地域において関係市町村（人口二〇〇万以上の指定都市又は一の指定都市及び当該指定都市に隣接する同一道府県の区域内の一以上の市町村であって、総人口が二〇〇万以上のものをいう（同法二Ⅰ）。）を廃止し、当該関係市町村の区域を分けて定める特別区を設けるための手続等を定めることにより、地域の実情に応じた大都市制度の特例を設けることを目的としている。

関係市町村及び関係道府県は、特別区設置協定書の作成その他特別区の設置に関する協議を行う特別区設置協議会（自治法二五二条の二第一項の協議会）を置き、特別区設置協議会が作成する特別区設置協定書（同法五条一項に掲げる事項について作成し、そのうち、特別区とこれを包括する道府県の事務の分担に関する事項及び特別区とこれを包括する道府県の税源の配分及び財政の調整に関する事項で政府が法制上の措置その他の措置を講ずる必要があるものを記載しようとするときは、共同して、あらかじめ総務大臣に協議しなければならない（同法五Ⅱ）。また、関係市町村及び関係道府県の議会の承認を得（同法六）、さらに、特別区の設置について選挙人の投票に付し、すべての関係市町村のそれぞれの有効投票の総数の過半数の賛成を得る（同法七・八Ⅰ）。）を添えて、共同して、総務大臣に対し、特別区の設置の申請をすることができる（同法八）。特別区の設置は、この申請に基づき、総務大臣がこれを定めることができる（同法九）。特別区を包括する道府県は、地方自治法その他の法令の規定の適用については、法律又はこれに基づく政令に特別の定めがあるものを除くほか、都とみなされる（同法一〇）。

このように、同法は、特に人口規模の大きい大都市地域が存する道府県において、関係市町村及び関係道府県が協議によって、〝実質的意義の「都制」〟を施行することができるようにするものと言えるのではないかと思う。

大都市地域特別区設置法では、特別区とこれを包括する道府県の間の事務の分担に関する事項や税源の配分及び財政の調整に関する事項が協議より作成される特別区設置協定書に掲げる事項とされており（そのうち政府が法制上の措置その他の措置を講ずる必要があるものを記載しようとするときは、共同して、あらかじめ総務大臣に協議しなければならない。）、その内容のあり方によっては、基礎的な地方公共団体と位置付けられた都の特別区とは性格が異なるものとなる可能性もあるなどに留意を要する（第三〇次地方制度調査会「大都市制度についての専門小委員会中間報告」第3　1「(2)　道府県に置かれる特別区の性格」参照）。

平成二五年二月（一日）、大都市地域特別区設置法に基づき（同法四）、大阪府・大阪市特別区設置協議会が設置された。大阪府・大阪市特別区設置協議会は、平成二六年七月（二四日）、同法五条二項及び四項に基づき、特別区設置協定書（案）を総務大臣に協議及び報告し、総務大臣は、同条二項及び五項に基づき、意見がない旨の通知をした。その際、総務大臣は、大阪市長と大阪府知事に「この問題について、関係者の間での真摯な議論に努めていただくようお願いします。」という技術的助言をした。平成二六年一〇月（二七日）、大阪府議会及び大阪市議会は、特別区設置協定（案）を否決した。その後、平成二七年一一月二二日、大阪府知事及び大阪市長の同時選挙が行われ、双方共〝大阪都構想〟を推進する候補者が当選した。また、平成二八年四月一日には、指定都市の総合区の制度が施行されたこともあり〝大阪都構想〟（一部では〝副首都構想〟ともいわれる。）は、総合区制度の導入との比較検討も行われている。そして、大阪府及び大阪市の議会に特別区設置協議会の設置（同法四1）の議案が提出され、可決された（大阪市議会平成二九年五月二六日、大阪府議会平成二九年六月九日）。同協議会は特別区設置協定書（案）の作成について協議している。

8　第三〇次地方制度調査会の答申における都区制度の改革の方向

第三〇次地方制度調査会「大都市制度の改革及び基礎自治体の行政サービス提供体制に関する答申」（平成二五年六月）において、特別区へのさらなる事務移譲について都区間で協議が行われている状況であるが、事務移譲について検討する際には、一般的に人口規模のみを基準にする必要はないと考えられること、一定の事務の移譲は法令で行うがその他については必要な規模能力を踏まえて移譲を進めることとし、その際には条例による事務処理特例制度（自治法二五二の一七の二〜二五二の一七の四）を活用する方向で検討すべきであるとしている。また、特別区の区域の見直しについても検討する必要があること、都区財政調整制度等に関する都区協議会における調整について裁定等の仕組みを設けることについて検討する必要があることを指摘している。さらに、住民自治の拡充について、地域自治区等の仕組みを地域の実情に応じて活用することとすべきであるとし、特別区の区議会議員についても選挙区を設けるべきかどうか検討する必要があるとしている（同答申第2「3　都区制度」）。

三　現行の特別区の制度

1　自治法に定める都の区である「特別区」の制度

都の区を「特別区」という（自治法二八一Ⅰ）。特別区は特別地方公共団体であり、法人格を有する（自治法一の三Ⅲ・二Ⅰ）。

自治法二八一条一項の「都の区は」という表現は、都には区が当然に設置されることを前提とする。しかし、都は区のみをもつものではなく、区は市町村とともに都に包括される（自治法二八三による五Ⅱの適用）。このような都の区を特別区と称する。この規定の仕方は、沿革に基づくもので、特別区の名称及び区域も、従来の名称及び区域による（自治法三Ⅰ、同法二八三による同法五Ⅰの適用）ものとされている。これは東京都制に遡る。すなわち、本法制定前の東京都制一四〇条二項の「区ノ区域及名称ハ従来ノ東京市ノ区ノ区域及名称ニ依ル」に由来する。したがって、市制六条一項の「勅令ヲ以テ指定スル市ノ区ハ之ヲ法人トス」（第二二回及び第二三回帝国議会政府提出市制改正法律案においては「勅令ヲ以テ指定シタル市ニ於テハ従来ノ区ヲ存ス」とあり、市制六条一項もこの趣旨に他ならないであろう。）、さらには市制町村制中の市制六〇条（「凡市ハ……数区ニ分チ……コトヲ得」）に遠く由来する。つまり自治法二八一条一項は、東京都制の施行当時存した東京都の区に特別地方公共団体たる地位を与えようとするところから立法技術的に考慮された表現であり、「都の区は」と「特別区という」は、実はこの意味において理解されなければならない。と同時に、都においては単に区の設置ということはあり得ないのであって、特別区のみが考えられる。なお、大都市地域特別区設置法に定めるところにより設置される特別区は、自治法二八一条一項の規定にかかわらず道府県の区域内において特別区の設置を行うことができるものである（同法三）。また、当該道府県は、都とみなされる（同法一〇）。

都という地方公共団体の社会的実態は、人口が高度に集中する特別区の存する区域を中核とし、当該区域及びその周辺の市町村の区域を包括する大都市といえる。このような都という大都市に係る制度については、多分に歴史的、沿革的な考慮にもより、上述のように種々変化があった。現行制度の下では、大都市制度の一環として、効果的かつ円滑な行政運営の確立の見地から、一般の府県と市町村及び市町村相互間の関係に対して、事務等の配分、都と特別区及び特別区間の相互の調整などの面において特別な制度を設けているものである。すなわち、特別区の存する区域において、人口の高度に集中する大都市地域における行政の一体性及び統一性の確保の観点から特別区の存する区域を通じて都が一体的に処理することが必要であると認められる事務を除いたうえで、一般的に、市町村が処理するものとされている事務を特別区が処理するものとし、都と特別区の間の役割分担を明確にするとともに、特別区の存する区域の行政の一体的かつ統一的な処理を図ることとされているのである（自治法二八一の二。なお、後述「2　自治法に定める特別区の処理する事務と都と特別区との役割分担」参照）。

第三〇次地方制度調査会の「大都市制度の改革及び基礎自治体の行政サービスの提供体制に関する答申」（平成二五年六月）において、特別区の区域の見直しについて、「今後の高齢化の進展や公共施設の更新需要の増加など、社会経済情勢の変化を踏まえると、特別区の区域の見直しについても検討することが必要である。」としている（同答申第2・3(2)「②特別区の区域の見直し」）。

なお、大都市地域特別区設置法に定めるところにより設置される特別区とこれを包括する道府県の事務の分担に関する事項は、特別区設置協定書に掲げる事項（政府が法制上の措置その他の措置を講ずる必要があるものを記載しようとするときは、共同して、あらかじめ総務大臣に協議しなければならない。以下同じ。）とされている（同法五Ⅰ⑤・Ⅱ）。そして、当該道府県は、都とみなされる（同法一〇）。

自治法に定める特別区が憲法上の「地方公共団体」の性格を有するに至ったかどうかということについては、昭和三八年の最高裁判所判決（最高裁昭三八・三・二七）の判示する要件に当てはめると、「相当程度の自主立法権、自主行政権、自主財政権等地方自治の基本的権能を附与された地域団体」であることについては、昭和三九年から平成一〇年までの制度改正を経て一般の市町村と遜色ない状況となっているという見方もあることから、法制度的には憲法上の「地方公共団体」としての要件（この面での要件は、「基本的権能」の要件といえる。）は充足したものともいえる。しかしながら、判決では、憲法上の「地方公共団体」の要件として「単に法律で地方公共団体として取り扱われているだけでは足らず、事実上住民が経済的文化的に密接な共同生活を営み、共同体意識をもっているという社会的基盤が存在し、沿革的にみても、……地方自治の基本的権能を附与された地域団体であることを必要とするものというべきである」としており、これらの要件（この面での要件は、「社会的基盤」の要件といえる。）については、一概には判断し難いといえよう（なお、自治法附則二条ただし書において、旧東京都制一九一条四項の規定が、なお、その効力を有することとなっていることにも留意を要する。）。

2 自治法に定める特別区の処理する事務と都と特別区との役割分担

自治法に定める特別区は、地域における事務並びにその他の事務で、法律又はこれに基づく政令により市が処理することとされるもの及び法律又はこれに基づく政令により特別区が処理することとされるものを処理するが、法律又はこれに基づく政令により都が処理することとされる事務は、除外することとされている（自治法二八一Ⅱ）。

特別区は一般の市と同等の事務を処理することを原則とすることとされているが、実際には、人口が高度に集中する大都市地域である都の実情に即応した事務配分として、特別区の存する区域を通じて都が一体的に処理することとされているものは除外される（自治法二八一の二ⅠⅡ）。この結果、都と特別区との間の事務配分は、一般の府県と一般の市との間の事務配分とは異なったものとなっている。

要するに、特別区が一般の市と同等の事務を処理することを建前としつつ、都及び特別区の区域における大都市地域としての一体性及び統一性の確保のため事務配分について特例が必要である場合には、法律又はこれに基づく政令で都が処理することを個別に規定することとしている。これは特別区の事務をいわば概括的に定めたものであり、そのことについては、普通地方公共団体の事務についての規定と同類型のものといえる（自治法二Ⅱ参照）。

市に属する事務で、特別区の存する区域について都が処理することとされている事務は、次のとおりである。

(1) 都市計画決定に関する事務

市町村が定めるべき都市計画は特別区が定めることが原則であるが、特別区の存する区域にわたる都市計画の一体性を確保する見地から都市計画法に都の特例の規定が設けられ、市町村が定めるべき都市計画のうち政令で定めるものは特別区の存する区域においては、都が定めるものとされている（都市計画法八七の三）。個々の特別区の区域を越えて影響を及ぼす蓋然性の高い都市計画がこれに該当する。具体的には、都市計画法施行令四六条に、①用途地域、特例容積率適用地区、高層住居誘導地区、居住調整地域又は特定用途誘導地区、②特定街区で面積が一ヘクタールを超えるもの、③水道、下水道、電気供給施設、ガス供給施設、市場及びと畜場、④再開発等促進区を定める地区計画又は沿道再開発等促進区を定める沿道地区計画で、それぞれ再開発等促進区又は沿道再開発等促進区の面積が三ヘクタールを超えるもの、が制限列挙されている。

(2) 上水道の設置・管理に関する事務

水道法上の水道事業は、原則として市町村が経営することとされ、市町村以外の者が経営する場合には、市町村の同意を要するとされている（水道法六Ⅱ）。しかしながら、特別区の存する区域においては、市町村を都に読み替えることとしており、都が水道事業を経営するのが原則である（水道法四九）。この規定を受けて、都が特別区の存する区域において、上水道を設置・管理し、水道事業を経営している。もっぱら都が上水道を設置・管理してきたという沿革に加え、都市生活におけるインフラストラクチャーとしての不可欠性、健康への影響などを考慮して、ライフラインとしての一体性が求められるためであろう。

(3) 下水道の設置・管理に関する事務

公共下水道の設置・管理の事務は、市町村が処理することとされているが、特別区の存する区域においては、都がこれを処理することを原則とし、特別区は、都と協議して、主として当該特別区の住民の用に供する下水道の設置・管理を行うものとされている（下水道法四二）。従来からもっぱら都が設置・管理してきたことなど、上水道の場合とほぼ同様の趣旨で、特別区を通じた一体的な運営が必要であると考えられたからである。

(4) 感染症の予防・まん延防止に関する事務

感染症を予防し、まん延を防止するため、市町村が処理すべき事務のうち、生活用水の使用・給水を制限又は禁止した場合における生活用水の供給の事務は、都が処理すべきものとされている（感染症の予防及び感染症の患者に対する医療に関する法律六四Ⅱにおいて読み替えられる三一Ⅱ）。水道事業の経営を都が担っているのに対応した特例である。

(5) 消防に関する事務

特別区の存する区域の消防については特別区が連合してその責任を有するが、特別区の消防は都知事がこれを管理することとしている（消防組織法二六・二七）。潜在的な責任は特別区に負わせながら、法律により都に事務の委託を行うこととしているかのようである。特別区の存する区域は住宅や事業所が連たん、密集して広大な市街地を形成しており、災害発生時の被害がその境界を越えて広がる危険性があることから、一元的な命令・情報系統の下で迅速に対応する必要があると考えられたためである。特別区の存する区域における消防については、特別区の存する区域を一の市とみなして、市町村の消防に関する規定を準用することとしている（消防組織法二八）。

なお、廃棄物の処理及び清掃に関する事務については、以前は市町村の事務のごく一部を除き、特別区の存する区域においては、都が処理するものとされており、一般廃棄物の収集・運搬・処分の事務を都が処理していた。しかしながら、一般廃棄物の処理は、住民に身近な事務の最たるものの一つであることなどから、基礎的な地方公共団体と位置付けられた特別区が処理するにふさわしいものであり、平成一〇年の改正により、特別区が処理することとされた（平成一二年四月一日施行）。

一方、法律又はこれに基づく政令により、特定の市等だけが処理をする事務を特別区も処理することとされているものもある。

その最も代表的なものの例は、保健所を設置する市の事務である。

保健所を設置する市の事務については、昭和四九年の自治法の改正において、保健所に係る事務が都の事務から特別区の事務とされ、特別区は当時の保健所法のほか、各種の個別法の規定に基づく事務を保健所設置市とほぼ同様に処理することとなった（旧保健所法附則一九）。ただし、政令で定める事務は除外され、都に留保されていた（旧保健所施行令附則六の二）。平成六年には保健所法が地域保健法に改められたが、特別区は同法の本則で保健所を設置することとされ（地域保健法五Ⅰ）、法律の構成上は、保健所設置市と全く同様の扱いとなった。もっとも、都に係る留保については、基本的にはなお従前どおりとする措置が講ぜられた。その後の改正で、特別区が処理する事務が拡大されてきたが、なお、保健所設置市の事務のうち食品衛生法、狂犬病予防法、建築物における衛生的環境の確保に関する法律及びと畜場法の各法律に基づく事務の全部又は一部が都の事務とされている。また、累次の地域の自主性及び自立性を高めるための改革の推進を図るための関係法律の整備に関する法律（累次の改革推進一括法）により、特別区に保健所設置市としての事務が移譲されたものもある。

そのほか、特定の市等が処理する事務を特別区も処理することとされているものとして建築基準法に基づく事務（建築基準法九七の三参照）なども挙げられる。

平成二八年五月に成立した児童福祉法の改正により、政令で定めるところにより、児童相談所を設置するものとするとされた（同法五九の四。平成二九年四月一日施行）。児童相談所を設置する特別区は、同法の都道府県が処理することとされている事務で政令で定めるもの（児童相談所設置市としての事務）を処理するものである。

第三〇次地方制度調査会の「大都市制度の改革及び基礎自治体の行政サービス提供体制に関する答申」（平成二五年六月）において、「特別区の規模が多様であることから、一定の事務の移譲は法令で行うが、その他についてはそれぞれの事務に必要な規模・能力を踏まえて移譲を進めることとし、その際には、都とそれぞれの特別区の協議により、条例による事務処理特例制度を活用する方向で検討すべきである。」としている（同答申第2・3⑵「①　都から特別区への事務移譲」）。

なお、大都市地域特別区設置法に定めるところにより設置される特別区については、特別区設置協定書において特別区とこれを包括する道府県の事務の分担に関する事項が定められ（同法五Ⅰ⑤）、当該道府県は、都とみなされる（同法一〇）。

3　基礎的地方公共団体

自治法に定める特別区は、上述したように、昭和二七年の自治法の改正で、都の内部団体としての位置付けがなされ、以来、昭和三九年、昭和四九年の改正を経た後も都の内部団体としての性格は変更されていないとされていた。特に、昭和四九年の改正においては、区長が公選とされるとともに、特別区が、市町村の処理する事務を原則として処理することとされたものの、なお「特別区の性格としては従来の延長線上にある。」とされた。

「基礎的な地方公共団体」としての実質を備えるためには、

①　内部団体的な性格が払拭されること

②　法制度上、原則として、住民に身近な事務を処理する地方公共団体として位置付けられること

の二つの要件を充足することが必要であると考えられる。

平成一〇年の改正においては、上述のような改正が行われたことにより（二「6　平成一〇年の改正等」参照）、特別区の内部団体的性格は払拭されたとして、この面では一般の市町村とほぼ同様のものとなったともみられる。また、一般廃棄物の処理に関する事務のほとんどは特別区が処理するものとされるなどの措置が講じられた。

これらにより、平成一〇年の改正法の施行（平成一二年四月一日）後においては、特別区は「基礎的な地方公共団体」と位置付けられることとなったものである（自治法二八一の二Ⅱ）。

4　自治法に定める特別区の議会の議員の定数

特別区の議会の議員の定数については、平成一一年の地方分権一括法による自治法の改正により、地方公共団体の議会の議員の定数が人口区分に応じた法定定数制度を改めて、人口区分に応じた上限の範囲内での条例定数制度とされた（平成一一年四月に成立した自治法の改正前の自治法九〇・九一。第九章第二節二「1　議員の定数」参照）ことから、特別区の議会の議員の定数も人口区分に応じた上限の範囲内での条例定数制度となり（平成二三年四月に成立した自治法の改正前の自治法二八三による九一の適用）、「六十人をもって定限とする」とされていたものが、「五十六人を超えてはならない」とされた（平成二三年四月に成立した自治法の改正前の自治法二八一の六）。この特別区の議員の定数の上限数の制度については、平成二三年四月に成立した自治法の改正により、地方公共団体の議会の議員の定数の上限数の制限が廃止された（第九章第二節二「1　議員の定数」参照）ことに伴いなくなった。

5　自治法に定める都と特別区及び特別区相互の間の調整、都区財政調整及び都区協議会

自治法に定める特別区制度が、都という人口が高度に集中する大都市地域において、特別区の自主的・自立的な行政の遂行を図りつつ、大都市地域としての行政の一体性及び統一性を確保していくことを趣旨としているものであることから、事務配分上の措置とともに、都と特別区及び特別区相互の間で、円滑な連携と分担が図られ、また、特別区の相互間にお

いて相当程度の均衡が保たれていることが必要である。

このような観点から、自治法は、次のような制度を規定している。なお、大都市地域特別区設置法の定めるところにより設置される特別区については、特別区とこれを包括する道府県との事務の分担に関する事項並びに税源の配分及び財政の調整に関する事項は、特別区設置協定書に掲げる事項（政府が法制上の措置その他の措置を講ずる必要があるものを記載しようとするときは、共同して、あらかじめ総務大臣に協議しなければならない。）とされている（同法五Ⅰ⑤⑥・Ⅱ）。

(1) 都と特別区及び特別区相互間の調整に関する措置

都知事は、特別区に対し、都と特別区及び特別区相互間の調整上、特別区の事務の処理について、その処理の基準を示す等必要な助言又は勧告をすることができる（自治法二八一の七）。

平成一〇年の改正前は、さらに、都は、条例で特別区の事務について特別区相互間の調整上必要な規定を設けることができる（都の調整条例）とされていたが、特別区の内部団体的性格を払拭し、自主性及び自立性の強化を図る観点から廃止された。

(2) 都区財政調整制度

都と特別区の間及び特別区相互間の財源の均衡化を図り、並びに特別区行政の自主的かつ計画的な運営を確保するため、都が特別区財政調整交付金を交付する制度（「都区財政調整制度」と通称される）。が定められている（自治法二八二）。つまり、各特別区は、直接には地方交付税制度の対象とされず（地方交付税法二②・二一参照）、特別区の行政が全体として適正な水準を保ち得るよう、都区財政調整制度によることとされているのである。これは、①都と特別区の間には、一般の都道府県と市町村の間とは異なる事務配分の特例があり、都が一般的には市が処理する事務の一部を処理していること、②その場合、事務に要する経費に充当するため、市町村税源をもとに都と特別区との間の財源配分を行うべきこと、③税目によって、市町村税源を都と各特別区との間で分けきることとすると、特別区間で極端な税源偏在が生ずること、④特別区間で税源偏在が著しい税目を都と特別区の間の財源配分に用いるとともに、その税源により財政力の異なる特別区間の財政調整を行うことが適当であることを踏まえた措置である。

都区財政調整制度は、平成一〇年の改正によって、特別区の財政自主権を強化する方向で次のような改正が行われた（平成一二年四月一日施行）。

第一に、改正前においては、都区財政調整制度については、「政令の定めるところにより、条例で、……必要な措置を講じなければならない」と規定されるだけであったが、平成一〇年の改正では、基礎的な地方公共団体であると位置付けられた特別区への財源保障の目的及び内容を明確にする観点から、基本的な事項を法律で規定することとされた。

まず、本制度は、「特別区がひとしくその行うべき事務を遂行することができるように」都が交付金を交付するものである旨、明記された（自治法二八二Ⅱ）。これは、地方交付税法二条一号と同様の表現であり、都区財政調整制度が、地方公共団体の独立性の強化に資する財政調整制度である地方交付税制度と性格を一にすることを表わしたものに他ならない。より具体的な制度の内容は、大部分が交付税制度に準じるものとなっている。

また、交付金の財源については、政令において規定されていたが、都税のうち固定資産税（市町村分）、市町村民税法人等分及び特別土地保有税の収入額の一定割合を充当する旨、法律で規定された（自治法二八二Ⅱ）。都税の一定割合は条例で定められる（自治法二八二Ⅱ）。従前は、都の課税権の特例のみ地方税法で規定されるにとどまっていたが（地税法七三四ⅠⅡ）、改正により、財政調整に用いられる三税の一定割合が特別区の固有財源的性格を有することが明らかにされ、この面でも交付税制度と相似するものとなった。

第二に、財源が超過する特別区に、交付金の財源として納付金を納付させる制度については、改正で廃止された。納付金制度は、特別区間の財源調整の完璧を期する仕組みではあるが、いったん特別区が徴収した税収入を都に納付させることは重大な課税権の制約であり、特別区の財政運営の自主性を妨げるためである。また、普通交付金の総額を都が保障するいわゆる〝総額補てんの制度〟についても、特別区の都に対する依存や都による特別区の行財政への介入を助長するおそれがあるとの指摘があり、併せて廃止された。財源不足額合算額と普通交付金の総額との乖離は、地方交付税と同様の方法のより調整されることとなる。

都区財政調整制度の内容は、政令の範囲内で、都の条例により定まるのであるが、条例の制定に当たっては、都区協議会の意見を聴かなければならない（自治法二八二の二Ⅱ）。条例の提案権は都知事に属するものと考えられるので、都区協議会には、条例案の都議会提出前に諮る必要がある。

都区財政調整制度に係る政令の内容は、次のとおりである。

① 交付金総額は、都税のうち固定資産税（市町村分）、市町村民税法人等分及び特別土地保有税（いわゆる調整三税。なお、「6 地方税制度」参照）の収入額に条例で定める割合を乗じて得た額とすることとしている（自治令二一〇の一〇）。なお、消費税率が一〇％となった段階で、法人事業税額の一部を都道府県が市町村に交付する制度が創設されることとなれば（法二三三条［解釈］二参照）、都の法人事業税の一部が都内の市町村と特別区に交付されることとなるので、特別区分（例えば各市町村及び特別区の従業者で按分した額のうち特別区に係る額）は、特別区財政調整交付金に加えられ、当該特別区分となる額も加えた合算額が交付金総額となることが予定されている（平成二八年改正後の自治法二八二Ⅱ）。

② 交付金の種類は、普通交付金及び特別交付金とし、その額は、交付金総額にそれぞれ一定の割合を乗じて得た額とするものとされている（自治令二一〇の一一）。

③ 普通交付金は、地方交付税の算定方式に概ね準ずる算定方法により算定した基準財政需要額が、基準税率を一〇〇分の八五として地方交付税の算定方法に概ね準ずる算定方法により算定した基準財政収入額を超える特別区に対して、交付するものである（自治令二一〇の一二Ⅰ）。

④ 各特別区に対して交付すべき普通交付金の額は、③で述べた基準財政需要額から基準財政収入額を控除することに

より得られる財源不足額である。しかしながら、各特別区ごとに算定した財源不足額の合算額が普通交付金の総額を超える場合においては、地方交付税の普通交付税算定における調整（交付税法一〇Ⅱ）と同様の方法により、割り落とした額となる（自治令二一〇の一二Ⅱ）。普通交付金の総額が財源不足額を超える場合においては、当該超過額は、当該年度の特別交付金の総額に加算する（自治令二一〇の一三）。

⑤　特別交付金は、普通交付金の額の算定期日後に生じた災害等のため特別の財政需要があり、又は財政収入の減少があることその他特別の事情があると認められる特別区に対し、当該事情を考慮して交付するものである（自治令二一〇の一二Ⅳ）。

⑥　普通交付金の総額が、引き続き財源不足額合算額と著しく異なることとなる場合には、①に述べた都税に乗じる条例で定める割合の変更を行うこととしている（自治令二一〇の一四）。「引き続き」とは、年度を越えて引き続きという意であり、「著しく異なることとなる場合」には、制度改正や事務配分の変更により著しく異なることとなる場合も含まれる。「著しく」とは、普通交付金の総額の過不足額がその概ね一割程度以上にわたる場合を指すものと考えられている。

なお、総務大臣が必要があると認めるときは、特別区財政調整交付金に関する事項について必要な助言又は勧告をすることができるものとされている（自治法二八二Ⅳ）。

(3)　都区協議会

都及び特別区の事務の処理について、都と特別区及び特別区相互の間の連絡調整を図るため、都及び特別区をもって都区協議会を設けることとされ（自治法二八二の二Ⅰ）、特に、都が、特別区財政調整交付金に係る条例を制定する場合においては、都知事は、あらかじめ都区協議会の意見を聴かなければならないこととされている（自治法二八二の二Ⅱ）。

都区協議会は、その性格上、自治法二五二条の二に規定する協議会のうち、事務の管理及び執行について連絡調整を図るための協議会に類するものであるが、自治法二五二条の二の協議会が法律上設置を義務付けられたものではなく、任意のものであること、及び地方公共団体相互間の協議により規約に基づいて設置するものであることに対し、都区協議会は自治法二八二の二の規定によって、何らの手続を要せず当然に設置されるもので、規約に基づくものではないこと、及び一定の案件については、都知事はあらかじめ都区協議会の意見を聴くべく義務付けられていることにおいて、同条に規定する連絡調整のための協議会と異なる。なお、都区協議会の委員は、都知事、都職員七人、区長八人の一六人をもって組織される（自治令二一〇の一六）。

第三〇次地方制度調査会の「大都市制度の改革及び基礎自治体の行政サービス提供体制に関する答申」（平成二五年六月）において、都区協議会について、「都区財政調整制度等に関する都区協議会における調整について、仮に協議が調わない事項が生じた場合に備え、現行の自治紛争処理委員による調停に加え、何らかの新しい裁定等の仕組みを設けることの必要性について引き続き検討する必要がある。」としている（同答申第2・3(2)「③　都区協議会」）。

6　地方税制度

地方税については、できるだけ一般の市町村において市町村税とされているものを特別区税とし、他の府県において府県税とされているものを、都税とすることとされているが、特別区間の財政力の格差が大きいことから、一般の市町村の場合と異なり調整財源を都に留保する必要がある等のため、各特別区間でアンバランスの大きいものが都税として留保されている。具体的には、固定資産税、特別土地保有税（平成一五年の地方税法の改正により、特別土地保有税について、当分の間、新たな課税は行わないこととされている。）、市町村民税法人等分、都市計画税、事業所税は都が課税することとなっている（地方税法七三四〜七三六）。なお、大都市地域特別区設置法の定めるところにより設置される特別区については、特別区とこれを包括する道府県との税源の配分は、特別区設置協定書に掲げる事項（政府が法制上の措置その他の措置を講ずる必要があるものを記載しようとするときは、共同して、あらかじめ総務大臣に協議しなければならない。）とされている（同法五Ⅰ⑥・Ⅱ）。

7 地方交付税制度

地方交付税制度については、「都にあつては、道府県に対する交付税の算定に関してはその全区域を道府県と、市町村に対する交付税の算定に関してはその特別区の存する区域を市町村と、それぞれみなして算定した基準財政需要額の合算額及び基準財政収入額の合算額をもつてその基準財政需要額及び基準財政収入額とする」とされ、いわゆる、都区合算制度がとられている（地方交付税法二一）。これは、都及び特別区においては、道府県及び一般市と異なった事務処理、税財政の仕組みであるため、全国の標準的な団体を基準として全国の普遍的な需要を捉えて標準的な行政水準を確保する地方交付税制度において、都区間の事務や財源区分等に応じ、「都分」と「特別区分」を算定することは技術的に極めて困難であること等のためである。

なお、大都市地域特別区設置法に定めるところに設置される特別区を包括する道府県は、地方自治法その他の法令の規定の適用については、法律又はこれに基づく政令に特別の定めがあるものを除くほか、都とみなすとされている（同法一〇）ので、法律又はこれに基づく政令に特別の定めがなければ、地方交付税法二一条の規定が適用される。また、当該特別区とこれを包括する道府県の税源の配分については、特別区設置協定書に掲げる事項（政府が法制上の措置その他の措置を講ずる必要があるものを記載しようとするときは、あらかじめ総務大臣に協議しなければならない。）とされている（同法五Ⅰ⑥・Ⅱ）。

8 地方債制度

都において課税し、都区財政調整制度における調整財源となる市町村民税法人等分と固定資産税の税率のいずれかが標準税率未満である場合においては、特別区は、建設事業等のために地方債（地財法五⑤に規定する経費の財源とする地方債）を起こし、又は起こそうとし若しくは起債の変更をしようとする場合は都知事の許可を受けなければならない（地財法五の四Ⅴ）。なお、地方財政法五条の四第四項の適用もある。

第三節　地方公共団体の組合

一　地方公共団体の組合の制度の概要

地方公共団体の組合は、複数の地方公共団体が、一定の事務の共同処理等のために設立する特別地方公共団体であり、法人格を有する（自治法一の三Ⅲ・二Ⅰ・二八四参照）。地方公共団体の組合は、常に二以上の地方公共団体によって構成されることから「複合的地方公共団体」といわれる。

地方公共団体の組合の制度は、戦前の地方制度である市制町村制制定当時から町村制において制度化されており、その後明治四四年市制において、大正三年府県制においても事務の一部を共同処理するため制度化されていたものを、地方自治法制定に当たって継承したものである。

その後、総合的かつ計画的な広域行政を展開する必要性の増大に対処するため、複合的一部事務組合の制度（自治法二八五）が設けられた（昭和四九年改正）。さらに、一部事務組合の制度的限界に対応するものとして、平成六年の改正により広域連合制度が設けられ、組合に関する規定の抜本的な整理が行われた。広域連合は、複合的一部事務組合も含め、従来の組合が有していた地方公共団体の事務の共同処理という性格だけにとらわれることなく、地方公共団体の政策や事務の広域的な連絡調整や総合的かつ計画的な対応・処理という目的のため、国等からの事務の受け入れ体制としての機能を果たすことも含めて制度化されたものであり、地方公共団体の組合の一類型として規定された。

広域連合が地方公共団体の組合の一形態として新設されたことにより、地方公共団体の組合という特別地方公共団体はその機能が大きく拡大し、政策的側面を含めて、広域行政需要へ対応するための弾力的かつ機動的な制度に変貌したといえる。各地域においては、広域連合制度と一部事務組合制度をその機能の得失を踏まえて適切に選択し、多様な広域行政への対応を図っていくことが望まれる。

地方公共団体の組合は、地方公共団体であるから、固有の区域、権能、構成員をもつ。組合の区域は、それを組織する地方公共団体の区域を包容する区域であり（行判大六・一・二七）、その権能は、規約で定められる共同処理等の事務である。その構成員は、組合を組織する地方公共団体である（住民は、組合との関係においては、いわば間接的に構成員となるにとどまるが、組合の自治権に服し、また、各種の権利義務を享有する関係は、一般の地方公共団体の場合と同様である。）。広域連合の場合、構成員は、広域連合を組織する地方公共団体であるが地方公共団体と同様、当該区域内に住所を有する住民も構成員とも考えられる。これは、議会の議員及び長の選挙について住民の直接投票によることがあることが制度化されていること（自治法二九一の五）、また、地方公共団体における直接請求の規定を準用するとともに、広域連合にのみ特有の直接請求を認めていること（自治法二九一の六ⅠⅡ）に表われている。

地方公共団体の事務の共同処理の方式としては、地方公共団体の組合のほか、協議会の設置（自治法二五二の二）、機関等の共同設置（自治法二五二の七）、事務の委託（自治法二五二の一四）等があり、平成二三年四月に成立した自治法の改正前には特別地方公共団体としての地方開発事業団があった（改正法の施行の際現に設けられている地方開発事業団（一団体）は、経過措置でなお従前の例によることとされている（改正法附則三）。）。地方公共団体の組合も、事務の共同処理方式の一形態ではあるが、構成地方公共団体から独立した法人格を有し、その処理すべき事務については、自らの議決機関及び執行機関によって処理する機能を有するものであり、この点において、協議会の設置等による事務の共同処理方式とは性格を異にしている。また、平成二三年四月に成立した自治法の改正により廃止される前の地方開発事業団は、特別地方公共団体ではあるが限定された建設等の事業の実施を地方公共団体から委託を受けて処理するものであり、地方公共団体の組合とは大きな差異があった。

平成二五年六月の第三〇次地方制度調査会の「大都市制度の改革及び基礎自治体の行政サービス提供体制に関する答申」

においては、前述したとおり（第一三章第四節「一　地方公共団体相互間の協力関係の概要」参照）、「現行の地方自治法に定める共同処理方式のほか、地方公共団体相互間における柔軟な連携を可能とする仕組みを制度化すべきである。」としている（同答申第４・３「⑴　新たな広域連携の制度の必要性」）。この答申を踏まえ、平成二六年の自治法の改正で、「連携協約」及び「事務の代替執行」の制度が規定された（改正後の同法二五二の二、二五二の一六の二～二五二の一六の四。第一三章第四節「二　連携協約」「六　地方公共団体による事務の代替執行」参照）。

地方公共団体の組合は、憲法上の地方公共団体とはされないものであるが、自治法上の地方公共団体に他ならない。したがって、第一編総則中の地方公共団体に関する規定の対象になるものである。また、法律又はこれに基づく政令に特別の定めがあるものを除くほか、都道府県の加入するものにあっては都道府県に関する規定、市及び特別区の加入するものにあっては市に関する規定、その他のものにあっては町村に関する規定が準用される（自治法二九二）。

なお、一部事務組合又は広域連合を組織している市町村が合併する場合で、当該合併関係市町村が合併関係市町村以外の地方公共団体と一部事務組合又は広域連合を組織しているときについては、旧市町村合併特例法、平成一六年合併法及び改正市町村合併特例法において特例が定められている（旧市町村合併特例法九の二～九の四、平成一六年合併法及び改正市町村合併特例法一三～一五）。

二　一部事務組合

1　一部事務組合の設置

一部事務組合は、複数の地方公共団体が、その事務の一部を共同して処理するため、設けられるものである。一部事務組合は、広域行政の必要性等が高まり、地方公共団体の事務の広域的処理、効率的実施が求められている中で、数多く活用されている制度である。平成二八年七月一日現在の調査で、全国で一四九三の一部事務組合が設置され、その事務の種類別では、ごみ処理やし尿処理等の環境衛生、消防や水防等の防災、病院や老人福祉等の厚生福祉、介護保険、教育、第一次産業振興などとなっている。なお、近年の市町村合併の進展により解消されるものもみられる。

一部事務組合は、これを組織しようとする普通地方公共団体及び特別区が、その議会の議決を経た協議により規約を定め、都道府県の加入するものにあっては総務大臣、その他のものにあっては都道府県知事（ただし、数都道府県にわたる組合にあっては都道府県知事の意見を聴いて総務大臣。組合について以下同じ）。の許可を得て、設立することができる（自治法二八四Ⅱ・二九〇・二九三）。

関係地方公共団体が一部事務組合を設けて共同処理しようとする事務は、組合設立前において、当該関係地方公共団体の事務でなければならない。

協議とは、関係地方公共団体の協議であるから、その代表者たる長が協議の直接の担当者である。その共同処理する事務が関係地方公共団体の委員会又は委員の権限に属する事務であり、その事務の処理に関する当該地方公共団体の代表者は委員会又は委員であっても、その事務を共同処理するかどうかの決定の権限までが当該委員会又は委員に属するものではない。

一部事務組合については自治法二九二条の規定により自治法二八四条二項が準用されるので、形式的には一部事務組合のまま、他の地方公共団体と一部事務組合を設立することができるが、一部事務組合は、本来地方公共団体の特定の事務についての共同処理を目的とするものであり、さらに他の一部事務組合に加入することは、当該組合の職員の退職手当支給のため退職手当組合に加入するなどの場合があるが、通常はあまり考えられないところである。

都道府県知事は、公益上必要がある場合においては、関係のある市町村及び特別区に対し、一部事務組合を設けるべきことを勧告することができる（自治法二八五の二Ⅰ）。

一部事務組合の処理する事務は、規約の定めるところによる。一部事務組合が成立すれば、共同処理することとされた事務については、構成地方公共団体は処理する権能を有しなくなり、これに伴って、構成地方公共団体の執行機関の権限に属する事項がなくなったときは、その執行機関は、組合の成立と同時に消滅する（自治法二八四Ⅱ）。一部事務組合が成立した場合、その権能に属することとなった事務に関する関係地方公共団体の条例又は規則は、組合の成立によって当然には消滅せず、その効力は停止されると解される。したがって、当該組合が解散すれば、自動的に効力を発し、適用されることになる。

2　一部事務組合の組織、運営等

一部事務組合の組織、運営の基本は、一部事務組合の規約で定められる。規約には、「一部事務組合の名称」「一部事務組合の構成団体」「一部事務組合の共同処理する事務」「一部事務組合の事務所の位置」「一部事務組合の議会の組織及び議員の選挙の方法」「一部事務組合の執行機関の組織及び選任の方法」「一部事務組合の経費の支弁の方法」を定めなければならない（自治法二八七Ⅰ）。これらの必要的記載事項のほか、任意的記載事項をも規約に規定できる。議会は必置であるが、議員の選挙の方法は規約で定めることができ、例えば、構成地方公共団体の住民の直接選挙によっても、構成地方公共団体の議会における選挙によってもよい。普通は、構成地方公共団体の議会において議員の中から選挙するという場合が多い。一部事務組合の執行機関として管理者が置かれるが、その選任の方法は規約の定めるところによるものであり、議員の場合と異なり、選挙によることは必ずしも要しない。一般には、「この組合の管理者はA町の長の職にある者をもって充てる」とか、「関係町村の長の互選による」などとするものが多い。なお、一部事務組合の議会の議員又は管理者（後述する複合的一部事務組合にあっては、又は理事）その他の職員は、組合は構成団体の議会の議員又は地方公共団体の長その他の職員と兼ねることができる（自治法二八七Ⅱ）。

一部事務組合を組織する地方公共団体（構成団体）の数の増減、共同処理する事務の変更又は規約の変更については、関係地方公共団体の協議（それぞれの議会の議決を要する。）によりこれを定め、総務大臣又は都道府県知事（設立の際と同じ。）

の許可を受けることを要する（自治法二八六Ⅰ本文）。ただし、一部事務組合の名称、一部事務組合の事務所の位置、一部事務組合の経費の支弁の方法のみに係る規約の変更については、総務大臣又は都道府県知事への届出で足りる（自治法二八六Ⅰただし書・Ⅵ）。平成二四年の自治法の改正により、構成団体は、その議会の議決を経て脱退する日の二年前までに他の全ての構成団体に書面で予告することにより、一部事務組合から脱退することができることとされた（自治法二八六の二Ⅰ）。この規定による脱退により一部事務組合の構成団体が一となったときは、当該一部事務組合は解散する（同条Ⅳ）。

一部事務組合の管理者（後述する複合的一部事務組合にあっては、又は理事会）は、当該一部事務組合の議会の議決すべき事件のうち、条例の制定・改廃、予算、決算の認定等重要なものについて当該議会の議決を求めようとするときは、あらかじめ、これを当該一部事務組合の構成団体の長に通知しなければならない。当該議決の結果についても同様である（自治法二八七の四、自治令二一一の二）。

平成二四年の自治法の改正により、特例一部事務組合の制度が定められた（二八七の二）。特例一部事務組合の制度は、規約の定めるところにより、当該一部事務組合の議会を構成団体の議会をもって組織することとすることができるものとするものであり、一部事務組合の管理者が一部事務組合の議会に付議することとされている事件があるときは、構成団体の長を通じて、当該事件に係る議案を全ての構成団体の議会に提出しなければならないこととされ、当該事件の議会の議決は、構成団体の議会の一致する議決によらなければならないこと等とするものである（二八七の二Ⅰ～Ⅵ）。特例一部事務組合については、自治法の議会の組織等に関する多くの規定の準用の余地はなく（一部の準用する規定には、読み替えの規定がある。）、また、自治法二九二条の規定により、自治法の規定により都道府県、市又は町村に関する規定を特例一部事務組合に準用する場合の読み替えが必要なものについては、普通地方公共団体の議会とあるのは特例一部事務組合を構成するすべての議会とするなどの読み替えの規定が置かれている（二八七の二ⅦⅧ）。なお、特例一部事務組合の監査委員の事務は、規約で定める構成団体の監査委員が行うことができるものとすることができるとされている（二八七の二Ⅸ）。

一部事務組合の経費の分賦に関し、違法又は錯誤があると認めるときは、構成団体は、管理者に異議を申し出ることができ、管理者は、その議会に諮ってこれを決定しなければならない（自治法二九一）。

一部事務組合の解散については、構成団体の協議（議会の議決を要する。）により、総務大臣又は都道府県知事に届出をしなければならない（自治法二八八）。

また、一部事務組合のうち、地方公営企業の経営に関する事務を共同処理するものは、企業団と称せられ、その組織、財務については、地方公営企業法に特例が定められていること（地公企法三九の二・三九の三）のほか、教育委員会の職務権限の事務を処理する地方公共団体の組合には教育委員会を置かなければならないこと（地教行法二）等、法律で特別の定めが設けられているものがある（その他の例として地公法七Ⅲ）。

3　複合的一部事務組合

市町村及び特別区の事務を共同処理するための市町村及び特別区の一部事務組合については、一部事務組合の共同処理する事務が、その組合を組織するすべての地方公共団体に共通する「同一の種類」のものでない場合においても、「相互に関連する」事務（目的が同一である事務、事務内容に関連がある事務、広域市町村計画等の一定の地域の一体的計画に基づく各種の施設整備の事務などがこれに当たると解されている。）を共同処理するものであれば、一部事務組合を設けることを妨げるものではないとされている（自治法二八五）。

例えばA市、B町、C町及びD村で一部事務組合を設立しようとする場合において、a事務とb事務が「相互に関連する事務」であれば、その一部事務組合において、A市、B町及びC町はa事務を共同処理し、A市、B町及びD村はb事務を共同処理することができるものである。これは、広域行政を効率的に推進するために、昭和四九年の自治法の改正（特別区については、平成一〇年の自治法の改正）により、制度化されたものであり、この相互に関連する複数の事務を共同処理するための市町村及び特別区の一部事務組合は、通常、複合的一部事務組合（又は複合事務組合）と呼ばれる。複合的一部事務組合については、その規約には、組合の議会の議決すべき事件のうち当該組合を構成する市町村又は特別区の一部に係るもの等の議決方法について特別の規定を設けることができ、また、執行機関として、規約で定めるところにより、管理者に代えて、理事をもって組織する理事会を置くことができるとする特例がある（自治法二八七の三）。

三　旧全部事務組合

平成二三年四月に成立した自治法の改正前においては、全部事務組合の制度があった（改正前の自治法二八四Ⅴ、二九一の一四）。全部事務組合は、町村が事務の全部を共同して処理するために設ける組合であり、全部事務組合が成立した場合、構成町村は依然として存続するが、構成町村の議会及び執行機関は、組合の成立と同時に消滅することとなっていた。このような全部事務組合は、町村が合併するのと同様のこととなることから、法令で町村と同様に取り扱うこととされていたものもあった（改正前の公選法二六七Ⅱ、地税法一Ⅳ、地方交付税法二一Ⅱ等）。改正法の施行の際に全部事務組合はなかった。

四　旧役場事務組合

平成二三年四月に成立した自治法の改正前においては、役場事務組合の制度があった（改正前の自治法二八四Ⅵ、一九一の一五）。役場事務組合は、町村が町村の役場において処理する事務、すなわち執行機関が処理する事務の全部を共同処理するために設ける組合であり、役場事務組合が成立した場合、構成町村の執行機関の権限に属する事項がなくなったときは、その執行機関は、役場事務組合の成立と同時に消滅することとなっていた。なお、構成町村の議会は存続するものであった。改正法の施行の際に役場事務組合はなかった。

五　広域連合

1　広域連合の趣旨及び設置等

広域連合は、地方公共団体の組合の一類型として位置付けられており、地方公共団体が、その事務で広域にわたり処理することが適当であると認めるものに関し、広域にわたる総合的な計画（「広域計画」）を作成し、その事務の管理及び執行について広域計画の実施のために必要な連絡調整を図り、並びにその事務の一部を広域にわたり総合的かつ計画的に処理するため、設けるものである（したがって、広域連合は、一部事務組合とは異なり、都道府県の事務及び都道府県の事務と市町村の事務の複合的処理もできることとされている（自治法二八四Ⅲ。同法二八五参照）。）。

広域連合制度は、総合的な広域計画を通じて新しい時代に適合した広域行政の推進を図り、併せて時代の流れである地方分権の推進に資するシステムとして、制度化された。広域計画に係る事項のほか、その特徴は次のように要約し得る。

第一に、広域連合は、地域における幅広い広域的な政策や行政需要に的確に対応し得るものとするため、組織、権能などの面において組織する地方公共団体の創意工夫が反映し得るよう、制度上より弾力性に富んだものとされている。すなわち、組織する地方公共団体は都道府県相互の間、市町村や特別区相互の間の組み合わせに限らず、都道府県と市町村又は特別区といった組み合わせを認めるとともに、処理する事務も、広域にわたり処理することが適当であると認められるものであれば、組織する地方公共団体相互間ですべて同一のものでなくともかまわないこととされるなど幅の広いものとされている。

第二に、広域連合は、特別地方公共団体であるにもかかわらず、その区域を明確にし、広域連合から役務の提供を受け、負担を分任する義務を負う「住民」の存在を前提とした制度とされており、その運営を住民の民主的な統制のもとに置くこととしている。そのため、議会の議員や長の選挙の方法を明記し、普通地方公共団体における直接請求制度の原則準用と、広域連合の住民にのみ特に認められる規約の変更の要求の直接請求も採用している。広域連合に対して組織する地方公共団体が支出する分賦金についても、住民が負担した税との関係がより明確になるような方式も可能である。

第三に、広域連合は、広域的な政策や行政需要への対応という面において、組織する地方公共団体から独立的に一定の機能を発揮し得るような制度とされている。具体的には、広域連合の側から規約の変更を組織する地方公共団体に要請し得ること、また、広域計画の実施上支障がある場合には、組織する地方公共団体に対し改善策等の勧告ができることとされ、さらに、組織する地方公共団体から支出される広域連合への分賦金の額の決定は客観的な指標に基づくものとし、財政面での独立性を担保することとしている。

第四に、国や都道府県からの事務の配分を直接受けることができることとし、政治・行政をできる限りより身近な行政主体で処理すべきとする地方分権の考えが実現できる途を開いている。

広域連合を設けることができるのは、「普通地方公共団体及び特別区」と規定されている(自治法二八四Ⅲ)。自治法二九二条の規定により、一部事務組合又は広域連合が広域連合の構成団体となることができるかどうかについては、例えば廃棄物処理の一部事務組合がリサイクルを目的とする広域連合に加入する場合などについては考えられる。

広域連合の設置手続は、概ね一部事務組合と同様なものとなっており、これを組織しようとする普通地方公共団体及び特別区が、その議会の議決を経た協議により規約を定め、都道府県の加入するものにあっては総務大臣、その他のものにあっては都道府県知事の許可を得て、設けることができる(自治法二八四Ⅲ・二九一の一一・二九三)。都道府県知事は、公益上必要がある場合においては、関係のある市町村及び特別区に対し、広域連合を設けるべきことを勧告することができる(自治法二八五の二Ⅰ)。

広域連合が処理することとなった事務については、構成地方公共団体は処理する権能を有しなくなり、これに伴って、構成地方公共団体の執行機関の権限に属する事項がなくなったときは、その執行機関は、広域連合の成立と同時に消滅する（自治法二八四Ⅲ後段による二八四Ⅱの準用）。

国は、その行政機関の長の権限に属する事務のうち広域連合の事務の関連するものを法令の定めるところにより、また、都道府県は、その執行機関の権限に属する事務のうち都道府県の加入しない広域連合の事務に関連するものを条例の定めるところにより、それぞれ、当該広域連合が処理することとすることができる（自治法二九一の二ⅠⅡ）。この場合、それを組織する地方公共団体を経由しなくともよい。一方、都道府県の加入する広域連合の長（長に代えて理事会を置く広域連合（平成二四年の自治法の改正による自治法二九一の一三の規定の改正により、広域連合に自治法二八七条の三第二項の規定を準用することとされ、広域連合の長に代えて理事をもって組織する理事会を置くことができることとされた。）にあっては理事会）は、その議会の議決を経て、国の行政機関の長に対し、当該広域連合の事務に密接に関連する国の行政機関の長の権限に属する事務の一部を当該広域連合が処理することとするよう要請することができ、また、都道府県の加入しない広域連合の長は、その議会の議決を経て、都道府県に対し、当該広域連合の事務に密接に関連する都道府県の事務の一部を当該広域連合が処理することとするよう要請することができる（自治法二九一の二ⅣⅤ）。

広域連合の解散については、関係地方公共団体の協議（議会の議決を要する。）により、その設立の際の例により、総務大臣又は都道府県知事の許可を受けなければならない（自治法二九一の一〇）。一部事務組合にあっては許可権者への届出で足りるのに対し、広域連合は国等からの権限委譲の受け皿になるものであることから、解散しようとするときは、広域連合については、許可に係らしめているものである。

なお、広域連合のうち地方公営企業の経営に関する事務を処理するものは「広域連合企業団」と称され、その組織及び財務については、地方公営企業法（地公企法三九の二Ⅵ・三九の三）に特例が定められている。

広域連合の制度は、一部事務組合制度では広域的行政需要に適切に対応できない面があったことから、多様化した広域的政策・広域行政需要に適切かつ効果的に対応するようにするとともに、国等からの事務の配分の受け入れ体制の整備としての意味も含めて、平成六年の自治法改正により、設けられたものである。一般の広域連合は、広域の圏域の計画の策定及び整備、介護保険、清掃、福祉などに係るものが多い。なお、最近の市町村合併の進展により解消されるものもみられる。

市町村は後期高齢者医療の事務を処理するため、都道府県の区域ごとに区域内のすべての市町村が加入する広域連合（後期高齢者医療広域連合（長寿医療広域連合））を設けるものとされている（高齢者の医療の確保に関する法律四八）。平成二二年一二月、初めての都道府県による広域連合として、「関西広域連合」（滋賀県、京都府、大阪府、兵庫県、和歌山県、鳥取県、徳島県の七府県による。）が設立された。

広域連合は、後期高齢者医療広域連合を含めて、平成三〇年二月一日現在で一一六となっている。

2　広域連合の組織、運営等

(1)　規約

広域連合の組織、運営の基本は、広域連合の規約で定められる。この規約には、「広域連合の名称」「広域連合を組織する地方公共団体」「広域連合の区域」「広域連合の処理する事務」「広域連合の作成する広域計画の項目」「広域連合の事務所の位置」「広域連合の議会の組織及び議員の選挙の方法」「広域連合の長、選挙管理委員会その他執行機関の組織及び選任の方法」「広域連合の経費の支弁の方法」を定めなければならない（自治法二九一の四Ⅰ）。

広域連合の規約に規定すべき事項について、一部事務組合と比較した場合の特色は、区域と広域計画の項目の二点である。区域（当該広域連合を組織する地方公共団体の区域を合わせた区域を定めるものとされているが、都道府県の加入する広域連合については、当該広域連合を組織しない市町村又は特別区の一部又は全部の区域を除いた区域を定めることもできる（自治法二九一の四Ⅱ）。）を規約の規定事項としているのは、広域計画の効力の及ぶ範囲を明らかにするとともに、広域連合の議会の議員及び長の選挙人、直接請求することができる者等の範囲を画するためであり、広域計画の項目を規定の規定事項としているのは、広域計画が構成地方公共団体を拘束する側面も有すること等から、その項目をあらかじめ明確にしておくためである。

広域連合を組織する地方公共団体の数の増減、処理する事務の変更又は規約の変更をしようとするときは、関係地方公共団体の協議（議会の議決を要する。）によりこれを定め、その設立の際の例により、総務大臣又は都道府県知事の許可を受けなければならない。ただし、広域連合の事務所の位置又は広域連合の経費の支弁の方法のみに係る規約の変更等については、総務大臣又は都道府県知事への届出で足りる（自治法二九一の三Ⅰ～Ⅵ）。

平成二四年の自治法の改正により、広域連合の規約で定めるところにより、長に代えて理事をもって組織する理事会を置くことができることとされた（二九一の一三による二八七の三Ⅱの準用）。

(2) 広域計画

広域計画は、広域連合制度の骨格をなすものであり、広域連合は、その設置後、速やかに、その議会の議決を経て、広域計画を作成しなければならない（自治法二九一の七Ⅰ）。この広域計画に基づいて総合的かつ計画的に施策を実施することにより、広域的な政策や行政需要に適切に対応していくことを目的としているものである。広域計画には、その目的を達成するために、事務・事業の処理・遂行の方法、広域連合及び広域連合を組織する地方公共団体がそれぞれ処理すべき事務、財政負担に関する事項等が相互に関連付けられて記載されるものである。広域連合及び広域連合を組織する地方公共団体が広域計画に基づいて事務処理をすることは、広域連合の目的達成のために重要なことであり、広域連合がこのような広域計画の機能を十分に生かすため、当該広域連合を組織する地方公共団体は広域計画に基づいて事務を処理するようにしなければならないとされている（自治法二九一の七Ⅳ）。

広域連合の長は、当該広域連合を組織する地方公共団体の事務処理が、広域計画の実施に支障があり又は支障があるおそれがあると認めるときは、当該広域連合の議会の議決を経て、当該広域連合を組織する地方公共団体に対し、当該広域計画の実施に関し必要な措置を講ずべきことを勧告することができる（自治法二九一の七Ⅴ）。さらに、広域連合の長は、この勧告を受けた地方公共団体に対し、当該勧告に基づいて講じた措置について報告を求めることができる（自治法二九一の七Ⅵ）。

広域連合は、広域計画に定める事項を一体的、円滑に推進するため、広域連合の条例で、必要な協議を行うための協議会を置くことができ、この協議会は、広域連合の長（長に代えて理事会を置く広域連合にあっては、理事）及び国の地方行政機関の長、都道府県知事（当該広域連合を組織する地方公共団体である都道府県の知事を除く。）、広域連合の区域内の公共的団体等の代表者又は学識経験者のうちから広域連合の長（長に代えて理事会を置く広域連合にあっては、理事会）が任命する者をもって組織する（自治法二九一の八）。この協議会は、広域計画に基づく施策と広域連合を組織する地方公共団体以外の者の施策とを調整するために設けられるものである。

(3) 議員の選挙及び長の選挙

広域連合の議会の議員は、広域連合の規約で定めるところにより、広域連合の選挙人（広域連合を組織する普通地方公共団体又は特別区の議会の議員及び長の選挙権を有する者で当該広域連合の区域内に住所を有するものをいう。）が投票により又は広域連合を組織する地方公共団体の議会においてこれを選挙し、広域連合の長は、広域連合の規約で定めるところにより、広域連合の選挙人が投票により又は広域連合を組織する地方公共団体の長が投票によりこれを選挙する（自治法二九一の五）。広域連合の長の選任については、一部事務組合の執行機関（管理者）のようないわゆる〝充て職〟による選任は認められず、選挙の方法に限定されている。なお、広域連合の議会の議員又は長その他の職員は、当該広域連合を組織する地方公共団体の議会の議員又は地方公共団体の長その他の職員と兼ねることができる（自治法二九一の四Ⅳ）。

平成二四年の自治法の改正により、長に代えて理事会を置くことができることとされたことについては、前述のとおり（「(1) 規約」参照）であり、関係規定が整備された。この場合の理事は、規約で定めるところにより、広域連合の選挙人の投票により又は広域連合を組織する長が投票によりこれを選挙する（自治法二九一の五Ⅱ。同法二九一の四Ⅳ参照）。

広域連合は、これを組織する地方公共団体に対して一定の独立性を有しており、一部事務組合にはない次のような制度も設けられている。

(4) 規約変更の要請及び直接請求制度

その一は、規約変更の要請権である。広域連合の長は、広域計画に定める事項に関する事務を総合的かつ計画的に処理するため必要があると認めるときは、その議会の議決を経て、当該広域連合を組織する地方公共団体に対し、当該広域連合の規約を変更するよう要請することができ、この要請があったときは、広域連合を組織する地方公共団体は、これを尊重して必要な措置を執るようにしなければならない（自治法二九一の三Ⅶ Ⅷ）。

その二は、住民による直接請求の制度である。広域連合に係る条例の制定・改廃の請求、事務の監査の請求、議会の解散の請求又は議会の議員・長等の解職の請求については、普通地方公共団体と同様の直接請求の制度が設けられている（自治法二九一の六Ⅰ Ⅴ～Ⅶ）。また、広域連合を組織する地方公共団体の議会の議員及び長の選挙権を有する者で当該広域連合の区域内に住所を有するものは、その総数の三分の一（その総数が四〇万を超え八〇万以下の場合にあってはその四〇万を超える数に六分の一を乗じて得た数と四〇万に三分の一を乗じて得た数とを合算して得た数、その総数が八〇万を超える場合にあってはその八〇万を超える数に八分の一を乗じて得た数と四〇万に六分の一を乗じて得た数と四〇万に三分の一を乗じて得た数とを合算して得た数）以上の者の連署をもって、当該広域連合の長に対し、当該広域連合の規約の変更を要請するよう請求することができ、この請求があったときは、広域連合の長は、広域連合を組織する地方公共団体に対し、規約を変更するよう要請しなければならず、また、広域連合を組織する地方公共団体は、これを尊重して必要な措置を執るようにしなければならない（自治法二九一の六Ⅱ～Ⅴ）。

広域連合は構成団体に対して一定の独立性を有しているため、選挙の方法と並んで、広域連合の行政運営を民主的なコントロールのもとに置く必要から、住民による直接請求を認めるとともに、規約変更の要請に係る直接請求を設けたものである。

(5) 分賦金及び分賦金等に関する異議

広域連合の経費の支弁の方法は、規約で定められる（自治法二九一の四Ⅰ⑨）が、規約で定める場合には、広域連合が作成する広域計画の実施のために必要な連絡調整及び広域計画に基づく総合的かつ計画的な事務の処理に資するため、当該広域連合を組織する普通地方公共団体又は特別区の人口、面積、地方税の収入額、財政力その他の客観的な指標に基づかなければならない（自治法二九一の九Ⅰ）。これにより定められた広域連合の規約に基づく地方公共団体の分賦金については、当該地方公共団体は、必要な予算上の措置をしなければならない（自治法二九一の九Ⅱ）。

また、経費の分賦に関し、違法又は錯誤があると認めるとき及び国又は都道府県から処理することとされた事務に係る規約の変更で経費支弁に関して不服があるときは、組織する地方公共団体は広域連合の長に異議を申し出ることができ、広域連合の長は、議会に諮ってこれを決定し、又は規約の変更については、議会に諮って規約の変更その他必要な措置を執らなければならない（自治法二九一の一二）。

第四節　財産区

一　財産区の意義、設置及び権能

財産区は、市町村及び特別区（以下、この節において「市町村」という。）の一部で財産を有し又は公の施設を設けているものがある場合に、その財産又は公の施設の管理、処分を行うことについて、法人格を認められた特別地方公共団体である。

財産区には、

① 市町村の一部で財産を有し又は公の施設を設けているもの

② 市町村の廃置分合、境界変更の場合における財産処分の協議に基づき市町村の一部が財産を有し又は公の施設を設けるものとなるもの

がある（自治法二九四Ⅰ）。その設立過程を沿革的にみると、明治二一年の市制町村制の施行当時から存するもの（その当時の町村合併の際に、それまで住民の利用に供されてきた旧町村の財産又は公の施設について、新町村に統合することなく、旧町村に残し、市制町村制上、それを「市町村ノ一部」と呼んで、その管理処分について権利主体として認めたものである。）と、自治法施行後に市町村合併等に伴う財産処分の協議により成立したもの（戦後の町村合併を促進する際に、合併の障害を除去するため、新たに財産区の設置を認める必要が生じ、まず町村合併促進法において、設置手続が定められ、次いで自治法においても財産区の制度の整備が行われた。）とに大別される。このように、財産区には、自治法施行以前から存するものと、自治法施行後市町村合併に伴い成立したものとがあるが、これ以外に任意に設立し得るものではない。財産区は、特別地方公共団体であるから、民法上の共有関係や入会権のような私法上の権利関係とは区別され、また、旧慣使用権（自治法二三八の六）とも区別されるが、前記①の財産区については、その認定が困難なことから、財産区なのか、入会権、村落の共（総）有財産等なのかということで問題が生じる例が少なくない。

平成二八年四月一日現在の調査で、全国で四三九の市町村に三九九五の財産区が存在する。その財産等の種類別の主な内訳は、山林一八五六、用水路・沼地七一一、墓地六〇三、原野二八〇、宅地二三二等となっている。

財産区は、市町村の区域の一部をその区域とする地方公共団体であって、その財産又は公の施設の管理、処分の範囲内において、権能を有するにすぎない。財産区の財産又は公の施設の管理、処分、廃止については、自治法中、地方公共団体の財産又は公の施設の管理、処分、廃止に関する規定による（自治法二九四Ⅰ）。したがって、地方税、分担金の賦課・

徴収、起債等に関する規定は適用がなく、財産区は、そのような権能を有しない。なお、財産区は、財産を所有し又は公の施設を設けている限りにおいて存続し得るものであるので、その財産又は公の施設を処分してこれらを有しなくなった場合には、財産区は、当然に消滅することとなる。

二　財産区の組織、運営等

財産区の組織については、原則として、固有の議決機関、執行機関を持たず、財産区の存する市町村の議会、執行機関が権能を行使し、一定の場合にのみ、財産区の議会若しくは総会又は財産区管理会が置かれることがあるにとどまる。また、財産区の予算・会計は当該市町村において処理する。

都道府県知事は、財産区の財産又は公の施設に関し必要があると認めるときは、当該市町村の議会の議決を経て市町村の条例を制定し、財産区の議会又は総会を設けて財産区に関し市町村の議会の議決すべき事項を議決させることができる（自治法二九五）。このような財産区の議会又は総会の設置は、財産区の事務が極めて限られたものであること等のため市町村の議会をして議決の任にあたらしめることが財産区の事務を実情に即して処理するに適当でないと認められる場合、又は財産区の利害と市町村の利害とが必ずしも一致せず市町村議会をして公平に財産区の事務を議決させることが保障されない場合等において、特に財産区固有の意思決定機関を設ける必要のあるときのための措置である。財産区の議会又は総会は、財産区の意思決定機関として、財産区の財産又は公の施設に関し当該市町村の議会が議決すべき事項を議決する権限を有する。なお、財産区議会（総会）設置条例は、その提案権は都道府県知事に専属するが、あくまでも当該市町村の条例となるものである点で、極めて特殊であるといえる。

また、市町村は、財産区の議会又は総会を設けない場合において、条例又は財産処分に関する協議に基づき、財産区管理会を設置することができる（自治法二九六の二）。この財産区管理会は、財産区の住民の意思を簡素な形で反映させるための機関であり、財産区管理委員七人以内をもって組織される（自治法二九六の二Ⅱ）。市町村長は、財産区の財産又は公の施設の管理及び処分又は廃止で条例（又は廃置分合若しくは境界変更の場合においては財産処分に関する協議）で定める重要なものについては、財産区管理会の同意を得なければならない（自治法二九六の三Ⅰ）。また、市町村長は、財産区管理会又は財産区管理委員に、財産区の財産又は公の施設の管理に関する事務の全部又は一部を財産区管理会の同意を得て、委任することができる（自治法二九六の三Ⅱ）。財産区管理会は、当該財産区の事務の処理について監査することができる（自治法二九六の三Ⅲ）。

財産区の運営については、財産区は、その財産又は公の施設の管理、処分、廃止について、財産区の住民の福祉を増進するとともに、財産区のある市町村の一体性を損なわないように努めなければならないこととされている（自治法二九六の五Ⅰ）。また、財産区の財産又は公の施設に関し特に要する経費は、財産区の負担とすること（自治法二九四Ⅱ）、財産区は独立の地方公共団体であるが、その収支は市町村の収支として整理され、財産区の収入及び支出については会計を分別しなければならないこと（自治法二九四Ⅲ）などとされている。さらに、財産区の財産又は公の施設から生ずる収入を当該市町村の収入に充てることができ、この場合、その金額の限度において、財産区の住民に対して不均一の課税等をすることができる（自治法二九六の五ⅡⅢ）。

なお、財産区は、もともと市町村の一部の区域にあるものであり、このため、ともすれば、市町村全体の利害と財産区の利害とが相反することが起こりがちである。このような事態を避け、財産区の設置の目的を達するため、都道府県知事をして、財産区の運営に関与し得ることとしている。すなわち、知事は必要があると認めるときは、財産区の事務の処理について、財産区のある市町村の長に報告、資料の提出を求め、又は監査することができるなどとされている（自治法二九六の六）。

第五節　旧地方開発事業団

平成二三年四月に成立した自治法の改正前においては、特別地方公共団体である地方開発事業団の制度が定められていた（改正前の自治法第三編第五章）。地方開発事業団の制度の趣意、地方開発事業団の性格、特長等については、第四章第三節三「5　旧地方開発事業団」で述べたところである。

地方開発事業団（以下「事業団」という。）が実施し得る事業は、一定の地域の総合的な開発計画に基づく

①　住宅、工業用水道、道路、港湾、水道、下水道、公園緑地その他一定の施設の建設（災害復旧を含む。）

②　①に掲げる施設の用に供する土地、工場用地その他の用地の取得又は造成

③　土地区画整理事業に係る工事

であって、設置する普通地方公共団体の事務に属するものとされていた（改正前の自治法二九八Ⅰ）。

なお、事業団は、本来の受託事業以外の事務についても、受託事業の実施に関し必要な範囲内で、設置団体から委託を受けて設置団体の事務を行い、又は受託事業の実施に支障のない範囲内で、国、地方公共団体その他公共団体から委託を受けて受託事業に関連する事業を行うことができた（改正前の自治法三一六）。

事業団の設置については、これを設置する普通地方公共団体が、その議会の議決を経てする協議により規約を定め、都道府県又は都道府県及び市町村が設けようとする場合にあっては総務大臣、その他の場合にあっては都道府県知事の認可を受けなければならないとされていた（改正前の自治法二九八Ⅱ）。

事業団の組織については、議会は置かれず、議決機関と執行機関とを一体とした理事会が置かれ、能率的、弾力的、機動的な事業実施のための組織体制をとることとされていた。そして、理事長・理事が執行機関として事業の実施に当たるとともに、理事会を構成して議決機関ともなるほか、監事が置かれることとなっていた（改正前の自治法三〇四・三〇五）。

平成二三年四月に成立した改正自治法の施行の際現に設けられている事業団が一団体あり、経過措置としてなお従前の例によることとされている（改正法附則三）。

第六節　合併特例区

一　合併特例区の制度の趣旨等

平成一六年の旧市町村合併特例法の改正及び市町村の合併の特例等に関する法律（平成一六年合併法）の制定によって、「合併特例区」の制度が定められた。平成二二年に平成一六年合併法の改正により改正された改正後の改正市町村合併特例法にも定められている。

合併特例区の制度は、第二七次地方制度調査会の「今後の地方自治制度のあり方に関する答申」（平成一五年一一月）において、提言された地域自治組織の制度化の一環であり、同答申において、一般制度としての「行政区的なタイプ（法人格を有しない。）」のほか、市町村合併に際しては、合併前の旧市町村が果たしてきた役割を踏まえ、合併後の一定期間、従前のまとまりにも特に配慮すべき事情がある場合には、合併前の旧市町村単位に「特別地方公共団体とするタイプ（法人格を有する。）」を設置できることとすることが適当であるとされたこと（第二章第四節「三　さらなる地方分権の推進と地方自治制度の改革」参照）を承けて、制度化されたものである。したがって、合併特例区の地域自治組織としての側面における意義等については、地域自治組織の一般制度である地域自治区と同様であるといえる（第九章第三節九「1　地域自治区の意義」参照）。そして、合併に関連しては、地方制度調査会の答申に述べられているように従前のまとまりにも特に配慮すべき事情に応え、かつ、合併市町村の一体性を損なうことのないような制度が選択できるように、特別地方公共団体である合併特例区の制度が定められたものである。

合併特例区は、「地方自治法第一条の三第一項の特別地方公共団体とする。」と規定されている（旧市町村合併特例法五の九、平成一六年合併法及び改正市町村合併特例法二七。以下においては、特に必要な場合を除き、改正市町村合併特例法の条項だけを示す。）。したがって、法人格を有する（自治法二Ⅰ）が、合併特例区は、合併市町村の内部団体的性格のものでもある。

二　合併特例区の設置及び権能等

1　合併特例区の設置

合併特例区は、「合併関係市町村の区域であった地域の住民の意見を反映しつつその地域を単位として一定の事務を処理することにより、当該事務の効果的な処理又は当該地域の住民の生活の利便性の向上等が図られ、もって合併市町村の一体性の円滑な確立に資すると認められるとき」設けることができるものである（改正市町村合併特例法二六Ⅰ）。

合併特例区は、合併関係市町村が協議（合併関係市町村の議会の議決を経る。）により規約を定め、期間を定めて、合併市町村の区域の全部又は一部の区域に、一又は二以上の合併関係市町村の区域であった区域をその区域として、設けることができる（改正市町村合併特例法二六・二八Ⅰ）。設置期間は、五年を超えることができない（改正市町村合併特例法三一Ⅱただし書）。

合併特例区の設置については、上述のように協議により規約を定め、都道府県知事（すべての合併関係市町村が一の都道府県の区域に属さない場合は、総務大臣。以下同じ。）の認可を受けなければならない（改正市町村合併特例法二八Ⅰ）。この認可は、市町村の廃置分合の処分に併せて行わなければならないとされている（改正市町村合併特例法二八Ⅱ）。

合併特例区は、市町村の合併が行われた日に成立する（改正市町村合併特例法二八Ⅳ）。ただし、旧市町村合併特例法においては、市町村の合併の日後の日に合併特例区を成立させることも認めており、その場合は、当該日を規約で定めるものとし、合併特例区は、当該日において成立するとされていた（旧市町村合併特例法五の一三Ⅲ）。

合併特例区が成立する際現に合併関係市町村（上述した合併の日後の日に成立させる場合は、合併市町村）が有する権利のうち、当該合併関係市町村の協議（合併関係市町村の議会の議決を経る。）により定めるものは、当該合併特例区の成立のときにおいて当該合併特例区が承継する（改正市町村合併特例法二九）。

なお、合併特例区と地域自治区とを重ねて設置することは、法律上禁止されているわけではないが、合併特例区の機能は地域自治区の機能を包含するものであり重ねて置く実益はない。こうしたことから地域自治区を設ける市町村にあっても、合併特例区が置かれた区域には地域自治区を置かないことができることとされている（改正市町村合併特例法五六）。

2　合併特例区の権能

合併特例区の権能としては、①合併関係市町村において処理されていた事務であって市町村の合併後の一定期間当該合併関係市町村の区域であった地域を単位として処理することが当該事務の効果的な処理に資するもの、及び②合併関係市町村の区域であった地域の住民の生活の利便性の向上等のため市町村の合併後の一定期間当該合併特例区が処理することが特に必要と認められる事務、のうち規約で定めるものを処理するとされている（改正市町村合併特例法三〇）。法律の規定からはかなり幅広い事務を規約で定めることができるかのようであるが、地方公共団体の組合についての自治法二九二条の規定に相当するような準用規定が置かれていないことから、①法令により市町村に処理義務が課されている事務で個別の法令で合併特例区の事務として処理できることについての措置が講じられていないもの、及び②市町村に限って法令に従い処理機能が認められている事務については、合併特例区の事務とはならず、また、③議会の議決や条例の制定を要する事務、及び④行政委員会の所掌事務、も合併特例区の事務とはならない。なお、公の施設の設置及びその管理に関する事項については、自治法二四四条の二の規定により、条例で定めなければならないのであるが、法律に特別の規定を置き、後述する合併特例区規則で定めることとする（ただし、平成二九年の自治法の改正による改正で、重要な公の施設のうち特に重要なものについては自治法二四四条の二第二項の場合の「合併特例区規則」は「合併市町村の条例」とされる等とされた（改正市町村合併特例法の改正後四八3）。）などによって、合併特例区の事務として処理することとしている（改正市町村合併特例法四八）。これらのことから、結局、合併特例区は、例えば地域の公の施設（集会所、コミュニティセンター等）の管理、地域振興イベント、コミュニティ・バスの運行、里山、ブナ林等といった地域に根ざした財産の管理、サービスの提供などを合併特例区の事務として処理することが考えられる。

3　住居表示の特例

合併特例区の区域における住居を表示（住居表示に関する法律二参照）するには、同条に定めるもののほか、当該合併特例区の名称を冠するものとするとし、設置期間満了に際し、当該合併特例区の区域をその区域として引き続き設けられた合併関係市町村の区域による地域自治区の区域における住居の表示についても、同様に地域自治区の名称を冠するものとされている（改正市町村合併特例法五五）。

三　合併特例区の組織、運営等

1　規約

合併特例区の規約には、「合併特例区の名称」「合併特例区の区域」「合併特例区の設置期間」「合併特例区の処理する事務」「公の施設の設置及び管理を行う場合にあっては、当該公の施設の名称及び所在地」「合併特例区の事務所の位置」「合併特例区の長の任期」「合併特例区協議会の構成員の合併市町村の長による選任及び解任の方法並びに任期」「合併特例区協議会の会長及び副会長の選任及び解任の方法」「合併特例区協議会の組織及び運営に関する事項」につき規定を設けなければならない（改正市町村合併特例法三一Ⅰ）。

合併特例区の規約の変更は、合併市町村と合併特例区との協議（合併市町村にあっては議会の議決を経、合併特例区にあっては、合併特例区協議会の同意を得る。）によって定め、合併市町村は、都道府県知事の認可を受け（名称、事務所の位置、会長及び副会長の選任及び解任の方法その他政令で定める事項（合併特例区の処理する事務並びに合併特例区の組織及び運営に関する事項のうち軽微なものとして総務大臣が定めるもの（改正市町村合併特例法施行令四〇。なお「総務大臣の定め」は未定である。））のみに係る変更については事後に届け出）なければならない（改正市町村合併特例法三一）。

2　合併特例区の長及び職員

合併特例区の長は、市町村長の被選挙権を有する者（公選法一〇Ⅰ等参照）のうちから、合併市町村の長が選任し、任期は二年以内において規約で定める期間とする（改正市町村合併特例法三三ⅠⅡ）。なお、再任を妨げないものと解する。合併特例区の長の職は、特別職とする（改正市町村合併特例法三三Ⅶ）。

合併特例区の長は、①合併市町村の副市町村長、②当該合併特例区の区域を所管区域とする支所若しくは出張所（自治法一五五Ⅰ参照）又は指定都市の区の事務所若しくはその出張所（自治法二五二の二〇Ⅰ参照）の長と兼ねることができる（改正市町村合併特例法三三ⅢⅣ）。合併特例区は、上述した（「一　合併特例区の制度の趣旨等」参照）ように、住民自治組織としての意義との関係においては、合併特例区において住民の身近な事務を幅広く処理することが期待されるのであるが、他方、合併市町村の一体性の確立という面からみて、また、設置期限が五年を超えることができないものであることなどから考えて、特別地方公共団体である合併特例区として処理する事務の範囲には限界があるべきものであるうえ、法制的な面からもかなり限定的なものとならざるを得ない（二「2　合併特例区の権能」参照）。そこで、特別地方公共団体としての合併特例区の事務については、かなり限定的にならざるを得ないとしても、合併特例区の区域を単位として処理される市町村レベルの事務は、特別地方公共団体としての合併特例区の事務とされるもののほか、合併市町村の事務のうち相応の事務を処理することができるように制度を整えることとされたものである。そして、このことは、後に述べるように、合併特例区の職員は、合併市町村の長の補助機関たる職員のうちから任命することとされている（改正市町村合併特例法四〇）こととも整合性がとれているものである。結局、合併特例区の長は、合併市町村の副市町村長又は支所若しくは出張所（若しくは指定都市の区の事務所若しくはその出張所）の長と兼ねる場合は、特別地方公共団体としての合併特例区の事務のほか、合併市町村の長の補助機関として、合併市町村の長の指揮監督を受け（自治法一五四参照）、当該合併特例区の区域内の当該合併特例区の事務に属しない合併市町村の事務についても処理することができることとなり、併せて相当広い範囲の事務を担当することが可能となる。

合併市町村の長は、合併特例区の長が心身の故障のため職務の遂行に堪えないと認める場合その他合併特例区の長がその職に必要な適格性を欠くと認める場合には、これを罷免することができる（改正市町村合併特例法三三Ｖ）。

合併特例区の長については、普通地方公共団体の長についての兼職禁止、兼業禁止、失職及び給料等についての規定（自治法一四一・一四二・一四三Ⅰ前段・二〇四・二〇四の二・二〇五）及び副市町村長の退職についての規定（自治法一六五Ⅱ）並びに職員の守秘義務についての規定（地公法三四）が準用される（一部読み替えがある。改正市町村合併特例法三三Ⅵ）。なお、守秘義務違反には、特別の罰則の規定が置かれている（改正市町村合併特例法六二Ⅱ）。

合併特例区の長は、合併特例区を代表し、その事務を総理する（改正市町村合併特例法三四Ⅰ）。

３　合併特例区規則

合併特例区の長は、法令、合併市町村の条例又は合併特例区の規約に違反しない限りにおいて、その権限（合併特例区の長としての権限）に属する事務に関し、合併特例区規則を制定することができる（改正市町村合併特例法三四Ｖ）。合併特例区規則は、市町村における条例及び規則に相当するものである。合併特例区規則のうち、自治法で普通地方公共団体においては条例で定めることとされている事項を同法の規定を読み替えて準用して合併特例区規則で定めることとしている事項に係る合併特例区規則を定めようとするときは、基本的に合併特例区協議会の同意を得なければならないものとし、そのうち、使用料、手数料等に関するものなど住民の負担に関わるもの、合併特例区の長及び合併特例区協議会の構成員の給料等又は報酬等など合併市町村の財源措置に関連するもの、基金に関するもの及び公の施設の管理等に関するものに係る合併特例区規則（なお、公の施設の管理に関しての平成二九年の改正について、前述二「2　合併特例区の権能」参照）を定めようとするときは、合併特例区協議会の同意を得なければならないものとするとともに、これらの合併特例区規則は、合併市町村の長の承認（合併市町村の議会の議決を経る。）を受けなければ、その効力を生じないものとされている（改正市町村合併特例法五三・五四）。

合併特例区の職員は、合併市町村の長の補助機関たる職員のうちから、当該合併市町村の長の同意を得て、合併特例区の長が任命する（改正市町村合併特例法四〇）。

4　合併特例区協議会

合併特例区には、合併特例区協議会を置く（改正市町村合併特例法三六Ⅰ）。

合併特例区協議会は、後述するように、審議し、意見を述べることのほか、重要事項について同意権を有することにより法人の意思決定に直接参画する機関であり、この点において住民自治組織の一般制度である地域自治区の地域協議会とは異なり（第九章第三節九「4　地域協議会等」参照）、議事機関に準ずる性格を有するが、議会とも異なり、自ら議案を提出することはできない。

合併特例区協議会の構成員は、合併特例区の区域内に住所を有する者で議会の議員の被選挙権を有するもの（公選法一〇Ⅰ⑤等参照）のうちから、規約で定める方法により合併市町村の長が選任する（改正市町村合併特例法三六Ⅱ）。任期は、二年以内において規約で定める期間である（改正市町村合併特例法三六Ⅳ）。構成員の選任の方法は、合併特例区協議会の構成員の構成が合併特例区の区域内に住所を有する者の多様な意見が適切に反映されるものとなるように配慮して定めなければならない（改正市町村合併特例法三六Ⅲ）。これは、地域自治組織の一般制度である地域自治区の地域協議会の構成員に関する規定と同様であり、第九章第三節九「4　地域協議会等」の説明を参照されたい（なお、合併特例区協議会の構成員については、国会の附帯決議はない。）。規約に定める方法は、公職選挙法による選挙とすることや公選によって自動的に当選人が定まるような方法とすることはできないが、公職選挙法に基づかない住民投票の結果を尊重して合併市町村の長が構成員を選任すること（〝準公選制〟）は可能と解する。また、合併市町村の議会の同意を要する等何らかの議会の関与を要することとすることも差し支えないと思われる。

合併特例区協議会の構成員については、普通地方公共団体の議会の議員についての兼業禁止の規定及び非常勤職員に対する報酬等についての規定（自治法九二の二・二〇三の二・二〇四の二）が準用され（一部読み替えられる。）、また、当該合併特例区の区域内に住所を有しないものであるとき、合併市町村の議会の議員の被選挙権を有しない者であるとき又は兼業禁止の規定に該当するときの失職の規定がある（改正市町村合併特例法三六ⅤⅦ）。なお、国会法三九条の規定により、衆議院議員及び参議院議員は合併特例区の構成員を兼ねることはできない。

合併特例区協議会の構成員には、報酬を支給しないこととすることができる（改正市町村合併特例法三六Ⅵ）。これは、地域自治組織の一般制度である地域自治区の地域協議会の構成員に関する規定と同様であり、第九章第三節九「4　地域協議会等」の説明を参照されたい（なお、合併特例区協議会の構成員については、国会の附帯決議はない。）。

合併特例区協議会に、会長及び副会長を置き、選任及び解任の方法は、規約で定め、任期は、構成員の任期による（改正市町村合併特例法三七Ⅰ～Ⅲ）。会長は、合併特例区協議会の事務を掌理し、合併特例区協議会を代表する（改正市町村合併特例法三七Ⅳ）。会長は当然一人に限られるが、副会長については、複数置くことも差し支えないと解される。複数置く場合、その定数及び会長の職務を代理する（改正市町村合併特例法三七Ⅴ）順位の定め方を明確にしておく必要があり、規約で定めるべきである（改正市町村合併特例法三九参照）。

合併特例区協議会の権限としては、合併特例区協議会の同意を得ることとされている事項として、改正市町村合併特例法において、①合併特例区の予算の作成、②合併特例区規則のうち特定のものを定めること（「3　合併特例区規則」参照）、③地方自治法の財務に関する規定中議会の権限とされている事項を含む規定を準用する場合の当該議会の権限に相当すること（うち、条例で規定することに相当することは②にも該当）、④地方自治法の公の施設に関する規定中議会の権限とされている事項を含む規定を準用する場合の当該議会の権限に相当すること（うち、条例で規定することに相当することは②にも該当）、⑤合併特例区の長と合併特例区協議会との協議により、合併特例区に関する事項につき合併特例区協議会の同意を要するものとして定められたこと、が規定されている（改正市町村合併特例法三八Ⅳ・四二Ⅴ・四七・四八Ⅲ・五三・五四Ⅰ）。また、施行令においても、不動産若しくは動産（土地については、その面積が一件五〇〇〇平方メートル以上のものに係るものに限る。）又は不動産の信託の受益権の買入れ若しくは売払いをする場合であって、その予定価格の金額が七〇〇〇万円を下らないときは、合併特例区協議会の同意を得なければならないとされている（改正市町村合併特例法施行令四六）。さらに、合併特例区の決算は、合併特例区協議会の認定に付さなければならない（改正市町村合併特例法四五Ⅱ）。

　次に、合併市町村の長は、規約で定める合併市町村の施策に関する重要事項であって合併特例区の区域に係るものを決定し、又は変更しようとする場合においては、あらかじめ、合併特例区協議会の意見を聴かなければならない（改正市町村合併特例法三八Ⅱ）。また、旧市町村合併特例法の規定による市町村建設計画又は平成一六年合併法若しくは改正市町村合併特例法の規定による合併市町村基本計画を変更しようとする合併市町村の長は、合併特例区が設けられている場合は、あらかじめ、合併特例区協議会の意見を聴かなければならない（改正市町村合併特例法六Ⅸ）。これらは、いわば「必要的諮問事項」ともいえるものであり、地域自治組織の一般制度である地域自治区の地域協議会の権限としても、必要的諮問事項として同様のものがある（第九章第三節九「4　地域協議会等」参照）。

　さらに、合併特例区協議会は、合併特例区が処理する事務及び地域振興等に関する施策その他の合併市町村が処理する事務であって当該合併特例区の区域に係るものに関し、①合併市町村の長その他の機関若しくは合併特例区の長により諮問された事項、又は②必要と認める事項について、審議し、合併市町村の長その他の機関若しくは合併特例区の長に意見を述べることができる（改正市町村合併特例法三八Ⅰ）。地域自治組織の一般的制度である地域自治区の地域協議会の権限としても、対象事項を各号列記して、審議し、意見を述べることについて規定されている（自治法二〇二の七Ⅰ。第九章第三節九「4　地域協議会等」参照）。

合併特例区協議会の意見については、合併市町村の長その他の機関又は合併特例区の長は、その意見を勘案し、必要があると認めるときは、適切な措置を講じなければならない（改正市町村合併特例法三八Ⅲ）。地域自治組織の一般制度である地域自治区の地域協議会の意見についても同様の規定がある（自治法二〇二の七Ⅲ）。合併市町村の長等は、必ずしも合併特例区協議会の意見に従わなければならないというものではないが、合併特例区協議会の意見と異なる対応をとる場合は、十分な説明責任を負うことは当然である。

法律に定めるもののほか、合併特例区協議会の定数その他の合併特例区協議会の組織及び運営に関し必要な事項は、規約で定める（改正市町村合併特例法三九）。

5　合併特例区の財務等

合併特例区の長は、毎会計年度予算を作成し、合併特例区協議会の同意を得、直ちに合併市町村の長の承認を求めなければならない（改正市町村合併特例法四二ⅠⅤⅥ）。合併特例区は、長期借入金及び債券発行をすることができない（改正市町村合併特例法四三）。短期の借入れで、つなぎ資金的な手当をすることは、予算で定めるところにより、可能である（改正市町村合併特例法四七により自治法二一五⑥の規定が準用される。）。合併特例区の会計事務は、合併特例区の長が行い、合併特例区の長は、必要があると認める場合は、金融機関を指定して、現金の出納事務（収納及び支払の事務又は収納だけの事務）を取り扱わせることができる（改正市町村合併特例法四四ただし書、改正市町村合併特例法施行令四二）。

合併市町村は、合併特例区の運営について必要と認める予算上の措置を講ずるものとする（改正市町村合併特例法四六）。合併特例区は、課税権並びに長期借入金及び債券発行の権能を有しないものであり、合併市町村からの移転財源で運営されることを基本とする特別地方公共団体であるので、合併市町村は、合併特例区が規約で定める事務を処理するのに必要な金額を適切に見積もり、所要の金額を予算に計上して合併特例区に交付する法的責任を有するものである。

合併特例区には、自治法及び自治令の財務に関する規定が原則準用され、その場合、自治法及び自治令の規定において「条例」とあるのは「合併特例区規則」と読み替えられるほか、必要な技術的読み替えは施行令で定められている（改正市町村合併特例法四七、改正市町村合併特例法施行令四四・五〇）。

合併特例区の監査は、合併市町村の監査委員が行う（改正市町村合併特例法五一）。

合併特例区の決算は、合併特例区の長が歳入歳出予算について調製し、合併市町村の監査委員の監査に付さなければならず、その意見を付けて合併特例区協議会の認定に付さなければならない（改正市町村合併特例法四五ⅠⅡ、改正市町村合併特例法施行令四三）。

合併特例区は、規約で定める公の施設を設けることができ、公の施設の管理に関する事項は、合併特例区規則で定めなければならないこととされるとともに、合併特例区の公の施設に関しては、その管理等や区域外設置等に関する自治法の規定が準用され、その場合、自治法の規定において、「条例」とあるのは「合併特例区規則」と、「議会」とあるのは「合併特例区協議会」と読み替えられる（改正市町村合併特例法四八）。なお、合併特例区が設けた公の施設については、指定管理者がした公の施設を利用する権利に関する処分に不服がある者は、合併特例区の長に対して審査請求をすることができる（改正市町村合併特例法四八Ⅳ・五）。

合併特例区の財産（自治法二三七Ⅰ参照）の処分等について、①合併市町村の条例で定める場合を除くほか、適切な対価なくして譲渡等をする場合等（自治法九六Ⅰ⑥参照）、②不動産を信託する場合（自治法九六Ⅰ⑦参照）、③その種類及び金額について政令で定める基準（施行令においては、市町村が議会の議決を要することとされている場合と同様に定められている（改正市町村合併特例法施行令四五・別表）。）に従い合併市町村の条例で定める財産の取得又は処分をする場合（自治法九六Ⅰ⑧、自治令一二一の二・別表第四参照）においては、合併市町村の長の承認（議会の議決を経る。）を受けなければならない（改正市町村合併特例法四九)。

6　合併市町村の長の関与

合併市町村の長は、必要があるときは、合併特例区に事務の報告をさせ、書類及び帳簿を提出させ及び実地について事務を視察することができるとともに、合併特例区の事務の処理が法令の規定に違反していると認めるとき又は著しく適正を欠き、かつ、明らかに公益を害していると認めるときは、違反の是正又は改善のため講ずべき措置に関し、必要な指示をすることができる(改正市町村合併特例法五〇)。

四　特定合併に係る特例

旧市町村合併特例法において、平成一一年七月一六日(地方分権一括法による市町村合併特例法の改正により地域審議会の制度が設けられた改正規定の施行の日)から同法の期限である平成一七年三月三一日までに行われた市町村の合併(「特定合併」という。)に係る合併市町村について、当該特定合併の日の前日までに認可の申請が行われた合併特例区は通常の手続によるが、合併の日以降にも合併特例区の設置の認可の申請をすることができることとされており、この場合、合併市町村は、議会の議決を経て定款を定め、都道府県知事の認可を受け、合併特例区は定款で定める日に成立するものとされていた(旧市町村合併特例法附則二の三。附則二Ⅸ参照)。特定合併については、同法の本則の合併特例区に関する規定の一部は適用しないものとし、適用のある規定で「規約」とあるのは「定款」と読み替えられる(同法附則二の三)。

五　合併特例区の解散

合併特例区は、設置期間の満了により解散し、この場合において、当該合併特例区を設けている市町村は、当該合併特例区に属する一切の権利義務を承継する(改正市町村合併特例法五二Ⅰ)。また、合併特例区は、当該合併特例区を設けている市町村に係る市町村の廃置分合又は境界変更があった場合（政令で定める場合（合併特例区を設けている合併市町村に係る市町村の合併に伴い、当該合併特例区の区域を包含する新合併特例区が設けられた場合及び合併特例区を設けている合併市町村に係る市町村の境界変更に伴い、当該合併特例区の区域の全部が他の市町村に編入された場合）に限る。）に解散し、この場合における合併特例区の権利義務の承継について、施行令で定められている（改正市町村合併特例法五二Ⅱ、改正市町村合併特例法施行令四七）。

参考文献（雑誌等に掲載のものは除く。）

法学協会『註解日本国憲法（上・下巻）』（有斐閣）
宮澤俊義著・芦部信喜補訂『全訂日本国憲法』（日本評論社）
佐藤功『憲法（ポケット註釋全書）』（有斐閣）
佐藤功『日本国憲法概説（全訂第五版）』（学陽書房）
清宮四郎『憲法Ⅰ〔新版〕（法律学全集3）』（有斐閣）
伊藤正己『憲法（第三版）（法律学講座双書）』（弘文堂）
佐藤幸治『憲法』（青林書院新社）
佐藤達夫「憲法第八章覚書―その成立の経緯を中心として―」『地方自治論文集（町村合併促進法施行一周年・地方自治総合大展覧会記念）』所収（地方財務協会）
『判例コンメンタール・日本国憲法3』（三省堂）
成田頼明『地方自治の保障（日本国憲法体系5）』所収（有斐閣）
田中二郎『行政法総論（法律学全集6）』（有斐閣）
田中二郎『新版　行政法（上・中・下巻（全訂第二版））』（弘文堂）
田中二郎『要説　行政法（新版）』（弘文堂）
田中二郎・原龍之助・柳瀬良幹編『行政法講座（全六巻）』（有斐閣）
塩野宏『行政法Ⅰ（第六版）・Ⅱ（第五版補訂版）・Ⅲ（第四版）』（有斐閣）
成田頼明ほか『現代行政法（第五版）』（有斐閣双書）
藤田宙靖『行政組織法（新版）』（良書普及会）
大橋洋一『行政法―現代行政過程論（第二版）―』（有斐閣）
俵静夫『地方自治法（法律学全集8）』（有斐閣）
佐久間彊『地方自治講義―戦後三〇年の歩み―』（第一法規）
雄川一郎・塩野宏・園部逸夫編『現代行政法体系8・地方自治』（有斐閣）
成田頼明・園部逸夫・金子宏・塩野宏編『註解地方自治法（全訂）』（第一法規）
園部逸夫『地方自治法（地方公務員のための法律講座4）』（第一法規）
村松岐夫『地方自治（現代政治学叢書15）』（東京大学出版）
原野翹『現代行政法と地方自治』（法律文化社）
原田尚彦『新版　地方自治の法としくみ（改訂版）』（学陽書房）
兼子仁『新地方自治法』（岩波書店）
小早川光郎・小幡純子編「あたらしい地方自治・地方分権（ジュリスト増刊）」（有斐閣）
松本英昭『新地方自治制度詳解』（ぎょうせい）
松本英昭『新版　逐条地方自治法（第九次改訂版）』（学陽書房）
室井力・原野翹編『新現代地方自治法入門（第二版）（現代法双書）』（法律文化社）
室井力・兼子仁編『基本法コンメンタール・地方自治法（第四版）（別冊法学セミナー）』（日本評論社）

佐藤俊一『地方自治要論』（成文堂）
山代義雄『新・地方自治の法制度』（北樹出版）
中川義朗編「21世紀の地方自治を考える」（法律文化社）
松下圭一・西尾勝・新藤宗幸編『自治体の構想2　制度』（岩波書店）
塩野宏『地方公共団体の事務の分類学―公共事務・団体委任事務・行政事務―（『行政法を学ぶ2』）』（有斐閣選書）
塩野宏『国と地方公共団体との関係（行政法研究第四巻）』（有斐閣）
塩野宏『法治主義の諸相（行政法研究第七巻）』（有斐閣）
成田頼明『地方自治の法理と沿革』（第一法規）
成田頼明『法律と条例（憲法講座4）』所収（有斐閣）
北村喜宣「分権改革と条例」（行政法研究双書19）（弘文堂）
西尾勝編『地方分権と地方自治（新地方自治法講座12）』（ぎょうせい）
西尾勝『未完の分権改革』（岩波書店）
西尾勝編著『分権型社会を創る―その歴史と理念と制度（分権型社会を創る1）』（ぎょうせい）
西尾勝編著『都道府県を変える！―国・都道府県・市町村の新しい関係―（分権型社会を創る2）』（ぎょうせい）
西尾勝『地方分権改革』（東京大学出版会・行政学叢書5）
西尾勝『自治・分権再考』（ぎょうせい）
大森彌編著『分権時代の首長と議会―優勝劣敗の代表機関―（分権型社会を創る3）』（ぎょうせい）
岩崎美紀子編著『市町村の規模と能力（分権型社会を創る7）』（ぎょうせい）
碓井光明『要説　住民訴訟と自治体財務（改訂版）』（学陽書房）
塩田章ほか編集参与『現代地方自治全集（全二五巻）』（ぎょうせい）
小早川光郎・青柳馨「論点体系　判例行政法1・2・3」（第一法規）
『新地方自治講座（全一一巻）』（第一法規）
『自治行政講座（全一七巻）』（第一法規）
園部逸夫・吉田弘正・松本英昭編集代表『新地方自治法講座（全一二巻）』（ぎょうせい）
成田頼明・磯部力編「地方自治判例百選（第二版）」（別冊ジュリスト）（有斐閣）
磯部力・小幡純子・斉藤誠編「地方自治判例百選（第三版）（第四版）」（別冊ジュリスト）（有斐閣）
「行政判例百選Ⅱ（第六版）」（別冊ジュリスト）（有斐閣）
「条例百選」（ジュリスト八百号記念特集）（有斐閣）
「新条例百選」（ジュリスト増刊）（有斐閣）
「新条例集覧」（ジュリスト増刊）（有斐閣）

地方分権推進委員会「『中間報告』『勧告（第一次～第五次）』『最終報告』—分権型社会の創造—」
「『地方分権推進計画』『第二次地方分権推進計画』」（閣議決定）
地方分権改革推進委員会『地方分権改革推進にあたっての基本的な考え方—地方が主役の国づくり—』『中間的な取りまとめ』
「地方分権改革推進計画」（閣議決定）
「地域主権戦略大綱」（閣議決定）
総務省「地方自治法抜本改正に向けての基本的な考え方」
「地方制度調査会答申集（第一次～第三一次）」（総務省自治行政局編）
「地方自治の保障のグランドデザイン—自治制度研究会報告書—」全国知事会
「地方自治の保障のグランドデザインⅡ—自治制度研究会報告書—」全国知事会
「個性を活かし自立した地方をつくる～地方分権改革の総括と展望～」地方分権改革有識者会議

〔著者紹介〕
松本　英昭（まつもと　ひであき）

昭和17年生まれ。昭和39年東京大学法学部卒業、自治省入省。財政局地方債課長、行政局行政課長、大臣官房審議官（行政担当、財政担当）、総務審議官、国土庁地方振興局長、自治省行政局長を歴任して、平成10年自治事務次官。自治総合センター理事長、地方公務員共済組合連合会理事長を経て、平成22年から地方公務員共済組合協議会会長。第27次・第28次地方制度調査会専門小委員会委員長、行政改革推進本部専門調査会委員等も務めた。

〈編著書〉
『演習　地方自治法』（共著、第一法規、昭和52年）
『地方公共団体の予算』（著、ぎょうせい、昭和54年）
『改正地方自治法』（編著、ぎょうせい、平成5年）
『新地方自治制度詳解』（著、ぎょうせい、平成12年）
『自治制度の証言－こうして改革は行われた』（著、ぎょうせい、平成23年）
『新版　逐条地方自治法（第九次改訂版）』（著、学陽書房、平成29年）

要説 地方自治法〔第十次改訂版〕—新地方自治制度の全容—

平成14年3月25日　初版発行
平成30年3月25日　第十次改訂版第1刷発行
令和5年2月28日　第十次改訂版第3刷発行

著　者　**松　本　英　昭**

発行所　株式会社　**ぎょうせい**

〒136-8575　東京都江東区新木場1-18-11
URL：https://gyosei.jp

フリーコール　0120-953-431
ぎょうせい　お問い合わせ　検索　https://gyosei.jp/inquiry/

印刷　ぎょうせいデジタル株式会社

ISBN978-4-324-10460-6（5108400-00-000）〔略号：地方自治法（十次改訂）〕